大
方
sight

CITY OF DREAMS
纽约四百年
为冒险而生的移民之城
THE 400-YEAR EPIC HISTORY OF IMMIGRANT NEW YORK

TYLER ANBINDER

[美] 泰勒·安宾德 著

黄延峰 译

中信出版集团 | 北京

图书在版编目（CIP）数据

纽约四百年：为冒险而生的移民之城/（美）泰勒
·安宾德著；黄延峰译. -- 北京：中信出版社，2025.
2. -- ISBN 978-7-5217-6953-1
　　I. D771.238
中国国家版本馆 CIP 数据核字第 20256LB024 号

CITY OF DREAMS: The 400-Year Epic History of Immigrant New York by Tyler Anbinder
Copyright © 2016 by Tyler Anbinder
Published by arrangement with Houghton Mifflin Harcourt Publishing Company
through Bardon-Chinese Media Agency
Simplified Chinese translation copyright © 2025 by CITIC Press Corporation
ALL RIGHTS RESERVED

本书仅限中国大陆地区发行销售

纽约四百年：为冒险而生的移民之城
著者：　　［美］泰勒·安宾德
译者：　　黄延峰
出版发行：中信出版集团股份有限公司
　　　　　（北京市朝阳区东三环北路 27 号嘉铭中心　邮编　100020）
承印者：　河北鹏润印刷有限公司

开本：660mm×970mm 1/16　　印张：43　　　　字数：576 千字
版次：2025 年 2 月第 1 版　　　　印次：2025 年 2 月第 1 次印刷
京权图字：01-2020-0486　　　　　审图号：GS（2024）4617 号
书号：ISBN 978-7-5217-6953-1
　　　　　　　　　　　　　　　　（此书中插图系原文插图）
定价：98.00 元

版权所有·侵权必究
如有印刷、装订问题，本公司负责调换。
服务热线：400-600-8099
投稿邮箱：author@citicpub.com

将我全部的爱献给莉萨、马娅和西莉亚

目录

序言　I

第一章　定居点　1
斯泰弗森特本可以在荷兰度过他人生的最后几年，那样就可以远离纽约，不至于每天都会想起作为新尼德兰总理事任期不光彩的结局。和很多冒险去纽约的人一样，他在此地度过的岁月改变了他。尽管当时"美国人"这个词还没有被创造出来，但他知道自己已经成了一个美国人。

第二章　叛乱　43
纽约的领导人一向不轻意颂扬任何质疑权威的人，也就从来没有为莱斯勒或他的"叛乱"建立纪念碑。只在新罗谢尔有一座纪念他的雕像，因为那里的居民从未怀疑过他纯洁的动机。

第三章　英国化　57
18世纪初英国人的涌入"本质上是个人的机会主义移民，他们寻求改善自己的经济地位，进而提高自己的社会地位"。大多数是单身的年轻人，并非随同其他家庭成员来到纽约。

第四章　美国化　81

富兰克林本是与科尔登就美国最伟大科学家的头衔一较高下的人，却因为《印花税法》的争议而脱颖而出，成为英雄。令人嫌恶的科尔登则越过伊斯特河，来到他在法拉盛的农场，从此沉浸于植物学和其他科学研究中，很乐意将革命危机爆发之初管理纽约的工作甩给别人。

第五章　独立战争　103

约克敦战役之后，美国的胜利似乎是不可避免的，1782年至1783年，成千上万的亲英派逃离了这座城市。许多亲英者不愿离开，并指责英国政府抛弃了他们。这座城市的第一批家庭成员尤其心怀怨恨，因为他们的财富主要是无法带走的房地产。

第六章　共和国　121

很少有城市发展得如此之大，如此之快。到1845年，纽约成为7万名爱尔兰移民、6.5万其他地方出生的移民和23.6万美国出生的居民的家园。

第七章　大饥荒　151

爱尔兰人称1847年为"黑色47"，因为那一年他们的国家遭受了难以置信的苦难。来自爱尔兰的美国移民人数较饥荒前增长了两倍。这是"一场超越人类所有经验的迁徙"。

第八章　爱尔兰人的大都市　173

夏天，廉租公寓会变成名副其实的烤箱，在太阳落山很久之后，砖墙还在继续散发着白天吸收的热量。移民把他们的床移到起居室窗户旁边，那些有幸拥有太平梯的人就睡在它上面。其他人则在屋顶、门阶平台甚至人行道上寻求解脱。

第九章　小德国　199

安吉拉自豪地向亲戚们汇报，说尼克劳斯做男士夹克"每天赚1美元"，"没有哪个老家的女人过得这么好，而且一天比一天好。学会一门手艺的年轻人在这里比在老家有钱的人还富……也代我向安娜·比斯多夫和伊丽莎白·穆奇问好，告诉她们应该烧掉自己摘葡萄的篮子，嫁给裁缝，即使他们唠叨个没完也不要紧"。

第十章　政治角逐　219

纽约的爱尔兰移民迅速而热情地加入该市的政治纷争，开始培养出一种不同的政治精英，他们主要由酒吧老板、消防队员和警察组成。与之相比，德国移民似乎对政治漠不关心。

第十一章　南北战争　243

"我希望你和我永远不会在战场上如死敌般面对。"在一封跨越防线送给亚历山大的信中，詹姆斯写道，"但如果是这样的话，你只需为你的事业尽你的义务，因为我可以向你保证，我会努力为我的国家和事业尽我的义务。"即使是移民，内战也会让他们父子、兄弟对立。

第十二章　征兵暴乱　273

根据征兵法，应征入伍者必须接受征召。被免除兵役者包括年老或体弱父母的唯一赡养人、无母子女的父亲或唯一赡养人、重罪犯或尚未成为公民或声明有意成为公民的移民。除此以外，应征入伍者还可以雇人替他服役，或者交纳300美元的"代偿金"，免被征兵。

第十三章　移民的转变　307

随着成千上万南欧和东欧的移民定居纽约，本土出生的美国人突然发现，与肤色黝黑的新移民相比，他们更倾向于接受爱尔兰和德国移民。

第十四章　奔向自由　345

哈里森建议拉扎勒斯"想一想站在海湾那边基座上，且把火炬伸向你那些俄罗斯难民的女神，你得有多么喜欢去沃兹岛"。她的话触动了诗人的内心。几天后，拉扎勒斯送来了一首手写十四行诗，名为《新巨人》。

第十五章　埃利斯岛　381

当亲人终于到来时，团聚往往是尴尬多于欢乐。当年幼的孩子被早不记得的父亲拥抱时，他们害怕得哭了起来。妻子则凝视着自己的丈夫，不知道为什么他看起来如此苍老和疲倦。

第十六章　下东城　409

直到生命的最后一天，这座城市的东欧犹太移民都认为在下东城生活的那段岁月是他们适应美国最重要的几年。不管男人还是女人，男孩还是女孩，几乎所有的人至少曾在自己家、邻居家的廉租公寓楼或血汗工厂里加工过服装。他们可以几个月甚至几年不用讲一句英语。

第十七章　小意大利　441

"初来乍到纽约，意大利人身上没有多少钱，在这个城市里又没有朋友，他会去桑树街"，到包工头的办公室，找他在美国的第一份工作。包工头也可能把一个意大利工人带到某个遥远的工作地点，然后告诉他，在付清交通费之前，他不能离开。

第十八章　城市改革　471

戈德曼和冈珀斯有时想要知道为什么受剥削的工人不愿追随他们的步伐。相反，工人们有时会想为什么工会领导人不代表他们采取更果断的行动。这就是1909年的情况，当时纽约的"仿男式女衬衫"缝纫工决定罢工。

第十九章　限制移民　511

在每个月最后一天的午夜前，十几艘或更多的船只停泊在纳罗斯水道之外，移民官宣布船只越过这条假想界线的顺序将决定其移民乘客计入相应国家每月配额的顺序。那些到得太晚的人将被运回欧洲，费用由船运公司承担。

第二十章　避难所　541

"两万个孩子很快就会长成两万个可怕的成年人。"罗斯福本可以利用他庞大的政治资本来推动这些法案或其他允许更多难民进入美国的立法，但他表示反对。相反，罗斯福试图说服拉美国家接纳难民。跟世界上的其他人一样，他们也不愿意接纳犹太人。

第二十一章　再次复兴　587

水会流向它想去的地方，就像几乎不可能改变河流的方向一样，也几乎无法阻止人们进入一个幅员辽阔、其公民拒绝不断接受身份检查的国家。金色冒险号上的乘客在皇后区被冲上岸的故事证实了这一点。

第二十二章　今日纽约　631

灾难过后，一座城市的居民会觉得他们似乎永远无法真正恢复过来。但就像他们居住的城市一样，大多数人的心灵创伤最终会愈合。纽约移民社区重又活跃起来。移民的子女会过上比他们的父母更好的生活，而且比其父母更彻底地融入美国社会。

附录　653

致谢　657

地图目录

新阿姆斯特丹，约 1660 年 …… 18

曼哈顿岛的扩张与飓风桑迪造成的淹没区之间的关系，
    2012 年 …… 71

英国占领下的纽约，1776—1783 年 …… 126

纽约最大的移民聚居区，1845 年 …… 146

成年纽约人出生地的分区图，1860 年 …… 175

纽约的小德国，1860 年 …… 205

曼哈顿移民的部分聚居地，1900 年 …… 411

下东城的中部和南部，1910 年 …… 415

2010 年纽约市各社区人口中的移民比例 …… 641

序言

1891年，除夕午夜临近之际，纽约人纷纷涌向下百老汇大街。那里的酒吧几个小时前就已经爆满，来这里饮酒狂欢的人不断往肚子里大口灌着威士忌、热棕榈酒和蛋奶酒，原来他们跑来是要准备冒着严寒参加传统的户外倒计时的。无论男女老幼，无论本地人还是新移民，似乎每个市民都在街上吹着"鱼号"，这是当时人们最喜欢的新年时制造动静的玩意。离半夜12点还剩最后几分钟，成千上万的人从曼哈顿下城的酒吧、褐砂石外墙的联排房和廉租公寓[1]中走出来，赶往两个传统的地点，纽约人世世代代都在那里庆祝这一辞旧迎新的时刻。

市政厅公园汇聚的人最多，这是一块9英亩大小的三角地，位于百老汇街东侧和钱伯斯街南侧之间。当晚在现场的一位《纽约时报》记者写道："市政厅上飘扬着旗帜，几个小伙子在用花彩装饰光秃秃的树枝，电石灯发出刺眼的光，照亮了人群，人们推挤着，吹着号角，并相互道贺。"当市政厅的时钟指针压到12点时，前门台阶上的乐队奏响了《哥伦比亚万岁》。有位时报记者注意到："纷繁嘈杂的鱼号顿时沉寂无

---

[1] 纽约tenements、tenement house或tenement apartments用来表示一个被细分以供廉价出租给移民的建筑，又称"唐楼"。最初是一个大房子的细分，从19世纪40年代开始，纽约专门建造四至六层的公寓楼，每层容纳几户人家。但因过度拥挤且卫生条件极差，实际上已经沦为贫民窟。——译者注（本书脚注非特别注明外，均为译者注）

声。"因为人群要对当时被视为美国"国歌"的歌致敬（直到1931年，因为《哥伦比亚万岁》不再流行，国会才指定《星条旗》为美国的第一首"国歌"）。当乐队演奏这首爱国歌曲的终曲时，人群"爆发出更大的欢呼声。人们喊叫着，乐队演奏着，高架铁路上的火车头则用刺耳的鸣笛表示欢迎，红灯都被点亮了"。

往南仅半英里，数千人聚集在百老汇街和华尔街拐角处的三一教堂周围，参加纽约的另一项传统，即聆听三一教堂著名的鸣钟迎新年。然而，教堂周围"众人吹响的号角"令人震耳欲聋，以至于"听不到'大汤姆'钟敲12响的巨大声音"。若在平时的夜晚，远在长岛和新泽西都能听到它的钟声。但此时此刻，教堂里乐师演奏的各种音乐完全被醉醺醺的、粗声大嗓欢呼的狂欢者制造的嘈杂声淹没。

内华达号，该船于1891年12月载着安妮·摩尔和她的兄弟们前往纽约。

就在午夜钟声敲响的时候，再往南1英里，17岁的安妮·摩尔（Annie Moore）可能正躺在内华达号（S.S. Nevada）船尾右舷的统舱里，此时该船正停泊在曼哈顿南端的纽约港。在她附近某处躺着她的两个弟弟，15岁的安东尼和12岁的菲利普。摩尔三姐弟都是科克人，正要到纽约投奔父母马修和茱莉娅，当时跟父母同在纽约的还有他们的两个姐姐，21岁的玛丽和19岁的科尼利厄斯。四年前，她们冒险来到美国，住在曼哈顿下城门罗街（Monroe）32号，就在布鲁克林大桥北侧，隔几个街区就会到海边。

内华达号并非豪华班轮。它的船帮很低，船身狭窄，长 346 英尺，最宽处只有 43 英尺，在船的中间有一个短的排气烟囱，船头船尾各有一根桅杆，以防发动机熄火时挂帆用。自 1869 年以来，这艘船一直在跑利物浦至纽约的航线，但途经科克郡的昆士敦，当时蒸汽轮船的数量开始超过横渡大西洋的帆船。内华达号确实是一艘坚固的船。1884 年，它与罗马诺号相撞，结果是对方沉到了大西洋底。但到 1891 年，日子显然好过多了。该船的统舱一度装满了英国、爱尔兰和斯堪的纳维亚的移民，有时单程就能拉 1 000 多人。但此次行程它只接待了 127 名乘客，大多数是贫穷的俄罗斯犹太人，为的是逃离沙皇俄国的歧视和迫害。内华达号从爱尔兰出发，一路嘎嘎吱吱地吃力地航行，花了 11 天的时间才到纽约，而其他船只 6 天之内就能走完这一航程。1891 年，对于那些坐不起更快渡轮的人来说，内华达号就是他们的不二之选。后来，在继续坚持航行了 5 年之后，船主按废品把它卖掉了。

31 日那天很晚的时候，内华达号抵达纽约港，但移民官没法办理业务。因此，安妮及其船友只能无奈地在船上度过除夕夜。头等舱和二等舱的乘客拥有专用或半专用的客舱，他们中大约有 20 人可能与船长在船上高雅的（尽管很陈旧）餐厅里庆祝了这一时刻，他们喝着纽约著名的牡蛎汤，啧啧有声，并啜饮了香槟。其余的 107 名乘客则受到限制，要么允许登上甲板，呼吸呼吸新鲜空气，但只能在小范围内活动，要么只能待在船底臭烘烘但又通风不良的统舱里。

经过多年的跨国分居，即将与父母、配偶和其他亲人在纽约团聚，虽目的地近在咫尺，却不得见，对于内华达号上的移民来说，这最后一晚的等待想必很是令人煎熬。他们感受到了周围曼哈顿、布鲁克林和新泽西除夕夜的兴奋，也听到了庆祝活动的喧闹，这些无不加重了这种期盼之情。不难想象，安妮、安东尼和菲利普几乎是彻夜未眠。

当晚，还有一个人难以安然入睡，那就是约翰·韦伯（John B.

Weber）上校，而这是有理由的，这位49岁的布法罗人一直野心勃勃。18岁那年，他以列兵的身份加入北方联邦军，21岁生日的前两天就升职为上校，整个内战期间，他都是南北双方最年轻的上校。他也不乏理想主义，因为他在获得晋升时选择的指挥权是很多联邦军官避之不及的，那就是管理从路易斯安那州解放了的黑奴中选拔出的非裔美国人组成的军队。当步兵时，韦伯在里士满郊外的莫尔文高地经历过几场最血腥的战斗，但大难不死，他领导的黑人部队却没有参加过什么战斗，他们驻扎在得克萨斯州，远离主战场。南北战争结束时，韦伯回到了布法罗，参与政治，在国会任过两期议员。1888年，第三次竞选失败后，在一位政治赞助人的支持下，韦伯被任命为纽约港第一位负责移民事务的联邦官员。

韦伯的新职位是1890年春天设立的，当时，处理移民事务的职责变化不定。在纽约立市之后的前两个世纪里，移民没有接受过任何检查。他们无需护照或任何其他文件就可进入并定居英国殖民地或年轻的美国。美国独立战争前后，医生开始登上离市区几英里的移民船，检查乘客是否患有天花、黄热病、斑疹伤寒和始于19世纪的霍乱。患病的移民会被隔离在曼哈顿以南5英里的史泰登岛（Staten Island），直到确认他们不再有传染性疾病或已死亡，在某些情况下，全船乘客都要在那里隔离。但是，除了这种相当粗略的医疗检查外，移民不必满足任何条件。他们可以径直走下船，步入纽约街头，开始在美国的新生活。

纽约移民专员在当时的主要工作是检疫和监督贫困移民的照顾，1855年，他决定在曼哈顿南端的花园城堡（Castle Garden）创建一个移民检查站。革命后，美国曾在此建了防御工事，称为克林顿城堡，而移民检查站就设在幸存的城墙之内，它是一个非常宽敞的室内场所。之所以这样做，并非出于他们想要更好地检查新移民，从而让美国人免受新移民带来的疾病的侵害；相反，花园城堡移民接待中心的建立是为了让移民免受美国人的侵害。每当有船只抵达，码头上就会有一大群拉客的人蜂拥而上，围住头昏脑涨且茫然无措的新移民，抢夺他们的行李，并把他们领到提供膳食的临时寄宿处，而房东通常会漫天要价，如果新移民拒不付款，就扣留行李，以作抵押。当时市区周围有上百个码头，每个码头都有拉客的人，移民专员根本管不过来。因此，他们将花园城堡改造成移民检查站，如此一来，所有拉客的人不得不聚集在一个地方，警察可以更好地监督他们，同时警告移民要抵御诱惑，不要相信他们的承诺。

然而，到了1890年，花园城堡已经容纳不下每天抵达纽约的成千上万的移民了。在那个时代，每艘跨大西洋的轮船可搭载1 000名或更多的乘客，虽然平均每天有5艘船抵达，但在24小时内有10艘船进入港口也不稀罕，在移民"旺季"的4月到6月尤其如此。为了等待与亲人相见，很多移民需要在花园城堡停留一夜或更长的时间，使得该设施的容留能力逼近了极限。

随着美国开始修改其开放政策，另择他地以取代花园城堡的需求越来越迫切。1875年，美国历史上首次实行移民限制，禁止罪犯、妓女和中国的合同工入境；中国的合同工指在抵达美国之前就已经签订了劳动协议，并确定了时兴工资的人。七年后，"白痴"和精神病人等有可能成为政府救济对象的人、所有合同工和华裔劳工都被列入了非法移民的名单。到安妮·摩尔抵达纽约时，国会已经开始禁止乞丐、一夫多妻者及患有"令人厌恶的"或"危险传染病"的人进入国门。随着限制项目的倍增，联邦当局开始怀疑该州的移民检查人员能否胜任这项任务。花园城堡的员工都是因某个政客的提携才得到这份工作的，从移民专员到行李搬运工，概莫能外。此外，到19世纪80年代末，其内部因长期争斗而失和，管理花园城堡的移民专员委员会已经形同虚设。

韦伯是布法罗人，他承认对移民事务一无所知，确切地说，他是于1890年4月开始负责纽约港移民政策的执行的，要知道，单单纽约一个港口接收的新移民就比其他所有港口接收的移民还要多。他立即着手寻找移民检查站的新地点，一个月后，他们选中了当时海军在纽约的火药储存地埃利斯岛。利用垃圾填埋，仅仅用了18个月的时间，他们就将该岛的面积扩大了两倍，并建造了适当的设施。很快，韦伯就宣布埃利斯岛移民检查站将于1892年1月1日开放。在该岛建筑施工的同时，应本杰明·哈里森总统的要求，韦伯花了几个月的时间穿梭于东欧，调研"移民问题"。

元旦黎明刚过，韦伯就登上了曼哈顿南端的一艘小渡船。天空乌云密布，温度低至零下30摄氏度。在岸上时，风刮得不紧，但到了海上，风却疾速掠过水面。汽艇在上午8点左右抵达埃利斯岛，韦伯开始最后一次详细检查这座庞大的新设施，以确保检查人员、翻译、火车票代理、行李搬运工、杂货店员、医生和护士明确自己的岗位职责。韦伯向媒体保证，这座三层的宽敞主楼由长叶松木建造，长400英尺，宽165英尺，四个角都有塔楼，每天可轻松容纳15000名移民。10点半左右，看到所有员工及受邀的政要和新闻记者都准备好了，上校十分满意，他命令将国旗下降三次，这是预先定好的信号，表明运载移民的第一艘船可以前往埃利斯岛了。

大约一小时前，一艘挂满红、白、蓝彩旗的渡船停靠在内华达号的旁边。在水手们忙着把移民的行李、包和包袱往渡船上搬时，安妮和其他统舱乘客登上了渡船。运载她们的渡船装饰得非常喜庆，开始她们并不知道其中的缘由，但很快乘客们就相互传开了：在停泊纽约港过夜的三艘移民船中，她们乘坐的船被选为纽约新移民登陆点第一艘接受检查的移民船。

倘若登上渡船的是内华达号头等舱和二等舱里的"女士们"和"先生们"，韦伯无疑会授予他们首批下船者的荣誉。但移民官员已经登上内华达号检查过除统舱乘客之外的"包间乘客"。等载着安妮和其他统舱乘客的小渡船一开，驾驶员就开着内华达号沿哈得孙河驶往38号码头，该码头就在曼哈顿西城休斯顿街的南面，那些淑女绅士们在那里可以悠闲地下船。只有统舱旅客才需要踏上埃利斯岛。

安妮·摩尔当时17岁，《纽约时报》形容她是"一个脸颊红润的爱尔兰小女孩"，对于她究竟是如何恰好站到了等候从跳板登上埃利斯岛的队列前的，没人清楚。根据一份报纸的报道，本来排在队伍前面的是一位意大利人，但安妮哭了，估计当时是激动得难以自持，那位意大利人看到以后，就把位置让给了她。还有与此相反的一种说法。约瑟夫·普利策（Joseph Pulitzer）的《世界报》当时还不是一家因新闻水准高而知名的报纸，它的一位记者写道："一个用围巾在脖子上绕了三四十圈的大个子德国人一只脚踩在跳板上。他即将以第一个踏足埃利斯岛的外国人而闻名。"就在这时，一位叫迈克·蒂尔尼的人喊道："女士优先！"同时把那个德国人往后拉，又把小安妮往前推。显然，迈克是渡轮上的船工。大多数媒体的报道都提到了没有确定谁站在跳板前端这事，认为韦伯忽视了规定第一个登陆移民的身份这个细节。

不管怎么说，"小"安妮先走下了坡道。在那座庞大的木结构大厦里，韦伯和其他政要立即簇拥着她和她的兄弟们来到一个讲台状的高大办公桌前，等在那里的一位移民官记录了她的姓名、年龄、职业、最后居住的地方及在美国的预定目的地，她则把父母在门罗街的家登记为目的地。韦伯上校作了简短的致辞，欢迎她来到美国，并递给她一枚闪闪发光的10美元金币。圣母玫瑰堂传道团（一个为年轻天主教女性移民提供帮助的组织）的卡拉汉神父随后祝福了她，并给了她一枚银币，"旁边站着的一个人又送了一枚5美元的金币当礼物"。接着，安妮拉着她的兄弟"匆匆来到了岛上的等候室，在那里她找到了父母。登陆之后不到半个小时，她就在去往纽约市区的路上了，准备度过元旦剩下的时间"。

在接下来的62年里，1 500万移民跟随安妮·摩尔的脚步，穿过埃利斯岛的检查室，开始了在美国的新生活。安妮很快就被人遗忘了。

直到1965年，她的名字才再次出现在《纽约时报》的专栏上。当时，总统宣布被遗弃的、破败的埃利斯岛建筑群为"国家圣地"和自由女神像国家历史文物的一部分，就在关于此事的报道中提到了她。12年后，时报记者弗朗西斯·克莱斯在《埃利斯岛的记忆》一文中再次提到了安妮的名字。他说："如果她还活着，已经100岁了；若是她去世了，那就太遗憾了，再也不会有人听到这个女孩在埃利斯岛之后的故事了。"

摩尔等人的故事似乎已经湮灭，难从历史中觅其踪迹，越来越多的人为此感到遗憾，也就在这种情况下，克莱斯游览了埃利斯岛的遗迹。如其报道所述，政府已经在计划修复该岛的设施，将其改建为一座美国移民博物馆。1976年，亚历克斯·哈里出版了《根》（Roots），描述了作者在将其家族史追溯至非洲方面付出的努力，吸引了大批读者和电视短剧的观众，取得了巨大的成功，从而推动了创建一座移民博物馆的热潮。这一时期"白人族群意识的复兴"同样也发挥了重要作用。自第一次世界大战以来，美国社会一直在鼓励美国人淡化自己的种族传统，要把自己当成"百分之百的美国人"。但到了20世纪70年代，或许是由于冷战关系的缓和，美国人觉得没有必要再淡化，再次开始对自己的族裔背景和移民出身感到自豪。埃利斯岛博物馆于1990年开业便是这些社会大趋势的高潮。

修复埃利斯岛并创建博物馆的组织者呼吁安妮·摩尔的后代主动响应此事。当时，玛格丽特·奥康奈尔·米德尔顿已经72岁，住在图森。她回复说在抵达埃利斯岛后，母亲安妮·摩尔移居到了得克萨斯州的希尔县，嫁给了著名的爱尔兰民族主义者丹尼尔·奥康奈尔的一位后裔，组建了家庭。据米德尔顿说，在安妮的丈夫去世后，她和她的孩子们搬到了新墨西哥州，1923年，在回到得克萨斯看望一个生病的弟弟时，摩尔被沃思堡的有轨电车撞倒身亡。

埃利斯岛建筑群修复后，1988年，在为其中一个家族史展览中心筹款的启动仪式上，米德尔顿夫人向修复委员会赠送了一张10美元纸币，以向韦伯上校在近100年前送给安妮的10美元金币表示敬意。

1993年2月,在爱尔兰的科夫(原名昆士敦),安妮和她的兄弟登上内华达号的地方,树起了一尊姐弟三人的青铜像。米德尔顿的家庭成员出席了揭幕式,几个月后,他们也参加了埃利斯岛上的安妮塑像落成仪式。很快,美国历史教科书就都开始增加安妮·摩尔如何跟比她早到的很多移民一样在西部寻求机会的故事。

1993年秋,我带着我在怀俄明大学的学生游览了纽约市的移民历史遗址。在参观埃利斯岛时,我们在安妮的新雕像前停了下来。我给学生讲了她的爱尔兰血统和在得克萨斯州惨死的故事。即使在搬到华盛顿特区任教之后,我仍然和我的学生一起定期参观埃利斯岛和安妮的雕像。

在多次课堂旅行和多次给学生讲安妮·摩尔的故事之后,2004年的一天晚上,我和12岁儿子最好朋友的家人在华盛顿共进晚餐。儿子朋友的母亲杰姬·贾德是美国广播公司的前新闻记者,父亲迈克尔·舒尔曼是投资顾问,他们问起我的工作。我提到了自己想写一本关于纽约移民生活史的书。

舒尔曼问我是否知道谁是第一个登陆埃利斯岛的移民。

我说:"当然是安妮·摩尔了。"

"你知道她怎么样了吗?"

我回答说:"她是在得州被电车撞死的。"

"不是。"他说,"历史书是这么说的,但那不是真的。真正的安妮·摩尔是我的姑婆。她从未离开过纽约。"

我有点怀疑,但他的言之凿凿给我留下了深刻的印象。他相信真相最终会大白于天下。

没过多久就有了结果。在那顿晚餐的几年前,一位名叫梅根·斯莫伦亚克的系谱学家正在制作一部关于移民的历史纪录片,并在美国公共电视服务网(PBS)的电视台播出。她决定核实玛格丽特·奥康奈尔·米德尔顿的故事，作为其安妮·摩尔研究的一部分。调查发现让这位系谱学家感到震惊，虽然米德尔顿的母亲的确名叫安妮·摩尔，但人口普查记录显示她出生在伊利诺伊州，而不是科克郡。人口普查资料往往不准确，但系谱学家所能找到的各种原始资料都表明米德尔顿的母亲生于伊利诺伊州，不可能是埃利斯岛的那位安妮。斯莫伦亚克想方设法利用同样的人口普查记录来了解移民安妮·摩尔的经历，但直到纪录片拍摄结束，她也没有成功。结果，安妮·摩尔的故事被删除了，斯莫伦亚克转而拍摄其他的选题。

跟任何优秀的系谱学家一样，查找不到"真正的"安妮让斯莫伦亚克念念不忘。2006年夏天，她在系谱社区网开出1 000美元的奖金，用于奖励发现埃利斯岛的安妮及其后代命运的人。

对系谱学家来说，后来结婚的年轻女孩最让他们头痛，因为她们在婚后改了夫姓，如果不知道她们婚后的姓名，就可能永远找不到她们。因此，接受挑战的研究者将注意力集中在安妮的兄弟们身上。几周后，关注斯莫伦亚克博客的人发现了证据，表明20世纪中期住在布鲁克林的菲利普·摩尔就是在内华达号上陪着安妮的那个菲利普。其他记录显示这位菲利普有一个女儿叫安娜，她嫁给了一个叫舒尔曼的人，他们的孩子中有一个叫迈克尔的儿子。在拨错几次电话之后，斯莫伦亚克拨通了与我共进晚餐的迈克尔·舒尔曼的电话。讲起这次电话时，她说："我一提到'安妮·摩尔'，他立刻就知道怎么回事了：'那是我们。'我觉得他们很乐意被人发现。"在斯莫伦亚克将寻找安妮的挑战发布到自己博客的6周后，真正的安妮·摩尔到底怎么样了这个谜就被解开了。

安妮离开埃利斯岛后的真实故事更能揭示一个埃利斯岛移民的典型生活，虽然没有得克萨斯的安妮那么戏剧化，但也同样有趣。像大多数在埃利斯岛接受过检查的人一样，安妮定居纽约，而且跟很多人一样，她在那里度过了一生。和成千上万被吓到、被误导的新移民一样，安妮在埃利斯岛的那次简短采访中撒了谎。她告诉移民官那天是她15岁生日；事实上,"小安妮"已经 17 岁半了。

安妮、安东尼和菲利普及其父母一起搬去了门罗街一栋五层楼的小公寓里，同住的可能还有他们的哥哥和姐姐。安妮的父亲当时很可能是一名码头工人，1900 年的人口普查记录了他的职业，这已经是安妮登岸 8 年以后的事了。他们家想必生活拮据，因为不久就从还算体面的第七区搬到了毗邻的第四区，那里是伊斯特河上最破败的滨水区，到处都是妓院、水手的寄宿住房、肮脏的廉租公寓和吵闹的酒吧。

也许正是搬到了第四区才让安妮认识了未来的丈夫奥古斯塔斯·约瑟夫·沙耶尔，他的朋友和家人都喊他古斯。沙耶尔的父亲西蒙是来自巴登的德国移民，在巴达维亚街 5 号开了一家面包店，离摩尔夫妇住的地方只有几个街区。西蒙之所以出名是因为他发明了蛋白杏仁饼干，确切地说，它是现代版的夹心饼干。显然，这并非毫无根据的吹牛。1885年，他为自己的创造申请了专利。

对于一位住在第四区的移民创业者来说，保护一项专利是不可能的，因此，西蒙从来没有将其糖果点心的创新转变成财富。当然，这一事实对西蒙的孩子和他们的机会产生了重大影响。1895 年，他 19 岁的儿子古斯和 20 岁的安妮结婚，但他们的生活从未稳定，过得也不舒适。在接下来的 20 年里，安妮生了 11 个孩子，只有 5 个活到了成年。当时，婴儿死亡率普遍很高，在滨水的第四区等社区更是如此，但即便在那个时代，失去一半以上的孩子也是很少见的。她后代的死亡证明上列出的疾病不仅表明了他们的死亡原因，也能看出安妮在每一个弱小的生命即将消逝时感受到的痛苦：结核性肺炎引起衰竭、白喉和支气管肺炎、血友病……从口中持续流血、小肠结肠炎 24 天、慢性心脏瓣膜病，也许最令人难过的是"消瘦症"，它是一种婴儿无法增加体重最后饿死的疾病。伴随这些疾病的是在通风不良、卫生条件差、医疗服务不足的破旧廉租公寓里过的贫穷生活。安妮的母亲总是住在附近，随时可以帮忙（安妮和古斯向来都住在离父母不到三四个街区的地方），但即便如此,一连串疾病和死亡的无情打击肯定让安妮难以忍受。

安妮的弟弟安东尼 21 岁时在布朗克斯去世,最初被埋在纽约的公共墓地,那是一些买不起墓地之人的安息之地。1907 年,安妮 55 岁的父亲马修因肝硬化死于救济院,也就是纽约医院的穷人病房。1909 年 1 月,安妮 54 岁的母亲朱莉娅寒热发作,安妮和古斯把她送到纽约的贫民所接受治疗。她康复了,但 10 年后,她患上了"老年性精神病"(今天我们称其为阿尔茨海默病),家人再次把她送到一家穷人医院,即沃兹岛(Wards Island)的公立医院,她在那里度过了人生最后 7 年,直到 1927 年去世,享年 70 岁。

尽管如此,安妮和古斯并不是穷人中最穷的。古斯在富尔顿街市场(Fulton Street Market)做推销员,收入肯定还算不错,至少有时候是这样的。他们设法在布鲁克林的各各他墓园(Calvary Cemetery)买了一块家庭墓地,他们的孩子就葬在那里,只是没有立碑。偶尔他们也能花钱拍全家福。我们知道安妮也不缺吃喝,40 多岁时,她就很胖了。

大约 30 岁的安妮·摩尔和她其中一个孩子。她生了 11 个孩子,只有 5 个活到了成年。

1924 年,49 岁的她死于心力衰竭,想必是由于身体超重。据其家人所说,在她去世时,棺材太大了,楼梯狭窄,无法抬下去,只能走窗户。

令人惋惜的是,安妮没能活到 60 多岁,也就享受不到她的家庭最终得到的一些好运。1938 年,古斯从一位名叫安娜·金茨的神秘女捐助人那里继承了 3 000 美元。在当时,这笔钱可以让他们享受到相当于今天一笔 20 万美元遗产带来的"经济地位"。但古斯似乎并没有把大部分遗产花在自己身上。他继续住在他和安妮养大孩子的那幢廉租公寓里，即奥利弗街（Oliver）90号的老居住区。

同样令人遗憾的是，安妮也没能看到她的家族几乎变成了一个典型的纽约移民家庭，而且与来自世界各地的其他移民通婚。安妮与德裔美国人的婚姻在当时被认为是异族婚姻，古斯的父亲西蒙可能是犹太人，在他看来尤其如此。今天，安妮及其弟弟们的后代包括了来自纽约的其他主要移民群体的代表，比如意大利人、东欧犹太人、中国人和多米尼加人。安妮及其两个弟弟是第一批通过埃利斯岛进入美国的移民，并成为典型的纽约人，他们的生活和家庭都与纽约的移民经历密不可分。

安妮·摩尔的故事还有最后一个谜团。事实上，韦伯上校主持埃利斯岛的时间并不长。在埃利斯岛开放11个月后，本杰明·哈里森总统在竞选连任时输给了格罗弗·克利夫兰，新政府任命了一位新站长，韦伯不得不让位。一个世纪后，在埃利斯岛博物馆开放时，韦伯的后人向档案馆捐赠了几十张照片，它们都是在韦伯短暂担任移民专员期间拍摄的。舒尔曼和斯莫伦亚克确信其中一张照片就是1892年1月1日安妮和她两个弟弟在埃利斯岛拍摄的合影，照片显示一个女孩和两个小男孩在离一群移民稍远的地方站着。

有些安妮·摩尔的后代确信这张照片中的主角就是安妮和她的弟弟安东尼和菲利普。该照片是由埃利斯岛第一任移民事务负责人约翰·韦伯上校的家人捐赠给埃利斯岛档案馆的。

埃利斯岛的档案管理员坚持认为这张照片不可能是摩尔姐弟，而是一张移民在巴奇办公楼（Barge Office）里拍的照片。巴奇办公楼位于巴特里公园东侧边缘，从1890年花园城堡关闭，到1892年埃利斯岛检查站开放，那里一直是处理移民事务的场所。但斯莫伦亚克指出，照片背景中与众不同的支撑梁与埃利斯岛大楼原来使用的支撑梁完全吻合。她悬赏1 000美元，只要能证明这张照片不是这姐弟三人，任何人都可以获得奖金，但至今无人领取。舒尔曼说照片中的女孩和他的母亲长得几乎一模一样，而让我感到震惊的是，照片中年长的男孩和舒尔曼的双胞胎儿子安东尼和菲利普惊人地相似。不过，很难想象照片中年龄较小的男孩有12岁，这是菲利普·摩尔的真实年龄，甚至这也解释了爱尔兰人的营养不良。然而，安妮所乘轮船的大副认为菲利普只有9岁，安妮才13岁，因此，《纽约时报》才称她"小"安妮。如果事实证明舒尔曼和斯莫伦亚克是正确的，那么，这张照片总有一天会成为美国历史上的标志性图片之一。

安妮·摩尔的故事是纽约和美国移民传奇的一个缩影。亲人失散，时而重逢。不切实际的期望与残酷的现实发生冲突，既有悲惨的死亡，也有奇迹般的生还和成功的故事。有谎言，有心痛。他们"彼此厌恶，彼此相爱，用一百种不同的语言、一百种不同的方言、一百种不同的宗教表示同意或反对。但彼此生活在一起，只能无奈地慢慢融合。"这是一个世纪前一位移民对纽约经历的描述，400年来，这一特性几乎没有什么改变。

最重要的是，移民怀着梦想而来，梦想着饥饿会成为过去，梦想着拥有权利而不再忍受限制和歧视，梦想着经历了贫穷之后可能会换来生活的安定和机会，即便不是为了自己，至少为自己的子孙创造一个良好的环境。从第一批荷兰移民的抵达，到五点区（Five Points）、下东城和小意大利区的全盛时期，若把纽约移民的故事归纳一下，其特征就是梦想。同样，梦想也主宰着纽约最新移民的生活，无论来自中国还是圭亚那，牙买加或多米尼加，墨西哥或加纳，他们心中都有自己的梦想。纽约移民的故事确实是一个关于梦想的故事。

《纽约四百年》讲述的是从纽约建城至今近400年的移民史。为了充分还原移民们引人入胜的生活故事，同时又能涵盖整个城市丰富多彩的历史，我将叙事重点放在了每个时代最大的移民群体上。因此，《纽约四百年》特别关注美国独立战争前几年的荷兰人，英国人和苏格兰人，19世纪的爱尔兰和德国移民，20世纪初的意大利和东欧犹太人，以及20世纪末和21世纪初来自中国和加勒比地区的移民。希腊、印度等移民群体虽显而易见，但从未成为纽约最多的外国出生的人口，因此，对他们的描写未能达到有些读者希望或期望的程度。我还决定把重点放在那些移民涌入纽约最多的时期，以及那些在塑造这座城市的历史和美国人对移民的看法方面特别重要的事件上。结果是，18世纪70年代、19世纪60年代和20世纪10年代的人物和事件占用了大量的篇幅，相比之下，我对19世纪早期和20世纪中期的描述则少很多。

我对近代移民的着墨也较少，而是用较多的章节描述了早期大量涌入的新移民。作为一位历史学家，我特别看重"后见之明"的观点，而且我们离近代的移民太近，无法确定哪些趋势和事件正在起决定作用，哪些很快会被遗忘。此外，近代移民的历史文献也非常少，无法支持我还原当时的人物和事件。他们的剪贴簿、日记和照片几乎还没有从其孙子辈的阁楼搬到档案馆和历史学会。虽有社会学家正在进行当代移民的研究，但他们的作品多为数据和理论，缺乏令人信服的个人讲述，而正是这些故事才使得纽约的移民史丰富而有价值。我可以借鉴新闻报道作为讲述某些近代移民故事的素材，但最后我确信媒体的内容是有限的，仅此而已。否则，《纽约四百年》会像描写过去的移民大潮一样，用同样多的章节描写今天的新移民。但让我感到欣慰的是，再过一代人的时间，历史学家必定能够详细、准确地记录下纽约最新移民的传奇故事，那是又一段非常值得浓墨重彩书写的历史。

第一章
定居点

斯泰弗森特本可以在荷兰度过他人生的最后几年,那样就可以远离纽约,不至于每天都会想起作为新尼德兰总理事任期不光彩的结局。和很多冒险去纽约的人一样,他在此地度过的岁月改变了他。尽管当时"美国人"这个词还没有被创造出来,但他知道自己已经成了一个美国人。

彼得·米纽伊特（Peter Minuit）禁不住火冒三丈。时值1632年春天，他坐镇曼哈顿岛管理着一块殖民地。该岛是他亲自选定，并从"野人"手里买下的，有时荷兰人称印第安人为"野人"，也就是他们所谓的卡纳西人（Canarsie）。按说他现在理应沿亨利·哈得孙几年前才发现的大河溯流而上考察毛皮交易，指导新农作物的种植，监管新阿姆斯特丹[1]港口的走私者，为意见不合的开拓者裁定争端，以及写信设法劝诱更多的欧洲人移民到这片新兴的殖民地，这里是"他"的殖民地。

可43岁的米纽伊特偏偏在英格兰王国的普利茅斯被捕了，罪名是盗窃英格兰国王[2]查理的财产。捉拿他的人坚持认为其团结号船上所载的5 000张海狸毛皮应该属于英格兰国王查理，因为米纽伊特的殖民地坐落在意大利探险家乔瓦尼·卡博托（Giovanni Caboto）于16世纪宣称属于英格兰的那片土地上。况且，"发现"曼哈顿的哈得孙本人就是英格兰人，可以进一步证实英格兰拥有该地的主权。但事实上，哈得孙

---

[1] 17世纪，尼德兰王国（荷兰）在曼哈顿岛南端建立殖民地，称之为新阿姆斯特丹（New Amsterdam）。1664年9月8日被英格兰占领后，更名为New York，即纽约。

[2] 1632年处于英格兰王国时期（927—1707），因此，称英格兰国王，而非英国国王。

驾驶着半月号的航行是由荷兰商人赞助的。

当然，米纽伊特要辩称新阿姆斯特丹是荷兰的。如果受雇于英格兰的意大利人可以为英格兰人宣布领地，那么，荷兰人雇用的英格兰人当然可以宣称某块土地为荷兰所有。但英格兰人不听这一套。他们反驳说：即使哈得孙宣称曼哈顿是荷兰的，那也无效，因为曼哈顿位于英格兰殖民地弗吉尼亚的北部，而该殖民地在哈得孙航行至北美前几年就已经建立了。荷兰派往圣詹姆斯宫的特使心知肚明，米纽伊特和他的船只不过是北美这盘更大棋局中的小卒子而已。当两个国家均面对更险恶的西班牙的威胁时，因为一些动物皮毛而破坏与荷兰的友好关系，对于英格兰来说得不偿失。尽管荷兰大臣在一个月的时间里自信而不无耐心地展开外交谈判，要求释放该船及其乘客，但米纽伊特在普利茅斯就是动身不得。看来他重掌新尼德兰[1]殖民地理事的希望日渐渺茫[2]。其实在他出航之前，此事就已经存疑了。

从身份低微到引发国际事件，米纽伊特的人生旅程可谓一波三折。大约1589年，他出生于莱茵河谷的韦瑟尔，该镇位于德国西部的公国克莱夫，靠近荷兰边境。米纽伊特的父母是瓦隆人，属于荷兰归正教会说法语的会员，该教会起源于天主教盛行的地区，现处于比利时的南部。理论上讲，该地区属于荷兰，但被西班牙占领了50多年。在西班牙宗教裁判所的管制下，瓦隆地区对新教徒不再那么宽容，为避免由此而致的迫害，约有15万瓦隆人逃离此地，定居于英格兰、荷兰和德意志邦联西部偏远之地，克莱夫即是其中之一。

---

[1] 荷兰的正式名称是"尼德兰王国"，在北美开发殖民地时处于尼德兰联省共和国时期（1581—1795），所以，它占领的北美殖民地称为 New Netherland，译为"新尼德兰"。尼德兰王国之所以被更广泛地称为荷兰，乃是因为其南、北荷兰省在经济、人口、文化、艺术等领域都处于领导地位。"历史学家通常认为，没有荷兰省就没有尼德兰。"（张淑勤）

[2] 西印度公司的组成性质类似东印度公司，也是一家特许公司，由19人组成的理事会管理，并向各殖民地派驻理事（director）。

年轻的米纽伊特满怀雄心壮志。1613 年，他与克莱夫首都市长的女儿耶德鲁特·拉埃兹结婚。不久，他们搬到了繁华的荷兰中部城市乌德勒支。米纽伊特在那里学会了钻石加工，但宝石交易无法让其满足，他渴望做更刺激、更有利可图的事情。在听说有些瓦隆人自愿充当北美洲荷兰殖民地的第一批移民之后，米纽伊特要求加入此列。不过，他可不想跟远征队的那些标准殖民者一样在野外生活 6 年，也不希望受雇于资助该远征队的荷兰西印度公司。米纽伊特只想当远征队的志愿者，因为在协助殖民活动组织者的同时顺便可以考察北美洲的商机。在看到最初愿意在新尼德兰定居的瓦隆人只有 30 个左右之后，西印度公司同意接纳米纽伊特。毕竟，不管他是否别有用心，若是印第安人来袭或发生火灾，多一个健壮的人总是受欢迎的。

似乎米纽伊特与殖民地的临时理事威廉·维赫斯特于 1625 年春天抵达了新阿姆斯特丹，此时，离最早那批 30 个瓦隆人在离家几千英里的荒野从零开始艰难地建造殖民地已经过了大约九个月。西印度公司给维赫斯特的指示是把米纽伊特当成"志愿者"，他会探索与奥兰治堡（Fort Orange）附近的印第安人开展贸易的机会，奥兰治堡即当今的奥尔巴尼（Albany）。三个月后，西印度公司再次向维赫斯特发出指示，提名米纽伊特加入该殖民地的治理委员会。米纽伊特于 1625 年返回欧洲，但这个新兴殖民地给他带来的地位的提升显然让他很享受，他又设法返回了那里。1626 年 1 月，他离开荷兰及其家人，并很可能经由荷兰在加勒比海的领地于 5 月 4 日抵达新阿姆斯特丹。

想必米纽伊特对他在纽约港第二次下船后看到的情况感到震惊。殖民地的居民将原本统领他们的维赫斯特给抓了起来。至于为什么开拓者会向维赫斯特反戈一击，没人知道确切的理由。有人声称他挪用了资金，另一些人则说他欺骗了印第安人，让他们有遭受攻击的危险。印第安人最近洗劫了奥兰治堡，移民们将它归咎于维赫斯特。有人则理解为殖民地的居民只是发现维赫斯特难以忍受而已。因此，就像一位移民在

1626年写的那样,"鉴于维赫斯特的不良品行",殖民地治理委员会投票决定等米纽伊特返回后,就让他当新的理事。

米纽伊特认为维赫斯特经营殖民地的方法已经完全误入歧途了。按照荷兰西印度公司的指示,维赫斯特把一小群殖民地居民划分到广泛分布的多个定居点,在荷兰人称为南河(我们称为特拉华河)的流域,从开普梅(Cape May)一直延伸至特伦顿(Trenton);在荷兰人称为北河(哈得孙河)的流域,则从新阿姆斯特丹延伸至奥尔巴尼,甚至更北,向东则到了荷兰人称为清水河(康涅狄格河)的航道。西印度公司曾设想将南河流域当成最重要的殖民定居区,但米纽伊特正确地预见到应该将新阿姆斯特丹当成主要的贸易枢纽,并将公司的大部分资源重新配置到了那里。可能是出于防御的目的,米纽伊特还决定将西印度公司的大多数开拓者集中在一个地方,因此,他命令驻扎在其他地方的大部分殖民地居民搬迁至新阿姆斯特丹。维赫斯特曾经遵从公司的命令将业务总部设在位于哈得孙河口的坚果岛,即现在的加弗纳斯岛(Governors Island)[1],但它只是纽约港较小的岛之一。最后,米纽伊特也撤销了此令,将定居点迁至更大的岛,即原住民口中的曼哈顿岛。

与坚果岛不同,曼哈顿岛是印第安人的地盘,所以,向它迁移带来的问题就是不知道那些"野人"会作何反应。西印度公司的负责人写道:如果荷兰人想要占领的土地"为好些印第安人居住,不应用武力或威胁驱赶他们,而应客气地与之谈,要不就给他们些东西,说服他们让我们与他们同住"。西印度公司的指示要求将此类交易写成合同,由印第安人签署,而且要"按照他们的方式(签),因为若遇其他情况,此类合同对公司可能非常有用"。

如此,才有了众所周知的"购买"曼哈顿岛的交易。尽管存在语言

---

[1] 也有人叫"总督岛"。

障碍，但印第安人和荷兰人最初可能都把它理解为彼此分享该岛的长期协议，因为数十年后，印第安人继续生活在曼哈顿岛，荷兰人也没有做出任何驱逐他们的举动。然而，一位西印度公司治理团队中的荷兰政府代表在阿姆斯特丹给其在海牙的上级写信，在描述一艘发自新阿姆斯特丹的船抵达时，说到开拓者"已经以60荷兰盾从印第安人手中买下了曼哈顿岛"。米纽伊特并没有付现金，而是给了印第安人一些"商品"，有斧头、水壶、锥子和"粗呢布料"等。交易中可能使用了一部分印第安人用珍贵贝壳串起来的贝壳钱，但猜测印第安人用曼哈顿只是交换了一些珠子就很不靠谱。想必西印度公司对这笔交易感到满意，因为它曾经指示维赫斯特寻找一块至少2 000英亩大小的耕地，米纽伊特却获得了一个比它的10倍还要大的岛屿的定居权。米纽伊特认识到曼哈顿的最有利条件是其地理位置。20世纪初的历史学家指出，曼哈顿位于哈得孙河和其他几条河流的河口，"就像一个天然良港，准备迎接来自世界各地的贸易"。

米纽伊特尽力让荷兰人在曼哈顿岛站稳脚跟。岛的最南端恰好迎向港口吹来的风，在米纽伊特的监督下，两台风车建了起来，一台用于磨谷物，另一台用于锯木材。以后数十年，它们就成了曼哈顿岛南部的天际线。米纽伊特还竭力改善新定居点的城堡，这是当时的另一个大型建筑。殖民地的居民对待防御工事敷衍塞责，用草皮代替石头砌墙，米纽伊特下令重建。由于看到新阿姆斯特丹贸易基地比原先设想的要重要得多，因此，用他们首席牧师乔纳斯·米恰利乌斯的话说，移民们很快就开始"建造坚固的新房屋，取代直到今日还在居住的临时小屋和茅舍，住在那样的屋舍里，与其说是居住，更像是临时借宿"。看来新阿姆斯特丹终于有一位可以让殖民地走向成功的领导人了。

但是，尽管在米纽伊特的领导下，新阿姆斯特丹不断扩张，但西印度公司并没有因此获利。移民每年将数千张海狸毛皮送回阿姆斯特丹，但在发放了居住在该殖民地的数十名雇员的工资，补贴了运送食物和人员到北美,以及将毛皮运回欧洲的航行费用之后,所得收益不足以补偿该公司加强定居点防御的费用。米纽伊特辩称:若公司能资助更多的殖民者移民,此地的资金投入就会增加,就会变得更有利可图,但公司高管声称他们发现很少有荷兰人愿意冒着生命危险前往北美荒野。

理事们开始对米纽伊特失去信任,部分原因在于赤字,部分原因在于米恰利乌斯的诋毁,因为他开始向公司总部寄送批评米纽伊特行为的报告。这位牧师写道:表面上看,米纽伊特似乎精力充沛,很有才干,但实际上,他是"一个滑头,有一副虚伪的嘴脸,所有罪孽和邪恶集于一身"。他之所以能欺骗西印度公司的高管,是因为"他惯于撒谎,满嘴跑舌头,惯于诅咒和最恶毒的谩骂"。此外,尽管米纽伊特已婚,米恰利乌斯还是写道:"他也免不了与人通奸……而且认为没人值得他的帮助和保护,因为都非他同类。"米纽伊特否认指控,坚持认为米恰利乌斯谎话连篇,西印度公司的理事们不知该相信谁,并意识到这种不和的局面不能再继续下去了,于是在1631年底将他俩召回接受调查。不无讽刺的是,二人与殖民地的其他负责人一起登上了团结号,驶往阿姆斯特丹,船上装着当年收获的大量毛皮和木材。

冬天可不是一年之中穿越大西洋的理想时间。在寒风凛冽的木船上,乘客们需要想方设法保暖,而且冰山始终是个威胁。飓风季节可能已经过去,但海上的冬季暴风雪差不多同样残酷。若不是暴风雪来袭,团结号几乎就要径直穿越大西洋了。但船长不愿意冒险失去船只,决定到英格兰西南部的普利茅斯港寻求庇护。米纽伊特预计荷兰船会受到英格兰人的欢迎。毕竟,信奉新教的两国是盟友,而共同的强敌西班牙信奉的是天主教。但是,当英格兰人得知团结号是从北美"某个叫曼哈顿的岛"驶来的,普利茅斯当局逮捕了米纽伊特和米恰利乌斯,坚称团结号上的财产中有未经许可从英格兰领土上拿走的英格兰财产。想必米纽伊特已经告诉了捉拿他的人这些商品来自他从印第安人手里购买的领地,但英格兰人认为当地的土著无权出售已经属于英格兰的土地。

他们在普利茅斯被英格兰人羁押了一个多月，之后，荷兰派往英格兰的特使终于通过谈判让这些人及船和货物得以放行。英格兰和荷兰承受不起旷日持久的外交危机。但是，英格兰人表明了自己的观点：他们宣称拥有整个北美洲的所有权，包括新阿姆斯特丹。甚至米恰利乌斯都意识到了该岛最终将成为"该国首屈一指的大本营"。

米纽伊特终于在1632年5月3日到达荷兰西印度公司总部，当时，郁金香热正在衰退，如同他想重获新尼德兰理事职位的前景消失得一样快。经过一场敷衍了事的听证会后，公司高管解雇了米纽伊特，首要的理由是他未能劝诱更多的荷兰人到新阿姆斯特丹定居。让米纽伊特聊以自慰的是，他得知米恰利乌斯也遭到了解雇。但是米纽伊特至少还是可以稍加报复的。数年后就业并不理想的他同意率领一支瑞典探险队，以瑞典11岁的女王克里斯蒂娜的名义夺取新尼德兰的一部分。虽然只有两艘船及不到100人的兵力，米纽伊特却打算控制整个南河流域。他知道这一地区防守力量薄弱，因为他曾亲自下令将先前驻扎在此的大多数荷兰殖民者迁移到新阿姆斯特丹。米纽伊特的计划成功了。1638年春天，瑞典新殖民地诞生了，覆盖特拉华河流域，北至未来的城市特伦顿和费城。在将近20年的时间里，这片土地一直是荷兰人和英格兰人的肉中刺。但是，米纽伊特仍旧没有机会享受他的劳动果实。他一生都在寻求交易的机会，却于1638年8月死于一次加勒比海飓风的袭击。他曾航行到加勒比海，希望能买到可以大幅加价后转售欧洲的烟草，欧洲人对北美这种"难闻的草"需求量很大，可以说是供不应求。

荷兰人的行为似乎令人惊讶，他们组建西印度公司，不惜投入大量得之不易的钱财，到离家数千英里的大陆进行高风险的皮毛生意，但欧洲人几乎不了解这片土地，而荷兰人对它的占有也只能说是脆弱的。毕竟，米纽伊特所代表的荷兰商人本可以满足于他们已经得到的财富。17世纪初，荷兰来到了它的"黄金时代"，诞生了伦勃朗和弗美尔，发明了显微镜，是当时世界上最富裕的社会之一。威尼斯大使吉罗拉莫·特雷维萨诺在向其政府的报告中不无羡慕地说："在这个国家，每个人都在各自的等级范围内生活得轻松愉快。没人乞讨，想施舍的人都找不到施舍的对象。"荷兰的繁荣部分源于创办西印度公司的商人和其他荷兰商人控制了多条欧洲最重要的商路。在食物冷藏方式流行之前，用于食品保存的盐是一种非常珍贵的商品，在这一时期，荷兰人一直主导着欧洲利润丰厚的盐贸易。在欧洲人的饮食以无滋无味水煮食品为主的时代，香料同样很贵重，比现在要值钱得多。荷兰商人实际上垄断了那个时代与亚洲的香料贸易。因此，那时荷兰人的生活水平是欧洲最高的。

正是想要保住自己欧洲商业巨头地位的渴望才让荷兰人偶然建立了新阿姆斯特丹。1492 年，哥伦布"发现"美洲，但他一直想要寻找的并不是新大陆，而是一条通往亚洲香料市场的更为直接的航线。荷兰人在亚洲贸易上掐住了其他国家的脖子，英国人、法国人、葡萄牙人和西班牙人不愿意受制于人，希望打破荷兰人的垄断，一个多世纪以后，他们仍在寻找一条通往"东方"商业中心的捷径，以便绕过荷兰中间商。只要他们中有一家发现了，利润丰厚的荷兰香料贸易就会迅速萎缩。因此，荷兰人决定他们必须首先找到新航线。

金钱利益并不是他们的唯一动机。至荷兰人建立新阿姆斯特丹时，他们已经为脱离西班牙奋斗了 60 年。当时西班牙仍然占领着多个说荷兰语的省，不过它们最后独立，成立了比利时。摆脱西班牙只能靠香料贸易的利润来资助。因此，在维持荷兰亚洲贸易的竞争优势中，荷兰的生存受到了威胁。

得知哈得孙未能找到通往亚洲的更短航线，荷兰共和国的领导人一点也高兴不起来。但当荷兰毛皮商人得知哈得孙发现了一片到处都是海狸、水獭、狐狸和其他动物"兽皮和生皮"的荒野时，他们却是兴高采烈。荷兰的毛皮业长期以来一直依赖法国殖民地供应原材料，这个法国殖民地现在主要指的是魁北克。他们迫不及待地利用哈得孙的发现争取占有这些动物毛皮，从而避免法国中间商的加价。荷兰毛皮商人获得了荷兰政府的许可，可以在哈得孙考察过的区域开展贸易，并立即开始向那里派送船只。

毛皮商人并不打算定居曼哈顿或他们称之为新尼德兰的任何其他地方。通常，他们向内陆航行，找到印第安人，利用易货贸易交换印第安人手里的毛皮，装满船，然后立即返回欧洲。最后，荷兰政府不想只从新尼德兰获得动物毛皮，虽然目前尚不清楚北美洲还能为荷兰人提供什么，但从竞争对手西班牙、法国和英国都在这片大陆上修建了更多永久性贸易基地来看，他们也许也应该那样做。因此，当荷兰毛皮商人在新尼德兰经商的专利权于1618年到期后，荷兰政府拒绝续签。相反，它以非常成功垄断了亚洲香料贸易的荷兰东印度公司为蓝本，创建了西印度公司。新公司的投资者将是唯一获准在北美、南美和非洲西海岸买卖商品的荷兰商人。在其经营所在地，雇员几乎拥有管理和执法的全部权限，并可与当地人订立条约。

1623年至1624年冬，西印度公司首次进军殖民地。起初，曼哈顿及其附近地区不是该公司的优选项。相反，它曾孤注一掷地动用其大部分启动资金，冒险入侵并占领巴西巴伊亚州的圣萨尔瓦多港，从而获得对巴西东南部食糖贸易的控制权。该公司组建了一支由26艘战舰组成的小舰队，载有3 300名士兵，迄今为止，在由私人资助用于入侵的舰队中，它是规模最大的。

1624年1月底，随着西印度公司舰队扑向巴西，该公司向北美派出一艘帆船（恰好取名"新尼德兰"），在北美设立了自己的贸易基地。该船由经验丰富的荷兰船长科内利斯·梅伊指挥，之前他曾去过北美几次。过去抵达北美地区的欧洲船只只载有水手或其他适合探险的人，而新尼德兰号是第一艘携带移民的船只，这些人打算在这个刚刚起步的殖民地长期居住下去。

西印度公司领导人指示梅伊将行动基地建在哈得孙探索过的那条河

流的最南端，即当今的特拉华州。公司高管之所以选择此地，是因为他们认为现在新泽西南部的气候类似于西班牙在佛罗里达的热带殖民地。梅伊在特拉华湾北岸设立了一个贸易基地（现在的小镇开普梅 [Cape May] 即是以他的名字命名的），然后着手履行其使命，以恢复现在被称为哈得孙河上的毛皮贸易。当梅伊到达哈得孙河口时，发现一艘法国船已经停在了港口，船长告诉梅伊他打算在那儿立起法国国旗，并宣称此地归法国所有。但是梅伊用他那艘有"两门炮的帆船"把法国人赶出了哈得孙河。这是法国最后一次试图入侵荷兰的领地。

消除了法国的威胁之后，梅伊并未像人们预期的那样在哈得孙河口建立大本营。梅伊和西印度公司认为毛皮贸易的关键在于沿北河而上100英里处，那里有大量毛皮等待着荷兰商人的到来。因此，梅伊溯流而上，将其大多数殖民地居民运送到那里，在今天奥尔巴尼这个地方建起城堡和定居点。其他人则被送往现在的康涅狄格河，只有少数定居者留在了纽约港的坚果岛，他们则用海湾对面几百码远的曼哈顿岛放牛。两年后，正是米纽伊特出于敏锐的判断，将牛放到坚果岛，把人放到曼哈顿岛，这才开启了该岛吸引移民的历史。

曼哈顿似乎给这些定居者带来了几乎无限的赏赐。有人在1624年写道："我们很高兴抵达了这个国家。我们发现了迷人的河流，冒着泡泡的喷泉，泉水流进了山谷。平地上有水流进流出的池塘，树林中有风味宜人的水果，如草莓、鸽子浆果、核桃，以及……野葡萄。"还有人记录说"那里长有大量的栗子、李子、榛子、各种大核桃"和蓝莓。坚果树可为定居者提供食物，冷杉和松树可当木材和船只的桅杆，带给欧洲可观的利润，高大橡树的橡子可以喂肥他们的猪。在养殖牲畜之前，殖民地的居民可以尽情享用丰富的鹿、水禽和海鲜。移民们记述说："河里的鱼相当多。"他们认为丰富的贝类海鲜令人印象深刻，并且特别喜欢吃贻贝、蛤蚌和牡蛎，它们"适合炖和炸，每只都能装满一个大汤匙，可以大快朵颐"。除了想念已经吃惯的牛肉和猪肉，最早定居纽约港的欧洲人得出结论："我们在荷兰天堂想要的一切都能在这里找到。"

移民也喜欢曼哈顿，因为该岛上的印第安人并不是很多。与远方的河流上游有很多印第安人不同，人们在新阿姆斯特丹可以来去自由，不必"担心该国赤身露体的土著"。根据17世纪20年代的记载，只有两三百名印第安人居住在曼哈顿岛，"分别归属不同的酋长，他们称酋长为萨基玛斯。这些男人"通常个子很高，四肢匀称，皮肤橙色，像巴西人一样"。另一位荷兰早期观察家描述这些土著人时形容他们"又胖又壮"，"黑发，留一缕长发编成辫子，垂在头的一侧。头顶的头发修剪成鸡冠状……海狸皮裹在身上当衣服，冬天毛朝里，夏天毛朝外。有时他们也穿熊皮，或把野猫的皮毛当外套"。但是，与欧洲人相比，印第安人"几乎是赤裸的"。土著人可能表现出新奇有趣的一面，但早期的定居者坚持认为必须尽可能避开他们。一位早期移民写道："他们的性格不好，很容易记仇，像意大利人。"另一位则称"他们非常喜欢滥交"。1628年，米恰利乌斯写道：最糟糕的是，他们是"残忍的人""完全不懂什么是礼仪""像贼一样奸诈"，擅长"巫术和邪术"，总之，他们"残酷而野蛮"。

在新阿姆斯特丹，对于逃亡的瓦隆人和其他早期定居者来说，主要的诱惑是预期能得到土地。西印度公司承诺：在公司干够6年，他们就可以获得美国的宅基地。若是按照与典型荷兰契约仆役一样的条件签订的合同，想必是免费到的美国，吃住还不要钱（尽管最初的瓦隆人不得不自己建造房屋），外加一小笔年薪，直到他们的合同到期，而合同期限3到6年不等。对于定居者来说，初次尝试获得曼哈顿的房地产似乎是一件大事，但是，可能性很小，以至于往往得不到房地产的所有权。弗吉尼亚最初的定居者只有不到一半的人坚持1年，远低于6年。当然，其他殖民地居民想必是厌倦了艰辛和危险，没等履行完合同，很多人就逃回了大西洋对岸。但对于那些愿意坚持并幸运生存下去的人来说，这样的冒险为社会地位低下的人提供了一个获得土地的难得的机会，并享有他们设想中随之而来的向上流社会的流动。

西印度公司驻阿姆斯特丹的理事注意到"在这里的人因为'有望成为（新尼德兰）有势力的贵族'而相互鼓励"，从而对在殖民地定居的兴趣大增。在新阿姆斯特丹，由穷至富的崛起通常需要像瓦隆人那样接受契约，充当劳动力、农场工人、木匠或"女仆"。根据契约，青少年通常必须同意为"主人"工作6年。由于有经验和较为成熟，20至30多岁的人多受追捧，通常可以谈一个3年的合约。在荷兰人控制新尼德兰的40年中，大约6 000名荷兰男人和女人，以及约300名讲法语的瓦隆人移民到该殖民地，其中约55%为契约仆役。

移民认为新阿姆斯特丹的契约仆役不如在说英语的北美区工作繁重。在弗吉尼亚和新英格兰，除了管吃住外，契约仆役没有工资，而荷兰人却可以赚取现金工资（青少年每年30至40荷兰盾，老年仆人120荷兰盾）。与荷兰的做法不同，英国习俗允许主人将剩余的劳动合同卖给他人，这是仆人特别害怕的事情，因为本来生活在人口稠密的小镇、服侍善良主人的人会被转到在边境与世隔绝的危险地带的一位冷酷主人的手里。然而，不管契约条款如何，契约仆役总会涉及大量艰苦的工作。例如，孔纳特·泰恩·埃伊克带到新阿姆斯特丹的一些熟练的制鞋工匠，他们须在契约中同意从早上5点干到晚上9点，并且每周生产10双鞋。

不遵守协议的处罚是严厉的。1639年，乔纳斯·布朗克把女佣克拉拉·马泰斯带到了新阿姆斯特丹，她答应在那里工作5年，免费食宿，外加每年40荷兰盾的工资。然而，三个月后，克拉拉找到了配偶，要求解除服侍合同。布朗克起诉克拉拉的未婚夫，并获得了100荷兰盾的赔偿金，以补偿她前往美国的费用和寻找另一名仆人带来的麻烦。即使受到主人的虐待导致法院宣布仆人的合同无效，仆人通常也必须偿还雇主支付的前往新尼德兰的费用。

向上层社会流动并不是每个新阿姆斯特丹移民心目中的首要想法。

1660年，鲍德韦因·范尼乌兰德逃到新阿姆斯特丹，而不愿娶他怀孕的未婚妻玛丽亚·贝塞姆斯。但是，铁了心的未婚妻追着他到了新尼德兰，并说服当局让鲍德韦因交纳保证金，以防止他再次逃走。此后不久，她生下了一个婴儿，给他起名小鲍德韦因。但是，老鲍德韦因并未回心转意，与玛丽亚一起抚养孩子。年底前，他带着一个新情人溜出了新阿姆斯特丹，乘船前往弗吉尼亚。相反，珍妮特耶·布洛克斯跟其未婚夫打架，因为他拒绝移民到她妹妹居住的新阿姆斯特丹。看到未婚夫不愿改变态度，珍妮特耶取消了婚礼。

受西印度公司雇用而来到新阿姆斯特丹的其他人很多压根没有打算成为移民，而是出于这样那样的原因才决定留下来，特别是当了士兵和水手的缘故。平时，西印度公司会有100名左右的士兵驻扎在新阿姆斯特丹，其中大多数是非荷兰籍雇佣军，很多人选择在军事任务结束后落户该镇。其中一位是法兰克福人雅各布·莱斯勒。1660年左右，当兵的他被派往新阿姆斯特丹，最终成为该镇最杰出的商人之一。1647年，西印度公司雇用的水手亚伯拉罕·威廉姆斯·范阿姆斯特丹与新阿姆斯特丹居民诶希特·扬斯·范诺登结婚，之后辞职离开了公司。他当了木匠，只不过脾气很暴躁。1649年11月，他在决斗中受了致命伤。

另一名水手霍弗特·洛克曼斯于1633年乘船抵达新阿姆斯特丹，之后成为西印度公司的职员。不久，借由婚姻，他成了著名的荷兰韦布吕热（Verbrugge）商业世家的一员，尽管妻子不愿意在刚刚起步的殖民地过艰辛的日子，返回了荷兰，霍弗特的姻亲却迫使他留在新阿姆斯特丹，监管那里的家族企业。当霍弗特问为什么他不能回家时，老板告诉他不要忘记自己卑微的出身。他们写道："为了得到进一步的提升，很多优秀的男人会与妻子分居两年、三年甚至更长的时间。"霍弗特的妻子最终乘船回到了美国，1642年，霍弗特与另一位新阿姆斯特丹商人购买了自己的船，开始独立经商，与哈得孙河上游的印第安人及弗吉尼亚和新英格兰的英国殖民者做买卖。最终，他在马里兰和长岛购买了土地，去世时是新尼德兰最富有的人之一。

将这些先期的殖民者带到新阿姆斯特丹的海上航行时间更长，更加困难，并且对于那些为自己或仆人掏钱买票的人而言，其航行费用要比后代的纽约移民更高。由于各种原因，很多航行到新阿姆斯特丹的荷兰船都没有直接横跨大西洋，而是从阿姆斯特丹向西南航行，以便可以先在库拉索岛或圣马丁岛停靠。结果，在抵达新尼德兰之前，移民们常常要在这些小型木制帆船上待上两到三个月，幽闭恐怖，还要忍受晕船的折磨。

图为西印度公司最常用于运送移民到新阿姆斯特丹的双桅纵帆武装快船。

西印度公司垄断了进出新尼德兰的跨大西洋航运，在给旅客收费时是按天计算，而不是固定费率，因此费用高昂。如果赶上风向改变或只是变得风平浪静，旅途就有可能增加几周的时间。每艘船有一至两个私人客舱，每天收费 1 荷兰盾。想少花钱的移民可以在另一间称为"小屋"的船舱里与人共享空间，每晚 12 斯蒂弗[1]。而包括所有契约仆役在内的大多数乘客住在"甲板之间"（直到 19 世纪，"统舱"一词才成为

---

[1] 斯蒂弗（stiver）是一种货币面额，相当于 1/48 锡兰银元，在 18 和 19 世纪的斯里兰卡和加勒比地区流通，尤其用于荷兰属、丹麦属和瑞典属岛屿。

该空间的标准名称），西印度公司每天收费8斯蒂弗。难怪新阿姆斯特丹大多数早期定居者都是由他人出资运到那里的。仅在17世纪50年代，为鼓励移民，西印度公司才对驶往新阿姆斯特丹的航船实行固定票价。

"横越大洋路迢迢，"研究荷兰治下纽约的两位权威芭芭拉·范德泽和亨利·范德泽说，"夏天是煎熬，冬天是地狱……（移民）在一群挤在一起的可怜人中间做饭、吃饭、睡觉，甚至晕船。"乘客必须自备食物和水。包间乘客负担得起足够的船票。新阿姆斯特丹建立几年后，荷兰人又建立了马萨诸塞湾殖民地，为了横渡大西洋之旅，其总督约翰·温斯洛普建议他的妻子应该打包带上"大量新鲜的食品、谷物粗粉、咸鸡蛋或麦芽粉、黄油、豌豆和水果……一个大煎锅，一个小炖锅，以及煮布丁的'枕头套'[1]"。大多数移民不可能带这么多样的饮食登船。尽管雇主为契约仆役提供食物，但不能指望小气的主人提供足够的食物，当旅程比平时要长时更不可能。食物的储存最初看起来可能是充足的，但在航行过程中，大部分食物会腐烂或生虫。

甚至地位低下的荷兰人也习惯了油腻、营养丰富和品种多样的饮食（这个时代的荷兰仆人普遍抱怨主人经常让他们吃鲑鱼），因为两到三个月的时间内几乎没有蛋白质摄入，移民们往往营养不良，特别容易得病和死亡。由于晕船，乘客们经常呕吐，狭窄的共享甲板下部区域很快就堆满了呕吐物。适应了这种奇怪的新饮食之后，很多移民患上了腹泻，若赶上暴风雨，便盆摇来晃去，里面的腹泻物难免泼溅得到处都是。结果，充满细菌的粪便和呕吐物混在一起，很快就在三等舱乘客脚边的水槽里流动起来。虽然荷兰人不习惯住宽敞大房，横渡大西洋的航行却让他们不得不在比以往更长的时间里与较多的人密切接触。病毒迅速传播，虱子也一样，通过自身的排泄物又将更多的致命细菌传播给乘

---

[1] 做布丁时，西方人会用形似枕头套（pillowcase）的一块布，将布丁包起来，放到水里煮，故称那块布为枕头套。

客（这是斑疹伤寒产生的源头，斑疹伤寒通常称为"船热"）。虽然洗澡甚至洗手等措施可以防止这些威胁，但一开始就没有这些习惯，而且也是根本不可能做到的，在一艘远洋轮船上，每一滴水都很珍贵。

在那个时代的轮船上，通常会在乘客舱里喷洒煮沸了的醋，设法给这些腐臭的船舱消毒，但如此的努力并不能阻挡污物、细菌和害虫的泛滥。对任何移民航行来说，海上葬礼都是一种令人悲伤的重大事件。在17世纪，跨大西洋航行单次损失10%的乘客和船员是很常见的事，死亡20%甚至30%也不罕见。了解了这种情况之后，乘客们经常带着自己的药物旅行，而且不相信船上的医生（通常兼职做理发师）。但是，正如范德泽夫妇指出的那样，这些"糖浆、香脂、软膏、栓剂、药片和庸医的药物"无法阻止每艘移民船上的死亡进程。

一旦决定将新阿姆斯特丹的初期定居点从坚果岛搬到曼哈顿，定居者必须决定在这个更大岛屿上的何处安家。西印度公司早就指示米纽伊特的前任威廉·维赫斯特在该岛某处最适合的地点建立一个城堡，"要记住最恰当的地方应在这条河的狭窄之处，不能让人从高处向它射击，大船无法靠得太近，视野开阔，不受树木或山的阻挡，护城河里可能有水，不能是沙地，而是黏土或其他坚实的土壤"。将定居点建在岛的东南端显然是米纽伊特的决定，此处大约坐落在今天百老汇大街下方美洲印第安人博物馆的所在地，虽然不符合西印度公司的全部要求，但从这里可以一览海港、哈得孙河和伊斯特河的景色。

一旦到达曼哈顿岛，定居者便开始为自己建造房屋，同时建造城堡，以便在印第安人或欧洲的敌人袭击时用来躲藏。他们最初是以地下掩体的方式建造房屋的，开挖山坡的侧面，这样部分墙壁将由泥土制成，就能尽量少用木材。屋顶则用由树皮或芦苇制成的苫子铺设。1628年，在描述这些"小屋和茅舍"时，殖民地首席牧师米恰利乌斯称它们位于现在下曼哈顿区的石街、桥街和珍珠街上。

18　纽约四百年：为冒险而生的移民之城

新阿姆斯特丹，约 1660 年

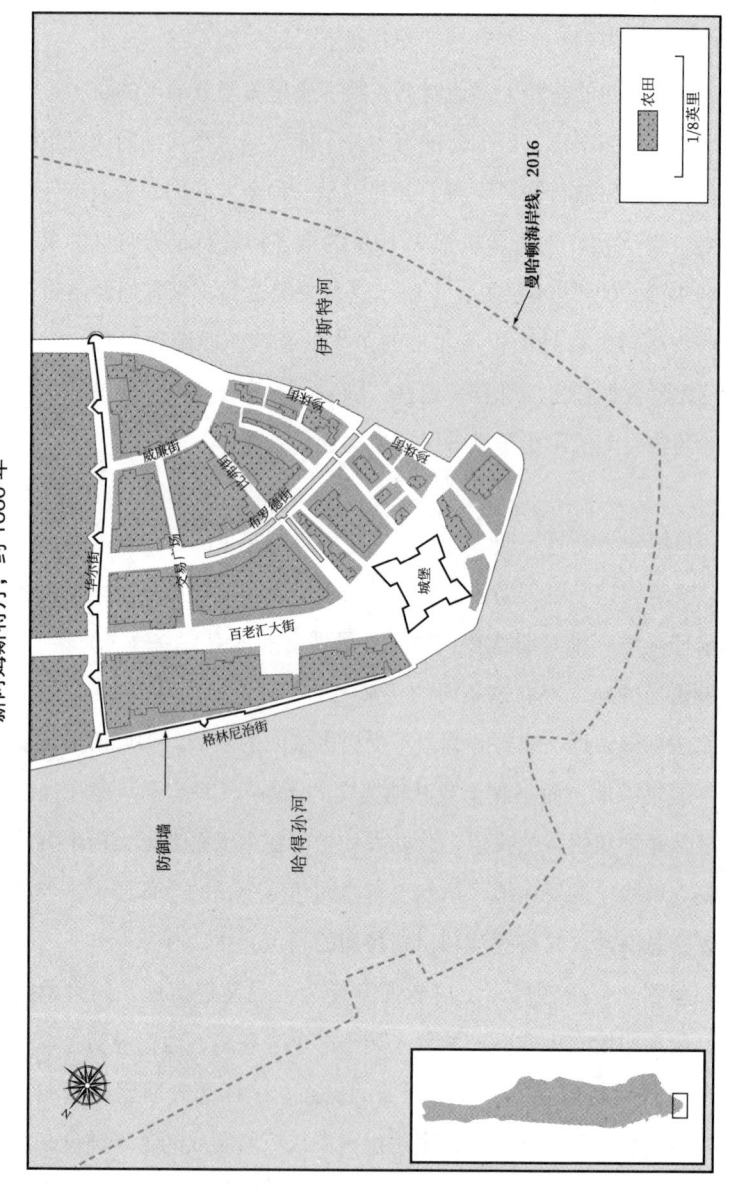

农田

1/8 英里

曼哈顿海岸线，2016

伊斯特河

国务院

彼厄街

五桂树街

布罗德街

交易广场

马六街

百老汇大街

城堡

格林尼治街

防御墙

哈得孙河

说明：1660 年的路，现代的街名。

依据西印度公司雄心勃勃的计划，城堡要建成一个五边形的结构，墙的周长为 1 050 英尺，周围环绕一条 54 英尺宽、8 英尺深的护城河。该公司设想，一旦城堡建成，移民们将在城堡内建造更多永久住房，但由于城堡从未像公司希望的那样庞大或坚固，移民们从未搬迁过他们的住宅。在曼哈顿成为殖民地最初的一两年内，随着更多木匠的到来，地下掩体式的住宅逐步被木结构建筑取代。最终，有些住宅改由石头砌成，采用荷兰进口的砖块垒砌的烟囱也变得普遍起来。在米纽伊特接受任命的一两年内，这个刚刚建立的定居点就拥有了大约 30 所住宅，它们分布在城堡的东部和北部。

起初，几乎所有的殖民者都要参与建造殖民地最早的居所，但最终他们会开始追寻自己内心的目标，也就是把他们带到北美的内心的召唤。"在那里工作就像在荷兰一样，"对新阿姆斯特丹最早的描述之一如是说，它将成年男性居民分为三类，"一种人做买卖……另一种人建房子，第三种人耕种养殖。"该描述虽随便，却出奇的准确，唯一没有考虑到的一批重要的工人是西印度公司自己的员工。这些人最终包括数十名士兵、管理公司当地船只的船员和几名文员，此外，理事、副理事、财务主管、秘书、货运监督员、工头、理发师、牧师、外科医生、教师和助产士各一名。该公司最终还雇用了一位"奴隶主管"，因为殖民者不愿意过于卖力地建造城堡，西印度公司只好引进奴隶来完成这项工作。

1625 年，也就是梅伊首次将荷兰殖民者安置在纽约港的一年之后，西印度公司命令在曼哈顿岛的殖民者在城堡和最初住宅的北部开垦 6 片由公司所有的农场。由于开荒的速度和粮食种植的数量没有达到西印度公司的预期，1629 年，该公司开始将农田直接发放给殖民者，不无正确地预测到，如果殖民者能够从中获利，他们就会为殖民地生产更多的粮食。但殖民者倾向于种植烟草而不是粮食，这也导致了新阿姆斯特丹的食物持续短缺。这个新兴的殖民地多年来一直依赖从欧洲进口的食物。

有一次，西印度公司送来了马、牛各一船，第三条船送来了猪和羊。然而，贪吃的殖民者消耗牲畜的速度超过了牲畜的繁殖速度，然后仍旧抱怨肉类和奶制品短缺。1628年8月，米恰利乌斯写道："这里有钱也买不到马、牛或雇到劳工。每个人都缺少其中一种，而且想要更多……黄油、牛奶等食物和饮料在这里是买不到的；但也有，不过价格高很多，买到的人和想要买的人彼此嫉妒。"

提到劳动力短缺时，米恰利乌斯将之与马、牛相提并论，凸显富人把这些地位低下的工人看成是没有头脑的畜力提供者，他们与奴隶一道承担着殖民地最繁重、最不愉快的工作。劳工对建筑行业尤为重要。如果没有足够的劳动力供应，木匠、泥瓦匠和屋顶工之类的工匠就不能高效地工作，因为他们不得不做更多的挖掘、搬运、准备和清理工作，而本来他们更愿意将这些活分派给没有技能的同事去做。

贸易是新阿姆斯特丹早期的第三大就业来源。即使是最早期的曼哈顿人也爱好创业。那时跟现在一样，食品和酒是这个城市小企业经济的支柱。屠夫会屠宰带给他们的任何动物，去除内脏，还要分割好。面包师也很重要，以至于西印度公司连面包价格都要控制。

酒的制造和销售似乎是最受欢迎和最有钱可赚的餐饮服务业。啤酒无疑是早期纽约人最喜欢的饮料，他们认为它是一种非常重要的主食，甚至连殖民地监狱里的囚犯每天都能喝到啤酒，夏天的时候还要加倍配给。酿酒商成了这个城市精英阶层的重要组成部分。基普（Kips）、贝克曼（Beeckmans）和范科特兰（Van Cortlands）等家族的名字在纽约人的生活中留下了深刻的印记，为人铭记长达几个世纪，因为这些家族最初都是曼哈顿声名显赫的酿酒商。以奥洛夫·斯蒂文斯·范科特兰为例，他是众多被派往新阿姆斯特丹并决定永远留下来的士兵之一。服役之旅结束后，他找到了一份酿酒师的工作，最终创办了自己的酿酒厂，成为该市最富有的居民之一。镇上出售啤酒的小酒馆无处不在。1648年，市政官员抱怨说酒类销售商占零售场所的近四分之一。

比酒还吸引纽约人的是海狸皮贸易。早期的曼哈顿人痴迷于皮毛市场。从理论上讲，西印度公司垄断了皮毛贸易，而新阿姆斯特丹人的角色仅仅是充当贸易商，以促进交易，这些贸易商沿哈得孙河向上游航行，从印第安人那里购买毛皮，然后装满船只，运回荷兰，并保护哈得孙河免受其他国家的侵犯。但实际上，曼哈顿居民之间非法交易毛皮，并卖给走私者。从新阿姆斯特丹出发的船只携带了太多的黑市毛皮（居民寄给欧洲家人的包裹），几乎没有合法货物堆放的空间，对此，官员甚是抱怨。新阿姆斯特丹人毫不掩饰其非法的毛皮交易。

一名西印度公司的高级职员报告说："沃尔弗特·赫瑞茨的妻子带着两张水獭皮来找我，我给她3个荷兰盾零10个斯图弗[1]。她拒不接受，开口要5个荷兰盾，我就让她走人了，因为要价太高。"赫瑞茨太太没有接受这个出价，因为知道她还有其他选择。果然，雅各布·劳瑞兹的妻子听到了他们的讨价还价，"走过去给了她5个荷兰盾"。为了防止毛皮流入黑市，这位高级职员只好给了赫瑞茨太太5个荷兰盾。不论地位高低，每个曼哈顿人都希望通过兼职毛皮生意增加自己的收入。

早期新阿姆斯特丹的特色贸易就是海狸皮的交易。17世纪20年代和30年代，该镇每年发运大约1万张海狸皮，17世纪40年代和50年代，每年运送3万—4万张海狸皮。兽皮犹以生皮为贵，17世纪时，去掉长毛的这层生皮用于为绅士戴的昂贵帽子做衬里（伦勃朗画中荷兰商人的那些大黑帽子里面都内衬着海狸毛皮；19世纪的高顶礼帽也是如此）。在新尼德兰，海狸皮被认为是一种法定货币，可以像金币一样用于偿还债务。直到今天，海狸的头像仍然留在纽约市的官方印章上。

早期的新阿姆斯特丹人面临的最大问题之一是引起西印度公司的关注。该公司从非洲的奴隶贸易和巴西的甘蔗种植园中获利颇丰。新理事

---

[1] 20个斯图弗（stuivers）银币为1荷兰盾。

的到来有时会给殖民地带来一连串的"改革"和"改善"。1633 年，米纽伊特的继任者沃特·范特威勒来到后即是如此。他指示工人（主要是奴隶）开始扩建和加固城堡（用石头代替草皮墙），完善护城河，并扩大城堡的规模，万一遭受袭击，所有的人都可以躲到里面。范特威勒还授权新阿姆斯特丹人开始建造该城镇的第一座码头和一个新的仓库。但西印度公司往往在这些项目完工之前就会对它们失去兴趣。当与印第安人在康涅狄格河谷发生战争时，范特威勒征召了大部分建筑工人参军，并命令他们乘船驶向康涅狄格。码头和仓库的计划被取消，而城堡只好用比较便宜的建筑材料建成。1636 年，它再次开始崩塌，在那之后不久，西印度公司解雇了范特威勒。

1638 年，新尼德兰的艰难开始引起荷兰政府的注意。由于担心英国人会占领整个殖民地，荷兰领导人威胁说，如果该公司不改善其防御工事，使其对定居者更具吸引力，以便在殖民地受到攻击时，他们可以出手相助，政府就会从西印度公司手中夺走它。面对这一威胁，西印度公司采取了行动。从 1639 年开始，该公司大幅削减了移民前往殖民地需要支付的费用；向任何带着 5 个家庭成员或仆人到殖民地的人免费提供 200 英亩土地；取消了来往新尼德兰的货物运输垄断；允许殖民者任命一个由 12 人组成的委员会，向殖民地的理事提供建议，如此，殖民者便在殖民地的管理上拥有了发言权。而且，也许最重要的是，它放弃了对毛皮贸易的垄断，允许任何人在殖民地买卖毛皮（和任何其他商品）。

正如罗素·肖托指出的那样，这些变化的影响"是令人激动的。甘愿冒远洋航行风险的阿姆斯特丹小企业主们现在可将曼哈顿用作一个枢纽，大西洋贸易圈可依托它为基地，围绕它展开"。商业限制的解除"在短短几年的时间里催生出一个极为活跃的商人阶层，一群想要购买、销售、种植和消费的人。由于相信此地有前途，他们开始扎下根来"。

然而，对于西印度公司来说，这些变化让新尼德兰更加无法盈利，公司向该殖民地的新理事威廉·基夫特明确表示,若想保住自己的饭碗,最好为公司找到新的收入来源。因此,基夫特决定对印第安人征税,在欧洲人看来,似乎自西印度公司出现在新尼德兰之后,这群人便获得了各种好处,却没有给予任何回报。相对而言,公司原本与居住在新尼德兰的各部落保持着良好的关系,但在基夫特索要贡物之后,彼此之间的关系迅速恶化。

当印第安人拒绝向荷兰人纳税时,基夫特便策划攻击他们的村庄。殖民者普遍反对这场所谓的基夫特战争,他们意识到它的发生是考虑欠周所致,纷纷向阿姆斯特丹写信抗议,抱怨这种税收政策和基夫特士兵的执行方式。谈及1643年2月发生在曼哈顿以北的那次袭击时,移民戴维·德弗里斯控诉道:"(士兵)把正在吃奶的婴儿从母亲胸前夺走,然后当其父母的面砍成碎片,再把碎片丢进火里和水里,还有其他尚未断奶的孩子,也被绑到小木板上,被砍、刺和刺穿,如此卑劣的屠杀,即使铁石心肠者也会动容。有些孩子被扔进河里,当父母竭力去救时,士兵们不让他们上岸,任由父母和孩子淹死。"其他印第安人设法逃进了冬天的树林里,但第二天早上,"那些逃离突袭并隐藏起来的人在出来乞讨一片面包和想要暖和一下时被残忍地杀害了"。这些殖民者称基夫特的战争是"我们国家的耻辱","让奥兰治亲王蒙羞,他在作战时总是竭尽所能少流血"。

只有新尼德兰的各个部落彼此争斗,相互之间比提防荷兰人还要警惕,基夫特的政策才会成功。但基夫特的战争反而使哈得孙河谷的各部落实现了前所未有的统一,它们现在联合起来,反攻荷兰人这一小片定居点,而且往往用的是从荷兰人手中买来的武器。谈到袭击印第安人时,德弗里斯说:"他们会杀死突袭时在农田里抓到的所有男人,但我们从未听说允许他们杀害妇女或儿童。他们烧毁了所有的房子、农场住宅、谷仓、谷物、干草垛,并毁坏了他们能找到的一切。"这些袭击不仅发生在曼哈顿,还发生在长岛、哈得孙河谷,以及现在的新泽西和威斯彻斯特县。

德弗里斯情绪激动地怪罪基夫特招惹了所有的麻烦，但对于印第安人反击的凶残，则是轻描淡写。印第安人往往也不饶恕妇女和儿童，有时，印第安人不会杀死女人和孩子，而是当成俘虏带回印第安部落，从此再也没人见过她们。在印第安人攻击时，新阿姆斯特丹的居民挤在城堡中匆忙搭建的茅草屋里，咒骂基夫特和他的那个钻头不顾腚的印第安人政策，并嘲讽他只知道安全地躲在城堡里，而不是带头对"野人"展开反攻。

安妮·哈钦森（Anne Hutchinson）是基夫特战争的受害者之一，她是一位英格兰妇女，意志坚定，非常坚定，而且笃信宗教。她和丈夫威廉都是虔诚的清教徒，认为英格兰教会需要净化，因为保留了太多天主教的标志。清教徒希望减少在精致的教堂装饰和牧师法衣上的花费，减少遥远的主教对当地习俗的干涉，并让俗人更直接地参与教堂的服务。他们还坚持认为只有受到上帝感动的真正信徒（他们称其为"圣徒"）才应该被接纳为教会成员，而不是像英格兰教会那样连怀疑者和罪人都接纳。最后，清教徒寻求用一种简单的礼拜仪式来取代传统的弥撒，在这种礼拜中，布道（牧师对圣经段落的解析）是主要的活动。

虽然清教徒对这些基本原则意见一致，但就如何落到实处却存在分歧。少数清教徒认为，英格兰教会永远无法自我改革，不想与之进一步发展关系。他们逃离了英格兰，因为若不接受国教，那就是犯罪，会被判处死刑。这些自称"朝圣者"的人首先在荷兰定居，后来于1620年在现在的马萨诸塞州东南方建立了普利茅斯殖民地。然而，大多数清教徒并不想否定英格兰的国教，而是寻求从内部改革。17世纪20年代末，查理国王想方设法让教会倾向于信奉天主教，而不是更不信奉天主教，随着形势的明朗，很多清教徒也决定离开英格兰。1629年，他们在北美建立了自己的定居点，即马萨诸塞湾殖民地，就在那些朝圣者所建殖民地的海岸线以北。在那里，清教徒名义上仍然可以保留英格兰国教的身份，同时进行改革，远离多管闲事的主教。他们希望自己的"山巅之城"波士顿能树立一个榜样，让其他英格兰人有一天可以效仿，并最终让清教徒们胜利返回一个更美好、更纯净的英格兰。

安妮·哈钦森觉得山巅之城的概念绝对令人兴奋。当她最喜欢的牧师约翰·科顿于1633年移居波士顿时，哈钦森也决心去那里定居。只有一个问题。她需要冒着生命危险，经历可能长达数月之久的海上旅行，来到一片蛮荒的大陆。当时的移民大多是年轻男女。相比之下，哈钦森已经40多岁（在当时几乎是一个老年人了），育有10个孩子，而且第11个孩子即将出世。但是，一旦哈钦森下定决心，什么也阻止不了她。她首先把长子爱德华送到波士顿，为全家铺路。1634年，哈钦森和她的丈夫带着另外10个孩子，乘坐格里芬号，横渡大西洋，来到波士顿定居。

即使在马萨诸塞湾殖民地内，清教徒也对他们可能会实施的教义改革争论不休。大多数清教徒认为一个人的世俗地位指其知名度、健康状况，尤其指其财富，而财富的增加是得到神赞许的标志。哈钦森本应很容易接受这种观点，因为她住的房子是波士顿最好的房屋之一。她是一位受欢迎的助产士，并且每周主持一次圣经研讨会，吸引了很多人参加。但是哈钦森坚信，因为上帝决定了一个人生命中的一切，甚至在人出生之前就已经确定了，所以，一个人在尘世中的声望并非是上帝眼中的圣洁地位。在她的圣经研讨会上，哈钦森大胆地拥护这种观点。

清教徒的领导人发现哈钦森的论点令人惊恐，且很有威胁性，因为清教徒在很大程度上依靠世俗的地位来决定教会的成员资格。在马萨诸塞所有的牧师中，只有科顿支持她的观点。在未能说服她放弃主张后，殖民地领导人以异端邪说之名起诉了她。她非但没有让步，还在审判期间，提出了更加激进的主张。当被问及她如何知道自己是对的而其他清教徒领袖是错的时，她说是上帝通过圣灵告诉她的。1638年，法院将她逐出了教会，为了确保她无法将其"异端邪说"传播给其他人，一并将她驱逐出了马萨诸塞湾殖民地。

哈钦森及其家人最初是应罗杰·威廉斯的邀请搬到罗德岛（Rhode Island）的，威廉斯是另一位被马萨诸塞清教徒驱逐的持异见的清教徒。哈钦森的丈夫威廉当上了那里的一名政府官员，但她很快说服他辞掉了那份工作。她开始相信在上帝眼中所有的公民政府都是非法的。威廉于1641年去世，第二年，哈钦森决定切实践行自己的说教。她带着7个孩子、1个女婿和6个左右的仆人，全家搬到一个她认为不必对任何政府负责的地方，大约在新阿姆斯特丹殖民地以北15英里处，她从一位英格兰人手里买下了森林中的一处宅基地，现在位于布朗克斯东北部。她雇了另一位当地的英格兰人，在裂岩（Split Rock）附近为她的家人建了一座房子。裂岩是一块地质上很奇怪的花岗岩，现在位于95号州际公路以南几英尺的地方，离那条高速公路穿过哈钦森河公园大道（Hutchinson River Parkway）处以东仅几码远。

卷入基夫特战争的印第安人知道了哈钦森的新家，他们可能并不在乎她是英国人而不是荷兰人。1643年夏，他们杀死了哈钦森家所有的成年居民，包括哈钦森及其女婿、仆人及孩子，只剩下一个孩子没有被杀。据传说，直到杀戮结束后，袭击者才发现哈钦森10岁的红发女儿苏珊娜蜷缩在裂岩的裂缝中。他们把她囚禁起来，直到1645年，荷兰人和各印第安酋长在阿姆斯特丹的城堡签署了和平条约才将她释放。一年后，马萨诸塞的总督约翰·温斯洛普说苏珊娜住在波士顿。后来，她搬到了罗德岛，并在那里生下了11个孩子。她的母亲始终固执而独立，是最早坚持立场、捍卫信仰自由的美国人之一。

基夫特对印第安人发动的灾难性战争让西印度公司的领导人确信他们看走了眼，再次选错了人来管理苦苦挣扎的殖民地。他们需要一位可靠的领导者，他需要拥有管理殖民地的经验，并有使其盈利的成功记录；他需要有足够的外交手腕来维持与印第安人的和平相处，同时又要有足够的能力压制住新阿姆斯特丹殖民者不断向荷兰政府发出的无休止的抱怨，因为这些上诉让西印度公司十分为难。1647年，他们选择了该公司驻库拉索岛的总理事彼得·斯泰弗森特（Peter Stuyvesant），当年他37岁，安有一条假腿。

大约1610年，斯泰弗森特出生于荷兰北部的弗里斯兰省，那里寒冷多风。其父是当地知名的牧师，而他在一个舒适的家庭中长大成人，就读于当地的一所大学，可能是为了追随父亲成为牧师。但在1630年左右，大学将其开除，原因显然是他与自己寄宿的公寓管理人的女儿睡觉被逮住了。父亲见他不是当牧师的料，就把他送到阿姆斯特丹学一门手艺。牧师大人很可能与弗里斯兰省在西印度公司理事会的代表有些交情，因为斯泰弗森特很快在阿姆斯特丹的公司总部找到了一份初级职员的工作。

斯泰弗森特在阿姆斯特丹做了5年的办事员后，他父亲利用自己的影响为他谋得了晋升的机会。西印度公司任命他为费尔南多·迪诺罗尼亚岛的供需官。该岛位于巴西海岸以东225英里处，面积为7平方英里，这是一座田园诗般的小岛，但人烟稀少，生活寂寞。很快，他又被调到更为重要的伯南布哥担任类似的职务，这里是巴西沿海贸易的大本营。1638年，他又被调到库拉索岛的相同岗位，西印度公司在库拉索岛派驻了负责所有加勒比地区业务的负责人。那位负责人死后，西印度公司把其工作交给了斯泰弗森特。

斯泰弗森特很能吃苦耐劳，对公司也很忠诚。在西印度公司的命令下，他带人对波多黎各的西班牙城堡进行了一次注定失败的攻击，在此过程中失去了一条腿。两年的康复期间，他娶了自己的护士，之后，他得到了一次重要的晋升。西印度公司任命他为库拉索岛、博内尔岛、阿鲁巴岛和整个新尼德兰的总理事，而经营基地就在新阿姆斯特丹。1646年圣诞节，他率领一支由四艘船组成的小型船队离开荷兰，在加勒比海先停靠后，于1647年5月11日抵达新阿姆斯特丹，代替基夫特。

西印度公司告诉斯泰弗森特,新阿姆斯特丹过去的问题源于"已故理事的懈怠和传教士的失职",所以,到任伊始,他便立即着手恢复秩序,强化对权力的尊重。在得知喝醉酒持刀打架是司空见惯的事后,他宣布今后将对此类斗殴的参与者处以 6 个月的监禁,并且只吃面包和水;如果有人被刺伤,加害者将被处以 18 个月的监禁。他还禁止晚上 9 点以后售酒。当抓住受雇于西印度公司的水手未经许可离船上岸时,他判把他们"用锁链锁住,连续三个月推独轮车或手推车,从事最艰苦的劳动,只吃面包和水"。斯泰弗森特还警告定居者不要像过去那样因为受到严厉的罚款或处罚而向阿姆斯特丹的西印度公司理事投诉。"如果有人再敢这么做,我会让他矮上一英尺,带着那些杂碎滚回荷兰,打总让他在那里申诉。"[1]

斯泰弗森特还对新阿姆斯特丹居民不尊重安息日的惯例感到震惊。因此,他宣布在星期天播种、割草、犁地、打猎、捕鱼、伐木或制作铁器或锡制品的人将被罚款。那些被发现在"敬拜上帝的日子"从事比较轻浮活动的人将会比此时勤劳干活者多交一倍的罚款。这些被禁止的消遣说明了新阿姆斯特丹人通常是如何娱乐自己的:打地滚球、保龄球和网球、赛舟或车,跳舞,以及玩与赌博有关的游戏,如纸牌和双陆棋。斯泰弗森特还禁止在周日下午 2 点之前销售含酒精的饮料,只是酒鬼们都知道,在禁止时间里,他们可以在紧闭的门后悄悄买到啤酒。

喝酒仍然是新阿姆斯特丹最受欢迎的休闲活动。到处是酒馆,供膳食寄宿处的看守人也为其房客提供酒。新阿姆斯特丹法院的案件多涉及醉酒调情,在至少一位参与者看来,这种调情太过分了。在一家酒馆里,英国人托马斯·比奇勃然大怒,因为他的妻子纳妮爱抚在场男人的

---

[1] "让人再矮一英尺"意指斯泰弗森特将不服从者的膝关节以下砍掉,而"杂碎"指的是被惩罚者的残肢。想到斯泰弗森特本人就是少了一条腿,这个笑话足够冷,但惩罚足够有威胁性,一点也不好笑。

"马裤的前面"。另一场打架始于一个女人发现自己的丈夫在一个酒吧里"与另一个男人的妻子在一起……摸她的胸,并把他的嘴贴在胸上"。在荷兰人看来,在公共场合摸索和爱抚似乎是不值得惩罚的,除非这种非法关系既成事实。当场被抓的通奸者会被公开鞭打,有时还被驱逐出殖民地。对男人来说,光顾新阿姆斯特丹的妓院要安全得多,妓女既接受现金,又可拿海狸皮毛当报酬。

除了试图给新阿姆斯特丹带来一些行为得体的假象外,斯泰弗森特还要设法从居民手里榨取更多的收入。他严厉打击了那些为了逃避西印度公司的出口税而将皮毛运往新英格兰或弗吉尼亚的走私者。斯泰弗森特还着手实施了一些基础设施项目,但这些项目的花费不从西印度公司的金库列支,而是利用酒税支付。这些改进包括修复了摇摇欲坠的城堡,建造了该镇的第一个码头,以及一所学校和一座教堂(在这之前,礼拜仪式都是在一个磨坊里进行的)。

斯泰弗森特无疑认为新阿姆斯特丹的迅速繁荣是他"手硬"的结果。但这种繁荣在很大程度上是由他无法控制的因素造成的,部分源于基夫特,为了结束自己考虑欠周引发的战争,基夫特与十几个印第安部落进行了谈判,并签订了条约;和平得到保障后,毛皮再次开始沿哈得孙河顺流而下,移民又开始从欧洲各地涌入。经济繁荣还源于另外一项和平条约,1648 年,荷兰和西班牙在明斯特签署和平条约,结束了长达 80 年的敌对状态。之前,荷兰和其他地方商人的船只和货物会被夺走,并视其为持续存在的战争的一部分,现在他们不再担心抢夺,更愿意与新尼德兰进行贸易。

荷兰政府也鼓励移民去新尼德兰。1650 年,它命令船上有空间的荷兰船长,免费运送移民到新阿姆斯特丹。政府要求西印度公司要在这些移民到达后免费分给土地,免收农作物税,并规定不得对其贸易权施加任何限制。1656 年,这项政策的惠及面进一步扩大,涵盖了更多的群体。新移民包括商人或有志成为商人的人,他们希望为其他移民提供房间出租、饮食和啤酒，或希望为殖民者提供家具、工具和衣服。

斯泰弗森特不喜欢这种政策变动。这些新移民习惯了在尼德兰王国的权利和特权，期望在新阿姆斯特丹也照样拥有它们，但给予他们某种权力并不符合西印度公司自身利益的最大化。斯泰弗森特坚持认为西印度公司最好改为招募普通的"农民和雇农，外国人和难民，他们习惯于劳动和贫穷，那样情况会好得多"。他的意见被否决了。在给斯泰弗森特的信中，理事们写道："以前，从未有人提起过新尼德兰，而现在，天地似乎都被它搅动了起来，每个人都想成为选择那里最好土地的第一人。"这些新移民的定居地分散在整个殖民地范围内（现在的布鲁克林和皇后区特别受欢迎），所以，移民的涌入使得新阿姆斯特丹的人口仅仅增加到 800 人左右。由于基夫特战争期间居民的数量已经下降到 200 人，西印度公司投资者对此感到不安，而移民在短时间内小有增长无疑让他们悬着的一颗心得到些宽慰，尽管人数还是不多。

1652 年，荷兰政府推出一项对移民的最后刺激措施，要求西印度公司成立市政府，为移民提供获得"市民"地位的机会，从而放弃对新阿姆斯特丹居民的绝对权力。在新阿姆斯特丹最初几年里，斯泰弗森特高兴地吹嘘他和西印度公司是"这个省绝对的总领主和主人"。但是，这种"傲慢"的态度和斯泰弗森特的专制倾向激怒了该镇日益壮大的商

大约 1650 年的新阿姆斯特丹。除磨坊外，该镇最高的建筑是教堂，第二高的建筑是教堂左侧的总督府。

人群体，他们本可以在荷兰共和国享有更多的权利和特权。荷兰政府担心这些商人可能会逃离殖民地，使其失去宝贵的资本，于是命令西印度公司建立一个类似于阿姆斯特丹和其他荷兰城市建立的代议制政府。

虽然斯泰弗森特仍是殖民地的行政长官，但其行为现在要接受司法和立法机构的审查。只有高级镇民才能担任这些职务；高级镇民指为了在政治事务中拥有发言权而向镇金库缴纳大笔资金的居民。但是，作为交纳少许费用的回报，初级镇民会享受更大的交易特许权和正当程序权。虽然不能在主要的统治机构任职，但他们有资格担任不太重要的市级机构的职务。若是没有能力一次性拿出必需的20荷兰盾，可以分期付款。仆人和水手只有履行完服役义务才能成为初级镇民。有色人种无此资格。

轻松即可成为新阿姆斯特丹政治体系的一员很快就成了激励欧洲各地的梦想家移居这片美国小荷兰殖民地的重要因素。到1657年，该镇就拥有了2 000名居民，挤在大约300所房子里。

在这一时期，新阿姆斯特丹闻名于世，原因在于其人口史无前例的多样性。一位法国游客惊叹道："在曼哈顿岛上……总理事告诉我，这里的人操着18种不同的语言。"一位荷兰人抱怨说这座城市正成为"让人困惑的巴别塔"。除了荷兰人以外，此时还有来自爱尔兰、意大利、波兰、葡萄牙、西班牙、瑞典、丹麦、法国、德国、挪威等国的人，以及非洲人、犹太人（被认为是犹太种族）和瓦隆人。这些群体之间普遍通婚。

但到目前为止，这座城市最大的"外国"群体是英国人，这一事实逐渐引起斯泰弗森特和西印度公司的重视。虽然有些英国移民直接来自欧洲，但大多数人首先选择弗吉尼亚或马萨诸塞居住。这两个殖民地的很多人以前都是契约仆役，有的已经合同期满，有的逃走了。其他人则是宗教异见者，他们对清教徒要求信奉英国国教感到恼火。其中一些异见者把新阿姆斯特丹当成自己的家,但多数选择住在长岛西部不断扩大的村落,如布勒克伦、米德沃德(现在的米德伍德或弗拉特布什)、博斯维克(布什维克)、赫拉芬赞德(格雷夫森德)、弗利辛恩(法拉盛)和拉斯特多普(牙买加区)。[1] 某位居民说这些移民选择新尼德兰而不是英国殖民地,"既可享受信仰自由,又……因为这里比那里更容易获得更多的商品"。与此同时,新阿姆斯特丹的英格兰人越来越多,以至于该镇城堡的东南角成了英格兰人区。

荷兰人给其殖民地的居住者提供了比其他殖民地更多的宗教自由,但以现代标准来看,他们的"信仰自由"概念并不十分自由。荷兰人认为人们可以自由地考虑选择什么,但不应该公开表达与众不同的信念。以新阿姆斯特丹的犹太人为例。纽约第一个有记录的犹太移民商人是雅各布·巴尔西蒙(Jacob Barsimon),他在 1654 年 8 月到达时似乎没有引起多大的争议。在他之前可能还来过一两个犹太人。但在同年早些时候,葡萄牙人从荷兰人手中夺回了巴西东北部的土地,没收了那里的荷兰殖民者的财产,并限期三个月让荷兰人滚蛋。被迫逃亡的人中有葡萄牙犹太商人,他们是荷兰人带到巴西的,因为能讲葡萄牙语,使其成为特别有价值的殖民者。1654 年夏天,其中 23 位犹太人在巴西累西腓港口登上了一艘船,航行至新阿姆斯特丹,并于 9 月登陆。

看到殖民地中大量的犹太永久居民,斯泰弗森特和他的新阿姆斯特丹人对犹太人的发展前景忧心忡忡。总理事立即请求西印度公司允许驱逐他们,或如其信中所言,"友好地要求他们离开。"至于提出如此要求的理由,他辩护说:首先,该镇的其他居民发现犹太人"非常讨厌";其次,他们"习惯放高利贷,与基督徒的交易带有欺骗性",这会扰乱该殖民地的商业活动;再次,"由于他们目前的贫穷",殖民地可能不得

---

[1] 此处括号里的几个地名是现在的美国地名,括号外的是当时的荷兰地名,在移民到曼哈顿后用原来荷兰的地名称呼新的地方。

不在即将到来的冬天给予其资助；最后，他们是一群"欺诈之人，一群可恶的害虫，基督的亵渎者"，"不应允许他们进一步感染和困扰这个新殖民地"。

新阿姆斯特丹的荷兰改革宗牧师约翰内斯·梅格波伦斯完全同意斯泰弗森特的观点。他抱怨犹太人"除了不义之财神，不信别的神；除了占有基督徒的财产，将贸易拉到他们一边来征服其他所有的商人，没有别的目的"。此外，这位牧师坚持认为犹太人会使殖民地的人过于多样化。1655年3月，他写道："我们这里的荷兰人中有教皇党人、门诺教徒和路德宗信徒；苏格兰人中有许多清教徒和独立派，还有很多无神论者和其他邪神的各种仆人。如果那些顽固而难以控制的犹太人来这里定居，势必造成更大的混乱。"允许他们留下来只会鼓励更多的犹太人移民。

西印度公司的理事们拒绝了驱逐犹太人的请求，尽管理由并没有特别地高尚。他们告诉斯泰弗森特：正常情况下，理事们"乐意……达成你们的愿望"，如此一来，新尼德兰"就不会再受任何犹太民族的影响，因为我们同样预见了你们预见的困难"。但考虑到葡萄牙"夺取巴西时犹太人承受"的损失，也因为"他们仍欠公司大笔资金"，1655年4月，西印度公司指示斯泰弗森特允许犹太人"生活并留在那里，只是他们中的穷人不能成为公司或社区的负担，而是由他们本族人提供资助"。西印度公司之所以如此选择，部分原因是受到阿姆斯特丹的犹太人的游说，讲求"理性和公平"和想要累西腓的犹太人偿还欠公司的账也是原因，如果斯泰弗森特允许他们在新阿姆斯特丹工作和贸易，这事就八九不离十。

斯泰弗森特允许犹太人留下来，但他和其他新阿姆斯特丹人总是抓住一切机会，让这些新移民感到不受欢迎，希望借如此的待遇让他们识趣，最好自己主动离开。最初，在新阿姆斯特丹的犹太人不能拥有房地产，不能与新尼德兰的其他地区开展贸易，也不能开店。该镇的官员禁止犹太人与民兵轮流站岗，并强迫犹太人缴纳税款，因为他们不站岗。该镇议会还要求他们额外纳税，但纳税比率比基督徒的要高。他们也不能成为市民。斯泰弗森特告诉他们在任何情况下都不能为其"可恶的宗教"建造犹太教堂。他告诉犹太社区的领袖：如果不喜欢这些限制，他们可以离开。

斯泰弗森特毫不掩饰对犹太人的歧视，在被发现之后，西印度公司的领导人很不满意，部分原因在于这种做法打击了犹太移民的积极性，部分原因在于该公司的犹太投资者和贸易伙伴表示反对。理事们责备道："我们希望……你服从了我们的命令，你必须始终不折不扣地执行，并且要更加尊重。"结果，新阿姆斯特丹的犹太人很快获得了在新尼德兰各地进行贸易的许可，可以当屠夫，比如阿瑟·利维成为该镇第一个犹太洁食屠夫；也可当面包师，建自己的墓地，并成为初级镇民。尽管斯泰弗森特设置了各种障碍，犹太社区还是开始繁荣，并缓慢发展壮大。

斯泰弗森特对某些基督教团体也采取了类似的强硬立场，如殖民地的路德宗教会。西印度公司乐于见到德国路德宗教会落户新阿姆斯特丹，但斯泰弗森特坚决不允许他们雇用牧师，或在公共场合做礼拜。尼德兰王国奉行的也是这样的政策。只允许在私人住宅里进行非正式的宗教仪式，但由于新阿姆斯特丹路德宗教会的房子很小，难以在一个房间里容纳十几个人，这项政策实际上等于是全面禁止各种礼拜仪式。1653年，梅格波伦斯和另一位荷兰牧师警告说：如果这块殖民地允许路德宗教会雇用牧师，并公开礼拜，此地就会"成为各种异教徒和狂热分子的收容地"。

跟犹太人一样，路德宗信徒也没有温顺地接受斯泰弗森特的限制。他们抱怨说西印度公司让他们认为新阿姆斯特丹容忍公开礼拜，就跟老阿姆斯特丹一样，可以"睁一眼闭一眼"。然而，1656年，当路德宗信徒无视斯泰弗森特的反对，公开举行礼拜时，其领袖遭到逮捕，并被投入监狱。6月，斯泰弗森特恼怒不已的雇主写信给他："如果你没有……把他们送进监狱，我们会更高兴，因为我们的意图一向如此"，为了鼓励尽可能多的人移民，"需要温和而宽大地对待他们"。

就在此时，国际外交似乎有助于路德宗教会的发展。1655年，大约就在斯泰弗森特与新阿姆斯特丹的路德宗信徒争论不休时，他从瑞典人手里成功夺回了特拉华河沿岸的新瑞典，这里本来就是新尼德兰的一部分，是25年前米纽伊特从荷兰人手中夺走的。在转让协议中，荷兰人承诺允许新尼德兰存在一位路德宗牧师。然而，当牧师乔安妮斯·戈特沃特于1657年抵达新阿姆斯特丹时，斯泰弗森特却不让他布道。斯泰弗森特坚持说协议只规定路德宗教会可以派一位牧师，而没有规定他可以建一座教堂或布道。然后，斯泰弗森特不顾条约，禁止戈特沃特进入新阿姆斯特丹，并试图将他完全驱逐出新尼德兰。为了避免被驱逐，这位坚定的牧师躲到了长岛，希望路德宗教会向荷兰的西印度公司负责人提出上诉，迫使斯泰弗森特一改故辙。但斯泰弗森特占了上风。1659年，戈特沃特承认失败，返回欧洲。只要荷兰人还统治着新阿姆斯特丹，路德宗教会的"信仰自由"就不包括牧师或公开礼拜的权利。

与另一个基督教团体如公谊会（亦称贵格会）相比，斯泰弗森特对待路德宗教会的态度还算是宽容。跟安妮·哈钦森一样，贵格会信徒相信上帝可以直接与他们对话。但是贵格会的神论似乎比哈钦森的更具威胁性，因为他们认为自己不需要牧师来引导他们的礼拜。相反，当他们觉得被上帝感动时，就可以发言。如同该组织的神学信仰一样，这种对权威人物的蔑视令斯泰弗森特感到害怕。

1657年夏天，一小船英国贵格会信徒抵达新阿姆斯特丹，斯泰弗森特要让他们知道他们是不受欢迎的人。第二天，这艘船驶向罗德岛，梅格波伦斯嘲笑说那里是"新英格兰的公共厕所"。但是，贵格会在曼哈顿留下了几位追随者，其中两个人是多萝西·沃和玛丽·韦瑟黑德，"一个大约20岁，另一个大约28岁"，二人立即开始传教。根据梅格波伦斯的说法，这些女人会"颤抖并陷入迷狂"，并且警告说"审判日"临近。"由于不知道发生了什么事，我们的人跑来跑去，一个喊着'着火了'，另一个则喊着别的什么。"治安官把沃和韦瑟黑德扔进了监狱，在监狱里她们"继续按照自己的方式喊叫和祈祷"。斯泰弗森特下令将她俩驱逐出境。

斯泰弗森特很快发现其他贵格会信徒没有去罗德岛，而是航行到大约伊斯特河的转弯处，在东岸的荷兰弗利辛恩定居点（现在纽约市皇后区的法拉盛）登陆，并且也开始劝诱人们改宗。罗伯特·霍奇森是其中一人，他于1657年秋天被捕，新阿姆斯特丹法庭判处他"与黑人一起推独轮车两年"。当霍奇森拒绝离开牢房执行对他的判决时，他被"当众鞭打后背"，并被驱逐出境。而斯泰弗森特则确保他被押着一路送到罗德岛。然后，他禁止法拉盛的居民窝藏贵格会信徒。

但法拉盛的居民大多是英格兰人，他们决定抗议斯泰弗森特粗暴对待贵格会信徒。他们写了一份"抗议书"，由包括多位法拉盛领导人在内的31名社区成员于1657年12月集体签署，意在提醒斯泰弗森特，荷兰人在其大多数殖民地给人送去的都是"爱、和平和自由"，"犹太人、土耳其人和埃及人"也不例外。无疑，一个基督教团体应该享有同样的权利，应该享受不受干涉的宗教自由。如今，众所周知，法拉盛的抗议书是在美国土地上首次公开表达对宗教自由的渴望，并被认为是美国宪法《权利法案》的一个重要先例。

斯泰弗森特迅速又有力地对法拉盛的抗议做出了回应，他下令逮捕所有签名的人，将他们投入监狱，并让他们在两种惩罚中做出选择：缴纳罚金并放弃抗议，或被终身逐出新尼德兰。斯泰弗森特可能认为自己太宽大了；在马萨诸塞，清教徒处决了4名劝说他人改变信仰的贵格会信徒，割了3人的耳朵，给1人烙了烙印，鞭打了40人，囚禁了64人。然而，西印度公司再次谴责了斯泰弗森特的行为。理事们写道："在不减少人口和阻止移民的情况下，我们能否对他们实施严厉的打击，对此我们很是怀疑，在这个事关国家存亡的非常脆弱的阶段，他们必须受到优待。"因此"闭上你的眼睛"，"不要强迫人们违背良心，而是允许每个人都有自己的信仰，只要他的行为安静、合法，不冒犯邻居，不反对政府，那就不要管他"。然而，由于和雇主之间隔着 3 000 英里的海洋，而且知道自己这个新尼德兰总理事比任何一位前任管理得更有效率，斯泰弗森特觉得可以不用理会雇主，任凭惩罚继续存在。最后，法拉盛的大多数抗议者撤回了抗议书。

另一个不顾歧视坚持住在新阿姆斯特丹的群体是自由的黑人。大多数自由的有色人种是以奴隶的身份来到新阿姆斯特丹的，但荷兰人似乎比其北方和南方的英国人更常给予他们的奴隶以自由。通常，这些奴隶必须用钱买自由。1649 年，菲利普·林戈释放了曼努埃尔·德斯潘加尔德，条件是自由人每年付给林戈 100 荷兰盾，为期 3 年。1644 年，第一批被带到新阿姆斯特丹的奴隶中有 11 名幸存者，已经为西印度公司工作了 18 年，他们请求基夫特总理事给予他们自由。他同意了，并从曼哈顿主要定居点以北的土地择地，每人分给几英亩，条件是他们每年在收获季节向西印度公司支付 30 舍珀尔（*schepel*，约 22 蒲式耳）的玉米和一头肥猪。但基夫特不愿解放他们的三个孩子。到 1664 年，大约 75 名新阿姆斯特丹的奴隶通过此类协议协商获得了自由。

在新阿姆斯特丹，有色自由人的地位明显低于大多数白人。1638 年，总理事范特威勒宣布荷兰人必须避免"与异教徒、黑人或其他人发生不贞的性行为"。有一位水手弃船而逃，抛弃了他的新娘，当局判他剃光头，"耳朵穿孔，并和黑人一起干活两年"。不过，从某种意义上讲，获得自由的奴隶的地位要高于犹太教徒等宗教贱民。与犹太人不同的是，他们从未被禁止站岗或拥有房地产，也不会比其他公民缴纳更高的税。然而，非裔美国人不能成为市民，这一权利最终却给了犹太人。因此，在北美殖民时代的最初几年，种族和宗教的差异带给非白人和非基督徒更多的不利条件，但就非裔美国人和犹太人而言，这些不利条件往往是可以克服的。

新阿姆斯特丹的奴隶曼努埃尔·格里特就是一个很好的例子，人们更多地称呼他是"巨人曼努埃尔"或"大个子曼努埃尔"。1641 年，当局指控他和其他 7 名奴隶谋杀了扬·普雷梅洛。奴隶们承认参与了导致普雷梅洛死亡的那场打架，但都坚称自己不是打出致命一击的人。如果把他们全部处死，会使西印度公司失去太多的奴隶，因此，裁判法官决定抽签决定哪个被告应该被绞死，让"上帝指定杀人凶手"。上帝选择了大个子曼努埃尔。

一周后，大个子曼努埃尔站在一个临时搭建的绞刑架的梯子上，行刑者用"两根完好的绳子"套住他的脖子。该镇的许多居民聚在一起目睹了这一可怕的景象。然而，当命中注定的时刻到来时，行刑者把曼努埃尔从梯子上推开，两根绳子却断了，他毫发无伤地摔在地上。群众认为这是上帝的旨意，要求取消惩罚。该镇的官员同意了。大个子曼努埃尔最终也摆脱了奴役身份，获得了自由，而赎身的方式可能和其他奴隶相同。像之前其他的奴隶一样，他很快在曼哈顿东城，现在的包厘街（Bowery）附近获得了一块农田。在荷兰人统治纽约的那些年，有 40 多名非裔美国人（有男有女）在这附近拥有了土地。

在 17 世纪 50 年代中期，生活在新阿姆斯特丹的非裔美国人的数量开始急剧增加，但大个子曼努埃尔这样的自由黑人并不因此感到鼓舞。1654 年，荷兰人失去了巴西，意味着西印度公司无法再把从非洲带来的奴隶卖给巴西的糖种植园主。他们在加勒比海处理了一些人类"货物"，但考虑到北美劳工稀缺，把他们卖到那里利润会更高，西印度公司的负责人决定把新捕获的大部分非洲奴隶带到新阿姆斯特丹。因此，以前只在一艘船抵达该镇时偶尔会出现十几名或更少的奴隶，但现在一天可能就有 300 名或更多的奴隶被运上岸，而且一年之间会运来好几批。奴隶贩子把这些奴隶大多转卖到英格兰人的殖民地，但也有一些留在了新阿姆斯特丹。到 1664 年，该镇的奴隶人口迅速增加到大约 300

人，占到了新阿姆斯特丹居民的15%至20%。

如果说奴隶贸易对新阿姆斯特丹经济日益增长的重要性造成了斯泰弗森特的困扰，他却从未书面表达过这一点。令总理事担心的是，每过一年，荷兰奴隶贩子就会为他们的奴隶找到离该镇越来越近的英格兰买主。17世纪40年代和50年代初，新尼德兰的荷兰人增加了数百人，而新阿姆斯特丹周围地区的英格兰人却增加了数千人。在这些年里，心满意足的荷兰人享受着国内的繁荣，没有觉得有移居国外的必要。相比之下，始于1642年的漫长而血腥的内战让英格兰剧烈震荡，致使数千人逃往相对安全的北美。

最终，荷兰最初鼓励英格兰移民定居新尼德兰的决定让西印度公司付出了高昂的代价。荷兰人不仅声称拥有曼哈顿岛和哈得孙河谷，还声称拥有康涅狄格河谷和长岛，如同米纽伊特在普利茅斯发现的那样，英格兰人对这些所有权全都提出了异议。17世纪40年代，成千上万的英格兰移民在康涅狄格和长岛定居，从而削弱了荷兰对其领地的主权。意识到人口趋势对自己有利，英格兰人于1650年利用《哈特福德条约》(*Treaty of Hartford*)强迫斯泰弗森特将康涅狄格全部和长岛东部的四分之三割让给英国。

1653年，奥利弗·克伦威尔控制了英格兰，但他并不满足于仅仅巩固自己的国内权力。跟他之前的查理国王一样，克伦威尔垂涎新尼德兰的其余地区，并在他夺取政权前后爆发的英荷战争中组织了一支舰队来夺取这片土地。因为克伦威尔的意图清晰可见，荷兰政府惊恐地喊道："新尼德兰的处境十分危险，随时有可能遭到入侵。"意识到这一威胁后，西印度公司的理事们命令斯泰弗森特驻守城堡，为迫在眉睫的袭击做准备。但是，就在1654年6月英格兰入侵部队即将离开波士顿的那一天，有消息传到马萨诸塞州，宣称两国之间已经签署了和平条约。新阿姆斯特丹的荷兰人长舒了一口气。

眼前的威胁虽已过去，但英格兰人将新尼德兰并入自己北美殖民地

彼得·斯泰弗森特，约1660年。

的野心并没有消退。为此，1654年，一群英格兰殖民者从印第安人手中买下了现在威斯彻斯特县和布朗克斯（曼哈顿东北部）的大部分地区，以阻止荷兰人向该方向扩张。英国政府还发起了一场公关运动，重申荷兰在北美的土地所有权是无效的。1657年，克伦威尔甚至给长岛西部的英格兰定居者写了一封信，鼓励他们反抗荷兰人。

斯泰弗森特试图说服英格兰人不要干涉新尼德兰。当新英格兰的官员拜访曼哈顿时，他大献殷勤，还与弗吉尼亚谈妥了一项贸易协议。但英格兰政府迫使弗吉尼亚人取消了该协议，在拜访曼哈顿的大部分时间里，康涅狄格总督小约翰·温斯洛普都在用心侦察荷兰人的防御部署。克伦威尔于1658年去世，国王查理二世于1660年夺回王位，之后，英格兰夺取曼哈顿的决心更加强烈。英格兰人打算以曼哈顿为中心，控制整个北美沿海地区。

最后，到了1664年，就在斯泰弗森特可能开始相信他的努力已经说服英国人将注意力转移到其他地方时，很长时间以来令人生畏的舰队抵达了港口，不无威胁地静静停泊在那里。斯泰弗森特再也无法忍受这种悬虑，他给来访者传了个口信，问他们想要什么。少校理查德·尼科尔斯爵士的答复在第二天早晨传到："我以国王的名义，想要这个通常叫曼哈顿岛的镇及附属其上的所有城堡，众皆臣服于国王陛下，并由我来提供保护。"尼科尔斯写道，他并不想看到"基督徒的血"流洒，但如果斯泰弗森特拒不投降，荷兰人就会经历"战争的痛苦"。斯泰弗森特想要打仗，但当自己的儿子巴尔萨泽都在请愿书上签名，恳求父亲投降时，他发现他的人民没有足够的决心去打败一个规模和实力都超过自己的敌人。1664年9月6日，斯泰弗森特投降，新阿姆斯特丹正式改名新约克（New York），即纽约。

通过谈判，斯泰弗森特确实设法为那些选择留在纽约的荷兰人争取到了非常有利的条件，说到这些条件时，国王的兄弟约克公爵（后来的国王詹姆斯二世，"新约克"即是取自他的名字）称其"超过了我的其他领土上享有的豁免权和特权"。投降条款确保了荷兰人的宗教自由和贸易不受限制（不像其他英格兰的殖民地，所有进口和出口的货物都要经手英格兰）。实际上，该协议承诺殖民地的政治领导人可"继续保持现状"，只要他们宣誓效忠英格兰国王，并在未来的"曼哈顿镇选派代表，这些代表有权对所有的公共事务自由发表言论"。这一点颇具讽刺意味，因为斯泰弗森特在统治殖民者时，一直在努力阻止他们获得这些权利。但英格兰人愿意给予荷兰人这些特权反映了他们希望荷兰人留下来。他们乐于见到曼哈顿可以汇聚来自世界各地的贸易商，希望这些贸易商成为英格兰不断扩张的大西洋帝国的中坚力量。

这些商人中就有阿瑟·利维，他是一个符合犹太教义的屠夫。英格兰人接管纽约时，利维已经涉足房地产（在曼哈顿和奥尔巴尼附近）和皮毛贸易。他的账簿保存至今，现存荷兰，记录的贸易包罗万象，正是这些贸易促进了早期纽约的繁荣兴旺。大个子曼努埃尔继续享受着他的自由，在现今纽约市东村（East Village）的土地上耕作。他可能已经搬去新泽西了。但是，在英格兰统治的头40年里，拥有奴隶的纽约居民比例翻了两番，考虑到1664年之后英格兰人扩张奴隶制的速度如此之快，他感觉自己的好日子有点不保。[1]

选择留在曼哈顿终老的荷兰人中，最有趣的例子或许就是斯泰弗森特本人了。他于1665年左右回到荷兰，当时荷兰失去了对新阿姆斯特

---

[1] 当黑人自由民和黑人奴隶都比较多时，肤色的差异不会自动将黑人自由民划归社会底层。但当黑人奴隶很多，黑人自由民相对较少时，人们往往会推定黑人自由民也是或应该是奴隶。事实上，法院也会强制将犯法的黑人自由民转成奴隶。作为自由民的阿瑟·利维因此担心这种事会落到自己头上。

丹的主权，但他应该非常想念曼哈顿。在荷兰很不自在地生活了 3 年之后，他请求荷兰政府允许他回到自己在纽约的农场，根据投降条款，农场仍然是他的财产。他生命的最后 4 年都是在农场里度过的，每个星期天都虔诚地参加教堂的礼拜仪式，而那个教堂是他为献给圣马可而建的小教堂。该教堂大约在 1800 年重建，至今仍矗立在原来的位置，即现在的二大道东 10 街，也就是著名的农场圣马可堂（St. Mark's Church-in-the-Bowery）。1672 年，斯泰弗森特去世，终年 62 岁，人们把他葬在了那里。

斯泰弗森特本可以在荷兰度过他人生的最后几年，那样就可以远离纽约，不至于每天都会想起作为新尼德兰总理事任期不光彩的结局。他拥有很多钱，在尼德兰王国是一个有地位的人，也是一位爱国者，在为国家尽责时失去了自己的一条腿。但是，和很多冒险去纽约的人一样，他在此地度过的岁月改变了他。当他回到家乡时，那里不再让他有家的感觉。尽管当时"美国人"这个词还没有被创造出来，但他知道自己已经成了一个美国人。纽约是他现在唯一想要生活到死的地方。他为数百万追随他脚步的人奠定了基础，最终，他们也有了同样的感受。

第二章
叛乱

纽约的领导人一向不轻意颂扬任何质疑权威的人,也就从来没有为莱斯勒或他的"叛乱"建立纪念碑。只在新罗谢尔有一座纪念他的雕像,因为那里的居民从未怀疑过他纯洁的动机。

跟今天有钱有势的纽约人一样，17世纪，富裕而有实力的纽约人会抓住任何机会逃离城市夏季的炎热、潮湿和难闻的气味。1673年8月就是这种情况。统辖纽约的弗朗西斯·洛夫莱斯总督决定航海去康涅狄格，当然是"公务"旅行，由于英格兰正跟荷兰打仗，他需要保护，就带走了通常与他一起守卫这座城市的大部分士兵。

洛夫莱斯可能觉得不用安排重兵把守纽约。因为战争的一方是英格兰人和法国人，另一方是荷兰人，对英格兰王国来说，这场战争进展得非常顺利。1672年，法国从南部和东部入侵尼德兰联省共和国，并迅速占领了荷兰的大部分领土。与此同时，英格兰人开始封锁荷兰海岸。英格兰国王查理二世设想将尼德兰联省共和国人口最多的中部地区并入英国版图。眼看着尼德兰7个省有3个落入敌手，其余的处于被侵占的危险之中，荷兰军事指挥官采取了极端措施，下令凿开堤坝，希望随之而来的洪水能够阻止入侵者。冬天来临，洪水结冰，法国军队设法前进，却被穿着溜冰鞋的荷兰士兵击退。由于国家被占领了一半，大部分庄稼被自己造成的洪水摧毁，荷兰人似乎没有能力对数千英里以外的英格兰殖民地构成威胁。

但洛夫莱斯大错特错了。荷兰人认为最好的防守可能是大胆的进攻。尽管国内形势危急，荷兰领导人还是派出了他们的海军穿越大西洋，以期把敌人从尼德兰引开。这可是他们最可怕的战斗力量，其中一支小舰队的指挥官是海军上将小科内利斯·埃弗森，他得到的命令是攻击法国和英格兰在美洲的领地，"夺取并摧毁一切可能的东西"。1673年夏，埃弗森决定攻击纽约。8月初，他率8艘军舰抵达纽约。他们在下纽约港停泊了数日，没有遭遇预料中的战斗，纽约当局甚至都没有人过问他们打算干什么，这让荷兰指挥官感到震惊。最后，长岛的一伙荷兰农民划着船来到舰队，告诉埃弗森总督洛夫莱斯不在，纽约的大部分士兵也不在，而且城堡年久失修。农民们抱怨"英格兰人的统治太严苛"，并预言如果埃弗森将这座城市重新收归荷兰，大多数纽约人会欢迎他，因为这里的人四分之三是荷兰人。

那天晚上，荷兰的这伙蓄意破坏者用炮把纽约港围了起来。第二天早上，也就是8月9日，600名荷兰海军陆战队员在哈得孙河岸登陆，地点就在现在的三一教堂附近，他们在荷裔纽约人"快乐游行"的欢呼声中占领了城堡和镇子。一名英格兰士兵在战斗中丧生，几个荷兰人受伤。埃弗森以荷兰奥兰治的威廉王子的名字把这座城市重新命名为新奥兰治，三天后，当洛夫莱斯返回小镇时，埃弗森将他驱逐出境。

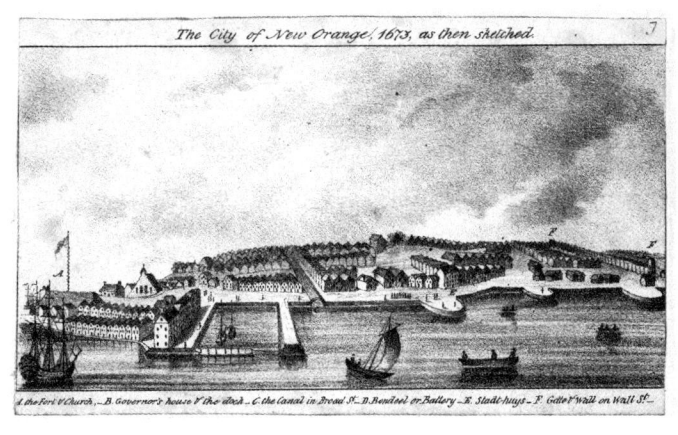

1673年的纽约，它曾短暂地成为"新奥兰治"。

纽约是跟约克公爵同名的殖民地，这里是他北美商业帝国计划的基石，对于它因为防守者满不在乎而在毫无防备的情况下易手他人，他感到十分难堪。纽约的失去表明，领土易得，但要使被征服的民众成为忠诚的公民却困难很多。10 年前，约克公爵在英格兰获得新阿姆斯特丹后，决定让原先治理该镇的荷兰精英大多继续留任，并且没有齐心协力让英国人重新定居纽约。此事件发生之后，英国人对公爵的决定甚是后悔。他们不会再犯这样的错误了。

1674 年 2 月，就在荷兰人占领纽约六个月后，他们同意归还纽约，作为遵守《威斯敏斯特条约》（Treaty of Westminster）的部分条件。根据条约，各方都同意恢复到之前的状态，洛夫莱斯终于可以松一口气了。有些荷裔纽约人对于荷兰领导人几乎没有努力留住这座城市感到愤怒，那些曾积极帮助推翻英格兰人的统治，或在荷兰重新控制后向其英国邻居公开表示幸灾乐祸的人尤其如此。这些荷裔纽约人"诅咒和咒骂"荷兰政府，并要求得到一个"屠杀英国狗"的机会。有些人则担心受到报复，决定在这座城市被正式归还给英国的 11 月 10 日之前，搬到另一个荷兰领地，或回到荷兰。

纽约迅速回归英格兰之手，但没有让约克公爵对失去它的洛夫莱斯的愤怒有所减轻。公爵决定拿他杀一儆百，让每一个朝臣都要三思而后行，不得在看管王室领地时再有任何轻忽之举。公爵派人逮捕了洛夫莱斯，没收了他的财产。1675 年 1 月，在纽约重回英格兰控制的几个月后，他把洛夫莱斯囚禁到了臭名昭著的伦敦塔。对于一个习惯了锦衣玉食生活的 53 岁的人来说，在伦敦塔里瑟瑟发抖地度过一个英国的冬天对其健康大为不利。4 月，洛夫莱斯病得很重，当局只好放他出狱，当年底，他就死了。

公爵的有些谋士建议他应该把荷兰臣民迁到奥尔巴尼，放在那里对安全的威胁会小得多。其他人则呼吁将荷兰人全部逐出该省。公爵反而派了一位更年轻的新总督去纽约，此人即是埃德蒙·安德罗斯爵士。安德罗斯爵士军事经验丰富，与王室关系密切，而且说一口流利的荷兰语。公爵指示安德罗斯与当地的荷兰精英重新建立友好关系，他们是在该省经济和政治事务中占主导地位的商人、牧师和地主。但是英国人也决定积极地激励移民，从而使纽约成为一个更英国化的城市。

乍一看，改变纽约的种族构成对英国人来说并没有那么困难。1664年，斯泰弗森特投降时，这座城市只有约1 500名白人居民（其中5%是英国人）。仅仅过了十几年，英国人的比例就攀升至28%。然而，随着波士顿、费城和其他主要说英语的北美城市的繁荣发展，安德罗斯很难说服英国人移民到纽约，因此纽约的荷兰味仍然很浓。1692年新抵达的一位英国军官说："这里最不让我们高兴的是各国人混杂在一起。"即使英国人真的来到了纽约，他们也在那儿待不长。一位英裔纽约人解释说："他们不知道在这里做生意的诀窍与其他多数地方的不同，一旦遇到挫折，留下来也不会变得更聪明。"即使在斯泰弗森特向英国投降35年后，该镇"看起来更像是一个由卫戍部队占领的、被征服的外国省"，而不是"一个由我们本国人拥有和定居的英国殖民地"。到1700年，纽约市的居民已增至接近5 000人，但英国人只占总人口的30%，只略高于1677年，而且这些英国人大多数是相对较新的移民。与此同时，最显赫的荷兰家族进一步巩固了自己在这座城市的经济和政治贵族的地位。

即使落入了英国人之手，荷兰移民仍然继续向这座城市迁移，这就是纽约仍然保留荷兰特色的原因之一。这些荷兰新移民大多数并非直接从荷兰移民至纽约，而是先在北美其他地区定居后再迁到纽约。如17世纪80年代末和90年代初，与印第安人的战争使得边界地区的生活变得危险，成百上千的荷裔美国人因此放弃了奥尔巴尼。这些难民大多定居在纽约。其他荷兰移民是先住在哈得孙河谷下游或东泽西，后到达纽约的。1664年之后，少数直接从荷兰移民纽约的人通常是投亲，因为他们的荷兰家庭成员已经生活在纽约了。

被英国人称为"荷兰人"的绝大多数纽约人实际上并非荷兰人；到1695年，他们中接近90%的人是在美国出生的。然而，这些荷裔美国人仍然竭尽所能地保留自己的语言和习俗，甚至在英国人接管纽约几十年后也是如此，以至于英国人无法轻易地将第二代和第三代纽约人和荷兰移民区分开来。在新阿姆斯特丹成为纽约多年后，这座城市的荷兰居民继续按自己的风格建造自己的房子，这就是同时代人所谓的"山墙冲着街道的荷兰式建筑"。荷裔纽约人的衣着也不同于他们的英国邻居。1704年，一位到访纽约的波士顿人写道，荷兰人戴着"法国帽子，就像帽子和头巾合二为一，耳朵毫无遮蔽，用大而多的珠宝装饰着。他们的手指上没戴戒指，有的戴着许多大石块，就像她们耳朵上的垂饰一样。你可以看到年纪很大的老年妇女和年轻女士都戴着这种饰物"。在冬季的几个月里，那些荷兰人会在被英国人占领之前他们建造的运河上，"穿着冰鞋从一个地方飞速滑到另一个地方"，"头上和背上"负着沉重的货物，这让英裔纽约人看得目瞪口呆。

最令其他纽约人惊讶的是荷兰人对其祖先语言的热爱。1699年，在英国人接管该市35年后，纽约总督、第一代贝勒蒙特伯爵理查德·库特哀叹道：该市典型的荷兰居民"很无知，既不会说英语，也写不出漂亮的英文"。荷兰商人的精英主导着市政府，他们也觉得没有必要学太多英语。库特指出，不无讽刺的是，在该市所谓的英语派提名的四名市议员候选人中，有三名"几乎不会说英语"，他们是约翰内斯·范基普、里普·范达姆和雅各布斯·范考特兰。有时，就连这些荷裔纽约人的子孙也不太懂英语。直到19世纪，该市才建立公立学校。所以，那个时代的荷兰父母在荷兰归正教会开办的荷兰语学校里教育他们的后代，加剧了荷裔纽约人与其他人口的文化隔离。这种语言隔离也因社会孤立而长期存在。在17世纪末和18世纪初结婚的纽约荷裔男人中，有99%选择荷裔女人作为配偶，这就保证了在纽约出生的又一代孩子在成长过程中会说英语以外的语言。

拥有一个感觉很像荷兰的英国殖民地,而且其居民对英国缺乏忠诚,在莱斯勒叛乱期间的混乱日子里,其危险性表现得再明显不过了。这场危机从 1689 年一直持续到 1691 年,起因于英格兰王室成员皈依罗马天主教的消息引致英格兰的紧张局势。很多安妮·哈钦森这样的英国北美领地的居民之所以移民来到殖民地,是因为他们认为英格兰的国教保留了太多天主教的成分。尽管很少有清教徒居住在纽约市,但民众仍怀有强烈的反天主教情绪。毕竟,荷兰人对天主教强国法国和西班牙最近入侵他们的领土感到不满,而这座城市的大多数法国和德国移民都是新教徒,是因为不愿意忍受天主教在其祖国进行的迫害而逃到美洲的。

在奥利弗·克伦威尔统治英国期间,幸存的王室成员住在法国,并经常参加那里的天主教礼拜仪式。克伦威尔死后,英格兰重新恢复斯图亚特王朝,这些王室成员似乎比逃离英格兰之前更支持天主教。1683 年,国王查理二世任命爱尔兰天主教徒托马斯·唐根为纽约总督。唐根带了几位耶稣会神父来到纽约,到达之后立即就在城堡里举行弥撒,这是纽约有史以来第一次举行天主教礼拜仪式。唐根任命天主教徒担任其政府的重要职务,也允许耶稣会开设一所天主教学校。这一切都无法取悦那些控制着纽约民众的荷兰、德国和法国新教徒。在英格兰,人们普遍认为查理是一个秘密的天主教徒,即使不是真的,思想观点也倾向于它。1685 年,查理在临终前皈依罗马天主教,似乎证实了这一推测。

由于查理死时没有正统继承人,便由其 52 岁的弟弟约克公爵詹姆斯继任,此时,纽约因其得名已经过去 21 年了。17 世纪 60 年代,詹姆斯秘密皈依了天主教,成为天主教徒。17 世纪 70 年代初,他改变信仰的事为公众所知。议会法案规定:为了查明政府中秘密的天主教徒,要求公职人员在宣誓就职时，需要否认变体论[1]和其他罗马天主教教义，而在接受一个海军荣誉头衔时，詹姆斯拒绝遵从此项规定。最初，英国新教徒似乎愿意容忍詹姆斯国王信仰天主教，因为他唯一幸存的子女（他初婚的两个女儿）是作为新教徒抚养长大的。长女玛丽在15岁时嫁给了信奉新教的远亲表兄荷兰奥兰治的威廉王子，这有违她的心愿，目的是想让那些担心詹姆斯会建立天主教王朝的英国人放心。看来威廉和玛丽及他们的新教徒子女将继承詹姆斯的王位，再次使英格兰成为一个新教国家。

然而，在1685年登基之后，詹姆斯比以前更加努力地想要培育男性继承人。詹姆斯的第二任妻子是30岁的意大利天主教徒摩德纳的玛丽，1688年，在她上次怀孕十多年后，为他诞下一子，震惊了整个英格兰。如果这个天主教婴儿幸存下来，他将成为王位的第一继承人。因为不愿冒此风险，一伙新教徒贵族要求荷兰的威廉王子入侵英格兰，废黜詹姆斯，与他的妻子玛丽共同担任君主。1688年11月，威廉和他的入侵部队在英格兰西南部的托贝登陆，这时詹姆斯的支持者开始成群结队地抛弃他。仅仅与威廉的军队拼杀了一场小规模的战斗，国王就从战场上撤回了已经崩溃的军队，并于12月逃往法国。议会很快便安排为威廉和玛丽加冕，光荣革命（Glorious Revolution）至此完成。之所以称为光荣革命，乃是因为几乎没有流血。

当这些事件的消息开始慢慢流传到大西洋彼岸时，纽约的统治者起初试图压制这一消息，因为他们是由詹姆斯或其代理人任命的。1689年初春，当詹姆斯被驱逐的确凿证据到达曼哈顿时，纽约人想知道传达消息的船只为什么没有同时带来命令，用忠于威廉、玛丽和新教的新

---

[1] 变体论是天主教的神学理论。1551年，特伦特会议定义变体论如下：饼和葡萄酒祝圣（consecration）后，饼的整个实体变成我们主基督身体的实体，葡萄酒的整个实体变化成他宝血的实体，这种变化被天主教合宜和正确地称为变体论。

成员取代他任命的"教皇党人"。支持光荣革命的纽约人要求市政府官员宣布他们效忠新君主,当这些领导人含糊其词时,关于他们动机的流言蜚语流传开来。有些人认为唐根正带头努力使纽约成为天主教新法国(现在的魁北克)的一部分。谣传三艘法国军舰正为此而驶近纽约。该镇主要的英格兰官员副总督弗朗西斯·尼克尔森不敢面对危机,溜出城,回到了英格兰。其他镇政府领导人则躲到了长岛或新泽西。最终填补权力真空的是一位雄心勃勃的德国移民,名叫雅各布·莱斯勒(Jacob Leisler)。

1640年,莱斯勒生于法兰克福。他的父亲是一位牧师,其教堂是为满足法兰克福的法国新教徒而建,在西欧加尔文教徒圈子里很出名,也有外交经验,但于1653年去世。之后,莱斯勒入读一所新教军事学院,18岁时,他搬到了阿姆斯特丹,为科内利斯·梅林工作。梅林曾是新阿姆斯特丹的一位出色的居民,但因与彼得·斯泰弗森特长期不和而回到了荷兰。尽管如此,梅林仍然是西印度公司的一位大股东,而且很可能是通过他的影响,西印度公司任命20岁的莱斯勒担任一队西印度公司士兵的队长,1660年4月,他们离开荷兰,前往曼哈顿。

即使以纽约的标准来衡量,莱斯勒的野心和决心也是令人印象深刻的。到22岁时,他已成为皮草和烟草商人。一年后,他娶了一个比他大的寡妇埃尔茜·泰门斯,她的继父是商人霍弗特·卢克曼斯,可能是该市最富有的居民。利用其在商业上的新关系,莱斯勒开始主导该市与切萨皮克的烟草贸易,只不过他跟大多数商人一样,倾向于买卖他认为可以赚钱的任何东西。他出口毛皮、盐、谷物、鱼、鲸油和马匹,进口糖、香料和布料,以及可以与印第安人交换毛皮的"商品",甚至涉足契约仆役和奴隶。像任何一个精明的商人一样,他把赚到的钱进行多样化的组合投资,购买了多条船只的全部或部分股份,以及曼哈顿、威斯彻斯特县、长岛、奥尔巴尼、新泽西和欧洲的房地产。后来,他及其住在巴塞尔的兄弟们也开始涉足银行业。到1676年,他已是纽约第三富有的居民了。

莱斯勒也是虔诚的宗教徒，"严格"和"极端正统"的加尔文主义者。当越来越多的基督徒开始相信人类可以对他们是否最终获得救赎施加一些影响时，莱斯勒和其他正统的加尔文主义者认为这些想法都是异端邪说。因此，当纽约的英国国教徒和荷兰改革宗的牧师敦促人们被动地服从该省天主教统治者的意志时，莱斯勒离开了纽约的荷兰教会，而不是赞同这种观点。相反，他加入了纽约更激进的反天主教的法国归正教会。当国王路易十四在1685年废除南特敕令（*Edict of Nantes*）时，新教在法国再次成为非法教义，这使莱斯勒这样的人相信被动服从天主教君主是幼稚而危险的。从那以后，莱斯勒将自己的大部分财产用于积极反对天主教的活动。他为穷困的法国新教徒支付了移民费用，并在纽约正北现在的威斯彻斯特县购买了6 100英亩的土地安置胡格诺派难民（法国新教徒被称为胡格诺派教徒）。新教在法国的中心是拉罗切利市，所以，莱斯勒把他们在美国的避难所命名为新罗切利。另外大约400名胡格诺教徒在纽约定居，到1689年，他们大约占纽约总人口的10%。

那年，光荣革命让纽约人忧心忡忡，他们担心法国的天主教徒即将入侵纽约，并且不相信詹姆斯二世任命的官员领导的城市军队能够击退这样的攻击。支持威廉和玛丽的纽约人决定召集自己的民兵队伍保卫纽约。在一封给国王和王后的信中，他们写道："无论怎样都要抗击陛下所有的敌人，直到陛下的王朝进一步为人所知。"这场立即取代市府官员的运动对纽约人特别有吸引力，他们感觉自己在社区事务中没有发言权，这个群体既包括那些憎恨英格兰统治的荷兰商人，又包括不喜欢英国国教接受一位天主教君主统治的积极的新教徒，以及认为在政府中缺乏真正代言人的中等收入的纽约人（尤其是荷裔纽约人）。这些团体都钦佩莱斯勒，并请他领导他们的运动。最初他拒绝了，但在民兵占领了城堡，并解除了"其中的天主教徒"的武装之后，他于6月2日同意指挥民兵，直到威廉和玛丽找到合适的人选，替代国王詹姆斯任命的军官,正如莱斯勒在给威廉和玛丽的信中所述,"在新教的职权范围内,仍然受到教皇的影响"。

过了一天,威廉和玛丽加冕的消息传到纽约,强烈支持他们的人成立了一个"安全委员会",以保护莱斯勒所说的"现在统治英格兰的新教力量"。委员会成员让莱斯勒负责城堡,并在8月中旬将军事指挥权扩大至全省。委员会成员塞缪尔·埃兹尔和彼得·德拉诺伊在8月给新国王的信中写道:他们之所以选择莱斯勒,是因为他是"一位真正的新教日耳曼人、训练有素的军官和商人",也是"对新教充满热忱的人"。此后不久,威廉国王写给尼克尔森的信抵达,指示他:"在他不在的时候,需要有人暂时维护我们美国纽约省[1]的和平,并且执法。"该信还要求尼克尔森保住他的职位,并在该省"主要业主和居民"的协助下执行法律。鉴于尼克尔森已经失踪两个月了,而市长仍然下落不明,安全委员会宣布尼克尔森副总督的职位空缺,并将其职位和职责委派给莱斯勒。

1689年夏天,莱斯勒开始着手组织新的省政府。他任命了军官、执法官、税吏和太平绅士。他甚至监督市长的选举,德拉诺伊赢得市长的职位,成为这个城市有史以来第一个民选的市长(直到1834年才再次有民选官员[2])。莱斯勒似乎真的相信他只是在让该省免受"教皇的狗和魔鬼"的控制,直到威廉和玛丽终于找到时间任命一个新的政府。但是他的一些追随者似乎有其他的动机,其中很多人是普通工人和工匠,他们对在旧政权下被排除在外心有不满,想要有一个用更加平等的

---

[1] 纽约省(Province of New York)是北美的英属殖民地,最早是1664年荷兰投降交出的新尼德兰,包括美国现在的纽约州、新泽西州、特拉华州和佛蒙特州,以及康涅狄格州、马萨诸塞州和缅因州的一部分和东宾夕法尼亚州。但很快英国国王进行了重新分封,只留下了哈得孙河和莫霍克河河谷部分及佛蒙特地区。

[2] 纽约自1689年出现民选官员后,没有再搞选举。1689年至1834年,纽约是由市议会或其任命的官员管理的。

方式组建的政府。还有一些是憎恨英国统治的荷裔纽约人，或者是逃离了一个天主教国王却感觉受到另一个国王威胁的胡格诺派教徒。还有一些人是反天主教的狂热分子，他们相信詹姆斯及其走狗试图将美国领土在内的"英格兰拖入天主教和奴隶制的罪恶深渊"。

然而，虽然莱斯勒受到大多数纽约人的青睐，他的敌人却在英国宫廷赢得了宣传战。尼克尔森返回英国，告诉政府领导人，莱斯勒是推翻王权的革命暴民的领袖，狡猾地略去了莱斯勒宣称的接管指挥权的理由。反对莱斯勒的纽约人包括英国官员及其任命的荷兰贵族官员，他们也向朝廷提供了大量的错误信息。有一封标准的公函将莱斯勒和追随他的人描述为"一小撮暴民"，"不适合担任我们中间哪怕是最卑微的职务"。另一个"有品位的人"公开抨击他那"醉醺醺的跟班"就是一伙"最卑鄙的凡夫俗子"。他们说荷兰人企图重新控制纽约，而莱斯勒就是这个阴谋的领导者。当莱斯勒意识到他派往英国的游说者是些无能的笨蛋时，为时已晚。用一位历史学家毫不夸张的话说，他们"给宫廷留下了非常差的印象"。莱斯勒认为自己的所作所为完全是代表威廉和玛丽干预乱局的英勇之举，在伦敦却被误解成了反对他们的激进的、革命性的阴谋，对此，莱斯勒显然不明就里。

1691年1月，在莱斯勒主持纽约政务近18个月之后，由理查德·英戈尔兹比少校指挥的三船英国士兵抵达港口，要求莱斯勒把城市移交给他们。但是军队拿不出王室的委任状，无法证明他们有权接收，因为他们的指挥官亨利·斯劳特上校乘坐的第四艘船在百慕大搁浅了，自以为是的莱斯勒拒绝投降。英戈尔兹比任命了新的市议会，并从该市和周边地区召集英国民兵，以增强其军事力量，这座城市再次陷入混乱。莱斯勒拒绝解散他的立法机构，宣称少校和他所有的同盟者是"上帝的敌人"。

纽约人开始意识到英戈尔兹比可能确实是代表威廉和玛丽而来的，莱斯勒的民众支持率随之下降，3月，莱斯勒及其残余追随者退居城堡。3月17日，莱斯勒命令他的军队向包围他们的英国军队开火；几人死亡，多人受伤。两天后，斯劳特带着他的委任状来到了纽约。当他提出赦免除莱斯勒及其头目之外的所有人后，莱斯勒的400名残余追随者放下武器投降。3月20日，英戈尔兹比把莱斯勒及其核心小圈子几个人抓捕入狱，指控他们谋杀、叛国和暴动。

由于认为莱斯勒的叛乱是荷兰人的阴谋，斯劳特下命由全部是英格兰人组成的陪审团审判被告。并且进一步打破先例，要求他们只能用英语陈述证词，尽管有些荷兰被告表示不满，称这种规则使他们无法充分为自己辩护，那也无济于事。埃兹尔和他的女婿德拉诺伊让陪审团相信了他们是无辜的。法院裁定其余十多名被告有罪，并判处把他们"挂到绞刑架上绞死，在他们死绝之前，掏出他们的肠子，在他们的面前架到火上烤他们的肠子，再割下他们的头，把他们的身体割成四块，头、四肢和肠子则根据国王和王后的决定处置"。

斯劳特最终批准了大多数莱斯勒党人的保释，意味着他们可以获得自由，但未来任何的不当行为都会导致保释撤销，并立即执行死刑。这一策略既让斯劳特看起来宽容大度，又能确保莱斯勒一伙的领导者今后在政治上不可能再度活跃。几年后，当纽约人不管怎样都要选举他们中的一个人担任官职时，斯劳特的继任者宣布选举结果无效。

对于莱斯勒和他的得力助手及女婿雅各布·米尔本，斯劳特则毫不留情。1691年5月17日，也就是他们被处死的日子，面对聚集在一起见证他被绞死的一大群人，莱斯勒简短地说了几句话。莱斯勒很谦逊，但并不后悔，坚称他的所作所为是"为了威廉国王和玛丽王后，为了保护新教和维护国家的利益"。刽子手随后迅速将这两个人绞死并斩首，场面特别可怕，因为仅靠绞刑不能杀死米尔本。后来，根据纽约人世代相传的故事，"就像对待一个殉道者一样，出于崇高的敬意，人们剪下莱斯勒的衣服碎片作为珍贵的遗物，还分割了他的头发。"

为什么威廉和玛丽要抛弃雅各布·莱斯勒这样一位热心的支持者

呢？可能君主对他一无所知。就连国王写给尼克尔森的信也是有人代写的。国王和王后把殖民地的管理权交给了保守党议会的领导人，他们则任命了尼克尔森和他的下属，并把任何对其官吏的挑战视为对自己权威的蔑视。17世纪90年代中期，当议会从保守党转为辉格党把持时，新的领导人宣布莱斯勒和米尔本为爱国者，并推翻了之前对他们的定罪。莱斯勒死后埋在他自己的旧农场里，而农场位于现在市政厅的东南。1698年，支持者将他们从墓里挖了出来，在该市荷兰归正教会的花园街（Garden）墓地择一荣显之地，将他们重新下葬。新墓地现在是布罗德街（Broad）和威廉街（William）之间的交易大楼。仪式很传统，号角齐鸣，观者云集，远至宾夕法尼亚都有人参加。然而，纽约的领导人一向不轻易颂扬任何质疑权威的人，也就从来没有为莱斯勒或他的"叛乱"建立纪念碑。只在新罗谢尔（New Rochelle）有一座纪念他的雕像，因为那里的居民从未怀疑过他纯洁的动机。

第三章
英国化

18世纪初英国人的涌入"本质上是个人的机会主义移民,他们寻求改善自己的经济地位,进而提高自己的社会地位"。大多数是单身的年轻人,并非随同其他家庭成员来到纽约。

17世纪伊始，英国人启动了一项大胆的计划，那就是向他们的新爱尔兰殖民地派遣成千上万的信仰新教的苏格兰人和英格兰人，通过他们的定居，稀释那里的天主教徒和爱尔兰人。莱斯勒叛乱发生时，荷裔、法裔和德裔纽约人似乎质疑英国对纽约的主权，此后，纽约当局决定他们需要将纽约的制度和人口英国化。1691年，就在他们处决莱斯勒几个月后，殖民地官员实施了《司法法》，根除了荷兰式纽约法典的残余，并以基于英国普通法的法律体系取而代之。《司法法》还设立了新的法院，法院的权力来自国王，其官员比他们的前任拥有更多的权力。几年后，英国人要求该殖民地取消荷兰度量衡制，改用英国度量衡制。在英国人征服纽约后，荷兰度量衡制一直用作纽约的标准，时间长达30多年。从1700年左右开始，英国当局还取消了该市的荷兰语学制，该教育体系曾经让荷裔纽约人能够抚养几乎不会说英语的孩子。

　　纽约圣公会教堂宏伟的新建筑也开始动工建造。英格兰人接管新阿姆斯特丹30年后，英格兰教会一直没有自己的宗教建筑。圣公会的牧师们在荷兰人不使用的荷兰归正会的教堂举行礼拜仪式。在莱斯勒叛乱过后，纽约圣公会在曼哈顿下西城购买了土地。三一教堂于1698年完工，其高度远远超过了该市其他所有的建筑，直到在美国独立战争中被摧毁。

然而，英国人为英国化纽约所做的主要事情与其数十年前对待爱尔兰的做法如出一辙：让更多的英国人移民到纽约。光荣革命后，越来越多的英国移民来到纽约，这些新移民比以前的英国移民永久定居下来的可能性更大。这些新纽约人很少是宗教难民。正如历史学家乔伊丝·古德弗伦德指出的那样，18世纪初英国人的涌入"本质上是个人的机会主义移民，他们寻求改善自己的经济地位，进而提高自己的社会地位"。大多数是单身的年轻人，并非随同其他家庭成员来到纽约。

1719年纽约详图，显示的是华尔街以北的城市局部。左边是三一教堂，是该市当时最高的建筑。

这些移民中的很多人需要签订契约，以此支付前往美国的船费。1718年，来自萨默塞特郡的约翰·查西与一位纽约皮匠签订了一份为期7年的契约，开始偿还债务。1726年，作为支付她船费的交换条件，来自普利茅斯的赫斯特·克鲁奇答应为纽约"客栈老板"詹姆斯·墨菲工作5年。他必须为她提供"足够的肉、饮料、衣服、住处和洗涤用品"，5年合同期结束时，要"给她……一件亚麻长袍和衬裙，以及一件料好不贵的亚麻连衣裙"。对纽约的雇主来说，仆人未完成服务期限就逃离城市是一个长期存在的问题。1730年，一家酿酒师登广告寻找亨利·平彻的下落，他是一个逃跑的"雇工……大约26岁……职业是盖房子的木匠、泥瓦匠和水泵制造者"。尽管平彻是土生土长的英国"西部乡村"人，但广告上还是说他"能讲一口流利的英语"。

虽然有些移民借助契约获得了资助，得以前往美国，但在这一时期，纽约的突出问题却是契约仆役的相对缺乏。对雇主来说，雇用契约仆役是一项相对冒险的大投资。他们必须预先支付仆役的船票钱，如果仆役死亡或逃跑，雇主的投资就会打水漂。

在美国大部分地区，移民绝大多数来自英国最低的社会经济阶层，但在纽约并非如此。很多英国商人把自己的儿子或初级合伙人送到纽约，亲自监督他们在这块欣欣向荣的殖民地上开展经营。由于热带风暴、来自外国的威胁或歉收的预兆，贸易形势实际上可能一夜之间发生变化，因此，他们会为英格兰数百项进出口大生意付款，委托纽约的雇员迅速做出决定，以期将突然的灾难变成意外的收获，为他们带来滚滚财源。与那些前往弗吉尼亚、马里兰、宾夕法尼亚和纽约乡村地区的移民相比，来到纽约的英国移民更有可能是熟练的工匠。工匠有能力养活自己，他们希望纽约庞大的商人群体能为他们的商品和服务提供一个活跃的市场。

在当时那个时代，纽约英格兰移民的另一个特点是来自伦敦的人数量惊人，或许将近一半。18世纪上半叶，伦敦人比英格兰乡下人更了解北美。伦敦人也更有可能认识已经移民到纽约的人，若希望与朋友或合伙人一起动身，更有可能知道前往美国的下一班船何时开船，并且若是自己没有能力，更有可能知道去哪里筹措旅费。甚至从住处到移民船的路程较短也使得伦敦人在这一时期比其他英格兰人更有可能移民，因为在前往美国的航程开始之前，他们无需失业较长时间，离开家登船的时间也较短。18世纪的纽约居住着来自英格兰各地的移民，但伦敦人占多数。

作为英国化的一部分，纽约的领导人也鼓励更多的苏格兰人移民到纽约。1706年和1707年的《联合法案》(Acts of Union)将苏格兰与英格兰更紧密地束缚在一起，统一为单一的大不列颠王国，这给苏格兰带来了政治和经济动荡，从而让很多苏格兰居民认为有必要移民。1760年以前在纽约定居的苏格兰人大多是来自苏格兰东南部的低地人。一些人在抵达之前就已经购买了新泽西"私有土地"的股份。詹姆斯国王把这块土地授予了王室宠臣，后者又把所有权卖给了出身名门的投资者组成的财团，这些财团想要在新泽西建立苏格兰人的殖民地。投资财团将其联营机构的股份出售给雄心勃勃的苏格兰个人。当这些联营机构陷入困境时，他们的居民通常会搬到纽约。

就像纽约的英格兰移民一样，商人在苏格兰移民中占比很大。然而，要想在新世界成为一名商人，并不需要在来美国之前就是一名商人。苏格兰人戴维·维兰特最初来到美国是因为他在新泽西购买了一块私有土地，而他想要定居在那里。到1695年，他搬到了纽约，最初在一所学校当教师。1707年，他已经成为这个城市的巨商之一。

越来越多的苏格兰人出现在纽约，很多方面都有所体现。在这个城市的市场和酒馆里听到苏格兰口音已经不那么新奇了。1717年，苏格兰人在华尔街建立了该市第一座基督教长老会教堂。该市的苏格兰人以前都去荷兰人或法国人的教堂，不过，他们发现那里的外国味太浓，因此常常完全放弃去教堂。从1710年到1731年的22年中，三位苏格兰人甚至当了20年的纽约总督，他们是罗伯特·亨特、威廉·伯内特和约翰·蒙哥马利。正如一位历史学家指出的那样，聚集在这些总督周围的"大部分殖民地精英"都"出生于苏格兰"，而且"大多数人的出身不明，若他们留在大不列颠，也不会为人所知"。纽约苏格兰移民的重要性在1744年得到了进一步证实，他们成立了一个互助协会，向"这些地区贫困的同胞"分发慈善物资。1756年，在圣安德鲁协会的支持下，苏格兰人重组了这些活动，该协会至今仍在运作。

18 世纪初，从爱尔兰移民到纽约的人数也显著增加。爱尔兰亚麻制品和羊毛制品的价格低迷，而且远在英国的房东收取高昂的租金，迫使许多爱尔兰人动身前往美国。爱尔兰长老会教徒主要是来自苏格兰移民的后代，他们受到了爱尔兰信仰英国圣公会的统治者的歧视，也经常前往纽约。

据总督亨特 1720 年的报告，大部分爱尔兰移民来自"爱尔兰北部"。爱尔兰东北部的阿尔斯特隔苏格兰海与苏格兰相望，那里是很多不满的"苏格兰裔爱尔兰人"的家园，他们大多数是新教徒，尤其是长老会教徒，但天主教徒占总数的四分之一。爱尔兰天主教徒开始离开爱尔兰的原因和爱尔兰新教徒一样，他们希望能在纽约获得更大的宗教自由，找到更多的经济机会。

纽约人并没有张开双臂欢迎爱尔兰天主教徒。总督贝洛蒙勋爵是爱尔兰出生的纽约新教徒，1700 年，在得知一船爱尔兰士兵经过 12 周的跨大西洋旅行抵达纽约后，他发表了一番评论，不无抱怨地说："来自爱尔兰的新兵是一群最卑鄙的家伙，穿着国王的制服，却是爱尔兰军队的渣滓"，包括很多"教皇党人"。

这座城市的居民对爱尔兰移民也很提防，因为他们很穷。1726 年，20 岁的本·富兰克林写道：在一艘从都柏林开往纽约的爱尔兰移民船上，他发现"乘客糟糕的环境"令人震惊。他不知道那些比较富裕的乘客怎么能在"挤满一群污秽不堪的下等人、令人憋闷的环境"中生活数周。爱尔兰移民比其他地方的移民更有可能接受契约的约束。一首古老的爱尔兰民谣唱道："孩子们，你们可以免费移民"，与其"像奴隶一样苦干挨饿"，不如"自信地跨越海洋，而且不用花钱就能移民"。但是，当大多数其他移民都已不再以契约仆役的身份来到美国时，再这样做就是一种耻辱。1729 年，《纽约公报》（*New-York Gazette*）刊登了一则为 50 名来自都柏林的爱尔兰契约仆役寻找职位的广告，坚称这些仆役并非来自爱尔兰社会的最低阶层，"多数都是手工艺人"，这意味着他们都是经过培训的工匠,"如织布工、裁缝、箍桶匠、铁匠、鞋匠、毡匠、黄铜铸造工、酿酒商或屠夫,其余的都是农民和劳工"。在另一则提供爱尔兰契约仆役服务的广告中,一位船长感到有义务声明:"船长和大副特此立誓:他们中没有被判刑过的罪犯,都是为了船费自由并自愿地签订契约为某人服务一段时间。"

18世纪初,尽管大多数爱尔兰裔纽约人都是英格兰或苏格兰血统的新教徒,但在社会和文化上,他们仍然与其他纽约人相去甚远。在一定程度上,这是因为爱尔兰语是很多人的主要语言,甚至包括阿尔斯特人。跟大多数移民群体一样,爱尔兰人也倾向于相互交往。1716年,一位有爱尔兰血统的法国胡格诺派教徒在其日记中写道,游览纽约时,他"去了一家酒馆,和一伙爱尔兰人一直玩到10点"。即使在美国独立战争前的一二十年里,纽约的爱尔兰移民社区规模越来越大,种族也越来越多样化,但爱尔兰血统仍然是这些移民不得不想方设法抹去的一种耻辱。

加勒比海的英属岛屿(当时被称为西印度群岛)是帮助纽约英国化的另一个移民来源。这些移民中有一些在英格兰出生,然后移民到西印度群岛,然后又决定迁往纽约。其他人则是加勒比移民的子孙,他们认为在北美大陆有更大的机会在等待着自己。在这两种情况下,选择纽约作为新家可能是受到加勒比群岛和纽约之间密切的商业联系的启发。

詹姆斯二世的梦想是让纽约成为英属加勒比海帝国的大陆中心,这个梦想在18世纪初基本实现了。原先大多数船只从荷兰的新阿姆斯特丹出发,将货物最终运往欧洲,而英裔纽约人则将大部分出口货物运往加勒比地区。纽约成了巴巴多斯岛、牙买加和其他英属岛屿居民的主要补给来源。有些来自英属加勒比海地区的移民有钱有势,试图成为制糖大亨的努力却失败了,现在正寻求在纽约重新开始。另一些人则是经验丰富的加勒比商人,他们与纽约进行了多年的贸易,现在正想到大陆寻求更广泛的商机。还有一些人是中等收入者,他们听说纽约为有抱负的新移民提供了很多向上层社会流动的途径。

当英国人努力使纽约英国化时，讽刺的是，他们也允许纽约在宗教上更加多样化。在其在位的最后几年，詹姆斯一直在英国寻求更大的宗教自由，部分原因在于那样一来他自己的天主教信仰就会少受很多诋毁。因此，纽约的领导者比新阿姆斯特丹时的统治者对少数宗教更宽容。在光荣革命前夕，总督唐根对纽约的宗教多样性进行了分类，但没有表现出其荷兰前任们在类似报告中的那种惊慌感。他写道，这座城市是英格兰教会、荷兰加尔文派、法国加尔文派和荷兰路德宗信徒的汇聚地，只有"很少的教皇党人"，但有"大量的贵格会信徒"和"守安息日派和反对守安息日派教徒，还有一些再洗礼派、独立派和犹太教信徒，总之，各种各样的见解都有一些"。

在詹姆斯二世统治时期，议会拒绝遵从国王立法允许宗教信仰自由的要求。在他被流放到法国后，君主国又回到了新教徒手中。1689年，国会通过了确保公众礼拜权利的《信仰自由法》（Act of Tderation）[1]，但将天主教徒排除在外。纽约省众议院在1691年颁布了一项类似的措施，随后指示纽约省的总督"允许所有人享有良心自由（教皇党人除外），这样他们就能安静而平和地享受良心自由"。纽约人已经生活在世界上宗教最多样化的地方之一，现在可以比较自由地信仰宗教了。1700年之后，苏格兰长老会、德国路德宗教会和德国犹太教徒大量移民，随着他们的到来，这座城市的宗教信仰更加多样化了。

当然，18世纪的纽约并非一片信仰自由的田园。犹太人有时会在街上受到嘲笑和奚落，甚至他们的送葬队伍也难免受到骚扰。犹太人也

---

[1] 即《宽容法案》，于1689年5月24日获得王室核准，共18条款，它在很大程度上允许宗教自由。除罗马天主教徒和无神论者，其他非国教教徒只要同意这18条或者宣称对国王效忠，即可免受法律处罚。1969年废除。

被禁止投票和在政府任职,只是纽约人经常无视这些法律,允许犹太人投票和担任市政职位。基督徒也可能面临迫害。纽约省总督科恩伯里勋爵是迅速让殖民地英国化的热心支持者,1707年,他下令逮捕长老会领袖弗朗西斯·马凯米,理由是他无证传教。科恩伯里坚持认为虽然英国的《信仰自由法》实行全面保护,但不适用于殖民地。法院做出了相反的裁决,只是马凯米已经在狱中关了三个月了。长老会终于在1716年开放了他们在纽约的第一座教堂。科恩伯里还声称他有权用英国圣公会牧师填补该地荷兰归正会牧师的空缺!英国官员最终也撤销了这些任命。科恩伯里勋爵极度热衷于限制宗教自由,但1689年以后的每一位总督都尽心竭力地执行信仰自由法中的"除教皇党人外"的条款。纽约人还一并完全禁止了天主教神父踏入该地,1700年以后,若被人发现出现在纽约,天主教神父就会面临终身监禁。

虽然很多人认为信仰的多样性是纽约宗教格局的最显著特征,但其他观察家发现,纽约更引人注目的是其市民缺乏对宗教信仰的热诚。1697年,一位来自波士顿的游客震惊地发现纽约人"似乎并不严格遵守安息日的规定"。他发现"妇女在门口剥豌豆,孩子们在街上玩他们平时玩的游戏,小酒馆里也挤满了人"。圣公会牧师约翰·米勒于1695年抵达纽约,他也认为纽约市民缺乏宗教虔诚令人担忧。他向他的主教报告说这座城市是一个藏污纳垢的场所,这里的人"不信教,酗酒,诅咒和咒骂,通奸和乱伦,偷窃或犯下其他恶行"。米勒报告称纽约男男女女都是"浪荡子",对他们来说,婚前通奸"根本不被视为丑闻或罪恶"。女人通常不会结婚,"直到肚子大了",才不得不嫁给情人。几年前,一个弗吉尼亚人来到纽约,他并没有发现纽约人宗教信仰的缺乏如米勒看到的那样令人震惊,但他还是认为有一点值得注意,纽约的居民"似乎并不关心邻居信仰什么宗教,或者有没有宗教信仰"。

除了胡格诺派这样的宗教群体外,这段时期很少有移民主要是奔着宗教自由才来到纽约的。毕竟,纽约人信奉的宗教并不比大英帝国的其他地区享有更高的地位或更多的保护。相反，吸引大多数潜在移民来纽约的仍然是经济机会。在1737年写给住在蒂龙郡的前任牧师的信中，爱尔兰移民詹姆斯·默里写道："读读这封信，告诉你们那地方所有的穷人，上帝已经为他们打开了一扇拯救之门；因为这里不缺乏面包。"默里自豪地说：纽约人一年挣的钱相当于在北爱尔兰做同样的工作三年挣的钱。"当我离开你们的时候，我学到的东西很少，现在你们知道了吧，我当职员一年能赚20镑。"默里讲道，"现在这里的买卖都很赚钱。织布工织一码可挣12便士，下大力的一天挣4先令5便士，小姑娘在小纺轮上纺纱每周可挣4先令6便士。"通过他的书写，不难看出苏格兰血统的爱尔兰人坚持使用苏格兰方言。不过，默里建议移民把他们需要的所有衣服和工具都带到美国，因为尽管纽约的工匠工资很高，但他们的产品价格也很高。默里最后写道：总的来说，若是拒绝来美国，"爱尔兰的年轻人就只能是一群胆小鬼"，"因为我告诉你们，这里是一个美丽的国家"。

　　正如默里所述，纽约的吸引力之一是它能提供高工资，即使是非熟练工人在这里赚钱也多。1696年，纽约总督本杰明·弗莱彻抱怨说："这个国家的劳动报酬率很高。"在整个殖民时期，雇主们一直都在表达这种意见。默里认识到，纽约吸引移民的另一个因素是它提供的职业流动性。有位纽约人在1757年写道："每一个勤勉正直的人都有能力过上好日子，很多人都是这样的例子，他们当初来到这里时每天为贫穷而苦恼，现在却过上了安逸而富足的生活。"例如，默里本来是一个贫穷的作家，却可以在他的新家当一名职员。该市技术熟练工人的短缺意味着雇主更有可能与受雇工人分享商业秘密，以保证有足够的人手生产满足其需求的产品，这使得契约仆役在期满后比较容易转行做"手艺人"。毋庸置疑，随着18世纪的进步和与纽约商业巨头开展竞争所需资本的稳定增大，改变自身的处境越来越困难，但我们可以看到，若是心有抱负，恰好有人脉，而且运气不错，来自社会各界的移民都有可能步入商人阶层。

到 1730 年，大多数纽约男性是商人，而其余大部分则是批发商、店主和地位较低的白领，包括职员、学校教师、公务员等。只有极少数人干一些无需技能的散工。而在其欧洲祖国，打散工的人占人口的很大一部分。没有什么技能的人也能超越自己的阶层，获得更高的社会地位，这吸引了众多移民来到纽约。

确切地说，移民能爬到多高很大程度上取决于其出生地。因为早在 17 世纪末，在纽约的作坊和滨水区就已经形成了明确的种族分工。1695 年和 1730 年，绝大多数律师、酒馆老板、食品供应商、水手和造船的木匠是英国人。相比之下，建造房屋的木匠仍然主要是荷兰人，甚至在 1730 年，荷裔美国人不再构成城市人口的大多数时，该市的鞋匠、面包师和金属制品工人也主要是荷兰人。法国移民和犹太人既有德国血统，也有伊比利亚血统，他们在城市经济中只有一个领域占多数：商人阶层。

纽约人的种族不仅影响他们从事的职业，在某种程度上也影响他们在该市的居住区域。18 世纪初，荷裔纽约人集中在华尔街北区和南区，尤其是珍珠街（Pearl）。同一时期，英国人主要分布在东区和码头区，尤其是靠近伊斯特河的皇后街和码头街。宗教组织的位置有时会助长这种模式。法国移民聚集在集市街（Marketfield）的新教教堂附近，大量荷兰人居住在花园街的荷兰归正教堂附近，许多犹太人定居在该市第一座犹太教堂附近的南区和码头区，该教堂位于米尔街（Mill），1730 年开放。

那时，尽管仍有非英国人居住的聚居区和职业族群存在，这座城市基本上已经英国化了。例如，到 1720 年，荷兰血统的纽约人不再占多数，到 18 世纪 30 年代中期，该市大部分人口的家谱都可以追溯到不列颠群岛。荷裔纽约人的政治势力也有所减弱。市议会是他们最后的权力堡垒，但到 18 世纪 30 年代，他们在市议会的代表席位迅速减少。最引人注目的也许是荷兰语几乎从城市生活中消失殆尽。一位德国牧师在1749年写道:"早在20年前,大多数事情要说荷兰话。"但从那以后,"似乎一面倒似的转向了英语"。荷裔纽约人也意识到了这种变化。18世纪40年代,一位忧心忡忡的荷裔纽约人这样写道:"所有事情都用英语来处理,那种语言在我们当中普遍流行开来。"几年后,另一个人哀叹道:"荷兰语……差不多完全没用。在办公、商业、环境或就业中,几无必要。"一些"上了年纪的人"仍讲荷兰语,荷兰归正教会服务也仍然用这种语言进行,但除此之外,荷裔纽约人"向英语屈服了"。

随着众多英国移民的到来,18世纪纽约的人口比荷兰统治时期增长得更快。1700年的居民约5 000人,1720年增长至7 500人,1740年前后为10 000人,1760年前后为15 000人,1771年人口达到22 000人,这一年美国进行了独立战争前的最后一次人口普查。我们知道,在那次人口普查之后,大量英国移民涌入殖民地,因为有传言说,当局将禁止英国进一步移民到13个殖民地,以惩罚他们抵制议会征税。这导致了空前的移民潮。1775年秋天,当独立战争实际上关闭了纽约港口时,这个城市的人口大约为25 000人。

尽管偶尔爆发流行病,人口仍以惊人的速度在增长。这些疾病中最可怕的是黄热病,它由一种蚊子传播的病毒引发,使人发烧、呕吐和器官衰竭,而肝脏的变性会导致黄疸,表现为皮肤发黄,这就是该病名称的由来。黄热病是一种热带病,携带这种病毒的蚊子偶尔会通过从加勒比海出发的船只来到纽约。1702年,黄热病爆发,570名纽约人丧生,占纽约人口的10%以上。还有数百人患病,但得以幸存。那些经济条件好的人搬到了城外,直至灾难过去。

麻疹和天花比黄热病更常见,也会致人死亡。麻疹通常不会致命,但儿童特别容易感染。相比之下,天花是一种更可怕的病毒性疾病,患者的身体会布满脓疱,而脓疱会流出黏稠的黄色液体,除了生痘,通常还伴有发烧和呕吐。这种疾病通过空气传播,接触到其他患者的脓液也会传播。虽然在整个殖民时期麻疹和天花都曾致人死亡，但在1731年纽约爆发的一场麻疹和天花特别严重。"自从我来到此地，这里的死亡率从来没有像现在这么高过，"那年，一位移民这样描述这种流行病，"每天都埋葬很多人。"另一个纽约人说："很多孩子死了，乡下人不敢进城，使得集市减少，食物变得昂贵，贸易全都失去了活力，穷人的日子很艰难。"此次疫情的爆发，至少549名纽约人死于这两种疾病，占纽约人口的6%。这种流行病在整个大英帝国都很常见，因此，虽然它们可能会推迟潜在的移民到纽约来，但并没有阻止他们的脚步。

城市人口的增长迫切需要城市规模的扩大。直到约1700年，定居点一直受防御墙的限制，防御墙沿华尔街北侧从哈得孙河一直延伸到伊斯特河。随着壁垒的拆除，城市迅速向北扩张。1731年前后，印刷商威廉·布拉德福德（William Bradford）出版了一份详细的城市地图，地图上标明了曼哈顿的街道布局和建筑，北至现在的市政厅，几乎所有的新建筑都集中在曼哈顿的东城。对移民来说，这种扩张是一种解脱，即使在那时，他们也觉得这座城市的租金高得惊人。"我家有8口人，还不知道该把他们安置在哪里，"1700年前后，一位新来的殖民官员写道，"房子不但少，还很贵。"

尽管在城市的北部边缘找到可以开发的地产并不难，但当时的纽约人和现在一样，希望能在城市最理想的邻近区域增加更多的土地。市政府官员们想出了一个解决办法，即把伊斯特河的水边当成填埋场，倾倒垃圾，从而扩展曼哈顿的陆地面积，并将该项扩大土地的权利拍卖。在彼得·斯泰弗森特的时代，伊斯特河的堤岸紧靠珍珠街的边缘（珍珠街当时被称为码头或皇后大街），而布拉德福德的地图显示，到1730年，岛的东南边缘有一个街区已经东扩至现在的沃特街（Water）。在曼哈顿南端，开发商已经将曼哈顿扩展出两个街区，一直到现在的前街（Front）。在接下来的一个世纪里，开发商进一步扩张了曼哈顿下城，

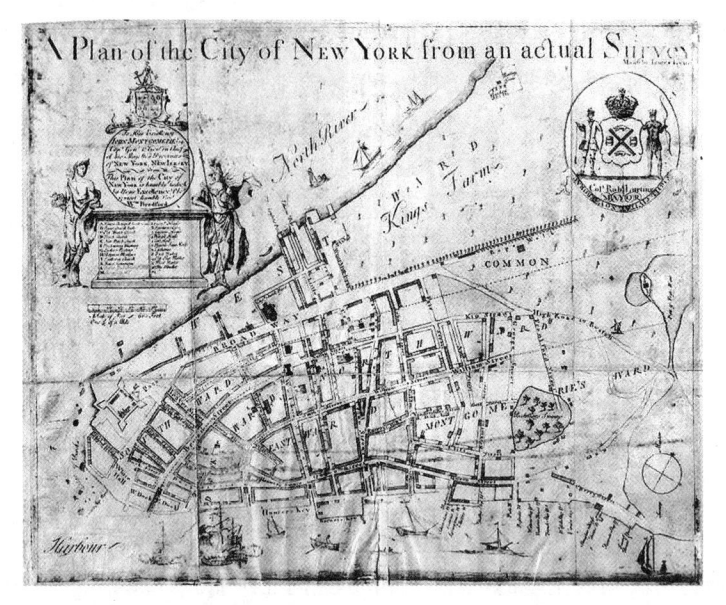

大约1731年的"布拉德福德地图"显示了该市的6个区。荷裔纽约人倾向于住在中间两个区，而伊斯特河沿岸的各个区住的多为英国移民。[1]

以至于从原有珍珠街边的伊斯特河海岸到南街的新滨水区，人们不得不走过整整三个街区（600英尺）。在曼哈顿下西城，该岛的陆地整整增加了两个街区。2012年，飓风桑迪袭击纽约时，这条河重新占有了它的每一块老地盘。风暴的高水位标志图与河流最初的边界惊人地吻合，几乎一致。

布拉德福德的地图记录了曼哈顿海岸线的扩张，这是该市地图宝库中的珍品之一。他对政治的兴趣不亚于对印刷业的兴趣。1663年，他出生在英格兰莱斯特郡的一个贵格会教徒家庭。布拉德福德的父亲也是一名印刷商，但按当时的习俗，他安排儿子到另一位印刷商安德鲁·索尔那里当学徒，而不是亲自教威廉。索尔是伦敦最重要的贵格会教徒印

---

[1] 曼哈顿岛南北长、东西窄，六个区的分布为：南端西、中、东三个区，在这三个区的北部又是西、中、东三个区。荷裔纽约人喜欢住两个中区。

刷商。布拉德福德一定给他的师傅留下了深刻的印象，因为索尔允许女儿伊丽莎白嫁给他。也许是觉得在光荣革命和《信仰自由法》实行之前，贵格会教徒在英格兰的商业前景受到限制，索尔便安排这对夫妇移民到威廉·佩恩所在的宾夕法尼亚的新贵格会避难所，他们于1685年抵达那里。

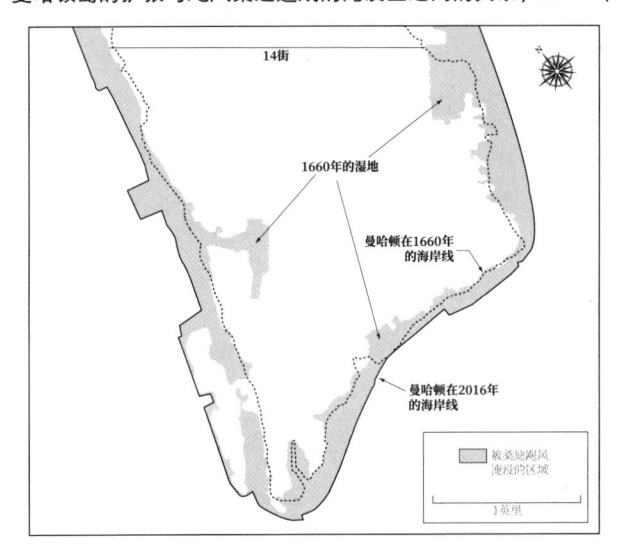

曼哈顿岛的扩张与飓风桑迪造成的淹没区之间的关系，2012年

布拉德福德发现，在宾夕法尼亚印刷贵格会的小册子可能与在英国一样危险。1692年，他出版了一位颇有争议的基督教公益会领导人的著作，贵格会当局多次责备他，并将他监禁了四个月。由于厌倦了宾夕法尼亚争吵不休的贵格会教徒，布拉德福德受邀成为纽约的官方印刷商。1693年春天，他举家搬到了纽约，离开了朋友，像许多想要获得成功的新移民一样，他加入了三一教堂。

布拉德福德在纽约生意兴隆。他印制了第一批用于出版的美国立法程序的会议记录，印制了纽约的第一张纸币，并发行了美国版的英国国教的祈祷书。1725年，他创办了纽约第一份报纸《每周公报》（weekly

Gazette），该报纸和其他各类新闻媒体一起刊登政府广告，告知公众司法程序和新出台的法律。布拉德福德很清楚他的生计很大程度上依赖政府的印刷品，因为它们占据了他的大部分生意。接手印制城市地图这样一次性的事，也是意在维持与政府的互惠互利。布拉德福德最初的意图是想把它作为礼物送给新任总督约翰·蒙哥马利，若想保住他的合同，布拉德福德就必须讨好约翰·蒙哥马利。

布拉德福德雇用了一批熟练的印刷工人和学徒。为了换取免费食宿及学习印刷工艺的"艺术与奥秘"，学徒要承诺无偿为布拉德福德工作5年，有的甚至更长时间。在欧洲，行会严格限制能够受训的学徒数量，以防止任何单一行业的竞争者供过于求。但美国的城市并没有行会，这在某种程度上解释了为什么纽约存在这么多通过职业向上层社会流动的现象。布拉德福德差不多活到了90岁，当他回顾自己漫长的职业生涯和他培训过的几十个学徒时，必定希望自己当初就应该将一个人拒之门外，这人就是13岁的德国难民约翰·彼得·岑格（John Peter Zenger）。

虽然英国人主要是想鼓励英国移民，但时不时地，若有其他旅行者想去纽约，他们也不得不施以援手，遇到像胡格诺派教徒一样受迫害的欧洲新教徒，更是无法拒绝。18世纪初，此类难民中最著名的是巴拉丁的德国人。他们是路德宗或归正教（加尔文派）教会的成员，来自莱茵河中游西岸一个叫普法尔兹的小乡村地区，处于法兰克福和斯特拉斯堡之间。1688—1689年及18世纪初，法国军队占领了普法尔兹，实行焦土政策，据路易十四自己的一位军事指挥官说，这一政策留下了"一片废墟"，以至于国王的大臣们担心这会玷污他在子孙后代中的声誉。该地区幸存的居民则遭受了饥荒、流行病和经济灾难。经过数年的艰难困苦之后，成千上万的德国人逃离了，传言英国会给他们发放免费的土地，他们被吸引去了英国。英国渴望再次成为受压迫的新教徒的庇护所，但又不希望巴拉丁人在英国定居，为此，议会专门制定了一项归化德国人的法律,将 2 500 名德国人送到了纽约。

1710 年夏,巴拉丁的德国人抵达纽约港,他们营养不良,患有斑疹伤寒,渴望在承诺给他们的农场定居。纽约人希望尽可能与这些多病的新移民少接触,于是将他们隔离在坚果岛上,直到可以被运往哈得孙河的上游。在踏上美洲大陆之前,数百人死在了隔离区。其余的大部分被运送到北部的殖民地内陆,但大约有 40 个男孩留在了纽约当学徒。其中一位就是岑格,他的父亲早在海上航行时就去世了,在与母亲和两个弟弟分开之后,他搬到了城里唯一一家印刷厂的老板威廉·布拉德福德那里住。

有悖常理的是,对岑格来说,他父亲的去世可能正是时候。如果父亲没死,岑格就会被运送到哈得孙河的上游,但即使到了那里,巴拉丁的德国人也不会得到当初承诺给他们的农场,而是会被派去生产松焦油,因为这种劳动对身体有害,其他美国人不肯做。当巴拉丁人试图离开时,他们会被强行扣留,并被告知他们前往美国的代价是做 7 年的劳役,就是煮松焦油。经过两年的抗议和诉讼,德国人才得以撤离松焦油营地。到那时,岑格已经学会了英语,也学会了一种有钱可赚的新职业,并且通过对布拉德福德的观察,他还学会了如何利用政治关系促使生意兴隆。

1718 年,学徒生涯一结束,岑格就开始了自己的事业,先是搬到费城,然后又搬到马里兰首府切斯特敦,他希望在那里效仿布拉德福德,建立人脉,成为殖民地的官方印刷商。但他没有成功,而且年轻的妻子玛丽也去世了,留下他孤身一人照顾年幼的儿子小约翰。也许是希望母亲或姐姐帮忙照顾孩子,岑格回到了纽约,并于 1723 年再婚。1725 年,《纽约公报》开始上市,他又回到布拉德福德那里为他工作。短短一年后,岑格自己开店,直接与布拉德福德竞争;因为镇上只有两家印刷店。尽管如此,岑格在招揽生意上还是遇到了麻烦。有些纽约人想要出版荷兰语的小册子、短论或书籍,他成功地成了这些人的首选印刷商，但那时，每年出版的荷兰语书籍数量很少，每种也就是一两本。

最终，政界送给岑格更多的生意，多到他和布拉德福德都始料不及。1731年，蒙哥马利总督突然去世，英国人随后派威廉·科斯比接替他。科斯比是出生于爱尔兰的新教军官，通过婚姻进入了英国贵族阶层，然后厚颜无耻地利用这些关系为自己牟利。正如纽约最高法院首席大法官在1729年所写的那样，纽约人明白，他们的总督"不是来此呼吸新鲜空气的"，而是"要么是为了挽回损失的财富"，要么是为了捞第一桶金。但即使按照这些标准看，科斯比也是一个特别无耻的分肥者。在梅诺卡岛的一处派驻点，科斯比捏造罪名没收了一位葡萄牙商人的一船鼻烟，出售之后把钱装进了自己的腰包。科斯比因此在伦敦被起诉，那里的法院判他败诉，巨额赔偿几乎让他破产。科斯比几乎丧失偿债能力，于是游说妻子的堂兄纽卡斯尔公爵，国王乔治二世的首席外交政策顾问之一托马斯·佩勒姆-霍利斯，表示愿意接受殖民地的任命。纽卡斯尔一开始给科斯比安排了一个加勒比海的小闲差，但在他即将赴任时，听说了蒙哥马利的死讯，于是转而要求担任纽约总督。纽卡斯尔勉强同意了，科斯比于1732年8月抵达曼哈顿。

上任后，科斯比立即明确表示他打算在公共食堂用餐。当纽约省议会授予他750英镑的欢迎"礼物"时，科斯比认为不够，并威吓立法者给他更多。科斯比随后要求他的前任、临时总督里普·范达姆拿出担任总督期间所获工资的一半给科斯比。当范达姆拒绝后，科斯比起诉了他，并下令由最高法院而不是陪审团来裁决案件。1733年4月，最高法院首席大法官刘易斯·莫里斯驳回了科斯比的诉讼，作为报复，科斯比解雇了莫里斯。

甚至在莫里斯被解雇之前，科斯比就已经冒犯了绝大多数纽约人。莫里斯强调说："没有人像他这样让所有人憎恨。"对总督心怀不满的人不仅包括莫里斯和他的政治支持者，还包括以下这些人：担心拥有几乎无限权力的专横总督会滋生腐败的人；纽约商业精英阶层之外的富裕地主，他们认为科斯比过于频繁地向商人寻求建议，并委任以官职；以及大多数收入不高的纽约人，他们珍惜在蒙哥马利总督任期内获得的政治权利，担心由于科斯比的独裁专制统治而失去它们。在莫里斯、范达姆、来自苏格兰的移民詹姆斯·亚历山大律师和少年时从白金汉郡来到纽约的威廉·史密斯的领导下，这些团体想要找到一个渠道，让更多的人知道他们对科斯比的不满，但他们知道不能去找布拉德福德，因为出于生计的考虑，布拉德福德要忠于总督。他们只好求助约翰·彼得·岑格，因为只有他拥有镇上另一家印刷厂。

大量莫里斯、范达姆、亚历山大和史密斯的作品涌向岑格的印刷店，它们是一些抨击文章、小册子、讽刺诗和政治漫画，旨在宣传科斯比的罪行，并倡议该市的选民在投票时惩罚总督的亲信。1733 年 11 月，这群人开始出版自己的报纸《纽约周刊》。有时，它会转载英国媒体关于滥用权力可能对自由构成威胁的文章。在其他情况下，该报会直接攻击科斯比，说他"独断专行"，蔑视法律，败坏纽约的司法系统，将"法律"变成了"一纸空文"。其专栏甚至包含讽刺总督及其走狗的虚假广告。亚历山大是这张报纸的幕后推手，但报头上出现的唯一名字是它的印刷商岑格。

莫里斯一派主张在费城和波士顿大力推行政治改革：减少政府职位的任命；更频繁地举行选举，促使官员对人民更加负责；使用无记名投票，防止选举恐吓行为；以及保护法官不受总督的胁迫。一个同情莫里斯一伙的讽喻评论家坚持认为，只有这样，织布工、木匠、赶大车的人、泥瓦匠、水手等诚实的工人才能避免商人、店主和律师践踏他们的"权利和自由"。1734 年 9 月，第二届议会选举时，莫里斯和他的非正式反对党赢得了该市市议会的控制权。

刚出版几周，科斯比就试图让该报噤声，要求大陪审团以"煽动诽谤罪"起诉岑格，理由是该报打油诗的作者辱骂总督。然而，陪审团成员拒绝起诉他。1734 年大选之后，科斯比想到了新的招数。当一个新的大陪审团也拒绝起诉岑格时，科斯比绕过了正常的司法程序，指示最高法院首席大法官詹姆斯·德兰西下令以煽动诽谤罪把编辑抓起来，德兰西是科斯比亲手挑选的莫里斯的继任者。科斯比签署了一份声明，指责该报包含有对总督"可耻、恶毒、虚假和煽动性的"攻击，也含沙射影地攻击了国王乔治二世。在科斯比的指挥下，"在该市的戴枷示众台附近，执行绞刑者或行鞭刑者焚烧了"4期《纽约周刊》。德兰西把保释金定得很高，致使岑格一直被关在监狱里，近九个月后才开始审判。在此期间，岑格的妻子、员工和朋友继续出版该报。他在监狱收到的信件都是每期的特色内容，公众对此案深感兴趣，以至于该报发行量达到了历史最高水平。

科斯比和他的亲信使出了浑身解数想要得到他们想要的有罪判决。法庭书记员试图把科斯比的支持者塞进陪审团，不过，岑格的盟友发现了他的诡计，并将其挫败。当亚历山大和史密斯提出审前动议，质疑德兰西起诉岑格的权力时，德兰西取消了他们的律师资格，并指定一位没有多少法庭经验的科斯比的支持者为岑格的新辩护律师。该印刷商的支持者坚持认为他不能只依靠法庭指定的律师。亚历山大知道纽约的律师可能不愿意接手，于是他来到宾夕法尼亚，说服安德鲁·汉密尔顿接下了这个案子，他是殖民地最好的辩护律师之一。

1735年8月4日，对约翰·彼得·岑格的审判在华尔街市政厅开始，并在当天结束。公诉人开始传唤证人，以证明岑格曾印刷过有问题的报纸。汉密尔顿承认岑格确实发表了这些违法的文章，令法庭震惊。这是一个危险的策略，因为依据那个时代的法律，煽动性诽谤被定义为传播任何可能使政府声名狼藉的信息，甚至是真相。随着汉密尔顿的承认，公诉人非常确信已经证明岑格犯罪，便立即结束陈述，既然"汉密尔顿先生已经承认印刷和出版了这些毁坏名誉的东西，我想陪审团必须为吾王做出裁决"。

"不是这样的。"汉密尔顿反驳道。他开始发言，辩称陪审团有权决定案件事实和诽谤法的含义,以及尽管岑格确实印刷了几期有问题的报纸,如果其中的谴责说得没错,那就不构成煽动诽谤罪。德兰西告诉汉密尔顿和陪审团岑格的律师弄错了,但汉密尔顿并不气馁,坚称12名陪审员"在决定法律和事实方面有无可争议的权利"。汉密尔顿以正义与自由为主题发表了长达数小时的激情演讲,他告诉陪审员,不管法庭向陪审团做出什么样的说明,"如果岑格先生的报纸上没有谎言",他们都应该认定他是无辜的,"你们有权这么做"。

在总结陈词时,汉密尔顿提醒陪审员,岑格一案涉及重大的利害关系。"陪审团的先生们,摆在法庭和你们面前的问题不是无关紧要的私人问题,你们正在审理的不是一个穷印刷工的问题,也不单单是纽约的问题,不是的!其结果可能会影响到生活在美国大陆上英国政府统治下的每一个自由人。这是最好的理由,关乎自由的理由!"汉密尔顿承诺,如果陪审员们做了正确的选择,"每一个宁愿自由而不愿过奴役生活的人都会祝福和尊敬你们,因为你们挫败了暴政的企图"。此外,他还告诉他们,他们要"为确保我们自己、后代和邻居的安全打好基础,这是自然和国家的法律赋予我们的权利,通过说真话和写真话,揭露和反对专制权力的自由……"。汉密尔顿用这番激动人心的话结束了他的陈述。

德兰西和公诉人指示陪审员不要理会汉密尔顿的夸大其词,"把什么构成诽谤的问题留给法庭裁决"。陪审团只应裁定岑格是否"如指控所述因印刷和发表诽谤性的言论而有罪"。然而,在仅仅商议了几分钟后,陪审员们回到法庭,宣布岑格无罪。宣布判决时,"大厅里挤满了人,人群中传来三声喝彩",第二天岑格就被释放了。

岑格案是美国法制史上的里程碑之一,但这并不是因为它开创了什么先例,也不是因为有什么后来的法学家可以引用的司法意见。相反,岑格的受审之所以重要,主要有两个原因。首先,汉密尔顿为岑格辩护的观点被广泛视为新闻自由观念的思想先例,50年以后,美国人将新闻自由写入了《人权法案》。其次,这起案件使美国人对其卑屈的殖民地位，以及随之而来的专制统治日益不满的情绪明确化。《宪法》签署者刘易斯·莫里斯的孙子古弗尼尔·莫里斯说："1735 年对岑格的审判是美国自由的萌芽，是自由的启明星，在那之后美国发生了革命。"几代学者都得出了同样的结论。

纽约人珍视他们的"自由"，但他们不认为所有人都应平等地分享它。例如，1737 年 9 月，替岑格辩护的那个律师威廉·史密斯再次出现在纽约法官面前，这一次是为了支持剥夺该市犹太人的选举权。史密斯成功地论证了允许犹太人行使"公民权利"是对"基督教荣誉"的侮辱，据他的儿子所述，他"把发生在加略山[1]上那一幕血腥悲剧描述得非常悲惨，以至于正在聆听该案的陪审团成员"大声痛哭，泪流满面，恳求他不要再说了……很多人哭了；而那些不幸的以色列人，只要能活命，即使失去选票，也心甘情愿；某些人……被这番演说激怒了，若不是他们那些蛊惑民心的政客出面干涉……那群人……会在那天被屠杀"。[2]

四年以后，在纽约其他少数族裔遭遇的更严重的司法不公中，史密斯律师也发挥了核心作用。1741 年 3 月和 4 月初，该市发生了几起可疑的火灾。第一次火灾彻底摧毁了副总督乔治·克拉克在乔治堡内的住所（乔治堡是英国人给曼哈顿南端的城垒重新起的名字）。一周接一周，纽约人发现了更多不同寻常的火灾，只不过后面的火灾造成的破坏都不如第一次的大。4 月 6 日，一天之内发生了 4 起大火，将事件推向了高潮。目击者看到一个奴隶从其中一个火灾现场逃走，突然间，一切似乎

---

[1] 加略山（Mount Calvary）是耶路撒冷城外不远的一个地方，在犹太人的坚持下，耶稣在此被钉十字架。《圣经》称各各他（Golgotha），又名髑髅地（Scull）。史密斯讲"耶稣被钉十字架"意在激起听众对犹太人的仇恨。

[2] "蛊惑民心的政客"指保护犹太人的人，而"那群人"指犹太人。

都说得通了。"黑人正在造反！"全城的人都在议论。当局很快发现了一小群奴隶密谋想要烧毁这座城市以获得自由。有些奴隶的不满比较特殊。其中一人放火烧了克拉克的家，因为副总督不让这位奴隶与其妻子偶尔在那里过夜，而他的妻子也是克拉克的奴隶。另一个不满涉及市政府在1712年挫败了一场疑似奴隶起义后实施的限制措施，其中包括禁止非裔美国人三人以上的集会。这种限制显然激怒了奴隶本，他跟一位同胞抱怨说：他们"甚至在离开教堂后不能散步，警察会把他们带走；因此，为了获得自由，他们必须放火烧房子，杀死白人"。

随着第一批人被捕的消息传遍全城，检察官们开始相信这一"邪恶的杰作"不可能是少数无知的奴隶干的。该市天主教徒的嫌疑立即上升。英格兰在1741年再次与西班牙交战，所以，纽约人想象可能是他们的数十位说西班牙语的奴隶，在白人天主教徒的帮助下，制造混乱，以利西班牙入侵。作为这一冲突的一部分，西班牙在一年后入侵佐治亚，虽然没有美国天主教徒提供内援，但说明这种想法并非完全牵强附会。在审判中，这些非裔美国人纵火犯一再指出自己的所作所为源于对奴隶地位的不满，但检察官史密斯坚称"这座城市最近发生的火灾，以及谋杀居民的企图，都是西班牙和天主教的阴谋"。在公诉人看来，纽约的爱尔兰天主教徒尤其可疑。在因协助和教唆黑人同谋而被捕的白人中，绝大多数有爱尔兰姓氏，如康诺利、科克、费根、凯利、克里、墨菲和瑞安。

最后，纽约人把大部分惩罚都施加到了奴隶身上，绑在火刑柱上烧死了13人，绞死17人，还有大约80人被流放到加勒比海。白人嫌疑人要么公开承认是天主教徒的人，要么被人怀疑是天主教徒的人，其中有4人被处以绞刑，7人被赦免，条件是他们必须离开此地。被处决的其中一人是英国出生的约翰·休森，他似乎与核心的几个黑人同谋者有关系，但他如检察官所坚持的那样是与他们共谋，还是仅仅是为他们销赃，尚不清楚。休森的妻子和女儿也被处以绞刑，她们的罪行似乎更令人怀疑。第四个被绞死的是拉丁语教师约翰·尤里，他之所以被定罪，很大程度上是因为人们错误地怀疑他是一位神父，是天主教徒把他非法偷运到这座城市来传播"他们的骗术和血腥宗教"的。由于没有哪位奴隶牵连尤里参与了纵火阴谋，在发表审判尤里的结案陈词时，大部分内容都是史密斯在描述天主教"野蛮""残暴"和"可怕"的特点。

在这些火灾中并没有人丧生，却造成34人被执行可怕的死刑，到1741年7月，一些旁观者开始担心纽约人做得太过头了，确实是有几个奴隶纵火，但并不是一个广泛到涉及100人或更多人的跨种族阴谋。法庭过于信赖证人，有时这些证人已经站到了绞刑台或火刑用的柴堆上，但被告知只要他们说出更多人的名字就可以得到赦免。一位马萨诸塞来的匿名评论家写道："如果我没记错的话，这些可怕的处决让我想起了1692年的新英格兰巫术案，纽约人理所当然会因我们如此轻信而指责和嘲笑我们。"

如果说纽约人对1741年的大火反应过度，那可能是因为他们想让行动比言语更有震慑力。正是这些人敦促岑格的陪审团没有理会法律的约束，宣判德国印刷商无罪释放，使纽约人能够享受"自由"，而不是"奴隶生活"，他们试图让该市的奴隶们明白，除了当奴隶，他们没有别的生活。在随后的几十年里，许多纽约人开始强烈要求更多的"权利"和"自由"，包括刚刚来到这座城市的数千人，因为他们开始质疑自己在大英帝国中的从属地位。其他的移民会敦促他们的纽约同胞默许皇室的权威。这场斗争还牵涉到美国人是信守威廉·史密斯倡导的有限制的"自由"，还是让那些崇高的字眼适用于所有美国人：黑人和白人，天主教徒和新教徒，新移民和本土出生的人。

第四章

美国化

富兰克林本是与科尔登就美国最伟大科学家的头衔一较高下的人,却因为《印花税法》的争议而脱颖而出,成为英雄。令人嫌恶的科尔登则越过伊斯特河,来到他在法拉盛的农场,从此沉浸于植物学和其他科学研究中,很乐意将革命危机爆发之初管理纽约的工作甩给别人。

若独立战争的结果有所不同，或者纽约的卡德瓦拉德·科尔登（Cadwallader Colden）选择支持另一方，他如今可能会像其竞争对手本杰明·富兰克林（Benjamin Franklin）一样为美国人所熟知。富兰克林于1706年出生在波士顿，十几岁时去了纽约，想找一份印刷工的工作却找不到，只好去费城，之后开始名利双收。科尔登于1689年出生于爱尔兰，父母是苏格兰人，在苏格兰长大，并于1705年毕业于爱丁堡大学。后来，他在伦敦学医，却因缺乏财力的支持无法在英国行医，于1710年移民费城，他的姑姑已经在那里定居。几年后，同是苏格兰人的纽约总督罗伯特·亨特说服科尔登到曼哈顿安家，并承诺政府会任命他一个职位，这样他就不必完全依赖不可预测的行医所得过日子了。1718年，科尔登及其苏格兰出生的妻子爱丽丝，以及他们蹒跚学步的孩子亚历山大搬到了纽约，之后他们又生了八个孩子。亨特信守诺言，为科尔登争取到了各种任命，直到1720年，他被任命为整个殖民地的土地测量员[1]。

跟富兰克林一样，科尔登也是多才多艺的人。他涉猎机械技艺，有

---

[1] 殖民地的土地测量员不只是用工具丈量土地的边界，他还有权雇人进行丈量，主要目的是进行地籍调查之后，将土地卖给殖民者。

些人认为是他发明了铅版印刷，这是一项重要的印刷工艺。科尔登也是一位历史学家，1727 年，他出版了开创性的《五个印第安部落史》(History of the Five Indian Nations)，这是首次用英语写美国印第安人的历史。科尔登还是一位富有创新精神的公共卫生科学家，18 世纪 40 年代，暑热症爆发时，他调查了纽约生病市民的住地，试图确定传染病蔓延的原因。他发现牛顿物理学跟医学一样吸引人，牛顿去世时，还没有确定他观察到的引力特性的成因，科尔登却发表了关于这个主题的理论。科尔登最重要的科学贡献表现在植物学，在一个大多数人以农业为生的时代，这是一个新兴但极其重要的领域。在此领域，科尔登与他的女儿简合作，简的植物学笔记被认为非常重要，值得大英博物馆保存。同时代的人称科尔登为"天才"，但今天的科学史学家并不把他看得那么高，因为通常他在发表理论前没有做必要的实验加以检验。尽管如此，正如一位学者所说，毫不夸张，科尔登是他那个时代"美国最杰出的科学家和哲学家"，"仅次于富兰克林"。他是第一个真正享有国际声誉的纽约人。

跟富兰克林一样，科尔登一生中大部分时间都在蓄奴，从其信中可以看出，他并不是一个特别有同情心的主人。就在离开费城之前，他把两个奴隶运到巴巴多斯出售，她们是一个 33 岁的女人和她的孩子。他告诉他委托的奴隶贩子，他决定把在西印度群岛的奴隶全都卖掉，因为女奴隶哭丧着脸，而且很是无礼。在宾夕法尼亚，"如果黑鬼不让你高兴，这个国家的风俗不允许我们'惩戒'他们，不能像你们在巴巴多斯那样做"。他还想把她和"她的其他几个孩子分开"。"我很重视他们，也了解他们，如果她留在这个国家，会宠坏他们的"。他让人贩子把女人和孩子换成"你能买到的最好最白的马斯科瓦多糖[1]，我自己用的，

---

[1] 马斯科瓦多糖（Muscavado）又称巴巴多斯糖，一种未经精制的蔗糖。大部分优质的马斯科瓦多糖产于毛里求斯。

不用在乎价格，剩下的钱换成上等的朗姆酒"。

科尔登和富兰克林的另一个相似之处是他们都热爱政治。搬到纽约后不久，科尔登就被任命为总督顾问委员会成员，这是一个由杰出市民组成的小委员会，负责就殖民地的总督即将做出的政策决定提供建议。由于总督比较专横，议会只不过是橡皮图章，能做的只是批准他们的法令。科尔登努力工作，在理事会任上一干就干了55年，比其他纽约人干得长很多，既反映了他赢得了殖民地精英的高度评价，又擅长赢得同胞的尊重，也有赖于王室所派总督的长期继任，无论政治风向如何变化，他都是一个不倒翁。

然而，科尔登可不是一个马屁精，见风使舵地与任何君主派来管理纽约的人保持良好的关系。18世纪30年代，科尔登是反对总督威廉·科斯比的政治派系的领袖之一，科斯比是一个贪婪的分肥者，起诉约翰·彼得·岑格的就是他。科尔登在岑格的《纽约周刊》上写了多篇攻击科斯比的文章，结果是这位印刷商被以诽谤罪送上了法庭。科尔登也是18世纪50年代大部分时间里统治纽约的詹姆斯·德兰西总督最著名的反对者之一。

1760年，德兰西死于心脏病，作为总督顾问委员会任职时间最长的成员，科尔登成为纽约代理总督。第二年，国王乔治三世任命科尔登为副总督，并继续担任这一职务近15年。但是，由于18世纪60年代和70年代，纽约总督如走马灯般地不断变换，科尔登发现自己一次又一次地被推到代理殖民地总督的位置上，分别是1760年到1761年、1763年到1765年、1769年到1770年，以及1774年到1775年。正是在这个职位上，科尔登的声誉发生了改变，从一个脾气暴躁但在其他方面无害的万事通变成了该市最受鄙视的领导人之一。

独立战争几十年间纽约移民生活的故事比人们想象的更难重现。保存下来的记录、同时代人写的回忆录，以及历史学者的著述绝大多数关注的是与英国决裂的前因后果，而不是那些年移居到曼哈顿的移民的生活经历。那个时代普通纽约人的生活尤其难以重现。因此，我将这一时期的重点放在少数有据可查的移民故事上，他们的经历在独立战争的双方都有充分的记录。比如卡德瓦拉德·科尔登，因为仍然忠于国王和帝国而遭到辱骂和鄙视。相比之下，亚历山大·麦克杜格尔（Alexander McDougall）则用他在纽约赚到的少量的钱冒险投入美国的独立事业。成千上万的其他纽约人则处在这两个极端之间，比如爱尔兰移民沃德尔·坎宁安（Waddell Cunningham），他们其实并不在意哪一方获胜，只要能继续赚钱就行。他们的故事，以及本章和下一章中讲述的其他人的故事可能并不典型，却是独立战争时期纽约移民的传奇。

实际上，科尔登失去人心始于1763年夏天，当时在靠近华尔街和沃特街的拐角处，坎宁安挥舞着剑，攻击了另一个手持马鞭的商人。除了1762年12月底和自己的兄弟从查尔斯顿[1]的托兰斯、格雷格和波格的公司赊购了一些批发商品，并承诺在30天内偿还之外，我们对这位持鞭男托马斯·福西知之甚少。当福西兄弟在30天、60天甚至90天内没能付款时，南卡罗来纳人要求坎宁安为他们收款。

坎宁安的故事众所周知。1729年，他出生于贝尔法斯特[2]以西约10英里的地方。在贝尔法斯特周边地区的农业、亚麻生产和海外贸易方面，他父亲的家族和母亲家的沃德尔家族都有很深的渊源。大约在坎宁安刚21岁时，家人把他送到了纽约，帮助一个亲戚每年进口北美亚麻籽，这对北爱尔兰来说是一种至关重要的商品。爱尔兰农民每年春天种下亚麻种子，然后在秋天从亚麻的高茎中提取长纤维，卖给织工，织工再把它们纺成爱尔兰亚麻布。坎宁安喜欢他在旅途中遇到的纽约商人的

---

[1] 查尔斯顿（Charleston）现为西弗吉尼亚州的首府。

[2] 贝尔法斯特（Belfast）为北爱尔兰的首府。

活力和竞争力，决定在这座城市安家。到 1752 年，他已经在那里建立了自己的进出口业务。

作为纽约商人，年轻的坎宁安之所以迅速崛起，部分原因如一位传记作者所说，是"有竞争力的价格，谨慎的债务管理"及"与有权有势者的关系"。坎宁安还聘请了一位比他年长 12 岁的精明的合伙人，即贝尔法斯特的托马斯·格雷格，此人熟练地指导着公司的欧洲业务。35 岁时，坎宁安已是纽约最富有的人之一，也是纽约爱尔兰商人社区的领袖，但坎宁安成功的真正源泉在于他的胆识，在始于 18 世纪 50 年代中期的法印战争期间，他成了私掠者和走私者。本质上讲，私掠行为是在政府支持下针对战时敌人的海盗行为。坎宁安至少投资了 10 次私掠冒险，每当私掠船在加勒比海捕获法国船只时，坎宁安便会分到巨额利润。

然而，坎宁安真正擅长的是走私，而非海盗。他是"荷兰贸易"中最无耻的参与者之一。"荷兰贸易"是一种委婉的说法，具体做法是把来自荷兰、哥本哈根和汉堡的货物运到长岛或康涅狄格的某个小港口，而负责监管的海关官员对他们俯首帖耳，从而逃避纽约港征收的进口关税。尽管这些税款是为战争提供资金，坎宁安则因为战争得以私掠意外之财。当这些进口货物通过较小的沿海船只抵达曼哈顿时，很明显这些货物是走私的，但坎宁安也在纽约行贿，因此那里的海关官员会假装没看到。在写给贝尔法斯特的格雷格的一封信中，坎宁安吹嘘道："我跟这里的官员关系很铁，如果有人需要帮忙，我乐意效劳。"

坎宁安还直接与敌人进行贸易，他会将其私掠船在几天或几个星期前夺取的货物卖给加勒比海的法国殖民地。当海关官员开始打击坎宁安的走私活动时，他聚集了一群暴徒骚扰和恐吓那个涉嫌告发他的人。1759 年，他因为这些活动被捕，并短暂入狱，但他动用了自己有影响力的人脉，使自己免受严惩。到 1763 年，仅用了 10 年多一点的时间，这位年轻的单身汉就在纽约积累了一笔财富，其中包括拥有部分股权的船只和贸易公司，在曼哈顿和旧西部的房地产，以及多米尼加岛上一个满是奴隶的甘蔗种植园。他还获得了一个惹不起的名声。他的一位熟人写道："如果沃德尔·坎宁安的兴趣、野心，以及由此而致的倾向和能力都用来针对我的话，我会不寒而栗的。"

托马斯·福西要么不了解这些事，要么蠢到无视它们的存在。当坎宁安开始逼迫福西偿还债务时，福西开始向托兰斯、格雷格（坎宁安那位贝尔法斯特合伙人的弟弟）和波格抱怨说坎宁安的行为不像个绅士。当坎宁安得知福西写了一些他的事后很是生气，要求福西立即停止对他名誉的损害。福西拒绝了，甚至（据福西说），在坎宁安发誓若他不答应就会用马鞭子抽他之后，他也没有当回事。坎宁安声称是福西首先威胁要用马鞭子抽他的，因此，坎宁安才在7月末带着剑去了商人常去的咖啡馆。

1763年7月29日，星期四，中午刚过，华尔街和沃特街拐角处的行人都惊呆了。提着马鞭的福西从咖啡馆里冲出来，身后是挥舞着剑的沃德尔·坎宁安。一顿扭打之后，坎宁安刺中了福西，据福西后来说，剑刃在他胸部上方靠近肩膀的地方切开了一个8英寸深的伤口。坎宁安逃跑并躲藏起来，但后来被逮捕。他在监狱里关了大约两周，直到确信福西不会死，纽约检察官才批准了坎宁安的保释，并指控他袭击他人。1764年1月，陪审团拒绝了坎宁安出于自卫的主张，认定他有罪，判处罚款30英镑。福西对这一处罚不满意，于是对坎宁安提起民事诉讼，要求5 000英镑的赔偿，以弥补身体遭受的痛苦和收入的损失，该案于1764年10月25日审理。第二天，陪审团判给福西1 500英镑，对于那个时代的纽约人来说，这是一笔巨款。

当陪审团宣布这一巨额判决时，坎宁安没有在场。1764年夏天，面对福西的诉讼和几项走私指控，坎宁安把他的贸易公司交给了新合伙人，乘船前往贝尔法斯特，并在那里结婚，度过了生命中剩下的33年。虽然移居他处，却没有免除支付福西赔偿金的责任，但坎宁安认为高层的朋友可以保护他，使他不必交出巨额的赔偿金。坎宁安认为自己的王牌是国王乔治三世宽恕他袭击福西的信。信中写道：即使福西因伤而死，坎宁安也应该获得自由。坎宁安认为，国王的赦免也应适用于民事判决，并要求他的律师在此基础上对罚款提出上诉。当律师告诉他国王的赦免与陪审团做出的民事处罚没有关系时，这位爱尔兰人聘请了新的律师继续上诉。纽约最高法院一致否决了坎宁安的上诉，认为如果程序没有错，允许上诉会威胁到陪审团裁决的神圣性。坎宁安的代理人毫不气馁，向代理总督卡德瓦拉德·科尔登上诉。

科尔登本可以听从最高法院和司法部部长的建议，他们敦促他支持大法官的决定，拒绝坎宁安的上诉。毕竟，科尔登曾经是岑格最热心、最著名的支持者之一，岑格里程碑式的无罪开释基于陪审团最终决定有罪或无罪这一前提之上。但现在，科尔登占据了总督的职位，并对国王负责。如果国王的臣民认为，即使通过陪审团，他们也有能力违反君主的意愿，"国王的权威"和"特权"可能会受到威胁，因此，在1764年至1765年的冬天，科尔登允许坎宁安上诉至英国的枢密院。

科尔登的决定激起纽约社会各阶层的愤慨。一名市议会成员写道："人们怒不可遏。那个老家伙（指科尔登）一直都很讨厌，但现在他们宁愿喜欢魔鬼也不喜欢他。"1765年2月《纽约公报》上的一篇文章称科尔登"怀恨在心"，想要"邪恶地"报复，企图"通过地位平等的公民剥夺他最忠诚、感情最深的臣民从审判中获得的所有好处，这是纽约省存在以来最吸引我们注意的重大事件"。那年夏天，枢密院下令科尔登和他的市议会作为上诉法院听取坎宁安的诉求，但为了抗议，殖民地最高法院的成员拒绝提供与此案有关的文件。纽约人和英国人之间开始了一场前所未有的对峙。

在福西案的难题解决之前，《印花税法》出台，更广泛地侵犯了美国人的权利，这给该案蒙上了一层阴影。国会于1765年3月批准了这项法律，以补偿与法国和印第安人战争后在美驻军的费用，并迫使像坎宁安这样发战争财的美国人承担更大比例的费用。从 11 月 1 日开始，所有在美国殖民地出售的法定单证、报纸和其他印刷品，以及纸牌和骰子都要征税，那些发行或出售此类物品的人必须在这些物品上贴上政府发行的印花（很像现代的邮票），以证明他们已经缴纳了税款。也许是预料到殖民地的人会反对，英国官员在印花上放上了一句古老的拉丁文，它的意思是"不接受它的人可耻"。

纽约人确实反对《印花税法》，不仅因为它征收了一种令人憎恨的税收，还因为它要求与执行印花税有关的法律案件必须在海事法庭审判，在海事法庭中，由军官而不是陪审团来决定被告有罪或无罪。美国人认为这一条款严重侵犯了他们的权利，他们辩称，在英国，那些被指控逃税的人从不会受军事法庭的审判。《印花税法》代表大会在纽约举行，旨在抗议这部令人憎恨的法律，根据这次大会的精神，"对自由必不可少的两项特权是免交一切税收，所有英国人都曾将其视为他们与生俱来的权利，除非他们本人或其代表人同意，以及地位平等的公民判决通过"。

很多美国人发誓要阻止《印花税法》的实施。纽约人发起了一场抵制英国商品的运动，希望向英国施压，借此要求废除该法，这个想法在其他殖民地也流传起来。有些人决定采取更直接的行动。抗议者的暴力威胁迫使波士顿的印花税票经销商放弃委托，而不是面对暴民的愤怒。马里兰的同行为了保命逃到了纽约，除了身上穿的衣服，什么也没有带。当纽约人在 9 月发现他的身影，发誓袭击他住的公寓并"摧毁他"时，他逃到了科尔登那里寻求保护。科尔登后来把他偷偷带到了伊斯特河对岸法拉盛（Flushing）自己的农场，以躲避潜在的袭击者。纽约的印花税票经销商詹姆斯·麦克弗斯担心："我的房子会被最近成立的自由之子（Sons of Liberty）掠夺"，"我的人身会受到虐待"。因此在配发给纽约省的印花税票没到达北美之前，他就退出了。《印花税法》的反对者知道，如果他们能阻止印花税票的分发，印花税就无法征收。

纽约人对着科尔登发泄了他们对《印花税法》的大部分怒气。他不仅庇护马里兰的印花税票经销商,并特别发誓承诺执行该法,而且下令乔治堡的枪口转向城镇,以便该堡可以抵御发誓要夺取印花税票的暴民;为安全起见,科尔登已经将这些印花税票带进城堡妥善保管。10月31日,也就是该法生效的前一天,"由三伙人组成的暴民穿过街道,高喊'自由',打破了'数千窗户',并告诉疑似支持《印花税法》的人,他们将'推倒他们的房子'"。

在危机最严重时,罗伯特·利文斯顿报道说:"每个人都进入一种政治狂热状态。"11月1日,民众开始在城市的几个地方现身,一些人手持科尔登的稻草人。他们想要搭建一个特别精心制作的街头剧场,架设一个可移动的绞刑架,把那个恶棍的稻草人吊在上面(而且有魔鬼在他耳边低声下着指示),这样就可以推到镇上的各个角落,如果他执行印花税法,最终的命运就是被绞死示众。夜幕降临后,不同的反税团体汇聚成一个庞大的队伍,有数千人之多,他们手持蜡烛和火把,威胁性地朝着城堡及其占据者科尔登走去,科尔登是"他们的权利和特权的主要杀手"。人群放过了堡垒,但冲进了科尔登的马车房,带走了一辆马车和两辆雪橇。人群把这些东西堆得很高,又加上一些拆了的栅栏和街头剧场的小道具,然后"点燃它们,很快大火熊熊燃起,把马车、绞刑架、稻草人、魔鬼等全都烧成了灰烬"。暴民随后洗劫了城堡军事首领托马斯·詹姆斯少校的家,然后敲响镇上的教堂钟声,宣布当晚的活动结束。

他们在门口留下一张纸条,要求科尔登"今晚在地方法官面前庄严宣誓",不再执行《印花税法》。若不服从,暴民们保证他会暴死。在随后的日子里威胁不断,迫使科尔登和他的家人躲到港口的一艘军舰上寻求庇护。科尔登认为纽约人必须尊重法律,无论他们有多么不同意。但他的议会和主要军事顾问托马斯·盖奇将军都建议他交出印花税票,并推翻该法案,而不是引发一场血腥的"内战"。最后,在11月5日晚上，科尔登勉强同意了这种做法，将这些印花税票交给了市长和市政府，并承诺在他担任代理总督的剩余日子里不会执行该法。纽约各政治派别的人这才松了一口气，因为各方都做出了让步。

一天之后，新总督亨利·摩尔爵士抵达，他也没有采取任何措施执行《印花税法》，或许是因为他知道废除该印花税的计划正在酝酿之中。几个月后，消息传到纽约，说国会已经撤销了这个可恶的法令。美国人尽情地享受他们的胜利果实。

事实上，这是一个双重胜利。新总督还宣布他收到了枢密院的新指示，涉及福西诉坎宁安案中有争议的有关上诉的法律。议会成员改变了立场，宣布被告不能对陪审团的裁决提出上诉。坎宁安被迫支付判决给他的巨额赔偿。事实证明陪审团的审判是正确的。

可怜的科尔登拼命维护国王的特权，捍卫受到蔑视的《印花税法》的时间比纽约省其他任何殖民地官员都长，但他的忠诚却受到伦敦方面的训斥。他在处理暴民问题上"缺乏坚定的立场"，令国王和大臣们甚为不满。纽约众议院拒绝发给他最后几个月任职的工资，其中一个理由是他在处理《印花税法》事件上无能的表现，对他来说，这简直就是落井下石。

更糟的是，富兰克林本是与科尔登就美国最伟大科学家的头衔一较高下的人，却因为《印花税法》的争议而脱颖而出，成为英雄。1766年2月3日，富兰克林现身伦敦下议院，敦促废除该法案。他的证词非常机智，不仅富有说服力，而且合乎情理，不仅巩固了他作为世界上最知名美国人的地位，也让他成为最受尊敬的人。令人嫌恶的科尔登则越过伊斯特河，来到他在法拉盛的农场，从此沉浸于植物学和其他科学研究中，很乐意将革命危机爆发之初管理纽约的工作甩给别人。

尽管他是一个政治动物，但在看到自己的继任者受到了相对有利的待遇时，还是忍不住愤愤不平。科尔登注意到这位新总督对纽约人的安抚态度，甚至包括那些最近领导了暴民和鼓励阻止印花税法的人。他抱怨摩尔"为了让人们的情绪平静下来而全面让步"。然而，他在1766年写道，市民继续"一如既往地侮辱政府。唯一的区别是，（他们的侮辱）不是直接针对他本人，而是针对我"。

18世纪60年代，纽约人与其帝国政府之间的关系仍然有些紧张。不久，双方又开始发生冲突，这次是关于殖民地居民是否应该承担驻美英军的费用。英国人认为，既然士兵保护美国人不受法国人和印第安人的伤害，那么殖民地的人就应该负起责任。美国人坚持认为，他们自己的民兵部队足以胜任这些任务，而且英国政府在殖民地驻扎军队的目的是恐吓殖民地居民接受议会不公平的税收。纽约众议院一再拒绝支付驻扎士兵的费用（马萨诸塞州和南卡罗来纳州的议会也反对），摩尔最终忍无可忍，作为惩罚，他解散了纽约的议会。

然而，大多数纽约人更关心的是自印花税法危机以来困扰这座城市的可怕的经济衰退，而不是营房问题。毕竟，这座城市的经济财富随着贸易而起起落落，如果贸易受到抑制，那么所有纽约人都会遭殃。"我们面前的前景是多么凄惨啊！"一位商人在1767年晚秋写给《纽约新闻报》的信中写道："漫长的冬天，没有工作；很多人没有柴火，也没钱买柴火；房租高，税收也高；我们的邻居每天都无事可做，他们的家具在公开拍卖。"该市长期缺乏硬通货的问题变得更加突出。"从来没有一个国家如此尴尬，"1767年，一位刚到此地的英国移民评论道："我们的纸钞都快用完了，所有的金银都被运回了老家，生意也没了，在这里生活的困难简直无法想象。"多年来，纽约的商界领袖及其在众议院中的代表一直恳求英国允许此地发行纸币，但殖民法规禁止他们这样做。纽约众议院一分钱都不给保卫他们的士兵，摩尔当然不会为了这样的议会而改变货币发行的规则。

1769年9月，就在一边是纽约人与他们的民选众议院，另一边是总督与英国政府，双方的对峙接近沸点之际，56岁的摩尔突然去世，此前，他与"肠坏疽"抗争了16天。谁会成为他的临时替代者？当然是81岁的卡德瓦拉德·科尔登。当科尔登返城再次担任总督时，一个纽约人不无轻蔑地说："只要活着，他就不会让出办公室。"

科尔登认为，他可以利用其新代理总督的任期弥补受损的声誉。他与众议院领导人进行了商谈，他说："他们向我保证，他们会使我的行政工作更容易。"他计划与众议院谈判达成一项大的妥协，以结束在驻军问题上的僵局，同时为纽约人提供一些让他们喜欢他的东西。首先，作为保证向他支付薪水的交换，科尔登承诺向控制议会的德兰西派系领导人提供足够的赞助（雄心勃勃的政客将政府职位和合同作为奖励发给他们最重要的追随者）。其次，即使它违反了殖民政策，科尔登还是同意签署一项法案，授权为纽约省印制12万英镑的纸币。作为回报，立法机关将拨款2 000英镑（其中一半可能来自新发行的纸币），为驻扎在纽约省的英国士兵提供补给。1769年12月15日，议会以一票之差通过了最后一项措施。

科尔登认为，如果他能说服众议院为士兵的驻扎拨款，而马萨诸塞和南卡罗来纳的总督没有这样做，伦敦的殖民地官员就会把他视为英雄。相反，国务大臣希尔斯堡伯爵批评科尔登未经枢密院授权就签署了货币法案。希尔斯堡伯爵责备道："你在这种情况下的行为理所当然引起了陛下的不快，我奉命向你表明这一点。"

纽约对这些法案的反应让科尔登更吃惊。纽约人很高兴货币法案得以颁布，但这并不是为英国军队驻扎纽约提供费用的交换条件。12月17日，星期天早上，当纽约人离开家去教堂时，他们显然很不开心。小镇四周的栅栏和墙壁上张贴着大幅传单，上写"致纽约市和殖民地遭受背叛的居民"，以令人震惊的直白言辞抗议众议院资助英国士兵的决定。作者知道他的长篇大论可能会让他锒铛入狱，甚至上绞刑架，所以，只在他的作品上署名"自由之子"。

意识到即使是雇来张贴这封公开信的人也容易被抓，传单的作者于是想到了用欧洲激进分子的古老把戏来散布它，这种把戏需要一个壮汉、一个男孩和一个大板条箱。在夜色的掩护下，壮汉搬着箱子，在城市的街道上走来走去，箱子里装着小男孩、印好的抨击文章、一些胶水和一把刷子。壮汉时不时地将箱子靠在墙上或篱笆上，好像要休息一样。此时，男孩会滑开里侧的面板，将传单粘贴到面向他的墙壁上，贴完后再关闭面板。他们会在全城重复这个过程，直至张贴完成。

科尔登对传单作者的无礼感到愤怒，下令追捕他，并悬赏100英镑获取捉拿他的信息。一个来自科克的技术熟练的印刷工无法抗拒这笔足以改变人生的钱，他告诉当局是他的雇主詹姆斯·帕克印刷了这些抨击文章。帕克被关进监狱，并受到长期监禁的威胁，为了被豁免，他说出了作者的名字。该作者是一个苏格兰移民，到那时为止，他在领导反对英国对美政策方面没有发挥任何已知的作用，他的名字是亚历山大·麦克杜格尔。

麦克杜格尔的生平是又一个在纽约早期历史上很常见的白手起家的故事。1732年，他出生在多岩石多风的艾莱岛，该岛距离苏格兰的大西洋海岸15英里，在格拉斯哥正西约60英里。艾莱岛近250平方英里的土地上只有几千人居住。到18世纪初，他们听说了美国的奇迹及其苏格兰移民人口的不断增加，但大多数拥有家庭或年迈父母的成年居民无法签订学徒契约，因为一旦离开，他们的亲属就会失去生活上的支持，从财务上考虑，他们不可能移民去美国殖民地。

因此，当艾莱人听说可以免费去美国定居时，不啻天上掉下了馅饼。1737年，雄心勃勃且看似富裕的前军官劳克伦·坎贝尔上尉回到家乡艾莱，宣称若有人付不起去美国的钱，且愿意去他在纽约北部边境3万英亩的土地上定居，他可以免费把他们运送到美国。他解释说：殖民地的领导人已经宣布，谁愿意在"莫霍克乡"（奥尔巴尼以北约50英里）建立拥有足够居民的定居点，以建立一个抵御印第安人的缓冲地带，谁就能分到那片广阔的土地。麦克杜格尔的父母拉纳尔德和伊丽莎白是最先接受坎贝尔提议的人之一。7月，他们把这一家人送上了一艘由坎贝尔租来的船，包括5岁的"阿利克"[1]、他的哥哥约翰、妹妹玛丽和同父异母的妹妹埃莉诺。

殖民者一抵达纽约，事情就开始变得糟糕起来。首先，他们发现自己不能立即去打算定居的土地。坎贝尔要求移民们在纽约等他，而他则返回苏格兰寻找更多的移民。在他回来后，他们才知道自己不会像之前相信的那样得到边境的土地。即使经过多年辛苦的劳作，清理茂密的森林建立农场，他们也只是坎贝尔的佃户。科尔登回忆说，那些愤怒的苏格兰人"在街上成群结队地聚集在一起，然后……大声地抗议，说他们离开苏格兰是为了不再依附于那里的地主，绝对不想在美洲成为劳克林·坎贝尔的奴仆"。看到坎贝尔没有足够的移民用来定居，众议院拒绝授予他那块土地。他那些预期定居者只好自谋生路。

拉纳尔德·麦克杜格尔被迫与纽约市的一个农场主吉拉德·比克曼签订学徒契约，以偿还坎贝尔运送他和他的家人到美洲的费用。比克曼让拉纳尔德去卖他在曼哈顿农场的牛奶，而在父亲送奶时，阿利克经常陪着他，把一桶一桶的牛奶扛在肩上。拉纳尔德最终履约完毕，并购买了自己的奶牛场，但阿利克没有兴趣跟随父亲进入这个行业。在短暂地当了一回裁缝学徒后，14岁的阿利克就出海当了一名普通水手，并在这项艰苦而危险的船员工作中一路攀升。1751年，他拜访了艾莱岛，显然是为了找一位新娘。几个月后，他和一个远房表妹南希·麦克杜格尔结婚。回到纽约后很快生了三个孩子：约翰、拉纳尔德和伊丽莎白。

阿利克在曼哈顿找到了工作，负责指挥商船，商人则用这些船沿东海岸上下运输货物，并进入加勒比海。阿利克必定向其雇主展示了他的能力和信心，因为25岁时，他就被任命指挥一艘有8门大炮的大型多

---

[1] 阿利克是亚历山大的昵称。

帆单桅船"老虎"号，这位年轻的船长指挥着 62 名船员。他的任务是作为法国和印第安人战争的一部分，参与对法国船只的私掠。他的作战大多发生在加勒比海，无所畏惧地夺取了几艘法国船只，劫掠了更多法国船只和其他船只的货物，使得他和他的支持者获得了可观的利润。1759 年，他被派去指挥一艘更大的船，有 12 门炮的巴林顿将军号。家人恳求他在运气耗尽之前回家（他的岳父写道："看在我们亲爱的孩子和孙子的分上"）。但阿利克决心赚更多的钱。到 1762 年底，他的私掠收益使他能够带着一笔不小的财富回到纽约，并成为一名商人。

其家人享受新获得的财富并没有很长时间。1763 年 2 月，南希死于天花。近 10 年几乎没有和孩子们在一起的阿利克成了他们唯一的守护者。至少他有办法宠爱他们，因为他用自己的私掠所得进行投资，而且收益很好。他从奥尔巴尼附近的 3 000 英亩土地和北卡罗莱纳威明顿的城市出租物业中获得租金收入。他拥有加勒比地区一个糖种植园的股份，并担任圣克鲁斯岛几家种植园的代理人，在纽约销售他们的糖和糖蜜，从中收取佣金。跟很多纽约商人一样，他也通过借钱给其他商人来赚钱。最后，仍然跟大多数纽约商人一样，阿利克投资奴隶，但通常是把他们租给别人，而不是自己使用。1767 年 11 月，在自己的支出分类账上，他实事求是地记下自己花了 40 英镑，买下"一个叫贝丝的黑人姑娘"。

亚历山大·麦克杜格尔的净资产远不及沃德尔·坎宁安或该市的商业精英。金钱也无法让麦克杜格尔在这个城市本来就势利的精英社交圈中立足。他被嘲笑衣着花哨，缺乏教养，而且尽管有严重的口吃，却说话太多，还经常被人提及他的苏格兰怪癖和送奶工儿子（the milk mon's son）[1]的卑微出身。而仰慕者发现，即使看起来有很多"苏格兰人的习惯"，他也是友善、幽默和真诚的人。

---

[1] "送奶工儿子"的英文中的 mon 其实是 man，这是在模仿坎宁安的苏格兰口音，意在嘲讽。

在 1769 年 12 月之前，麦克杜格尔在该市的长老会圈子之外并不出名。他是一个没什么名气的普通商人，对政治没有明显的兴趣。在已出版的有关《印花税法》在纽约引发争议的大量记录中，从未出现过他的名字。因此，当大多数纽约人得知是友善的麦克杜格尔写了这个传单时，无不感到震惊。这是当时纽约有史以来发表的最具煽动性的反英文章。

1786 年，亚历山大·麦克杜格尔。他从一个送奶工的儿子成长为一个富商，这成为吸引众多移民相信到纽约会有发迹机会的例证。

12 月 15 日晚，麦克杜格尔的愤怒就像洪流一样从他的笔尖涌出，当时他正在赶着写完他的抨击文章，以便在周日可以将印刷好的传单张贴出去。麦克杜格尔写道："在母国和殖民地，暴政和专制的走狗们不知疲倦地设下他们恶毒和腐败的心灵所能想到的每一个陷阱，以奴役自由的人民。""纽约人在过去的三年里一直在诸多不利条件下努力捍卫自己的自由，而对一个英国人来说，自由就像他的生命一样宝贵。"在谈到纽约人组织起来抵制英国商品以抗议英国对他们权利的侵犯时，麦克杜格尔坚称商人"豪爽而愉快地为了公共利益牺牲了个人利益，而不是……助力敌人破坏能给我们带来幸福的宪法"。鉴于这些事实，麦克杜格尔写道："可以合理地预期'众议院'不会如此顽固，也不会如此丧失对选民的所有责任感（尤其是在看到摆在他们面前的马萨诸塞湾和南卡罗来纳值得称赞的例子之后），以致辜负对他们的信任。……更令人痛心的是，让众议院拿出这笔钱是用于支持驻扎在这里的部队，但部队不是为了保护我们，而是为了奴役我们。"

所有与英国政策有关的人都难逃麦克杜格尔的尖刻批评。他称纽约的一位高级军官"专横而不人道"，英国议会是"专制的"，科尔登既贪婪又自私。麦克杜格尔把他最尖锐的指责对准了那些通过了令人厌恶的建设营房措施的众议院成员，称他们是"胆怯的""可恶的""令人厌恶的"，一场"可笑闹剧的制造者……人民的自由被出卖了"。麦克杜格尔发出了行动的号召，从而结束了他激昂的文字："当我们的一切都岌岌可危时，还能安心待着吗？不，同胞们，行动起来！"他指出，英国的激进分子"会与国王、上议院和下议院抗争，争取自己的权利，而不是接受奴役"。美国人也必须这样做，从而挫败"暴君的图谋"。

麦克杜格尔的传单，以及 18 日上午散布的另一个传单都呼吁纽约人到"牧场"的自由之竿[1]下集会，以表达对众议院决定为士兵营地提供资金的愤怒。"牧场"是该镇的公用地，位于现在的市政厅以北[2]。自由之子等于是不无挑衅地立起了一个象征，以表明他们会在牧场致力于维护纽约人的权利，即使（或者可能是因为）该市许多英国军队的军营也位于那里。在集会上，一千多纽约人公开谴责众议院背信弃义。

读到麦克杜格尔的慷慨激昂的劝说之后，纽约人也开始对士兵越来越鄙视。军队上街会遭到骚扰，被投掷石块和臭鸡蛋；为了补贴微薄的薪水，军人会在纽约做兼职，现在他们也被解雇了。1770 年 1 月 13 日，星期六晚上，喝醉酒的士兵们受够了这样的对待，试图砍倒自由之竿，但被愤怒的纽约人赶跑了，因为英国军队已经毁掉了之前的三根自由之竿，所以，这根的底部加装了铁环圈套，以加强保护。星期一晚上，英国士兵第二次袭击"自由之树"，但因一位市议员的干预而作罢。然而，士兵们下定决心要摧毁这个美国傲慢无礼的象征。星期二晚上，

---

[1] 自由之竿（Liberty pole）是一种自由、解放和独立的象征，其形态是一根直立于地面的很高的木竿，顶端悬挂着旗帜或自由帽（自由帽的概念可追溯至前罗马时期，表示奴隶获得了自由）。竿立起后，被称为自由之子的公民聚集在自由之竿下，发表政见。最初的自由之竿是一棵树，称为"自由之树"，但在不方便获得树的公共场所，自由之子改为立高竿。

[2] 牧场的位置即现在的市政厅公园。荷兰人统治时，它只是镇子外面的一个开放区域，普通市民在此放牛。英国人接管后，它被称为公用地，但人们还是常称它 the Fields。虽然名字给人一种田园宁静的感觉，却是很多重大事件的发生地。1776 年，内森·黑尔（Nathan Hale）在此被绞死。

当这座城市沉睡时，他们冷静地悄悄行动，在竿子上钻了一个洞，填上炸药，然后把它炸倒在地。

第二天，也就是 1 月 17 日，星期三，3 000 纽约人聚集在被摧毁的自由之竿所在的牧场，对自由之竿的失去感到痛心，并计划做出回应。这些示威者，或 1765 年至 1776 年在纽约集会的其他革命群体中有多少是移民无法确切地说清。人们可能会认为那些出生在美洲的人比那些最近才离开不列颠群岛的人更有可能支持美洲的"权利"和"自由"事业。在自由之子领导下的，可以确定出生地的人中，大多数出生在 13 个殖民地。但很多都是像麦克杜格尔这样的移民。在街头游荡的暴民中，水手的数量尤其多，他们拿着稻草人，恐吓"自由"事业的反对者，而这些水手大多是移民。

我们也知道，殖民地冲突双方都认为不顺从国教者（有时也被称为"独立派教徒"）比圣公会教徒更有可能加入美国的事业。科尔登向其英国的上级报告说：纽约议会的反对者"主要是不顺从国教者，人数众多"。科尔登注意到，"他们当中最活跃的是来自新英格兰的独立派"，但其中很大一部分是苏格兰长老会教徒，他们对英国毫无好感，不满于纽约给予英格兰国教及其成员特权和特殊待遇。在给麦克杜格尔的信中，本杰明·富兰克林同意科尔登的看法，即非国教徒构成了纽约人支持者的核心，但他补充说爱尔兰移民也特别同情纽约人的事业。这些群体都特别倾向于"摆脱对母国的依赖"。

这 3 000 纽约人来自纽约土著、新英格兰、爱尔兰和苏格兰，甚至加勒比海和伦敦，即使愤怒的英军士兵很多携带着武器，毫不掩饰地怒视着他们，他们还是一致同意起草一份请愿书，要求该市拆除牧场上的士兵营房。19 日，星期五，第 16 步兵团的士兵贴出了他们的传单，嘲笑"自由之子"表现得像是"他们的自由仰赖一根木头"。一些自由之子碰到几个张贴传单的士兵，抓了两个拖去了市政厅（当时位于华尔街和拿骚街 [Nassau] 的交叉处，今天为联邦大厦所在地），显然希望市长逮捕他们，或者至少让他们的长官加以惩戒。其他士兵聚集起来，试图解救被俘虏的战友。与此同时，自由之子们手持棍棒和临时武器，聚集在市政厅，阻止释放英国士兵。

市长命令军队返回营房，但人群继续追赶，并设法将他们包围在六个街区外约翰街和威廉街拐角处的山顶上。纽约人称这个地区为金山（Golden Hill）。早些时候，农民曾在那里种植谷物，因此，从伊斯特河岸边望去，这座小山散发着金色的光芒。但想到自己的处境，士兵们可无法用"光彩夺目"这样的词来形容了。围困之下，士兵们吓坏了，于是决定用刺刀在暴民中开路，而自由之子和他们的支持者则用手边的临时武器尽最大努力反击。几天后，一位纽约人向他在伦敦的一位熟人描述这场混乱时写道："流了很多血。一个水手的身体被刺穿，后来死了；还有一个人的头骨被以最残酷的方式砍开了。"一个渔夫失去了一根手指，其他人被刺伤。几名士兵受了重伤，撤退的部队不得不把他们抬回指挥部。第二天，士兵再次与市民发生冲突，"人数最多的是手持棍棒的水手，他们想要为死去的兄弟报仇，而且勇往直前，吓得所有的士兵跑回了营房。这事的结局如何，天知道！"尽管金山之战在今天几乎没有人记得，但它标志着英国士兵与不满的殖民者在最终演变为美国独立战争的斗争中发生的第一次流血冲突。仅仅 7 周后，怀着同样怨愤的英军杀死了 5 个人，这就是后来众所周知的波士顿大屠杀。

战斗结束后，对传单作者的搜捕愈演愈烈。1770 年 2 月 7 日，就在印刷工主动告密的那一天，自由之子为他们的新自由之竿举行了揭幕仪式。该竿近 80 英尺高，因为市议会不允许他们在公地上再立一竿，它就建在了与牧场相邻的私人土地上。两天后，麦克杜格尔被捕了。

当这位执迷不悟的煽动者被带到殖民地首席大法官丹尼尔·霍斯曼登的面前时，大法官对麦克杜格尔说："你给自己惹了一个大麻烦。"麦克杜格尔答道："法官大人，请允许由与我地位平等的公民裁定。"麦克杜格尔后来回忆说：法官告诉我"有充分证据证明我是那个恶言毁谤传单的作者",而他称这是虚假、卑鄙和可耻的诋毁,我再次回答说,"这也得让跟我地位平等的人审判"。法官告诉麦克杜格尔必须交保释金,否则就在监狱里等待审判,麦克杜格尔轻蔑地答道:"先生,我不会交保释金。"

麦克杜格尔算得很清楚,即使他可以轻松地支付法官设定的保释金,但如果他留在监狱里,成为一名争取自由的活着的殉道者,便可为殖民地的事业做出更大的贡献。麦克杜格尔的支持者把他们的英雄认作是美国人的约翰·威尔克斯。1763 年,在《北不列颠报》(*The North Briton*) 第 45 期,这位英国激进分子批评了英国国王乔治三世的一次演讲,因此以煽动诽谤罪入狱。威尔克斯并没有在监狱里蹲多久,但还是被那些在欧洲和美洲相信言论自由的英国人奉为偶像。为了确保纽约人不会忘记威尔克斯案的相似之处,麦克杜格尔的支持者在那年的第 45 天,也就是 2 月 14 日,为他举行了一场庆祝晚宴。宴会的消息传遍了整个殖民地。波士顿的一份报纸描述道:"45 位先生,国内税的真正敌人……和争取美国自由的热诚的朋友",列队前往麦克杜格尔所在监狱的牢房,"与他共进晚餐,吃掉了从 45 个月大的公牛身上切下来的 45 磅牛排"。另一次,被媒体称为 45 个"处女"的来访使麦克杜格尔的监禁变得快乐起来,她们为麦克杜格尔唱了 45 首小夜曲。

4 月底,一个大陪审团指控麦克杜格尔传播"邪恶、虚假、煽动性、诽谤性、恶意和无耻的诽谤"。麦克杜格尔的朋友得知他可能要到年底才会受审,于是劝说他交了 1 000 英镑的保释金。在监狱里待了近三个月后,他在 600 名喧闹的支持者的陪同下返回了家。不久,针对他的诉讼告吹了。自由之子开始折磨那位让当局找到麦克杜格尔的印刷工,以至于这个印刷工彻底离开了殖民地,而他的雇主帕克是另一个可能指控麦克杜格尔的证人,但在那年夏天去世了。由于没有活着的证人能把麦克杜格尔和传单联系起来,检察官撤回了起诉。但众议院不满意麦克杜格尔因毁谤其主要成员的名誉而逃脱惩罚,于 12 月要求麦克杜格尔到他们面前接受问询。由于拒绝认罪，他以藐视法庭罪被判入狱。

麦克杜格尔的此次牢狱之灾没有引起轰动。他给媒体写过几封信，但没引起多少注意。直到1771年3月4日众议院结束立法会议，麦克杜格尔才被悄悄释放。麦克杜格尔的第二次入狱没有引起公众注意的原因有几个：麦克杜格尔开始显得像是一个寻求关注的人，他试图把威尔克斯的案子和他的案子相提并论，这种新奇的做法引起公众注意的时间是有限的；与议会的争辩也让纽约人感到这更像是德兰西家族（麦克杜格尔的敌人）领导的派系与利文斯顿家族和克林顿家族（麦克杜格尔的盟友）领导的派系之间的党派斗争，而不是美国人及其殖民统治者之间为了自由的斗争。

但最重要的原因或许是，金山之战后，美国人和英国人都决定从战争的边缘后退一步。1770年，英国议会废除了三年前强加给美国人的几乎所有的税收，以此表示希望改善与殖民地的关系。对于纽约人来说，在经历了多年的抵制和随之而来的严重经济困难，他们渴望恢复与英国的正常贸易。艰难度日几年之后，纽约人又想赚钱了。他们希望表现出来的决心已经彻底说服了英国议会，那就是不要未经他们同意就对殖民地征收国内税。

第五章
独立战争

约克敦战役之后,美国的胜利似乎是不可避免的,1782年至1783年,成千上万的亲英派逃离了这座城市。许多亲英者不愿离开,并指责英国政府抛弃了他们。这座城市的第一批家庭成员尤其心怀怨恨,因为他们的财富主要是无法带走的房地产。

18世纪70年代初的和平与繁荣使大批移民涌入英国的北美殖民地。《印花税法》危机期间，欧洲人移居纽约的计划一度被搁置，随着英国人和美国人不再处于战争的边缘，他们开始急于利用名声在外的美国就业和向上层社会流动的机会。但美国人和英国政府之间的友善在1773年的春天戛然而止，当时议会通过了《茶税法案》(Tea Act)，试图在英国茶叶大幅降价的情况下让美国人接受茶税[1]。该法案的发起人诺斯勋爵预测，既然合法进口的茶叶如此便宜，美国人肯定乐于缴税，但他的预测是英国历史上最要命的预测之一。

"一团新的火焰显然正在美国点燃，"一位纽约人在茶叶要收税的说法传到纽约后不无预言性地写道，"我们将重复1765年和1766年的混乱。"正如教科书所说，革命起源于波士顿的倾茶运动。但是，如果不是命运无常，在移民亚历山大·麦克杜格尔领导下再度复兴的纽约自由之子可能成为更著名的煽动者。北大西洋的狂风袭击了开往纽约的茶船南希号，使其远远地偏离了航线，船长于是决定在安提瓜岛登陆，补充

---

[1] 为挽救濒临破产的东印度公司，英国政府同意它将茶叶直接销往英属殖民地，无需先登陆英国，致使价格低于走私茶叶，殖民地民众可以买到更便宜的合法茶叶，但是要交税。这便是《茶税法案》通过时的背景。

物资和日用品，然后继续前往曼哈顿。当南希号最后带着600箱茶叶启程前往纽约时，它被一场更猛烈的风暴吞没了。后桅被扯掉，主桅严重损坏，船完全倾侧了。

纽约总督威廉·特赖恩最初发誓要把茶叶运上岸，即使必须动用武力也在所不惜，但他承诺在殖民者有机会在伦敦表达他们的不满之前不会允许茶叶出售。麦克杜格尔和自由之子的其他成员保证，无论什么情况，他们都不会让茶叶上岸，即使纽约的街道被鲜血染红也不放弃。但是随着紧张的日子一天又一天地过去，南希号并没有到来，特赖恩真的为即将到来的冲突担心得要命。由于无法再忍受这种悬念带来的压力，1774年3月，总督宣布他要回伦敦休息恢复健康，并把可能发生的一切责任交给副总督卡德瓦拉德·科尔登。

与此同时，南希号已经修好，并在3月底重新开始了倒霉的航行。1774年4月18日抵达新泽西的桑迪胡克湾，船长本杰明·洛克耶放下锚，请领航员带领它驶进纽约港。但领航员听到自由之子的威胁后，拒绝把船带到曼哈顿。得知它的到来，自由之子们派出包括麦克杜格尔在内的代表团，去警告洛克耶，如果他试图靠岸，卸下船上的茶叶，他和他那艘被围困的船都会受到伤害。在洛克耶考虑如何选择时，纽约人表明了他们的威胁可不只是虚张声势。有位叫詹姆斯·钱伯斯的船长认为，如果他能走私一些茶叶进港，就能大发横财，于是他设法将18箱茶叶藏在其他货物中间溜进港口。4月22日，当纽约人发现钱伯斯的欺骗行为后，他们冲进他的船，将茶叶倒入伊斯特河，此时距离比较著名的波士顿"倾茶"事件已经过去了5个多月。因此，如果没有暴风雨和在安提瓜岛的长时间逗留，纽约的茶党就有可能率先行动。科尔登知道，若是自己冒着生命危险捍卫英国的权威，除了焚烧贴有他画像的稻草人和官方指责外，他没有任何好处，因此没有采取行动阻止暴徒。人群接着试图追捕钱伯斯，以惩罚他的口是心非，但他已经逃到了南希号上，洛克耶明智地把钱伯斯和茶运回了英国。

令人惊讶的是，即使《茶税法》危机已经开始，美国殖民地陷入了政治混乱，它们能否继续保持在大英帝国的地位也极不确定，但移民仍然源源不断地涌入纽约。事实上，爱尔兰和苏格兰移民的人数在美国独立战争爆发的那几年达到了顶峰。美国能够给予的向上流动和宗教自由的机会如此诱人，即使存在与英国发生战争的可能性也阻止不了这些移民的脚步。美国家庭收入平均比英格兰高56%，与苏格兰和爱尔兰的差距更大。意识到移民美国的机会有可能因革命危机而被切断，英国人尽其所能在一切还来得及之前前往殖民地。例如，南希号上的水手自己做了一个木筏，这样他们就可以跳船离开，留在纽约。即使在马萨诸塞的列克星敦、康科特和邦克山战役中，英国士兵和民兵开始互相射击之后，苏格兰高地人还是挤上船，设法在失去机会前抵达美国。这些新移民常常是冒着失去一切风险的移民，尤其决心要保护美国的独立，他们认为这是他们未来经济繁荣的关键。结果，在战前的20年里，纽约市挤满了新移民，城镇人口几乎翻了一番，从1756年的13 000人增加到1776年的25 000人左右。

其中一个移民是来自圣克鲁斯岛的18岁孤儿，名叫亚历山大，他于1773年来到纽约。年轻的亚历克斯[1]能来到纽约简直是个奇迹，就连狄更斯和阿尔杰[2]都认为他的童年故事太过离奇而令人难以置信。亚历克斯的故事甚至在他出生之前就已经开始了，他的母亲蕾切尔抛弃了她的丈夫和他们的孩子彼得。这种大胆的独立行为使她无论到哪里都不受欢迎。然而，蕾切尔是一个坚韧的女人。她很快就搭上了一个二流苏格兰贵族的第四个儿子，而这家伙是个浪荡子，鉴于她结束婚姻的方式，后面这段关系并没有提升她的地位。恰恰相反，现在她被贴上了

---

[1] 亚历克斯是教名亚历山大（Alexander）的昵称。

[2] 小霍雷肖·阿尔杰（Horatio Alger Jr.）是19世纪一位多产的美国作家，以写少年小说闻名。

"下流""无耻""妓女"的标签。

这个苏格兰人的名声也好不到哪里去。由于在苏格兰未能出人头地,他逃到了西印度群岛,希望在加勒比海地区做一个糖科作物种植园主,以此发财致富。他的这一追求仍然以失败告终,与此同时,他和蕾切尔生了两个儿子,即小詹姆斯和随后的亚历克斯。老詹姆斯不得不为他的哥们及其同伙办事和讨债,以此养家,这些哥们都是成功的格拉斯哥商人,在加勒比地区有经济利益。但在1765年亚历克斯10岁生日前后,老詹姆斯抛弃了蕾切尔和他们的儿子,离开了圣克鲁斯岛,再也没有见过她们。为了再次寻找轻松的出路,他动身去了加勒比海一个叫贝基亚的小岛,那个地方非常荒凉,以至于英国政府迫切希望任何白人能到那里定居,并且承诺作为在岛上生活一年的回报,给了他25英亩的山地丛林。那是躲避生活失意的理想场所。

现在,男孩们的前景似乎真的很暗淡。甚至在父亲抛弃他们之前,作为道德有问题的女人的私生子,两个孩子被禁止与体面夫妇的后代一起上学或去教堂,使得他们无法在英属西印度群岛极其正当的社会中获得向上流动的途径。尽管如此,蕾切尔还是决定让她的儿子们取得成功,她聘请了一位年迈的"犹太"寡妇做他们的家庭教师。两年后,蕾切尔突然发起高烧,在床上折腾了几天,汗水湿透了床单,很快就去世了。

两个男孩现在基本上成了孤儿,因为母亲莫名其妙去世的消息并没有促使老詹姆斯回来接他们。但至少看起来他们的经济基础有几分保障。老詹姆斯离开后,蕾切尔继承了3个奴隶,她把这些奴隶租给了当地的种植园主,用这些收入补贴家用,老詹姆斯失踪后她开的杂货店只有微薄的利润。亚历克斯和他的兄弟可以用这些租金收入养活自己。

或许他们是这么想的。但蕾切尔一死,原先被她抛弃的那位丈夫突然现身。在法庭上,他辩称蕾切尔的奴隶现在是他们的儿子彼得的合法财产,而不属于她的私生子。法庭同意了,将奴隶判给彼得,留下亚历克斯和小詹姆斯无家可归，一贫如洗。法官命令两兄弟加入他们堂兄的家，这个堂兄也叫彼得。

与堂兄彼得同住并没有改善男孩们的地位。他们的堂兄不仅与一个非裔美国女人公开且过分地生活在一起（这在一个允许蓄奴的社会是严重的违法行为），而且他的情绪很不稳定，以至于他的亲兄弟都认为他疯了。这种生活方式进一步巩固了两个男孩社会贱民的地位。在小詹姆斯和亚历克斯搬来和他住了18个月后，彼得自杀了（据说是他在自己的床上把自己刺死的），这对孩子们来说也许是件好事。一个叔叔随后接过了他俩的监护权，但不到一个月，叔叔也去世了。

就在这时，兄弟俩分道扬镳了。自从母亲去世后，亚历克斯一直在圣克鲁斯岛一家著名的纽约进出口公司当职员，公司名是比克曼和克鲁格。亚历克斯的叔叔去世后，14岁的他搬到另一个商人托马斯·史蒂文斯家里生活，托马斯15岁的儿子爱德华看上去非常像亚历克斯。于是，各种闲话在克里斯琴斯特德[1]再次流传开来。也许亚历克斯的母亲比人们想象的还要放荡。也许这就是为什么老詹姆斯抛弃了孩子们，甚至在蕾切尔死后也拒绝照顾他们。

无论如何，比克曼和克鲁格公司似乎并不介意亚历克斯坎坷的过去，或许是史蒂文斯极力推荐他的缘故。此外，这孩子还证明了他有经商的本领。当克鲁格及其搭档每次离开圣克鲁斯岛几个月时，他们便让年轻的亚历克斯负责公司在岛上的所有业务，包括管理一个码头和一个仓库，与商人谈判进口商品的销售，以及追讨债务。亚历克斯证明了自己值得信任。发现公司从费城进口的面粉变质后，亚历克斯没有完全丢弃，而是以极低的价格出售。当一船优质面粉到货后，面包师们纷纷向亚历克斯订购面粉。凭借手中的权力，16岁的亚历克斯将价格提到比

---

[1] 克里斯琴斯特德（Christiansted）是圣克鲁斯岛上最大的城镇。

通常的价格还要高。"相信我，先生，"他不无自豪地向尼古拉斯·克鲁格报告了这个决定，"我尽可能地提高价格，但是恰到好处[1]。"

除了公司分类账上的借贷之外，年轻的亚历克斯还有其他的兴趣。他也有文学上的抱负，并说服岛上的主要报纸《皇家丹麦美洲公报》（*Royal Danish American Gazette*）偶尔刊登他的诗歌。1772 年 8 月，一场当地人记忆中最可怕的飓风摧毁了圣克鲁斯岛，那时他已经在该报的专栏中发表了几首诗。31 日晚上，星期一，暴风雨达到了顶峰，狂风几乎呼啸了一整夜。第二天早晨，当太阳升起的时候，看到城市被破坏的程度，克里斯琴斯特德的居民震惊了。港口里的船只从停泊处被撕扯开，散落在城市的街道上，就像一个孩子失去兴趣后随意丢弃的玩具。至少造成了 30 人死亡。（《皇家丹麦美洲公报》只列出了 30 名白人受害者，但考虑到圣克鲁斯岛奴隶的数量是白人的 10 倍，死亡人数肯定有数百人。）

风暴一过，亚历克斯就想到了自己的父亲，他仍然偶尔和他通信。亚历克斯感到有必要让他知道自己安然无恙地度过了这场风暴，于是，他写了一封感情真挚的长信，描述这场风暴带来的破坏和在他心中激起的情感。根据《皇家丹麦美洲公报》编辑的说法，亚历克斯这封信的副本"偶然落到一位绅士手中，他读后感到很高兴，并拿给其他人看，他们也同样感到满意，都认为公众可能都会对这封信感兴趣"。10 月 3 日，这封信刊登在《皇家丹麦美洲公报》的专栏中，署名"本岛的一位年轻人"。

> 我的上帝！这得有多么恐怖和具有毁灭性啊……似乎大自然正在彻底瓦解。海和风在咆哮，炽热的流星在空中飞舞，几乎永不停止的闪电发出惊人的眩光，房屋倒塌的声音，以及痛苦之人发出的刺耳尖叫，足以让天使感到惊讶……

---

[1] 亚历克斯抓住时机，尽可能多地提高价格，以便带给公司尽可能多的利润，但提价没有提到受人谴责的程度，因此，他认为自己的提价是适当的。

哦！微不足道的蝼蚁们，你所吹嘘的刚毅和决心现在哪里？你的傲慢和自负到哪里去了？你为什么颤抖着，惊愕地站着？你现在显得多么卑微、多么无助、多么可鄙……啊，无能而狂妄的傻瓜！你怎么敢冒犯全能的上帝，只要他点一点头就足以免除你的灭顶之灾，或把你压成齑粉？……死神隐藏在一片暗黑之中，扬扬得意地急匆匆赶来。他那无情的长柄大镰刀，锐利无比，随时准备挥舞起来。

尽管这是一篇辞藻华美的散文，圣克鲁斯岛的总督和其他有头有脸的居民都认为这封信是文学杰作，并要求知道是什么样的"青年"能写出如此感人的东西。当该岛的领导人得知作者是一个职员，才17岁，而且是孤儿，没有接受过一天系统的教育时，立即开始筹集资金，要送他到大陆读大学，使其天赋得到适当的培养。亚历克斯抓住这个机会，离开了克里斯琴斯特德。1773年春天，他登上了一艘开往波士顿的船。然而，在亚历克斯的道路上，命运设置了最后一个障碍。向北航行期间，他乘坐的船着火了。也许是船员和乘客一起舀海水，成功扑灭了冒着浓烟的大火，船终于艰难地驶进了波士顿港。

起初，亚历克斯考虑就读普林斯顿的新泽西学院，在接受校长面试时，他问是否可以按照自己的学习节奏提前毕业，而不受限于某个特定的毕业班。在被告知他需要读满整整4年才能毕业后，亚历克斯转而选择定居纽约，就读国王学院（很快更名为哥伦比亚大学）。这是一所名气不大的学校，但它愿意接纳亚历山大·汉密尔顿[1]这样"对长期学习缺乏耐心"和雄心勃勃的年轻人。

---

[1] 亚历山大·汉密尔顿是美国的开国元勋之一，但很少有美国人了解他早年的生活。作者一开始没有讲Alex姓Hamilton，直到此时才揭示，其实是作者有意而为之，为的是增加戏剧效果，至此，读者会惊讶地发现，原来移民亚历克斯就是最著名的美国人之一：亚历山大·汉密尔顿。

根据他的朋友后来的描述，汉密尔顿甚至在搬到纽约之前就同情美国人的奋斗目标，而且没过多久，他就找到了与他持相同观点的曼哈顿人。他加入了自由之子，并与麦克杜格尔成了朋友。麦克杜格尔很快就喜欢上了汉密尔顿，并借给他学习所需的书籍。当纽约人似乎要派温和派参加大陆会议时，麦克杜格尔于1774年7月6日在牧场组织并主持了一次会议，要求殖民地对英国议会摆出更好战的姿态。正是在这个地方，19岁的汉密尔顿发表了他生平第一次公开政治演讲。他敦促美国人团结起来，重新抵制英国商品，反对《强制法令》(Coercive Acts)；作为对波士顿倾茶事件的报复，该法案关闭了波士顿港。否则，他预言"欺诈、威权和最可憎的压迫将战胜权利、正义、社会幸福和自由"。

当汉密尔顿发表这个演讲时，没有人知道他是谁，五个月后，当他匿名出版一本35页的小册子为大陆会议辩护时，也没有得到公众的认可。两个月后，也就是1775年2月，他出版了一本长达80页的小册子，支持美国人的事业。在书中，他指出议会在向美国殖民地征税和惩罚拒绝缴税的殖民者方面越权了。当汉密尔顿的一位亲英批评者援引法律先例为议会的政策开脱时，汉密尔顿回答说："人类的神圣权利不应是在旧羊皮纸或发霉的记录中翻找的东西。它们由神的手写进人性的整个卷册里，就像用一束阳光在写，永远不会被凡人的力量抹去或掩盖。"

当大陆会议试图与英国政府协商和平解决危机时，马萨诸塞的英国兵从波士顿向西行进，没收了美国人贮藏的武器和弹药。殖民者试图阻止英国的袭击，结果导致了1775年4月的列克星敦和康科德之战。四天后，当这些小冲突的消息传到纽约后，所有和解的希望都破灭了。《伦敦纪事报》(London Chronicle)的一名记者写道，几个月前难以想象的"最暴力的提议"正在"得到普遍认可！整个城市都武装起来了"。自由之子控制了海关大楼，控制了该市的枪支供应，并关闭了港口，防止其为马萨诸塞的英国军队提供补给。纽约的美国独立战争开始了。

纽约的爱国者们最初认为他们可以控制这座城市，以抵御预料中的英国入侵。1775年夏天，大陆会议任命麦克杜格尔负责该市的军事力量。麦克杜格尔没有军事经验，却是一位久经考验的领袖。麦克杜格尔利用他的新权力帮助他最喜爱的爱国者获得最有声望的任务。例如，汉密尔顿拒绝了一个大多数大学生梦寐以求的职位——陆军准将的副官，为的是成为炮兵连的上尉。这个职位既给了他独立指挥的机会，也给了他带领人上战场的机会。

1776年初，乔治·华盛顿将军意识到英国人将试图占领纽约，于是派他最有经验的部下查尔斯·李少将去视察纽约为不可避免的入侵所做的准备。1732年，李出生于英国柴郡，作为一名英国军官，他参加了英法北美战争，那是他第一次来美国。在战争期间，他娶了一位莫霍克族印第安酋长的女儿，从而赢得了古怪的名声。另一个表现是他对于狗的狂热，李自称是得了"脑瘟"，每到一处都带着他的6只或更多忠实的猎犬。李也热爱战争。18世纪60年代，他没有接受通常在爱尔兰或北美的殖民任务，而是作为一名雇佣兵横贯欧洲，指挥葡萄牙人对抗西班牙，指挥波兰和俄罗斯对抗奥斯曼帝国。也许是意识到美国与议会的不可调和可能会导致军事冲突，李于1773年移民到北美，表达对美国事业的同情，并称乔治三世国王"卑鄙"和"愚蠢"，而且是个"傻瓜"。李曾期望大陆会议任命他为美国军队的首脑，对把这个职位给了军事经验少得多的华盛顿而感到不满。

在曼哈顿待了几个月后，李认定他那群未经考验的平民士兵无法阻止训练有素、经验丰富的英国军队占领这座城市，尤其英国投入大量海军资源来发动攻击的话。美国人不可能让英国人兵不血刃就拿下纽约，但是，李认为他们所能期望的最好结果就是在放弃纽约之前给英国军队造成重大伤亡。1776年夏天，当英国人开始在下纽约港集结军队和船只，试图让美国人因害怕而屈服时，李的预言很快就应验了。"我简直不敢相信自己的眼睛，"一位纽约人第一次看到聚集在港口的数百艘英国船只和数万名士兵时写道,"说真的,我认为整个伦敦都漂浮在那里。"

纽约人开始大批逃离这座城市。"纽约被老居民遗弃了,"4月,一个纽约人给另一个已经回到英国的人写道,"取而代之的是从新英格兰、费城、泽西岛等地来的士兵。"当英国人在8月22日开始进攻布鲁克林时,曼哈顿只剩下了5 000居民,而在一年前,这里有25 000人。革命也使移民停止。英国军队有可能登上任何开往美国的船只,身体健全的男性乘客会被强迫加入英国军队或皇家海军。

汉密尔顿、麦克杜格尔和华盛顿勇敢地阻击入侵者,但在接下来的几个星期里,他们明智地撤退了,先是撤到曼哈顿,然后向北撤退到威斯彻斯特县,最后向西撤退到新泽西,而不是冒着在革命斗争刚开始就失去华盛顿全部军队的风险。华盛顿被告知汉密尔顿太聪明了,留在炮兵团太可惜,于是,华盛顿就让他出任自己的关键幕僚之一,像对待从未有过的儿子一样对待他。在战争的大部分时间里,华盛顿的军队控制着与曼哈顿和威斯彻斯特县隔哈得孙河相望的新泽西部分地区,却花了7年时间才把英国占领者赶出纽约。听到激进的敌人仓皇撤退,科尔登一定很高兴,他于1776年9月20日在法拉盛去世,享年87岁,距离英国人开始占领曼哈顿仅5天。

纽约的移民在多大程度上会跟随麦克杜格尔和汉密尔顿加入大陆军,这说不准。在后来的战争中,美国人会仔细记录其公民士兵的出生地,而在革命军中,记录保存得很差,即使有这样的征兵名单,出生地也被认为是无关紧要的。但我们确实知道移民在美国人的军队中发挥了关键作用。1779年,一名反对独立者(即那些仍然忠于英国的人)在议会作证说四分之三的美国士兵是移民。一位帮助入侵纽约的英国军官表示同意,他说:"目前起义军的主要力量是欧洲人,尤其是爱尔兰人,他们的很多军团主要是由这些人组成。"另一名驻纽约的英国官员报告说:"大量移民加入了叛军,尤其是爱尔兰人,其中一些人是自愿加入的,更多的人只是为了生存。"像麦克杜格尔和汉密尔顿这样的苏格兰长老会成员也在大陆军中占了很大比例。大多数加入美国阵营的爱尔兰人也是新教徒。英军中的一位黑森雇佣兵[1]军官注意到美国军队中非国教徒占多数,军官中尤其如此,他坚持认为这场冲突不应该被称为"美国的叛乱",因为实际上这是"一场爱尔兰和苏格兰长老会的叛乱"。他注意到,起义军中除了"很多英国人、爱尔兰人、苏格兰人、法国人和其他国家的人"之外,还有德国人。

英国人完全占领纽约后,"托利党人"或者说亲英派开始返回。11月,他们发表《依赖宣言》(*Declaration of Dependence*),宣誓效忠英国,并要求这座城市不要因为以往革命者的轻率之举而受到惩罚。尽管有些保皇派成员是移民,比如第一个在《依赖宣言》上签名的人是爱尔兰出生的商人休·华莱士,但在他们的队伍中,新移民并不是特别突出。最著名的纽约亲英派是美国的第二代、第三代或第四代,也就是人们所说的纽约市统治阶层的成员。这些人包括汉密尔顿在圣克鲁斯岛曾为其工作过的克鲁格家族,以及菲利普斯、德兰西、科尔登、贝亚德和范沙克等家族。托利党人更有可能是英国国教的成员,他们与纽约的英国国教成员总数不成比例。这些忠于王室的领导人认为自己是英国贵族的一员,不可能轻易放弃这种高贵的地位。其他纽约亲英派对英国忠心耿耿,还有一些商人认为,如果他们发誓效忠国王并留在这个城市,战争就为他们提供了一个快速获利的独特机会,在亲革命的竞争对手纷纷逃离的情况下更是如此。有些人留下则是因为他们的企业无法轻易搬迁,如印刷商和报纸出版商休·盖纳,他是一位爱尔兰移民。

9月21日,就在英国占领纽约几天后,一场可怕的大火烧毁了纽

---

[1] 黑森雇佣兵指18世纪为大英帝国效命的德意志雇佣兵。美国独立战争期间大约有3万人在北美13州服役,其中近半数来自德意志的黑森地区,因此将他们全部归类为黑森人,北美殖民地居民则称他们为雇佣兵。

约的一大片区域，城西南变成了一个闷烧的灰烬堆。完全重建这座城市需要几十年的时间。英国人怀疑是破坏者纵火，并立即逮捕了数十名间谍嫌犯。在被拘留的人中，有一人叫海姆·萨洛蒙。萨洛蒙大约于 1740 年出生于波兰，是在美国独立战争开始前到达纽约的移民之一。1776 年夏天，随着大批爱国者的离去，他离开了这座城市，可能为华盛顿的军队提供了几个月的补给，但大约在英国占领曼哈顿时回到了这座城市。英国人把他关进了囚禁麦克杜格尔的那所监狱。

1776 年 9 月 21 日，纽约市发生大火，致使四分之一的城市建筑无法居住。现在的钱伯斯街以南的百老汇和哈得孙河之间的区域损毁得最严重。

英国人对此时被捕的一些人毫不怜悯。内森·黑尔为自己只有一条生命可以献给自己的国家而悲叹，他是火灾发生后立即在纽约被处决的几名囚犯之一。其他人则在该市的多家临时监狱里熬上数月或数年，起初是在陆地上（该市几乎所有的不信奉国教的教堂都被英国人占领，变成了拘留所），当这些教堂填满之后，有些人就被囚禁到水上，即布鲁克林的沃拉博特湾（Wallabout Bay）。那里是英国人停泊其臭名昭著监狱船的地方，人称"漂浮的地狱"，成千上万的人死于营养不良或传染病。英国人经常把死囚用毯子缝起来扔进港口，数百甚至数千人被集体埋在布鲁克林海岸线的浅滩上。一位居民回忆说，在革命后的多年里，若逢特别猛烈的暴风雨，布鲁克林人会发现他们的海滩"覆盖着密密麻麻的头骨，看上去就像是秋天长满南瓜的玉米地一样"。

萨洛蒙很幸运，没有遭受这种命运。英军中一位黑森雇佣兵将军听说他的俘虏中有一位犹太人，不但会说德语，而且有给军队提供补给的经验，于是，他假释了萨洛蒙，条件是他必须宣誓效忠英国，并成为德国雇佣兵的随军小贩。萨洛蒙同意了，获准使用自己的账户进行交易，因而获得了可观的利润。他甚至买了一个奴隶。萨洛蒙成了模范保皇党，1777年7月，他与15岁的蕾切尔·弗兰克斯结婚，从而在这个社区深深地扎下了根。一年后，他们生了第一个儿子，名叫伊齐基尔。

就在萨洛蒙结婚的时候，印刷商詹姆斯·里文顿回到了纽约。里文顿是英国移民，也是《里文顿纽约地名辞典》（*Rivington's New York Gazetteer*）的编辑，在战争前夕，他是这座城市最著名的出版商和书商。1760年左右，为了逃避在英国赌马时欠下的巨额债务，他来到纽约。1775年，他印刷了汉密尔顿的两本反英小册子，但也因出版了英国的宣传材料而激怒了自由之子。革命前夕，亲美的暴民两次袭击了他的办公室。马萨诸塞的一份报纸称里文顿为"犹大"，汉密尔顿曾谴责对里文顿印刷厂的袭击，但他也承认这位编辑"每个方面……都令人憎恶"。在他的印刷厂遭到第二次攻击后，里文顿逃离了这座城市，但在1777年9月，他获得了国王在纽约的官方印刷商的任命，并再次露面。他恢复了报纸的出版，并改名为《皇家公报》（*Royal Gazette*），里面充斥着反革命的尖刻言论。对于那些支持革命的人来说，他是纽约最让人憎恶的人之一。

但表面现象有时是有欺骗性的。例如，萨洛蒙一边为黑森雇佣军效力，一边继续推动美国的独立事业，从德国士兵中招募背叛者，帮助美国囚犯逃跑，有时偷偷给他们钱，让他们贿赂狱卒。在意识到英国人最终发现了他的背叛行为时，他逃到了费城。在那里，他成功地成为一名"汇票"经纪专家。"汇票"是政府在手头没有现金时用来购买商品和服务的货币工具。萨洛蒙的工作是寻找愿意用黄金、白银或美国货币交换法国和西班牙汇票的美国人。卖的汇票越多，他赚的佣金就越多。当时，美国大陆会议委派罗伯特·莫里斯为羽翼未丰的美国政府和军队筹集资金，而萨洛蒙以代理外国汇票而闻名，名声流传甚广，以至于在1781年6月，莫里斯聘请萨洛蒙为美国政府的汇票经纪人。那年夏天，即使美国人濒临破产的边缘，萨洛蒙仍有能力兜售政府的债券，为美国军队在战场上坚持足够长的时间并打败英军发挥了关键作用。那年秋天，在约克敦与康沃利斯勋爵的对抗中，华盛顿取得了决定性的胜利。也正是在那里，经常表达要重返战场指挥岗位的汉密尔顿也达成所愿，在担任华盛顿的参谋5年之后，带领三个步兵营进攻约克敦，夺取了英国的一个关键防御阵地，促成了英国的投降。

约克敦战役之后，美国的胜利似乎是必然的，因为爱国者们把英国人赶出了除纽约以外的几乎13个殖民地。1782年至1783年期间，成千上万的亲英派逃离了这座城市。战争期间，纽约的人口激增至3.3万，现在像1776年一样急剧下降。许多亲英者不愿离开，并指责英国政府抛弃了他们。这座城市的第一批家庭成员尤其心怀怨恨，因为他们的财富主要是无法带走的房地产。"真该死，我想到过事情会到这一步，"亲英者威廉·贝亚德怒火中烧，"我怎么办，老兄。我彻底毁了。"1783年11月25日，英国军队终于从纽约撤离，在此之前的几个月里，他们将纽约及其附近地区大约3万居民转移到了英国或加拿大。英国人一降旗离开，乔治·华盛顿和几周前已经占领曼哈顿上城的美国军队就开进了城里。

革命的支持者回到纽约后，震惊地发现里文顿并没有和其他效忠者一起逃走。事实上，在华盛顿抵达这座城市后不久，他就在两名军官的陪同下拜访了里文顿的办公室，这两名军官对将军想见一位声名如此狼藉的托利党人感到惊讶。当华盛顿以检查农业专著清单为借口，跟里文顿一起走进一间后屋时，军官们更加吃惊了。好奇的士兵通过微微开着的门仔细听，正如玛莎·华盛顿的孙子后来讲的那样，"听到将军把两个沉甸甸的金钱袋放在里文顿的桌子上发出的哐啷声"。原来里文顿也是美方的间谍，在装订时将文件缝进书脊，以此将情报偷运给华盛顿。里文顿甚至帮助美国人获得了英国舰队的信号，在约克敦进行决定性交战时，这些信号被及时传递给了法国海军[1]。但是，公众要么不知道里文顿为美国人所做的工作，要么认为他从事间谍活动是出于机会主义，而不是在为美国人的事业奉献。在华盛顿拜访一个月后，里文顿遭到一群暴徒的殴打，被迫永远关闭他的报纸。作为一个赌徒，里文顿试图通过在印度贸易中的高风险投资弥补自己的损失。他借来的2万英镑损失殆尽，其生命的最后5年，是在纽约的债务人监狱度过的；1802年，他在监狱里去世。

有些亲英派要么留在纽约没走，要么更常见的是，在最初逃离后返回，没有遭受如此可怕的命运。里文顿的印刷同行兼出版商休·盖纳最初因支持敌人而被捕，但最终重新建立了自己的企业，并获得了该州奖励的许多印刷合同，甚至还印制了该州的第一张纸币。但很少有人能重获昔日的地位和财富。科尔登的儿子和女儿为恢复他们的部分财产进行了一场失败的战斗。他的一个儿子戴维设法重新获得了在美国居住的许可，并在他父亲位于阿尔斯特县的旧农场定居下来。戴维的儿子最终成为一名备受尊敬的美国政治家和律师。但戴维的弟弟小卡德瓦拉德是一个更活跃的托利党人，被终身放逐。

当然，那些支持革命的人境况要好得多。在1785年去世前，萨洛

---

[1] 根据法国和美国临时政府签署的《同盟条约》和《友好与商业条约》，美国殖民者在独立战争期间获得了来自法国的物资、武器、弹药及海军等全方位的援助。把英国舰队的信号传递给法国海军，自然有利于法国海军的打击。

蒙成为费城一位富有的金融家和慈善家。战后，麦克杜格尔被选为纽约州参议员，并一直担任该职位，直到 1786 年去世。从 1784 年到去世，他还担任过纽约银行的首任行长，这是新成立的美国开设的第一家银行。

推动纽约银行建立的是汉密尔顿，他从一个孤儿移民迅速成长为这个新国家的奇才。约克敦战役之后，战争显然要结束了，只剩下了条约谈判。汉密尔顿辞去了军队的职务，在纽约仍被占领的情况下，去奥尔巴尼当了律师。进入该行业的既定途径包括在一位知名律师的指导下阅读两到三年法律，作为所接受法律教育的交换条件，要在该律师办公室无偿工作。汉密尔顿没有耐心走这条路，他于 1782 年 1 月开始独自阅读必要的法律书籍；九个月后，他获得了律师资格。同年，纽约人选择汉密尔顿代表他们参加依据《十三州邦联宪法》（Articles of Confederation）设立的国会。在证明依据《十三州邦联宪法》建立的政府行不通时，用以取代它的宪法得以批准，这在很大程度上要归功于汉密尔顿在《联邦党人文集》（the Federalist Papers）中对其原则富有说服力的辩护。在依宪进行的第一次联邦选举中，乔治·华盛顿当选总统，他把财政部部长的职位留给了雄心勃勃的年轻门徒。

亚历山大·汉密尔顿的肖像缩图，由查尔斯·威尔森·皮尔于大约 1780 年绘制，是现存最早的纽约最著名的开国元勋肖像。

随着革命的结束和新政府的建立，纽约移民重又恢复。最初，新移民只占以前移民的一小部分。当时英国仍与法国和西班牙处于战争状态，不列颠群岛的工资和农作物价格因此大幅上涨，促使许多人留在国内，而不是承担迁居到这个新兴共和国所带来的风险。英国人认为在战时离开自己的国家是一种犯罪，并尽一切努力阻止其公民移民。即使有人设法溜上了一艘驶向美国的船只,英国水手仍会继续登上这些船只,强迫船上任何可疑的英国公民加入皇家海军。尽管英国居民仍然是潜在美国移民的主要来源,但在这种情况下,很少有英国居民冒险前往新美国。直到1815年拿破仑在当今比利时的滑铁卢战败,这场战争才宣告结束,移民再次畅通无阻地涌入纽约,从而开启了"移民世纪",显著地重塑了纽约,也改变了世界各地的移民潮。

第六章
共和国

很少有城市发展得如此之大,如此之快。到 1845 年,纽约成为 7 万名爱尔兰移民、6.5 万其他地方出生的移民和 23.6 万美国出生的居民的家园。

1835 年,来自爱尔兰和德意志邦联[1]的新移民使得纽约发生了变化,随之一群怀念老纽约的绅士成立了圣尼古拉斯协会。华盛顿·欧文是这个新社团背后的推动力量之一,他选择这个名字为的是取笑移民的组织,比如专为苏格兰人服务的圣安德鲁协会,以及由爱尔兰人成立的三叶草协会。只有那些能证明自己是 1785 年以前的纽约人后代才能加入这个新社团(直到今天仍然如此)。它的创始成员包括阿斯特、阿斯平沃尔、贝亚德、布利克、科尔登、克罗斯比、德拉菲尔德、德佩斯特、汉密尔顿、杰伊、勒德洛、洛里亚尔、莱茵兰德和罗斯福等家族。某些在这个城市有很深根基的犹太人也在受邀之列。

在圣尼古拉斯协会的活动中,一年一度的晚宴是其最重要的安排。威廉·亚历山大·杜尔(William Alexander Duer)法官是创社成员之一,比较博学多才。1848 年,该社团请他在晚宴后发表演讲。在纽约度过童年之后,杜尔曾在费城和新奥尔良住过,然后搬到了纽约上

---

[1] 19 世纪,随着神圣罗马帝国的解体,迫切需要建立一个统一的现代民族国家。根据 1815 年的维也纳会议,德意志邦联成立。它分为 1815 年至 1848 年和 1850 年至 1866 年两个时期。1835 年处于德意志邦联时期。

州[1]，在那里他积极参与政治，并担任法官。1829 年，他回到曼哈顿，成为哥伦比亚学院的校长。在任职的 13 年间，他出版了 19 世纪最受尊重的宪法指南之一。圣尼古拉斯协会的那些怀旧成员要求杜尔发表演讲，描述一下"在我们共和国初期"的纽约曾经是什么样子。

65 年前，也就是 1783 年 11 月，他还是个小男孩，某天下午，他第一次踏上曼哈顿岛，杜尔从此时开始讲起。他记得最清晰的是看到了一片"被烧毁的市区"，即 1776 年 9 月被大火烧毁的大片区域。杜尔说："大火过后，看不到有人想要清理废墟的迹象。由于被毁的建筑物主要是砖砌的，烧剩下的残垣断壁在人行道上投下了阴森的影子，给街道增添了一种神秘的色彩。"实际上，现在的钱伯斯街以南百老汇大街西侧的每一栋建筑都已成为废墟，从伊斯特河到离华尔街不到一个街区的百老汇大街和布罗德街之间几乎所有建筑也是如此。当杜尔和他的家人从炮台沿百老汇大街向北走，到达"恐怖的"三一教堂废墟，然后右转离开主干道时，他们似乎才"终于进入了一个有生命的城市"。

1783 年，还是小男孩的威廉·亚历山大·杜尔法官来到纽约，直到 75 年后去世，他见证了纽约从一个仅有 2 万居民的小镇成长为一个拥有 80 万人的繁华大都市。

杜尔当时还很小，在以新解放的城市作为自己家的选择中显然起不到任何作用。他的父亲也叫威廉，是英国人撤离后开始涌入纽约的数千人之一。跟杜尔一家一样，很多人是返回的难民，以前就住在这座城

---

[1] 纽约上州泛指除纽约市、长岛地区和哈得孙河谷下游以外的纽约州其他地区，并无官方或正式的行政界线，一般指纽约市区以北 100 英里或以上的区域，间有几座城市，如水牛城、罗彻斯特等。

市。老威廉·杜尔于1743年出生于德文郡的一个富裕家庭，并在伊顿公学接受教育。毕业后，他前往印度，成为一名英国高级军官的副官。他在父亲去世后不久回到了英国，父亲给威廉留下了一大笔遗产，包括加勒比海多米尼加岛[1]上一个大型糖料作物奴隶种植园。杜尔本可以像典型的英国精英那样，让其他人管理遥远之地的农业企业，但为了从企业中榨取更多利润，杜尔搬到了多米尼加，自己经营这家企业。跟很多加勒比海的英国人一样，杜尔从纽约订购了他所需的大部分物资。1768年，在去纽约购买木材时，他决定移民于此，成为一名商人和房地产投机者。

长着一张娃娃脸的杜尔特别擅长讨好权贵，1776年，他被选为费城大陆会议的成员。在那里，他因管理这个新兴共和国的财政而赢得了亚历山大·汉密尔顿、罗伯特和古弗尼尔·莫里斯的尊敬。在那些年里，杜尔大部分时间都在费城和纽约上州度过，正如他的传记作者所言，"他填补了多个公职，非常善于利用自己担任的公职为自己捞钱。"他利用自己的关系和那些地位高的朋友从很多合同中获利，比如为西班牙海军供应木材，为法国军队提供食物，为美国军队提供军事物资。和他那个时代很多雄心勃勃的人一样，杜尔通过"在婚姻上攀高枝"进一步提升了自己的地位。1779年，他迎娶了乔治·华盛顿的重要心腹威廉·亚历山大少将的女儿凯瑟琳·亚历山大，威廉·亚历山大帮助威廉·杜尔与法国人达成了利润丰厚的交易。在战争期间，很多1783年就来到这座城市的前纽约人因为财产损失或生意中断而遭受了严重的经济挫折。跟这些人不同，带着妻子儿女及随行的仆人返回后的杜尔可比离开时富多了。

---

[1] 多米尼加岛（Dominica）是加勒比海最后成为欧洲殖民地的岛。1763年，法国将它交给英国，1978年独立。为与另一个以西班牙语为官方语言的加勒比海岛国多米尼加共和国相区别，多米尼加岛所在的国家现译为"多米尼克国"。

当杜尔一家人继续穿过纽约走向他们租来的豪宅时，小杜尔发现这个城市的一切既陌生又新鲜。尽管街道几乎已经向北铺设到了远至现在的钱伯斯街（英国人建立了从伊斯特河延伸至哈得孙河的一个防御栅栏），但很少有人住在最北边，现在的9·11国家纪念馆以北所有的街道尚未铺放鹅卵石。大量降雨使这些土路变成了泥和马粪混合的泥泞之地。

小杜尔注意到，这座城市最繁华之处是伊斯特河沿岸1英里长的滨水区，那里有40多个码头迎接进入港口的双桅帆船、纵帆船、单桅帆船和其他船只。最南端的码头及其毗邻的仓库用于沿哈得孙河北上到奥尔巴尼的"河上贸易"。杜尔指出，这些码头以北到刚过华尔街的地段是应对"对外贸易"的码头，迎接来自伦敦、利物浦、格拉斯哥、布里斯托尔和加拿大的船只，但更多的来自加勒比和巴哈马群岛，如牙买加、圣约翰、圣托马斯、圣马丁、伊斯帕尼奥拉、库拉索和特克斯等岛屿。再往北，一直延伸到现在的布鲁克林大桥所在的位置，是专门用于与美国其他州和"我们的长岛邻居"进行贸易的码头和仓库，他们为曼哈顿人"运来了大量的牡蛎、蛤蜊和细白沙子"。在这些码头之外，在发达的伊斯特河沿岸的最北端矗立着纽约的造船厂。在革命时期，它们实际上暂停了生产，但随着和平的回归，它们很快恢复了生机。

杜尔回忆说，1783年，纽约能引以为豪的小工业都位于淡水池的岸边，淡水池又称大水塘，它是一个小湖，宽约700英尺，位于百老汇大街以东的两个街区和现在坚尼街（Canal）以南的一个街区。杜尔还记得"它的南岸和东岸排列着使用熔炉的小工厂、陶器厂、啤酒厂、皮革厂、绳索工场和其他制造厂，它们的用水都取自这个池塘"。湖的旁边是"压水井"，它取水的地下泉同样也给大水塘供水。1783年，让杜尔感到惊奇的是，单单一个水泵就可以为整个城市提供饮用水。人们用马车上的木桶把它运到镇子的各个角落。

杜尔还回忆说，在18世纪80年代，曼哈顿下城仍然可以看到高高

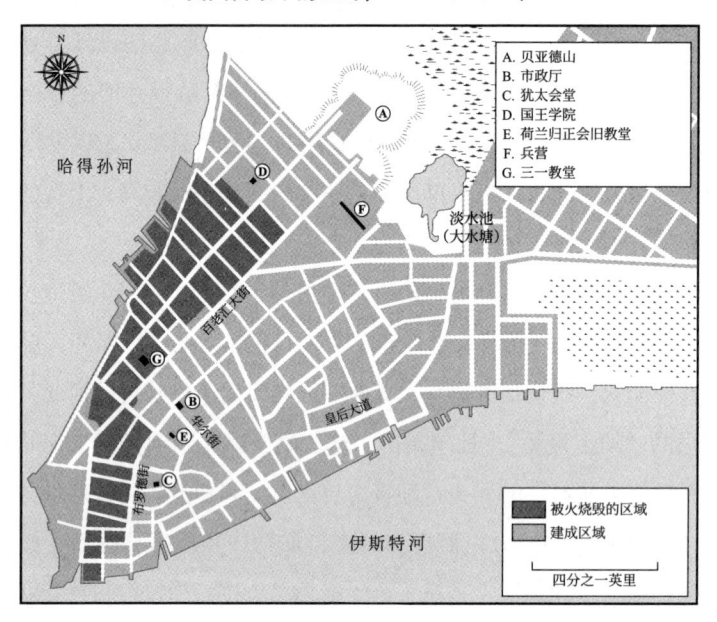

英国占领下的纽约，1776—1783 年

图例：
- A. 贝亚德山
- B. 市政厅
- C. 犹太会堂
- D. 国王学院
- E. 荷兰归正会旧教堂
- F. 兵营
- G. 三一教堂

地图标注：哈得孙河、淡水池（大水塘）、皇后大道、伊斯特河、百老汇大街、日落门大街、布罗德街、被火烧毁的区域、建成区域、四分之一英里

的山丘和低下的山谷。杜尔告诉年轻的听众，曼哈顿西城的大部分地区曾经被一座高高隆起的山岭占据，直到 19 世纪初才被夷为平地，为的是让从哈得孙河通往市中心的街道不至于太陡峭。他还不无怀念地想起了老纽约最高和最显眼的山峰，也就是贝亚德山，它从大水塘的西岸隆起，"高达 100 英尺，没有什么比它在一个晴朗的冬日所呈现的景色更辉煌、更充满活力的了，当冰封的表面到处都是滑冰者时……山坡上挤满了观众，就像在圆形剧场一样，层层叠叠"。杜尔认为，该市领导人所犯的最大错误之一是他们决定铲平贝亚德山，用挖下来的土填满大水塘。杜尔觉得这个决定特别令人恼火，因为在他看来，他无法再享受童年的田园生活，取而代之的是一个被称为五点区的爱尔兰移民聚居地，但它是一个令人厌恶的、充斥着罪恶的贫民窟。

从 1783 年革命末期杜尔抵达纽约的那天起，到 1848 年他向圣尼古拉斯协会的贵族会员们发表演讲，移民彻底改变了纽约。圣尼古拉斯协会的创始人深谙这座城市的历史，他们知道，直到1820年，也就是新阿姆斯特丹建立200年后，曼哈顿的人口才达到10万。然而，从1825年开始，这座城市每10年增加10万居民。到1845年，这座城市拥有37.1万居民，在杜尔这样的人看来，这个数字曾经是不可想象的。1783年，杜尔在这座饱受火灾和战争摧残、破坏严重的小镇定居下来时，大约才有2万人。

结束战争的和平条约放开了对移民的限制。特别是1784年迎来了一次跨越大西洋的大规模移民潮，成千上万等待多年准备前往美国的人终于可以踏上旅程了，不过他们大多是为了跟已经在美国的家人团聚。这个时代最著名的一些移民在战后不久就来到了纽约。例如，一个名叫阿奇博尔德·格雷西的39岁苏格兰人于1784年登陆纽约。战时的大部分时间他都在为利物浦的一家进出口公司当职员。到了曼哈顿，格雷西成了一名成功的商人，也是亚历山大·汉密尔顿在商界和政界的伙伴。也许是为了逃离这个不断发展的城市的喧嚣和拥堵，格雷西在镇子北面几英里的地狱门（Hell Gate）为他的家人建造了一座豪宅，那里是长岛离曼哈顿最近的地方，现在是东88街靠近东端大街（East End Avenue）的位置。到20世纪，该市收购了这座住宅，作为纽约市长的官邸。

另一个1784年来到纽约的苏格兰人是14岁的邓肯·法伊夫。法伊夫和他的父母、三个兄弟和两个姐妹最初定居在奥尔巴尼，但到1792年，他已经搬到了纽约市，并很可能在那里当了木工学徒。一年后，法伊夫与蕾切尔·洛扎达结婚，并在华尔街第一长老会教堂举行仪式。蕾切尔·洛扎达是纽约出生的犹太人，她的兄弟也是一位家具木匠。尽管蕾切尔本人直到近50年后才皈依基督教，他们的7个孩子却是以长老会教徒的身份被抚养长大的。

1794年，法伊夫将自己名字的拼写由Fife改为Phyfe（法伊夫），并开始了他的职业生涯，即为富裕的纽约人制作家具。法伊夫坚持只雇用少数值得信赖的工匠,并且只使用最好的桃花心木和红木,这很快给他带来了一大批品味高雅的客户,他们来自纽约、费城、南部各州和加勒比海地区。1816年,纽约人萨拉·休格哀叹道:"法伊夫先生是如此让美国人愤怒,以至于现在很难吸引到观众,哪怕是几分钟的时间。"顾客通常要等半年或更长的时间才能买到他们的家具。据他的侄子回忆,尽管法伊夫取得了巨大的成功,他的一生都是"一个非常平凡的人,总在干活,总是抽着短烟斗"。跟许多有进取心的企业家一样,"他的生活习惯非常严格,9点之前全家人都要上床睡觉"。法伊夫本可以搬到一个更时尚的社区,尤其是在把生意交给儿子并退休后,但他仍然住在富尔顿街他的工作室对面的一所房子里,靠近教堂的拐角处(9·11国家纪念馆东边一个街区),从1795年直到1854年8月去世。

英国人撤离纽约后,苏格兰人并非唯一涌入纽约的欧洲人。很多德国人也移民进来,包括约翰·雅各布·阿斯特(John Jacob Astor),他成了那个时代最著名的德裔纽约人。他是屠夫雅各布·阿斯特的第五个孩子,1763年7月出生在瓦尔多夫,它是独立的德意志普法尔兹选侯国[1]的一个小镇,现在是德国巴登-符腾堡州的一部分。他的母亲玛丽亚·玛格达莱娜在约翰·雅各布9个月大的时候就去世了,但他的父亲很快再婚,又生了6个孩子。

不管"残忍的继母"和"醉醺醺的父亲"的故事是否真实,雅各布家的大孩子们似乎特别渴望尽快离开家和瓦尔多夫。乔治·彼得是约翰·雅各布的大哥,在约翰·雅各布还是个孩子的时候,他就搬到了伦敦,并成为一名乐器制造商。约翰·海因里希在美国独立战争开始时移居纽约(有人说他是跟随乔治三世的德国雇佣军来到纽约的),成了一

---

[1] 1085—1803年是德国的普法尔兹选侯国时期。

名屠夫和军中小贩。约翰·梅尔基奥搬到了德国农村，当了农民。这一切发生在约翰·雅各布14岁之前。那时，他的学业结束了，到父亲肉店里当帮手。

但约翰·雅各布也渴望离开。1779年，刚满16岁的他就去了伦敦，跟他哥哥乔治住在一起，并把名字Johann改成了英国的John。我们不知道约翰·雅各布在伦敦做了什么，也许他的兄弟为他找了一份制作乐器的工作，但我们知道的是，4年后，随着结束独立战争的和平条约于1783年9月签署，约翰·雅各布打算去找纽约的约翰·海因里希，不过，海因里希现在改叫亨利。深秋并不是开始跨大西洋航行的理想时间。飓风和寒冷的天气可能会让旅行很痛苦，甚至致命。但约翰·雅各布·阿斯特显然想在明年春天预期的移民潮之前到达美国，于是，在11月底，他带着准备在美国出售的7把长笛和活页乐谱，搭乘前往巴尔的摩的北卡罗莱纳号，从那里他将前往北方，在纽约与他的兄弟汇合。

阿斯特的航行并没有按计划进行。1783—1784年的北美冬天异常寒冷，当阿斯特的船驶进切萨皮克湾（Chesapeake Bay）时，被困在了离巴尔的摩港只有一天航程的冰层中。船长等待着寒流停止，但是一周又一周过去了，没有任何缓解。很快，勇敢又不耐烦的乘客们开始穿过冰面走向岸边，但阿斯特并没有那么勇敢。在冰封了两个月后，他终于在3月底到达了巴尔的摩；他在小船上一共待了四个月。三周后，他在纽约与哥哥团聚。

在纽约的头几个星期里，阿斯特干的是"面包小子"的活，兜售来自瓦尔多夫的另一位德国移民的烘焙食品。他似乎也做过小贩，卖大头针、缝线针、廉价珠宝和其他小饰品。很快，他在纽约一家皮草经销商那里找到了一份工作，担任"打浆工"，主要是清洗新买到的毛皮，准备零售。1785年，阿斯特在该市的一个德国归正教堂与萨拉·托德结婚，她是一位英国熟人的侄女。这对新婚夫妇搬进了萨拉寡居的母亲家，阿斯特利用萨拉的嫁妆和她母亲的房子开了一家乐器店。在广告中，他称这家商店出售"各种优雅的乐器，如大键琴、小型立式钢琴、大键琴吉他、吉他、最好的小提琴、德国长笛、单簧管、双簧管、横笛……以及所有与音乐有关的其他物品，他将以非常低的价格出售"。

但阿斯特有更大的抱负，首先他要涉足毛皮生意，这是纽约最古老的贸易。1788年4月，在其平常的乐器店广告中，阿斯特加上了这样的内容："还买卖各种各样的毛皮，现金交易"，包括"海狸、海狸皮衣料、浣熊皮、浣熊毛毯、春季麝鼠皮；量大量小均可出售"。只要有可能，就要消除中间人，阿斯特坚信这一点，他让萨拉负责乐器店，自己长途跋涉到纽约北部和西部的荒野，寻找印第安皮货商，再从他们手里购买毛皮。他还痴迷削减成本，自己清洗毛皮，其实他可以很容易地雇人来做这种粗活。即使加拿大人直接向美国人出售毛皮是非法的，他还是冒险进入加拿大，以扩大货源。1788年，阿斯特25岁，几年前还是一个卑微小贩的他，已经可以以中间人的身份在蒙特利尔安排数千美元的毛皮生意，并为它们运往纽约和欧洲提供资金了。

作为一个商人，阿斯特最典型的一个特质就是相信多样化。他知道美国或欧洲的皮毛市场随时可能崩溃，于是，他开始到中国出售他的皮毛（以及人参），并将收益转投中国的茶叶、丝绸和布料，然后再把它们进口到北美。为了不过度依赖美国东北部和魁北克的供应商，他设法在俄勒冈州建立了一个毛皮贸易前哨基地。虽然他那个时代的一些最著名的商人经常为了获得巨额回报而孤注一掷，但阿斯特却以小心谨慎闻名。1813年，在给一个代理人的信中，他写道："尽管我渴望做一些生意，但也要避免风险。我知道有些风险不可避免，但要尽可能地少。"相反，1792年，老威廉·杜尔胆大妄为，想要垄断纽约政府债券市场，结果以失败告终，失去了全部财产不说，还在债务人监狱中度过了生命的最后7年。

阿斯特对冲风险的方法是将其大部分毛皮交易利润投入房地产。以面积计，他购买的大部分财产都在纽约上州和加拿大的皮毛狩猎场。但正是他在曼哈顿房地产上的巨额投资使他从一个富商变成了美国有史以来最富有的人之一。1789 年，他在纽约市购买了第一块地皮，此后，他的投资组合稳步增加。因为预见到曼哈顿的人口增长速度会比大多数纽约人想象的要快，他购买了从格林尼治村一直到现代曼哈顿中城的大片农田。后来，他和他的孩子们把其中一些地卖给了开发商，曾经充满田园气息的土地上建起了新的社区。但他把大部分地段留在了自己手里，每年收取的租金几乎赶得上任何其他美国人一生的财富。1819 年，他成为纽约最大的地产所有者，也是美国最富有的人。他将自己商业帝国的日常运营移交给儿子和其他合作伙伴，自己前往欧洲进行长时间的旅行。正如 1848 年《纽约先驱报》(New York Herald) 在他去世后所言，他就是"一台自创的赚钱机器"。在巅峰时期，他的财富（按美元现价计算）排美国历史上第三位，比微软创始人比尔·盖茨的财富高出近 50%。

随着苏格兰和德国移民的增加，1783 年以后，英国人也开始移民美国，但因为英国人对美国的敌意挥之不去，人数比之前要少。威廉·柯盖德就是这样一位移民。1795 年，12 岁的他与兄弟姐妹、母亲萨拉和父亲罗伯特从肯特郡来到美国。罗伯特曾因直言不讳地批评国王乔治三世而受到牢狱之刑的威胁。在马里兰和弗吉尼亚的农村生活了一段时间后，1800 年，他们全家搬到了巴尔的摩，柯盖德和他的父亲成了当地一家肥皂制造商的商业伙伴。罗伯特厌倦城市生活，重回农村种地，而柯盖德很快开办了自己的肥皂和蜡烛制造企业。1803 年，他搬到纽约，在纽约一家同行业的公司找到了一份工作，但在 1806 年，他辞职并开办了自己的肥皂企业威廉·柯盖德公司。

在那个年代，人造肥皂被认为是只有富人才买得起的奢侈品。大多数纽约人要么根本不用肥皂，要么用含有高浓度碱液的碳酸钾煮厨房的脂肪油滴来制作自己的肥皂。然而，自制的肥皂油腻、气味难闻，而且非常粗糙。柯盖德灵光一闪，他认识到如果能大幅降低价格，普通民众会乐意花几美分购买一种不那么粗糙的人造肥皂。柯盖德稳扎稳打,逐步建立自己的业务,甚至给他的零售客户送货,这在当时是闻所未闻的。1817 年,柯盖德肥皂[1]雄霸纽约市场。十年后,他提出了生产香皂的想法,这一创新促使销售额进一步增长。到 19 世纪 40 年代,他的曼哈顿工厂一次煮 20 吨肥皂才能满足需求。柯盖德肥皂成为第一批全国知名的美国品牌之一。作为一名虔诚的浸信会教徒,柯盖德花巨资在世界各地免费分发几十种语言的《圣经》。他还出资创建了以他的名字命名的大学。

这一时期最大的移民群体来自爱尔兰。"希望获得自由和幸福的爱尔兰年轻人应该离开爱尔兰,尽快来到这里,"一位感到满意的移民写道,因为"世界上没有哪个地方能像美国这样,让一个人受益于良好的行为和勤奋,获得如此丰厚的回报"。但自革命以来,典型的爱尔兰移民的背景发生了变化。像沃德尔·坎宁安这样的中产阶级移民成了例外,而不是普遍现象。一位爱尔兰海关官员在 1793 年的报告中说,移民船上"没有拥有不动产的人",只有"比较低层的商人……另外还有很多没有职业的仆人"。他总结说,他们"几乎完全属于非常下等的阶层"。

爱尔兰移民到纽约的人数在增加,部分原因是爱尔兰天主教徒现在对美国的看法比它是英国殖民地时好转了。在爱尔兰天主教徒眼中,美国人与英国压迫者作战并打败了他们,从而获得了新的尊贵地位。此外,革命的平等主义精神导致废除了之前阻止天主教徒在纽约开设教堂的限制。英国人撤离后,天主教徒在巴克莱街(Barclay)和教堂街(Church)的交叉处买了一块地,并于 1786 年 11 月向教徒开放了该市第一个天主教教堂。

---

[1] 柯盖德公司的肥皂于 1992 年进入中国,其品牌名称为"高露洁"。

18 世纪 90 年代，爱尔兰的宗派暴力事件升级。1800 年，韦克斯福德县的一位女天主教徒给远在纽约的儿子写信，她写道："我们留在这里，但不知道这里能待多久，因为这个国家正被一些不知名的人困扰着，他们每天晚上都在制造骚乱和焚烧。我们的教堂在燃烧和倒塌。"她答应说"如果我们这里得不到好转"，就会去找她的儿子，因为"如果情况无法缓解，天主教徒就住不下去"。很多人去了纽约。

随着很多爱尔兰最著名的自由战士流亡到这里，这座城市的吸引力进一步增强。其中最著名的是新教徒托马斯·阿迪斯·埃米特。他于1764 年出生在爱尔兰南部的科克郡，父亲是利默里克郡的医生。1782 年，他毕业于都柏林的三一学院，然后就读爱丁堡的医学院。然而，1787 年，在伦敦一结束住院医生实习期，埃米特就决定成为一名律师。1790 年，他完成了法律学业，然后回到爱尔兰，很快获得了律师资格。1791 年，他与一位长老会牧师的女儿简·帕滕结了婚。

埃米特在说服人方面具有天赋，很快在都柏林建立了一个生意兴隆的法律事务所。他还积极参与爱尔兰的政治活动。作为启蒙运动时期长大的孩子，埃米特相信在那个只有拥有大量房地产的人才有资格投票的时代，男性普遍享有选举权；在爱尔兰天主教徒面临法律上许可的歧视时，他支持政教分离；当英国人最近失去了北美 13 个有价值的殖民地，把促进爱尔兰独立视为犯罪时，他提倡爱尔兰自治。1792 年，他加入了爱尔兰人联合会，这是一个由新教徒和天主教徒组成的组织，旨在为爱尔兰人寻求自治。

同年，英国与法国开战。深知英国人反对爱尔兰人联合会的所有活动，该组织要求法国入侵爱尔兰，将其从英国统治下解放出来。他们串通叛国的消息最终走漏了，作为该组织最杰出的领导人之一，英国人视埃米特为"爱尔兰最危险的人"。1798 年春，当局逮捕了埃米特和该组织的其他都柏林领导人。那年夏天，爱尔兰人联合会毫不畏惧地在爱尔兰全境发动了反抗英国统治的进攻。一支小规模的法国侵略军甚至在爱尔兰西海岸登陆，以协助梅奥郡的起义。英国军队镇压了每一次反抗，抓获并处决了数千名参加反抗的爱尔兰自由战士。

也就是在这时候，埃米特和其他都柏林领导人向当局提交了认罪协议：他们将披露爱尔兰人联合会的内部运作（不透露任何具体人的姓名），并描述他们如何赢得外国支持，作为回报，若能保住性命，允许他们流亡到一个没有与英国交战的国家。英国人急于找到证据证明他们进行的大规模处决是合理的，于是接受了这一提议，并期望埃米特和其他被监禁的爱尔兰人联合会领导人移民美国。

就在此时，故事发生了意想不到的反转。宪法批准后仅仅过了7年，新美利坚合众国的政治格局就出现了严重的两极分化。在乔治·华盛顿的第一个总统任期内，财政部部长亚历山大·汉密尔顿获得了国会批准的一项计划，允许联邦政府在这个年轻国家的经济中发挥积极作用，建立一个国家银行，并为制造商提供联邦补贴。那些支持在国家经济发展中扩大联邦作用的人被称为联邦党人。以副总统托马斯·杰斐逊为首的反对者称自己是共和党人，但这两个派别并非现代意义上的真正的政党。在外交政策上，两派也有争执。共和党人继承了美国革命时期的反英情绪，试图让这个新国家与英国的敌人法国结盟。联邦党人则发现法国大革命的激进主义令人担忧，并倾向于把与英国修好当成国家的首要任务。结果，大多数爱尔兰移民支持共和党。

到1798年，共和党的支持率迅速上升，以至于联邦党人预感到，除非他们采取一些果断的行动，否则，即将到来的选举将是一场灾难。正如一位联邦党人众议员所说的那样，联邦党人声称他们必须阻止"成群的爱尔兰野人"移民到美国，他们推动国会通过了一系列大胆而无耻的党派性法案，后来这些法案被统称为《客籍法和镇压叛乱法》（*Alien and Sedition Acts*）。《镇压叛乱法》恬不知耻地规定，撰写任何关于国会或总统的"虚假"或"恶意"的内容或使其受到"蔑视"或导致"声名狼藉"的内容都是犯罪。根据这一条款，狂热的联邦党人监禁了近12

位共和党编辑，其中包括爱尔兰出生的纽约新闻记者之一的约翰·伯克，他逃到弗吉尼亚，并以假名生活，以免被驱逐出境。依据《镇压叛乱法》，伯克受到起诉，罪名是诽谤亚当斯总统；同时依据《客籍法》，他也受到起诉，《客籍法》赋予总统驱逐他认为"危险"的移民的权力。最后，《归化法》（*Naturalization Act*）将移民成为公民和获得投票权的时间从 5 年延长至 14 年。这项措施显然旨在削弱"爱尔兰野人"对杰斐逊和共和党人的支持。今天，人们只记得《客籍法和镇压叛乱法》涉及极端的党派之争，但它们也是影响美国政治的第一个反移民狂潮的案例，而且绝非最后一个。

在主张对共和党及其支持移民者发起全面攻击的联邦党人中，有一位是纽约人鲁弗斯·金，他曾经是圣詹姆斯宫的美国大使。1798 年，当英国人将他们与埃米特和爱尔兰人联合会的协议告知金时，金告诉英国人美国不会接受"不满现状者"。果不其然，埃米特和他的同谋者在监狱里又多蹲了 4 年。1802 年，英法之间签订亚眠条约（*Treaty of Amiens*），结束了战争，按要求释放了被认为是投敌法国的爱尔兰人。埃米特去了法国，试图获得拿破仑对爱尔兰独立事业的支持，但当这位法国领导人明确表示爱尔兰不是他的优先考虑事项之一时，埃米特确定他在欧洲已经无法为爱尔兰的事业做更多贡献了。1804 年，他与妻子和孩子移民纽约。一年后，爱尔兰人联合会的另一位领袖威廉·麦克尼文博士也加入埃米特的行列。第三位是律师威廉·桑普森，他于 1806 年移居纽约。其他几位获释的联合会成员在他们之前已经移民纽约。

这些爱尔兰革命者都是移民中的名

托马斯·阿迪斯·埃米特是一个非法组织的领导人，它联合了新教徒和天主教徒，旨在寻求爱尔兰独立。在 1804 年移民纽约之前，他在英国坐过几年牢。

人，相比那些普通的移民，他们更容易在纽约开创自己的新生活。埃米特很快成为一位颇受欢迎的律师，并最终当选为纽约的司法部部长。他的私人客户之一是轮船开发商罗伯特·富尔顿。纽约法律准许富尔顿和合伙人罗伯特·利文斯顿拥有纽约至新泽西渡轮30年的独家经营权；当他们的竞争对手质疑这一许可的有效性时，富尔顿向埃米特咨询。埃米特告诉富尔顿保护其渡轮垄断权的法律是违宪的，但富尔顿和利文斯顿还是雇用了他。1824年，埃米特在美国最高法院为该案辩护，这便是吉本斯诉奥格登案（Gibbons v. Ogden）。不出埃米特所料，法庭判决富尔顿的授权人亚伦·奥格登败诉。桑普森也成为一名优秀的律师，而麦克尼文被纽约内外科医学院任命为产科和化学教授。后来，他担任爱尔兰人口众多的纽约第十四区市政委员会委员。

在此期间，很多逃到美国的爱尔兰人想要找到跟他们原来干的一样的工作，却发现更加困难。伯纳德·麦肯纳是一位信仰天主教的教师，在他的两个亲戚因支持独立运动而被捕后，他离开了蒂龙郡。1797年，他来到纽约，但找不到教师的工作。他不得不向东跋涉30英里到长岛的荒郊野外，才找到一份教书的工作。即使在这样的乡下，雇主也认为他在语法、数学和地理方面有缺陷，直到麦肯纳提高了这些科目的备课质量，才得到这份体面的教师工作。

麦肯纳的生活并不轻松。他的妻子菲比去世了，留下两个女儿，一个3岁，一个14个月，伯纳德需要照顾她们。由于担心麦肯纳会让他的孩子改信天主教，长岛人不再雇用他当教师，他和女儿只好搬回纽约，他在一所天主教学校找了份工作。

在写给爱尔兰教区神父的一封信中，麦肯纳称他在美国的第一个10年是"灾难性的"。然而，他受到的"严峻考验"并没有减损他对第二故乡的爱。他在1811年写道：美国是"一片和平而富饶的土地……世界的花园；这是被驱逐的受压迫的孩子的幸福庇护所"。尽管有"诸多麻烦"，但他在纽约并不缺工作，报酬也比在爱尔兰时高得多，以至于他吹嘘说:"为我的每个孩子都挣了一大笔钱。"

尽管这些政治难民对他们的第二故乡大加赞扬,但没有多少爱尔兰人能立即跟随他们的同胞去美国。埃米特和麦克尼文抵达纽约后不久,英法两国又陷入了战争,使得有抱负的移民很难找到船只把他们带到美国。即使能安全通过,在大西洋船只上发现的任何身强力壮的男性仍然会面临强制征兵,加入英国海军。1812 年,美国向英国宣战,进而陷入战争[1],移民实际上停止了。一位爱尔兰人哀叹道:"很多次我真希望十年前就去了你们的国家。"他很后悔当初有机会时没有移民到"从各个方面说都是世界上最富有的国家"。

尽管如此,纽约人口仍在快速增长,因为其他美国人正在成千上万地迁往那里,尤其是新英格兰人。在美国独立战争结束时,费城和纽约的居民数量是相同的,但到 1820 年,纽约的人口达到 12.4 万,是费城的 2 倍和波士顿的 3 倍。当时,纽约人估计有五分之一到四分之一的人口是在国外出生的,其中一半移民是爱尔兰人。

1815 年,战争一结束,移民人数开始反弹。1822 年,一位牧师报告说:爱尔兰人仍然是这个城市的主要移民群体,接下来依次是苏格兰人、德国人、英国人、法国人、荷兰人和犹太人。他甚至发现了"瑞典人、丹麦人、意大利人、葡萄牙人、西班牙人和西印度群岛人"的群体。作家詹姆斯·费尼莫尔·库珀惊叹"纽约由来自所有基督教国家的居民组成",而一位德国移民惊奇地发现,纽约人不仅用英语,还用德语、法语、西班牙语和意大利语做生意。到 1830 年,纽约的移民人数是费城的 4 倍和波士顿的 5 倍。

虽然在此期间定居纽约的一些爱尔兰人是直接从爱尔兰出发前往纽约的,但大多数人不得不走相反的方向,先去利物浦。从 1819 年开始,

---

[1] 美方同盟与英方同盟之间在 1812 年 6 月 18 日至 1815 年 2 月 18 日发生了战争,史称 1812 年战争,又称第二次独立战争或 1812 年美英战争。

大多数爱尔兰人前往美国的旅程变得更加迂回。那一年，英国颁布了一项法律，允许驶往加拿大的英国船只搭载的乘客数量是驶往美国船只的3倍。这项法律及同年在美国通过的一项法律增加了轮船为每位乘客提供的食物量，使得去纽约的票价提高到了去加拿大的2倍。因此，想去美国的大多数爱尔兰移民先乘船从爱尔兰到利物浦，再从那里去加拿大，在加拿大工作一段时间，赚钱购买食物和交通费，最终才如愿以偿到达美国。

1819年颁布的美国移民法首次规定政府须要求船长提交登记有乘客姓名、年龄、职业和出生地的清单，从而计算登陆海岸的移民人数。但关于出生地的法律用语比较模糊，大多数官员把它解释成了"去年居住的国家"，因此，通过加拿大来美国的爱尔兰移民被统计为加拿大人，而不是爱尔兰人（但统计并不全，因为很多人是徒步或乘火车旅行的，没有记录在案）。因此，从1820年到1847年，爱尔兰移民的美国官方数据只记录了真实移民的一小部分（其间加拿大人通过立法，将前往加拿大的费用提高到了前往美国的水平）。

官方数据显示，从19世纪20年代初到30年代初，爱尔兰移民数量增长了6倍，部分原因是贫穷的爱尔兰农民越来越绝望，他们发现越来越难以保证自己及孩子的吃和穿。这些贫困之人曾经无力移民，但"连锁移民"策略的运用让他们移居美国成为可能。连锁移民指一个家庭省吃俭用，把一个家庭成员（通常是年轻男性）送去美国。此人会尽可能多打工，尽可能少花钱（寄宿在另一个移民家里，日复一日穿同样的衣服，等等），从而攒够钱，尽快把下一个家人带过来。当一个兄弟或姐妹到达后，两人会重复这个过程，合并积蓄，直到能够支付第三个兄弟姐妹的旅费。这一程序会重复进行，直到所有希望移民的家庭成员都移民为止。过去，非熟练工人和仆人只占爱尔兰移民的一小部分，通过连锁移民，他们在新移民中的比例也变得和以前占主导地位的熟练工匠、商人和专业人员一样多。

对于未受教育、无技能的爱尔兰移民的空前涌入，纽约出生的"有地位、有财产"的爱尔兰人既感到自豪，也有些不安。担心的是新来的人会玷污他们努力工作赢得的好名声。他们还认为，不太富裕的爱尔兰移民来到美国，完全不知道在美国取得成功需要辛勤的付出。另一位逃到纽约的商人约翰·考德威尔是爱尔兰人联合会成员，他对爱尔兰同胞感到遗憾："临近这些海岸时，我们太易于……期待在海边捡到美元，烟囱上掉下苹果馅饼，栖息在肩膀上的小鸟喊着'谁来吃我'。"他担心太多的爱尔兰移民"懒惰和放荡"，而不是"勤劳和品行端正"。

考德威尔、埃米特、麦克尼文等人采取了一些措施，以便帮助新爱尔兰移民获得尊敬和独立。他们成立了爱尔兰移民协会，帮助他们适应美国生活，并由埃米特担任第一任主席。该协会认为纽约无法容纳无限数量的爱尔兰移民，于是请求国会在伊利诺伊州留出联邦土地，专门用于爱尔兰新移民的定居。当这一努力失败后，他们在纽约建立了一个"劳工办公室"，引导移民参与全国各地的运河和其他建筑工作，如此一来，那些不道德的劳工经纪人就无法利用他们。埃米特和麦克尼文甚至为爱尔兰移民写了一本指南，就如何适应美国生活提供建议。他们的建议包括：身体热时不要喝很凉的水；不要被廉价的美国酒诱惑而喝醉；不要像美国人那样吃很多肉。

从表面上看，埃米特和麦克尼文传递的信息很明确：我们同化和帮助了爱尔兰人，让他们比以前更被美国人接受。不要让我们难堪，也不要让我们所有的辛苦工作付诸东流。但私下里，即使是埃米特也在想要融入社会，和为自己和孩子保留某种爱尔兰的特点之间努力平衡。1818年，他给女儿简·埃琳·埃米特写了一封信。女儿出生在苏格兰，那时他正在苏格兰坐牢。他将他们的分歧归咎于她的"苏格兰偏好"，她认为这种看法是一种侮辱。"也许是吧，"他承认，试图改善关系。他担心苏格兰塑造了她的性格，他暗示："我希望你完全是爱尔兰人（除非你应该是美国人）……当我给你取名埃琳时，我本想让你成为爱尔兰人，不管你的出生地在哪里。我的意思是要给你一种感觉，就像小约翰·布拉德斯特里特曾经用幼稚的语气对一位问他出生在哪里的绅士说：'我出生在美国，先生；但我要以爱尔兰人的身份长大。'"无论是在国外出生，还是在本国出生，今天的美国人都在为移民应该如何平衡这些相互矛盾的力量而激烈地斗争。

移民的报社是一个既能促进母国自豪感，又能促进同化的机构。最早的一家似乎是《三叶草》(*The Shamrock*)，它成立于 1810 年，但在当年年底前就倒闭了。其他以爱尔兰人为读者群的报纸很快跟进，但第一家真正成功的报纸是成立于 1825 年的《诚实人》(*The Truth Teller*)。《诚实人》实际上并不是爱尔兰移民出版的（所有者之一出生在英格兰，其他所有者出生在苏格兰），它读起来更像是一个宗教小册子，而不是报纸，但它在纽约和其他地方的爱尔兰天主教社区居民的心中，因其反英、反新教的热情而赢得了一席之地。编辑们精明地决定刊登失踪人口广告，主要由寻找失踪亲属的爱尔兰移民投放，这也有助于它的成功。抵达的移民会登出一则广告，寻求在他之前移民但现在找不到的兄弟的信息。妻子会登广告，寻找离开城市去修建运河，但几个月来杳无音信的配偶的下落。只要有爱尔兰裔美国人，《诚实人》就会流传开来。尽管移民们一再因为美国提供的自由和机会而赞美上帝，但《诚实人》的寻人启事表明他们的生活有多么地不稳定。

爱尔兰人绝不是这一时期唯一出版报纸的纽约移民群体。《西班牙语编辑报》(*El Redactor Espagnol*) 于 1827 年开始出版，目标读者是说西班牙语的纽约人。面向英国移民的《英格兰报》(*The Albion*) 也是如此，一直出版到 1863 年。1828 年，纽约的法国人有了自己的报纸《美国信使报》(*Courrier des États-Unis*)，其资金很大程度上是由拿破仑的哥哥约瑟夫·波拿巴提供的。约瑟夫·波拿巴曾是西班牙国王，在他的家族失势后移民到美国，定居在新泽西州的博登敦 (Bordentown)。1832 年，威尔士移民创办了威尔士语期刊《美洲威尔士人》(*Cymro*

America）。1834 年，德国移民创办了《纽约州报》（*New Yorker Staats-Zeitung*），该报至今仍在发行。

在 1812 年战争之后的几年里，除民族报纸外，移民们还创建了独特的民族社区。在 18 世纪末和 19 世纪初，工人经常和其雇主住在一起，所以，纽约早期的社区比人们想象的要多样化得多。例如，一位纽约出生的鞋匠的两层半住宅可能会这样安排：一楼的前面是零售区，家人则在商店的后面，他的加工间和储藏室在二楼，他的学徒和熟练制鞋工（可能部分或全部是移民）在顶楼。

但随着越来越多的移民及来自其他州的移居者涌入纽约，阿斯特这样的房东发现他们不必把两层半的房子整栋租给一个人，分成五套或更多的公寓，反而赚得更多。一些土地所有者拆除了这些小房子，建起四层、五层甚至六层的砖楼，这样他们就可以把尽可能多的租客塞进纽约一块 25×100 英尺的标准地块。然而，大多数业主只是将其现有的框架建筑改造成多户住宅。因为两层半的框架房屋和更高的砖楼都容纳了很多互不相关的租户，所以它们被称为出租屋，19 世纪 40 年代改称廉租公寓楼。以此类住房为主的地区成为纽约第一种独特的住宅区，其中一些成为这个城市第一批移民社区。

这些移民社区中最早也是最著名的是五点区。该区位于市政厅东北半英里处，曾经是威廉·杜尔心爱的大水塘的所在地。但是到了 1810 年，正如杜尔后来哀叹的那样，水塘岸边的工业已经严重污染了池塘，以至于市政府官员决定填平池塘，同时将贝亚德山夷为平地，如此就可以铺设更多的街道，方便进出市中心的交通。因为大水塘的水源是一个地下泉水，新街道的地面和建在上面的房子仍然潮湿且不稳固，导致建筑在建成几年后就大幅倾斜和移动。该区的地下室始终是潮湿的，即使是最小的雨或雪，也会被淹。当时的大多数疾病都与潮湿和"瘴病"有关，所以有经济能力的纽约人都避免住这种房子。结果，五点区很快成

这张五点区的照片显示的是典型的两层半住宅，1815年后房东改造成了该市第一批廉租公寓楼。右边的大车正后面是三条街交叉形成的五个街角，这三条街是安东尼街、奥兰治街和克罗士街（现在是沃斯街、巴士特街和莫斯可街），五点区由此得名。

了最不受欢迎的社区。

爱尔兰天主教移民和非裔美国人是纽约当时最贫穷的两个群体，他们很快就占据了五点区。多种族混居，喧闹的酒吧和舞厅，以及两个帮派之间日夜进行的酒后斗殴，使这片社区臭名昭著。到1830年，五点区还成了该市妓院的主要聚集地。

如果五点区道德败坏的行为没有蔓延到自己社区的危险，本土出生的纽约人是可以容忍其"纵情酒色"的。1826年，一位写信给《纽约晚报》(*New York Evening Post*)的人抱怨说，应该对这个"令人作呕、有害无益"的社区"做点什么了"。它的"肮脏的状况和'恶臭'"令这座城市蒙羞。1834年，《太阳报》(*The Sun*)的一名记者访问五点区时，情况并没有好转。他写道："每天下午，醉酒的人最多，男女都有，参观五点区的人就会看到最恶心的东西。到处是猥亵下流，贫穷及其导致的肮脏、放纵和犯罪，持续的狂欢和骚乱，清醒之人对不断出现的令人厌恶的景象感到震惊和恐惧。"这位记者总结道："我们承认从未见过比这更严重的不幸,比这更彻底的穷困和堕落,比这更恶心的不道德和淫荡。"

正如乔治·卡特林 1827 年前后描绘五点区的画作显示的那样,那些年里,猪可以随便游荡(不仅在五点区,整个纽约都是如此)。自殖民时代以来,这座城市的居民就一直养猪,它们的主人不打算花钱喂它们,它们则在街上游逛,在纽约的排水沟和垃圾堆里翻找食物。随着城市人口的激增,猪还有助于垃圾的收集。在那个年代,业主负责处理自己的垃圾。市政工作人员偶尔会清扫街道,但直到 1895 年才开始清运垃圾。然而,随着廉租公寓数量的激增,业主很少住在这里并花钱雇人清除垃圾,除非到了 7 月和 8 月,那时的臭味实在让人难以忍受。据说这些猪非常忠诚,每天晚上会在逛完城市后返回家,睡在主人的后院,有时甚至和主人一起睡在廉租公寓里。

1812 年战争之后,有些纽约人开始要求不能再允许猪上街游荡。第二大道的一位居民抱怨说他所在社区里的猪"非常凶猛,对儿童来说非常危险"。但是,当市议会通过一项从 1818 年起禁止猪自由觅食的法令时,反对声浪巨大,以至于该法令还没生效就被废除了。反对该禁令的多为爱尔兰移民,他们通过在爱尔兰养小猪为家庭赚了一些额外的钱,因此希望在美国延续这一习俗。19 世纪 30 年代初,当市议会最终决定永久禁止这种做法时,引起该市很多爱尔兰裔美国人的愤怒。爱尔兰移民及其他纽约人大多藐视这项法律。直到 1842 年,《论坛报》(*Tribune*)估计仍有 1 万头猪在城市的街道游荡,在内战前夕,它们仍然是 42 街以北的一个麻烦。

尽管存在猪乱跑等问题,但五点区并不像寻求刺激的记者让纽约人认为的那样糟糕。酒鬼和妓女在这里随处可见,罪犯也发现这里确实是躲避警察的好地方,但勤劳守法的移民远比酒鬼和骗子多。他们省吃俭用,为的是赡养远在爱尔兰的年迈父母,也为了把更多的亲戚带到美国。他们还设法储蓄,既可以用来创业,万一养家糊口的人患上霍乱和麻疹等传染病,也可以用来支撑一家人的生计,而一旦有人得了那些传染病,它们会像野火一样在纽约拥挤的廉租公寓楼里蔓延开来。

尽管如此,那些年里,纽约人对爱尔兰移民越来越无法容忍,部分原因是他们的人数已经达到了空前的规模。一位到过这座城市的游客写道:"在某些地方,人们可能会认为科克或都柏林的一片土地被移到了美国,连同上面的房子、人和烂泥等。"很多本地人认为爱尔兰人对他们本土出生的雇主缺乏适当的尊重。据说,任何试图斥责爱尔兰雇员的行为都会遭到回呛:"在这里我们都是平等的。"并威胁要辞职。尤其是爱尔兰的"女仆",稍为受到挑衅就会辞职,都已经出了名了。因此,很多雇主不会雇用她们。有些人甚至试图在招聘广告中插入"爱尔兰人无需申请"。带此类有损名誉的附带条件的公告很少被印刷出来,部分原因是出版商拒绝印刷,但在媒体上确实出现过很多,这让纽约的爱尔兰移民相信,无论他们的条件如何,很多雇主都不会雇用他们。

尤其让本土出生的纽约人感到不安的是,据说爱尔兰人有暴力和破坏的倾向,因为随着该市爱尔兰人口的增加,爆发的骚乱也在增加,其中很多发生在五点区,在惊恐的当地人看来,这似乎证实了爱尔兰人就是问题的根源。但在19世纪初纽约发生的诸多此类骚乱中,移民实际上是群体暴力的目标,而非肇事者。在其他情况下,爱尔兰人有理由声称自己受到了挑衅,比如1802年,他们袭击了一群给帕迪(Paddy)的稻草人套上绞索游街的纽约人[1]。

1824年7月12日,爆发了一场更大的街头斗殴,当时爱尔兰天主教徒扰乱了爱尔兰人和英国"奥兰治人"为庆祝1690年在爱尔兰德罗

---

[1] 帕迪是对爱尔兰人的一种蔑称,源自爱尔兰常用名Patrick的昵称。因为感觉受到了冒犯,爱尔兰人才攻击了游街的人。

赫达附近发生的博因河战役[1]周年纪念日而举行的示威游行。在这场战役中,新教支持的英国国王威廉三世(前奥兰治王子威廉)的军队战胜了他在英国内战中的对手,即他被废黜的岳父和天主教徒詹姆斯二世。当警察逮捕了 33 名爱尔兰天主教徒,而没有逮捕一个奥兰治人时,爱尔兰天主教移民称这些起诉带有明显的偏见。埃米特打赢了官司,33人全部无罪释放,他详述了英国和美国反爱尔兰情绪的悠久历史,以便让陪审团相信逮捕是不公正的。

到了 19 世纪 30 年代中期,纽约本地人和爱尔兰移民之间的冲突变得更加普遍,也更加暴力。在 1834 年 4 月举行的为期三天的市政选举中,数百名辉格党人发誓要"让那些该死的爱尔兰人保持秩序",他们在五点区及其周边与移民(其中大部分是民主党人)进行了"最无情野蛮的"激战。虽然没有人丧生,但这三天的流血事件在纽约历史上是前所未有的。历史学家保罗·伊耶写道:"它的范围和暴力程度远远超过了 18 世纪的任何一次骚乱,也远远超过了纽约以往的任何政治骚乱。从未有过一次选举将这座城市推向如此接近崩溃的边缘。从未有过这样的无政府状态。"

一年后,也就是 1835 年 6 月,在五点区又爆发了一场当地人和移民之间的大规模暴乱。这次暴力事件的起因是有消息称该市的一些爱尔兰移民计划组建一支民兵部队。这一时期的美国没有真正意义上的常备军,而是依靠志愿的民兵组织保家卫国,有时也用来平息国内骚乱。至此,距离该国上一次战争已经过去 20 年了,民兵连已经变得更像社交俱乐部,更多的是在那里野餐和饮酒,而不是训练和打靶。由于爱尔兰移民喜欢相互交往,可能在主要或完全由当地人组成的民兵部队中感到

---

[1] 1690 年,天主教国王詹姆斯和新教国王威廉争夺英格兰、苏格兰、爱尔兰的王位,在爱尔兰东岸德罗赫达附近的博因河开战。威廉击败了詹姆斯,打破了后者重夺王位的计划,也确立了新教徒在爱尔兰的地位。

不受欢迎，他们必然会寻求组建自己的民兵分队。

然而，一些纽约报纸强烈反对爱尔兰移民组建武装部队。《纽约信使及问询报》(*Courier and Enquirer*)坚称："他们在这个城市组建了一支爱尔兰军团，名为'奥康奈尔卫队'，对美国人民来说，没有比现在这种安排侮辱更大的了。这样的一支部队很快就会动用刺刀强制执行那些被误导和无知的外国选民所吹嘘的东西，那就是本土居民需要完全服从他们的命令。"6月21日，星期日晚上，一帮受到《纽约信使及问询报》谴责的本土主义者来到五点区想打群架，他们也确实如愿打了一架。《太阳报》报道说："虽然都生活在美国，但一派呐喊着自己是爱尔兰人，另一派则呐喊着自己是美国人，双方都找来了很多热心的朋友。很快，流血的鼻子、肿胀的眼睛、头骨开瓢和脱了皮的指关节就成了几十个好斗分子的显著标志。"第二天，战斗重新开始，并从五点区向北扩展到十四区较为繁华的爱尔兰族群聚居地。在那里，爱尔兰移民在勿街（Mott）的圣巴特里爵主教座堂周围构建了一道环形防线，他们确信本土主义暴徒

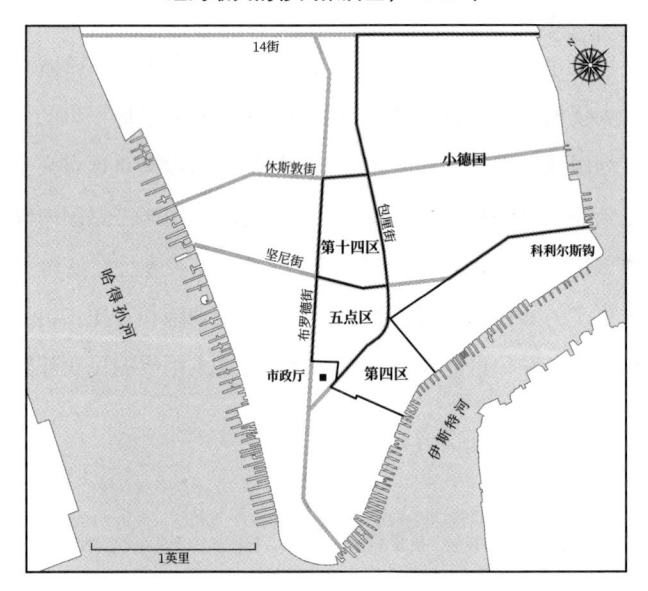

纽约最大的移民聚居区，1845年

会发动攻击。从来没有人这样做过,当天战斗结束时,两位移民倒地身亡,使之成为当时纽约历史上最致命的暴乱。

　　这种对移民前所未有的敌意在政治上也有表现。几周后,反天主教的纽约人成立了一个新的政党,叫作印第安人民主联盟(NADA)。该组织谴责任命移民担任政治职务,将贫民和罪犯移民到美国,以及天主教会影响美国政治事务的行为。该运动的一名支持者抱怨说,爱尔兰天主教移民已经成为美国公民,但仍然"作为一个单独的利益群体聚居在一起,保留他们的外国称谓"。在1835年的纽约秋季选举中,受益于辉格党决定不提名候选人,印第安人民主联盟赢得了39%的选票。塞缪尔·芬利·布里斯·莫尔斯是印第安人民主联盟最杰出的成员、艺术家和发明家,受此成功的鼓舞,他于1836年作为印第安人民主联盟的市长候选人参加竞选。莫尔斯是一位著名的民主党人,因此,辉格党拒绝

到1845年,纽约已经成为一个大都市,这在很大程度上应归功于移民。这座名为城堡花园的环形建筑通过一条步道与大陆相连,在1855年成为该市的移民审查场所。

支持他,他只获得了 6% 的选票,印第安人民主联盟很快便默默无闻。然而,这是一个不祥之兆。

随着爱尔兰移民定居纽约的人数猛增,本土主义者的怨恨也随之增加。1834 年,在美国定居的爱尔兰人是以往任何一年的两倍,1835 年的移民人数也几乎一样多。从 1835 年到 1844 年,在美国定居的爱尔兰人是过去 10 年的 3 倍。爱尔兰移民的典型特征也发生了显著变化。现在大部分人来自爱尔兰南部和西部,而不是北部,因此,天主教徒的人数超过了新教徒。曼哈顿的爱尔兰人本来就以天主教徒为主,到 1845 年,爱尔兰人中的天主教徒占到了绝大多数。来自欧洲其他地区的移民也有所增加,但爱尔兰这些年向美国输送的移民数量超过了欧洲其他国家的总和。自 1815 年以来,该市外国出生的居民一直占总人口的 20% 至 25%,随着众多移民定居纽约,到 1845 年,这一比例跃升至 36%。

由于移民的空前涌入,移民社区开始成倍增加。伊斯特河沿岸的第四区现在几乎变成了和五点区一样的爱尔兰人社区了,特别是沃特街、樱桃街(Cherry)、麦迪臣街(Madison)、加萨林街(Catharine)和奥利弗街;到 1845 年,这个区的大多数居民都是移民。科利尔斯钩[1]是伊斯特河沿岸的一个生活区,位于现在下东城最东端已开发的滨水区的最北端,也成了爱尔兰人的聚居区。此时,第十四区已成为该市较为富裕的爱尔兰裔美国人的首选居住地。它的住宅区街道主要有桑树街(Mulberry)、勿街和伊利沙伯街(Elizabeth)等,在这些街道两旁都是较新的、较宽敞的廉租公寓,住户多为比五点区居民更成功的商人和企业主。德国移民现在已经超过了英格兰和苏格兰移民,成为该市第二大移民群体,也在这一时期创建了自己的聚居地。德国人集中在现

---

[1] 科利尔斯钩(Corlears Hook)是纽约下东城伸向伊斯特河的一块陆地,因其形状像钩而得名,随着海岸线的填埋,现已不呈钩形。

在的下东城包厘街以东,特别是现在字母城(Alphabet City)所在的第十一区(字母城有 B、C 和 D 大街,以及在它们之间编号的街道)。

很少有城市发展得如此之大,如此之快。到 1845 年,纽约成为 7 万名爱尔兰移民、6.5 万其他地方出生的移民和 23.6 万美国出生的居民的家园。事实上,从年轻的威廉·杜尔在 1783 年 11 月第一次踏上曼哈顿岛到 1845 年,该市的人口连续 60 年以每 10 年 50% 的速度增长。除了约翰·雅各布·阿斯特之外,很少有纽约人可以想象它还会持续以这样的速度增长。

然而,正是在载着爱尔兰人和德国人前往美国的船只的货舱里,埋下了一场灾难的种子,使得这波移民潮显得微不足道。运载新移民到美国的那些船只在返回欧洲时装满了美国的出口产品。1844 年末,这些货物中有一袋袋美国生长的马铃薯种薯,它们被切成小块茎,每个种块至少要有一个"芽眼",埋在地下就会长出一株马铃薯。这些种薯会销往英国各地,尤其是爱尔兰,因为那里最贫穷的居民每顿饭都吃马铃薯,单调地过着一天又一天。

1845 年春天,无数爱尔兰人种植了这些种薯,但他们并不知道这些种子感染了一种真菌,这种真菌源自秘鲁的海鸟粪,而美国曾经用这些海鸟粪给土地施肥。这种真菌之所以没有引起美国人的注意,是因为它在美洲大陆炎热干燥的夏季无法迅速生长。而爱尔兰终年凉爽潮湿,为它提供了完美的繁殖土壤。通过空气传播的孢子,这种真菌传遍了爱尔兰,并漂洋过海传播到了苏格兰、英格兰和德意志邦联各国,所到之处,彻底摧毁了马铃薯作物。爱尔兰在 1845 年、1846 年、1847 年、1848 年和 1849 年的马铃薯歉收,以及随之而来的饥荒,促成了前所未有的大规模人口逃亡,这是人类历史上最大规模、最突然的人口外流之一。

枯萎病也侵袭了欧洲大陆,但并没有造成如此毁灭性的影响,因为那里的居民不再像以前那样依赖马铃薯了。粮食短缺确实发生了，由此导致的商品价格上涨在 1848 年由德国人、奥地利人、匈牙利人、意大利人、丹麦人、瑞士人和法国人领导的革命起义中发挥了重要作用。在专制政权的独裁统治下，这些革命者经常从美国革命和美国的民主制政府中汲取灵感。然而，每次反抗都被暴力镇压，在随后几年的反革命镇压中，欧洲士兵杀死了成千上万的同胞。又有数十万人逃离家园，这意味着在爱尔兰饥荒受害者抵达纽约的同一年，欧洲大陆移民也开始抵达纽约，而且数量空前。1855 年，纽约的移民人数超过了本土出生的人。该市三分之二的成年人是在国外出生的。1860 年，拥有 81.3 万人的纽约成了地球上人口第四多的城市。在世界上所有的大都市中，纽约是唯一其地位的确立主要归功于移民的城市。

第七章
大饥荒

爱尔兰人称1847年为"黑色47",因为那一年他们的国家遭受了难以置信的苦难。来自爱尔兰的美国移民人数较饥荒前增长了两倍。这是"一场超越人类所有经验的迁徙"。

1845年夏，马铃薯枯萎病发作，让数百万以土豆为主或完全吃土豆的爱尔兰人遭遇了毁灭性的打击。第一年，枯萎病只毁掉了30%到40%的作物，尽管生活因此变得非常艰难，但在政府、教会和家庭的援助下，真正的饥荒并不多见。不过，整个爱尔兰都在焦急地期盼着1846年的丰收，因为他们知道，如果不能成功遏止枯萎病，那些在灾难边缘徘徊的人很快就会挨饿了。

　　从1846年春天种植到仲夏，随着茎的生长和开花，爱尔兰的土豆看上去非常健康。7月的最后一周，神父西奥博尔德·马修乘长途汽车从科克前往都柏林时，发现土豆"长势茂盛，一片丰收景象"。但就在潮湿的表面下，真菌正在茁壮成长。一周后，驶过同样的道路时，马修看到了"一大片正在腐烂的植被"。和荒凉的田野一样令人心碎的是，"可怜的人们"已经饿坏了，"痛苦地绞着双手，哀号着，抱怨着让他们失去食物的这场灾难"。爱尔兰各地均能看到这一幕。这种真菌摧毁了该岛90%的马铃薯作物。

　　到了秋天，爱尔兰各地的人开始挨饿或死于与饥饿有关的疾病。当某个地主前往斯基伯林附近西科克的庄园调查情况时，惊恐地发现"饿得只剩下可怕的6具骨头架子，看上去好像都死了……我惊恐地走近，听到一声低低的呻吟，发现他们还活着……几分钟后，我就被至少两百个这样的幽灵包围了",他们伸手讨吃的,"恶魔般的喊叫还在我耳边回响,他们那可怕的形象在我脑海里挥之不去"。在更北边的米斯郡和戈尔韦郡,情况同样糟糕,爱尔兰自由战士约翰·米切尔"在那里看到的景象永远飘浮在他们的眼前:那些可怜的人畏缩着身体,在野蛮的天气下几乎赤身裸体,在萝卜地里搜寻着,尽力想要挖出萝卜"。

到 1846 年末和 1847 年初,爱尔兰人表现出了典型的饥饿症状,包括腹胀(因为当身体长期缺乏蛋白质和其他营养物质时,通常局限在血管中的体液会外流)和血性腹泻(营养不良的肠道碎裂而致)。死亡无处不在。在西南部的肯梅尔村,当地神父在 1847 年初的日记中写道:"每天早上在街上发现四五具尸体是再平常不过的事了。"在西北部的斯莱戈郡,一位救援官员在一个乡村教区报告中说:"毫不夸张地说,肯定……每天都有几十人死于饥饿。"

如果控制着爱尔兰的英国政府没有以冷酷无能的方式处理危机,死亡人数就不会如此可怕。英国首相约翰·拉塞尔勋爵坚持认为,危机在很大程度上是爱尔兰人自己的错,错在他们寻求救济,而不是充分发挥自己的能力。政府推出了一些公共工程项目,以便雇用一些穷人,但灾民因为饥饿而虚弱不堪,他们的劳动也只能换得很少的食物(由于害怕,相比平常的工作他们会更加喜欢这个工作),以至于成千上万的人在干活的过程中就死了。大多数英格兰人认为"爱尔兰的财产必须为爱尔兰的贫穷买单",意思是富有的爱尔兰地主应该为饥荒救济买单。这成了削减援助的正当理由,而援助本可以拯救数十万人的生命。从 1846 年到 1851 年,大约有 110 万爱尔兰男人、女人和儿童死于饥荒。

逃离爱尔兰的人数创下了纪录,若能筹到所需的船票钱,他们就逃到美国;若是付不起去纽约的较昂贵的船票,他们就逃到加拿大。那些受影响最严重的人不能移民,因为除了船票钱外,还需要为自己 4 到 6 周的跨大西洋旅行准备大部分食物。那些真正穷困潦倒的人要想渡海到美国,唯一的办法就是接受他人的帮助。多达 5 万人的船票钱是由他们的地主支付的，真实原因是支付租户移民的费用比支付他们在当地济贫院的费用更便宜。另有2.5万人的船票钱是由宗教或慈善组织资助的。但是，这些加起来不到逃荒移民总数的5%。

对于绝大多数穷困的爱尔兰人来说，想要到北美去只有靠已经移民的家庭成员的经济支持，饥荒的受害者会竭尽所能地劝说这些亲戚提供此类援助。斯莱戈郡的两位居民在请求中这样写道："目前，无法用文字描述这个国家的贫困。可怜一下我们的艰难处境吧，不要让我们成为饿死的穷人……如果你知道我们和我们的同胞正忍受着怎样的饥饿，如果你曾经如此痛苦，你会带我们离开这个贫穷的小岛……不要让我们饿死。"

成千上万的爱尔兰裔美国人响应这样的要求，纷纷寄钱和船票帮助亲人逃离饥荒。爱尔兰人称1847年为"黑色47"，因为那一年他们的国家遭受了难以置信的苦难。来自爱尔兰的美国移民人数较饥荒前增长了两倍，这还不包括成千上万在继续南下前往美国之前登陆加拿大的人。伦敦《泰晤士报》称1847年爱尔兰人的出走是"饥饿的入侵"，它是"人类迁徙史上最了不起的事件之一。在大多数人离开家园的悲惨环境下……漫长而惨淡的朝圣之旅，跨越数千英里，船只失事、饥饿和发烧造成了严重的伤亡，我们认为这是史无前例的"。《泰晤士报》承认这是"一场超越人类所有经验的迁徙"。

但事实证明，1847年只是冰山一角，因为在1846年和1847年来到美国的人在随后的几年里为更多的亲人支付了移民费用。1850年，米斯郡的一位妇女写道："我们美好的国家被所有人抛弃了。剩下的少数人急需离开，（因为）没有人雇用他们……我想我们不久就会在美国见到你。"汇款使这种移民成为可能。1851年，戈尔韦郡的一家报纸报道称："每封邮件……带来了装着钱的信件，并描绘了等待移民到达新世界后的繁荣景象。"幸运的收款人立即预订了"前往他们所谓的自由与富足之国"的船票。1851年，爱尔兰移民到美国的人数达到了饥荒前的 5 倍，并且每年都是如此，一直持续到 1854 年。到 19 世纪 50 年代末，在爱尔兰饥荒前的 800 万人口中，有 210 万男人、女人和儿童逃离了他们的国家。其中 150 万人移民到美国，95 万人在纽约定居。

众所周知，带这些移民到美国的双桅帆船条件很差。人们通常称这些船为"棺材船"，因为船上的死亡率破天荒的高。但在讲述爱尔兰人在饥荒年代前往北美的故事时，作家们有时会把神话、传说和事实混为一谈。一位无耻的作家甚至从 19 世纪末一部描写逃荒移民的小说中抄袭了一些段落，当成一本遗失已久的饥荒"日记"呈现给读者。它对棺材船上的痛苦生活的描述耸人听闻，在该骗局被揭露之前，这本书一度是爱尔兰的畅销书。

在饥荒年代，典型的爱尔兰移民会步行到科克、都柏林、贝尔法斯特或其他爱尔兰港口，然后从那里乘坐汽轮前往英国的利物浦，那里是欧洲的启运港，76% 饥饿的爱尔兰人从那里出发前往美国。从爱尔兰到利物浦的乘船之旅本身就是一场磨难[1]。贫穷的爱尔兰移民买不起船票，在穿越爱尔兰海时，他们通常要在甲板上熬一整夜，甚至没有长凳可坐（从都柏林出发要 14 个小时，从科克出发要 30 个小时）。正如一个议会委员会在 1854 年指出的那样："在那段时间里，（那些汽轮运输的）牛和家畜都受到保护，而甲板上的乘客……在光秃秃的甲板上没有任何遮蔽和临时住处。"据科克航运官员说，持续不断的海浪和频繁的暴风雨让移民们浑身湿透，再加上猛烈海风的冲击，到达利物浦时，他们已经"明显虚脱了"，浑身发抖，身体"就像浸在海水里一样湿"。1854 年，他告诉议会委员会："将乘客从爱尔兰港口运送到英国港口的方式是可耻、危险和不人道的。"雪上加霜的是，当这些头晕目眩的移

---

[1] 虽然移民们可以乘坐汽轮从爱尔兰到利物浦，但在前往北美的漫长旅程中，双桅帆船是他们唯一的选择。在饥荒年代，汽轮只花 10 到 14 天的时间就可以横渡大西洋，但对于逃荒移民来说，乘坐它们的花费实在是太高了。直到 19 世纪 50 年代末，在逃荒移民潮消退之后，汽轮才开始运送大量移民到美国。——作者注

民从轮船上下来的时候,还不得不经过一群"拉客者"、票贩子和旅店老板的严酷考验,这些人会用尽一切能想到的诡计诱使爱尔兰人以虚高的价格购买他们雇主的服务。

如果这些移民幸运的话,他们会买到或有人送他们一张去纽约的邮轮船票,它是一艘定期航行的双桅帆船。如果是这样的话,他们就可以安排好去利物浦的时间,以便尽可能短地在那里停留,因为利物浦的移民旅店是出了名的破旧和昂贵。一名业主因在一间获许容纳 19 人的房屋内收留 92 名移民而被起诉。很多爱尔兰移民宁愿露宿街头,也不愿花钱住到这些地方。然而,绝大多数人不会乘坐邮轮旅行,而是会买更便宜的不定期船票,这些船似乎从来没有像票务代理承诺的那样立刻出发。只在发现有足够的货物、乘客或其他东西使航行有利可图时,这些船才可以随着船主的兴致起锚。移民有时不得不等待数周才能等到他们的船最终离开利物浦,这些日子会很紧张,他们要用微薄的积蓄支付食宿费用。

移民通常在春季抵达利物浦。此时跨大西洋旅行不仅是一年中天气最好的时候,而且如果他们在春中或春末到达,也最有可能在旅行结束后立即找到工作,因为雇主每年招聘主要就在这段时间。即使在 1847 年,当爱尔兰人在为生存而逃亡时,46% 的移民也是在 4 月、5 月或 6 月离开利物浦。他们知道到纽约后可能身无分文,又没有食物,便想尽一切办法把到达纽约的时间安排在最有可能立即就业的季节。

当船驶离利物浦码头,沿着默西河驶向大西洋时,那些逃荒移民不像前几代人那样对离开爱尔兰感到遗憾。尽管如此,还是有很多人为自己可能再也见不到家乡而悲伤。其他人则"害怕得颤抖,……有些人在哭泣,有些人在骂他们的配偶",以便说服他们移民。有些人甚至要求把他们带回利物浦码头。不久,移民就会开始晕船,在出发后的几个小时内,如果不允许这些乘客在船边呕吐,呕吐物就会像河流一样在舱室

1850 年,移民船离开利物浦码头。在爱尔兰饥荒时期,类似这种船运送了比以往更多的乘客。

的地板上来回流动。《移民指南》介绍了多种治疗晕船的方法,从吃辣椒到穿羊毛袜子,诸如此类。

旅客晕船的感觉一旦减弱,航行的单调乏味很快又会让他们无法忍受。从利物浦到纽约 3 043 英里的旅程所需时间可能相差很大,具体取决于船只的类型、货物、盛行风和风暴。旅行通常需要 5 周时间,不过 6 周也很常见,7 周也并非闻所未闻。当时最快的定期运载移民的帆船是约克郡号,它平均花 29 天就能完成横渡。这意味着即使是最快的移民船也只能以每小时 4 英里的速度横越大西洋,而一般的船只有每小时 3 英里的蜗牛速度。乘客普遍抱怨无聊乏味也就不难理解了。

相比航行的单调乏味,移民更多地是抗议船上提供食物的质量和数量。1803 年以前,航船不需要为乘客提供任何食物,而是移民自带。若是乘客得到任何食物,那都是在购票时与航运公司协商的结果。但随着移民越来越穷,再也没有能力像前几代移民那样自带大量生活必需品,只能吃从其他乘客那里乞讨来的东西,抵达北美时,一些人的生命已是危在旦夕。1803 年,英国议会通过了第一个《乘客法》(*Passengers*

Act），要求离开英国港口的船只应为每位乘客提供足够的食物，以确保在穿越大西洋时不会有人饿死。该法规定移民每天至少要得到 1 加仑水，1.5 磅面包、饼干或燕麦片，半磅肉，以及半品脱糖蜜。由于移民变得更加贫穷，议会于 1835 年修订了这项法律。尽管能携带大量食物的移民越来越少，议员们非但没有增加伙食补助，反而把水的定量配给减至 3 夸脱，把面包或饼干的定量配给减至每天 1 磅，并且完全取消了肉类和糖蜜。后来又加入面粉、土豆和大米，作为面包和饼干的可接受的替代品。

移民不但没有得到多少食物，得到的东西还很差。"硬面包"和"饼干"通常是几个月前的，而且很硬。旅行者需要把它们浸泡在珍贵的配给水中才能食用。有时，即使这样也无济于事。这些食物还常常滋生蛆虫或变质。1848 年，在一艘开往纽约的船上，爱尔兰移民亨利·约翰逊每周得到 2 磅"粗粉"（可能是玉米碴子）和 5 磅"饼干"，但饼干太脏了，连船上的猪都不吃。离开爱尔兰时，他带了食物，以弥补船上伙食补助的不足，但在海上航行了一周后，他打开行李箱，发现里面"爬满了蛆虫，不得不把这些食物扔进海里"。他试图向别人乞讨食物，"但每个人只为自己考虑"。据他的回忆，结果，"在剩下的航程里，我饿得要命"。他从利物浦到纽约的航行用了将近 8 周时间。

准备可吃的食物也可能是一种痛苦的经历。米饭、燕麦片和土豆需要大量的水才能煮熟，若用每天配给的一部分水来煮这些食物，或许能消除移民的饥饿感，但他们也会发现自己口渴难耐。有些人尝试用海水烹饪，但结果通常是不能吃的。即使那些有足够的淡水做饭的人也经常发现自己无法接近数量有限的灶台。船上的厨师会替移民煮大米或燕麦粥，以此索贿，但很少有人能负担得起这笔费用，只好到公共"厨房"碰运气。英国调查委员会承认，性格温顺、虚弱生病的人和老人几乎没有可能挤到炉灶前，他们是移民旅途中最可能挨饿的人。自 1852 年 10 月 1 日始，议会才要求离开英国的船只给移民发放的伙食补助应该是已经做好的食物。

更糟糕的是，船员在分发乘客微薄的伙食补助时，往往缺斤少两。在目睹了枯萎病摧毁了住在他家劳斯郡庄园的佃户后，维尔·福斯特投身于饥荒救济工作。1850 年，在议会将最低伙食补助提高了 50%（并在必需食品中增加了糖蜜和茶）的一年后，福斯特登上一艘非常有代表性的运送移民的双桅帆船，并随同航行进行调查，他发现关于船员克扣移民食物的抱怨是真实存在的。华盛顿号上的乘客得到的燕麦片、饼干、茶和糖蜜不到承诺份额的一半，大米也只有规定份额的 60%。福斯特认为一位绅士的申诉也许可以解决问题，但船长发誓说，如果他继续干涉，就宣布他是海盗，并把他监禁起来。每当有乘客坚持要求适当的配给时，他和他的船员们就会威胁说："看在上帝的分上，否则，我一定把你吊死。"

除了少数移民外，所有人都住在"统舱"的隔间里，那里的条件甚至比船上的饮食还要糟糕。甲板下面的第一层被分成几个舱室。从利物浦到纽约的"客舱乘客"可能要支付 5 英镑，而不是 4 英镑，以换取更多的伙食补助及通风更好、更宽敞的住处，每个铺位只有两个人，每个客舱只有 4 到 12 名乘客。有些船甚至提供更豪华的住宿，可以在"餐厅"和不与陌生人共享的卧室用餐。

再往下一层，就到了操舵舱，即统舱，之所以叫操舵舱，是因为这里曾经是操控船只的地方[1]。这里远离甲板，除非点蜡烛（船员会皱着眉头表示反对）或用光线微弱的灯，否则漆黑一片。统舱非常大，通常是整艘船的宽度和它一半的长度，铺位沿墙排列。客舱乘客两人睡一张床，而在统舱，四名成人乘客被硬塞进每张 6 英尺见方的铺位，每个成年人只有 18 英寸的床空间，13 岁或 13 岁以下的人只有 9 英寸。铺位

---

[1] 曾经有一段时间，船只实际上是在甲板下驾驶的。甲板上的人会对甲板下操舵的人喊话，以控制船只；后来才发展成从甲板上面操控船只。

这是一艘做移民买卖的双桅帆船,它的剖面图异常清晰地展示了乘客的住处。"客舱乘客"是那些支付了额外费用,换得了住宿条件不那么拥挤的人,他们的铺位在甲板下面的第一层,统舱乘客挤在中间一层,货物则堆满了最底层。

一个挨一个,没有任何分隔物,整整100英尺或更长,看上去就像长长的人板,一层叠一层,摆放在船的两边。在较大的船只上,一个100英尺长的统舱可能容纳300名或更多的乘客(取决于有多少儿童),通常有两个这样的隔间,一个在船头,另一个在船尾。两排铺位之间的空隙可以用来吃饭或聚会,不过在春季和初夏拥挤的航行中,这些空间几

没有任何图像能充分表达饥荒时代双桅帆船统舱的拥挤、腐臭和漆黑。1851年,《伦敦新闻画报》(*Illustrated London News*)的一位素描画家尝试画了出来。

乎容纳不下所有的乘客。一位英国官员在总结乘客拥挤的困境时坦承："猪受到了比移民更好的照顾……有些人对猪的生活感兴趣，但似乎没有人关心贫穷的移民。"

移民发现在统舱里旅行令人尴尬，不仅因为他们的铺位过于拥挤，还因为他们经常不得不与完全陌生的人共用铺位。通常，移民可以选择自己的铺位，但若是一个三口之家要了一个四人的铺位，就得有一个陌生人不得不挤在他们身边。未婚女性无疑想和其他女人睡在一起，但如果她们是最后到达的，或在四人铺位中只能占三个床位，很可能一个陌生的男人会加入她们中间。女性想换衣服或使用夜壶（她们往往更喜欢甲板上肮脏的厕所），必须在完全陌生的男性和女性面前做这些事。正如一名官员承认的那样，"根本没有隐私可言"。

终于，议会想方设法要改善这些条件。1852 年，大部分逃荒移民已经结束，从那时起，新的《乘客法》要求把 14 岁及以上的未婚男子安置在船前部的一个单独统舱里。该法还将睡在同一个铺位上的无关系乘客的人数从 4 人减为 2 人，并禁止航运公司让年龄在 14 岁以上的男性和女性睡在同一个铺位上，除非他们已婚。虽然这项法律意味着单身女性不必再在单身男性面前脱光衣服，但仍然无法阻止船上已婚男性乘客飘忽不定的目光。直到南北战争之后，法令才强制要求单身男性、单身女性和家庭各自拥有单独的统舱。

几乎每次横渡大西洋都至少经历一次可怕的风暴。爱尔兰移民托马斯·赖利写道，在一次猛烈的大风中，他乘坐的船"随着海浪的每一次拍打而发出刺耳的声音，每一个螺钉都在颤动，每一块木板都在扭动，最小的钉子也在发出自己的叫声"。巨大的海浪击打着"船头和舷侧，就像千把大锤敲击在很多铁砧上一样"。风暴期间，船员会在舱口钉上扣板，使之密封起来，将统舱的乘客锁在拥挤而漆黑的隔间，但当情况变得特别糟糕时，水手可能会放出一些男人，让他们协助排出海水，因为有时较下部的隔间会被淹没。妇女和孩子留在下面，真诚而大声地祈祷，直到紧急情况过去。

在暴风雨中，统舱并不是最糟糕的地方，这听起来有点难以置信。为了运送多于统舱能容得下的移民，有些胆大的船主在厕所附近的主甲板上建起了简陋的小屋。乍一看，这些设施似乎比统舱更好，但检查人员发现它们是最糟糕的，因为它们暴露在恶劣天气中，尤其在风中。赶上暴风雨，这些小木屋也会遭受海水的冲击。

来自利默里克的移民约翰·瑞安和菲茨杰拉德一家的8位成员，以及其他5位单身乘客被安置在其中一间小木屋里，他们乘坐的 E. Z. 号是一艘载着数千名逃荒移民前往纽约的船。瑞安最初认为自己的住宿条件"一点也不差"。但很快他就发现这里风和浪花不断袭来，小屋十分粗糙，以至于他船友的统舱都已经抽干水了，他还在齐膝深的水里泡了一天。航行两周后，暴风雨再次来袭，瑞安受够了潮湿，决定到船的另一处等待风暴过去。这是一个明智的决定，因为随着风暴的加剧，他所在的小屋从甲板上掀起，"连同人……被冲进海里"。那个小屋和住在里面的13个人从此无影无踪。

移民也害怕坐统舱，因为致命疾病会在令人窒息的狭小空间里被迫度过大部分旅程的人中间传播。晕船的乘客几乎从船启航时就开始呕吐，统舱里的呕吐物几乎没有清理过。没有人愿意清理这个烂摊子，至少船员不愿意干。此外，在北大西洋波涛汹涌的海面上，乘客便盆里的东西会洒到统舱的地板上。正如一位检查过这些船的官员后来回忆的那样，尿液与呕吐物和在暴风雨期间漏到（或在某些情况下流进）舱内的海水混合在一起，产生了"不难想到的最恶臭的气味"。

很多人生病，因此无法离开自己的铺位，在统舱乘客脚边盘旋的脏东西中，排泄物越来越多。船上的饮食很糟糕，变质、坚硬和未煮熟的食物导致严重的消化系统疾病，其中腹泻和痢疾最为常见。病人喜欢躺在床上，这就解释了为什么那些提前上船的人选择统舱铺位的上铺，这样他们就不必担心上铺生病乘客的呕吐物或腹泻物滴到他们身上。

在这种狭小的地方，传染病会快速扩散。最普遍的是斑疹伤寒，被称为"船热"。在挤得像是沙丁鱼罐头一样的统舱里，体虱成倍繁殖，它们的粪便就携带着这种细菌。抓挠虱子会导致皮肤的微小擦伤，虱子的粪便就会通过这些伤口进入人体，感染宿主。那些患有斑疹伤寒的人需忍受严重的头痛、高烧、寒战和恶心，他们既没有力气也不想离开床。当移民官员抱怨他们发现统舱"肮脏的床铺上满是可憎的东西"时，他们无疑指的是这些虱子。

即使在抗生素出现之前，四分之三的斑疹伤寒患者都能自行康复，只是发烧和其他症状会持续数周。有些人会身体虚弱好几个月。不幸的人会精神错乱或发展成坏疽，最终死于肾衰竭或心脏衰竭。因为从感染到出现症状需要 10 天时间，再过几周才会死亡，所以大多数死亡不是发生在海上，而是发生在美国和加拿大的医院和廉租公寓里。一位爱尔兰移民从加拿大给远在爱尔兰的父母的信中写道："在这个国家……成千上万的人死于伤寒。"由于开往加拿大的票价低的船过于拥挤，加拿大的斑疹伤寒死亡率要高出纽约很多，在纽约，每年死于该病的人可能是数百人，而不是数千人。从航行时或航行刚刚结束后的死亡率来看，到加拿大的逃荒移民的死亡率是那些有钱购买直航纽约船票的移民的三倍。

与斑疹伤寒相比，横渡大西洋的移民更害怕霍乱，因为它是一种相对罕见的疾病，感染者通常无法存活。霍乱细菌通常是通过摄入被其他患者粪便污染的水或食物进入人体的。症状包括急性呕吐，严重的腹部绞痛、高烧和"米汤"腹泻，"米汤"实际上是患者结肠的碎片，因为细菌破坏了消化系统而剥落。霍乱特别可怕的地方在于，一个人在某一刻看起来还很健康，但几小时后却可能因发烧而丧失活动能力，并在第二天死亡。在逃荒移民期间，尤其是在 1849 年和 1853 年，霍乱细菌随着很多统舱的污秽液体四处乱溅，虽然它杀死的移民比斑疹伤寒少，但它传播给了逃荒移民定居城市中的其他人。1849 年，霍乱流行期间，纽约爱尔兰裔社区里的 1 000 多位居民丧生。

在饥荒发生前的几年里，在开往纽约的可载 500 名乘客的典型移民船上，一次航行平均有 4 至 5 名乘客死亡（每 100 名乘客死亡 0.9 人）。在饥荒年代，在纽约登陆的移民船上的死亡率翻了一番，每艘载运 500 名乘客的船上有 8 人死亡。1849 年是霍乱爆发最严重的一年，死亡率达到顶峰，每 500 名乘客中有 15 人死亡。下船后在旅途中感染疾病（尤其是斑疹伤寒）死亡的人数可能比例相同。饥荒年代的高死亡率是由于船上条件恶劣，还是由于饥荒受害者在航行前身体就已经衰弱，这很难确定。抵达纽约的船只 3% 的死亡率高得惊人，但也许还不足以称它们为"棺材船"。

驶往加拿大的移民船有时会载着几十位已死的乘客抵达北美。在 1848 年之前的几年里，去加拿大的船票只有去美国的一半价钱，这些饥荒受害者很少有在美国的亲戚帮他们购买去美国的船票，那些最贫困、最绝望的爱尔兰移民几乎总是会预订去加拿大的船票。这些逃荒移民最有可能死于船上的常见疾病，因为他们已经严重营养不良，也买不起食物补充船上的伙食。在前往加拿大的船上死亡人数也高得多，因为这些英国船只很多不是为运输移民设计的，无论是拥挤程度还是卫生条件都要差得多。蒙特利尔卫生局抱怨说："与这些船只的货舱相比，加尔各答黑洞还算仁慈[1]。"最极端的情况下，这些船（不到 12 艘船）到达新不伦瑞克省的圣约翰或魁北克时，已经有 15%、20% 甚至 30% 的乘客死亡，还有同样多的人得了重病。用"棺材船"这个词形容这些船一点也不过分。

格罗斯岛是圣劳伦斯河中的一个小岛，位于魁北克以东 35 英里；

---

[1] 加尔各答黑洞（Black Hole of Calcutta）是威廉堡的一个臭名昭著的地牢，威廉堡是英国人在该市建造的防御工事之一。1756 年，印度人攻占了这座要塞，并迫使很多英国囚犯进入这个没有窗户的狭小地牢，以至于 100 多人被压死或窒息。——作者注

加拿大人会把病人及其家人隔离在该岛的帐篷里，从而让这些问题变得更加严重。1847年9月，伦敦《泰晤士报》在描述格罗斯岛的设施时，称其"匮乏到荒谬的程度"，原因是缺乏护理和加拿大秋季低于冰点时的保温措施。那一年，至少有5 000名移民死于格罗斯岛。如果在真正的医院接受治疗，就像生病的移民在纽约那样，很多人可能会活下来。据估计，在黑色47那年获得去加拿大通行证的逃荒爱尔兰人中，有30%要么在跨洋旅途中死亡，要么在到达加拿大后不久死亡。

很多英国人意识到，正如伦敦《泰晤士报》所说，他们对待爱尔兰人的方式完全是一种"国家的不人道"，是"英国人永远洗刷不掉的耻辱"。然而，在爱尔兰的逃荒移民中，经由加拿大来到纽约的只有大约10%。因此，在爱尔兰出生的纽约居民中，很少有人被迫忍受臭名昭著的"棺材船"。

虽然这些可怕的旅程将永远铭刻在他们的记忆中，但移民们第一次看到陆地，尤其是纽约港，也是他们永远难忘的事情。英国移民威廉·史密斯回忆道："下午早些时候，传来了激动人心的喊声：'陆地！''陆地！''陆地！'喊声就像野火一样传遍整艘船。"他乘坐的船从利物浦出发，航行近8周后，于1848年缓慢驶进纽约港。"它带给乘客的感触简直难以形容。有些人跪下感谢上帝的怜悯，有些人喜极而泣，其他人欢呼雀跃，表现出极度的喜悦。"一位德国移民乘坐的船在夜晚的月光下停泊在纽约港，她第一次看到这座城市，称它"很迷人，令人难忘"。

但是，在移民获准上岸之前，他们必须通过体检。一位英国统舱乘客回忆说：在史泰登岛的移民隔离医院派来的医生面前，"每个乘客都会被点名，人人必须接受检查"。那些被认为健康的人可以继续前往曼哈顿，而那些患有斑疹伤寒或其他疾病的人则必须去史泰登岛休养。被迫在史泰登岛等待康复的移民认为那段经历如同地狱一般，他们不知道如果在加拿大,同样的情况下他们的命运是否比现在更糟糕。1848年,经历隔离医院之后,史密斯感染了斑疹伤寒,他写道:"'他们的目的是杀死病人还是治愈病人?'住在那里时,我不止一次问过自己这个问题。从进医院到离开医院,我没有看到任何善意的同情,没有任何慷慨的举动。"1848年有189 176名移民登陆,其中3 944名移民被送往隔离医院,史密斯就是其中之一。在完成旅程之前,大约每100名在饥荒初期(19世纪40年代末)到达纽约的移民中就有两名不得不在史泰登岛休养。在19世纪50年代,只有大约1%的人需要这样做。

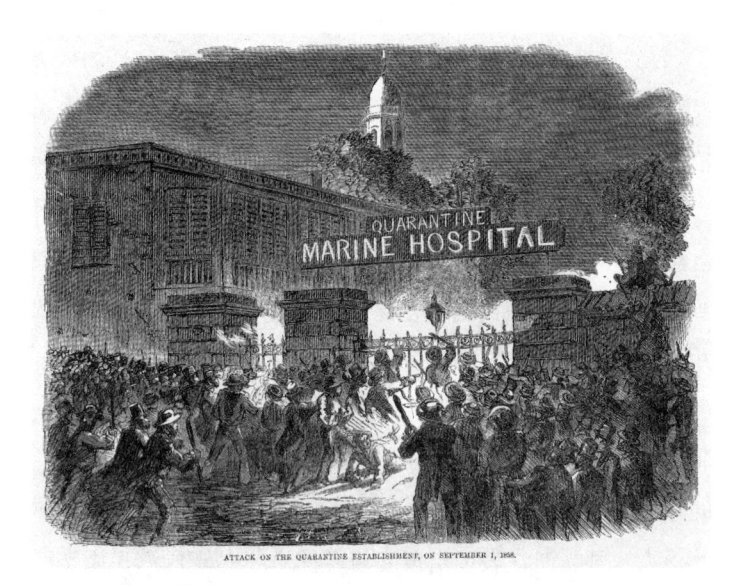

史泰登岛的居民讨厌移民隔离医院设在那里。1858年,当州政府官员迟迟不履行搬迁的承诺时,愤怒的居民自发行动起来,将其烧毁。

对于那些设法避开隔离医院的人来说,他们在登陆前后还要面对另一个挑战。1851年,迈克尔·霍根在给卡洛郡的凯瑟琳姨妈的信中写道:"人们可能认为,只要安全通过利物浦,他们就没事了,但我向你保证,纽约针对移民的抢劫比利物浦还多。"霍根指的是那些"拉客的人",那些"素质最低的无赖",如果能诱使那些茫然无措的移民从其雇主那里购买火车或轮船的票，他们就能赚取佣金。拉客者还为旅店老板工作，他们的狩猎目标是那些急需睡一个晚上好觉的移民，之后，移民会寻找自己的住处，在城里寻找朋友和亲戚，或继续乘船或火车前往他们的最终目的地。

RUNNERS OF THE OLDEN TIME.

"拉客者"会在其权力范围内竭尽所能欺骗到达的移民。纽约的第一个移民站于1855年在城堡花园开放，主要是为了让政府官员先于拉客者接触移民。

在饥荒时代的大部分时间里，拉客者甚至可以在移民船登陆之前就登上移民船，并以实际票价的两倍或三倍向毫无戒心的初来乍到者出售火车票或船票。在1847年，一位医生作证说："在船只被解除隔离后，八到十艘载着拉客者的船包围上来的情况并不少见。他们不顾死活，只有武装部队才能阻止他们。"即使移民拒绝与他们做生意，拉客者也可能抢走移民的行李，并劫持他们为人质，直到移民支付"手续费"。拉客者本身通常也是移民。一个调查委员会报告说："我们发现德国人在劫掠德国人，爱尔兰人在劫掠爱尔兰人，英国人在劫掠英国人。"该报告也承认很多本土出生的美国人也参与了这种"不道德的勾当"。纽约立法机关试图通过发放许可证来限制拉客者，但这项法律没有任何效果。拉客者构成的威胁在国际上广为人知。《移民指南》警告他们不要"敲诈性收费"，并敦促移民不管他们说什么，都要从他们身边径直走过。但是，很多筋疲力尽、迷失方向的移民还是会受到他们的诱惑，落入他们的圈套。

纽约人知道这些移民有多容易受到拉客者的影响，因此，他们成立了援助协会，为这些新来者提供一个替代骗子的现成选择。虽然旨在帮助外国移民的组织在纽约已经存在很长时间，但它主要帮助的是那些已经在纽约定居的外国出生的居民。到19世纪40年代，每年有成千上万的移民在前往其他城市和州的途中经过该市。在前往最终目的地之前，他们也需要有人帮助他们防范骗子，辨清东西南北。为此，英国保护移民协会于1844年在雷克托街（Rector）成立，位于钱伯斯街的爱尔兰移民协会已经存在，随后加入。这些组织还在最繁忙的跨大西洋航线的伊斯特河码头附近设有附属办公室。该协会的目标是保护英国移民"不受欺诈和强迫"，并帮助他们在纽约或其他地方寻找工作。在最初的6年里，该保护协会为4 100位移民中的3 400人找到了工作，并为66 000多人提供了建议。德国人、法国人、意大利人和荷兰人很快也建立了自己的援助组织。波兰人和德国犹太人分别成立了社团来帮助各自的社区。

移民容易受拉客者影响的原因之一，是在1855年之前，没有一个固定的地方可让所有移民登陆。黑球航线的船停泊在富尔顿街（Fulton）以北的23号码头，黑星航线的船停靠在多佛街（Dover）末端处，第三条航线是戏剧航线[1]，它运来的移民在华尔街南面的14号码头登陆；这些航线每天都有一艘船停靠，在春末夏初的移民高峰期尤其如此。拉客者会

---

[1] 每条航线都是一家船运公司。有的老板为了吸引更多人的注意，把公司的每艘船都以一位著名戏剧演员的名字命名，这就是"戏剧航线"的由来。

在所有这些地点旁边等候移民，移民援助组织很少有如此多的人手。

1855 年，纽约州移民专员意识到移民的登陆不能再完全不受管制，于是在曼哈顿南端的花园城堡开设了一个登陆站。城堡花园是一个受人喜爱的剧院，建于 1824 年，处在一座名为克林顿城堡的前军事堡垒的围墙内，而该堡垒坐落在曼哈顿南端西南 200 英尺处的一个人工小岛上。1850 年至 1851 年间，它还承办过瑞典女高音珍妮·林德和脱衣舞女洛拉·蒙特茨等著名演员的表演。但随着纽约富人越来越往上城区迁移，城堡花园大多数晚上都是空的。1855 年，移民专员把它租了下来，改建成了一个移民站。

与 1892 年在埃利斯岛开始的更为彻底的体检相比，城堡花园的移民体检只能算是草草了事。

城堡花园移民站于 8 月 1 日开放；在美国开始自由生活之前，移民们第一次经历了一系列标准化的筛选和分类流程。由汽船拖曳的驳船将乘客和他们的行李从停泊在港口的船上运送到这个新场所。移民们下船进入该建筑后，一位医生会对他们进行检查，然后把任何看起来像生病的人从队伍中拉出来，让他们做进一步检查。这是经过隔离医院的医生在船上检查之后的第二次检查，所以没有多少人通不过。然后，健康的移民穿过宽敞的大厅中心，来到登记处的大桌子前面，登记审查人员记录他们的名字、年龄、职业、随行家庭成员的数量、将他们带到纽约的船名、目的地及随身携带的钱数。

在冒险开始美国新生活之前逗留在城堡花园里的移民。

《纽约时报》报道称："接下来，移民被带到了浴室里。"那里有一个很深的水槽，满是新自来水，很多块肥皂，帘子后面是浴盆，还有"搭在可转动木棍上的粗糙毛巾，……无论新来者进入时身份如何，都要在离开城堡花园时保持整洁"。洗完澡后，移民们返回码头领取他们的行李。如果打算留在纽约，他们要么随身携带行李，要么放在检查站外拉客者够不到的地方，一旦找到住处或确定了在曼哈顿生活的亲友住址，他们再返回来领取。不久之后，移民专员在城堡花园里增加了货币兑换和职业介绍服务。卖给移民的食物最初只是面包和奶酪，后来品种多了，质量也好了。

与尽可能快地离开机场前往目的地的现代旅行者不同，这些新来的移民并不会尽可能快地离开城堡花园。即使走完了检查流程，成百上千的人仍聚集在宽敞的大厅周围，有些坐在过去剧院遗留下来的座位上，有些坐在高大的中央喷泉周围的地板上。在城堡花园作为移民检查站的头几天，《纽约时报》报道说："孩子们围绕着它嘻嘻哈哈地闹着玩，他们在水上放纸船，充满了无拘无束的欢乐。妇女则围坐在一起，用某种故国的语言交谈……有人在织毛衣，有人在切和吃德国黑麦面包和奶酪，有人在修补家里的衣服。"移民们在这个巨大而坚固的圆形大厅里找到了安全和舒适，这与之前在摇晃的船上度过的五六个星期形成了鲜明的对比。只要还待在城堡花园，他们的欧洲语言、口音、习惯和服装就会是常态，而不是例外，为人接受，而不会受到嘲笑。在城堡花园，他们可以花上宝贵的几个小时，有时甚至是一两天的时间，从悲惨的海上航行中放松身心，准备迎接未来的挑战，创造自己梦寐以求的始于纽约的全新生活。

第八章
爱尔兰人的大都市

夏天，廉租公寓会变成名副其实的烤箱，在太阳落山很久之后，砖墙还在继续散发着白天吸收的热量。移民把他们的床移到起居室窗户旁边，那些有幸拥有太平梯的人就睡在它上面。其他人则在屋顶、门阶平台甚至人行道上寻求解脱。

逃荒的爱尔兰人是美国有史以来最贫困的移民，也是对在纽约生活准备得最不充分的移民。手艺人只有12%，商人或专业人士只有2%，其余的人不得不去做收入最低、最卑微、最不稳定的工作，以此开始在美国的生活。很多逃荒的爱尔兰人对英语的了解比德国或法国移民多不到哪里去，来自西科克、克里和戈尔韦的爱尔兰人尤其如此。

大饥荒发生前，纽约的爱尔兰移民主要居住在曼哈顿下城不多的几个街区。但到逃荒移民结束时，这个城市几乎什么地方都有大量的爱尔兰人。1860年，在该市22个区的15个区，爱尔兰出生的成年人数量超过了本土出生的成年人。此外，爱尔兰人在1845年刚刚聚集的地方，10年后就被他们占领了。在曼哈顿南端的第一区（《纽约先驱报》称其为"爱尔兰的第33郡"）、第四区（伊斯特河滨水区的心脏地带）和第六区（五点区所在地），绝大多数成年人是爱尔兰移民，第七区的人口比例大致相同。

他们可不是随意安顿下来的。例如，在内战前的几年里，克里郡和斯莱戈郡来的人集中在五点区。另一块克里人聚居地位于华盛顿街的第一区。相比之下，出生于利默里克的人则聚集在第四区的伊斯特河沿岸。来自爱尔兰中北部的卡文郡和蒂龙郡的移民对曼哈顿下城的爱尔兰聚居地不太满意，他们倾向于住在第七、十三和十八区。来自科克的移民在第七区的科利尔斯钩附近特别多，但是科克面积很大，人口众多，该郡的移民也数量众多，以至于科克人的数量几乎在纽约的各个区都超过了来自其他爱尔兰郡的人。

跟在他们之前抵达的那一代人一样，很多逃荒的爱尔兰人住在两层

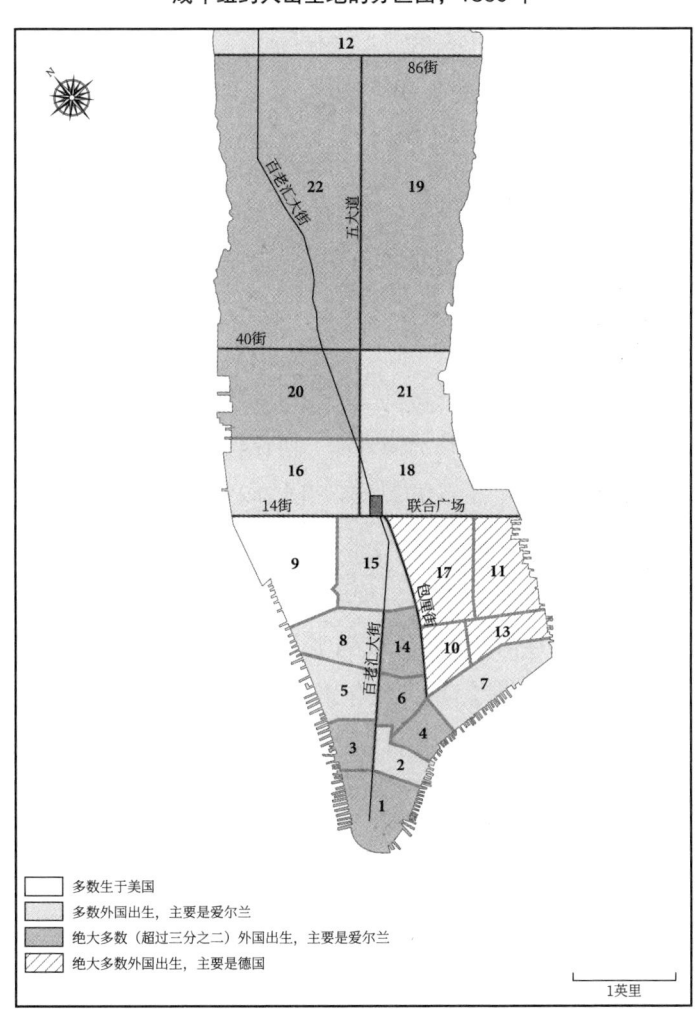

成年纽约人出生地的分区图，1860年

多数生于美国
多数外国出生，主要是爱尔兰
绝大多数（超过三分之二）外国出生，主要是爱尔兰
绝大多数外国出生，主要是德国

资料来源：人口普查报告手稿，纽约县，1860年人口普查。

半的木制廉租公寓楼里。这些"出租屋"被认为是这座城市最差的房子,"又旧又烂,似乎随时可能倒塌,变成一个巨大的垃圾堆"。这些建筑中的很多公寓都只有一个房间,整个家庭做饭、吃饭、洗澡和睡觉通常都在里面。如果公寓有一间卧室,它通常是没有窗户的,由此造成的空气流通不足为"多数令人讨厌的恶性疾病的滋生创造了条件"。

到了冬天,住在纽约的木制廉租公寓楼里的日子格外难熬。风经常从建筑物墙壁上的大洞中呼啸而过,窗户常常关不紧,并且经常失去整块玻璃。1847年,《纽约信使及问询报》不无诉苦地称这些建筑"既不挡风,也不挡雨,赶上暴风雨就更不用说了","要承受所有恶劣天气的严酷,无论什么原因造成的不幸和痛苦都无法逃避"。来访者通常会在入口、大厅甚至有时在公寓里发现飘进的积雪。这些建筑"破旧不堪,……肮脏到令人作呕,无益健康到难以形容",它们是饥荒时期最声名狼藉的廉租公寓楼。

逃荒移民结束时,在五点区等曼哈顿下城区,砖砌廉租公寓楼与木制廉租公寓楼的数量之比约为3∶2,而在较远的上城区新开发的住宅区,二者之比差距更大。在曼哈顿相同的25英尺×100英尺的地块上,砖砌廉租公寓楼往往非常统一,通常是25英尺宽,50英尺深,且有三四层楼高,1845年以后五层楼居多。入口以上的每一层包含四个两居室的公寓,一层的前半部分则专门用于零售商店。在一天的不同时间里,每套公寓的主卧室不得不用作厨房、客厅、餐厅和卧室。主房间的面积通常为12平方英尺左右,在一面墙上有两扇窗户,不是临街,就是朝向后院。公寓的另一个房间叫"睡橱",名字取得很贴切,它没有窗户,长8英尺,宽10英尺,不比一个现代的步入式衣帽间大多少。整个公寓面积只有225平方英尺。

如果一个五口之家居住在这样的一处公寓里,父母晚上睡在睡橱里,孩子们则睡在主房间里的稻草或破布上(白天,它们会被收到角落里,但到了晚上,它们上面会铺一张床单,当床用)。五点区和第一区、第四区的家庭人数平均为五人，但五点区 46% 的公寓容纳了 6 人或以上，六分之一的公寓甚至容纳了 8 人或更多。

廉租公寓之所以如此拥挤，部分原因是很多移民还收留寄膳宿者或房客，以便可以凑够自己的租金。房客只能得到一个睡觉的地方，而寄膳宿者还可得到早餐和晚餐。1855 年，五点区 28% 的家庭住有房客或寄膳宿者；第四区的比例大致相同，在贫困程度较低的区则略低一些。比如，帕特里克·霍根和他的妻子玛丽在五点区桑树街 51 号后面的一栋楼里收留了一位寄膳宿者；福克斯家将一部分空间租给了两位房客；谢尔德家、麦科马克家、马林家和麦克马纳斯家各有三位房客；卡万家和康韦家各有四位房客；汉兰家有八位房客和一位寄膳宿者；寡妇玛丽·沙利文收留了一个房客。在典型的公寓楼里，寄膳宿者和房客还要多。大多数收留寄膳宿者的家庭只把空地方租给一个人。然而，即使有

位于沃思街（Worth）正北的巴士特街（Baxter）的廉租公寓楼，照片拍摄于 1875 年，它形象地说明了木结构住宅和砖砌住宅之间的差别。图片中心的两层建筑似乎已经沉入地下，实际上，在它们建成后，路面可能在铺设污水管道时抬高了。

一个陌生人在身边,也让小公寓感觉更小了。

由于拥挤不堪,再加上没有自来水,这些廉租公寓十分肮脏。一位城市检查员报告说,在典型的五点区廉租公寓楼里,墙壁"灰泥多处脱落,板条和梁暴露在外,留下很多洞,那些死的或活的寄生虫的恶臭便从里面逸出来"。完好无损的墙壁上,则"沾满了难以形容的昆虫的鲜血,以及各种难以形容的颜色的污垢"。另一项调查发现"低矮的天花板上缓慢垂下黄色水滴,墙壁上有湿漉漉的绿色黏液"。走访第四区廉租公寓的一位记者也同样遇到了"各种形状的污垢、各种叫法的污秽、各种难闻的臭味,来自……没洗澡的婴儿、没换过床单的床、潮湿的墙壁和腐烂的物质,以及厕所里渗出的液体"。"令人惊异的是",1856年,州议会廉租公寓楼管理委员会得出结论:这些楼房的居住者"并非都死于无法形容的污秽所引发的瘟疫"。

夏天,廉租公寓楼砖房里的闷热可能和肮脏一样困扰着移民。这些建筑完全由外墙支撑,通常是一英尺或更厚的实心砖。到了夏天,这些廉租公寓就会变成名副其实的烤箱,在太阳落山很久之后,砖墙还在继续散发着白天吸收的热量,那些有南墙或西墙的房间更是如此。一位调查夏季廉租公寓楼生活的记者写道:"房间里通常住的不是一个人,而是几个人,有时甚至是一家人,任何一间屋都是热气腾腾的小烤箱,在里面酣睡一觉的想法显然很是可笑。"很多移民把他们的床移到起居室窗户旁边,那些有幸拥有太平梯的人就睡在它上面(对于那些房间面向后院的廉租公寓楼租户来说,意味着要忍受屋外散发的恶臭)。其他人则在屋顶、门阶平台甚至人行道上寻求解脱,"直到通过时几乎不可能不踩到人的身体"。偶尔,熟睡的租住者会从窗台、太平梯或屋顶上坠落身亡。

移民每年为廉租公寓里令人窒息的炎热烦心不过是几个月的时间,但噪声是一个持续的烦恼。大多数租住廉租公寓的居民来自欧洲农村,不习惯城市景观的嘈杂。最让移民讨厌的噪声是其楼上、楼下的邻居和隔壁的其他移民制造的。木质和砖砌建筑的内墙很薄，几乎不隔音。因为是木质地板，铺的地毯也很小，在上面移动的任何声音几乎都会被住在下面的人注意到。孩子的叫喊，配偶之间的争吵，婴儿的哭闹，这些嘈杂声常常使人无法入睡。

噪声之所以成为一个问题，部分原因是每个房东都想让很多移民挤在一块 25 英尺 ×100 英尺的土地上。每栋楼通常占地 25 英尺 ×50 英尺，该地块的后半部分则容纳厕所、压水井、棚

租住廉租公寓的居民睡在屋顶、窗台和木质的店面雨棚上，以躲避砖砌公寓内的炎热。

屋和晾衣绳。但很多房东为了尽可能多地收取房租，就在房子后面的院子里建了第二栋砖砌的廉租公寓楼，25 英尺宽，25 英尺深，四至五层高，每层有两套房。在这些后楼里，唯一的窗户面对着屋外的厕所，对于这栋楼里的额外居住者来说，这是一个严重的负担。某调查委员会的结论是："这些摇摇欲坠、肮脏不堪的廉租公寓是租房制度最令人厌恶的特征。"

由于房屋租赁的需求非常大，一些头脑灵活的移民就把以前无人居住的廉租公寓地下室租了下来，并把它们改造成出租公寓。这些地方"肮脏、潮湿、沉闷"，人满为患，糟糕至极。牧师塞缪尔·普赖姆的一个朋友看过五点区的地下公寓，房间里"遍地是人体，就像是战场上堆满的尸体一样"。在许多这样的地方，房客都睡在两层的铺位上，通常是两根横木之间吊着的一块帆布。"不透气，没有光线，满是从发霉的墙壁里散发出来的潮气，再加上和居住者的肮脏成正比

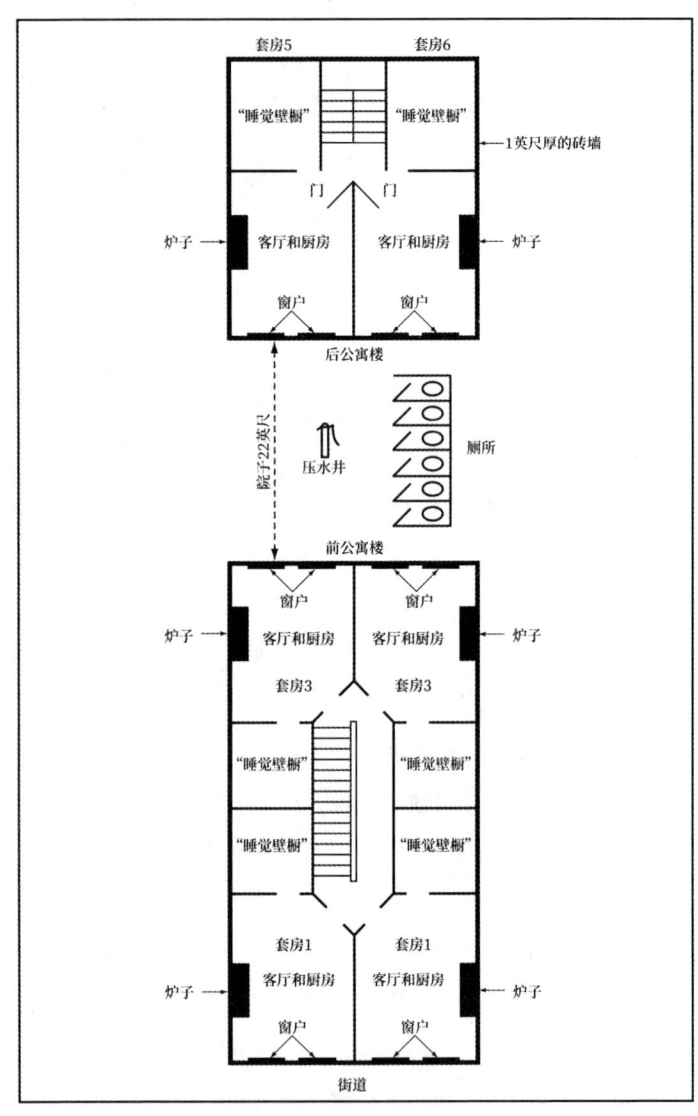

这些建筑平面图代表了纽约在爱尔兰逃荒移民时代建造的典型的前后砖砌廉租公寓楼。较小的平面图是后楼的设计，它在较大的楼后面的院子里，远离街道。

的寄生虫，"《论坛报》评论说，"这是人类被迫睡过的最令人厌恶的陋屋。在健康方面，通常从清洁方面考虑，该国农民的猪圈都比它们好很多。"

在逃荒移民到来之前，该市五点区以外很少有声名狼藉的廉租公寓楼。但随着爱尔兰人遍及曼哈顿岛，几乎每个区很快就有了这种条件很差的拥挤而肮脏的建筑。在第八区，格兰街（Grand）和布隆街（Broome）之间的劳伦斯街（Laurens，现在的西百老汇大街）有6个"装满病毒的容器"，它被称为"烂街"。离哈得孙河较近的几个街区就是哈默斯利街42号（现在是西休斯顿街的西端）的皂脂巷（Soap Fat Alley）。在第九区皂脂巷的正北，还有另一个拥挤的廉租公寓楼，即位于唐宁街（Downing Street）16号的史密斯大院（Smith's Court），1856年，它的前后楼共容纳了74户人家，"全都脏乱不堪"。

饥荒时期，五点区以外名声最臭的廉租公寓楼也许是第四区的哥谭大院（Gotham Court）[1]。位于樱桃街36号和38号的哥谭大院无疑是内战时期纽约最大的廉租公寓楼，楼高五层，34英尺宽，惊人的240英尺深。典型的砖砌廉租公寓楼每层有4套房，而哥谭大院有24套房。其中12套房只能从公寓楼东边的小巷进入，其他的只能从西边的小巷进入。具有讽刺意味的是，当这座巨大的廉租公寓楼在1850年建成时，观察家们称它"值得称道"和"值得效仿"。然而几年后，很明显，试图把这么多贫困移民塞进这么小的空间是误入歧途了。1857年，《纽约时报》报道称哥谭大院"环境非常肮脏"。其120套两居室公寓里住着800人，几乎全都是"看上去很可怜的爱尔兰人"，还有"几十个憔悴、半裸的孩子，眼神里透着饥饿"。

---

[1] 哥谭是纽约市的别称之一，最初由华盛顿·欧文在其作品中提出，美国侦探漫画里的一个虚构城市。比如，蝙蝠侠最早的活动地点为纽约，后来才改为哥谭。在英语中，"哥谭"有"愚人村"的意思。

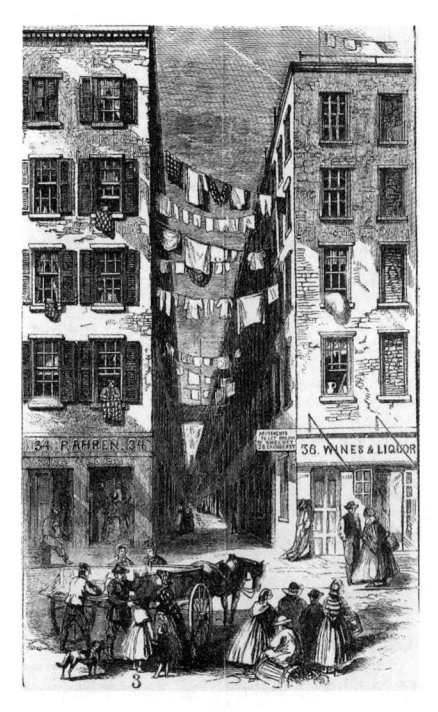

右边的廉租公寓楼是哥谭大院,它是1860年最大也是最声名狼藉的公寓。它位于樱桃街的伊斯特河滨水区附近,在布鲁克林大桥与曼哈顿陆地首先接触之处以东半个街区。

之所以哥谭大院能安置这么多移民,原因之一是它没有后院,这一点与大多数廉租公寓楼有所不同。建筑商将压水井和厕所放置在巷道下方的地下室,并在厕所上方的表面安放了栅栏,以便通风。尽管如此,小巷散发出来的气味实在是"令人作呕得很"。公寓里面也好不到哪里去。走廊"充满了恶臭的蒸汽,浓得你都能看到它"。即使在内战结束后的几年里,廉租公寓楼的条件普遍改善,建筑远没有那么拥挤时,哥谭大院居民的死亡率仍比该市不那么拥挤的上城区的住宅区高13倍。一位上了年纪的爱尔兰居民对记者说:"上帝啊,这里可不只是有一点病。"据1872年《纽约时报》报道,生活在哥谭大院的母亲所生的婴儿有30%在过第一个生日之前就会夭折。

随着五层砖砌廉租公寓楼及其后楼的大量出现、寄膳宿者的涌入和地下室公寓的扩散,在19世纪50年代中期逃荒移民结束后,纽约的爱尔兰人社区成了地球上最拥挤的地方。人口密度最高的是五点区,每平方英里住有19.8万人。紧随其后的是第四区的住宅区,范围大概是沃特街、樱桃街和橡树街,每平方英里住有19.2万人。即使高楼大厦林立,今天的纽约也没有哪个地方的人口密度比得上19世纪50年代的这些街区。事实上,当代世界只有几个地方超过了这些战前纽约社区的拥挤程度,比如香港的旺角,以及孟买、达卡和内罗毕的贫民窟。

大多数逃荒移民在抵达美国时没有接受任何职业培训，只能在纽约从事工资最低的工作，而这些工作几乎都需要长时间的艰苦劳动。即使到了 1860 年，当一些人有机会获得行业培训，并沿职业阶梯上升时，仍有 46% 的爱尔兰男性移民从事不需要任何培训或经验的工作。有些人做码头工人，从每周进出纽约港的数百艘轮船上装卸圆桶和板条箱。其他人不是赶大车，就是做马车夫或搬运工。

按职业类别和出生地划分的纽约男性就业情况，1860 年		
	爱尔兰出生的男性	美国出生的男性
专业人士	0.1%	4%
企业主	5%	14%
职员 / 低层级白领	6%	25%
技术熟练的体力工人	38%	33%
技术非熟练工人	46%	15%
其他 / 难以归类	5%	9%

资料来源：综合公用微数据系列（IPUMS），"1860 年美国人口普查的 1% 样本"。

绝大多数没有技术的人只能打散工，而为散工提供大部分就业机会的是纽约的建筑行业。今天，建筑工地用挖沟机、推土机、挖掘机或建筑起重机几乎能做所有工作，但在内战前，它们都是由爱尔兰散工完成的。他们挖地基，把装满砖块和灰浆的沉重木桶搬给泥瓦匠，把木材和横梁吊着送给木匠，然后把碎片拉走。市政工程也雇用了很多工人，特别是挖掘污水管道和用鹅卵石铺街道。工人的工作往往非常危险。一位移民抱怨说："我们经常在报纸上看到这样的文章，一个爱尔兰人淹死，一个爱尔兰人被横梁压死，一个爱尔兰人在坑里窒息，一个爱尔兰人被蒸汽机炸成碎片,十个、二十个爱尔兰人被活埋……以及其他类似的伤亡和事故,诚实的帕特[1]为了能每天吃上面包而辛勤劳作,却不断地受到这些危险的威胁。"

工人的工作也许很危险,但他们最大的恐惧可能不是死亡,而是失业。有些人可能会从建筑工地的工头那里得到一个长期的承诺,其他人不得不每天早上起来重新找活干。在太潮湿或太冷而无法工作的日子里(几乎整个纽约建筑行业会在仲冬歇业),即使是就业稳定的工人也拿不到工资。突发疾病或工伤也可能随时导致失业。《论坛报》指出,即使身体非常健康,也只是"一个精力充沛的幸运之人……一年可以做250天以上的户外工作,而更多的人平均不会超过200天"。工人们不得不依靠夏天的积蓄设法度过冬天的艰苦日子。正如一位爱尔兰记者所写:"闲一个月,或生病两周,那就太惨了!"大多数以劳工身份来到纽约的爱尔兰移民终其一生都在做苦力。很多人对此可能并不介意,因为他们认为自己的处境比在爱尔兰时好多了。他们也喜欢在爱尔兰人占优势的领域工作。1855年,该市98%的劳动力是移民,其中88%出生在爱尔兰。

无论是技术熟练的还是技术不熟练的,那些从事体力劳动的人通常每周工作6天,每天工作10小时,从早7点干到晚6点,中午有1小时的"就餐"休息时间。虽然长时间的工作对纽约的移民来说并不是什么新鲜事,但美国人对员工生产效率的期待让他们着实吃惊不小。一位英国移民指出:"美国人都在说的一句话是'快点'。"德国的砌砖工人发现,在他们的家乡,一天砌1 000到1 200块砖是可以接受的,但纽约的承包商却要求他们一天砌1 500块砖。当了解到一位住在纽约的爱尔兰裔美国人能挣"3倍于爱尔兰人的工资",英国游客约

---

[1] "帕特"(Pat)是对爱尔兰人的一种蔑称,源自爱尔兰常用名Patrick的昵称。与前文的帕迪(Paddy)同义。

翰·怀特认为他应该很高兴时,这位工人却抱怨说:"他干了 6 倍于爱尔兰人的活。"

跟当时的纽约人一样,我们把纽约逃荒来的爱尔兰人和卑微的散工联系在一起。然而,54% 的爱尔兰男性移民从事的是职业等级更高的工作。如果一个工人希望找到一个薪水更高或更安全的工作,他可能要采用一些策略。其中一个便是向建筑工地上的同事学习建筑手艺,这是有可能的,正如一位德国移民兴高采烈地告诉欧洲家人的那样,"在美国学手艺不需要花钱"。约翰·塔克是来自利默里克的逃荒移民,在纽约的头 5 年里,他是工人。1857 年,他就是用这种方法成了石匠。其他人则学习跟以前的工作无关的手艺。1850 年,蒂龙郡移民詹姆斯·卡森到美国后成为铁匠;利默里克郡的工人迈克尔·科格伦成了装订工;来自梅奥郡的工人弗朗西斯·坎贝尔成了椅子制造者。一旦一个家庭成员设法获得了一门手艺,他就可以教他的兄弟姐妹,最终教会他的孩子。

爱尔兰出生的工匠多数从事的是建筑行业,如木匠、抹灰工、油漆工、砌砖工、泥瓦匠、水管工和煤气安装工。很多爱尔兰移民也在服装业做裁缝和鞋匠。然而,一些最赚钱的行业似乎存在玻璃天花板,只有特殊的爱尔兰移民才能突破。比如,只有相对较少的人找到了屠夫或面包师的工作。爱尔兰人也不经常在高端的木工专业领域找到工作,如造船、制作橱柜等家具或马车制造。这些就业上的障碍让他们损失很大。裁缝和鞋匠一天挣 1 美元多一点,木匠一周也只能挣 7.5 到 8 美元,而面包师一周挣 9 到 10 美元,家具木匠为 10 美元,造船木匠可达 12 到 15 美元。

如果移民想挣更多的钱,最好的机会就是完全摆脱体力劳动。如果能读会写,逃荒移民就有可能转做办公室工作。来自阿马(Armagh)的休·休斯 1850 年来到纽约后做了 4 年的工人,之后找到了一份职员的工作。莫里斯·埃亨 1848 年从科克郡移民到美国,1860 年左右,他成为办公室职员，在这之前，他做了10多年的搬运工。

创业是提升社会经济地位的最常见途径。想要创业的移民往往以小贩起家，因为创业成本很低。在内战前的纽约，小贩随处可见，他们兜售任何有利可图的东西，尤其是那些移民家庭主妇（她们不会离家很远）可能需要的东西：纽扣、线、廉价珠宝、旧衣服和食物。《斯克里布纳月刊》（*Scribner's Monthly*）指出："这些街头小贩的商品大多来自绿宝石岛（Emerald Isle）[1]。"爱尔兰移民尤其以兜售海鲜闻名，他们会喊"新鲜的鲱……鱼"或"我今天要卖的是蛤蜊；遥远岩石上长得最好的蛤蜊"。从多尼戈尔郡来的爱尔兰人特别喜欢做小贩，纽约五分之一的爱尔兰小贩都是该郡土生土长的爱尔兰人。但在纽约的小贩队伍中，德国人甚至比爱尔兰人更普遍，其数量大约是爱尔兰人的3倍。在这一时期，犹太人只占纽约德国移民的一小部分，却占了德国出生的纽约小贩的大多数。

有些小贩闻名全城。英国人亨利·史密斯曾经在伦敦的一家纺织厂上班，1842年，他从伦敦移民到纽约，随身带来了朋友凑的作为离别礼物的6英镑，正如他后来解释的那样，"这是英格兰的一个惯例，当某工人离开家和朋友时，他的工友会收到一份认捐书，或如他们所称的是'请求书'，为他筹集一笔钱，以表达他们的尊重和信任，也作为一种纪念，为他加油"。一到纽约，史密斯就开始叫卖他从以前工作的地方带来的棉线轴。很快，他就成了一个卖剃须刀磨刀带的小贩，这是一种用来把刮胡刀磨快的皮带。他经常在证券交易所的台阶上或豪华酒店门前推销，他的推销是表演艺术的杰作，从而使他成为这座城市最知名的人物之一。他靠做小贩发了一笔小财，但在1857年的大恐慌中尽皆失去，在葛底斯堡战役中腿部中弹，战后回到纽约重新做小贩。

---

[1] 爱尔兰岛的别名。

爱尔兰移民小贩也可以做得很好。休·托毕于1847年从科克郡的米切尔斯敦移民到纽约，并以叫卖小皮夹子和钱包为业。到1864年，他在移民储蓄银行的账户里已经积累了2 000多美元，相当于今天的5万美元。大多数人可以赚到比较适中的收入，而有些人则完全不擅长兜售。来自戈尔韦郡的工人帕特里克·希利和来自蒂龙郡的工人詹姆斯·希金斯都曾在19世纪50年代初尝试过贩卖，但只干了两年就又返回去打散工了。

每有一个爱尔兰移民开始做小贩，就有几个爱尔兰人会设法攒够钱开自己的实体店。几乎在任何你能想到的商业企业都能看到爱尔兰移民，他们批发干草和男袜，柠檬和亚麻，纸张和土豆，牛奶和摩洛哥皮革。爱尔兰人更多地与收破烂的联系在一起，这是一种不用租店面就能从事的行业。第七区的詹姆斯·迪西来自科克郡，第四区的帕特里克·沙利文和五点区的约翰·哈林顿均来自克里郡，19世纪50年代，他们均从打散工转而做了收破烂的。

爱尔兰移民拥有最多的生意是杂货。杂货店几乎提供了廉租公寓居民可能需要的一切，如食物、燃料、肥皂、蜡烛、陶器、烟斗和烟草。爱尔兰的杂货商知道，他们必须在货架上摆满廉价商品，才能吸引节俭的顾客，但他们的商店并不缺乏多样性。即使在五点区，附近杂货店里出售的产品也丰富得令人印象深刻。安东尼街（Anthony）现为沃斯街（Worth）。根据一位记者的报道，在安东尼街150号的王冠杂货店里，

　　成堆的卷心菜、土豆、南瓜、茄子、西红柿、萝卜、鸡蛋、苹果干、栗子和豆类就像小山一样围绕着你。进门后，你左手边有一排小木箱，里面装着无烟煤、木炭、钉子、口嚼烟叶等，它们可以按任何数量销售，从1蒲式耳或1美元到1美分。旁边的架子上有一堆柴火，7根6便士，1根则1美分，引火用的柴火3根2美分。沿墙排列着一些直立的木桶，里面装着灯油、

糖蜜、朗姆酒、威士忌、白兰地和各种各样的酒（这些酒是在后屋精心制作的，那里面有造酒用的一把水壶和一个炉子，以及酿造酒精这种摧残精神的恶魔行为所必需的一切工具）。支撑天花板的横梁上密密地挂着火腿、动物的舌头、香肠、洋葱串和其他不油腻且重量轻的物品，每走一步，就有可能跌倒在一个黄油罐或餐盒上。在房间的一端摆着一个"又长又矮又黑"的柜台，两端各放有几瓶劣质的烈酒，每杯3美分。而后面的架子上杂乱无章地堆满了无法分类的蜡烛、多香果粉、咸饼干、糖和茶、腌菜、姜、芥末和其他厨房必需品。在对面的角落里有一个较短的柜台，里面摆满了3美分一份的馅饼、碎肉、苹果、南瓜和蛋奶沙司，全都热气腾腾，你可以用同样的价格买到一杯加了很多牛奶和糖的咖啡，还可以用1便士买到可装一帽子的"有西班牙茄衣的美国雪茄"。

爱尔兰人的食品杂货店以其品种多样而闻名，但那些论杯卖的"烈酒"让它们声名狼藉。美国妇女很少在公共场合喝酒，但这并不妨碍一些爱尔兰移民中的家庭主妇驻足当地杂货店的酒吧，喝一杯杜松子酒或白兰地。因此，当地居民认为爱尔兰人的食品杂货店是纽约爱尔兰人聚居地中最令人反感的特色之一。

虽然杂货店是很赚钱的买卖，但大多数爱尔兰移民的美国梦是成为一个酒吧老板。与拥挤的杂货店相比，酒吧通常是狭长的开放空间，吧台沿长墙延伸，旁边的地板是空的。酒吧里面没有高脚凳或任何形式的座位，主要是因为没有空间摆放。与百老汇大街上那些富丽堂皇的酒吧不同的是，移民社区里一个典型的酒吧的大小和一套廉租公寓差不多，12英尺宽，最多22英尺深。那些特别成功的人可能会有所突破，占用廉租公寓的后半部分，但即使这样，那些额外的空间通常仍然是分开的，它成了当地劳工、兄弟会和政治组织用来开会的后屋。与杂货店不同，酒吧专供男性使用。任何人都可以在爱尔兰人社区开酒吧，但大多数是由爱尔兰裔美国人经营的，正如一位记者指出的那样，如果"酒吧老板的名字中带有三叶草的味道"，爱尔兰移民会更喜欢光顾。

有位移民指出，在他们的廉租公寓里"几乎没有足够的空间可以转身"，酒吧是一个男人可以逃离拥挤的家庭生活，与朋友和邻居培养一点情谊的地方。在当地的酒吧里，慈善带头人查尔斯·洛林·布雷斯观察到，移民"可以找到快乐的伙伴、一个明亮温暖的房间、一份报纸，最重要的是，痛饮一杯……将贫穷变为富有，将对劳心劳力和所有负担和烦恼的思虑抛到一边……他的酒杯是一个神奇的转化器，可以把忧虑变为快乐，把贫穷变为富足，把卑微、无知、困恼的生活变为当下短暂的快乐、满足和充满希望的生活"。

酒吧老板之所以赢得了大多数人的尊敬，是因为他在自己的移民同胞中有显而易见的影响力。他是"社区中的一股社会力量"，在纽约长大的德国移民的孩子查尔斯·斯特尔兹牧师回忆道：

> 他常常为工人及其孩子寻找工作……当我还是一个年轻的学徒时，我被捕了，……我的朋友们第一个求助的人是那个街区的酒吧老板。他很乐意提供保释金。他一直在这么做。他与占优势地位的政党关系密切；他大力帮助社区的年轻人加入警察和消防部门，这可是我那些年轻工人朋友们在这个城市最梦寐以求的工作。他借钱……从来不问接受者是否值得借。

《国家》杂志（*The Nation*）对此表示赞同，它报道称"酒商是移民的向导、哲学家和债权人。他比任何人都更频繁地看到他们，更熟悉他们，也比任何人更信任他们，通过他，该市高层的消息和政治意图才会为他们所知"。

五点区的这间酒吧的墙上高高挂着几张圆形的靶纸[1]，表明附近的一个民兵连正在此开会。吧台后面的人可能是酒吧老板理查德·巴里，他是爱尔兰移民。1860年和1861年，他两次担任第六区的市议员，这是大多数酒吧老板成功的顶峰。

鉴于酒吧老板的势力和慷慨的援助，移民几乎在每个领域都听他们的，酒业自然成为进入政界的一块天然垫脚石。内战前，纽约几乎每一位爱尔兰裔美国政治领导人都曾在某个时期当过酒吧老板。马修·布林回忆说，在内战时期，若有事情要和你所在市的参议员交涉，你会去他的酒吧，"因为那是这位市参议员唯一的营业场所"。酒吧实际上是取得候选资格的一个先决条件，随着酒吧老板通过招待顾客和支持其他酒吧老板参加竞选，直到他们获得足够的政治资本自己参选，他们建立了一个成功竞选所必需的支持网络。到内战前夕，爱尔兰移民在纽约经营着1 000多家酒吧，比其他纽约人开的酒店总和还要多。如果爱尔兰移民想要摆脱体力劳动，获得可观的收入，赢得邻居的尊敬和赞赏，并施展政治影响力，他们就会不惜一切代价开一家酒吧。即使是在饥荒最严重

---

[1] 靶纸是实弹射击之后留有弹孔的纸，民兵们自豪地把它们挂在酒吧墙上，以展示自己的军事实力。因此，若看到墙上有这样的靶纸，说明他们正在此开会。

时身无分文的人也会设法做到。

与其他女性移民或本土出生的女性相比，爱尔兰女性移民更有可能为了赚钱而工作。据报告，在16岁及以上的爱尔兰裔纽约女性中，有35%的人有工作，而在本土出生的纽约女性和来自欧洲其他地区的纽约女性中，只有六分之一受雇于人。贫穷无疑是爱尔兰出生的女性比其他纽约女性打工人数更多的原因。此外，很多爱尔兰妇女特意来到美国，目的是筹集资金，以支持贫困的父母或资助其他家庭成员移民，这种做法在这一时期的其他欧洲移民群体中并不常见。

近三分之二的爱尔兰受雇女性做的是家佣。几乎跟自己的男人打散工的占比一样，爱尔兰出生的女性移民占据了家佣服务的大半个市场。1860年，尽管只占城市成年女性人口的39%，爱尔兰女性移民却从事了70%的家佣服务。

1860年纽约移民妇女的就业情况		
	爱尔兰出生的女性	其他移民
就业人口比例	35%	18%
就业女性的职业		
	爱尔兰出生的女性	其他移民
家佣	63%	43%
做针线活	17%	38%
洗涤	7%	3%
企业主	4%	2%
护士	3%	2%
其他/难以归类	7%	11%

资料来源：综合公用微数据系列（IPUMS），"1860年美国人口普查的1%样本"。由于四舍五入，百分比可能不等于100。

19世纪末在纽约拍摄的中介机构的照片，很多爱尔兰移民通过这些中介机构找到了家佣的工作。

对移民来说，家佣服务最困难的一个方面是在没有推荐信的情况下找到第一份工作（有些人预计会有这种需要，因此带来了爱尔兰的推荐信）。很多纽约人不愿雇用爱尔兰人。1853年，纽约《太阳报》的一则广告是这样写的："招女性做一般家务；她必须干净、整洁、勤快，最重要的是脾气好和乐意做家务。除爱尔兰人外，英格兰人、苏格兰人、威尔士人、德国人和任何国家和肤色的人均符合要求。"两天后，《纽约先驱报》刊登了一则招聘启事，同样指出"除了爱尔兰人，任何国家或肤色的人都可以"。《爱尔兰裔美国人报》(*The Irish-American*)是那个时代纽约爱尔兰人社区的代言人，它谴责这种偏见，誓言要"扼杀这场反爱尔兰女佣的运动"，并聘请律师起诉相关的广告商和报纸。《爱尔兰裔美国人报》发起的运动确实制止了专门针对爱尔兰人的广告再次出现，但雇主们只不过修改了一下他们的广告词而已。约有十分之一的雇主继续指定要"新教徒"或"美国人"（招聘男性雇员的广告明显没有这种公开的歧视）。尽管到1857年，《爱尔兰裔美国人报》可能会夸口说"爱尔兰人不得申请"的限制性条款实际上已经消失，但对雇用爱尔兰天主教徒的赤裸裸的偏见仍然是纽约生活的主要内容，雇用家庭用人方面尤其如此。

一旦某位爱尔兰移民找到了家佣的工作，其日常工作会让她筋疲力尽。通常，她要和雇主住在一起，每天早上比雇主家人早起床，生火，从头开始准备早餐。然后她要用剩下的时间做饭（再次从头开始），清洗碗碟，打理房子的其余部分，跪着擦洗地板，洗涤和熨烫衣服（那时，衣服要手洗，沉重的熨斗必须在炉子上加热），并照顾孩子。直到雇主家人都已上床睡觉很久，她一天的工作才告结束。一些家佣住的地方比她们在五点区或其他爱尔兰人聚居地所能提供的好很多，但很多人"被塞进了对人精神有害的黑暗卧室，或不通风的屋顶层和阁楼"。所有这一切只值每月4到8美元（包括食宿）。

家佣服务也造成了沉重的心理伤害。"女仆及其雇主的关系几乎跟奴隶和奴隶主的关系一样，"一位去过纽约的南方人写道，"预期的职责和雇主要求的完全一样。所需要的尊重、服从和谦卑也几乎是一样的。"在奴隶制度下，男性雇主可能会强奸其年轻的女仆，因为他知道，除非自己的妻子发现，他不会承担任何后果。在某些方面，家佣的处境甚至比奴隶还要糟糕，因为雇主没有义务照顾生病的仆人，当她不适合工作时，雇主很轻松地就可以解雇她。

用人也没有多少空闲时间。她们大多数和雇主住在一起，因此，差不多只要醒着，每时每刻都在忙活。据《论坛报》报道，仆人通常每隔一个周日休息一天，而且是与厨师、收拾房间的女仆或洗衣工轮流休息，"这样房子就永远不会'没有人管'了"。但如果她为一个中产阶级家庭工作，并且是唯一的雇工，她可能每个月只有一个周日可以休息，当她缺乏经验或推荐信，或有个孩子可能让她分心时更是如此。即使一个用人每月有两天休假，这也意味着她几乎没有任何社交生活，这使得年轻的爱尔兰妇女极难找到配偶（在纽约，爱尔兰出生的女性人数多于男性，比例为3∶2）。

家佣服务也有一些优势。家佣吃得很好（通常与给他们的雇主做的相同），住在比其他移民更安全、更干净的社区里，而且不用交房租。此外，由于纽约中产阶级完全依赖他们的用人，在某些方面，爱尔兰家佣对雇主的影响可能比其他任何移民都要大。"每当一个人认为自己受到了欺骗时,一成不变的办法就是威胁立即离开这个地方,"《论坛报》指出,"而不是跟其他工作一样,担心失去它。"这种能力可以转化为更高的工资、更多的休假时间和其他的好处。

有了食宿的保障,家佣还可以把几乎全部收入寄给爱尔兰的亲戚,以赡养年迈的父母或资助其他家庭成员移民。1868年,一位来访的爱尔兰记者写道:"爱尔兰女孩的最大志向就是一到美国就尽快给她的家人寄送'某种东西'。"

> 女人总是喜欢有点华丽的昂贵衣服,但她会坚决地闭上眼睛,不看那些诱人的衣服,以此向老家的亲人证明她没有忘记他们;她情愿自己的衣服不足,或者甘冒靴子不防雨雪的风险,也不会减少每周添加一点的小积蓄,她打算把这当成一个给父母的惊喜,因为他们可能不完全赞成她做这种危险的事。为了给她的亲人寄钱,她会放弃自己单纯的享乐、女性的嗜好及合理虚荣的满足。

据估计,从1845年到1865年,爱尔兰裔美国人汇往爱尔兰的1.2亿美元中,有很大一部分来自家佣的储蓄。

该数字来自爱尔兰记者约翰·弗朗西斯·马圭尔,他想要把同胞的奉献写成剧本。英国政府的估计较为保守,从1848年到1860年,爱尔兰移民向爱尔兰汇款5 700万美元。即便是这个较小的数字,以2015年的美元计,也相当于惊人的16.7亿美元。马圭尔的数字涵盖了20年,而不是13年,相当于35亿美元。

南北战争前,爱尔兰移民妇女的第二个常见职业是做针线活。少数做针线活的人收入较高,比如为富有的纽约人做裁缝或女帽,其他人则是兼职做针线活,以补充丈夫、父亲或兄弟的收入。然而,大多数靠做针线活养活自己或全家的人都是计件,每天工作18或20个小时,每周只挣几美元,每缝一件衣领或衣边收1美分,只能勉强维持生计。据《纽约时报》报道,纽约的缝纫女工难免过着"痛苦、堕落和可怜"的生活。

绝大多数妇女之所以以缝纫为生,是因为她们有孩子需要照顾,不能做家佣。知道了这一点之后,雇主们加重了对她们的剥削,经常以完成的活不达标或晚交为由拒绝支付报酬。由于雇主拥有这些妇女缝制的衬衫和衣领,自然要从她们手中拿走,而她们怀疑他卖掉了"做坏了的"衬衫,把多余的钱装进了自己的口袋。《论坛报》总结道:"中世纪的农奴,比以往任何一个农奴都更无助地屈从于其领主的绝对控制,就像那些给雇主做针线活的妇女一样。"19世纪50年代,"做针线活的女人可怜"成为纽约的热门话题。报纸报道详细地披露了她们可怜的生活,改革者则召开会议,意欲对她们施以救济,慈善组织记录了她们为养活自己和家人所做的努力。这些做针线活的妇女大约70%是移民。

内战时期,爱尔兰移民妇女的第三个最普遍的副业是收衣服洗。城里到处都是单身男人,他们能付得起钱请别人替他们洗衣服。商业洗衣店的出现还需再等待几十年,因此,移民妇女填补了这一空缺。有些妇女偶尔会从住在她们廉租公寓楼里的男人那里接洗衣服。其他的则是雄心勃勃的女商人,她们经营着小型的洗衣帝国,将工作外包给其他移民,并将大部分利润留给自己。

玛丽·马尔维的情况似乎就是如此。1846年,35岁的她与丈夫查尔斯及四个女儿从都柏林移民到纽约,女儿有10岁的,也有不到10岁的。一年后,查尔斯失踪了,可能是到城外找工作时消失的,从此再也没有出现过。为了养活自己和孩子,玛丽开始当"洗衣工和熨衣工"。1851年,她在移民储蓄银行开了一个账户,初始存款为200美元。不知何故,1857年1月,玛丽又存了2 000美元(相当于今天的57 000美元),到内战前夕,她又多存了将近1 000美元。也许她的孩子在帮她攒钱(我们知道有两个人当上了教师,但只有一个人在1857年达到了当教师的年龄),也许这笔钱是她继承来的,也许她住在附近的哥哥为她的账户存了一些钱,尽管做裁缝的他收入也不高。更有可能的是她非常节俭,或者是一个非常聪明的女商人,可能两者兼而有之。玛丽·马尔维是个文盲,能取得这样的成绩自然给人的印象更加深刻。跟移民储蓄银行63%的爱尔兰裔女性储户及21%的爱尔兰裔男性储户一样,她甚至不会写自己的名字。洗衣妇通常不会攒这么多钱,但她们在移民储蓄银行的存款中位数约为200美元(折合成今天的美元为5 000美元多一点),是做针线活妇女的两倍。

毫无疑问,有工作的女性比历史记录显示的要多得多。即使在爱尔兰移民社区,已婚妇女为赚钱而工作也被污名化了,因此,妇女经常在她们的就业情况上撒谎。例如,五点区的克里人凯瑟琳·沙利文,昵称凯特,1860年,在移民储蓄银行开立账户时,她声称自己是一位家庭主妇,丈夫桑迪是工人。她也没有向那年晚些时候拜访她的人口普查员报她的职业。但就在几个月前,《纽约新闻画报》(New York Illustrated News)的一名记者兼速写师拜访了巴士特街35号地下室的"桑迪·沙利文太太的上流寄宿公寓"。毫无疑问,凯特是这个地方的管理者,负责保洁,如果居民付了钱,她就给他们提供食物和床铺,并在每周四洗床单。1859年夏天,另一位记者参观了这个"潮湿肮脏的地窖",发现"床铺很差""气味腐臭",地板和墙壁"潮湿且散发着有害的气味"。但是桑迪"滔滔不绝地"向拜访者保证床铺"干净整洁",而且每晚6美分,"这地方相当令人满意"。1860年夏天,沙利文家的寄宿公寓里住着一位71岁的爱尔兰裱糊工及其35岁的女儿、5个在爱尔兰出生的家佣和一个婴儿。

大多数孩子通常无法打工赚工资,但他们也能帮助移民家庭维持生计。五点区以替人擦鞋的青少年、报童和夏天兜售热玉米的女孩而闻名,但这些流浪儿通常是独自生活或与养父母一起生活的孤儿,或在父亲去世后帮助养家糊口的孩子。然而,移民社区成千上万的孩子确实以非正式的方式补充了家庭收入。最常见的是捡煤，在煤场或码头附近的街道上寻找闪亮的黑色大石块，因为这里是煤从驳船转运到马车上的地方。欧文·基尔代尔知道在完成每天捡煤限额之前不能回家，这样可以减少他的继父母在燃料上的花费。其他孩子则收集废木头，它们可以放在家里的炉子里烧，也可以卖给别人当引火柴用。还有一些孩子在街上溜达，捡拾（或偷）废金属、玻璃或任何可以卖给该市许多爱尔兰废旧品商人的东西。

看到这些挣扎，学者们常常描绘出一幅"爱尔兰裔美国人贫困的悲观画面"，认为逃荒的爱尔兰人在纽约并没有兴旺发达，而是过着"贫穷和艰难"的生活。当然有很多证据支持这种解释。"这是一个公认的事实，"一个爱尔兰裔美国人报告说，"移民到这里后的平均寿命是6年；很多人坚持认为实际情况更糟。"与此类似，1859年，纽约一家爱尔兰人的报纸抱怨说，大多数逃荒移民仍然是"纯粹的流动人口"，缺乏真正的经济保障，而且受到本土出生的美国人的鄙视。

然而，也有更多的证据可以证明爱尔兰人对他们搬到纽约的看法基本上是积极的。尽管某些廉租公寓的住房条件恶劣，死亡率很高，但纽约移民的死亡率并不比本土出生者高。在截至1855年6月1日的一年里，移民占纽约人口的51%，而外国出生的人占纽约死亡人数的50%。逃荒的爱尔兰人认为他们在纽约比在爱尔兰更健康，并将这种改善很大程度上归因于他们的美国饮食。一位住在五点区的卡洛郡来的移民说道：虽然"爱尔兰劳工在老家工作得比在这里更努力"，但在纽约，即使劳工"也能吃到优质的牛肉、猪肉、黄油、鸡蛋和面包，这在老家是不可能的"。

还有其他好处，这些好处无法用银行余额来衡量，但对移民来说却是显而易见的，而且很重要。"我们这里有一个自由的政府，公正的法律，以及保证人人享有平等权利和特权的宪法，"这与"家乡的暴政和迫害"相去甚远，在给爱尔兰的岳父写信时，彼得·威尔士写道，"而那些握有实权的人可以把自己提升到有名有利的位置。在这里，国家的成功与繁荣跟大家是利害攸关的，爱尔兰人和他们的后代享有同等的权利，并因国家的繁荣而受益……它是世界上最好、最自由的政府……"那些选择移民到美国的爱尔兰人"免受多少痛苦和不幸是无法估计的"。

其他移民也认同威尔士的观点。帕特·麦高恩刚从斯莱戈郡抵达几个月，就自豪地给父母寄去了20美元（相当于今天的500美元左右），在把过去的爱尔兰生活和现在的纽约生活加以比较之后，他疑惑自己为什么要等这么久才移民。尽管住在破旧的五点区，伊莉莎·奎因也有同样的感受。她告诉远在爱尔兰的家人美国是"世界上最好的国家"。

第九章
小德国

安吉拉自豪地向亲戚们汇报，说尼克劳斯做男士夹克"每天赚1美元"，"没有哪个老家的女人过得这么好，而且一天比一天好。学会一门手艺的年轻人在这里比在老家有钱的人还富……也代我向安娜·比斯多夫和伊丽莎白·穆奇问好，告诉她们应该烧掉自己摘葡萄的篮子，嫁给裁缝，即使他们唠叨个没完也不要紧"。

在大西洋两岸，爱尔兰逃荒移民都是头版新闻。时至今日，我们仍然将内战前几年的移民与饥荒和爱尔兰人联系在一起。但在内战前移民人数最多的三年里，即1852年至1854年，德国移民的人数实际上超过了爱尔兰人。事实上，在逃荒移民的三年时间里，爱尔兰移民的数量没有超过那三年德国移民的数量。1854年，创纪录的40万新移民登陆美国，17.7万德国人抵达纽约港，比以往任何一年从爱尔兰来到纽约的人数都多。[1]

爱尔兰移民在19世纪稳步增长，而德国移民似乎是一夜之间迅速增加。19世纪20年代，每年只有不到1 000名德国人移民到美国，是爱尔兰移民总数的十分之一。到爱尔兰饥荒发生前的10年间，德国移民数量增加，平均每年有15 000名移民到美国所有港口，但这仍然是爱尔兰移民总数的一半，而爱尔兰的人口是德意志邦联的四分之一。在爱尔兰爆发饥荒的初期，德国移民大幅增加，到1851年，平均每年达到6万人。但爱尔兰人的移民数量在那年之后逐渐减少，而德国人的

---

[1] 在这一时期，并没有一个叫"德国"的单独国家，而是大约36个讲德语的王国、公国和领地。1871年，德意志帝国建立，实际上，俾斯麦的统一计划是将奥地利排除在外的，在此之前，奥地利被认为是一个德意志国家。——作者注

移民数量却突然翻了一番，1852 年和 1853 年超过了 14 万人，然后在 1854 年又增加了 25%，其中 79% 的德国移民登陆纽约。

爱尔兰人往往负担不起抵达港口后继续其旅程的费用，与爱尔兰人不同的是，如果德国人选择不止步于东海岸，通常有财力的支持。他们很多定居在以辛辛那提、密尔沃基和圣路易斯等城市为界限的"德裔三角区"。到 1860 年，在这些城市的移民人口中，德国人已经占据多数。在芝加哥，德国移民在数量上也超过了爱尔兰人。布法罗是另一个德国人占统治地位的城市。在我家移民美国后的家谱中，第一个先祖是我的高曾外祖父莫里茨·魏尔[1]，19 世纪 40 年代中期的某个时候，他离开巴登地区莱茵河谷的伊林根镇，并于 1847 年抵达布法罗，这个 20 岁的小贩帮助创立了这座城市第一个犹太人殡葬协会。但是，尽管布法罗和中西部地区有大量的德国移民，但还没有哪个美国城市的德国移民数量跟纽约一样达到一半。1860 年，纽约有 12 万德国出生的居民，占该市成年人口的 23%。那个时候，只有柏林和维也纳的德国人口比纽约多。

长期以来，历史学家一直对德国移民人数激增的原因争论不止。那个时期最著名的德国移民是 1848 年德意志革命的领导人，如卡尔·舒尔茨和弗朗茨·西格尔，这些起义试图推翻德意志邦联各国的君主，并以共和政府取而代之，不过失败了。因此，早期的历史学家将政治列为德国移民增长的主要原因。然而，移民高峰出现于革命战争结束数年之后，因此，后来的学者强调经济动机，包括马铃薯枯萎病，它影响了整个西欧的粮食供应。那几年，德国谷物价格上涨了 250% 到 300%，土豆价格上涨超过 400%，饥饿引起的骚乱非常普遍。

跟爱尔兰人一样，18 世纪和 19 世纪初期的德国人会把他们的土地分给儿子们，经过数代相传，最终每块土地都不足以养活一个家庭。曾

---

[1] 根据作者提供的家谱，作者母亲家姓芒斯塔克（Munstuk），而作者母亲的奶奶家姓（Weil），莫里茨·魏尔即是作者母亲的奶奶的父亲。

经季节性的纺织工作可以补充德国人的收入，但他们发现工业革命减少或完全断绝了这些额外收入。德意志邦联西南部的经济状况尤其严峻，比如巴登、符腾堡、巴伐利亚，以及当时属于普鲁士的莱茵河谷南部的一部分。19 世纪 50 年代初期，该区域的破产达到了创纪录的水平，与此同时，移民也达到了顶峰。对于经济萧条地区的德国人来说，要想搬到更容易找到工作的其他邦国是极其困难的，因为这些小邦国对移民施加了限制；甚至在一个邦国内迁徙也是不可能的。例如，在梅克伦堡，如果没有总督的批准，人们不可能从其出生地搬到该邦国的其他地方。除非他有房子，否则就不能结婚。很多德国人感觉受到了束缚，就逃到了美国。

然而，将经济与政治分开是极其困难的。弗雷德里克·布尔特曼是汉诺威的一个锁匠学徒，他后来回忆道，1852 年，他 13 岁，就在去市政厅为父亲缴税的那一天，他决定移民美国。想起年少时见过的镀金皇家马车，他意识到这种贵族式的炫耀之所以成为可能，是因为他的父亲在竭尽全力地缴纳税款。那天他发誓要逃到没有国王的美国。一位德国社会主义者解释说："最终，他们忍无可忍，就迁移到了美国。"

此外，19 世纪 50 年代的一些德国人移民是对 1848 年德意志革命的延迟反应。很多德国人希望他们在那决定命运的一年里失败的努力能在几年后结出硕果。有些人在法国或英国寻求临时庇护，等待着革命趋势转而对他们有利，那些不被当局找麻烦的人则在国内等待时机。但到了 1851 年，法国开始驱逐德国激进分子，12 月，反对革命的君主主义者拿破仑三世发动军事政变，占领了巴黎，使得在法国建立一个更民主的政权并间接推进德意志邦联各国共和事业的可能性消失殆尽。"1852 年夏天，我们的未来笼罩在一片阴云中，"德国激进分子卡尔·舒尔茨在解释他当时为什么选择移民美国时回忆道，"怀着年轻人一颗欢欣鼓舞且充满希望的心"，我们抵达纽约，"向新世界致敬"。其他成千上万的德国人也做了同样的事情。

移民美国的德国人主要来自德国南部和西部，约四分之三来自巴伐利亚、符腾堡、巴登、黑森邦联，以及普鲁士莱茵兰。其余大部分来自现在德国东北部的普鲁士。纽约的德国人来自同一个地方，但该市的巴伐利亚人和黑森人的人数特别多（比美国其他主要城市多25%），而属于普鲁士的人口相对较少（比其他拥有大量德国人的美国城市少25%）。

到1855年，几乎曼哈顿的每一个角落都有爱尔兰人居住，而德国移民则集中在纽约一个被称为"小德国"的地方。一位德裔纽约人写道："我们的社区被冠以'小德国'是再合适不过了。这是一座大城市中的一个德国小镇。"小德国覆盖的范围被后代称为下东城，其西至包里街，南面是帝法信街（Division Street）和格兰街的东端，东到伊斯特河。随着聚居地的扩大，北部边界有所变化，内战结束时，它几乎一直向北延伸至14街。1860年，纽约大约一半的德国人住在小德国的四个区。相比之下，该市爱尔兰人最多的四个区中，只收留了该市25%的爱尔兰移民。

当小德国区挤满了这些移民时，《纽约时报》惊叹道："我们中间竟然有那么多来自德国的移民。"小德国区有几条商业大街。一位德国移民说："当一个人走过包厘街时，几乎所有的东西都是德国的。"格兰街、二大道和B大道也是德国移民重要的商业大道，而A大道以啤酒馆和德国牡蛎菜馆而闻名，这一点跟包厘街一样。1850年，一个移民告诉她家乡的朋友，站在这些街道上，你会想象自己在"斯图加特，这就是你在这里能看到的德国人的数量"。

跟爱尔兰人一样，德国人在他们的聚居地内并不是随意居住的。一位记者报道说："勃兰登堡人和北德人……几乎没人想要跟南德人生活在一起。"其他观察者也注意到北德和南德社区之间的敌对情绪。黑森人集中在小德国的东南部，即第十三区，普鲁士人则大量聚居在第十区，即靠近包厘街的小德国西南部。除普鲁士第十区，巴伐利亚人倾向于定居在小德国的任何地方。在内战前，来自巴登和符腾堡的人不聚居在任何特定的地方，但后来也这样做了。

这些德国人聚居地看起来不像城市中最臭名远扬的爱尔兰人社区那么破旧。建筑物比较新，维护得更好，街道也不那么脏。小德国的居民在他们的廉租公寓里也有更多的空间。他们的很多住宅，特别是在小德国最近建成的北部区的住宅有三个房间，而非爱尔兰第四区和第六区常见的两个房间。但是，小德国东南部较老的区域跟五点区一样有很多腐朽的木制廉租公寓楼。

19 世纪 50 年代中期，该区较老地段廉租公寓的条件几乎和该市最糟糕的爱尔兰社区一样可怕。1856 年，在以格兰街和果园街（Orchard）交汇处为中心的第十区，州廉租公寓楼管理委员会发现那里的建筑"环境肮脏，没有通风，缺少文明居民所需的住宿条件"。更糟的是靠近伊斯特河的第十一区和第十三区东部。在那里，检查人员发现了一些廉租公寓楼群，比如福尔瑟姆兵营，它位于德兰西街（Delancey）和里文顿街（Rivington）之间一条从戈尔克街（Goerck）到曼金街（Mangin）的小巷里，还有位于 C 大道和 D 大道之间的 3 街上的乡村小屋（The Cottages）。这些廉租公寓楼的"条件最为恶劣，又肮脏，对于房产所有者和容忍这种公害的城市来说都是可耻的"。令人震惊的是，该委员会写道："居住者并非都死于由他们难以形容的肮脏和放荡的生活习惯引发的瘟疫。"在一套房子里"出现了令人作呕的景象。侧面墙上血迹斑斑，支离破碎的害虫尸体仍然留在那里，这清楚地表明，房客一直在与最大、最贪吃的臭虫进行着殊死的战斗。……住在这套房子里的那个可怜的德国人看上去苍白而瘦弱，仿佛他的活力已经被这些贪得无厌的生物吸走了，或者与这些东西的战斗已经让他精疲力竭了"。

在小德国的某些地方，尤其是在东北部的第十一区，廉租公寓楼周围存在一些有害产业，而这是大多数爱尔兰移民居住的社区所不经营的。一位犹太移民还记得，1863 年，当他搬到小德国时，他在谢里夫

纽约的小德国，1860 年

街（Sherriff）的廉租公寓"就在一家屠宰场的对面。我们一整天都能看到动物被赶进待宰的围栏里，听到动物们的骚动和叫声。附近弥漫着刺鼻的、令人作呕的气味"。他住的廉租公寓后面是一家酿酒厂，散发着刺鼻的发酵气味，加之屠宰场的臭味，着实令他难以忍受。即使搬家之后，他仍回忆说："动物的痛苦和让人恶心的气味让我好几个月都无法吃肉。"

小德国里最肮脏、最破旧的廉租公寓常被"拾荒者"占据。这些捡破烂的人会收集丢弃的破布，再卖给造纸厂，或把没人要的骨头卖给制脂厂和制皂厂。有时，他们的生意会让这些建筑里弥漫着"最让人难以忍受的恶臭"和"难以形容的"气味。例如，谢里夫街 88 号和 90 号廉租公寓楼的后楼被称为"拾荒者的天堂"，因此臭名远扬，检查人员发现"在院子里、门廊和过道上堆满了装骨头和小牛头的袋子和篮子，肉还粘在上面，散发出难闻的气味，但与这个地方到处可以闻到的其他气味相比，绝对还算是好闻的"。

即使在拾荒者并不占绝大多数的地方，到 19 世纪 50 年代中期，小德国的某些地方在拥挤程度上已经几乎和五点区和第四区一样严重了。1856 年夏天，一位考察小德国的《纽约时报》记者写道："那里的家庭不计其数，孩子的数量也难以计算。"那些年里，小德国有三分之一的家庭接受寄宿，从而加剧了该地区的拥挤程度。到 1860 年，小德国东南的第十三区人口密度为每平方英里 18.3 万居民，几乎赶上了该市最为拥挤的爱尔兰聚居地，而第十区和第十一区的人口密度分别为每平方英里 16.6 万和 15.6 万。在接下来的几十年里，随着房东们用五层和六层的砖砌建筑取代该区剩余的更小、更旧的廉租公寓楼，它们变得更加拥挤。

与女性多于男性的纽约爱尔兰移民人口相比，纽约德国出生的男性多于德裔女性，分别占 1850 年和 1860 年人口的 56% 和 54%（下降的原因是男性移民把其他家庭成员带到了纽约）。在这一时期，德国犹太人的数量与纽约德国移民人数不相称。我们不知道确切的数字，但 1860 年在纽约 12 万德国出生的居民中约有 3 万是犹太人。

内战前十年间，德国出生的男性控制了纽约的手工行业。爱尔兰移民和美国出生的人在人口中所占比例要大得多，但德国移民中工匠的数量远远超过这些群体。1860 年，近 60% 的德国男性移民从事的是需要技术的职业，是该市移民群体中比例最高的。德国人控制了橱柜和家具制造、木雕和镀金等领域。大多数的鞋匠、裁缝、锁匠、面包师、酿造啤酒者和卷雪茄工都是德国人。相比之下，在纽约卑微的散工大军中，德国工人只占一小部分，但形成鲜明对比的是，芝加哥、辛辛那提、密尔沃基和圣路易斯等城市有成千上万的德国散工。

在德国移民中，最受欢迎的职业是裁缝，约五分之一的德国工匠从事这一行业。裁缝的工资并不高，仅比散工多一点，但相比在自己的家乡得到的收入，移民裁缝似乎对自己的工资感到满意。尼克劳斯·赫克和妻子安吉拉于1854年从德国西部普鲁士莱茵兰一个名叫伊勒尔的小村庄来到美国，那里以出产雷司令（Riesling）品牌的葡萄酒而闻名。赫克夫妇原本计划在美国内陆定居，但在经历了两个月的痛苦旅程抵达美国后，安吉拉写道："有个人告诉我们，如果你是裁缝，就应该留在纽约。"于是他们就这样做了，而跟他们一起来的村民登上了前往中西部的火车。赫克夫妇并不后悔他们的决定。她补充说："我们到这儿还不到15分钟，他们就拿着名片跑来找裁缝。"

六周后，安吉拉自豪地向亲戚们汇报说赫克做男士夹克"每天赚1美元"，"我总是帮他做针线活"。像赫克这样的熟练裁缝通常需要配偶的帮助才能完成服装承包商派给他们的活。习惯了在摩泽尔葡萄园辛苦劳作的安吉拉很高兴能帮助赫克做针线活。她夸张地写道："没有哪个老家的女人过得这么好，而且一天比一天好。她们在这里吃的最差的面包比老家最好的蛋糕还好吃。"她还发现住在小德国令人欣慰，"我们这里都是善良的天主教徒和德国人"。在信的末尾，她写道："我只希望所有不得不在老家过苦日子的人都能像我们一样生活。学会一门手艺的年轻人在这里比在老家有钱的人还富……也代我向安娜·比斯多夫和伊丽莎白·穆奇问好，告诉她们应该烧掉自己摘葡萄的篮子，嫁给裁缝，即使他们唠叨个没完也不要紧。"如此一来，她们也能移民美国了。

对于那些能从缝纫转到销售的裁缝来说尤其有利可图。1847年，李维·施特劳斯从巴伐利亚来到纽约，他最初为哥哥乔纳斯和路易斯做服装批发生意。1849年，成千上万的年轻未婚男子从纽约和全美各地涌入加利福尼亚，希望在淘金热中发家致富。李维嗅到了商机。他于1853年搬到旧金山，到1860年已成为该市的商业巨头之一，从内华达一直到夏威夷，他向供应商批发帐篷、衣服和其他"干货"[1]。他的大部分商品都是从其兄弟们那里买的，而他的兄弟则雇用其他纽约移民来制造李维出售的大部分商品。内战结束后过了几年，内华达州的一个裁缝找到了施特劳斯，提出用耐用的牛仔布做一件更结实的工装裤的想法，而且用金属铆钉固定口袋。他们为这项发明申请了专利，李维斯蓝色牛仔裤由此诞生。

德国人也控制了纽约的雪茄制造。卷雪茄工备受追捧，因为正如到纽约的游客经常提到的那样，这座城市里的每个人似乎都在吸烟。对这一时期卷雪茄工的工作、生活描述得最好的是一位英国出生的移民。塞缪尔·冈珀茨是伦敦出生的荷兰犹太人的儿子，1863年，13岁的他随父母移民到纽约，那时他已经制作了3年的雪茄。冈珀茨一家成功移民到美国，仅仅是因为所罗门·冈珀茨所在的英国工会提供了资助。他们之所以能在纽约重新定居，乃是因为得到了萨姆[2]的叔叔和其他从伦敦移民来的犹太卷雪茄工的进一步帮助。

1863年7月，一抵达纽约，冈珀茨一家就在小德国安顿下来，与德国犹太人生活在一起。所罗门和13岁的萨姆立即去附近的一家雪茄制造店铺工作。冈珀茨后来回忆说，这个生意的关键是把不太好看的烟叶藏在雪茄里，"并且要用双手卷成形状完美的产品。学会制作之后，熟练的卷雪茄工或多或少会机械地制作，这让我们可以自由地思考、交

---

[1] 干货指咖啡、面粉等干燥是固体的东西，或纺织品、缝纫用品。

[2] 萨姆（Sam）是塞缪尔（Samuel）的昵称。

谈、倾听或唱歌"。由于厌恶无聊，卷雪茄工"会选读得特别好的某个人给我们读书，作为回报，其他人会从自己雪茄中拿出足够的雪茄给他，这样他也不会有什么损失。读书之后总是讨论，因此，我们彼此十分了解……志趣相投的同事友谊会持续一生"。

还在英国时，所罗门、萨姆及其同事在卷雪茄时会唱歌，最受欢迎的歌曲之一是《到西方去》，它反映了很多欧洲人移民美国的愿望：

> 向西，向西，去往自由之地
> 那里有密苏里河，滔滔不绝奔向大海；
> 若能不辞劳苦，那里的人是人，
> 最卑微者也能收获大地的果实。
> 孩子们受到祝福，而拥有最多的人
> 则以自己的财富为傲。
> 那里的年轻人欢欣鼓舞，老年人安心休息，
> 远走高飞，去往西方乐土。
> 远走高飞，让我们期待最美好的生活
> 并在西方的土地上安家落户。

萨姆永远不会忘记这首歌的歌词。安德鲁·卡耐基也曾提到正是这首歌激励他的家人移民美国。到了19世纪70年代，冈珀茨决定改名为冈珀斯（Gompers），以弱化自己名字中的犹太和荷兰味道。后来，他让这个名字成为美国劳工运动编年史上最著名的名字之一。

德国移民喜欢的另一个行业是杂货生意。1860年，德国移民只占纽约男性劳动力的25%，但他们拥有该市超过一半的杂货店。即使在五点区这样爱尔兰人占多数的社区，德国杂货店的数量也超过了来自爱尔兰的同行。北德人在食品杂货贸易方面尤其活跃。来自汉诺威的移民只占纽约德国人口的12%，到1860年，却拥有了纽约三分之二的德国

杂货店。少年弗雷德里克·布尔特曼曾厌恶为供养汉诺威皇室镀金马车而纳税，他的表兄在五点区开了一家杂货店，1852 年，当他第一次到纽约后，就在那里打工。在描述顾客时，称他们是"我所见过的最粗野、最凶狠的男人"。

其他德国人拥有开办规模更大、利润更丰厚的企业所需的资金。很多人成为酿酒师，在聚居地经营小型啤酒厂，这在当时很是常见。纽约德裔"最成功的酿酒商"取代了酒馆老板在爱尔兰社区中的地位，他们为小德国的多家社会、文化和慈善机构提供了资金。

有些德国人进行了其他创业活动，也发了财，比如海因里希·施泰因韦格（Heinrich Steinweg）。1797 年，海因里希出生在德国中北部的小公爵领地不伦瑞克，父亲是木炭匠，他的孩提时代是在森林深处度过的。小时丧母，15 岁时，父亲在哈茨山的烧炭场被闪电击中，他成了孤儿。后来，这个孤儿参了军，不久就发现自己置身于拿破仑战争最激烈的战场上。在军队时，他显然对音乐产生了兴趣，据说他因为冒着炮火吹响军号而获嘉奖，21 岁退役后，他回到了不伦瑞克，并在那里学会了制作风琴和钢琴。

1825 年，海因里希娶朱丽安·蒂梅尔为妻，她是手套制造商的女儿，两人育有 9 个孩子。海因里希之所以能养得起这样一个大家庭，是因为他已经成为一位非常成功的钢琴制造者。1836 年，他凭借自己的技艺获得了一个奖项，甚至以 3 000 马克的价格将一架钢琴卖给了不伦瑞克公爵，对于一个连自己的名字都不会写的人来说，这是一个了不起的成就。尽管如此，到 19 世纪 40 年代，海因里希已经开始考虑移居美国。在不伦瑞克，他只能售出这么多的钢琴，而且德意志邦联各国之间的贸易壁垒使他几乎不可能在国内扩大业务。美国是一个"机遇无限之地"的名声已经广为流传，因为当时另一个以乐器制造起家的德国人约翰·雅各布·阿斯特是美国最富有的人。

1848 年，德意志邦联爆发了要求民主和言论自由的革命，海因里希的次子卡尔·戈特利布成为支持者,他当时只有19岁。随着形势对革命者不利,海因里希和朱丽安决定把卡尔偷运到国外,全家搬到美国。首先,卡尔被送往瑞士,然后去了巴黎和伦敦,最后去纽约,并于1849年6月抵达。尽管卡尔受过良好的教育,也可能找到某种白领工作,但海因里希还是要求他到城里制造钢琴的店铺找工作,以便他能评价一下该生意在城里的状况。很快他就在纽约最大的钢琴制造厂之一的培根和雷文(Bacon & Raven)找到了一份工作,该厂位于百老汇大街东侧的格兰街。

一年后,除海因里希和朱丽安的长子外,其他家人都移民了。虽然住的是统舱,但乘船旅行的钱他们还是充足的,甚至可能还带了一个仆人。一到纽约,海因里希和他的儿子们就去纽约蓬勃发展的钢琴制造业寻找工作。在五点区附近的伦纳德街(Leonard),20岁的小海因里希找到了一份为钢琴制造商詹姆斯·皮尔逊制造键盘的工作,每周7美元。15岁的威廉在几个街区外的沃克街(Walker)88号找到了一份为威廉·纳恩斯制作音板的工作,卡尔也开始在那里工作。就连老海因里希也在德国钢琴制造商费迪南德·洛伊希特那里做了一个普通的音板制造工,周薪6美元。他们住在喜士打街(Hester)199号的一套砖砌廉租公寓里,它位于五点区正北一个以爱尔兰人为主的社区里,但那个街区大部分是由德国人居住。该廉租公寓楼至今仍在那里。

他们的生活过得并不轻松。卡尔给仍在不伦瑞克的大哥写信说:"如果你能够……在德国谋生,我不建议你来这里。这里的人要比国外的人更卖力工作才行。"在搬动钢琴时,卡尔受了重伤,告诉他的兄弟说:要不是担心"因为军队在德国惹上麻烦",他会回到不伦瑞克疗伤(他抱怨纽约的医生收费过高)。更糟的是,纳恩斯最终破产了,因为欠薪,卡尔损失了几百美元。幸运的是,施泰因韦格一家可以依赖充足的积蓄度日。最终,在花了数年时间收集有关市场竞争的情报后,家族成员将自己的名字英文化,并在1853年,"亨利""查尔斯"

1850年，威廉·施泰因韦格来到纽约，改名为威廉·施坦威（William Steinway），之后，在他的带领下，家族钢琴制造企业享誉世界。

和"威廉"开办了施坦威钢琴制造厂（Steinway & Sons）。起初，他们在瓦里克街（Varick）85号租了一间门面房。第一年，他们卖出了11架钢琴，完全由其家族成员制造。用这些利润，他们买下了纳恩斯的钢琴工作室，并雇用了他们之前的5名员工。施坦威在工艺和自我推销方面都是高手，他们的经营非常成功，到1861年，在52街和53街之间的四大道（现为公园大道）上，他们建起一个大型的新工厂，占地半个街区。10年后，当他们开始在皇后区的艾斯托里亚（Astoria）建造整个"工厂村"时，他们的钢琴已经举世闻名。

施坦威家的女性不需要工作，比如母亲朱丽安和女儿多蕾塔、威廉明娜和安娜。多蕾塔是一位出色的钢琴家，有时会在陈列室里四处走走，若能促进销售的达成，她会演示钢琴的性能，并免费授课。但是，对于在德国出生的六分之一的女性来说，大多数还是要为了生活而工作的，而最受她们欢迎的职业是做家佣。1849年，在给符腾堡的父母和兄弟姐妹的信中，安娜·玛丽亚·克林格尔写道："到达纽约的当天，我就开始为一个德国家庭服务。"然而，跟大多数爱尔兰人相比，德裔家佣的就业机会非常有限，正如克林格尔解释的那样："如果你不会说英语，或听不懂英语，你就不能要求很多的报酬。"只有德裔美国家庭才会雇用这些妇女，因此，她们的收入有时甚至比爱尔兰出生的女佣还要少。克林格尔的第一份工作是家佣，东家是一位德裔美国药剂师，每月的薪水只有4美元，包食宿。但是，她说："与在德国时相比，我现在对自己的工资很满意……我希望会好起来，因为事情总是这样的，一开始没有人真正喜欢它，如果你跟我一样，在异国他乡感到孤独无助，没有朋友或亲人在身边时更是如此。"

在移民之前做过佣人的德国人发现美国的家佣服务比其家乡的好很多。在德国，限制性的法律条款使得用人几乎不可能辞去一份令人不快的工作，甚至会受到体罚。相比之下，一位在纽约的德国用人写道："在这里，人被当人一样尊重。"

移民可以极大地改善婚姻的前景，这是促使德国女性移民的另一个因素。在德国，佣人的薪水不足以积攒嫁妆。在美国，不仅当用人挣得多，也完全没有必要置办嫁妆。"这里的女孩子不需要任何东西，"一个用人在谈到嫁妆时写道，"如果男孩子送个小礼物，他们就会相处。"此外，爱干预儿女婚事的父母不能像在德意志邦联那样阻止美国的婚姻。例如，来自不伦瑞克的埃米尔·迪普雷，他想娶一个女孩为妻，但她父亲不同意这门婚事。迪普雷的母亲还生活在不伦瑞克，在给母亲回信时，迪普雷写道："如果我们生活在欧洲，他也许能阻止我娶他的女儿，但在这片自由的土地上，父母不能阻止儿女的婚姻。"一本德国移民指南保证说：到了美国，"勤劳、身材标致且稳定下来的女孩在第一年就会有人求婚"。

安娜·玛丽亚·克林格尔就是这种情况。到了纽约大约一年后，她辞去了家佣的工作，嫁给了石匠弗朗茨·沙诺。沙诺是从巴伐利亚军队开小差后来到美国的。他很难在自己的行业里找到工作（也许是因为这个行业被爱尔兰人控制了），于是决定转行成为木雕师，这在纽约是一个非常德国化的职业。就在弗朗茨学习他的新职业时，安娜·玛丽亚正帮人洗衣服来维持生计，这是继家佣和针线活之后，德国女性第三大最常见的有偿职业。她在 1851 年写道："你可能从未想过我会成为一名洗衣妇，但在美国，若要工作，你不必感到羞耻。"此外，在美国"你不需要用碱液浸泡要洗的东西"，因为"肥皂很便宜"。安娜·玛丽亚也很喜欢"在这里她们打水时不再用头顶着"。美国的工作时间也比较合适："早上天亮开始干活，到晚上就停止。"这种生活很艰难，但她和弗朗茨设法养活自己，还资助安娜·玛丽亚的五个兄弟姐妹移民美国。

男性移民的社交生活以他们去的酒吧为中心，但由于体面的未婚女子不会涉足小酒馆，想寻找伴侣的男子可能会沿着包厘街漫步，希望在城里的各种社交场所遇见成群结队闲逛的"女孩子"。在女性移民的故乡，如果没有监护人陪着，她们是不可能外出过夜的，但纽约成千上万当家佣的年轻移民女性在启程前往美国时，就把这些限制抛在了脑后。

工薪阶层的纽约人都会去包厘街享受一段悠闲的时光，19世纪50年代中期的德国人尤其如此，特别是周六晚上，因为他们刚领工资。年轻男子及其约会对象，以及成群结队刚出师的学徒工或女工会在这条著名的街道上来来往往，只是为了看人和被人看到。据沃尔特·惠特曼的说法，包厘街展示了"城市中最多样化的街道：每隔200米就会遇到各种各样的商店和各种各样的人"。记者朱尼厄斯·布朗写道，百老汇大街拥有时尚的商店，进出都是阔绰的顾客，与之相比，包厘街是"纽约的齐普赛街[1]，民众的场所，技工和劳动阶级的常去之地，一个伟大的社会民主主义的家园和出没之地……你可能是总统，或少将、州长、市长，你同样会被挤得离开人行道"。对于来此游览的南卡罗来纳人来说，包厘街看起来"像一个两英里长的大型节日集市"。

内战前夕，包厘街已成为德国移民常去之地。它是这座城市最著名的啤酒馆大西洋花园（Atlantic Garden）和大众花园（Volks Garden）的所在地，它们就在坚尼街的南边相对而开。大西洋花园是这两家公司中比较有名的一家，拥有几家酒吧、一个射击场、几家台球馆和保龄球馆，还有一个管弦乐队。一位纽约人记得那里"吸烟导致浓烟密布，侍者匆匆忙忙，碰杯声和要啤酒的喊声此起彼伏"。即使一个人既没有钱，

---

[1] 齐普赛街（Cheapside）是伦敦的一条街道。在查尔斯·狄更斯时代，它被描述为"世界上最繁忙的大道"。今天它是办公楼和大小零售商店的所在地。

也不愿意光顾这些著名的酒吧,在人行道上也有很多可看、可做和可买的。大街上挤满了街头小贩,他们叫卖牡蛎、热地瓜、新烤的花生和应季热玉米,还有用盛有糖浆的平底锅烤的梨。

尽管包厘街的社交场景很活跃,但那个时代的移民更有可能在自己的廉租公寓楼里,或通过来自爱尔兰或德意志邦联同一地区的亲戚朋友介绍认识未来的伴侣。例如,在五点区,超过四分之一的婚礼在附近的罗马天主教教堂举行,双方都是住在同一地址的人。超过一半的爱尔兰婚礼涉及出生在同一个爱尔兰郡的移民。德国人也表现出同样的特征,同为巴伐利亚人结婚的占四分之三,而普鲁士人与普鲁士人结婚的占三分之二。17岁时,塞缪尔·冈珀斯娶了犹太同事索菲亚·朱利安,她干的活是为烟叶剥烟梗,同样出生在伦敦。

德裔纽约人是狂热的组织者,建立了数量惊人的娱乐社团。只要有共同特征,不管是什么,几乎都会创建社团。有些是为来自德国同一邦国或城市的移民而建的,另一些则用于同业的同行交友,还有一些的组织原则基于政治或艺术。歌唱社团尤其多。甚至还有一个德国秃头男人协会。

在小德国,最重要的社团是德裔美国人体操俱乐部[1]。该俱乐部始于拿破仑时代,带有民族主义社团的性质,旨在让德国人的身体更加健康,以便为击退法国的入侵做好准备。到19世纪中叶,"特纳"运动已与共和主义和"思想自由"联系在一起,其成员在1848年的革命中尤其活跃。他们会参与德国政治问题的辩论,就跟参加小德国市民活动的体操表演一样充满活力。但从每年的郊游可以看出,他们也知道如何享受美好时光。1855年,他们举办了一场有3万移民参加的盛会,《纽约时报》报道说:"我们以前从未见过这样的事!如此多的啤酒被喝下,如此成群结队的德国人,如此挥霍的欢乐时光,若计划在德国旅行一

---

[1] 在德语中,德裔美国人体操俱乐部为Turnvereine,其成员为Turners,因此,英语中的Turner movement 一般译为"特纳运动"。

年……我们预计都不会看到这种场面。"爱尔兰人有其古爱尔兰修道会和其他慈善社团,但在内战时期,却从来没有像德国社团一样激发出共同的集体奉献精神。

19世纪40年代末和50年代初,数量空前的爱尔兰和德国移民定居纽约,使纽约从一个移民众多的城市变成了一个由他们定义的大都市。如前所述,1855年纽约的移民人数超过了本地居民(63万居民中有32.2万移民)。到1860年,移民数量减少,新移民开始生育大量子女,移民占人口的比例回落至47%,而总人口却攀升至81.4万人。仅仅15年,纽约人口增加了一倍多。1845年,纽约甚至还不是世界上人口最多的20个城市之一,但到1860年,只有伦敦、巴黎和北京比纽约大。

"纽约的崛起最为非凡,"一位英国游客惊叹道,"世界上没有哪个城市由这么多不同国家的人组成。"一位爱尔兰游客表示同意,称纽约人是"异质群体"。这个城市的飞速增长不仅仅是因为创纪录的移民,还因为很多移民决定在曼哈顿定居。随着19世纪50年代的发展,越来越多的移民选择纽约作为他们的新家。到1860年,在城堡花园登陆的移民中,52%的人报告说他们计划留在纽约州,其中大约70%的人定居在纽约市。

值得注意的是,外国出生的人占据了行业劳动力的多数,因此,纽约人少有抱怨。然而,在政治领域,饥荒时期的移民引发了更多的敌意。到1860年,该市69%到了投票年龄的居民是在国外出生的。《晚间快报》(*Evening Express*)抱怨说:"纽约……与其说是美国城市,不如说是一个外国城市。"其编辑伊拉斯塔斯·布鲁克斯代表的是纽约州参议院反移民的一无所知党[1]。在大多数政治领域,前几代移民都愿意

---

[1] 一无所知党(Know Nothing Party),又称美国党,起源于1849年,活跃于19世纪50年代,成员主要是新教徒,他们担心天主教徒更忠诚于教皇,而不是美国,因此要从政治(当选官员)、经济(就业机会)上防止权力落入移民和罗马天主教徒之手,以维护新教徒主导的主流社会价值观。

顺从纽约本地人，但现在移民开始要求在城市的政治生活中发挥更大的作用，这就激怒了布鲁克斯这样的一无所知派。由此产生的当地人和新移民之间对城市政党和政治机构控制权的争夺需要差不多花费近20年的时间才决出结果。等到战斗结束，政党的"领袖们"已经接管了该市的政治，并在此后的一百年里统治这座城市，中间只有几次中断。

纽约十大移民来源，1860年	
爱尔兰	203 740
德意志邦联	119 984
英格兰	27 082
苏格兰	9 208
法国	8 074
加拿大	3 899
瑞士	1 771
波兰	1 586
意大利	1 464
西印度群岛	1 202
外国出生者总数	383 717
总人口	813 669

资料来源：1860年美国人口609万（华盛顿特区，1864年的数据）。包括曼哈顿及布莱克威尔岛、兰德尔岛和其他港口岛屿。

第十章
政治角逐

纽约的爱尔兰移民迅速而热情地加入该市的政治纷争，开始培养出一种不同的政治精英，他们主要由酒吧老板、消防队员和警察组成。与之相比，德国移民似乎对政治漠不关心。

纽约的爱尔兰移民是纽约政治中第一个主要投票集团。然而，在19世纪的前几十年里，爱尔兰人倾向于在政治事务上遵从该市土生土长的杰出公民。选举产生的最重要的职位都由知名的商人和制造商占据，甚至区一级的职位选举也是如此。然而，随着19世纪20年代白人男性普选权的实行，这种尊重开始减弱。1828年，既没受过教育也没有文化的安德鲁·杰克逊当选美国总统，并在第二年举行了就职典礼，但典礼失控，差点毁掉，这反映了美国政治形势的变化。1834年纽约的选举骚乱标志着这个城市转变的转折点，因为爱尔兰移民开始拥有掌控当地事务的权力。爱尔兰裔美国人开始要求在决定如何及由谁来管理他们方面有更大的发言权，首先在五点区，然后是爱尔兰人众多的其他区。

爱尔兰裔纽约人绝大多数投票支持像杰克逊这样的民主党人。内战前夕，非民主党候选人在爱尔兰人占多数的地区甚至难以获得15%的选票。反对限制销售白酒的法律吸引了很多爱尔兰裔移民加入民主党。该党作为天主教移民的朋友和本土主义的敌人的名声也是如此获得的，它源于该党在1798年曾反对《客籍法和镇压叛乱法》。

南北战争前，在纽约爱尔兰人社区的政治角逐中，人们却很少讨论实质性问题。地方政治竞选中明显没有政治纲领和政策声明。相反，在纽约的爱尔兰人聚居地，选战的结果通常显露出候选人的三种特质：民主党领导人的个人声望；领导人对其追随者提供支持的能力；为确保获得权力和此后的维持，领导人在初选会和选举日使用暴力和恐吓的本领。

仅仅因为纽约的爱尔兰人是民主党人并不意味着民主党人欢迎他们加入自己的行列，1842年春天发生的事件就能说明问题。在那一年之前，纽约的公立学校都是由公立学校协会管理的，这是一个新教组织。公立学校的课程包括阅读新教的《詹姆斯王圣经》，唱新教的赞美诗，根据天主教的说法，它的教科书表达了"对天主教最为粗俗的讽刺，亵渎其神秘，并嘲笑其权威"。随着移民人数的增加，纽约的天主教徒对这种公然的新教课程非常不满。有些爱尔兰天主教徒要求学校完全取消宗教教学。但是，在罗马天主教领袖的领导下，大多数人要求国家"将学校的资金分割开来"，将一部分税收收入转移支付给天主教学校，以对抗新教对公立学校协会的影响。

为了安抚这些天主教徒，同时又不失去新教徒的支持，纽约议会通过了《麦克莱法案》（*Maclay Act*），该法案创建了一个由城市管理公立学校的新系统，同时保留了公立学校协会及其学校的完整。新系统中关于阅读圣经和其他有争议问题的政策将由纽约每个学区民选的学校董事会制定。但双方都不满意《麦克莱法案》。天主教徒选民最多在一两个选区占大多数，因此，纽约罗马天主教领袖认为新董事会不会公平对待纽约的天主教徒，如来自爱尔兰蒂龙郡的移民约翰·休斯主教，而新教徒则认为对现行体系的任何改变都是对天主教要求的屈服。

在这些焦虑不安的新教徒当中，就有诗人沃尔特·惠特曼，当时他还是民主党报纸《曙光报》（*Aurora*）的年轻编辑。惠特曼指责《麦克莱法案》是一个"培养和教导天主教迷信的法令"，并坚持纽约民主党人不应屈服于天主教领袖的最后通牒："这些人要么是被女修道院拒之门外的，要么是来自奥地利修道院做粗活的厨工，难道坦慕尼协会必须要听这些外国的污秽渣滓发号施令吗？"[1] 如果"在这种情况下"，民主党屈服于"外国的乌合之众……他们的要求和傲慢无礼将永无止境"。惠特曼认为，教新移民尊重美国制度的最好方法是抵制天主教的教育要求。

到 1842 年，民主党人在这些问题上的分歧就在纽约市政府选举中表现了出来，该选举在《麦克莱法案》通过后仅仅两天就开始了。在第六区，爱尔兰天主教移民选民的集中度特别高，选举尤为紧张。在市议员的竞选中，威廉·谢勒获得了民主党的"常规"提名，但在第二轮民主党候选人名单中，为首的是前市议员吉姆·费里斯，他也加入了角逐。在第六区市议员的竞选中，两名民主党候选人竞争并不罕见。但正如《纽约先驱报》所指出的那样，"所有争吵也都是由学校问题引起的。因为该区前任收税员康·多诺霍在学校问题上扮演的角色而被市议会赶走了……在提名时，多诺霍被牺牲掉，遭到放弃；对此，他的爱尔兰朋友们联合起来，提出了新的候选人名单，以费里斯为首，对付谢勒。谢勒因为对沿街叫卖星期日报的小男孩进行讨伐而变得很不得人心。"第三位民主党候选人是希弗斯·帕克，《纽约先驱报》称其为"休斯主教候选人"，意思是说他可能倾向于利用该市的一部分学校资金资助天主教学校，他的加入让事情变得更加复杂，进而增加了辉格党候选人，陶器制造商小克拉克森·克罗利斯赢得市议员职位的可能性。

在第六区的选举日，每一派都企图阻止其他派的支持者投票。《纽约先驱报》报道称："战斗极其血腥和恐怖。"男人"被打得头破血流，根本认不出人模样了"。市长亲自率领一队警察赶来镇压暴乱，但他们

---

[1] 此时，纽约民主党已经成为圣坦慕尼协会（Saint Tammany Society）的同义词，该协会是一个兄弟会，其成员包括该党大多数领导成员，其总部坦慕尼会馆举办很有影响力的总务委员会会议，而该委员会管理着纽约市的民主党。——作者注

1860年，纽约人在选举日投票。选民必须自带选票，他们通常在投票站外各党派设立的摊位上领取选票，然后进入投票站，将选票放进投票"箱"，投票"箱"通常是玻璃鱼缸，放在木框架内，图中桌子上放的那些就是。

刚一离开，本地暴徒就入侵了第六区。惠特曼不无赞许地指出，他们的目的是教训"（该区）外国流氓的蛮横无理"。在精心选择了目标之后，暴徒们袭击了康·多诺霍在奥兰治街的杂货店，"并使其严重受损"。然后，转向上城区的休斯家，在当局驱散他们之前，打破了窗户、门和家具。惠特曼咆哮道：倘若被砸碎的是"伪君子牧师的头"，"而不是他的窗户，我们的内心深处很难感到悲伤"。第六区民主党人的分歧让克罗利斯赢得了市议员的竞选，辉格党多出一票，从而成为多数。虽然惠特曼是民主党人，但他为自己的政党在试图控制市议会的竞争中失败而感到高兴，声称这将教会坦慕尼协会抵制天主教的要求。

在接下来的几年里，"学校问题"继续发酵。本地出生的美国人对移民批评学校制度感到愤怒，反而导致了反移民的美国共和党的形成，该党与辉格党联手，于1844年选举出版商詹姆斯·哈珀为纽约市长。但由于每年有成千上万的移民来到这座城市，没有哪个主要政党愿意永久支持本土主义者的议程。辉格党与本土主义者的眉来眼去进一步巩固了移民与民主党的联系，而爱尔兰人仍然相信他们不得不继续在民主党内部进行斗争，以确保他们的观点受到认真对待，并确保爱尔兰裔美国人能够公平分享政府的职位。

这些爱尔兰裔纽约人为之激烈竞争的候选人是谁？直到1840年前后，富商和制造商一直担任着大多数选举产生的职位，比如克罗利斯，甚至在有众多移民的选区也是如此。在城市的某些地方，这种情况一直持续到19世纪50年代。但到了1840年，爱尔兰移民开始培养出一种不同的政治精英，他们主要由酒吧老板、消防队员和警察组成。

这三个群体的政治力量源于他们对选民的特殊影响力。我们已经目睹了酒吧老板的政治力量。获得政治声望的第二条途径是通过志愿消防队参与竞选。在南北战争前的纽约，一家训练有素的消防公司大力支持某一特定候选人的可能性就像支持扑灭一场火灾一样大。在爱尔兰裔美国人开的消防公司里，那些著名的强硬派通常是那个时代决定初选会或大选结果的人，一个人争取票箱或阻止反对者这样做的能力往往对移民聚居地的选举结果至关重要。大多数公司都承认至少会招收一些成员加入他们专门的队伍，以发挥他们的战斗技能。纽约多位内战前的政治家最初都是以该市消防公司的工长而声名鹊起的，尽管他们通常缺乏竞选市级公职所需的社交风度，但仍有可能升到市议员或治安法庭法官的职位。第一位获得市政府职位的纽约人是"老大"威廉·特威德（William M. Tweed），他的政治生涯是从领导一家消防公司开始的。尽管不是移民，但他最终成为民主党组织坦慕尼会馆的领导者，特威德自己及党组织的最终成功与他为坦慕尼协会赢得移民选票的能力密不可分。

获得政治权力的另一条途径是通过警察局参与竞选。除非在之前的竞选活动中表现出对执政党的忠诚，否则，几乎不可能在警察队伍中获得一席之地。19世纪50年代中期，警官的工资约为每周12美元，作为高薪且稳定工作的回报，该官员不仅要在选举期间继续为党工作，而且还要向党的金库奉献一部分工资（通常是2%），并利用其影响力帮助可能触犯法律的党员。以这种方式证明自己的忠诚让很多爱尔兰裔警察得以从党的领导层和选举职位中脱颖而出。

有时，即使事先没在警察局或消防队工作过，也没开过酒吧，某位纽约的爱尔兰人也能用自己的方式获得政治权力。他可以向坦慕尼协会选区的一位负责人承诺自己能带来几家大型廉租公寓楼居民的选票，或该区来自某爱尔兰郡的移民的选票。又或者，他可以带着自己的一帮子人在初选会上恐吓领导人的对手。无论他提供的是选民还是打手，这位有政治抱负的人都希望得到一些回报。有些人是为了钱，而更有政治野心的人则是为自己或盟友寻求庇护，比如得到地方、州或联邦政府的工作。赞助是增加政治影响力的关键之一，对于那些不能指望消防公司或酒馆顾客支持的人更是如此。对于有抱负的政治家来说，能够为自己的支持者提供工作最有可能扩大他的影响力。在爱尔兰社区尤其如此，那里的居民发现很难找到一份稳定的工作。

然而，即使某位爱尔兰裔纽约人在其家所在选区获得了声望，他还需要额外的努力才能把这种声望转化为提名。在党派基层官员的初选会之前，每个民主党派系的领导人都会拟定一份候选人名单。在爱尔兰人聚居的社区，民主党人的人数远远超过对手，以至于该党总是由至少两个派别组成，有时更多。每个派系的领导人都要为所有的职位（从市议员、治安官到学校董事会成员）挑选被提名者，还要挑选在市、州和联邦职位提名大会上代表选区的候选人。然后，各派领导人准备在选区初选会上出示他们的候选人名单，初选会通常在选举日前大约一个月举行。

提名大会的第一次投票最为重要，因为它要选出会议主席。若候选人所在的派系被选为主席，他就能控制其余的程序，并以官方批准为理由，利用其打手"维持秩序"，这是将较弱派系的强人赶出大楼的典型借口。人称弗洛里的纽约政客佛罗伦萨·克南回忆说："有一次，约翰·埃蒙斯是（第六区市议员）的候选人，要不是著名拳击手比尔·斯卡利跟康·多诺霍和他的手下及时赶到，将主席从窗边救出（其秘书跟随而出），他没有任何获胜的机会。但他们的及时到来改变了局势，反对党主席及其官员从同一扇窗户被送了出去。"当受雇的打手为他们而战时，候选人也不能坐视不管。那些在初选时没有"与朋友一起为自己的事业而战"的被提名人将被嘲笑为懦夫。因此，克南写道："参加党派基层官员的初选会时，爱尔兰人选区那些"了解情况的政客从来不会穿得很讲究"。只有那些"两眼乌青、外衣扯烂、帽子撕破的人才能赢得"提名。

1917年前，纽约女性没有投票权，理论上她们没有理由对这种战斗感兴趣。人们认为女人的活动范围是家人和家，政治世界不是她们涉足的领域。然而，当一个女性移民知道她家的生计依赖政治上的胜利时，她可能会想办法改变现状。如果她丈夫是清洁工或警察，需要得到当地酒吧老板的青睐，那么，若在街上遇到他，她可能会和他调情，或者代表丈夫游说政客走卒的配偶。政治领导人的妻子也要扮演自己的角色。克南回忆称五点区杂货商康·多诺霍的妻子特别擅长影响社区政治竞争的结果：

> 在康忙公事时，他的好女人多诺霍太太就站在柜台后面接待所有的顾客；对于一个处于上升趋势且有希望成为政治家的康来说，她是一个能干的帮手。如果康兰太太、穆鲁尼太太或旧第六区任何其他好选民的妻子来买杂货，或者拿着牛奶壶买一滴优质的杜松子酒[1]，或想买烤鲱鱼为好男人做午餐，多诺霍太太会利用这个机会和她谈谈她的詹姆斯、帕特里克或彼得

---

[1] 买一滴优质的杜松子酒（for a drop of good gin）是一种诙谐的表达，正话反说，其实不是买一滴，而是买一满壶；不是优质的杜松子酒，而是劣质的。因为顾客不可能用一个大牛奶壶来买一滴酒，而且这种杂货店里不可能销售优质的杜松子酒。

将如何在即将到来的市议员选举中投票……如果她大谈特谈支持分裂投票[1]的约翰·富特,或暗示她的男人相信比尔·尼尔斯,那就祈求上帝保佑这位顾客吧。如果她是这样说的,得到的就是从桶里随手抓的一些最小的鲱鱼或土豆,以及多诺霍太太(不满意)的眼神,如果她能体会到什么意思,而且想要自己的丈夫成为市政府雇用的清洁工,手里拿着一把扫帚,不管工作不工作,一天 10 先令,而且是康在周六晚上亲自支付,她只需让自己的丈夫叫尼尔斯兄弟见鬼去,然后为费利克斯·奥尼尔欢呼!就这样,康·多诺霍太太让很多人皈依到了她的君主,大胆的康·多诺霍的旗下。

当大选的那一天终于到来时,民主党初选中的恐吓场面经常会在每个投票站重复出现。有时,在基层官员初选会上发生冲突的派系之间会打架。更常见的情况是,移民社区里的打手会在投票站巡逻,压制辉格党或共和党的选票。他们这样做不是为了确保在地方选举中获胜(在地方选举中,民主党很少需要担心失败),而是为了压制其他政党在全市或全州范围内的投票。这样做可能会使其中一场竞争的天平向民主党倾斜。

纽约的爱尔兰移民迅速而热情地加入该市的政治纷争中,与爱尔兰移民相比,德国移民似乎对政治漠不关心。在一次特有的评价中,《纽约时报》称德国新移民"不太关心……谁在统治他们,以及对他做了什么"。19 世纪 50 年代初,很少有德裔美国人在纽约政治中扮演重要角色。即使是在小德国,在内战时期的选票上,爱尔兰姓氏的数量也总是

---

[1] 如果某人以分裂投票的方式竞选公职,这意味着他已经失去了常规的民主党提名,但决定以"独立"候选人的身份继续竞选。这样做"分裂"了民主党在五点区和其他民主党票仓的选票,辉格党或共和党的候选人就有了赢得选举的可能性。——作者注

远超德国姓氏，甚至在区一级的职位竞选中也是如此。直到19世纪50年代中期，任何政党的小德国选票上只出现一个德国姓氏，德裔美国人得到的提名总是最低级的职位，如巡警或选举检查员。

然而，纽约的德裔美国人确实在两党内部保持着不同的组织，爱尔兰人从来没有这样做过。在任何既定选举前的一个月左右，报纸上满是德国民主党、辉格党或共和党会议的公告。随着选举日的临近，这些集会不可避免地以火炬游行结束，其目的是为该党的候选人名单争取支持，并提高德国移民在纽约政治舞台上的知名度。

跟爱尔兰人一样，纽约的德裔美国人把绝大多数票投给了民主党，这样做的原因有很多是相同的。甚至1844年哈珀当选纽约市长时，还没有来到纽约的移民也被其他民主党人提醒过：这位本土主义出版商之所以取胜，乃是因为辉格党撤回了自己的候选人，默许了哈珀的当选。德裔美国人也认为辉格党是最倾向于限制或禁止酒类销售的政党，这正是他们坚决反对的事情。

德裔美国人的政治冷漠在1854年戛然而止，当时本土主义、禁酒主义和第三个问题奴隶制同时爆发了争议。在那年的头几个月，纽约议会开始考虑由辉格党的迈伦·克拉克发起的一项法案，该法案将禁止在该州销售白酒。这些法规以1851年在缅因州颁布的法规为模板，当时被称为"缅因法"。在春季的头几天，纽约参众两院通过了该法案，但民主党人霍拉肖·西摩否决了这项措施。禁酒倡导者发誓要继续为制定"缅因法"而斗争。当纽约的辉格党提名克拉克为州长时，纽约的德裔美国人发誓要把让他失败作为自己的头等大事。

就在禁酒法案在奥尔巴尼的议会通过的几个月里，国会正在审议同样有争议的一项法案，该法案将会废止另一种禁酒法案。该立法建议由伊利诺伊州民主党人斯蒂芬·道格拉斯提出，最终被称为《堪萨斯-内布拉斯加法案》(*Kansas-Nebraska Act*)，它将结束自1820年以来在路易斯安那购买案中购买的大部分土地上实施的奴隶制禁令。根据道格拉斯参议员的提议，每个地区的定居者将投票决定是否允许奴隶制。1854年5月通过的《堪萨斯-内布拉斯加法案》将德国的反奴隶制活动人士带到小德国政治舞台的最前沿。

正当《缅因法》和《堪萨斯-内布拉斯加法案》搅动纽约政坛时，一个新的反移民政治组织—无所知党突然出现在政治舞台上，成为德裔纽约人在政治上变得更加活跃的第三个原因。它独特的名字源于它是一个秘密的兄弟会，它要求成员在被问及这个团体时，要假装不知道。在1853年11月的选举日，当记者问及一张意外出现在纽约所有投票站的候选人名单时，很多纽约人都说"我一无所知"。《论坛报》称这个新组织为"一无所知党"。尽管成员们更喜欢称他们的组织为美国党，这个名字还是被保留了下来。

一无所知党远比19世纪30年代莫尔斯的印第安人民主联盟和19世纪40年代哈珀的美国共和党更受欢迎，影响力也更大。尽管之前的本土主义政党成功地选出了一位纽约市长和宾夕法尼亚州的几位众议员，但一无所知党在1854年和1855年选出了8位州长，100多位众议员，以及数千名州议员和地方官员。新英格兰尤其欢迎一无所知党。1854年，马萨诸塞州的选民选了400多位一无所知党的成员加入州议会，而其余的辉格党、民主党和共和党加起来才选出了3位议员。

这种突然的成功得益于几方面。首先，一无所知党的受欢迎程度在1854年达到顶峰，这一年美国的移民数量创下了历史新高。1853年和1854年，天主教领袖重新努力为天主教学校争取国家资助，而大多数新教徒继续强烈反对，一无所知党也从中受益。北方的一无所知党也通过支持禁酒立法和反对《堪萨斯-内布拉斯加法案》而获得了支持。

在纽约，移民占成年人口的三分之二，禁酒运动和反奴隶制运动都不太受欢迎，一无所知党的招募人员把注意力转向了其他问题。首先，他们指责爱尔兰和德意志邦联正在把他们的穷人扔到美国海岸，以便把养活他们的负担转移到纽约的纳税人身上。《纽约快报》(Express)是一无所知党在纽约的主要报纸,它抱怨道:"我们的济贫院里住满了外国人",而"为了给他们提供衣食,我们公民的口袋被掏空了"。共和党的《论坛报》对一无所知运动并不友好,但连它也同意纽约正在成为"德国贫民的植物学湾[1]"。

一无所知党声称,作为一项节约成本的措施,德国政府把成千上万的乞丐运往美国。这种说法一度被认为是过度紧张的本土主义者想象的产物,但实际上并没有那么牵强。19世纪40年代或50年代初,几乎德意志邦联各国都制定了秘密计划,将罪犯和贫民运送到美国和加拿大。为了应对一无所知党的抗议,德国的汉诺威实际上停止了由国家补贴的不受欢迎者的移民计划。

纽约的一无所知党还谴责天主教移民干涉美国公立学校的行为,这些天主教移民不仅试图挪用用于天主教学校的税收,还要求学校不再阅读《圣经》,这是新教徒认为必不可少,但天主教徒反对的课程之一。此外,尽管后来几代本土主义者谴责移民的激进主义,一无所知党却抱怨天主教新移民的反动倾向,声称天主教反对派的活动注定了1848年推翻欧洲君主制,并以共和制取而代之。很多移民同意这种对天主教会的批评。纽约《爱尔兰裔美国人报》的编辑断言:"如果'罗马天主教出版社'将自己局限于宗教事务,而不介入学校问题,不为欧洲专制主义道歉、辩解和庇护,不蔑视和嘲笑激进主义和共和主义,……我们当然就不会有一无所知党。"

一无所知党还抱怨移民给这座城市的政治生活带来了令人无法接受的暴力。《纽约快报》谴责说:"选举骚乱"的增加直接归因于"我们的外国人口"的增加。"行政管理是一门学问,不识字的爱尔兰人或不懂

---

[1] 植物学湾(Botany Bay)是澳大利亚臭名昭著的罪犯流放地,英国把不良分子送到了那里。——作者注

我们的语言、风俗和传统的德国人在一天之内是学不会的。"甚至很多非一无所知党的人也发现了这个论点的可取之处。《论坛报》哀叹道："令人遗憾的是,我们的移民群体有党派之分,误入歧途,容易发生暴力行为。我们从未见过一个美国诞生的手握武器的政党会进行和平的投票;我们看到过两三百人的一帮子爱尔兰人,手持沉重的棍棒,在选举日走上街道,显然是想挑起争斗。"一无所知党承诺恢复美国政治的美德和公平。

就一无所知党的世界观而言,最后一点是美国不可能吸收和同化所有寻求在其境内定居的移民。《纽约镜报》(*New York Mirror*) 认为:"半个世纪以来,大量的外国人登陆我们的海岸,而且一直在有规律地增加,直到我们的土地在无知、迷信和有害教条的重压下开始呻吟,但这些教条已经灌输给了我们的族群……如此庞大的外来公民受一个邪恶神父的控制,最低劣的迷信和罪恶集于一身,而且在情感上也与这个国家的新教体系截然相反,鉴于此……天主教在美国获得支配地位的危险性岂不是再明显不过了?"

为了回应那些说他们是偏执狂的指责,纽约的一无所知党指出他们对这座城市的犹太人态度很温和。《纽约快报》的编辑自豪地说:"犹太人放我们一马,我们也放他们一马。不管他们的宗教多么令人反感,他们的宗教是共和的,与联邦追求的和平、繁荣和生存相一致。"相比之下,该市的天主教徒选民不凭良心投票,按照一无所知党的说法,他们必须完全按照神父和主教的命令投票。

在费城和纽约等以移民为主的城市,一无所知党宣传自己不是反移民,而是反天主教。事实上,新教移民往往比一无所知党的反天主教情绪更加强烈。纽约爱尔兰天主教期刊《公民》(*The Citizen*) 抱怨说,无论哪里有反天主教的街头布道,"或对天主教教堂或女修道院的攻击……可以肯定的是,(在煽动者中)冲在前面的是某些忠实的爱尔兰加尔文主义者"。在一无所知运动达到高潮时,该城占主导地位的爱尔兰天主教卡特曼协会的主席同样指出："人们对移居公民提出了强烈的抗议……是谁发出了这一声呐喊？为什么是外国人（英国人，野蛮的英国人）及北爱尔兰的织工、屠夫和流氓。"这些人不能加入一无所知党的支部，但据说他们中的很多人还是投了一无所知党候选人名单上的人。

针对与移民有关的问题，一无所知党提出了三种主要的补救措施：第一，新教徒必须抵制天主教要求改变美国学校制度的要求；第二，移民获得公民身份和投票权必须等21年，而不是5年；第三，应禁止移民和天主教徒担任经由选举和任命的政治职务。在纽约之外，一无所知党也支持禁止销售白酒。

当时，撼动政治格局的有三个问题：禁酒、奴隶制和本土主义。1854年，在这三个问题中，禁酒似乎是最能激起德国选民反对的问题。在德国新闻界和主流媒体对德国政治活动的报道中，《缅因法》似乎无所不在。1854年11月7日，在恳求他们投票给民主党时，《纽约先驱报》大声疾呼："德国人！让你们祖国感到骄傲的淡啤酒正处于危险之中。接下来他们就想要你的烟斗了。"同一天，一位德国杂货商站在一个木桶上向人群发表演讲，警告说辉格党想"插手杂货店和啤酒店。要我说，你们不能投他们的票。如果你们投票给他们，我的买卖就会彻底完蛋"。尽管如此，克拉克还是赢得了州长职位，这让纽约的德裔美国人担心禁酒令即将颁布。他们公开抨击"隐藏在这些虚假道德运动之下的黑暗目标"，并发誓抵制此类立法。

这种情绪反映的不仅仅是德裔美国人单纯的饮酒欲望。移民的大部分政治活动都是在他们自己的酒吧和啤酒馆里组织的。禁酒令将要打击他们的政治权力，而不仅仅是他们的饮酒习惯。大多数移民政治领导人之所以能够负担得起竞选公职的费用，指望的就是出售白酒产生的收入。德裔美国人同意《纽约先驱报》的说法："一无所知党是反对这些……酒馆政客的第一场运动的标志。"因此,那位站在木桶上演讲的德裔杂货商预测:"如果禁酒主义者得了势,德国人就不会有啤酒可卖,也将失去政治权力。"[1] 如果他们"像北方佬一样断货",德裔美国人的社会生活、经济福祉和政治势力都将受到影响。

那些希望让德裔美国人脱离民主党控制的纽约人认为,《堪萨斯-内布拉斯加法案》可能会使这种重组成为可能。1854年4月,西摩的否决终止了纽约的《缅因法》,但国会通过了《堪萨斯-内布拉斯加法案》,一个月后,富兰克林·皮尔斯总统签署,使之成为法律。然而,纽约的德国社区在这个问题上存在严重分歧。当德国民主党在2月召集会议,以此表示对该法案的支持时,会议并没有按照计划进行。出席会议的2 000名德裔美国人中,有一半人拒绝支持赞成蓄奴法案的德裔美国人担任会议主席。这位反对《堪萨斯-内布拉斯加法案》的主席候选人也无法获得听众的多数票。据《纽约先驱报》报道,出席会议者的喊叫声"比潘德蒙尼[2]里的小恶魔还要响亮,阻止了对任何人有利的决定"。"妥协与和解"的请求被置若罔闻。一位德国神父试图安抚人群,但"他听到的是'打倒天主教''打倒教皇'及'打倒他'的喊声"。

酿酒商埃哈德·里希特是该会议反奴隶制代表团的领导人,当他试图在演讲台上向观众讲话时,一群支持奴隶制的德裔美国人"冲向讲台",《纽约先驱报》报道说:"讲台上的桌子被推翻,进而被砸成碎片,里希特四肢伸展着被这群人举到了头顶上。"就在这时,"全员参与的战斗开打。人不是被抛到空中,就是被踩在脚下,每个角落都在互相拉

---

[1] 德裔啤酒商之所以反对禁酒,是因为他们将无法从啤酒销售中获利,并将利润用于政治活动,也就无法维护自己的政治权力。

[2] 潘德蒙尼(Pandemonium)是约翰·弥尔顿的史诗《失乐园》(*Paradise Lost*)中的地狱之都,又称所有恶魔之地。

扯，挥拳殴打"。有些参战者试图举起一个匆忙制作的旗子，上面用德语写着"废除奴隶制"，但这只能让支持奴隶制的人更加暴怒。"打架斗殴变得可怕起来，有人抓起几张破桌子，砸向人头，几个人顿时头破血流。"经过两个小时的混战，选举会议没能恢复秩序，就那样不了了之了。这种场景在爱尔兰人社区的初选会议上很常见，但在德国移民的政治集会上，此类流血事件则是前所未有的。

为避免被捕，失败的1848年德意志革命领袖逃到了美国。而反对《堪萨斯–内布拉斯加法案》运动首次将该市的"48年的人"带入纽约政坛。3月3日，反对《堪萨斯–内布拉斯加法案》的德裔美国人举行了自己的会议，数千移民再次挤满会场。《纽约先驱报》报道称："运来了大量啤酒，多数'德意志'之子喝了'大量这种让人提神的饮料'，显然想以此表达对所有禁酒令的蔑视。"

弗朗茨·西格尔曾帮助领导1848年失败的巴登革命，现在是纽约的一位教师。当集会选举里克特为会议主席后，德裔美国人"特纳"俱乐部成员在西格尔上校的带领下步入会场，他们"手举共和红旗，乐队'演奏《马赛曲》'为之伴奏。他们受到了热烈欢迎"。接下来是"举着德国三色革命旗的另一群人，也获得了掌声。然后出现了几条横幅，一个写着'废除奴隶制'，另一个写着'反对缅因禁酒令'，第三个是一幅漫画，被认为是讽刺纽约主要德语报纸《纽约州报》编辑的，他因支持道格拉斯先生的法案而被一部分德裔美国人讨厌"。据《纽约先驱报》报道，这些前革命者谴责《堪萨斯–内布拉斯加法案》，"语言无所不用其极，各种无耻的字眼对它毫不留情地进行了贬损"。

几周后，坦慕尼会馆举办了一场支持《堪萨斯–内布拉斯加法案》的德裔美国人集会，比反对《堪萨斯–内布拉斯加法案》的集会吸引的人更多。尽管如此，由于担心德裔美国人的反水可能让他们在1854年的选举中付出代价，多年来，民主党人第一次在全市范围内将德裔美国人放进了候选人名单。正如《纽约时报》后来所说："德裔民主党人"

不愿意再"默默地投票,而捞不到任何好处"。虽然德裔美国人被提名的职位相对不重要,但他们获得全市提名的事实表明:他们的选票现在被认为既重要,又有可能是争夺的对象。

考虑到辉格党过去支持本土主义和禁酒,他们的领导人明白为什么很少有德国移民投票给他们的候选人。然而,随着辉格党的消亡和新共和党的崛起,共和党人把限制奴隶制的扩散置于其他问题之上,因此,他们希望赢得大部分纽约德裔美国人的选票。德裔共和党人在该市为1856年的共和党总统候选人约翰·弗雷蒙组织了规模可观的集会。在这些集会上,48年的英雄们会用纽约德国移民的母语向他们讲话,敦促他们加入美国共和党,以表达对德国共和党事业的忠诚。在1848年旨在推翻巴登政府的不成功的尝试中,弗雷德里克·黑克尔和西格尔一样是领导者,他告诉纽约听众:"出于德国之名和德国民族的荣誉,以及对贵族傲慢和暴政的仇恨,每个德国人都有神圣而紧迫的责任加入反对奴隶制和奴隶主集团的行列。"另一名流亡者辩称:"我们来到这个国家,不是为了与那些跟国内贵族同属一类的人携手同行。"《纽约时报》是一份共和党报纸,它自信地预测:"纽约的大多数德国人现在都支持共和党。"

但到了选举日,事实证明《纽约时报》的评估过于乐观了。在小德国的任何地方,弗雷蒙都不足以击败民主党候选人詹姆斯·布坎南。共和党人试图粉饰选举结果,他们无视数学逻辑,坚称"在这座城市的几个德国人占优势的选区中,可能有足足三分之一的德国人支持共和党"。据一份德国报纸估计,只有6 000名来自纽约的德裔美国人投了共和党的票,这个估计可能更为准确。

为什么反奴隶制运动未能激励德裔纽约人改换党派?德裔美国人似乎认为共和党就跟曾经的辉格党一样,深受本土主义和禁酒主义的玷污。他们认为,共和党人与北方的一无所知党多次合作的例子表明:如果不默认支持一无所知主义,就不可能为自由的土地投票。"如果你们美国人愿意向德国人展示一个真正自由的政党，在任何方面都不受限制，即没有受本土主义玷污，"一位德裔美国人评论说，"你肯定能赢得他们的选票，并且在组建这样一个政党时，你还能期望得到他们最好的帮助。"其他德裔美国人则认为禁酒的问题是决定性的：因为众多纽约上州的共和党人已经承诺要限制白酒，德国移民不会投票给他们的纽约同胞。德裔共和党人请求他们的同胞至少支持共和党人担任不涉及执行禁酒法的国家职务，但这些请求无人理会。

1856年，共和党在纽约州的竞选中大获全胜后，德裔美国人将共和党与酒类限制联系在一起的做法似乎得到了证实。尽管对彻底禁酒的支持已经减弱，但共和党控制的新议会在1857年颁布了一项法律，关闭纽约周日的酒馆和露天啤酒店，并对所有出售酒类的场所征收高额的许可费。由于担心纽约市的警察不会执行这些法规，议会解散了整个警察部队，取而代之的是一个州立单位，移民基本上被排除在外，其成员都是前一无所知党。1856年底，一无所知党几乎完全解体。

这项不受欢迎的法规于1857年7月1日生效，迎接它的是纽约移民一系列前所未有的骚乱。7月4日，当新警察试图制止酒后斗殴时，五点区的人攻击了新警察。附近的帮派也加入了因之发生的混战，打斗很快演变成了爱尔兰人敌对帮派之间的地盘之争。从开始的廉租公寓屋顶的砖头阵雨演变成了巨大街道路障后的枪战。当"包厘街青年骚乱"终于在黄昏平息时，12个纽约人倒地不起，几乎都是爱尔兰移民。

一周后，该市德裔社区也让他们抵制禁酒令的誓言变成了实际行动。7月12日，当新警察来到小德国执行周日关闭酒馆的法律时，17区的德裔美国人向他们投掷石块。等到警察呼叫增援后，暴力升级，移民约翰·米勒被一名缺乏经验的巡警射杀。"我们现在可以期待的就是这样。"一位愤怒的德国移民惊叹道，"我们会像狗一样被射杀；当我们的丈夫早上出门时，我们不知道他们是否还能回来。"

1857年7月的包厘街男孩骚乱是由五点区人对州议会决定解散城市警察部队，用一个很少雇用移民的州立单位取而代之的不满引发的。

米勒被杀的消息激怒了小德国的居民，第二天，他们大部分时间都在跟警察发生冲突，直到民兵被招来平息人群。一名移民指控说："纽约似乎是被卑鄙的议会挑出来作为目标，制定了一些会让柏林或慕尼黑血流成河的令人讨厌的法律。""至大的神啊！如果发生在这片勇敢的土地上、自由家园里的是这样的事情，那我们来这里干什么？"德国移民将此次骚乱归咎于手伸得太远的共和党，它在奥尔巴尼的"乡巴佬"立法者被认为是在干涉纽约的事务。在14日举行的抗议会上，一位发言者用德语问道："我们要乖乖地服从这种暴政吗？"人群断然答道："不！"在同一届立法会议上，共和党人试图延长移民投票前的等待时间，这强化了共和党人既是本土主义者，又是禁酒主义者的看法，并有助于民主党人保持对该市绝大多数德国选民的吸引力。

至于奴隶制，该市的爱尔兰人、天主教徒和民主党媒体一致认为：废奴主义威胁到了国家的生存，甚至是防止奴隶制扩散到其他美国领土的更温和的运动也是这样。1853年，《爱尔兰裔美国人报》宣布："我们完全反对任何形式的废奴主义，不是因为我们想要延续奴隶制，而是为了维护联邦。"四年后，该报的编辑们承认："奴隶制与《独立宣言》和我们的《共和宪法》不一致，我们不会假装否认。"但他们辩称美国人是"被迫接受奴隶制这种'制度'的"，这是建国所需的妥协之一，故而建国之后不能违背这些承诺。

有些纽约民主党人认为奴隶制对黑人和白人都有好处。《日记报》（*The Day Book*）[1]是一份民主党报纸，它支持费尔南多·伍德市长领头的民主党派，他在该市的移民中特别受欢迎，曾宣称"'奴隶制'即黑人服从高人一等的白人的意志和指导，它是自然法则、千真万确的真理、永恒的必然、万能上帝的法令；如若违背，人类的力量就会变得微不足道，无法形容"。该报的编辑认为，像纽约的那些自由黑人若当奴隶反而会过得更好，因为尽管他们现在仍然隶属于白人，但他们不再靠种植园主提供的食物、衣服和住所等来维持生计。大多数爱尔兰移民认为，废奴主义者在为美国的 300 万黑奴说情之前，应该把注意力集中在爱尔兰的 600 万英国白奴身上。

尽管移民想方设法远离有关奴隶制的争论，但到了 19 世纪 50 年代中期，这个问题已是避无可避。纽约《爱尔兰裔美国人报》是一份无党派日报，主要关注爱尔兰的政治报道，很少讨论美国选举。1858 年初，其编辑被迫承认是否允许堪萨斯州实行奴隶制，以及是否同意道格拉斯在国会为此进行的斗争中所扮演的角色，从而影响了"北方人和南方人的所思、所说和所写……只要有人说话，几乎不可能不提及这些极为吸引人的名字[2]"。在纽约的移民聚居地也是如此，因为官员的提名甚至

---

[1] Day Book 意为"日记本"，北美人常用。作为报名实难翻译，此处取"日记报"，旨在唤起人们对这一含义的记忆，寓意该报就像日记一样记录昨天发生的事情。

[2] 堪萨斯州的奴隶制存留和道格拉斯的角色等问题引起人们的广泛关注和议论，因此，"吸引人的名字"指的就是"堪萨斯"和"道格拉斯"等。

很多官职的任命开始取决于是否支持道格拉斯或詹姆斯·布坎南总统，道格拉斯反对《列康普顿宪法》（*Lecompton Constitution*），因为它允许堪萨斯州保存奴隶制，而布坎南总统主张批准列康普顿文件。

此时，纽约移民开始不仅要求任免权，还需要有声望的选举职位，爱尔兰人尤其如此。1858年，当爱尔兰人坚持要求在全市候选人名单上的十几个职位中给他们保留两个时，本土出生的和德国移民民主党人抱怨说：这样名单中"爱尔兰人实在是太多了"。但爱尔兰人获胜了，爱尔兰移民的孩子约翰·凯利和约翰·克兰西分别被选为治安官和市政府秘书[1]。同年，成为共和党候选人的一位德国移民赢得了公立救济院院长的选举，但不是因为他吸引了比平时更多的德裔美国人投共和党的票，而是因为一位有名望的爱尔兰移民詹姆斯·林奇被叛乱的民主党人提名，分裂了民主党的选票，从而让共和党赢得了这场竞选。此后，爱尔兰裔和德裔美国人将在全市提名中获得更大份额。

就在1858年选举结果尘埃落定的几周后，纽约人开始讨论即将到来的1860年总统大选，他们知道共和党的胜利可能会导致南方脱离联邦。这种可能性甚至在移民聚居地也引起了警惕，曾经，移民聚居地对国家问题和竞选相对不太关注。1859年初，克兰西现身他最喜欢的五点区酒馆常春藤绿园（Ivy Green），盛情款待酒馆的老顾客，不亚于他支持伊利诺伊州"小巨人"道格拉斯获得候选资格的热情。道格拉斯刚刚击败共和党人亚伯拉罕·林肯，再次当选美国参议员。在那次竞选之前，纽约移民很少知道林肯这个名字。

当道格拉斯和林肯成为1860年民主党和共和党的总统候选人时，

---

[1] 市长和市议员是选举产生的，而city clerk负责执行市长及市议会的决定，记录会议记录和重要的统计数字，处理市政府的日常事务，类似于上市公司的董事会秘书，因此译为"市政府秘书"。

很少有纽约移民倾向于支持"诚实阿贝"[1]。该市主要的天主教报纸《自由人报》（Freeman's Journal）虽然名义上是无党派的，却采取了不同寻常的举措，谴责林肯的候选资格。在解释其立场时，该报辩称："解决道德问题不是政治权力要干的事。"只有当大多数美国北方人和南方人能够通过"道德劝说"来反对奴隶制时，政客干预这个制度才是适当的。民主党人也用其他的理由来争取移民选民，包括一份针对裁缝的德语通知（英文版在《纽约先驱报》上转载），警告说"如果林肯今天当选，你孩子口中的面包就会被人夺走。跟南方的贸易将被完全摧毁，这可是你们职业的主要依靠……投票支持你们自己和你们的孩子，让黑人自己照顾自己"。《纽约先驱报》一篇针对"爱尔兰和德国劳工"的社论同样预言："如果林肯今天当选，你们将不得不与400万获得解放的黑人劳工竞争……北方将会到处是自由的黑人，白人的劳动会贬值，被人贬低……去投票吧，每个人都要去，投下你们反对林肯和废奴主义的选票。早点投票。"《每日新闻》（The Daily News）呼吁移民抵制共和党，以迎合他们对本土主义的恐惧。共和党曾试图关闭支持"诚实阿贝"的德裔美国人的啤酒店，把爱尔兰人当成"野蛮人……帮助我们碾碎他们"，《每日新闻报》恳求道，"因为他们一直在寻求并将再次寻求碾碎你们"。

林肯在该市德裔人口最多的选区获得了40%的选票，很是可观，但少于1852年这个选区给辉格党总统候选人温菲尔德·斯科特的选票。在爱尔兰裔美国人的第四和第六选区，林肯只获得了13%的选票。他在几乎没有纽约移民支持的情况下赢得了选举。

这次选举对纽约移民的影响甚至比通常的任免权易手更大。到1861年3月4日，也就是林肯在国会大厦前的台阶上宣誓就职的那一

---

[1] 阿贝（Abe）是 Abraham（亚伯拉罕）的昵称。

1860年总统大选前几周,支持林肯的集会队伍经过市政厅公园对面的"报纸街",即现在的公园路(Park Row)。

天,七个南方蓄奴州已经脱离联邦,成立了一个新的国家,即美利坚邦联(Confederate States of America)。一个月后,南卡罗来纳人袭击了萨姆特堡,又有四个州加入了邦联。

纽约和新生的邦联国家大不相同。居住在曼哈顿42街以南10平方英里的移民比居住在整个邦联77.04万平方英里的移民还要多。然而,在政治上,南方邦联和纽约的移民似乎非常相似,至少从表面上看如此,因为他们都是高票拒绝亚伯拉罕·林肯作为总统候选人。罗伯特·李等邦联领导人确信,纽约等地对南方事业的同情和对共和党人的蔑视将使南方赢得独立。但邦联失算了。大多数纽约移民可能憎恨共和党,但他们热爱自己的第二故乡,不希望看到它分裂。纽约及其移民将在维护联邦方面发挥关键作用,他们非常珍惜联邦带给他们的自由和机会。

第十一章
南北战争

"我希望你和我永远不会在战场上如死敌般面对。"在一封跨越防线送给亚历山大的信中,詹姆斯写道,"但如果是这样的话,你只需为你的事业尽你的义务,因为我可以向你保证,我会努力为我的国家和事业尽我的义务。"即使是移民,内战也会让他们父子、兄弟对立。

费利克斯·布兰尼根（Felix Brannigan）本应因为别的事情而被人们记住。这位爱尔兰移民于1855年抵达美国，时年17岁，想必他是那种受人尊敬的人，因为在1861年7月18日加入纽约第74步兵团的A连后，他立马成了下士，而不是低军衔的二等兵。11个月后，他升为中士。在1862年春夏里士满东南部的半岛会战、1863年5月里士满北部的钱瑟勒斯维尔战役，以及同年7月葛底斯堡战役中，布兰尼根英勇作战。为了表彰他在钱瑟勒斯维尔战役中的英勇，国会授予布兰尼根荣誉勋章，在联邦200万士兵中，该勋章只授予了1 522人。

然而，人们之所以能记住布兰尼根，并不是因为他的勇敢，而是1862年夏天他写给妹妹的一封信中的两句话。布兰尼根转述了他的指挥官乔治·麦克莱伦将军的主张，他坚持认为，在1862年6月的最后一周，他的部队在几乎打到邦联国的首都后本不需要撤退，但林肯在最后一刻决定将麦克莱伦的一部分军队留在华盛顿保卫首都。布兰尼根告诉他的妹妹麦克莱伦还认为敌众我寡，他和他的战友在人数上只是邦联军的三分之一。而实际上，麦克莱伦的人马几乎是邦联指挥官罗伯特·李的两倍。布兰尼根认为，只要北方人自愿参军的人数足够多，他们就有足够的兵力既能保护华盛顿，又能攻占里士满。他气愤地说："看到（北方人的）漠不关心，连外国人都异常愤怒。"他不能理解为什么那么多的北方人不愿意保卫"一个被所有受压迫的民族视为自由天堂的国家"。

很多国会议员认为解决兵力短缺的办法是允许非裔美国人为联邦而战,包括自由黑人和逃跑的奴隶,但布兰尼根不赞成这种想法。他说他愿意"把黑鬼派到这里,像我们现在这样,在烈日下用镐和铁锹"挖战壕,因为这样可以腾出白人的双手,让他们"拿起士兵的工具——枪和刺刀"。这种粗重的体力活是布兰尼根唯一允许非裔美国人为战争做的事。"我们不想和黑鬼并肩作战,"他坚持说,"我们认为我们的人种太优越了,不能做这种事情。"

几十本历史书都引用过最后这两句话,因为它们完全符合我们对爱尔兰移民在内战中所扮演角色的先入之见。爱尔兰人也许为联邦而战,但他们从未接受林肯和共和党最终主张的平等主义战时目标。爱尔兰移民对于战争的支持很有限,在纽约从中发挥密切作用的事件中表现得尤为明显,这个事件就是1863年7月纽约的征兵暴乱。在四天三夜的时间里,大多数为爱尔兰移民的纽约暴民对知名的共和党人和纽约的非裔美国人进行了粗暴的攻击,某种程度上处于完全无政府状态。暴徒杀害了大约12个纽约黑人,纵火数十起,并与警察、当地民兵部队和国民警卫队进行了激烈的战斗。暴乱结束时,100多纽约人倒地身亡。直到今天,征兵暴乱仍然是美国历史上死亡人数最多的一次内乱。

然而事实证明,布兰尼根的故事远比历史学家意识到的复杂得多。在布兰尼根写这封经常被引用的信的前三天,总统告诉几位内阁成员,他打算发布《解放奴隶宣言》(*Emancipation Proclamation*),除了解放奴隶,还将首次允许非裔美国人参军。1863年1月1日,当该宣言生效时,将近20万人响应号召,加入白人军官指挥的部队参与作战。虽然很多白人拒绝领导这些团,但费利克斯·布兰尼根接受了这样的任务。1864年12月,布兰尼根成为美国有色人种部队第32步兵团的少尉,驻扎在南卡罗来纳州的希尔顿黑德岛。四个月后,他被提升为美国第103有色步兵团的中尉，该团从1865年开始一直占领萨凡纳，直到1866年4月。

战后，布兰尼根搬到华盛顿，在财政部供职。1868年成为美国公民时，他住在纽约市。但很快他就回到了华盛顿，就读于哥伦比亚学院的法学院（哥伦比亚学院现为乔治·华盛顿大学）。1871年，在完成法律学业后，布兰尼根成为联邦检察官，这是一个肥差，若不是加入共和党，他不可能得到这个职位。总检察长让布兰尼根担任密西西比州杰克逊市的联邦助理检察官，其中一项工作是负责起诉试图恐吓非裔美国选民的三K党成员。两年后，当布兰尼根的上司辞职时，尤利西斯·辛普森·格兰特总统将这位爱尔兰移民提拔到密西西比州南部地区美国联邦检察官办公室的最高职位，即该地区的联邦检察官，起诉针对自由人的犯罪仍然是他的主要职责。

正如布兰尼根的职业生涯表明的那样，内战改变了众多美国人。1861年战争开始时，亚伯拉罕·林肯允许其军事指挥官将逃跑的奴隶归还给他们南方的主人，但到1862年夏天，他开始支持解放事业，只不过仍然担心黑人和白人在战后的美国无法和平共处。布兰尼根也变了。1862年夏天，作为一名士兵，他谴责"那些把'黑鬼'问题当成头等大事的立法者"。1864年底，他已经是一名军官，以占领者的身份，带领以前的奴隶回到南方，几年后，他成为一名忠诚的共和党人。布兰尼根只在纽约生活过很短的时间，显然，他不是一个"典型的"爱尔兰移民。但他的故事确实表明，征兵暴乱只是移民在内战时的部分经历，只是一部庞大而复杂的戏剧中引人注目但不一定具有决定性的插曲。

与其他美国人相比，纽约移民一般较少参与派系冲突。初到美国的人更关注他们的财务目标，而不是国会中的政治辩论，尤其是那些关于奴隶制的制度辩论，这些制度似乎没有影响到他们的日常生活。因此，当南方各州于1860年12月开始脱离联邦时，移民们难以置信地看着他们，对于美国人因为兄弟之间的争论而危及他们的财富和繁荣大惑不解。

来自普鲁士的移民朱利叶斯·韦斯劳和莉泽特·韦斯劳觉得有必要向朱利叶斯的父母解释一下这场危机：

> 很长一段时间以来，关于奴隶制的争论一直存在：在南方，天气太热了，白人无法工作，几个世纪以来，人们一直在购买黑人，他们在种植园中广泛种植棉花，现在构成了世界棉花市场。在北部各州，奴隶制被认为是不公正的，他们在50多年前就废除了它，并且不希望它蔓延到不稳定的美国新地区。……多年来，总统都属于南方政党，但今年秋天，北方州的候选人获胜。现在南方各州声称他们的财产和生命处于危险之中，他们已经与联邦断绝了关系。

对于关注经济发展和长期财务安全的移民来说，一场内战可能会给他们辛勤工作所获得的一切带来灾难性的后果。例如，朱利叶斯·韦斯劳和他的哥哥卡尔在1850年到达纽约时，以做木工谋生。1853年，他们已经开办了自己的家具制造企业；1860年，他们开始向美国各地的顾客出售办公桌、桌子和椅子。联邦解体的可能性直接威胁到了他们个人。甚至在1860年12月只有一个州独立时，南方各地的客户已经开始拒绝偿还韦斯劳的债务。"我们的主要业务是跟南方做生意，到目前为止，我们已经损失了大约600美元，另外1 500美元可能也会损失大部分，而且我们已经让一半的工人离开了，如果情况不能很快好转，我们将不得不送走更多的人，"12月底，朱利叶斯和莉泽特写道，"全国各地的生意都崩溃了。南方总是从北方购买工业品，没有它们我们就无法存活下去。"

也许因此，韦斯劳夫妇对林肯或共和党没有多少同情。他们厌恶地写道:"北方人本来就应该接受建议,远离与自己无关的事情。"这句话的意思是:在商界,每个人都希望事情得到解决,但是现在球已经开始滚动了,没有人知道会发生什么。然而,如果像这样一个财富和富裕程度在世界上无人能及的国家,就因为政客们的一意孤行而被摧毁,那将是一个真正的耻辱。毫无疑问,韦斯劳那些被解雇的德国工人和其他直接或间接依赖与南方贸易为生的德国移民都同意这一点。

多位观察家认为,纽约的爱尔兰移民对南方分裂分子的同情甚至比该市心怀不满的德国人更强烈。阿拉巴马州南方民族主义者查尔斯·斯潘塞在12月访问了纽约,据一家查尔斯顿的报纸报道:"我在这座城市听到了很多人表达对我们的同情,如果有人试图强迫我们,我相信我们完全可以依靠这里的大量物资援助,特别是来自爱尔兰人的援助。他们就像憎恨魔鬼一样憎恨黑鬼,如果最后真到了这个地步,他们将为维护我们的权利而战。"

在斯潘塞写下这些观察的几天后,詹姆斯·克里根在《纽约先驱报》上刊登了一则广告。克里根是纽约市最著名的爱尔兰裔美国政治家之一,也是纽约爱尔兰裔聚居区的当选众议员。在广告中,他宣布他打算组建"一个军事组织,以便在发生革命时……保护该国公民的宪法权利"。大多数观察家将这则广告解读为一个毫不掩饰的企图:在分裂危机导致内战的情况下,招募纽约人为南部邦联而战。《查尔斯顿水星报》(*Charleston Mercury*)的纽约记者声称很了解克里根,他报道说克里根所在的部队"原则上支持奴隶制,一旦发生分裂,将立即采取行动,使纽约脱离联邦"。

然而,很多纽约的爱尔兰移民反对被人看成是亲南方的狂热分子。有人在给《纽约时报》的信中写道:大多数爱尔兰裔美国人"反对'分裂''叛乱'或任何其他以破坏联邦为目的的活动……无论他们对奴隶制或南方的罪恶有何看法,他们都不会支持摧毁让他们归化、赋予他们权利并保护他们的政府"。

1861年4月12日，查尔斯顿的南方民族主义者开始轰炸萨姆特堡，试图摧毁任何阻止他们独立的和解的可能。经过33个小时的炮击，萨姆特堡的指挥官罗伯特·安德森少校向邦联将军皮埃尔·博勒加德投降，而博勒加德是他以前在西点军校的学生。内战开始了。

当投降的消息传到曼哈顿时，律师乔治·坦普尔顿·斯特朗在日记中潦草地写道："这座城市似乎突然变得狂暴和疯狂起来。"作为回应，成千上万的纽约人，甚至是那些不愿意"强迫"南方人回到联邦的人，现在都热情地响应林肯的号召，派遣75 000人的军队镇压叛乱。"纽约看起来像一个军营，"来自不伦瑞克的杂货商埃米尔·迪普雷写信给他的父母说，"到处都是武装人员，每个人都带着左轮手枪，我们生活在绝对的骚乱之中。天知道结果会怎样。双方都非常危险。"此外，"生意糟透了，"迪普雷烦躁不安，"我们只需要枪支，更多的枪支。"

很多纽约移民欣然接受了总统的邀请。有些人自愿加入了由他们喜欢的政治家组建的团。因为在萨姆特堡投降之后，支持联邦的呼声迅速高涨，克里根无法将自己的部队移交给南部邦联（如果这确实曾是他的意图的话），于是，他组建了纽约第25步兵团。坦慕尼会馆是纽约民主党的主要组织，它创建了纽约第42步兵团，其竞争对手莫扎特厅(Mozart Hall)在市长费南多·伍德的监督下，组织并装备了纽约第40步兵团。为了吸引爱尔兰移民，坦慕尼团的组织者任命迈克尔·多希尼为中校，他是当地社区最受尊敬的人物之一，著名的爱尔兰民族主义者。

纽约移民参与战争的最常见方式是加入"民族团"，即由外国出生的纽约居民建立并为他们服务的军事单位。其中最著名的是纽约第69步兵团，从内战前到第一次世界大战后，它一直是纽约爱尔兰裔美国人社区的捍卫者。在林肯当选前夕，第69步兵团的指挥官是迈克尔·科科伦(Michael Corcoran)上校。1827年，科科伦出生于斯莱戈郡一个条件优越的家庭，父亲是一位爱尔兰军官。在多尼戈尔的爱尔兰皇家警察服务一年后,科科伦成为爱尔兰推翻英国统治的支持者,而英国统治于1848年达到了顶峰。这些起义失败后,科科伦于1849年乘船前往纽约,成为一名店员,寄宿在一个爱尔兰出生的酒馆老板家里。这位老板住在王子街(Prince)42号他自己的酒馆楼上,正对着勿街原来的圣巴特里爵主教座堂的南侧。科科伦很快娶了酒馆老板的侄女伊丽莎白,到1855年,他已经接管了这个名为爱尔兰会馆(Hibernia Hall)的酒馆。

到达纽约后,科科伦应征入伍,以二等兵的身份加入第69团,在和平时期,这是一个大型的爱尔兰裔美国人的民兵连(类似今天的国民警卫队)。在众多民族的民兵组织中,第69团是最突出的,在一无所知党的全盛时期,这些组织的扩散让本土主义者充满了恐惧。19世纪50年代,凭借"迷人的微笑""无限的"慷慨和"对所有人的亲切话语和友好致意",科科伦在军中迅速晋升,先是成为中士、中尉,然后是上尉。1859年夏天,该团的指挥官辞职,战友们一致推选科科伦为他们的新领导人。

一年后,科科伦赢得了全国爱尔兰裔美国人永远的钦佩,此时,正值1860年大选前几周,威尔士亲王抵达纽约,开始美国之旅。州民兵指挥官命令该市所有的连队游行,以庆祝王子的到来,但科科伦不允许第69团参加向爱尔兰压迫者致敬的任何活动。本土出生的纽约人对这种无礼的行为感到震惊,州民兵指挥官把他们那位固执的下属告上了军事法庭,启动了诉讼程序。然而,科科伦的决定使他成为大西洋两岸爱尔兰人的英雄。由于在战争前夕的这一反抗行为,科科伦立即成为纽约爱尔兰裔美国人社区最受崇拜的人物。

当炮击萨姆特堡的消息传到纽约时,科科伦的法律团队还在军事法庭上为他辩护。在这样的时刻,纽约最受欢迎的爱尔兰裔美国军事领导人却被捕入狱,共和党人埃德温·摩根州长意识到自己承受不起这样的压力,于是撤销起诉,恢复了科科伦的指挥权。在科科伦复职后,该市爱尔兰裔美国人的主要报纸报道说:结果不出州长所料,"在过去的几天里，志愿加入军队的人纷纷涌入第69团，数量惊人"。爱尔兰裔美国人非常渴望在这支部队中服役，因此，科科伦得以在4月末带着近1 500人到了首都，使第69团成为响应林肯最初征兵号召的最大的团。在这些新兵中，托马斯·弗朗西斯·米格尔是1848年爱尔兰反抗英国统治失败的起义中最著名的领导人之一。科科伦任命米格尔为上尉，并让他指挥一个大约100人的连队。法官约翰·麦昆是来自北爱尔兰伦敦德里的移民，也是一名有野心的坦慕尼派政客，当他意识到科科伦的部队已经容纳不下更多的人时，他退出了第69团，组建了第二个爱尔兰裔步兵团，即纽约第37团。民族团的组织者告诉移民：正如科科伦所说，"他们应该和自己的同胞在一起，以免自己的服役不被人重视，因为置身于陌生人中，他们的民族身份就会被湮没"。

迈克尔·科科伦上校和他的军官们在科科伦堡摆姿势拍照，该堡由第69团建造，并以他的名字命名，位于现在的弗吉尼亚州阿灵顿。科科伦在最左边。

在萨姆特堡被炮击后的几天里，纽约的德国人组建了自己的步兵部队第7团（被称为施托伊本卫队）、第8团（德国第一步枪团）、第20团（特纳团）、第29团（德国第一步兵团）和第41团（迪卡尔布团），这些部队的指挥官通常都是参加过1848年德国革命的反政府部队的老兵。如第8团最初由路易斯·布伦克上校领导,他是沃尔姆斯的酒商,曾在一度推翻了巴登大公的革命民兵中担任上校。当普鲁士和巴伐利亚军队赶来击退叛军时,布伦克逃到了瑞士,然后又逃到了纽约。19世纪50年代,他曾在纽约罗克兰县(Rockland)务农一段时间,但在内战前夕,他已成为纽约的一位店主。布伦克选择朱利叶斯·斯塔赫尔为中校,朱利叶斯是匈牙利人,曾是奥地利军队的军官,直至1848年,他加入了试图让匈牙利脱离奥地利统治的革命军。当这一努力失败后,他首先迁往普鲁士,然后去了英国,1858年去了纽约,成为报纸撰稿人和编辑,直到萨姆特堡遭袭。布伦克手下的其中一个上尉是古斯塔夫·斯特鲁韦,他是巴登起义时最著名、最激进的革命领袖之一。逃离巴登后,斯特鲁韦先后居住在瑞士和伦敦,后来定居史泰登岛,成为一位热心的共和党人。

其他德裔步兵团的组织者都有类似于布伦克和斯塔赫尔的军事背景。成立了第20团的马克斯·韦伯在1848年叛逃至革命军之前曾是巴登大公军队的中尉。和布伦克一样,他逃到了纽约,并在1855年成了康斯坦茨旅馆的老板。该旅馆就在市政厅的东边,他一直经营到内战爆发。利奥波德·冯·吉尔萨是第41团的指挥官,来美国之前曾是普鲁士军队的少校。在纽约,为了养活自己,他有时会到包厘街的多家啤酒店唱歌和弹钢琴。阿道夫·冯·施泰因韦尔是第29团的团长,曾就读于家乡不伦瑞克的一所军事学院,并在军队中担任军官,后于1847年移居美国。在纽约的德裔团指挥官中,只有一个人没有在欧洲接受过军事训练,那就是约翰·本迪克斯上校。19世纪30年代,十几岁的他来到美国,找到的工作是为机器零部件制作模型。像科科伦一样,他从该州的志愿军中脱颖而出,在萨姆特堡遭到攻击时,他已晋升为中校。

萨姆特堡遭袭后,该市几乎每个移民社区的成员都自愿参军。苏格兰出生的石匠亚历山大·坎贝尔加入了苏格兰裔美国人第79纽约高地人团（不过，他那定居查尔斯顿的兄弟詹姆斯自愿加入了南方邦联军队）。很多纽约移民加入了纽约第 39 步兵团，它可能是内战中最多样化的军事单位，其士兵来自阿根廷、亚美尼亚、奥地利、比利时、波希米亚、加拿大、智利、古巴、丹麦、英格兰、法国、德意志邦联、希腊、格林纳达、荷兰、匈牙利、爱尔兰、意大利、马耳他、尼加拉瓜、挪威、波兰、葡萄牙、俄罗斯、苏格兰、西班牙、瑞典和瑞士。

出生于匈牙利的朱利叶斯·斯塔赫尔帮助组建了以德国人为主的纽约第 8 团。1864 年，他从中校晋升为少将，并因其在弗吉尼亚州西北部的皮德蒙特战役中的英勇表现而获得国会荣誉勋章。

组建第 39 团的弗雷德里克·德乌陶希上校似乎非常适合管理这支多语种的部队。德乌陶希是匈牙利犹太人，在 1848 年叛逃至匈牙利革命军之前曾在奥地利军队担任中尉。跟多位其他失败的革命者一样，他在欧洲漂泊了几年，最终移居加拿大。新斯科舍省戴尔豪斯大学的教学人员对德乌陶希精通英语、法语、德语、匈牙利语、意大利语和西班牙语印象深刻，聘他为外语教授。但他于 1860 年离开加拿大，前往纽约定居，与妻子、儿子、母亲、妹妹和两个兄弟生活在一起。

为了充实自己的团，德乌陶希开始与纽约的意大利革命流亡者团体联手。他的几名军官是 1848 年朱塞佩·加里波第革命军队的老兵，他们逃到了美国。1850 年至 1851 年，加里波第曾住在史泰登岛，即使在加里波第返回意大利作战后，这些老兵仍留在美国。据《论坛报》报道，第 39 团其他领导人曾是法国、匈牙利和德意志邦联革命军队中"权威的指挥者"，"在欧洲反对暴政的多次激烈战斗中"，他们呐喊着"革命口号"英勇作战，现在这些士兵也可以因此团结起来。

据一家报纸报道,纽约人给这些部队举行了盛大的节日般的送别仪式,就像是"把多次独立纪念日(7月4日)合而为一"一样。北方人希望集结如此强大的军队能够说服南方放弃独立的梦想。若不能说服,想必就要用一场小小的战斗结束这场危机。南方人对这场战争的看法大致相同。南卡罗来纳州的前美国参议员詹姆斯·切斯纳特对脱离联邦会导致一场长期而致命的内战这一说法嗤之以鼻,他承诺他会喝光邦联建立后洒下的所有鲜血。北方人确信僵局会很快被打破,因此,他们要求那些自愿参军的人只服三个月的兵役。

7月中旬,为期三个月的征兵行动即将结束,邦联军队却没有退却的迹象,联邦军队从华盛顿向西移动了25英里,向露营在弗吉尼亚州马纳萨斯附近牛奔河(Bull Run)以南和以西的邦联军队发起进攻。当欧文·麦克道尔将军率领的联邦军队在7月21日早晨袭击博勒加德的部队时,多个纽约民族团发挥了关键作用。这场交战一开始对北方有利,因为联邦军队击退了防御阵地设在牛奔河南岸的邦联军队。12:30左右,麦克道尔的参谋长宣布:"胜利! 胜利! 我们做到了。"另一些刚到现场的人慨叹战争已经结束,他们错过了获得荣耀的机会。

但是到了下午2:00,从在马修斯山上的有利位置,联邦部队可以看到成千上万的邦联增援部队在亨利豪斯山的南部集结。由于担心这些人数越来越多的新部队会发动反击,麦克道尔命令威廉·谢尔曼上校的旅先向他们发动攻击。谢尔曼的威斯康星团未能赶跑由托马斯·杰克逊将军领导的邦联军(杰克逊对此地不屈不挠的防守为他赢得了"石墙"的称号),谢尔曼只好派遣纽约第79团的苏格兰裔美国人攻击杰克逊的部队。美国出生的威廉·汤普森·拉斯克中尉写道:冒着另一个士兵所说的"暴雨般的子弹","我们冲上了山"。拉斯克回忆说:"我周围的高个子都被杀了。伤员恳求战友们继续前进。"当一面美国国旗开始在山顶飘扬时，第79团的军官命令他们的士兵停止射击，因为他们认为另一个联邦团已经占领了这座山。二等兵石匠坎贝尔认为"我们已经把他们彻底打败了"。但事实证明这是邦联的诡计。"当我们放下武器，准备在旗帜飘扬的地方集结时，"一名士兵回忆道，"我们遭遇了可怕的扫射……瞬间摧毁了整个团。"26人死亡，包括他们的上校詹姆斯·卡梅伦，他是美国作战部部长西蒙·卡梅伦的弟弟。另有18人受伤，50人被俘，其余的被打得晕头转向，士气低落的高地人仓皇撤退。

谢尔曼只剩下科科伦的第69团了，随后，他命令最后一个团进攻邦联的阵地。来自《世界报》(The World)的一位记者写道："不无勇敢的一幕，第69团发起冲锋，拼死一战！"时值炎热的7月，很多爱尔兰人光着上身，在詹姆斯·凯利上尉所说的"步枪和大炮的持续射击"下占领了这座小山，他们用炮火加刺刀击退了邦联的军队，并夺取了南方人的大炮。据一位在第69团服役的酒馆老板说："战场上最引人注目的人"是米格尔，"他骑着一匹白马，没戴帽子，忘情地投入战斗"。当团旗一度被邦联军夺去时，米格尔抓起连队的爱尔兰绿旗，"冲向前线，带领士兵冲锋"，从而夺回了团旗。

但是邦联军队集结援军进行反击，把爱尔兰人赶下了山。在科科伦的指挥下，第69团重新集结，并两次向山头发起冲锋，然而，邦联军直接向迎面而来的爱尔兰人发射霰弹，步枪和火炮的组合实在难以克服，第三次冲锋之后，该团一片混乱地撤退了。感觉到联邦军的恐慌情绪，邦联军扩大反击，最终把整个北方军队赶回了华盛顿。麦克道尔称之为"一群混乱的乌合之众，士气彻底低落"。

"我直接跑进了树林，"在给妻子的信中描述这次撤退时，坎贝尔没有一丝尴尬。因为害怕被追赶的邦联骑兵抓住，坎贝尔和他的一个战友离开大路，向田野走去，"以最快的速度奔跑，直到精疲力竭的时候，他才听到身后有骑兵逼近。"我再也走不动了，所以，我躺下，绝望之极。"他以为自己是显而易见的，骑马的人却从他身边经过，离开了。坎贝尔站起身，没再停下脚步，或走或跑了 25 英里，回到他在弗吉尼亚州阿灵顿的营地，该营地就在华盛顿的波托马克河（Potomac）对岸。

1861 年 7 月 21 日，在牛奔河战役中，主要由爱尔兰人组成的第 69 团的士兵正在攻击亨利豪斯山上的邦联军，当时夏天炎热，有些士兵光着上身。

与此同时，科科伦受伤被俘，同他一起被俘的还有另外两名军官和 92 名士兵。正是在撤退期间，布伦克、施泰因韦尔和吉尔萨的德裔团及加里波第卫队最终采取行动，保护住了逃跑士兵的侧翼和后方，布伦克报告说："在一片混乱中"，"绝大多数"逃跑的士兵都是这样做的。在周围环境变得越来越混乱的情况下，德裔士兵仍然保持冷静和专业，因此受到称赞。他们的伤亡最小。但是攻打亨利豪斯山的士兵就没有这么幸运了。科科伦的 38 名战友在牛奔河战役中阵亡或受了致命伤。在那次战斗中，联邦军的第 79 团和第 69 团的总损失（死亡、受伤和被俘）最大，邦联军只有一个团的总损失超过这两个团。

人们现在不无痛苦地看清了，战争不会结束于一场大的战役。"三天前，我仍然认为有可能在六个月内击败奴隶主一方，"战败的消息传到纽约后，朱利叶斯·韦斯劳哀叹道，"但输掉这场战斗非常可疑。城里闹得沸沸扬扬，大家都心灰意冷。"这次失败也激励了更多的纽约移民参军。在牛奔河之役后，德裔纽约人创建了纽约第 45 团、第 46 团、第 52 团、第 54 团和第 58 团。尼克劳斯·赫克加入了第 52 团，他的妻子曾建议她的朋友烧掉摘葡萄的篮子，找个裁缝嫁了，然后移民美国。第 58 团实际上是由沃齐米日·波那文图拉·卡扎诺夫斯基上校率领的一支波德联军，他是一个贵族，1848 年左右逃到美国，以逃避参与波兰反抗普鲁士起义失败后的起诉。在牛奔河战役之后，法国移民也组建了军队，分别是第 53 团和第 55 团。

在牛奔河战役之后，更多的爱尔兰移民加入军队，创建了爱尔兰第 63 和第 88 纽约步兵团，但著名的第 69 团仍然是爱尔兰裔纽约人的首选。这三个团及宾夕法尼亚州和马萨诸塞州的一部分爱尔兰人组成的部队被称为"爱尔兰旅"。在科科伦因被俘缺席的情况下，这个旅的指挥权交给了米格尔，并提升他为准将。邦联军队给科科伦开出了条件，只要他承诺不再重返军队，就会给他自由，但他拒绝了，消息传到纽约，更增加了他的声望。

有些爱尔兰移民决定加入与他们的政治身份而不是种族身份有关的部队。例如，很多人加入了由另一位雄心勃勃的纽约民主党人、前众议员丹·西克尔斯组建的"以爱尔兰人为主"的精进旅。1859 年，西克尔斯杀害了妻子的情人，之后又以"暂时性精神错乱"为由，设法打赢了谋杀指控的官司，获得无罪开释，这是美国法律史上第一次成功使用这种辩护，他因此成了知名人物。在萨姆特堡遭炮击后不久，费利克斯·布兰尼根加入了精进旅，但这支部队直到牛奔河战役结束后才被补充满员，并接受部署。此时，其他纽约移民加入了已经存在的部队，取代了死者、伤员、病人和逃兵。

一位出生在爱尔兰的第 69 团的军官注意到，爱尔兰移民在政治上是"一直站在南方一边"的人，可他们为什么会有这么多人参军？这位军官就是约瑟夫·塔利，也是一位律师，他认为部分原因在于爱尔兰移民"对南方的尊重远不及他们对联邦的热爱"。爱尔兰移民渴望有机会"展现他们对联邦的忠诚"。

爱尔兰裔美国人还将服兵役视为一种对抗反爱尔兰偏见的手段，或许最终会赢得本土美国人的尊重。查尔斯·哈尔平持有这样的观点，他是米思郡人，1851年来到美国，在一家天主教报纸工作了一段时间后，于1855年成为《纽约时报》的副主编。萨姆特堡战役之后，他立即加入了第69团，并且发现他的战友们认为通过志愿服役，"将被人认为具有一个美国公民应有的完全平等和博爱，从此以后，不会有人再对他们喷脏话，即使吝啬的心也不敢质疑"。爱尔兰人"现在是最骄傲、最勇敢的优秀兄弟的骄傲的同伴"。米格尔也相信这一点。在第69团于牛奔河展现了他们的英勇无敌之后，米格尔宣布："一无所知主义已经死了！"从那时起，"爱尔兰士兵……将自豪地站在本土出生的人一边"。

爱尔兰人应征入伍还有第三个理由，那就是他们认为在与邦联作战时获得的军事技能最终有助于他们推翻英国在爱尔兰的统治，这也是南北战争期间爱尔兰裔军队成员反复提到的理由。在纽约时，米格尔曾对一位听众说："如果这场战争结束时我们只有十分之一的人能回来，一个人的军事经验要比他们现在的十个更有利于为爱尔兰的自由而战。"米格尔手下的一名士兵表示同意，称这场战争是一所"培育爱尔兰人为爱尔兰的解放作战的学校"。即使是爱尔兰出生的邦联人也为如此多的爱尔兰移民加入纽约第69团这件事感到高兴，他写道："我想那些面对博勒加德的枪炮不惜血染牛奔河的人，若是有一天（迎来黎明，耀眼的光芒普照大地），需要他们在战场上打败（驻爱尔兰的）红衫军，面对这种相对轻松的任务，他们更不太可能退缩"。

彼得·威尔士是一位爱尔兰裔志愿者，他在纽约的妻子告诉他，她父亲不理解他为什么要冒着生命危险参加北方共和党人和南方奴隶主之间的战斗。在给他的一封信中,她承认很多爱尔兰移民也跟她父亲有同样的看法。但威尔士坚持认为:在这场战争中,爱尔兰移民与本土出生的美国人一样利害攸关。"我真的希望忠诚国家的每个人都能真正无私地感受到他对镇压这场地狱般叛乱的兴趣……凭借从爱尔兰移民到这里的勤劳儿子们尤其是女儿们的积蓄,有多少人从贫民窟的险境及苦难和贫困中获救?通过这种方式,爱尔兰任何一个较贫穷地区受压迫和暴君压榨的人民避免了多少痛苦和苦难,简直无法估计。"因此,"当我们为美国而战时,我们是在为爱尔兰的利益而战,这是一种双重打击,是一把双刃剑……摧毁这个共和国,她的希望就破灭了"。

在牛奔河战役之后,身强力壮的年轻男子,无论是爱尔兰人还是其他国家的人,参军的压力一定是巨大的。在那场战斗之前,德国杂货商埃米尔·迪普雷没有远见的弟弟亚历山大·迪普雷嘲笑"报名参军的愚蠢人"。但到了8月,他的态度缓和了,加入了一个德裔美国人的炮兵团。建筑师罗伯特·斯奈登是加拿大移民,在牛奔河战役后也加入了莫扎特团。

这些新兵和他们的军官军事经验很少,因此需要大量训练。9月底,经过数周的训练,斯奈登所在的团进行了模拟战斗,一半对一半,并发射"空包弹",以使演习尽可能逼真。结果却近乎滑稽。炮兵们可以迅速发射"榴弹炮",但榴弹炮常因后坐力而倾倒。在另一处演习场,他们错误地把用来装弹药的装填杆射到远处。步兵也好不到哪里去。他们的枪口离"敌人"太近了,以至于"很多人被弹塞烧伤,或皮肤被烤焦"。有几个人无意中向他们的上校发射了推弹杆。还有一些人在试图跳过篱笆和其他障碍时受了重伤。由于这样或那样的不幸事故,该团的多位士兵不得不用临时担架抬走。最后,斯奈登感叹道,演习"导致医院里挤满了伤残士兵,就像真的和敌人打了一场大仗一样"。

诸如此类令人尴尬的场面一直困扰着乔治·麦克莱伦将军,牛奔河战役后,他取代麦克道尔成为东部主要联邦军队的统帅,其军队以波托马克军著称。尽管林肯多次要求年底前再次进攻南部邦联,但麦克莱伦认为，在1862年春季之前，夏季快速招募的数十万北方军队无法有效地攻击邦联军队。当春天终于来临的时候，麦克莱伦实施了一个夺取邦联首都里士满的复杂计划，先用船载上军队沿波托马克河顺流而下，在约克河和詹姆斯河形成的半岛尽头的汉普顿水道登陆，军队再从那里向西北移动，经过历史上著名的詹姆斯敦、约克敦和威廉斯堡，从东南部进攻里士满，而不是从邦联军队预期的北方进攻。林肯认为麦克莱伦应该集中精力摧毁邦联军队，而不是夺取其首都。其他人则指出，当麦克莱伦将他的庞大军队转移到半岛的时候，邦联军队已经重新进行了部署。麦克莱伦的计划也可能让他的士兵被困在半岛上，就像80年前乔治·华盛顿将康沃利斯勋爵困在这个半岛上一样。然而，林肯最后还是听从了他的总司令的意见。

在这场"半岛会战"中，大多数牛奔河战役后的纽约新兵第一次见识了真正的军事行动。1862年5月5日，在威廉斯堡战役中，布兰尼根接受了血的洗礼，这是一场相对不重要的军事冲突，在詹姆斯·麦克弗森长达900页的权威战争史《为自由而战的呐喊》（*Battle Cry of Freedom*）中，只有两句话的描述。然而，对布兰尼根来说，这场战斗"可怕"到超出想象。在后来给妹妹的信中，他写道："我所听过的任何关于战争的描述都比不上现实，田野上到处都是我们的死者。"

在描述威廉斯堡战役时，布兰尼根的指挥官约瑟夫·胡克准将称之为"规模巨大的战役之一"，但随着麦克莱伦的部队逐渐接近里士满，随后的内战冲突很快就会让这次遭遇战相形见绌。5月的最后一天，斯奈登的部队第一次参加战斗，即邦联首都东南6英里处的费尔奥克斯战役。联邦军队在那里的伤亡是在威廉斯堡的两倍（总共有5 000人丧生、受伤或被俘）。然而，斯奈登没有参加任何步兵冲锋。由于拥有绘图员的技能，他被赋予了较为安全的职责。由于两军都极度缺乏地图，他的才能受到高度重视。只要一接到通知，斯奈登就可以复制军队拥有或缴获的地图，如果联邦没有某种地图，那就绘制新的地图。因此，当斯奈登仍然是一名二等兵时，他大部分时间都在相对安全的情况下与麦克莱伦的将军们待在一起。

虽然联邦军队离里士满很近，但麦克莱伦决定不仓促进攻，因此，掀起半岛会战高潮的重任落在了邦联新任指挥官罗伯特·李将军身上。费尔奥克斯战役之后，李将军取得了在弗吉尼亚的南军的控制权，他认为在里士满郊区摧毁麦克莱伦的军队可以结束整场战争，所以，他采取了大胆的进攻策略，冒着几乎所有的风险，从6月25日到7月1日连续七天攻击麦克莱伦的军队，这就是著名的七天战役。

布兰尼根的团在威廉斯堡死亡惨重，在七天战役中一直处于预备状态，但坦慕尼团和斯奈登的莫扎特团也经历了几次这样的战斗。6月29日，七天战役的第五天，在萨维奇车站战役中，斯奈登报告说："天气热得可怕……一丝风也感觉不到。"士兵们在烈日下熬了一整天，直到下午5点左右，邦联军队发起进攻，"炮弹像阵雨一样落在我们的方阵中。两颗炮弹在将军们站的位置附近爆炸，尘土和泥土顿时将他们掩埋。我们的炮兵阵地现在大力回击……一个小时下来，空气的巨响和震荡非常强烈，我几乎无法站稳。"

不久，大炮的对轰减弱了，"现在可以听到叛军一连串长时间的叫喊，两排装备优良、作战经验丰富的士兵……很快就开始冲锋。他们保持着出色的战斗序列，尖声叫喊着，信心十足地向前走，刺刀在夕阳的映照下闪闪发光。我们的防线坚如磐石，5 000支滑膛枪同时瞄准，发射时发出可怕的巨响！面对这种情况，敌人出动了两倍的兵力，但前面的人都笼罩在烟雾里"。

在一段似乎是永恒的停顿后，那些没有被北方人第一次齐射杀死的邦联士兵从浓烟中冒出来，向联邦军队的阵地冲去。联邦军一侧"再次传来可怕的枪声"，"同时大炮的火力加倍了"。至此，

在叛军的队列逼近时，致命的炮弹继续如暴风雨般倾泻。

他们勇敢地冲向距离我方大炮不到 20 英尺的地方,然而,大炮射出的很多霰弹和榴霰弹(比霰弹要小的炮弹)击倒了他们几排。这就导致他们的列队出现了很大的缺口,整个连队一下子倒在地上。在他们后面的队列则因为已经倒下的人磕磕绊绊,一边叫喊着前进,一边射击,……被铅和铁的风暴击退后,敌人犹豫了,动摇了,朝着铁路方向后退了一小段路,而叛军的新团紧随其后……我们方阵的 10 000 支步枪再次发射出毁灭性的火力,敌人又一次在一片混乱中狼狈不堪地后退了。

联邦军的队列弯曲了,但没有断裂。

李将军连续五天派遣军队攻击防守牢固的联邦军队。邦联军每天都伤亡惨重,远超他们对更庞大的麦克莱伦军队造成的伤亡。但麦克莱伦深信每场战斗他都会输,甚至在战斗开始前他就有此感觉,于是下令每天战斗结束后都要撤退。事实上,麦克莱伦并没有像一般的将军那样在战斗中实时指挥他的部队,而是每天身处后方数英里处,筹备一旦如预期失败,他的士兵可以撤往何处。李将军得出结论:北方军队必定处于崩溃的边缘。否则,如何解释北方佬的伤亡并不比他们自己的伤亡多,却仍在不断后退呢?因此,尽管在萨维奇车站战役之后第二天再次袭击受挫,已经做好战斗战备的部队已经少到危险的地步,李将军还是决定在 7 月 1 日上午做最后一搏,全力进攻,以摧毁联邦军队。北方军在一个叫莫尔文山的高地上等待着邦联军的进攻,这是麦克莱伦一周以来选择的最佳防守位置。

半岛会战期间,纽约知名度最高的几个民族团大部分时间都是预备队,特别是德裔的第 7 团、法裔的第 55 团和组成爱尔兰旅的那些团,但在七天战役打到白热化时,它们参加了战斗。斯奈登与将军们一起在高处目睹了邦联军的进攻。一开始,北方军仅用大炮回应南军的进攻。"莫尔文山的整个一侧似乎是一片巨大的火海,"斯奈登在那晚的日记中写道,"可以看到爆炸的炮弹在四面八方给大喊大叫的袭击者造成了杀伤。"但当成千上万的邦联军爬上山顶,进入步兵的射程时,已做好充分准备的联邦地面部队

> 向他们开火,场面惨不忍睹……有几次,直到叛军的纵队穿过榴霰弹和霰弹的弹雨,接近大炮,我们的步兵才开火。顿时轰的一声,我们士兵的步枪齐射,并端起刺刀,欢呼着向敌人冲去。就这样,(我们)抓获了很多俘虏,缴获了多面军旗,其余人则一片混乱,被我们赶出了战场。他们会在树林的掩护下重新集结,再次冲锋,但只会遭到同样的枪炮齐射及致命的子弹和炮弹,在我们前沿阵地的高原上留下一堆堆的尸体和垂死的士兵。数百名可怜的伤兵手脚并用不停地爬过空旷的(田野),但在重新回到树林寻找掩蔽之前,很多人被杀。

由于李将军的命令措辞不严谨,比他预期的更多的邦联士兵迅速冲进这场屠杀中。黄昏时,战斗结束,斯奈登报告说:"山坡下的战场是一幅令人震惊的景象:死者、垂死者和血肉模糊的尸体,无数死伤的马匹在他们中间爬行、踢打,痛苦地死去。"考虑到这次不明智的袭击造成的后果,李手下一位令人厌恶的军官指责莫尔文山战役"不是战争,而是谋杀"。

尽管这次战斗彻底击退了李的军队,但联邦军却没有理由庆祝。当天晚上,麦克莱伦下令再次撤退,这次是在詹姆斯河登陆,从那里开始将他的士兵撤到华盛顿。"这个命令在队伍中引起了极大的不满和骚动,"斯奈登报告说,"将军们更是如此,他们……大声抗议该命令,谴责麦克莱伦是懦夫或叛徒!"即使是士兵也知道,当敌人的兵力只有你的一半,一天的伤亡却是你的三倍(9 000对3 000)时,正确的做法是继续攻击虚弱的对手,而不是撤退。

不过，北方的胜利也付出了惨痛的代价。虽然只有 300 人被杀，但有 2 700 人受伤或失踪。很多伤员的"脸损毁严重，面目全非"，伤势严重的需要截肢。在失踪的士兵中，大多是因为麦克莱伦下令撤退而不得不留在战场上的伤员。由于麦克莱伦的命令而被抛弃的"垂死和已死的"的人多数是第 69 团的士兵。在莫尔文山七天战役处于白热化时参加战斗的 90 多个联邦军中，该团的伤亡人数排第三位。

1862 年 7 月，也就是牛奔河战役的第二年，半岛会战结束。对于后方的纽约人来说，不论情绪上还是经济上，这都是大起大落的一年。1861 年上半年，由于南方的订单减少，北方人在等待分裂危机结束时也大幅削减开支，纽约的多个经济部门几乎陷于停顿。"这里的生意很不好，"牛奔河战役之后不久，家具制造商朱利叶斯·韦斯劳给他在普鲁士的父母写信说，"没什么可做的。尽管三万多人离开城市去打仗，但这里的人就像天上的星星一样多。"这些失业或未充分就业的工人"正在痛苦挣扎。简直是一场灾难"。韦斯劳的一些熟人决定返回他们的故乡德国。

纽约爱尔兰人的经济前景也好不到哪里去。建筑业雇用的建筑工人大多是爱尔兰人，由于政治和军事方面的不确定性，房地产开发商因此大幅削减了建筑计划，致使建筑业陷入了停滞。随着成千上万的人离开这座城市去打仗，移民数量创历史新低，曼哈顿通常活跃的房屋租赁市场开始萎缩。1861 年上半年，美国进口急剧减少，加上与南方贸易的暴跌，意味着这个城市的爱尔兰码头工人和搬运工的工作比往常少了很多。《每日新闻》写道："从最大的商人到卖苹果的女人，观察者可以清楚地看到（大多数纽约人的）钱袋子特别紧。"

然而，牛奔河战役的失败实际上有助于纽约经济的复苏。既然看到内战不可能毕其功于一役，联邦政府开始大量订购制服、武器、装备和食品。纽约的服装制造商在战前就已经是全国领先的服装生产商，现在他们获得了巨额的制服合同。造船厂也恢复了生机，由于海军需要有新船服役，并且需要将现有船只改装为军用船，因此船厂更频繁地接到承包合同。纽约突然需要成千上万的移民机械师，以使与战争有关的各个领域跟上需要的生产速度。

这座城市的经济活力迅速蔓延到与战争没有直接关系的领域。西部的农民曾经沿着密西西比河把粮食和家畜运往市场，现在他们用铁路把货物向东运到纽约。纽约的经纪人将部分剩余农产品卖给了军队，其余的大部分运往欧洲，因为欧洲在1860年和1861年农业歉收。无论这些货物卖到哪里，纽约的爱尔兰裔搬运工、装卸工和劳工都从农产品进出纽约中获益。

纽约人都注意到了经济的好转。1862年5月，朱利叶斯·韦斯劳向父母报告说："纽约的生意大有改善。我们现在有足够的工作，可以让24个人忙个不停。"到了1863年，商业一片兴隆。1863年3月，商会副会长、矿业巨头威廉·道奇说："北方非常繁荣。政府的大量开支让一切都活跃起来，如果不是报纸上每天都有关于战争的新闻和在大街上看到成群的士兵，你是不会想到战争的。我们的街道拥挤不堪，旅馆客满，铁路拥挤不堪，铁路和除了棉花以外的各种制造商从来没有像现在这样日子好过，生意普遍很活跃。"就连收入不高的纽约人也稍感宽慰。1865年，纽约《改善贫困人口状况协会》（Association for Improving The Condition of The Poor）报告称：在四年战争期间，"这个城市遭受的贫困之苦比我们历史上的任何四年都要少"。

但并非每个人都能平等地享受战时的繁荣。最惨的是士兵的家属，因为虽然士兵有工资，却不稳定。纽约的移民们动员起来，为依赖阵亡士兵的父母、配偶和子女解忧。1861年8月29日，爱尔兰社区在琼斯伍德（Jones' Wood）举办了一场"怪物节"，从今天的三大道一直延伸到伊斯特河，从第65街向北一直延伸到第75街。参加人数达6万人，主要是爱尔兰裔美国人，他们只需交纳25美分入场费，就可以去野餐、跳舞、听著名的爱尔兰裔美国人演讲，包括米格尔本人对牛奔河战役的描述。所获收益则分发给第69团的家人。在战争后期，类似的筹款活动也为爱尔兰人和该市其他移民社区的成员举办过。市政府也为士兵的家人发放了救济。

即使有这样的慈善提供帮助，士兵家属也并不总能收支平稳。1861年12月，当该市对军人家属提供的食品和燃料援助计划被暂时缩减时，200名妇女聚集在小德国的汤普金斯广场公园抗议。一个人抱怨道："你把我的丈夫变成了战士，现在你必须让我们免于挨饿。"

有时，后方的压力既可能是经济上的，也可能是情感上的。1863年7月，爱尔兰旅成员彼得·威尔士给他在纽约"孤独"的妻子玛格丽特写信道："我亲爱的妻子，我为你感到非常不安，从你的来信中，我可以看出你非常焦虑……不断的烦恼和担忧会折磨你自己，损害你的健康。"但玛格丽特·威尔士的担心是有理由的。十个月后，彼得在弗吉尼亚州的斯波齐尔韦尼亚县府战役中被子弹击中。三天后，他写信给在纽约的玛格丽特，告诉她没什么好担心的，只是"皮肉伤"。但因无法预料的并发症发作，两周后他就去世了。这对夫妇没有孩子，玛格丽特也没有再婚。

简·坎贝尔也焦躁不安。她的丈夫是苏格兰出生的石匠亚历山大·坎贝尔，1861年春天，他随第79团离开纽约时，留下20岁的简独自照顾他们的两个儿子，小亚历山大和约翰尼，他们还都不到两岁。她经常给他写信，恳求他休假，这样他就可以回来探望他们，帮他们还债。但亚历山大建议妻子耐心等待，因为他的部队一直在忙于作战。1862年6月16日，作为团旗手，坎贝尔带领他的部队在查尔斯顿南郊的邦联要塞发动了一次失败的进攻，史称塞斯申维尔战役。亚历山大后来对简说："那是一场非常激烈的战斗。"据在场的一名邦联士兵称，对联邦军来说，那是一场"可怕的屠杀"。对坎贝尔来说，这场战斗更加非同寻常的是，他的兄弟詹姆斯（他抵达美国后不久就在查尔斯顿定居）是堡垒内试图杀死他的邦联士兵之一，直到战斗结束，他们才知道这件事。"我希望你和我永远不会在战场上如死敌般面对。"在一封跨越防线送给亚历山大的信中，詹姆斯写道，"但如果是这样的话，你只需为你的事业尽你的义务，因为我可以向你保证，我会努力为我的国家和事业尽我的义务。"即使是移民，内战也会让他们父子、兄弟对立。

简·坎贝尔继续催促亚历山大回家，虽然他所在的部队伤亡惨重，但身体健全的人不能休假的禁令仍然存在。"没有休假这回事，"塞斯申维尔战役结束几周后，他写道，"他们不会听的。我试过了……他们只让那些一段时间内不适合作战的伤员休息。"此时他已经离开一年多了。

然而，几周后，亚历克斯[1]终于找到了回家的办法，回到了简身边。9月1日，坎贝尔在尚蒂利战役中小腿中弹。尚蒂利战役是继第二次牛奔河战役之后发生在弗吉尼亚北部的一场战斗。尽管子弹穿过了他的腿，但坎贝尔坚持说他"只是受了轻伤"，伤势"不会太严重"。话虽如此，伤情还是让坎贝尔住进了纽约贝尔维尤医院，需要在此休养四个月，他得以经常见到年幼的儿子和妻子。

也许见面太频繁了。之后，坎贝尔在弗雷德里克斯堡郊外的弗吉尼亚归队，两个月后，即1863年3月，显然心烦意乱的简写信告诉丈夫她怀孕了（她的信没能保存下来，所以，我们只好从亚历克斯给她的回信中推断她的心理状态）。一想到她要独自照顾两个蹒跚学步的孩子和一个婴儿，她就受不了，并预先告知亚历克斯她正考虑堕胎。他试图劝阻她。"这是一个非常危险的手术，"他说，"我刚刚读到一个例子，一个年轻女孩让医生打掉胎儿，结果她死了。想必你也读过很多此类事情吧。"此外，他提醒她："你说过你想要一个小女孩。"最后，作为最后的手段，他试图推卸责任。他写道："下次你得多加小心。"不过，"我

---

[1] 亚历克斯（Alex）是亚历山大（Alexander）的昵称。

想你会把所有的责任都推给我"。

幸运的是，亚历克斯没有在场，听不到妻子对于他将怀孕的责任全归咎于她的反应。从另一种意义上说，他也是幸运的。但是，到了9月，之前他没太当回事的伤口并没有痊愈。即使在回到部队几个月后，他还是在穿靴子时感到极度疼痛。因此，当他的战友们不得不继续服役直到1864年4月兵役期满，亚历山大·坎贝尔却因病在1863年5月退伍，回到纽约，继续干他的石匠，10月，简生下了他们第三个儿子。

坎贝尔的运气最终用完了。1865年底，他的三个儿子在三周内相继去世，无疑是死于那个时代非常流行的一种儿童疾病。几个月后，简和亚历克斯或许是希望换个环境，以便减轻痛苦，于是搬到了康涅狄格州中部，那里有多家采石场，为石匠提供了数不清的工作；纽约战后联排房屋建设热潮时使用的是褐色砂石，那里就是其主要产地。几年后，亚历克斯和他的几个姐夫和妹夫一起开了自己的石场，其中两位也曾在第79团服役。到19世纪70年代中期，亚历克斯已是该公司的独资经营者。很快，他就成为米德尔敦最著名的石材经销商之一，为这座繁华城市最豪华的住宅和墓碑提供原料。在康涅狄格州，亚历克斯和简又生了三个孩子，一个儿子和两个女儿，他们都活到了成年。1906年，简和亚历克斯搬回曼哈顿，住在哈莱姆区西128街的一所房子里。亚历克斯于1909年在那里去世，享年71岁。

1862年夏天，在第二次牛奔河战役之后，李将军第一次向北进军联邦领土。9月17日，在马里兰州西部波托马克河以北的夏普斯堡镇附近的安提坦溪，麦克莱伦以不同寻常的力度攻击了邦联军队。两军交锋，似乎整个南北战争取决于它的胜败一样，安提坦溪战役开打那天成为整个内战死亡人数最多的一天。

安提坦溪战役最血腥的地方是一片玉米地，一条沟路将它一分为二，此地就在夏普斯堡以东，处于双方防线的中心位置。最早抵达这一地区的北方指挥官之一是纽约的马克斯·韦伯，他现在是准将和特拉华州、马里兰州和纽约州部队的指挥官。当韦伯的手下登上沟路东北侧的小丘时，他们看见成千上万的邦联军，一排排、肩并肩地爬在那里，散布在成熟的玉米中间。如果任何一方希望将对方击退，就需要从未开垦的山丘上发起自杀式冲锋，冲下小山，冲向沟路的路基，再上到另一边，此时所有人都在射程之内，即使是最差劲的射手也能轻松射中。尽管如此，韦伯还是听从命令派出士兵，在特拉华州士兵的引领下，沿着裸露的斜坡下山。他们身中数枪，伤势严重，韦伯的手臂受了重伤。

令人难以置信的是，在接下来的几个小时里，十几只部队沿着一段半英里长的沟路进行了同样的自杀式冲锋，其中就包括爱尔兰旅的四个团。在其步兵用滑膛枪连续发射五六发子弹，试图弱化邦联军的防线后，米格尔命令手下向看似坚不可摧的防线发起冲锋。"依靠冲锋中的爱尔兰士兵的冲动和鲁莽"，米格尔后来报告说，他"确信……叛军将会投降，并被驱散"。然而，邦联军的防线守住了，沟路所在的那个小山谷则堆满了爱尔兰人的尸体。

李将军命令邦联军要彻底摧毁麦克莱伦的军队，一劳永逸地结束战争。因此，邦联军多次跨越同一条血流成河的小路发起反击，南方士兵的尸体就叠压在了已经在那里的北方士兵的尸体上。双方来来回回冲杀了好几个小时，直到邦联军的防线非常薄弱，最终撤退到夏普斯堡的郊区。再看那条沟路，北方人开始照料伤员和埋葬死者，那里的景象比第69团那些头发斑白的老兵见过的其他场面都要凄惨可怕。据一位目击者称，很多伤者恳求"被枪杀，而不愿忍受伤口的疼痛。这肯定是我所见过的最可怕的景象，愿上帝保佑再也不要让我目睹类似的景象"。来自得克萨斯州的一个邦联团士兵伤亡83%，是整个内战中任何一场战斗伤亡人数最多的团。隶属爱尔兰旅的纽约第69团和第63团损失了60%的兵力，是联邦军伤亡率最高的团。

安提坦溪战役的伤亡人数震惊了曼哈顿人。战后几周，一位德裔纽约人在探访弗吉尼亚州亚历山大市的军医院时,发现"2万名受伤士兵躺在那里;有的人没了腿,有的人没了手,还有没有耳朵的,凡此种种,不一而足"。经过18个月的战争,安吉拉·赫克抱怨道:"这样的日子看不到头。"同月,她丈夫的德裔军团也在安提坦溪作战。在安提坦溪战役之后,韦斯劳同样哀叹每场战役都造成了"成千上万的残疾人"。

爱尔兰天主教社区对战争的支持开始减弱。安提坦溪战役后,一份共和党报纸评论说:爱尔兰旅招募的新兵不如以前多。对此,一位爱尔兰裔美国人问道:为什么共和党人要"单挑爱尔兰人为美国作战?共和党无奈号召外国人打仗,特别是爱尔兰人,却总是指责他们不如'黑鬼',让他们去进行最危险的战斗",这难道不是这个政党的一种耻辱吗?其他纽约人也表达了类似的情绪。玛丽亚·利迪格·戴利是一位著名的纽约天主教徒,她在日记中写道:"爱尔兰人认为废奴主义者既憎

华盛顿军械库广场医院。如本图所示,随着无数的伤兵挤满了联邦医院,很多纽约移民开始怀疑林肯政府处理战争的方式。

恨爱尔兰人，又憎恨天主教徒，并想杀死他们。爱尔兰人说，废奴主义者总是把他们推上战场。"

几个月后，随着联邦军在弗吉尼亚州弗雷德里克斯堡的惨败，爱尔兰军队遭受重大伤亡的感觉更加强烈。当李将军被打垮了的军队从安提坦溪撤退时，麦克莱伦拒绝进攻。之后，林肯派麦克莱伦的一个下属安布罗斯·伯恩赛德将军指挥波托马克军，并命令他采取更具侵略性的战略。尽管伯恩赛德告诉林肯他觉得自己没有能力指挥整支军队，但他还是得到了晋升，并采用了一个过于激进的计划。12月13日，伯恩赛德在弗雷德里克斯堡渡过拉帕汉诺克河，对此，李将军并不吃惊；在一座叫马里高地的大山的山坡上，伯恩赛德的军队穿过一片开阔地，袭击了那里的邦联军。

结果，那成了联邦军在整个南北战争中最令人震惊的失败之一。爱尔兰旅再次成为这支命运多舛的进攻部队的中心，向李将军坚不可摧的防线发起了六次冲锋。该旅的军牧[1]威廉·科比神父写道："米格尔的旅被送到的地方简直就是一个屠宰场。"旅部的一名军官表示同意："这不是一场战斗，而是一场大规模的屠杀。"在这场战役中，纽约德裔第7团伤亡人数最多，而爱尔兰裔第69团的伤亡比例要大得多，交战部队的伤亡率达到54%。爱尔兰旅的三个纽约团最初有3 500人，经过牛奔河、半岛、安提坦溪和弗雷德里克斯堡等战役的损兵折将，现在只能召集起150名健康的士兵。一名士兵写道：弗雷德里克斯堡战役之后，穿过该旅的营地时，"你感觉就像在独自穿过墓地；一切都是黑暗的，孤独的，悲伤像裹尸布一样笼罩着我们"。

纽约天主教社区的一些人将令人震惊的伤亡率归咎于爱尔兰旅的领导人。在描述米格尔时，戴利称他的特点就是"鲁莽"，因为一次又一

---

[1] 美国军人信徒众多，军中有随军专职神职人员，统称军牧，包括基督教牧师、天主教神父、犹太教拉比、穆斯林阿訇等，均为军官，但属非战斗人员。美军设立军牧起源于独立战争。

次的正面攻击敌人危及了他的士兵的生命,这一点似乎比其他任何部队都严重得多。然而,其他爱尔兰裔纽约人却为米格尔辩护,坚称他只是在服从命令。若不服从,他将"使自己和他的种族在未来的时间里蒙羞"。我们可以肯定的是,在参战的 600 个左右的联邦团中,只有三个团在两场不同的战斗中伤亡率超过 50%。其中之一就是纽约爱尔兰裔的第 69 团。因此,爱尔兰旅的一名军官悲叹道:"对于纽约众多爱尔兰裔家庭来说,这将是一个非常非常悲伤的圣诞节。"

第十二章
征兵暴乱

根据征兵法，应征入伍者必须接受征召。被免除兵役者包括年老或体弱父母的唯一赡养人、无母子女的父亲或唯一赡养人、重罪犯或尚未成为公民或声明有意成为公民的移民。除此以外，应征入伍者还可以雇人替他服役，或者交纳300美元的"代偿金"，免被征兵。

1862年秋天,纽约人对内战的支持有所减弱,不仅因为死亡人数越来越惊人,还因为在安提坦溪战役5天后,林肯宣布他准备发表《解放奴隶宣言》(*Emancipation Proclamation*)。9月22日,总统宣布:如果南方的叛乱至年底未止,那么,1863年1月1日,他将行使总司令的权力,没收居住在仍处于叛乱地区的公民的奴隶。如此便剥夺了南方人的奴隶劳力,而这又给予奴隶逃往北方的额外激励,从而助长叛乱得以持续下去。《解放奴隶宣言》也说服了外国列强不承认邦联,因为现在这样做会被视为认可奴隶制。

至于纽约移民对《解放奴隶宣言》有何反应,很难准确估计。他们的私人信件很少保存下来,在现存的移民信件中也很少提及这个话题。但我们确实知道的是,移民士兵在跟邦联军的战斗中目睹了奴隶制,他们比后方纽约的同胞更有可能支持解放奴隶。"我读过讲述黑人的文章和书,但我想象不出奴隶受到了什么样的对待,"在1862年9月的日记中,纽约德裔第56团的二等兵阿方斯·里希特写道,"但现在我有了难以置信的可怕经历。"与之相比,在《解放奴隶宣言》发表后,一位德裔制砖商抱怨道:"我不想再为黑人开枪,我希望所有废奴主义者都下地狱。"不过,他感觉到舆论的潮流正在发生变化,于是告诉妻子"不要把我刚刚写的东西说出去"。

爱尔兰士兵对《解放奴隶宣言》的观点也相互矛盾。爱尔兰旅的彼得·威尔士写信给他在纽约的妻子说：在他的部队里，士兵对这一法令"表示不满和强烈谴责"。但他有自己的结论："如果奴隶制妨碍了法律的正确实施，以及这个国家的完整和永久，那我建议废除奴隶和奴隶制。把二者从这片土地上永远扫除，而不是容许它们摧毁这样一个伟大国家的自由和繁荣。"但这并不意味着对奴隶本身有任何的同情。1863年初，威尔士写道："在这支军队中，非常反感黑鬼，爱尔兰军团中尤其强烈。"

在后方，对林肯宣言的反应主要表现为党派分歧，纽约的民主党人大多反对解放奴隶，而共和党人则支持解放奴隶。该市阅读最广泛的德语报纸与民主党结盟，谴责总统的宣言，抱怨它违宪，延长战争，造成"可怕的、无休止的流血"。霍勒斯·格里利的《论坛报》给予回应，发表了《上帝保佑亚伯拉罕·林肯》的文章，可以说是对共和党反应的总结。纽约较为保守的共和党报纸《纽约时报》更为谨慎，但同样表示支持。

从内战一开始，纽约的爱尔兰移民就试图利用其政治影响力阻止这场战争演变成一场结束奴隶制的战争。在1861年发表的一篇文章中，该市爱尔兰出生的天主教领袖约翰·休斯主教提醒道："我们天主教徒和绝大多数勇敢的军队根本没想为了讨好北方的废奴主义者而进行一场战争，耗费巨额财富，抛洒大量鲜血。"他公开抨击"这种以所有天主教徒的名义，让这场战争屈从于废奴主义荒谬的博爱'理念'。……战争结束后，有足够的时间调停这个令人不快的奴隶制问题"。纽约《爱尔兰裔美国人报》的编辑主动回避宗教和党派政治问题，他们远没有休斯保守，却同意他的观点，并预测"只要一有迹象表明有人想把这场战争转化为单纯的废奴运动，而不是为了恢复我们光荣的联邦，就会导致公众对爱尔兰裔美国人失去信心"。因为这将转移政府恢复联邦的注意力，报纸的编辑将林肯的解放黑奴计划定性为"背信弃义"。

纽约移民似乎相信他们的观点会占上风，尤其是爱尔兰人。毕竟，另一位神父写道："北方不会疯狂到试图同时解放近400万奴隶。他们该去哪里，或者他们该怎么办？他们所在的社会在获得自由后会变成什么样子？他们生性懒惰，喜欢偷窃和犯罪，而不是劳动。"

当林肯宣布他的解放奴隶计划时，纽约移民的反应相对平静。但一旦它于1863年1月1日生效后，辛辣尖刻的批评便开始不绝于耳。《爱尔兰裔美国人报》的编辑从一开始就支持这场战争，对批评总统犹豫不决，现在却对废奴运动及其支持者表现出了强烈的敌意。他们写道：主张废除死刑的人曾经是美国主要的本土主义者，他们的政治组织一无所知党曾试图阻止每一位爱尔兰裔美国移民入籍，"因为宗教见解的不同而迫害他，禁止他担任公共信任的和有薪酬的职务，并想尽一切办法让他干伐木工和挑水工。"

（作为本土主义者和废奴主义者，他们）在全世界面前诋毁他的品质，将社区犯下的大部分罪行和不道德行为归咎于他，从而让人憎恶。考虑到爱尔兰裔美国人到处表现出的无私的爱国主义，甚至当叛乱爆发，敌人出现和公众的危险迫在眉睫时，人们也期望这有可能会消除此类卑劣的偏执，但目前的慷慨大度更有力地说明了废除奴隶制对我们种族的不可更改的恶毒仇视，这在国家官员对爱尔兰出生的军官和爱尔兰军事组织的不公正和部分歧视上表现得更加强烈，是的，甚至表现在给那些在共和国战场上甘冒生命危险的士兵的贫困家庭发放救济上。

这位爱尔兰裔美国人坚持认为，这场战争及由此带来的所有死亡和苦难的"主要原因"是"黑鬼宣传者"所"煽动的废除奴隶制"……"对于这些愚蠢的狂热者，我们对他们的厌恶和蔑视简直无法用语言表达。"

历史学家常常错误地认为，这些焦虑源于对解放后的奴隶可能会向北迁移抢夺爱尔兰人饭碗的恐惧，或者是南方的解放会在某种程度上促使已经住在纽约的非裔美国人也这样做。例如，几乎每一部纽约内战史都会重复这样一个故事：1863年6月，"大约3 000名码头工人罢工，其中大多数是爱尔兰人，他们眼睁睁地看着黑人在警察的保护下抢走了他们在码头的工作"。但这个故事是杜撰的，自从第一个历史学家在1910年错误地出版以来，它被一再重复。其实是白人士兵暂时取代了罢工者，而不是非裔美国人。事实上，1863年6月，纽约的黑人还不到3 000人，他们中的大多数人都知道最好不要去抢白人的工作。罢工者要求每9小时2美元的工资（雇主给的是1.5美元），外加每小时50美分的加班费，最终雇主同意每天2美元，以及每小时25美分的加班费，罢工才逐渐平息。

事实上，移民对非裔美国人生计构成的威胁远远大于非裔美国人对移民生计的威胁。1853年，弗雷德里克·道格拉斯抱怨道："每时每刻都有黑人受新来移民的排挤而失去工作岗位，人们认为这些移民是饥荒幸存者，再加上肤色相同，理应给予他们更好的工作。"9年后，布鲁克林的牧师和废奴主义者亨利·沃德·比彻发现，"自由的黑人"真正可以自由从事的职业只有服务员和理发师，而且"他们正被很快地赶出这一行业"。1863年，因为战争的拖延，纽约最贫穷的爱尔兰裔工人可能从经济上受到了影响，但主要不是因为担心黑人会抢走他们的工作。

爱尔兰移民之所以消极看待解放运动，还有另外一个原因，那就是他们认为解放运动威胁到他们在美国脆弱的社会地位。当《解放奴隶宣言》的支持者指出该措施将允许非裔美国人取代白人士兵，从而减少白人军队的伤亡时，反战和反解放的周报《日记报》的编辑宣称这一事实完全无关紧要。编辑们坚持认为授予黑人服兵役的权利比继续屠杀白人更令人反感，因为"士兵的平等意味着在民主选举上的平等，是在任何地方的平等"。该宣言的结果是贫穷的白人将被"贬低到与黑人同等的地位"。

爱尔兰移民可能没有很多钱，可能只能干一些最粗笨的活，并且还要受到针对其宗教和"种族"的诋毁，但至少让他们感到安慰的是，在美国社会经济阶层中，非裔美国人还不如他们的地位高。在很多爱尔兰裔美国人看来，《解放奴隶宣言》危及了这种等级制度。它威胁到了民主党的原则，即黑人"不拥有白人应得的受尊重的权利"；这一原则在 1857 年德雷德·斯科特判决案中得到了首席大法官罗杰·托尼的支持，从而为众人所知。一年后，在林肯与道格拉斯的辩论中，斯蒂芬·道格拉斯也表示赞同。纽约的爱尔兰移民由衷地认为，赋予非裔美国人权利会降低白人享有同样权利的价值，但纽约共和党人永远无法理解这一点。

通常，军队会在冬季休战，那年的休战期间，《解放奴隶宣言》成为这片土地的法律，此后，东部的战斗重新开始，费利克斯·布兰尼根的老旅长约瑟夫·胡克将军取代了伯恩赛德，成为整个波托马克军的首领。曾经，缺少自信让伯恩赛德备受折磨，但胡克没有表现出丝毫的自我怀疑，他谋划了一个大胆的计划，带领其军队重新南下，跨过拉帕汉诺克河，进攻李将军。李的军队仍然固守在弗雷德里克斯堡，胡克分出一部分军队佯攻此地的邦联军，同时让大部分军队从较北处越过河流，对李的后方发动突然袭击。几乎所有主要的纽约移民团都参加了胡克的大胆进攻。胡克宣称："愿上帝怜悯李将军，因为我不会怜悯。"

1863 年 5 月 1 日，胡克开始实施他的计划。但当他的部队第一次遭遇抵抗时，用一位纽约移民官员的话来说，胡克"完全慌张失措"，表现出与半岛战役时困扰麦克莱伦相同的犹豫不决。胡克没有按计划攻击邦联军，而是撤退到弗雷德里克斯堡以西 8 英里一个叫钱瑟勒斯维尔的小村庄，以确保防御的安全。李再一次感觉到对手心理上的弱点，随之发起了一次大胆的反攻。李将军确信胡克将军不会进攻，于是在 5

月 2 日，在兵力不及联邦军的情况下，冒险分兵，派出 3 万士兵，交由"石墙"杰克逊指挥，就在联邦军士兵的眼皮子底下，向西攻击胡克将军的后方。由于确信李将军正在撤退，胡克没有让驻扎在其防线西端的主力部队德裔第 11 军做好充分准备，以应对杰克逊当天下午晚些时候的进攻；在穿过一片被灌木丛覆盖的茂密森林后，杰克逊的士兵发起了进攻，这片森林被称为荒野。包括纽约 6 个德裔团在内的德国人，以及由冯·吉尔萨、冯·施泰因韦尔和卡扎诺夫斯基（现在都是将军）率领的旅，混乱地撤退了。胡克和他的军官们没有为他们应对战斗的无能承担责任，而是告诉媒体溃败的根源在于德国人缺乏勇气和纪律。在此后的几十年里，军队和媒体对德国人形成了根深蒂固的偏见，只要一提到钱瑟勒斯维尔，德裔美国人就会愤怒不已，因为它已经成为这种偏见的一个象征。与此同时，联邦军的一个师填补了德国人留下的缺口，其中包括费利克斯·布兰尼根所在的爱尔兰人为主的纽约精进旅，终于在黄昏时分阻止了杰克逊前进的步伐。

夜幕笼罩着森林战场，布兰尼根师的指挥官海勒姆·贝里将军渴望获得更多的信息。白天，森林及其灌木丛非常茂密，人们几乎看不清自己前方 20 码远的地方。在黑暗的夜晚，即使是满月，他们也完全看不见，不知道自己面对的部队有多少人，也不知道杰克逊的部队是否就在附近，还是在贝里的部队击退了他们之后撤退了。贝里无法忍受这种不确定性，命令精进旅的指挥官约瑟夫·里维尔将军寻找自愿侦察的人，偷偷越过邦联军的前哨，到达能看到杰克逊营地的地方，并在黑暗的掩护下确定他们的军力和位置。里维尔顺着他的旅组成的队伍骑马前行，在纽约第 74 步兵团停下来，请他能找到的最资深的军官弗朗西斯·泰勒上尉挑选值得信赖的人，自愿承担这个危险的任务。

泰勒立即去了 A 连，并"叫来费利克斯·布兰尼根，他在战争期间一直和我在一起，根据我长期以来的经验，他是一个冷静、勇敢、聪明的士兵。我告诉了他我想要什么，就如何避开防线给他出主意，以及该做什么，还建议他应该带哪些人一起去"。布兰尼根搜罗了几个人，包括戈特利布·卢蒂中士，他是匹兹堡的机械师，瑞士出生，21岁，从小就来到美国；军士长尤金·菲利普·雅各布森是波兰裔犹太人，21岁，来自纽约罗克兰县；二等兵约瑟夫·吉翁，37岁，是来自法国洛林省的"玻璃压延工"，操着浓重的德国口音，也来自匹兹堡地区。四个人分成两组，一组是布兰尼根和卢蒂，另一组是吉翁和雅各布森，在夜色的掩护下，他们向西悄悄地朝邦联军的防线前进。

几百码之外，"石墙"杰克逊和贝里同样急切地想知道他的部队前面的树林后面有什么。杰克逊决定亲自去看一看，在向导及其参谋的引领下，他沿着通往联邦军防线的木板路骑马前行。一位历史学家指出："老杰克的领导方式一向如此：亲自去看战场，而不是依赖他人。"但是，在听到两军前哨不时的射击声和子弹在树上疯狂的弹飞声后，杰克逊的军官们担心他们的指挥官会有生命危险。一个助手问道："将军，你不认为你不适合来这个地方吗？""石墙"简短地回答说："危险已经过去了，敌人溃败了。"

与此同时，布兰尼根和卢蒂正蹑手蹑脚地朝同一条路走去。卢蒂后来回忆说："我们听到有马从木板路上走过来"，于是决定"停下来，观望事态的发展"。"他们走到离我们不到15码的地方"，突然，"枪响了"，射向了骑马的人，"似乎是同时从四面八方射过来的……我想可能是杰克逊将军和他的参谋。因为枪声刚停止，我们听到他们说杰克逊将军被击毙了"。布兰尼根和卢蒂目睹了石墙杰克逊受了致命伤，他可能是整个南北战争中邦联军代价最大的伤亡。甚至可以想象，布兰尼根他们出现在树林里促成了这次突然袭击的发生，他们的动静让邦联哨兵紧张不安，便鲁莽地向黑暗中射击，杀死了李将军最宝贵的下属。

布兰尼根和卢蒂以为这个消息足以让贝里满意了，便转身往回走。但置身于灌木丛中，再加上树冠稠密，他们迷失了方向，反而跌跌撞撞地深入了敌后，并很快遇到了邦联军。邦联军"对于杰克逊将军被枪杀感到紧张不安。全军陷入混乱"。布兰尼根和卢蒂再次设法撤退，这一次成功地回到了联邦军的防线，但任务更加困难，因为联邦军队已经开始攻击邦联军的阵地，朝着树林发射子弹、霰弹、榴霰弹，布兰尼根和卢蒂必须重新穿越才能返回自己的部队。最后，凌晨3点左右，他们安全回到了营地。直到拂晓前，吉翁才现身，比雅各布森晚了几个小时。

这四个人分别是爱尔兰人、波兰人、瑞士人和法裔德国人[1]，因其英勇，他们都获得了国会荣誉勋章。然而，自愿侦察的人获得的信息并没有给联邦军带来多大好处。在接下来的四天里，李将军的部队追着胡克的屁股打，一直打过了拉帕汉诺克河。在这场战斗中杀死、打伤或俘虏了17 000名联邦军士兵，使北军比以往任何时候更加士气低落。爱尔兰旅在钱瑟勒斯维尔损失了20%的兵力，曾经吹嘘的3 500人现在只剩400人，这点人即使组一个团也太少了。由于无法在纽约、波士顿或费城招募到更多的爱尔兰移民，米格尔厌恶地辞职而去。

由于钱瑟勒斯维尔的失败和随之而来的士兵伤亡，林肯觉得他别无选择，只能执行国会在3月批准的征兵制。这将是美国第一次实行义务兵役制，林肯知道北方多个地方是不欢迎它的。征兵法中有三个条款似乎对纽约的移民特别不公平。首先，虽然征兵法明确将非公民排除在征兵之外，但林肯政府宣布，通过声明想要成为公民（归化的先决条件）而开始归化程序的移民可以被征兵。这些移民不能投票，但他们必须服役。其次，由于纽约的多个国会选区中本地出生的男性远少于移民中的男性，联邦官员将纽约县的应征人数设定为纽约市农村县的两倍左右。

---

[1] "法裔德国人"指来自法国东部德语区的人，比如阿尔萨斯-洛林地区，曾在法德之间几次易手。从种族上来说，这种人是德国人，但严格来说生于且生活在法国。说德语，到美国后说带有德国口音的英语。

宪兵司令声称，一旦那些应该被征召入伍的移民被免除了兵役义务，从而被筛选掉，该市的国会选区最终不会比纽约州的农村选区有更多的应征士兵。但纽约很多民主党人认为，如果该市的国会选区符合征兵资格的居民较少，他们就应该比其他地区为军队提供较少的士兵。较高的配额是林肯政府的公关噩梦，因为这会让该市居民觉得他们被迫为这场战争承担了过多的责任，而那些在该州共和党偏重的农村地区的人可以很容易地避免服兵役。

根据征兵法，除非体检不合格或因其他原因被免除兵役，应征入伍者必须接受征召。被免除兵役者包括年老或体弱父母的唯一赡养人、无母子女的父亲或唯一赡养人、重罪犯或尚未成为公民或声明有意成为公民的移民。如果应征入伍者不符合上述任何一项豁免条件，他还可以雇人替他服役（这在欧洲是一种已有几百年历史的习俗），或者交纳300美元的"代偿金"，免被征兵。

"300美元条款"是征兵条款的第三部分，很多纽约人难以接受，移民尤其厌恶。他们认为"如此征兵是不公平的"，《纽约先驱报》的一名记者在报道中转述了他们的观点："因为富人可以通过支付300美元来避免征兵，而没有'美元'的穷人却要被迫参战。"共和党人反驳说，代偿金不是为了让富人免于服役，而是为了给替代者设定价格上限，从而让更多的美国人可以雇用替代者。"如果没有这个钱数的条款，"林肯写道，"更富有者之间的竞争也可能会把替代者的价格提高到300美元以上，这样，只能筹集到300美元的人就避免不了服役……通过将较贫穷的人纳入其中，规定钱数的条款扩大了实际免服兵役的阶层。那么，这笔钱对穷人来说怎么可能是错的呢？"有些移民同意了。"没有什么比即将实行的征兵制更公平的了，"爱尔兰旅的一名成员给他在纽约的妻子写道，"要让每个人都满意是不可能的。"后来发生的事情证明林肯是对的。1864年，300美元条款被废除后，替服兵役者的价格翻了一番，应征入伍者能够花得起钱免于入伍者的比例下降了50%。

代偿金条款可能是好办法，却是很糟的政治举措，林肯对其政党政策的政治影响完全置若罔闻，这种情况很罕见，而这就是其中之一。在贫穷的纽约移民看来，300美元条款意味着富人和中产阶级都可以花钱免于入伍，而他们却没有办法。那些不太富裕的人不愿意在保命和毕生积蓄之间做出选择。代偿金条款也激怒了众多移民，因为它压低了他们可能向较富有的纽约人收取在战场上代替他们位置的价格。

对于那些视美国为自由之地的移民来说，该征兵制似乎也完全违背了美国的传统。"如果我不愿在普鲁士被当成一项政府财产，在这里我也同样不愿这样被人对待，"朱利叶斯·韦斯劳在征兵法刚一提出时表达了他的反对意见，他写道，"不管怎么说，若他们想在纽约尝试实行的话，是会引起骚动的。"韦斯劳的预测是正确的。纽约征兵骚乱导致了为期4天的谋杀和混乱，这是史无前例的，只有在看到这些之后，林肯才完全理解了城市贫民对解放奴隶、征兵和300美元条款的看法。

由于提前意识到可能会遇到麻烦，官员们开始在较远的第二十二区为纽约征兵，该区覆盖了从40街到86街的曼哈顿西城。7月11日，星期六，宪兵司令用他们的旋转木鼓抽取他们需要的名字，大约是2 500个名字的一半，并宣布他们将在周一完成征兵。然而，在这期间，反对征兵的纽约人在周日报纸上看到了征兵名单，当他们想象在不久的将来自己或亲人的名字可能会出现在那里时，决定采取一切必要的手段阻止征兵。

星期一一大早，第二十二区的工人像往常一样走出各自的廉租公寓楼，但他们都没有在商店和建筑工地安心上班，而是坚持让雇主停工一天，如此一来，工人们就可以集体前往区征兵办公室抗议征兵。他们沿着西城的大道走向上城区，人越聚越多，举着临时制作的"禁止征兵"的牌子，拥入每一个经过的工作场所，使得更多的支持者加入他们的行列。"大批工人的妻子及其他人也开始沿着不同的大道聚集，"《纽约先驱报》报道说:"如果有什么不同的话,那就是她们比那些男人更兴奋,那些男人拿着棍棒、石头、锛、斧头、锯子,有些甚至拿着古老的剑。"

上午 10 点左右,这群暴民抵达征兵点三大道 677 号(在 46 街的东北角),人数或有千人,此时,抽名仪式刚好重新开始。人群向窗户扔石头,一通乱扔之后,窗户玻璃被砸得粉碎。暴民随后冲进大楼,攻击征兵官员,一边"愤怒地叫喊着",一边拖出征兵记录,当场毁坏,然后,在"异常的愤怒"驱使下,一把火将征兵站的房屋(以及相邻的三座建筑)夷为平地。警长约翰·肯尼迪赶到现场后,这位 60 岁的警官几乎被殴打至死。随后,这群暴民继续向西南方向走了 1 英里,来到百老汇大街 1188 至 1190 号(介于 28 街和 29 街之间),该区的征兵工作原定于当天上午在这里开始。听到暴民逼近后,宪兵司令取消了征兵,并弃房而去。但当天晚些时候,一群暴民返回,烧毁了它及周围的 10 栋建筑。他们还拆毁了几条通往城市北部的铁路线,切断了同向的几条电报线,显然是为了阻止城市领导人从纽约上州调来增援警察。

此时此刻,同情上城区征兵抗议者的曼哈顿下城区居民正冒险北上,不是想去看热闹,就是想要加入骚乱。到了下午,几乎上城区的每个角落都能看到暴徒的身影。停止征兵后,暴乱者现在把注意力集中到了两类目标上:共和党人和该市的非裔美国人。一群四五千人的暴徒袭击了位于二大道和 21 街东北角的四层电线工厂,这家工厂的大股东是市长乔治·奥普代克,共和党人,他和女婿乔治·法利将它改造成了军工厂。40 名警察和 15 名员工手持后装步枪,击毙了 5 名试图击退他们的袭击者。最终,攻击者占领了"兵工厂",并烧毁了它,尽管在此之前,员工们设法将军火转移到街区上的另一家工厂。《论坛报》是纽约最著名的支持黑奴解放的报纸,位于市政厅公园东侧,也就是现在的公园路。同样想要纵火的一群暴徒两次冲击《论坛报》的办公室和印刷厂,一次在晚上 8 点,另一次在 11 点,都被警察击退了。

当天最野蛮的暴力行为针对的是非裔美国人社区。据《纽约晚邮报》(Evening Post)报道，在该城爱尔兰人最密集的第四区和第六区，人们"对黑人表现出了特别的敌意"，那些落入暴民手里的黑人遭到了无情的殴打。暴民袭击了这两个区的每一个黑人聚居地：第六区的巴士特街、披露街(Pell)、公园大道(Park)、伦纳德街和小水街[1]，第四区的多佛街和罗斯福街(Roosevelt)。在第四区，暴民追着三个黑人进入一个小廉租公寓楼，而黑人逃到了斜屋顶上。暴民没有追赶他们，而是放火烧了房子的顶层，因为他们知道火势会蔓延到屋顶。警察赶到时，这三个受害者正悬挂在"楼的一侧，紧贴山墙末端"。一位记者回忆说：在警方找到梯子之前，这些人"已经筋疲力尽了……一个接一个跌落到地上，其中一人被火烧到了，衣服上冒着火苗。每个人都受了重伤"。但他们奇迹般地全都活了下来。当天晚上，一大群暴民在提前两个小时通知居民后，聚集到五大道和43街路口的西北角，把拥有500张床位

暴民洗劫了位于43街和五大道路口的有色人种孤儿院，然后将它付之一炬。

---

[1] 小水街(Little Water)，原来在五点区的五点路口附近，现在不存在了。

的大型有色人种孤儿院洗劫一空,然后把它烧为废墟。暴民简·贝里是爱尔兰出生的移民,抢劫者从楼上窗户扔出的一个带抽屉的衣柜恰好砸中她的头,她倒地身亡。

最令人发指的是私刑。第一起事件发生在周一晚上,休斯顿街正北西城区,在爱尔兰出生的砌砖工约翰·尼科尔森的带领下,一小群人袭击了三个在瓦里克街下班回家的非裔美国人。两人逃跑了,但第三人径直拔出手枪,向尼科尔森射击,然后,沿克拉克森街(Clarkson)向哈得孙河逃跑。愤怒的人群开始追赶这位开枪的人,却碰到了另一个黑人威廉·琼斯,他正按照妻子的吩咐出来买一条面包。暴民们叫喊着"杀了那个黑鬼!"抓住了琼斯,在克拉克森街圣约翰新教圣公会教堂墓地旁的一棵树上对他施以绞刑,然后在他身下点起火,本来他的身体已被严重毁损,经这一烧,尸体根本无法辨认了。

周二凌晨,该市的军方领导人考虑宣布戒严令,但遭到著名民主党人和奥普代克市长的劝阻。他们认为将执法责任从文职部门转移至军事部门只会激怒暴乱者,他们可能会因为有机会表达自己的不满而

1863 年 7 月 13 日,星期一,威廉·琼斯在克拉克森街被绞刑处死,这是四天暴乱期间发生的近 12 起离奇谋杀案的第一起。

平静下来。然而，当周二拂晓时，正如《纽约时报》所言，骚乱者"仍然愤怒，仍然不满足"。现在，这座城市的更多地方似乎陷入了无政府状态。东 80 街上的一条铁轨被扒掉，曼哈顿东城和西城更多的电报线路被切断。五大道 79 号的市长官邸和该市共和党邮政局长的官邸被毁。哈莱姆区的一群暴徒摧毁了几座建筑，并损坏了马科姆斯水坝大桥，这是连接曼哈顿和大陆的仅有的两座大桥之一。在西城，他们烧毁了位于西 42 街的渡船的候船室和码头，并袭击了位于西 35 街的非裔美国人的住宅。

在第四区的商业区，数百名暴徒洗劫了布鲁克斯三兄弟丹尼尔、伊莱沙和约翰的著名服装商场，该商场位于樱桃街 116-118 号，靠近伊斯特河。这群暴徒显然瞄准了这家服装零售商，因为它是军队制服的大型供应商，在政府与士兵签订的合同中，既有劣质制服，也有为纽约多位知名军官定制的昂贵制服。在那个可怕的周二，这座城市几乎每个地方都有劫掠，针对生命和财产的袭击达数百起，这只是这些袭击中最引人注目的几起。穿着考究的纽约人若冒险进入"骚乱区"，很可能会"受到攻击"，有人会"大喊：'一个值 300 美元的男人跑了！'"在惊恐的移民玛丽·韦斯劳看来，"好像世界末日来临"。

周一还留在军营和堡垒里的民兵部队，周二即被命令离开，清理街道，恢复秩序。他们与暴徒的暴力冲突导致死亡人数飙升。在周一相对平静的小德国，数千名暴徒聚集在布隆街和德兰西街附近的皮特街（Pitt），显然是为了抗议一个雇主拒绝关闭工厂并允许其员工参加示威活动。当美国第 9 步兵团的 130 名士兵抵达现场，他们的指挥官托马斯·伍德中尉下令驱散暴徒时，暴徒们用砖头、石头和棍棒进行了回击。指挥官随即命令部队开火，士兵们照做了，打死打伤了 30 多名暴徒。如果死者的名字能说明些什么的话，那就是小德国的骚乱者也主要是爱尔兰人。很多人仍然拒绝退让，于是步兵端着刺刀冲了上去，最终驱散了人群。在南面几个街区开外，还有一群暴徒，位于帝法信街和格兰街的拐角处，也拒不接受解散的命令，部队发现后，士兵再次用刺刀冲散了那些暴徒。

不无讽刺的是，一位力图避免向平民开枪的军事指挥官在周二遭遇了白人暴乱受害者中最可怕的命运。亨利·奥布莱恩上校是爱尔兰移民，就住在这个街区，那天上午，他受命带着大约150个士兵，前往34街和二大道的拐角处，增援那里的警察，警察已经在那里与一大群暴徒野蛮肉搏了近一个小时。奥布莱恩在科科伦手下当过上尉，只有几个月的军事经验，但他被派到纽约，并被提升为上校，因为他承诺征募足够的兵力，重组已解散的纽约第11步兵团。作为在场的最高级别士兵，奥布莱恩有权指挥在场的所有部队和装备，包括两门小型火炮。为了驱散仍然占据大道的庞大人群，同时尽量减少伤亡，奥布莱恩命令炮兵向人群发射空炮，同时命令步兵装上真正的弹药，但要瞄准暴乱者的头顶上方。一听到他们开枪，暴徒四散而去，但有几名暴徒在街道和周围的建筑中死亡或受伤。是实弹反弹进了廉租公寓，还是士兵瞄得不准，尚不清楚。《纽约先驱报》报道说奥布莱恩用自己的手枪射杀了一名妇女和一名儿童，但这似乎是毫无根据的谣言。

奥布莱恩的行为激怒了附近的居民。托马斯·基利是爱尔兰裔大理石切割工，当天下午，奥布莱恩上校再次回到34街和二大道交汇处的一家药店，被基利发现了，并从后面抓住了奥布莱恩，另一位暴徒则用手枪柄多次殴打这位军官。他们把奥布莱恩拖到街上，奥布莱恩卧倒在地，基利用一块铺路石猛击他的脸。人群随后把奥布莱恩吊在灯柱上，但是，显然是觉得上校受的苦还不够，他们割断绳子，把还活着的奥布莱恩放了下来，继续挥拳揍他。《纽约先驱报》的记者写道："这里发生的场面骇人听闻，大自然也为之战栗。"据他估计，有300名不同的暴徒轮流踢、刺或用棍棒殴打过奥布莱恩，他已经失去了知觉，还有人把棍棒塞进了他的喉咙。他的"身体被严重损毁，完全无法辨认。头部几乎就是一团血，衣服也浸透了深红色的生命之液"。惊人的是，奥布莱恩还活着，嘴唇偶尔还在抽搐或蠕动。当他试图抬起头时，一个暴徒就会将把他的头重重地跺回地面。暴徒们把奥布莱恩拖到他家附近的一个院子里，"那里发生了最令人发指的暴行"。当某个药店老板想要给他一些水时，暴徒们把他的商店捣毁了。下午晚些时候，大家都肯定奥布莱恩已经死了，于是便让一位神父用手推车把他的遗体送到了贝尔维尤医院。

与此同时，周二下午，该市其他地区的骚乱者开始"按照巴黎人的方式"设置路障以阻止军队的行动，并提供一个防御阵地，以便与他们作战。他们在 11 街和 14 街之间的一大道上设置了几个路障，在 35 街和 43 街之间的八大道和九大道上布下了一个完整的路障网。军警和暴徒在这两处都发生了战斗，但当天最大的对抗发生在二大道和 22 街路口的联合蒸汽机车厂。周一，奥普代克"兵工厂"的员工将他们生产的枪支和弹药私自藏了起来。上午 11 点 30 分左右，4 000 支步枪仍在附近的消息招来了一大群"非常狂野"的人赶到现场，因为暴乱者意识到只有这样的武器才能助他们抵御装备精良的军队。下午的大部分时间里，暴徒和警察都在进行肉搏战，先是在建筑外，然后一层一层地打到里面。当警方重新控制了工厂（其间为了逃避逮捕，几位暴徒从楼上窗户跳楼身亡），二大道上仍然聚集着大量危险的暴徒，一排威武的军警开始用滑膛枪向人群齐射，将他们赶跑了。在暴徒彻底散去之前，军队

1863 年 7 月 14 日，星期二，军队在二大道联合蒸汽机车厂前向暴乱者射击。

已杀死大约12人，伤者更多。《纽约时报》报道称："随后出现了一个难以描述的场景。"到处是"一摊一摊的鲜血"，"当死者和伤者被抬出现场时，那些失去亲人的人撕心裂肺的哀号听起来真的是太惨了"。

非裔美国人仍旧是暴乱者发泄愤怒首当其冲的目标。据《纽约先驱报》报道，爱尔兰人密集的第四区仍然是"破坏黑人住宅最多的地方"。黑人居住的木结构廉租公寓楼主要在罗斯福街和加萨林街，到周二晚上，这些黑人公寓几乎都被捣毁了。很多房屋被拆得七零八落，被暴乱者运回家当柴火烧了。

与此同时，在西城的第五区，威廉·克鲁斯认为暴乱正好提供了他所需要的机会，即为白人净化了他所在的社区，克鲁斯是一个三流的民主党政客兼杂货商，1852年从爱尔兰国王郡来到纽约。首先，他带领一群附近的恶棍袭击了一个白人妓女，她住在他对面的托马斯街，就在西百老汇大街东侧，专为黑人客户服务。她用左轮手枪朝克鲁斯开了一枪，把他赶走了。克鲁斯随后引导他的追随者向北和向西一个街区，前往沃斯街一对跨种族夫妇威廉·德里克森和安·德里克森的家。"他就是我们想要的大黑鬼，"克鲁斯叫道，"我们要把他吊到灯柱上。"当克鲁斯及其团伙冲进德里克森家时，威廉已经从后窗逃走了，本以为暴徒会放过他的白人妻子和他们8岁的儿子阿尔弗雷德。但克鲁斯及其帮凶恶毒攻击了这个黑皮肤的男孩，用马车蹬梯的横档和其他短棒殴打他。"看在上帝的分上，"他的母亲尖叫道，"杀我吧，救救我的孩子。"暴乱者也正是这么做的。据《纽约先驱报》估计，截至周二，全市已有150名非裔美国人遭到袭击。

爱尔兰人最多的五点区反倒相对安静，不是因为那里的非裔美国人没有受到骚扰，而是如《纽约先驱报》指出的那样，因为"黑人现在都逃走了，没有制造骚乱的理由了"。黑人躲避到外地在纽约是一个普遍现象。《纽约先驱报》指出，该市约1万名非裔美国居民中的大多数已经逃往长岛或新泽西。但即使逃走也可能很危险。杰里米·罗宾逊意识到，若在街上被发现，可能会遭到袭击，于是穿上了女人的衣服，想要从第四区的家前往伊斯特河上渡轮，以躲避暴徒。但暴徒们发现了他斗篷和头巾下的胡须，开始恶毒地攻击他。记者戴维·巴恩斯写道："他们的暴行太令人作呕了，不适合刊登出来。"还有数百名非裔美国人在该市的警察局寻求庇护，主要是妇女和儿童。巡警抱怨说："我们这里黑人太多了。"但是警察局长告诉巡警不要赶走任何人。

对非裔美国人的袭击在 15 日（星期三）达到了高潮，暴徒用私刑处死了 3 名黑人，并淹死或用棍棒打死了至少 3 名黑人。早上 6 点 30 分，七大道附近 32 街的一群暴徒追赶住在附近西 33 街 97 号的非裔美国鞋匠詹姆斯·科斯特洛。科斯特洛设法用手枪击毙了一名袭击者，随后被人群抓住，遭到殴打、踢打、扔石头，最后在附近的一棵树上被处以私刑。当天上午晚些时候，尽管下起了倾盆大雨，爱尔兰劳工詹姆斯·卡西迪领导的骚乱者还是在街区里挨家挨户地寻找剩下的非裔美国人。"你们这些该死的黑鬼要在 5 分钟内离开这里，"一发现黑人，卡西迪就喊道，"不然我们就烧毁你们头顶上的房子……以后不要再在这条街上露面了。"

残疾马车夫亚伯拉罕·富兰克林没有注意到这些警告。那天下午早些时候，一群暴徒发现他和妹妹亨丽埃塔躲在七大道和西 27 街拐角处的一所房子里。人群殴打亨丽埃塔，在 28 街的一根灯柱上把她哥哥私刑处死。帮助爱尔兰暴徒将富兰克林吊死的是裁缝马克·席尔瓦，他是来自英格兰的犹太移民。路过的一个连队砍断绳索，把富兰克林放下，但当民兵们走了之后，暴民们又把他吊了起来。据一名目击者称，一个"披着人皮的恶魔"走近已无生命的尸体，拔出一把刀，问道："谁想要黑鬼的肉？"当持刀者砍下富兰克林的手指和脚趾，扔向人群时，人群答道："我，我，我。"后来，生于爱尔兰的 16 岁屠夫帕特里克·巴特勒拽着富兰克林的外生殖器把他的尸体拖到了大街上。同一天，骚乱者在六大道和七大道之间的西 30 街私刑处死了第三名非裔美国人。即使在黑人很少且骚乱相对较少的社区，当天也发生了对非裔美国人的野蛮袭击。

周三，该市没有足够的军队维持秩序；民兵可能会驱散某个地方的暴徒，但暴民会在几个街区外重新组织起来。暴乱者一次又一次不顾军警开枪的威胁，激军队开枪。这些较量最终导致了四天骚乱中最致命的事件。周三上午，面对数百名拒绝服从清街命令的抗议者，23岁的炮兵中尉本杰明·莱尔命令他的排50人向32街附近的七大道上的人群两次齐射。那天下午4点左右，大约有5 000人聚集在西城的同一个街区，重新对早上被军队放下的人处以私刑。撒迪厄斯·莫特上校是麦克莱伦手下一位31岁的炮兵军官，现在负责纽约第14骑兵团的当地作战。他骑着马来到现场，用军刀砍断绳索，放下了一名被暴徒处以私刑的受害者。人们认为对受害者的任何干涉都是一种挑衅，于是冲向莫特和他的部队。士兵一半骑马，一半步行，开始用刺刀和军刀攻击暴徒。暴徒撤退了，但随后又重新集结，他们无视如果不解散就会遭到枪击的警告。然后，莫特命令士兵用两门火炮发射了几发雷鸣般的炮弹，最后才算清了街。

与此同时，在九大道和十一大道之间的42街，聚集起一群2 000人的暴民。莱尔和50名士兵被派往现场，有人从周围的廉租公寓楼里向他们连续投掷石头和砖块，并开枪射击。莱尔警告说：如果暴乱分子在1分钟内不能离开街道，军队就会开枪，但人群根本置之不理。莱尔的士兵不得不间隔20到32秒（装填弹药的时间）齐射了五次，最后才驱散了暴徒。当暴徒重新集结并追击离开的部队时，士兵们又进行了两次齐射。莱尔估计有50个骚乱者被杀，这无疑是高估了，却能让人看出这场冲突之后有多少尸体散落在大街上。在现场的《纽约时报》记者发现："妇女和儿童在哭喊和哀号，而那些幸免于难，没跟朋友和同事一样横尸街头的男人则悲伤地坐在那里，闷闷不乐。"

军队并不总能战胜暴动者，部分原因是没有足够的士兵来应对每一次爆发的事件。下午 6 点左右，官方获悉，18 街和 19 街附近的一大道聚集了一大群人。由于最有经验的军队仍驻扎在西城，派往一大道的 200 名民兵主要是纽约人，他们自愿帮助平息暴乱，但几乎没有军事经验。几年后，一名目击者写道：听到军队逼近，"暴民似乎迅速增加，形成巨大的规模。成百上千的人急忙冲上房顶，拆下砖头，向逼近的士兵狂扔滥砸。埋伏在暗处的人开枪射击，有些士兵还没等开枪就倒下了"。

7 月 15 日，星期三，临时路障后面的暴徒在一大道与军人交火。

尽管两门炮每门至少开火 10 次，这些经验不足的部队在驱散人群方面进展甚微，几分钟内，10 个民兵或死或重伤，倒在街上。士兵们撤退了，没有顾及死伤者，他们的炮也差点丢给暴徒。他们的指挥官是 33 岁的爱德华·贾丁上校，是伤势严重的军人之一，他在安提坦溪战役和弗雷德里克斯堡战役中都毫发未损，但在一大道上，大腿被子弹撕开了一个大口子。若不是街区居民好心收留了这位受伤的军官，并把他藏起来，没让那些挨家挨户寻他复仇的人找到，他的命运就可能和奥布莱恩一样。大约在晚上 11 点，民兵返回拉走了阵亡的战友，他们的火炮又齐射了几次，午夜之后再次撤退。

若不是宾夕法尼亚州和马里兰州的援兵在周三深夜和周四凌晨出现，很难说筋疲力尽的警察和当地民兵能否靠自己的力量制服暴动者。周三晚上，暴民对征兵、共和党人和非裔美国人的仇恨似乎不亚于周一上午的激烈程度。星期三和星期四抵达的部队是纽约第 7 团、第 65 团、第 74 团和第 152 团，他们都是国民警卫队，而不是传说中的直接来自葛底斯堡战场的久经沙场的老兵。他们是从马里兰州的巴尔的摩和弗雷德里克，以及宾夕法尼亚州的卡莱尔和哈里斯堡等地赶到纽约的，当李将军在葛底斯堡击败波托马克军时，他们被派到这两个州当后卫。这些部队实际上比葛底斯堡的老兵更擅长应对征兵暴乱，因为作为国民警卫队的士兵，他们受过镇压国内动乱的特训。

连夜赶来的增援部队似乎取得了预期的效果，该城的军人总数也增至 6 000 人。周四，律师约瑟夫·乔特写道："法律和秩序似乎又占据了上风。"《纽约时报》也认为骚乱显然正在"平息"。但战斗远未结束。周四下午 1 点左右，一群暴徒在 22 街附近的一大道袭击了由几十个州民兵组成的小分队。为了清理大道，部队枪炮齐射，如此他们就可以向北走到 28 街的拐角处，守卫那里的一个生产军火的铸造厂。等到士兵们在大楼内占据位置，立即被可能多达 4 000 人的一群暴徒包围。对峙持续了整个下午，之后，暴徒开始袭击这座大楼，但位置有利的民兵迅速用一阵炮火齐射将他们赶跑了。

铸造厂的对峙结束后不久，骚乱的最后一次重大冲突发生在格拉梅西公园附近。在这个街区巡逻的骑兵部队在二大道和三大道之间的 22 街遭到了狙击手的伏击，狙击手就躲在街道两旁的楼内和楼顶。在最初撤退后，士兵在下午 6 点左右带着大约 200 名士兵和警察的增援部队返回，并突袭了似乎暴徒从中射击的房屋。街上的一群暴徒袭击了军队，但士兵们把暴徒赶到二大道，然后向北赶到了 31 街，暴徒们在那里进行了抵抗，从街上、窗户和屋顶向士兵们开枪。军方以炮火回应，挨家挨户搜捕剩下的狙击手。"他们中的一些人像魔鬼的化身一样战斗，不肯投降，"一个士兵报告说，"这些人都被当场击毙。"黄昏时分，这些暴徒已被制服、逮捕或驱散。那天晚上，心怀不满的暴徒从窗户和屋顶上又向过往的军队和警察开了几枪，但到午夜，这种抗法行为也结束了。在经历了近 90 个小时的无政府状态之后，纽约的征兵骚乱终于结束了。

"抢劫和暴力的狂欢节"震撼了纽约 4 天，留给这个城市的是惊人的死亡和破坏的痕迹。我们永远不会知道到底有多少人被杀。记录在案的死亡人数为 105 人，包括 10 位士兵和警察，10 个左右的旁观者，11 个非裔美国人和大约 75 个暴乱者。报纸记者和其他同时代的人常坚持认为还有更多人死亡。几年后，警察局长肯尼迪将死亡人数定为 1 155 人，坚称 1863 年夏天死于"中暑"的记录数实际上是警察用警棍击退暴徒时伤及他们头部的结果。但是，即使死亡人数超过 105 人，也肯定更接近这个数字，而不是肯尼迪未经证实的死亡人数。在士兵的步枪齐射后，记者看到 20 个暴徒倒在血泊中，推测所有枪击受害者都已死亡或即将死亡。但是，在参加内战的联邦士兵中，四分之三被击伤的士兵幸存了下来，暴乱者的幸存比例可能也是如此。

然而，暴乱的影响远不只是一个死亡人数。178 名警察和士兵受伤，其中 100 多人伤势严重。我们知道受伤的暴乱者有 128 人，但可以肯定的是，这个数字只是总数的一小部分，因为很多人会自己设法治疗，而不是去医院。因为那样的话，他们会被认定是受伤的违法暴徒而面临被捕。如果中枪的暴乱者幸存下来的概率和内战时期的士兵差不多，那就应该大约有 250 个暴乱者受枪伤，还有数百名暴乱者被警棍打成了脑震荡，或造成了瘀伤。

城市本身也遭受了物质损失。从哈莱姆区到炮台，放火数十起，数百座房屋遭到入侵和洗劫，数百家企业被抢劫。我们永远不会知道此类袭击的确切数字，因为正如暴乱结束后，律师乔治·坦普尔顿·斯特朗在日记中所写的那样："本周值得纪念的历史还没有写到一半。我可以记下几页报纸漏掉的事件，在平时，这些事件中的任何一件都会成为全镇的话题。"这些罪行如果加起来，肯定数以千计。

暴乱对这个城市产生了长期的心理影响。1861年，米格尔曾庆祝反爱尔兰和反天主教偏见的消亡，但随着此次的"暴行、谋杀、纵火和抢劫"，这种偏见在几天后又卷土重来，全城各处都出现了要求恢复一无所知党的标语。据《哈珀斯周刊》（Harper's Weekly）预测，很多雇主现在将拒绝雇用爱尔兰人。斯特朗发现在他有生以来的43年里，"对爱尔兰人的感情"比任何时候都"更痛苦和排斥"。"毫不奇怪。在人类犯罪和暴行史上，没有什么比得上这些凯尔特恶魔犯下的暴行。"斯特朗本人也受到了反爱尔兰敌意的影响，他在日记中透露，如果得偿所愿，他会"像1688年那样向爱尔兰人渣发动战争"。这种反爱尔兰的偏执态度需要数年时间才能平息。

爱尔兰裔纽约人试图为自己辩护。他们认为，在20万爱尔兰出生的纽约人中，只有一小部分人在骚乱中发挥了作用。不应因少数人的罪行而谴责整个民族。然而，在私下里，爱尔兰移民更有可能接受他们的社区受到其他纽约人的蔑视，至少在一定程度上理应是这样。在给纽约妻子的信中，彼得·威尔士中士写道："我很遗憾纽约的爱尔兰人在可耻的骚乱中扮演了如此重要的角色。上帝保佑爱尔兰人吧。他们很容易受到这样的诱惑，这让他们的敌人有了毁谤和辱骂他们的口实。"威尔士对他的妻子说："那些暴乱的始作俑者应该像狗一样被吊死。我希望军警毫不吝惜地发射榴霰弹[1]。只有这样，才能让那些嗜血的凶手恢复

---

[1] 榴霰弹是火炮发射的一种由铅弹组成的弹药。一次发射可以射出数百枚霰弹。威尔士的意思是说：他希望军队要毫不吝啬地向暴乱者开炮，只有当很多人受伤和死亡，才能让他们有所醒悟，迅速停止暴乱，而不是使用较不暴力的手段来阻止暴乱者。

理智。"

到底是什么促使这些暴徒在四天之内犯下一位德国移民所说的"各种可以想象到的暴行"？很明显，这些暴民在一定程度上受到了阶级不满的激励。然而，政治上的怨恨似乎更为重要；毕竟，骚乱者攻击的只是那些支持废奴和战争的富有的纽约人。在激发暴民方面，种族偏见显然发挥了同等甚至更大的作用。

共和党人更关心黑奴，而不是爱尔兰裔白人，在某种程度上，骚乱者正是基于这一认识而采取行动的。"费尔南多·伍德让我们烧掉有色人种收容所，我们认为他说的对"，一个暴徒宣称，"为什么黑人的孤儿要住在五大道"，而贫穷的白人孤儿"必须去岛上"，这里指的是现在的罗斯福岛上一家不受重视的国有收容所，纽约也在那里关押长期服刑的囚犯和精神病患者。天主教徒玛丽亚·戴利在她的日记中吐露说，她希望这次暴动"能给黑人一个教训，因为自从内战开始以来，他们一直傲慢得让人无法忍受。我无法容忍自由的黑人。他们虽然虔诚，却是不道德的"。虽然戴利本人不是移民，但她的观点无疑反映了很多移民暴徒的观点；通过这种荒谬的暴力行为，他们试图恐吓非裔美国人，让其再次变得卑躬屈膝，或者把他们全部赶出这座城市。

最终，驱使大多数暴徒走上街头的具体不满不是解放黑奴，而是法律草案中令人痛恨的300美元代偿金条款。在给《纽约时报》的一封信中，其中一个暴徒写道：

> 无疑，明天早上你们一定会对我们这些暴徒采取严厉的措施。但那300美元的法律让我们成了无足轻重的人、流浪汉和社会的弃儿，没有人关心我们何时必须参战和被枪杀。根据这条法律，我们是贫穷的贱民，而富有的那群人是我们的敌人。因此，我们将在这里与敌人作战，决不留情。虽然我们有一双粗糙结实的双手，外表肮脏，但在我们的内心，仁慈宽厚，清

清白白,这就是我们比富人更爱我们的妻子和孩子的原因,因为除了她们,我们别无长物,我们不会去打仗,让她们饿死在家中。在这项法律草案被废除之前,我个人愿意打倒更多像肯尼迪这样的酒馆政客[1]。他们为什么不让黑人杀死那些驱使奴隶的人种,占领属于他们的南方土地呢?

这封信写于14日,星期二,并于第二天发表,作者署名为"一个可怜的人,但毕竟是一个人"。

就在秩序仅仅恢复了几周之后,政府就重启征兵,以免显得暴民的规则压倒了民法的执行。7月底和8月,纽约结束征兵,显然,移民对被迫集体参军的恐惧在很大程度上是没有根据的。绝大多数的移民应征者成功申请了豁免,要么是因为患有疾病,要么是因为还没有公民身份(在那个时代,没有入籍记录的中心数据库,任何法院都可以走入籍程序,因此,要证明某个特定的移民是公民几乎是不可能的)。几乎所有剩余的移民应征者都逃避了兵役,因为在他们的名字被抽中后,没有人现身征兵办公室。正如一位德国人记述的那样,大多数人只是"搬到另一个地址,如此一来,他们就不会被发现了"。但也有少数人完全离开了这座城市。在给住在汉堡附近的父母的一封信中,海因里希·米勒透露:"我本该应征入伍去打仗,但为了不让我的妻子和孩子受苦,我跑了,躲到了偏僻的农村,他们没能找到我。"而其他人能花得起钱让别人代为服役,比如杂货商埃米尔·迪普雷。[49]

最终,只有极少数移民因征兵而被迫参军。例如,在有数千适龄应征男子的五点区,只有一人被征召入伍,这就是27岁的劳工休·博伊

---

[1] rum-hole politicians 译为"酒馆政客",rum 是朗姆酒,hole 是一个贬义词,指的是酒吧或酒馆,人们认为它们是肮脏的,充斥着罪犯。因此,酒馆政客指通过经营酒吧赚取利润而获得财富和政治权力的人。

尔，基于1863年的征兵制，他被迫参军。纽约第四区是爱尔兰人第二多的区，没有一个应征入伍的人。除了博伊尔，这两个区的所有应服兵役者都被豁免了，他们要么没有报告，要么雇用了替代者，要么支付了300美元的代偿金。部分代偿金可能是市政府资助的，基于征兵骚乱和部分城市居民服兵役人数过多的看法，市政府给予回应，拨出200万美元，为该市的工人和其他无法自费及有家人需要供养的纽约人提供雇用替代者的资金。即使在那些没有拨出资金支付替代者费用的北方城市，结果也是相似的。例如，基于1863年的征兵法，整个波士顿只有3个爱尔兰移民必须参军。从纽黑文至哈里斯堡，再到斯克兰顿，没有一个爱尔兰移民被迫服役。

此时，很多纽约移民确实参军了，但不是因为他们必须参军。成千上万外国出生的美国人抓住机会成为替代服役者，因为通过被征召入伍者支付的费用，以及地方、州和联邦政府发放的奖金，替代参军者有时一天之内能赚到多达700美元（相当于散工近2年的工资）。为此目的，有些人特意决定在南北战争期间从欧洲移民。克莱尔郡的詹姆斯·墨菲询问驻都柏林的美国领事，美国政府是否愿意支付他前往纽约的费用，"因为我非常希望加入北方军队……为了北美和勇敢的科科伦，我愿意赴死"。

另一个受参战奖金诱惑而移民的欧洲人是17岁的匈牙利犹太人约瑟夫·普利策。1864年8月，他接受了汉堡征兵人员提供的免费前往波士顿的通行证，以换取他们承诺的100美元入伍费。当普利策和他的几个同船伙伴发现服役奖金实际上是300美元，而征兵人员将其三分之二装进自己的腰包时，他们决定寻求更好的交易。军队将新兵安置在波士顿港的迪尔岛，但在登记之前，普利策和他的伙伴们游上岸，前往纽约。他们赶到了市政厅公园，全国各地的官员都在那里搭起了帐篷，招募替人服役的移民，以补充州和地方的征兵名额。尽管刚够17岁，但普利策告诉征兵人员他已经20岁了。他同意代替纽约上州的一个22岁的农民服役，作为交换，他获得了 200 美元的替代费，外加所有新兵可得的入伍奖金。普利策非常夸张地自称是一个出色的骑手，因此被分配到一个主要由德国和匈牙利人组成的连，隶属于菲利普·谢里登将军在弗吉尼亚州谢南多厄河谷的骑兵师。从 1864 年 9 月到战争结束，他一直在该部队服役。

战争期间，由于劳动力短缺（以及某种程度的通货膨胀），工资上涨到闻所未闻的水平，从而吸引了成千上万的欧洲人移民美国，移民得以回升。卡尔·韦斯劳告诉普鲁士的家人说："这是工匠、工人和士兵的黄金时代。"1863 年夏天的工资"是去年的两倍高，一个好的家具木工一天能挣 2.5 美元，一个工人一天能挣 1.5 美元，而不是以前的四分之三美元"。1864 年上半年，工资仍然很高，导致大量移民涌入，人数是内战第一年的三倍。

当然，对于有些移民来说，战时的通货膨胀是灾难性的。像韦斯劳那样有很多储蓄的人看到"他们的财富正在贬值"。但总体而言，没有参军的中等收入移民在战争时期过得还是很好的。

对于那些参军的移民来说，风险有时远大于回报。以罗伯特·斯奈登为例，他是加拿大出生的建筑师，后来转行为军事制图师。1863 年 11 月，他所在的团把他留在了后方，绘制一张地图，而其他部队则从华盛顿西南 60 英里的弗吉尼亚州的布兰迪车站撤离。斯奈登应该在第二天赶上他的部队。但还没等他这么做，他就被莫斯比的游骑队俘虏了，这是一支半自治的弗吉尼亚骑兵营，在弗吉尼亚北部巡逻，骚扰联邦士兵及其同情者。斯奈登没有挣扎，但抓住他的人还是用手枪柄击打他，然后，29 岁的少校约翰·莫斯比亲自审问他。

与斯奈登即将遭受的磨难相比，这种殴打算不了什么。彭伯顿监狱是里士满一个经过改建的烟草仓库，成为战俘后的头几个月里，斯奈登被关押在此，他差点死于伤寒。康复后，他得到的惩罚是被转移到臭名昭著的安德森维尔（Andersonville）战俘营，它在亚特兰大以南 120 英里，暴晒和口粮的严重不足让它变成了斯奈登所说的"人间地狱"，一点也不夸张。由于邦联政府发誓要奴役而不是监禁它俘获的任何非裔美国士兵，林肯政府已经停止了战俘交换，这意味着斯奈登不得不在这种状况下再忍受几个月，甚至几年。他在1864年3月的日记中写道："没有任何交换的希望了。每个人都很沮丧……饥饿日日夜夜在啃噬我们的生命。"那年夏天，战俘营里35 000个战俘全都骨瘦如柴，斯奈登是其中还能走路的人之一，但他的牙齿开始脱落。

1864年夏天，斯奈登的健康状况进一步恶化，内战似乎也陷入了僵局。1863年，尤利西斯·格兰特将军取得了两场战役的胜利，分别是7月密西西比州的维克斯堡战役和11月田纳西州的查塔努加战役，令人印象深刻，之后，他被林肯转移至东部，以便指挥波托马克军与李将军作战。1864年春，当格兰特开始对李将军的北弗吉尼亚军队展开陆路会战时，北方人满心乐观，希望格兰特延续在西部取得巨大胜利的那种不屈不挠的精神，击败李将军，结束战争。格兰特最初进展迅速，尽管付出了伤亡惨重的代价，还是把李将军打回，并赶过了里士满。但是，到了6月，他的进攻在邦联首都以南25英里处的彼得斯堡城外停滞不前，邦联军队防守森严，正面进攻简直就是自杀。当格兰特的军队开始围城时，突然之间，战争似乎不比六个月前更接近尾声。

两军相持不下，此时，北部各州将注意力转向了即将到来的总统选举。纽约州在1860年将选举人票投给了林肯，但在1862年选择了一位民主党人担任州长，因此它将成为关键的战场州。一位纽约爱尔兰移民民主党人认为，如果美国人完全理解林肯解放黑奴政策的含义，一般就不会再次选举林肯，纽约人尤其如此，所以，他决定自己动手。在此过程中，他实施了19世纪最精心设计、影响最深远的政治骗局之一，改变了美国人用来谈论种族的词汇。

这个诡计的始作俑者是戴维·古德曼·克罗利，他绝不是一个典型的纽约爱尔兰移民。1829年11月，克罗利出生在爱尔兰西南海岸科克郡的克洛纳基尔蒂，5岁时随家人移居纽约。他的父亲是一位银匠，年轻的克罗利在银匠行业当学徒，学徒结束后又干了好几年。但正如一位传记作者后来所说，"意识到自己不适合做机械师"，克罗利决定当记者。24岁时，他在纽约大学选修了一个为期一年的课程，毕业后，他在《纽约晚报》找到了一份记者的工作。他一定是个令人印象深刻的年轻人，因为不久之后他就去了《纽约先驱报》，负责"城市资讯"专栏。不久，在1856年的情人节，他与简·坎宁安结了婚。简·坎宁安是一位英国移民，也是一神教派[1]。她是牧师的女儿，小时候便来到美国了。1855年，她从上州搬到了纽约，开始自己的新闻职业，这在当时可是非常大胆的选择，因为当时纽约出版的几十家报纸和杂志中没有一家雇用女记者。

戴维·克罗利和大多数从事这样工作的男人一样不会鼓励自己的妻子外出工作挣钱，在他们的第一个孩子玛丽于1860年5月出生之后更是如此。但戴维·克罗利自诩是一个思想开放、很有远见的现代思想家。此外，正如简的哥哥所说，简的性格具有"火山般的力量"，她的一位同事也说她"与生俱来的吸引力和魅力，十分罕见"，这意味着不管有没有孩子，都不会阻止她外出工作。1859年，她在一家报社获得了第一份稳定的工作，以珍妮·琼的笔名为《纽约星期日时报》（与同名的那家著名日报完全无关）[2]撰写每周女性专栏。到1864年秋天，珍妮·琼已经在美国声名鹊起，尽管她的真实身份仍处于保密状态，但她的文章经常被全国各地的报纸引用。

与此同时，戴维·克罗利在内战前夕成为《纽约世界报》（New

---

[1] 一神教派指基督教中不信仰三位一体的独神论派。

[2] New York Sunday Times 译为《纽约星期日时报》，作者说与其同名的另一家日报指的是《纽约时报》（New York Times），它是一家著名的报纸，周日不出版，而《纽约星期日时报》则只在周日出版。因此，两家报纸没有关系。

York World）的城市版编辑，并在 1862 年成为该报的执行主编。在那些年里，《纽约世界报》确立了自己作为该市（或许也是全国）主要民主党出版物的地位。克罗利在纽约新闻界的迅速崛起，部分原因在于他是一个毫不掩饰的工作狂，这一点跟他的妻子一模一样。他甚至试图控制自己的梦境，这样他就可以在睡梦中继续工作，醒来时列出一长串可能的报道清单，交给编辑分配。无论是在梦中还是醒着的时候，1863 年底，克罗利提出了他迄今为止最大胆的思想之一。

提前考虑到 1864 年的总统选举，以及民主党如何最有效地利用美国白人对《解放奴隶宣言》的不安，克罗利决定在一位同事的帮助下撰写一本长长的小册子，故意让它看上去是一个废奴主义者或共和党人的作品，它会激进地支持种族平等，从而促使白人选民加入民主党的阵营。为了吸引公众的注意，克罗利发明了一个全新的词来描述若林肯得以在白宫再待四年，美国人将遭受的可怕命运。在这本 72 页出版物的封面上，他用大号的大写字母将这个新词通栏印在了封面上：MISCEGENATION，即"异族通婚"[1]，这个词是他用 mixed 和 race 的拉丁词合成的。

克罗利假装相信种族之间完全平等，他写道：奴隶解放之后，白人和黑人将很快开始大量通婚，他乐见其成，赞许混血，因为异族婚姻的后代通过混血的过程可以模糊种族之间的界限。异族通婚出生的孩子也会不加区别地与黑人和白人通婚，生下更多的混血孩子。作者们假装热情地预言：不久之后，美国将没有白种人或种族的界限。"倡导异族通婚是各地反奴隶制人士的职责。……千禧年之后的未来，最完美和最具男子气概的人不是白人或黑人，而是棕人。"

---

[1] miscegenation 不仅指异族通婚，也包括异族性关系，特别是美国白人和黑人之间的通婚和性关系。但异族通婚是主要的，因此，一般译为"异族通婚"；有些语境下也可以理解为"种族混合"或"混血"。

克罗利匿名向著名的废奴主义者和共和党人送去了《异族通婚》，请他们对其观念发表评论，并希望自己能公开发表他们的积极回应，从而在选举前夕让共和党人难堪。不少废奴主义者确实上钩了，而共和党的官员太聪明或太多疑，没有上当受骗。但是，包括《纽约世界报》在内的报纸和民主党政客大量引用了《异族通婚》的内容，作为共和党结束种族隔离并最终完全摧毁"白人种族"的秘密行为的证据。这本小册子甚至成为美国国会辩论的主题，并引起了欧洲新闻界的注意。邦联军引用它来证明他们脱离联邦是正确的。克罗利成功影响了1864年大选的风向，其程度之大超出了他的想象。

然而克罗利无法改变竞争的结果。1864年，林肯赢得了纽约州的支持，并且比4年前赢得了更多州的选票。自1860年以来，纽约的居民就不再喜欢林肯了，他的支持率从1860年的35%下降到1864年的33%。在该市爱尔兰人最多的五点区，林肯只赢得了不到10%的选票，而在德裔美国人最多的选区，他的得票率也大幅下降。然而，这些都无关紧要，因为他轻而易举地赢得了国家和总统职位。这场骗局在竞选结束后立即被揭穿，但克罗利参与其中所做的事情直到1889年他去世后才被曝光。

克罗利无法从共和党那里争取到足够多的选票来为民主党赢下纽约州，部分原因是大多数参军的人，包括移民，认为否定林肯会向邦联发出错误的信息。他们担心，如果一位民主党总统在没有取得全面胜利和全面恢复联邦的情况下就结束战争，他们就白白地牺牲了。无论是本土出生的美国人，还是移民，尽管可能对战争的进行或《解放奴隶宣言》心存疑虑，但仍有许多人投票支持林肯连任，移民奥古斯特·霍斯特曼总结得很到位。1864年夏天，他三年服役期满之后，又重新入伍，其父母对儿子的选择很吃惊，他便在给父母的信中说："你们是在指责我再服役三年吗？亲爱的父母！可以想象，三年的生活极为艰苦，吃苦受罪却不会得到什么回报，也看不出自己的努力是成功还是失败，这是讲道义的人无法忍受的。但为理想和道义而斗争的人不能半途而废！……相信我，这场战争会打到底，叛乱将被击败，奴隶制将被废除，平等权利终将在整个美国生根发芽。"

爱尔兰士兵不太可能以这种方式表达对林肯和这场战争的支持，但他们也希望内战能打到最后，以确保联邦完整。相比之下，1864年的民主党政纲则呼吁"停止敌对行动"，通过谈判达成和解。林肯坚持把战争打到底的决心为他赢得了很多选票，由此得以连任。

1864年夏天，威廉·谢尔曼将军攻入佐治亚州北部，并于9月最终占领亚特兰大，这是导致林肯轻松获胜的另一个因素。谢尔曼的会战也救了斯奈登的命。在被关进战俘营木栅墙内的45 000名战俘中，超过四分之一的人死在那里。然而，随着亚特兰大的陷落，谢尔曼似乎有可能从那里南下，向安德森维尔进军，邦联军决定将此地的众多战俘迁走。斯奈登即是被转移走的幸运儿之一，他到了萨凡纳，口粮成倍地增加。12月，当谢尔曼进军至接近佐治亚海岸时，俘房斯奈登的人再次将他转移，这次是南卡罗来纳州。当双方同意恢复交换战俘时，斯奈登最终被交换。圣诞节时，他到了巴尔的摩，第二天就回到了纽约。斯奈登的余生都带着战争的创伤，既有身体上的，也有心理上的。纽约成千上万的其他移民退伍军人也是如此。

谢尔曼也从萨凡纳北上，于2月1日进入南卡罗来纳州。在向南弗吉尼亚州与格兰特会师的过程中，他的军队为了泄愤，大搞破坏，留下了大片的废墟。当谢尔曼的英勇事迹传到李将军在彼得堡和里士满的军队时，为了回家保护家人，成千上万人逃离了战场。李将军于4月2日放弃了彼得堡的战壕，利用一周的时间，设法逃到安全的地方。1865年4月9日，在里士满以西85英里的阿波马托克斯法院投降。经过漫长的4年战争，60万人死亡，差不多同样多的人受伤，至此，内战终于结束了。

里士满一陷落，纽约人就开始庆祝弗吉尼亚传来的消息，随着李将军的投降，庆祝活动达到了高潮。朱利叶斯·韦斯劳写道："4月的上半月，每天都像在度假。"但是，他回忆说："欢乐在耶稣受难日突然结束，总统被叛军谋杀。我无法形容它给这里带来的震撼。"林肯被暗杀后，南北双方都对战争的结束感到失望，对于这场如此可怕、致命的战争来说，也许这就是一个适当的结局；这场战争造成了如此多的美国人死亡，如此多的人受伤，还有更多的人遭受了永久性的心理创伤。当林肯的遗体于25日抵达纽约，其送葬队伍沿着百老汇大街行进时，似乎整个城市的人都出来向他表示最后的敬意，尽管相对而言，只有很少的纽约人甚至更少的纽约移民投票支持他。韦斯劳并不是林肯的粉丝，但他写道："每个人都被深深感动了，在游行队伍中，在整个城市，不管是好人还是坏人，都只有庄严的默哀。叛乱已经结束了，但经历过的人都不会忘记。"

第十三章
移民的转变

随着成千上万南欧和东欧的移民定居纽约,本土出生的美国人突然发现,与肤色黝黑的新移民相比,他们更倾向于接受爱尔兰和德国移民。

在美国历史书中，南北战争通常标志着一个转折点。内战使美国从奴隶制国家转变为自由国度，而这正是经济从农业向工业化转变的催化剂。战前，这个国家的人口集中于东部；而战后，人口增长最具活力的地方将是西部。战前，众多美国人认为自己只是一个政治实体集合体的一部分，他们称之为"这些联邦国家"；但战后，他们认为这个国家是一个更加统一的国家，他们称之为"美国"。

就移民史而言，无论是纽约移民，还是整个美国的移民，南北战争并不是一个转折点。在战争前夕抵达纽约港的移民中，81%来自爱尔兰和德意志邦联这两个地方。在战争结束的1865年，这个数字几乎没有变化。

然而，在随后的几十年里，一个虽然缓慢但稳定的转变发生了。在抵达纽约的移民中，爱尔兰人和德国人的比例在1875年降至53%，1885年降至43%，1895年降至22%。爱尔兰移民的降幅尤其大，从1850年占纽约移民总数的55%降至1870年的30%，1880年降至20%，1890年仅为12%。相反，来自欧洲其他地区的移民数量开始超过德国人和爱尔兰人，尤其是意大利人和东欧犹太人。中国和加勒比海地区的移民也开始在纽约定居。

1892年，埃利斯岛成为纽约港的移民检查站，该岛处理的第一艘移民船是内华达号,它运来的移民就是这种演变的例证。内华达号上最著名的乘客是爱尔兰出生的安妮·摩尔,作为在新检查站注册的第一个移民,所有的媒体都报道了她的新闻。除另外 7 个爱尔兰移民外,摩尔的同船乘客还有 12 个英格兰人,14 个瑞典人,以及 14 个西欧其他地区的人。但在内华达号上,南欧和东欧移民主要是意大利人和俄罗斯犹太人,他们的数量是西欧移民的两倍。内华达号上的西北欧移民打算分散到美国各地,几乎所有的犹太人和意大利人都告诉埃利斯岛的移民官员,他们打算把新家安在纽约。以内华达号的乘客为代表,纽约的移民社区、这座城市和整个国家正在发生变化,虽然缓慢,但确定无疑。

就在南北战争开打的同时,移民经历也发生了重大变化,它涉及移民前往美国的方式。自 1609 年亨利·哈得孙首次主张曼哈顿岛归荷兰所有以来,240 年间,双桅帆船缓慢而危险地将数百万移民运送到了纽约港。但到了 1850 年,机械师已经大大改进了蒸汽机的安全性和可靠性,使得大型蒸汽动力船横渡大西洋的速度提升至普通帆船的四倍。由于乘坐汽轮到达的移民挤在统舱的时间较短,航行变得更加安全。内战前几年,在典型的跨大西洋航行中,统舱乘客的死亡率为 1%,而换成轮船航行后,每 1 000 名乘客只有 1 人死亡。1856 年,港口官员首次确定了运输方式,汽轮的乘客只占总数的不到 4%。但随着竞争压低了价格,越来越多的移民选择乘坐汽轮。1861 年,近三分之一的移民是乘汽轮到美国的。到 1865 年内战结束时,汽轮的乘客首次占多数。1870 年,汽轮运载的移民超过了 90%。去美国的航程再也不是移民最可怕的经历了。

战后不久,纽约移民的生活还发生了另外一个变化,那就是出现了该市领先的民主党组织坦穆尼会馆开发的政治"机器"。机械化改变生活的潜力让美国人着迷,因此,南北战争时期,美国人开始把任何不间断且高效运行、似乎势不可挡的实体称为"机器"。政客已经因玩弄

"阴谋诡计"而臭名昭著,在这种情况下,似乎将强大的政治组织比作机器再恰当不过了。1850 年,machine politics(机器政治)一词被收入美国词典,19 世纪 50 年代末,纽约人普遍对"躲在坦慕尼机器后面的操纵者"抱怨不已。

在战后的头几年里,由谁领导纽约的民主党机器并不十分明朗。该市民主党的代表人物是市长约翰·霍夫曼,他于 1865 年当选市长,直到 1869 年出任州长。但是,甚至在霍夫曼搬到奥尔巴尼之前,内部人士乃至整个城市就看清了躲在坦慕尼会馆幕后的真正操纵者是威廉·特威德(William M.Tweed)。

与普遍的看法相反,特威德并不是移民,他 1823 年出生于纽约市,其父亲和祖父也出生在此。特威德在第七区的东边长大,十几岁时就开始做工,干过各种各样的活,成年后,他在附近一家制作刷子和风箱的商店当会计,他的父亲持有这家商店的股份。1844 年,特威德娶了大股东的女儿玛丽·简·斯卡登。一年后,这对夫妇迎来了他们 10 个孩子中的第一个,10 个孩子中 8 个活到了成年。到 1855 年,特威德和他的兄弟集中精力经营家族椅业,在樱桃街和珍珠街开零售店,同时把作坊设在里奇街(Ridge)。然而,特威德似乎并不是一个出色的商人,由于销售业绩太差,他于 1861 年宣布破产。

尽管在个人财务上苦苦挣扎,特威德却有政治天赋。他友善且能说会道,擅长秘密谈判之后达成交易,这是他和朋友获得提名所必需的。他获得权力的途径不是担任市长等职位,尽管这会让他成为公众关注的焦点,而是通过担任民主党的领导职位或相对次要的政府职位,这些职位往往是任命而不是选举产

"老大"威廉·特威德,美国内战后纽约民主党的领袖,镀金时代政治腐败的化身。

生的。这些职位包括1858年开始的监事会席位、1861年的纽约民主党委员会主席、1863年的坦慕尼会馆总务委员会主席、坦慕尼协会"总干事"及街道管理处常务副处长[1]，后来还担任过公共事务专员。

到1863年，特威德几乎可以得到任何他想要的民主党提名。毫无疑问，他选择了街道管理处，因为这会让他控制几千名城市工人的任务安排，这些工人负责铺设、维修和清理城市不断扩大的道路网络。特威德大幅增加了劳动用工，以确保每一个值得回报的民主党人都能得到惠顾。特威德是第一个同时担任这么多高级职位的人，与此同时，他在坦慕尼会馆的职位给了他在民主党选举提名上前所未有的权力，以至于该市绝大多数活跃的民主党人的职位和政治前途都要归功于他。此外，利用在街道管理处和监事会的职位，特威德和他的亲密盟友彼得·斯威尼密切地控制着城市预算资金的流向。

特威德在19世纪60年代中期的权力从来都不是绝对的，而且往往很脆弱。其他民主党人努力想要取代他，在战争结束后的一段时间里，他们成功了。但到了1867年或1868年，"霍夫曼、斯威尼和特威德帮"牢牢控制了坦慕尼会馆，"扩大了自己的权力范围，并将该市所有（选举和任命的）职位都纳入其中"。1870年，新闻界开始称他为"老大特威德"。

若不是恰逢城市支出的大幅增长，纽约人可能不会反对特威德在坦慕尼会馆的崛起。在缴纳了因内战而征收的前所未有的税之后，纽约的富人希望城市预算缩减至战前的水平。但在特威德及其盟友的领导下，纽约的市政预算在战后的几年里持续增长。而且这种增长与特威德个人财富的创造和增长同时发生。

作为街道管理处常务副处长和监事挣得并不多，但最近刚刚破产的

---

[1] 街道管理处的主要职责是除雪、清理落叶、清扫街道、小街道的重修、整体街道的维修等；根据特威德比较有权力这一点看，他就是街道管理处的常务副处长。

特威德却摇身一变成了百万富翁,到 1870 年,其中的缘由已经不是什么秘密了。早在"交钱再玩"这个词出现之前几十年,特威德及其密友就已经是这种玩法的大师了。如果一个房地产开发商想要铺设或改善一条街道,以使其房地产增值,他就必须酬谢特威德。如果一家企业想要获得某种优势,以确保得到一份市政合同,它就必须向"老大"进贡。"他靠分赃比例发家,靠耍无赖分红致富。"1870 年,民主党报纸《纽约世界报》抱怨道,"他想敲诈勒索多少钱财,他们就有多少手法。"《纽约时报》赞同这种说法,称特威德是"那个胆大妄为派的主要推手,它正在努力摧毁这座城市,并在此过程中敛取钱财……我们把特威德先生看作是市政府所有恶习的化身"。

在如此恶意的反对下,特威德及其帮派如何保住权力?部分答案是选举舞弊。其中一个臭名昭著的例子涉及法官约翰·麦康。1861 年春,这位爱尔兰移民组织了纽约第 37 步兵团,并担任该团的上校。到达华盛顿后不久,麦康离开营地去威拉德宾馆的酒吧喝酒,但他拒绝出示通行证,因而被军事法庭审判。面对这种尴尬局面,加上被自己的下属指责不称职,麦康只好辞职。回到纽约后,他在市司法部门复职,但在 1863 年,特威德决定将这位忠诚的地方法官提升至州高等法院,出任更有权力的职位。对于这一提名,《纽约时报》感到震惊,称麦康"可能是所有文明国家中自荐为法官候选人的最差之人"。选举当晚宣布初选结果时,麦康只差几百票才能获胜。但特威德和坦慕尼并不打算让这件事阻止他们前进。他们指示五点区的亲信"重新计算"选票,毫无疑问,五点区的选票统计者发现他们

约翰·麦康法官是爱尔兰移民,他是特威德帮在司法行业的重要盟友之一。

在初选结果上"颠倒"了几个数字。根据这个具有欺诈性的新选举结果，麦康以微弱优势获胜。后来，他利用自己的新法官身份，帮助特威德帮的人维持权力，以报答特威德。

改变已经公布的选举结果是很危险的，所以，特威德开始依靠其他两种方法在投票站生成他想要的计票结果。正如特威德最终被捕后承认的那样，坦慕尼协会的人有时会在计票后和向媒体宣布结果之前更改结果。在其他情况下，他们甚至不会费心统计选票，而是提交完全虚构的计票结果。当共和党人和具有改革思想的民主党人要求监票时，坦慕尼协会就会想方设法贿赂或威胁检查人员。

贿赂也是有风险的，于是，特威德帮开始依靠其他方法窃取选举。首先，他们雇用了数百有时甚至数千名纽约人作为"重复投票者"，即收钱为既定的选举多次投票的人。爱尔兰出生的市参议员爱德华·卡迪就是一个唯唯诺诺的政客走卒，1868年，在其包厘街酒吧，他指导了重复投票者的登记和投票工作。州参议员迈克·诺顿是来自罗斯康门郡的爱尔兰移民，他让他的兄弟彼得在离上城较远的西区指挥重复投票者的运作。

在通过特威德帮而声名显赫的移民中，诺顿是一个典型代表。诺顿家境贫寒，从8岁开始就在纽约的一家陶瓷厂打工，三年后又到一家糖厂打工，一直工作到16岁。在第一批横渡大西洋的轮船上当了一年食堂杂役后，经过培训，诺顿成为一名制桶匠，但在他19岁时，却赶起了大车。想必他在十几岁时政治上就很活跃，因

臭名昭著的"老大"特威德，为了坦慕尼会馆候选人的利益而操纵选举制度。

为在他 22 岁时，就当上了警察局的巡警，这可是一个令人垂涎的职位。1861 年 5 月，他加入了詹姆斯·克里根以凶暴出名的第 25 纽约步兵团，并立即被选为上尉。在父亲去世和母亲病重后，为了照顾弟弟妹妹，诺顿离开了军队。回到纽约后，1862 年，他竞选参议员失败，但到了 1864 年，他获得了一个参议员席位，并在 1866 年再次当选。1867 年，离他 30 岁生日还有一个月的时候，他在州参议院获得了一个席位，同年特威德首次赢得了州参议院的选举。诺顿"从不自命能说会道"，一位传记作家写道，"他是个沉默寡言的人"。但他"结实、肌肉发达、体格健壮"，成为在混乱的坦慕尼政治斗争中担任公职的最重要的条件。他也是一个精明的政治操纵者，曾在州参议院的提名竞争中击败了很多经验丰富的对手。到了奥尔巴尼之后，诺顿有望发财，在镀金时代[1] 初期，他可以把选票卖给出价最高的企业和政治的竞标者。跟特威德帮的很多盟友一样，诺顿一天也没有学习过法律却仍被允许进入纽约州律师协会，这为他在离开州议会后担任民事法庭的法官铺平了道路。

坦慕尼制造选票的最后一种方法是制造公民，麦康在这方面发挥了主导作用。多年来，各政党一直提出在重要选举前夕支付移民入籍费，以便心怀感激的新选民可以将选票投给他们的资助人。1868 年，迫切希望选举霍夫曼州长的特威德将坦慕尼的"入籍工厂"加速到了前所未有的水平。1868 年，仅麦康一人就归化了 27 897 位移民。为了节省时间，麦康甚至没有让这些移民进入他的法庭，而是让他们的证人排成"一个长长的队伍"，每个人都迅速发誓说：该正在申请入籍的移民已经在美国待了 5 年，品行良好。当事实证明即使这样也太慢了，麦康让一位显然非常知名的纽约人帕特里克·戈夫证明 2 162 位不同移民的资

---

[1] 在美国历史上，镀金时代介于南北战争和进步时代之间，大约从 19 世纪 70 年代到 1900 年。当时的美国经济快速增长，数百万欧洲移民涌入。但它也是一个极度贫困和不平等的时代，财富高度集中，政商勾结，腐败现象严重。"镀金时代"一词出自马克·吐温和查尔斯·达德利·华纳合著的小说《镀金时代》（*The Gilded Age: A Tale of Today*）。

格，其中为了让1 000多位移民归化入籍，他们狂乱地连轴转，开了三天庭。当违规的入籍行为被媒体曝光后，麦康缩小了规模，但坦慕尼的其他法官弥补了他们的不足。而那些需要额外的入籍证书以方便重复投票的人可以从本杰明·罗森堡手里非法购买，他是巴伐利亚出生的犹太移民，在中央街（Centre）管理着坦慕尼的入籍总部。

1869年选举前夕，约翰·麦康法官匆忙办理移民入籍手续，法庭上一片混乱。

即使当这些欺诈行为普遍为人所知，很多纽约人仍然非常忠诚于特威德和坦慕尼，尤其是移民。颇具讽刺意味的是，在其政治生涯的初期，特威德公开宣称自己是本土主义者。在1844年纽约市长的竞选中，他支持本土主义的美国共和党候选人詹姆斯·哈珀，后者呼吁禁止任命移民担任政治职务。在整个19世纪40年代，特威德一直活跃在本土主义运动中，并于1848年和1849年担任美国人联合会的主席，这是他所在选区的一个奉行本土主义的兄弟会。

本土主义者很少有人成为民主党的成员。在纽约等北方大城市，民主党的成功很大程度上依赖移民。但最重要的是，特威德是一位务实的政治家。每年有成千上万的移民在纽约定居，其中绝大多数人成了民主党人，其他党派有抱负的纽约官员在此是没有前途的，他看到了这一点。

虽然知道本土主义者特威德过去的所作所为，纽约移民显然表示谅解，因为在他的领导下，坦慕尼一直致力于解决移民认为对他们来说最重要的问题。征兵暴乱过去后，特威德成功地让市政府为所有拖家带口替人服役的纽约人支付了代偿金，因为单凭这些人自己的积蓄根本交不起。1868年，特威德还为该市的天主教学校争取到了数万美元的国家资金，这是该市的爱尔兰移民数十年来一直寻求未果的事情。特威德大幅增加市政劳动力，创造了数千个新的工作岗位，用于建造和维修道路、公园和楼房，这些工作远比爱尔兰移民通常能找到的更稳定、更可靠，因此取悦了这些移民。对于那些仍然无法找到工作的人，或因为疾病或残疾而无法工作的人，特威德建立了自己的救济组织网络来减轻他们的困难，比如特威德穷人救济协会和特威德慈善协会。特威德是第一批将自己的名字与救助穷人广泛联系起来的美国政治家之一。

尽管特威德帮的头目主要是本土出生的美国人，但当地纽约人却因该帮派的罪行及其控制市政府的能力而指责移民，尤其是爱尔兰人。"我们的统治者部分是美国恶棍，部分是凯尔特流氓。"在1868年的日记中，律师乔治·坦普尔顿·斯特朗写道，"然而，凯尔特人占统治地位，我们臣服于马圭尔、奥图尔和奥沙恩家族的棍棒和权杖。"因此，斯特朗认为纽约是"由比西方基督教世界或世界上任何城市都更卑鄙下流的人渣统治的"。1871年，特威德帮的权力达到顶峰，此时，斯特朗仍在对生活在"3万个讨厌的凯尔特爱尔兰人的直接统治下"表示不满。

或许移民帮助了特威德帮延续统治，但在导致其最终垮台的戏剧中，他们也扮演了几乎所有的重要角色。在这场反对特威德的改革运动中，运动的实行者、敌对的政客或揭发丑闻的记者可能起到了带头作用，但最终，他们只是充当了配角。相反，不太可能达此目的的明星人物竟然是一位艺术家,来自莱茵河流域的德国移民托马斯·纳斯特(Thomas Nast)。

1840年,纳斯特生于德国西南的兰道市。与典型的"连锁移民"模式不同,纳斯特的父亲约瑟夫是长号手,1846年,他把家人送到纽约,而他则留下来,首先履行巴伐利亚军中乐手的承诺,然后到跨大西洋航行的船上当船员。最终,他们一家定居在小德国,小托马斯在那里就读公立学校,直到在学习上出现困难,他的父母把他转到一所德国人开的私立学校。

纳斯特的学业乏善可陈,主要是因为他没有兴趣。他喜欢画画,似乎除此之外,没有什么可以让他专心致志的事情,他的父母最终只好允许他读艺术学校。14岁时,尽管还是纽约众多小艺术学院之一的学生,雄心勃勃的纳斯特已经在百老汇大街开设了工作室,并自称"艺术家",到处做广告。在没有获得大量佣金时,他把自己最好的作品装订成一个作品集,带着它找到该市唯一的画报《弗兰克·莱斯利新闻画报》(*Frank Leslie's Illustrated Newspaper*),老板弗兰克·莱斯利竟然与这个15岁的孩子亲自面谈。

1821年,莱斯利出生于英国伊普斯威奇,原名亨利·卡特。他于1848年移民到美国,比纳斯特晚两年。十几岁时,这位英国人自学了版画,但他的父母不赞成,甚至把他送到伦敦,让他跟叔叔学做商人(他叔叔是一家制作手套公司的老板),即便如此,他仍然坚持学习版画。《伦敦新闻画报》是世界上第一家新闻画报(周报),最终同意发表卡特的作品。卡特署名弗兰克·莱斯利,并向父母隐瞒了自己的艺术活动。20多岁时,莱斯利离开了家族的手套制造企业,全职为《伦敦新闻画报》工作,最终成了这家报纸的版画主管。然而,满怀抱负的莱斯利辞去了令人羡慕的职位,1848年带着妻子和三个儿子移民到布鲁克林。经过几次失败的尝试,他最终确定了《弗兰克·莱斯利新闻画报》的版式。1855年,该画报首次摆上报摊。南北战争期间,美国人渴望看到战场上的景象，弗兰克·莱斯利的作品获得了巨大的成功。

晚年，纳斯特以漫画的方式回忆起他与莱斯利的第一次会谈，这位德国人把莱斯利描绘成一位年迈的纽约出版业巨头，佩戴金表，穿脚腕护套，趾高气扬地站在一个特别矮胖、充满抱负的艺术家面前。然而，他们第一次见面时，莱斯利只有 35 岁，还有几年才会成为报业大亨。这个形象纯粹是纳斯特风格，为了使他的观点尽可能清晰、戏剧性、幽默和令人难忘，他牺牲了一些真实的细节。

纳斯特得到了工作，起薪每周 4 美元，最终涨到每周 7 美元。但在内战前几年，莱斯利的报纸陷入困境，纳斯特失业，不得不从事自由职业。1859 年，他在《哈珀斯周刊》上公开讽刺警察腐败。《纽约新闻画报》是《弗兰克·莱斯利新闻画报》和《哈珀斯周刊》的竞争对手，只不过是昙花一现。1860 年，纳斯特为《纽约新闻画报》报道了英格兰的一场裸拳职业拳击赛和朱塞佩·加里波第入侵意大利的新闻。就在林肯穿过纽约的街道，前往就职典礼的地点时，纳斯特返回纽约，最终，《纽约新闻画报》指派他报道南北战争。

莱斯利立刻意识到这场战争对画报来说是天赐良机。由于纳斯特曾在意大利近距离接触过战斗，证明他有能力进行战地报道，于是，1862 年初，莱斯利以每周 50 美元的价格劝说他回去，对一位艺术家来说，这可是前所未有的价格。然而，几个月后，这位善变的出版商认为他负担不起这笔费用，立刻解雇了他。

事实证明，那次解雇恰恰为纳斯特带来了他需要的好运。很快，他回到了《哈珀斯周刊》，在接下来的 10 年里，他的工作为他带来了名声和财富。本土主义者詹姆斯·哈珀于 1844 年当选纽约市长，他的儿子弗莱彻·哈珀让纳斯特自己选择工作，这位艺术家很快就证明了他有一种独特的天赋，能够打动《哈珀斯周刊》的读者。1862 年底，纳斯特在一个版面画了一个在营地里想家的士兵，对开版面中是他在北方的家人，他们在平安夜彼此思念，而在他们之间隔着一排士兵的坟墓。一位身经百战的联邦上校说这张照片让他泪流满面。"这只是一幅画,"他写道,"但我就是忍不住。"战争结束时,当尤利西斯·格兰特将军被问及"他认为谁是这场战争造就的最著名的人物"时,他回答说:"我认为是托马斯·纳斯特。"

1862年,纳斯特创作了一幅士兵和妻子在平安夜互相思念的形象,这幅画使纳斯特巩固了作为《哈珀斯周刊》最受欢迎艺术家的地位。

在这些年里,纳斯特利用《哈珀斯周刊》的版面创造了现代美国圣诞老人的形象。刊登了士兵及其家人在平安夜画像的这期杂志还在封面上刊登了《营地里的圣诞老人》,画的是一位白胡子圣诞老人在给士兵们分发礼物。纳斯特后来描绘了在北极开设神秘礼物工厂的圣诞老人,他拿着一个分类账簿,上面记录的是哪些孩子淘气和哪些孩子乖。纳斯特并没有创作传统的圣诞老人形象,却让它们永远留在了美国人的心中。

《哈珀斯周刊》之所以成为纳斯特的完美归宿,并不是因为该杂志的感性,而是它的政治立场。《弗兰克·莱斯利新闻画报》是彻底的无党派,而《哈珀斯周刊》则是以支持共和党为荣,在这样一个环境中,纳斯特可以表明自己的立场,画出对与错、善与恶鲜明对比的时政漫画,从而迅速进入了创作旺盛期。战后,纳斯特首先关注到全国民主党的反动政纲的邪恶之处。他在这方面的杰作是 1868 年的《这是一个白人的政府》,该名字来自民主党人自战争结束以来一直在重复的一句话,以证明拒绝给予非裔美国人政治权利是正当的。纳斯特的画提出疑问:为什么在征兵暴乱中烧毁孤儿院和吊死未定罪黑人的五点区爱尔兰人比冒着生命危险维护联邦统一的非裔老兵更有资格获得选举权?纳斯特作品的核心人物是内森·贝德福德·福里斯特,他自称是三K党的创始人。为什么纳斯特笔下这样顽固不化的邦联将军拥有政治权利,却不是联邦的黑人士兵?漫画还描绘了民主党的第三个支柱,即五大道的"资本",其代表形象是美国最著名的德国移民之一、纽约金融家和民主党全国委员会主席奥古斯特·贝尔蒙特。纳斯特并不介意他以如此有损形象的方式描述一位德国移民同胞。纳斯特站在正确的一方,即他是共和党派,而贝尔蒙特则不是。其他一切都无关紧要。

《这是一个白人的政府》是《哈珀斯周刊》在 1868 年成功选举格兰特总统竞选活动的一部分。随着入主白宫的将军和共和党牢牢控制了国会,纳斯特开始对特威德和把控着纽约市政府的民主党人展开猛烈抨击。起初,纳斯特把火力集中在特威德、霍夫曼、斯威尼等本土出生的政客身上,以及霍夫曼的继任者亚伯拉罕·奥基·霍尔市长。爱尔兰

《这是一个白人的政府》是为 1868 年总统大选所画,纳斯特想要传达的观点是:支持民主党候选人霍拉肖·西摩的美国人只有五点区的暴乱分子、前邦联的支持者和奥古斯特·贝尔蒙特这样的五大道大亨,他们一致反对给予非裔美国人投票权,即使是那些参加过内战的人。

移民被描绘成坦慕尼的"奴隶",他们被威士忌和这座城市提供的最糟糕的工作吸引到了投票站。

19世纪70年代初,两起涉及爱尔兰天主教徒的致命暴乱震撼了这座城市,在那之后,爱尔兰移民更加成为纳斯特一贯的攻击目标。第一次暴乱是在1870年7月12日,起因是一次对野餐的袭击。这次郊游是由奥兰治兄弟会在纽约的几个分会组织的。奥兰治兄弟会是18世纪末在北爱尔兰成立的一个新教兄弟组织,目的是庆祝奥兰治威廉王子的军队在爱尔兰战胜爱尔兰天主教军队。奥兰治党人于7月12日组织了这次野餐,以庆祝博因河战役180周年。博因河战役是英格兰得以控制爱尔兰的高潮战役之一。

奥兰治党人特别喜欢在7月12日的爱尔兰街头唱有百年历史的反天主教歌曲。在爱尔兰天主教徒看来,这些示威游行是一种侮辱和蓄意挑衅。在爱尔兰,奥兰治党人和天主教徒在博因河战役纪念日发生冲突,最终导致英国人禁止奥兰治兄弟会在大不列颠游行。

内战结束后,纽约的爱尔兰新教徒移民可以从其分会游行至野餐地,一直平安无事,直到1869年,在下城的包厘街和上城115街附近的林荫大道[1],奥兰治党人和爱尔兰天主教徒之间爆发武斗。一年后,奥兰治党人决定组织一场精心计划的5英里游行,从东6街和包厘街交接处的库珀广场到榆树公园[2],经过九大道和十大道之间的91街到92街的中段,这在当时还处于这个发达城市的郊区。在公园里,奥兰治党人和他们的家人可以享受野餐,在亭子里跳舞,或者在射击场里测试他们的枪法。他们还将听到兄弟会领袖的演讲,回顾180年前新教军队在

---

[1] 林荫大道(Boulevard)是当时的名字,是59街以北的一条大道,现在是中央公园南侧以北的百老汇大街。

[2] 纽约市区的榆树公园(Elm Park)现在已经不存在了。

博因河的英勇事迹。

当游行队伍从库博联盟学院[1]前面走出来时，游行队伍中可以看到博因河战役纪念日庆祝活动常见的各种装饰。参加者系着橙色的腰带和丝带，举着写有博因、奥赫里姆和德里的旗子，它们是新教徒在威廉党人战争中最重要的几次胜利。据《论坛报》报道，这些名字"让（信仰天主教的）爱尔兰人感到厌恶，从这些名字中他们只能看到对自己种族的羞辱和对自己国籍的颠覆"。在随行乐队的伴奏下，游行参与者唱着他们最喜欢的宗派歌曲，如《博因河水》（The Boyne Water）和《平头小子，躺下》（Croppies, Lie Down）。"平头小子"是爱尔兰新教徒给天主教徒起的一个贬义绰号，暗指某些天主教会成员留的短发。若是有人合唱这首歌，任何听到它的爱尔兰天主教徒肯定会被激怒：

> 哦，平头小子，你们最好安安静静地待着
> 做你们想做的事，你们没这自由
> 只要海水还是咸的
> 我们的脚就会始终踩在平头小子的脖子上。[2]

当游行队伍沿着林荫大道前进时，几百名爱尔兰天主教市政工程的雇员正在修缮这条宽阔的大道。游行队伍经过之后，一个谣言开始在工人中传开，说是奥兰治党人在经过一座天主教堂时向它开了枪。《论坛报》报道说："大道上的工人（怒不可遏），仿佛事先商量好了一样，他们一致

---

[1] 纽约的库博联盟学院（Cooper Union）为私立大学，由发明家、实业家和慈善家彼得·库博于1859年创建，似乎没人知道当初他为什么取名 Cooper Union，而不是 Cooper University。

[2] 新教徒认为虔诚天主教徒的平头是丑陋和不时髦的，因此蔑称他们为"平头小子"。因为英格兰曾经殖民爱尔兰，新教徒有权要求天主教徒躺下、服从和遵从，并把不服从的天主教徒投入监狱。所以，他们敢唱《平头小子，躺下》。

同意停止工作，全都拿着干活用的工具，一起向榆树公园走去。"

数百名愤怒的修路工人抵达公园后，开始隔着围栏向聚集在那里的2 000至3 000奥兰治党人及其家人投掷石块。妇女和儿童跑到公园的另一头寻找掩护，奥兰治党人把他们能找到的一切投掷物都扔向前来寻衅滋事的人。据《纽约时报》报道，双方最终都拔出了左轮手枪，只不过奥兰治党人的手枪似乎比天主教徒的更多。"双方快速射击，枪声接连不断；有人流血、受伤、倒地；爱尔兰人的喊叫声响彻天空。"手枪战吓坏了野餐的人，他们慌里慌张地跑出公园，涌向九大道和十大道。

天主教徒并不满足于只是破坏奥兰治党人的庆祝活动。他们追着爱尔兰新教徒来到东、西两条大道，因为野餐的人正在那里往有轨电车里挤。《论坛报》的记者写道："石头和手枪子弹穿过车窗，射进挤满了男人、女人和孩子的车里，而车里也毫不客气地回击。"到下午4点，这场"互相赶尽杀绝的战斗"形成了几条战线，范围大致位于十大道至中央公园东侧[1]，以及从94街到82街。"人们四散奔逃，有的拿着镐、铁锹和大头棒，但大部分人拿的是大块的鹅卵石，凶猛地相互投掷。"直到夜幕降临，战斗才告结束。

当验尸官宣布这次暴乱的伤亡人数时，很明显，奥兰治党人施加的惩罚与他们所受的一样多，甚至更多。8名已死的暴乱者中，只有两名奥兰治党人，其余的显然是爱尔兰天主教徒。另有数十人受重伤。在上西城，一个"身材高大、穿着讲究的男人"走近卡车司机托马斯·默里喊道："你跟他们是一伙的，你这个天主教的婊子儿，我要修理你！"然后朝着默里的脸开了一枪。默里奇迹般地活了下来。在这场暴乱中，没有更多的纽约人丧生，这让媒体感到"难以理解"。

---

[1] "中央公园东侧"指的是五大道，因为打架的人从街上打到了中央公园，继而穿过中央公园，一直打到了公园东侧的五大道。

可以想象，人们对暴乱的反应是根据宗教信仰选边站的。大多数斯特朗这样本土出生的纽约人将这次流血事件归咎于"卑鄙而残忍的凯尔特人，比如那些在 1863 年 7 月烧毁孤儿院和发起黑人大屠杀的凯尔特人……该诅咒的凯尔特暴民！大猩猩比他们肌肉发达，在道德上却不比他们差"。一位爱尔兰新教徒辩称："打倒教皇"之类的旗子是对纽约爱尔兰天主教徒的必要回应，这些天主教徒之前的行动已经表明，他们信奉的是："打倒自由和解放！打倒免费学校和《圣经》！打倒科学和进步！打倒智慧和启蒙！打倒异教徒和所有拒绝相信教皇是绝对正确的人！打倒独立和言论自由！"

爱尔兰天主教徒挑起了流血冲突似乎是无可争辩的，因此，他们很难为这场袭击自我辩护。相反，他们设法解释为什么奥兰治党人在街上游行的景象会唤起如此痛苦的记忆，并引发如此激烈的反应。在给《纽约先驱报》编辑的信中，一位爱尔兰天主教徒写道："美国人忘记了这些人（奥兰治党人）掌权时是如何对待我们的。"他们烧毁了我们的教堂，"强迫我们在沟渠里做弥撒，若是在这个城市得了势……他们还会那样做"。另一位爱尔兰天主教徒告诉《纽约先驱报》，过去，我们在爱尔兰受到羞辱、遭遇暴行，他们却大加嘲讽，我们无法置之不理。否则，奥兰治党人就会"让美国一无所知党加入他们，在这里对我们犯下同样的暴行，这就是我们决心在他们变得像在爱尔兰那样强、那样坏之前，把他们消灭掉的原因"。

这些论点并没有赢得纳斯特等新教纽约人的同情，他开始越来越多地把自己的漫画集中在对天主教的威胁上。在他的画笔下，教皇正贪婪地将美国视为自己的下一个家园，因为意大利的统一运动威胁到了他在罗马的主权；在猿类爱尔兰裔美国暴徒的帮助和教唆下，美国天主教领袖正试图模糊或消除教会和国家之间的区别。纳斯特反天主教教义的行为特别引人注目，因为他一出生就接受了天主教洗礼，成年后却娶了一位虔诚的美国出生的圣公会教徒。不管出于什么原因，在 1870 年奥兰治暴乱后，纳斯特更加猛烈地反对天主教教义。

随着1871年7月12日的临近，纽约人开始担心，如果奥兰治党人再次庆祝博因河战役纪念日，势必发生更严重的暴乱。爱尔兰天主教徒要求纽约市政府效仿英国的做法，禁止举行周年纪念游行。然而，奥兰治党人及其众多美国出生的同情者坚持该组织有游行和和平表达其观点的权利。在给《纽约时报》的信中，一位纽约人写道："既然允许低贱的爱尔兰天主教徒在圣帕特里克节游行，那么，体面的爱尔兰人也应该有他们自己的游行。"

7月10日，詹姆斯·凯尔索警司与特威德、霍尔、斯威尼和坦慕尼协会的其他领导人协商后宣布，为了维护公共和平，奥兰治党人不会被赋予上街游行的特权。一个愤怒的新教徒向《论坛报》抱怨说："难道事情已经到了这个地步吗？就因为'爱尔兰天主教徒'卖的威士忌最差，促生的酒鬼最多，制造的暴乱最多，犯下的谋杀最多，以最少的投票人获得了最多的选票，还要担任最多的职位，接受最多的公共资金，他们现在还要决定谁该享有和谁不该享有美国公民的自由？"尽管有人呼吁要违抗禁令，奥兰治党人的领袖还是宣布他将服从凯尔索的命令。

坦慕尼协会的首领们向凯尔索施压，要求他禁止游行，但他们显然没有和自己的前同胞霍夫曼州长商量。为了争取1872年民主党总统候选人提名，霍夫曼推测，如果特威德帮屈服于爱尔兰天主教的"命令"，人们对它的任何联想都有可能不可挽回地让他的机会泡汤。在最后一刻，确切地说是博因河战役纪念日的前一天晚上11点，他撤销了凯尔索的游行禁令。为了防止预料中的流血事件发生，霍夫曼匆忙命令纽约州的6个民兵团在第二天早上7点报到，以保护奥兰治党人和他们的游行队伍。很多爱尔兰天主教徒感到被出卖了，发誓不会让奥兰治党人平和地游行。

结果是灾难性的。下午2点30分，当奥兰治党人从位于八大道和西29街西北角的总部出来时，他们发现数千名爱尔兰天主教徒聚集在游行路线上。有些人只是想目睹这一奇观；在那些日子里，对于纽约人来说，租下旅馆房间，以便为一场很有可能发生的暴乱争取到场边观看的"座位"，并非闻所未闻的事。但其他人认为游行是对他们的宗教和受迫害的爱尔兰祖先的侮辱，于是拿着石头、砖头和手枪，怀着"坚定的决心"，站在八大道沿线的人行道上或廉租公寓楼的窗户前，以阻止冒犯的发生。游行者大约有 100 人，外套下面几乎全都藏有手枪，因为被 1 000 名警察紧紧包围着，他们只能沿着八大道缓慢前进，而警察的两侧是几千名民兵，第一团挡在游行队伍的前面，奥兰治党人的左边是第二团，右侧是第三团，第四和第五团跟在后面。走在游行队伍前面的第七团的民兵之一是托马斯·纳斯特。

当游行者沿着八大道缓慢前行时，旁观者开始向他们投掷石块、瓶子和砖块，有些是从人行道上，但主要是从周围建筑物的窗户和屋顶上。偶尔会有手枪声响起，其中几枪是"两个身穿白衣的爱尔兰女孩"开的，从 24 街和 25 街之间的一间廉租公寓窗户里射出。民兵开始向这些狙击手和扔石头的人开枪，而警察则用警棍击退人群。最后，在西 24 街的拐角处，第 84 团的成员越来越担心自己的生命安全，惊慌失措地向八大道东侧的人群齐射。其他民兵随后也开火，火力同样对准了 24 街和 25 街之间的八大道的东侧。《太阳报》的一位记者称，这场枪击"不分青红皂白，不计后果，也不针对哪个人"，持续了"几分钟"（每个士兵一次只能发射一颗子弹，然后必须重新装弹）。尖叫声和咒骂声划破了天空，人群试图向东逃窜，但被那些为了想一睹游行队伍风采而在十字路口挤了几个小时的人阻挡了。当旁观者最终逃脱后，现场寂静得可怕。据《纽约时报》报道，然后，乐队表现出纽约历史上最坏的恶习之一，开始演奏"一首活泼的快步舞曲"，奥兰治党人快步离开，为了按计划完成到库博联盟学院的游行，他们甚至都没有管自己队伍里"仍然倒在大街上的死者"。

在他们身后的景象着实令人震惊。《太阳报》报道称："街上遍地是血。"据《纽约时报》报道："强壮的男人被吓呆了。看到这一惨状，妇女在哭，孩子在呜咽。这是一幅血色全景画，一幅血腥的景象，一个痛苦的竞技场。"《太阳报》的记者写道，若从 24 街走到 25 街，"你必须在尸体中寻找落脚点才能过去"。在通往一家地下理发店的楼梯上，《纽约先驱报》的记者发现了 6 具尸体。他注意到，台阶"沾满了人的血和脑浆，很滑，而下面的楼梯平台上覆盖着两英寸深的血块、大脑碎片和人的胃和肠子里消化了一半的食物。浮在这可怕的血浆里的是一顶破旧的低顶毡帽，像是工人戴的那种帽子"。在这场爱尔兰世界称之为"八大道上的屠杀"中，总共有两位警察、三名民兵和 62 个平民被杀。

1871 年，奥兰治暴乱达到高潮时，民兵在西 25 街路口的八大道上向人群射击。

基于 1863 年的征兵暴乱这一背景，纽约的主流媒体认为这场残杀取得了重大胜利，因为它平息了混乱局面和暴民的胡作非为。《纽约先驱报》鼓吹道："太棒了！法律必胜，秩序至上。"《纽约时报》称这一结果"充分证明了民众意志和正义的威力，而正义则出于自由人民的正常本能"。《论坛报》无视可怕的死亡人数，以及士兵在开枪前没有警告暴乱者要散开（这在城市暴乱中是很典型的做法），认为这个"不幸的错误……产生了一个令人愉快的效果，那就是恫吓和镇压了暴乱者。但恰恰就是这个匆忙的失误很可能会让这座城市以后避免更大的流血事件"。《哈珀斯周刊》发表了一幅漫画，其标题不无讽喻地描绘了镇压暴乱的过程，简明扼要地总结了本土出生的纽约人对结果的看法："好啊！好啊！"

爱尔兰天主教移民对这次暴乱的结果有着完全不同的看法。爱尔兰裔美国人喊道："我们要求正义！"一阵石块甚至是砖头的袭击造成60多人的死亡，这是根本讲不通的。"这是大规模的谋杀，必须追查和惩罚凶手。"爱尔兰裔美国人认为，大部分责任在于《哈珀斯周刊》里的那些本土主义者，他们对爱尔兰人有一种刻板的印象，其中纳斯特的绘画最知名，从而使得军队有可能不分青红皂白地开火，好像爱尔兰人的生命无关紧要，好像爱尔兰人是动物，而不是人。"虽然受压迫，但我们的人民并不低贱；虽然受到了不公正的对待，但我们没有罪；尽管被卑鄙的偏执狂描绘成大猩猩的脸和畸形的身体，但我们是人，爱尔兰人，拥有自由的灵魂和精神，足以为我们所爱的土地争取自由。"

然而，这场暴乱确实让爱尔兰移民和本土出生的纽约人得出了一个共同的结论：他们再也不能生活在特威德及其追随者的控制下了。坦慕尼的领导人没有采取任何措施惩罚八大道屠杀的责任人，这让爱尔兰人非常愤怒。爱尔兰裔美国人抱怨说："在我们通过投票和影响力把他们送上领导岗位的所有人中，似乎没有一个人有勇气站出来要求进行全面和公正的调查。难道我们选票的价值此时被遗忘了吗？"

相比之下，本土出生的纽约人将暴乱视为特威德帮贪污腐败的直接结果。《论坛报》宣称："若是那个依靠无知和邪恶的选票生存的腐败政党仍然专横地控制着我们的公共生活，这些可怕的场景就不会终止。"《纽约时报》甚至更进一步，称爱尔兰人是"傻瓜"，被坦慕尼会馆欺骗了，该会馆的领导人"无耻地腐蚀了"移民，并有组织地煽起了爱尔兰天主教徒

"最恶劣的激情"，以便特威德帮得以掌权和掠夺。《纽约时报》恳求爱尔兰人要脱离其特威德帮主子的魔爪。《纽约时报》表示："已经在着手根除了，只要一系列不间断的、有针对性的有力打击，就能达成目标。"

从某种意义上说，这正是所发生的事情，尽管历史学家通常没有认识到这一点。相反，他们辩称，奥兰治暴乱"助长了本土主义改革运动……并由富有的商人和律师领导，他们大多数是新教徒"，这最终推翻了特威德及其帮派。虽然这种描述有一定的道理，但事实上，移民在摧毁特威德帮中发挥了最大的作用。当然，纳斯特既是移民，也是改革者，他是最早发起运动，以便赶特威德下台的人之一。在 1870 年的奥兰治暴乱之后，纳斯特加强了对"特威德帮"的讨伐，但在那个时候，他仍然把更多的注意力放在其他问题上，比如他反对美国排斥中国移民，以及教皇庇护九世声称自己一贯正确。

然而，1871 年的暴乱之后，特威德帮实际上成了纳斯特唯一的绘画主题，因为每周他都在毁灭性的却很巧妙的讽刺漫画中嘲笑老大及其密友，以及他的"类人猿"支持者。纳斯特把特威德和他的追随者描绘成贪婪吞噬城市纳税人尸体的秃鹫；特威德和他的密友们喝着香槟，而留给纽约人的城市财政却空空如也；特威德及其帮派头目跪在他们的爱尔兰天主教主子面前祈求；坦慕尼的领导人站成一圈，在回答"谁偷了人民的钱"这个问题时，每个人都指向别人。每周，全国上下都期待纳斯特接下来怎样将特威德及其同国人串成肉串，架到火上烤。当年 8 月，《哈珀斯周刊》发表了一整版的纳斯特肖像，并附有一个对其热烈赞扬的传略，认为他因"在与各种卑鄙和错误的斗争中发挥的作用而闻名"，从而承认了他的艺术名人地位。

让纳斯特的作品火力更猛的是，曾经与坦慕尼有联系的爱尔兰移民挺身而出，开始提供特威德腐败的确凿证据。40 岁的逃荒移民马修·奥鲁尔克断断续续地做过记者，曾在县审计办公室当过会计，就在暴乱发生前几天，他向《纽约时报》透露了一些数据，证明该市在租用军械库方面支付了过高的租金。奥鲁尔克说超付的钱进入了特威德帮头目的银行账户。35岁的路易斯·詹宁斯是伦敦出生的《纽约时报》主编，他意识到这些欺诈只是冰山一角，但目前还找不到特威德帮头目明显参与的大规模盗窃活动的证据。

詹宁斯得到了一个更好的消息来源，这就是前市参议员兼县治安官詹姆斯·奥布莱恩，从而获得了重大突破。1852年，13岁的奥布莱恩从爱尔兰的韦斯特米斯郡来到纽约。在进入政界之前，他做过石匠。1870年，他认为自己没有从特威德帮那里得到自己应得的那份钱财，于是提交了一张35万美元（相当于今天的650万美元）的"费用"清单，声称这笔钱是他在担任县治安官期间特威德帮欠他的。审计长理查德·康诺利是特威德核心圈子里的爱尔兰裔成员，他拒绝了奥布莱恩的要求，认为即使以该帮的标准衡量，奥布莱恩的要求也太过分了，于是，奥布莱恩开始敲诈。奥布莱恩威胁说，除非康诺利支付他的索赔，否则，他会向公众公开账簿的副本，上面记录着特威德帮的核心人物在市政厅后面的新县法院大楼长达10年的建设过程中收受的巨额回扣（作为一座腐败的纪念碑，该大楼仍然存在，人称"特威德法院大楼"）。特威德认真考虑了奥布莱恩的威胁，通过一个中间人与他进行了谈判，这个中间人就是苏格兰出生的县审计员詹姆斯·沃森。但是，1871年1月，在哈莱姆区的马拉雪橇事故中，沃森受伤身亡，随后便再没有中间人出面继续谈判，这位前治安官决定兑现他的威胁。7月18日，一个闷热的夜晚，他亲自赶到《纽约时报》在公园路的总部，把法院建筑费用账目的复印件交给了詹宁斯。

詹宁斯及其报道市政厅的记者团队花了好几天时间才弄明白这几十页的数据，该团队的负责人是28岁的苏格兰移民约翰·福特，现在也包括奥鲁尔克。与此同时，绝望的特威德帮想要收购《纽约时报》，以便让它噤声，而方法是收购该报前所有者亨利·雷蒙德的遗孀控制的股

第十三章　移民的转变　331

上面两幅是纳斯特对特威德最巧妙的描绘。左上图，曼哈顿岛在特威德的掌控之下；右上图，特威德是贪婪和贪污的化身。下面两幅是纳斯特关于类人猿爱尔兰移民的漫画。左下图，1870年沦为坦慕尼奴隶的爱尔兰人；右下图，坦慕尼的领导人向纽约爱尔兰天主教移民下跪，这是纳斯特对1871年奥兰治暴乱的评论的一部分。

份。但出版商乔治·琼斯设法促成了一笔交易，由银行家、商人和活跃的共和党人、前州长埃德温·摩根收购了这些股份。坦慕尼甚至采取了强硬手段。詹宁斯后来回忆说："随着斗争愈演愈烈，我每天都被逮捕两三次。"但富有的共和党人总是为詹宁斯交保释金，这样他就能立即返回工作岗位。

为了阻止纳斯特，特威德帮的头目显然做了更大的努力。如果纳斯特愿意从《哈珀斯周刊》休假去欧洲进修艺术，特威德的同事就会通过中间人向纳斯特送上 10 万美元。在出价高至 50 万美元（相当于今天的 1 000 万美元）后，纳斯特还是拒绝了[1]。据说纳斯特大叫道："不久前我下定决心要把其中一些人关进监狱，我就一定要把他们送进去。"

1871 年 7 月 22 日，星期六，《纽约时报》开始刊登奥布莱恩账本的摘录，它等于是扔出了一颗新闻的重磅炸弹，其轰动性不亚于 100 年后发表的《五角大楼文件》。"大盗""秘密账户""特威德的罪证"，这些毫不留情的大字标题预示着特威德帮灭亡的开始。10 月下旬，州政府对特威德提起民事诉讼，要求追回与县法院建设项目回扣有关的被盗资金。1872 年，其他指控接踵而至。1873 年 1 月，陪审团对特威德的第一次审判结果意见不一，但在 11 月的重审中，陪审团判定特威德犯有 200 多项财务不当罪，判处 12 年监禁。1875 年 6 月，纽约州上诉法院裁定特威德的刑期超过了他的罪行所允许的最高刑期，并下令释放了他。检察官立即以其他未决指控再次逮捕了特威德，并将他送回监狱等待审判。但到 1876 年 1 月，他逃走了，先是去了佛罗里达，然后去了古巴，在那里登上了一艘开往西班牙的船。注意到他即将到来，西班牙官员分发了一些纳斯特的特威德漫画的副本，以帮助逮捕他。1876 年 9 月 6 日，特威德被捕，并被送回纽约，在他缺席期间，已被判超过 650 万美元的民事诉讼赔偿责任。由于无力支付，特威德只能回到监狱，1878 年死于牢中。

历史学家往往把焦点放在检察官塞缪尔·蒂尔登[2]身上，认为他才

---

[1] 关于这一事件的大部分描述都是以特威德为自己企图贿赂纳斯特辩护开始的，他说："我的选民不会阅读，但他们忍不住看那些该死的画。"然而，这句话肯定是杜撰的。它最初出现在对纳斯特赞誉有加的简介中，不是引用。参见《托马斯·纳斯特》，《哈珀斯周刊》，1871 年 8 月 26 日，第 803 页。——作者注

[2] 1876 年，塞缪尔·蒂尔登（Samuel Tilden）成为民主党的总统候选人，与共和党总统候选人拉瑟福德·伯查德·海斯（Rutherford Birchard Hayes）竞争，最后海斯胜出，成为美国第 19 任总统。

是导致特威德垮台的主角。事实上，从负责这个案子到成为纽约州州长，再到 1876 年只差一张选举人票而没能入主白宫，蒂尔登一直都是声名狼藉的。其他人主要将其归功于《纽约时报》披露的会计信息。然而，同时代的人认为纳斯特的作用同样重要，甚至更为重要。"对纳斯特先生来说，无论怎么赞美都不为过。"《国家》杂志坚持认为，他"让成千上万的人明白了特威德帮的卑鄙行径，如果不是他，他们可能永远看不到这些数字和印刷出来的告发文字"。《纽约晚邮报》对此表示赞同，称"纳斯特先生以一己之力，成为伟大事业的最重要的宣传者；正是由于他的讲述，而不是其他原因"，才导致特威德帮的腐败被曝光。《哈特福德新闻报》（*Hartford Courant*）不无先见之明地预言，一百年后，特威德将比其帮派的其他成员更为人所知，但"他的名声不是因为自己的恶行，而是因为托马斯·纳斯特"。

　　学者们还倾向于将特威德帮的衰落视为"本土主义改革运动"的一部分，该运动的目的是反对由移民支持的坦慕尼会馆政治机器。当然，众多本土出生的纽约人也从这个角度看待这场反对特威德帮的斗争。在特威德帮的全盛时期，纽约的大多数移民都把票投给了它的领导人。但纳斯特远不是特威德唯一主要的移民反对者。奥斯瓦尔德·奥滕多佛是纽约最受欢迎的德语报纸编辑，他跟奥古斯特·贝尔蒙特都是德国出生的民主党人，早在坦慕尼其他大多数成员与特威德决裂之前，他俩就这么做了，间接决定了特威德的命运。随着《纽约时报》的爆料，坦慕尼分裂成了支持特威德和反对特威德的两派，而且这种分裂很大程度上是一种民族分裂。在一幅名为《家不和，则房倒屋塌》（*A House Divided Against Itself Shall Not Stand*）的漫画中，纳斯特在《哈珀斯周刊》的一位同事描绘了坦慕尼会馆的大厦被一分为二，一半标着"美国民主党人"，另一半标着"爱尔兰民主党人"。并非巧合的是，经过几年的内部斗争，坦慕尼会馆的新老大换成了约翰·凯利，他是纽约首位爱尔兰天主教政治领袖，外号"诚实的约翰"。凯利于 1822 年出生在纽约，父母

在《家不和，则房倒屋塌》这幅漫画中，《哈珀斯周刊》认为坦慕尼会馆内部的分歧日益加剧，这在很大程度上反映了"美国民主党"和"爱尔兰民主党"两派之间存在敌意。

是移民。特威德丑闻暴露了民主党内部的民族分裂，这是多年来基本上一直不为公众所知的。

历史书没有详细记载民主党内部为什么出现了民族分裂，原因之一是当时的共和党人对于这种分裂理解不够，对他们来说，坦慕尼人和爱尔兰人是相同的。1872年，民主党提名了两位市长候选人。跟往常一样，坦慕尼选择了本土出生的候选人亚伯拉罕·劳伦斯，改革派民主党选择了奥布莱恩，而奥布莱恩现在毫不掩饰自己在推翻特威德的过程中扮演的角色。然而，由于民主党的选票分裂，共和党候选人威廉·哈夫迈耶虽然获得了39%的选票，却最终胜出。《纽约时报》欢欣鼓舞地称爱尔兰人的统治"结束了"。"坦慕尼年复一年扶持的那群无知、没有脑子、偏执的人已经绝望地散伙了。名副其实的美国人现在决心要在这座城市的政府中占有一席之地，不再任由我们来自绿宝石岛的尊敬的朋友对它实施暴政。它将再次成为一个美国城市，而不仅仅是一个更大的都柏林。我们'受压迫的'朋友的权杖已经折断了[1]。"《纽约时报》偏执的评价表明，本土出生的纽约人完全将爱尔兰移民与特威德帮的罪行联系在一起了。

这种反爱尔兰人的情绪在新的哈夫迈耶政府中继续弥漫。爱尔兰移民抗议说：尽管他们在成年男性人口中占多数，但现在却"几乎完全"

---

[1] "受压迫的朋友"指爱尔兰人，因为他们一直控制着纽约，所以握有"权杖"，而"权杖"折断表示爱尔兰人的统治结束了。

被排除在市政劳动力之外。议员罗伯特·麦卡弗蒂抱怨说：哈夫迈耶用来填补互惠互利性职位的机构"高度美国化"，表明了他反爱尔兰和反天主教之意。然而，哈夫迈耶却毫无歉意。"我并不奇怪，有些爱尔兰人对目前的形势感到不安，"他回答说，"他们已经习惯于占据该市几乎所有的职位，拿着高薪，却干活很少。"按照这位德裔美国市长的说法，德国移民"申请行政职位的人数不像爱尔兰人那么多。一般来说，德国人有比填补行政职位更好的事情要做"。

19世纪70年代，美国人发泄反爱尔兰和反天主教情绪的最普遍方式之一是拿"学校问题"说事。跟19世纪50年代一样，美国天主教徒再次要求政府为他们的教区学校提供资助。1868年，特威德为纽约市天主教学校争取到了资助，却是在州预算中秘密进行的，很多纽约人得知后都怒吼起来。一些天主教徒很乐意把他们的孩子送到纽约的公立学校，但神父和虔诚的天主教徒谴责他们是新教改宗的引擎。有人写道："我们都知道，天主教徒经常出入公立学校，读学校的课本，听老师讲课，却没有对自己与生俱来的天主教信仰感到羞愧，这是不可能的。"1884年，北美天主教主教们将这一观点写进了一封给教区居民的公开信。在总结其内容时，一位天主教评论员称教区学校是"极其必要的机构，因为公立学校系统完全由新教徒控制，按照新教徒的原则教学，并成为败坏天主教儿童信仰的工具"。

虔诚的新教徒对学校问题的看法有所不同。尤金·劳伦斯在《哈珀斯周刊》上写道：为了让他们的追随者保持"无知"和顺从，"二十多年来，（天主教领袖们）对（美国）的教育事业发动了一场无休止的战争"。劳伦斯写道：从1863年到1871年，困扰纽约的"暴乱和骚乱接连不断"，以及同时产生的空前腐败的城市领导人，都是由于"神父拒绝了自由人的教育而使（该市）无知群众大量增加"的结果。劳伦斯说，必须抵制对教区学校的公共资助，因为公立学校就是"抵御欧洲日益泛滥的无知和野蛮的最可靠的堡垒"。天主教徒要求《圣经》不得进课堂，这也必须反对，新教徒争辩说那是因为《圣经》是所有道德的基础。此外，如果州政府为每个宗教派别建立公立学校，美国将被无可救药地分裂和削弱，而将所有的孩子放进单一的公立学校系统会培养出一个更强大、更团结、更美国的群体。

1871年9月，在特威德的丑闻闹得满城风雨之时，纳斯特的其中一幅杰作《美国的恒河》（*The American River Ganges*）解决了学校的问题。乍一看，这幅画描绘的似乎是河中窜出的鳄鱼正威胁一位老师和他的学生，老师胸前揣着一本《圣经》，学生畏缩在他的身后，祈祷自己能够活下去。然而，从水中出来的生物实际上是天主教的主教，乍看之下的鳄鱼头实际上是他们的主教冠。在河岸上，老大特威德赞许地观察着天主教的入侵，而他的爱尔兰裔美国心腹则将其他教师带到一所公立学校旁边的绞刑架上，而学校已成废墟。没有任何作品比它更能同时表现纳斯特的天才和学校问题在19世纪70年代产生的痛苦分歧，《论坛报》称学校问题为"不可抑制的冲突"。

在纳斯特的杰作《美国的恒河》中，乍一看像是鳄鱼威胁着老师和他的学生，实际上是天主教主教入侵美国，希望通过摧毁公立学校将天主教教义强加给所有美国人。

在就学校问题展开的辩论中，双方的声音都比较温和。有些本土出生的美国人承认公立学校应该少一些明显的新教色彩，有些天主教徒承认公立学校可以被接受，比如纽约的爱德华·麦格林神父，因为每个区都经过普选产生了学校董事会，而且随后雇用了天主教教师。但通常情况下，在媒体上，温和派的言论往往被过激主义者淹没。1875 年 12 月，格兰特总统和美国众议院议长詹姆斯·布莱恩宣布支持一项宪法修正案，以禁止联邦、州和地方政府资助教区学校。第二年，随着多个州开始在州宪法中增加此类禁止条款，"学校问题"终于开始淡出公众的讨论。

19 世纪 70 年代末和 80 年代，反天主教情绪开始慢慢减弱。1880 年，纽约人首次选举爱尔兰天主教移民威廉·格雷斯担任市长。虽然格雷斯是在 1846 年逃荒移民开始时来到纽约的，但他并不是典型的逃荒移民。格雷斯家拥有大片的农田和采石场，但他是一个特别任性和爱冒险的孩子，14 岁时，不顾父亲的阻拦，他离开了舒适的家，独自乘船前往纽约。在纽约期间，他当过印刷厂的学徒和鞋匠的助手，后来在一艘开往古巴的船上工作，并从那里回到了爱尔兰。

1851 年，格雷斯再次离开爱尔兰，这次去了秘鲁，在卡亚俄成为一个商人的初级职员，而卡亚俄是服务于利马的港口。他打工的那家公司专门为数百艘停泊在秘鲁海岸外太平洋上的船只提供食物和其他必需品，这些船只的货舱里落满了海鸟粪，而在欧洲和美国，鸟粪被视为珍贵的肥料。格雷斯聪明又勤奋，在企业里迅速晋升，在他建议公司在鸟粪岛停泊一艘装满补给的船后更是如此。因为此岛距离北方的卡亚俄还有 100 英里，这让美国或欧洲的船长减少了旅程，在获得补给品后，他们便可向南绕过合恩角返航回家，从而为格雷斯所在的公司赚了一大笔钱。格雷斯最终买断了其合伙人的股份，并在公司的补给船上生活了几年，而船的旁边便是散发着恶臭的鸟粪场。在那些臭气熏天的水域里，他甚至向未来的妻子伊丽莎白求婚。伊丽莎白的父亲是缅因州的一位船长，在卖给他补给品时，格雷斯认识了她。

1865 年，已是富豪的格雷斯让其兄弟负责秘鲁蒸蒸日上的生意，自己带着妻子和两个女儿搬到了纽约。通过向秘鲁运送各种东西，从缝纫针到火车头，再到为秘鲁修建铁路的美国承包人，成功地将自己的财富翻了几番。随后，他创办了自己的航运公司，很快就控制了纽约和南美洲西海岸之间的贸易，并在 1879 年开始的秘鲁与智利的战争中，作为秘鲁政府的主要武器供应商，大赚一笔。后来，他的生意扩大到巴西、智利、哥斯达黎加和厄瓜多尔的大型采矿、化工、建筑、糖、橡胶和棉花行业。格雷斯公司的总部现设在纽约公共图书馆对面的西 42 街，如今它被认为是美国最早的跨国公司之一。

1880 年，当有人要求格雷斯竞选市长时，他一点政治经验也没有。凯利不想重蹈坦慕尼和反坦慕尼的民主党人分裂导致共和党人当选的覆辙，同意选择一位"改革派"候选人，这样两派就可以支持同一个人。凯利选择了格雷斯，也许是因为凯利认为他可以控制这个政治素人的市长职位。竞选活动充满了爱尔兰纽约人认为的"偏执和不宽容"。《纽约时报》头版转载了一位卫理公会牧师的演讲，他指责天主教市长将不得不遵循"其精神和教会的主宰者教皇的指示"，因此，除了摧毁公立学校别无选择。尽管如此，格雷斯还是以微弱优势赢得了此次竞选，在纽约大约 20 万民主党人选票中，格雷斯比其他民主党候选人多出不足 3 000 张选票，民主党总统候选人温菲尔德·斯科特·汉考克则是以多出 41 000 张选票拿下了纽约。[1]

在任期间，格雷斯拒不听从凯利的命令，成为 19 世纪纽约最具改革意识的市长之一。他把街道管理处从主要由坦慕尼帮担任的警察局长们手中夺走，让街道成为大多数纽约人记忆中最干净的街道。他还带

---

[1] 作者此处列举竞选纽约市长的格雷斯和竞选总统的汉考克多于对手的票数，3 000 和 41 000，意在表明民主党人很多是反天主教的，有 38 000 个民主党人没有投格雷斯，而是投给了他的对手，因为他是天主教徒。

头调查警察局长们的腐败问题。1882 年,格雷斯辞职,并拒绝竞选连任,就连他在 1880 年竞选时吵嚷得最激烈的对手也承认他是一位工作出色且异常有效的市长。

这些爱尔兰移民政治家之所以能够赢得如此多的选举,原因之一是 19 世纪 50 年代大饥荒平息后,爱尔兰人并没有停止移民。在 19 世纪 70 年代、80 年代

即使在纽约选出了第一位爱尔兰天主教移民市长后,画报社仍不时将爱尔兰人描绘成猿猴,这深深冒犯了纽约的爱尔兰移民。

和 90 年代,成千上万爱尔兰出生的男性和女性继续在纽约定居。大多数移民来到纽约是希望在建筑业或家政服务业找到工作,但到 19 世纪末,一些移居纽约的爱尔兰人开始从事运动员这种职业。内战时期,爱尔兰最好的裸拳拳击手会移民到美国,因为美国的职业拳击赛收入要比英国的高得多。20 世纪初,爱尔兰仍然产生了相当数量的拳击手,但当时移居美国的最杰出的爱尔兰运动员是田径明星,尤其是一群身材魁梧的爱尔兰移民,被称为"爱尔兰鲸",他们在国际田径的举重项目上占尽优势,时间长达整整一代人。

确切地说,爱尔兰鲸的名字并非来自他们的腰围,而是来自它们在比赛前后的食量大得惊人。在一艘载着爱尔兰运动员横渡大西洋去参加比赛的船上,一名服务生因为要给他们端上一盘又一盘的食物而疲惫不堪。"他们不是人,"他向记者抱怨道,"他们是鲸鱼。"自那以后,媒体便称他们为爱尔兰鲸。

虽然他们也表明蛋白质与肌肉的关联并不是什么新鲜事,但他们的训练餐确实让人难以置信。早餐时,扔链球的西蒙·吉利斯吃了 1 打煮

鸡蛋，包括蛋壳，他称之为"带毛的鸡蛋"。他和另外两名"鲸鱼"选手估计在巴尔的摩的一场比赛结束后会很饿，于是提前下单，要求一家餐厅在下午 5 点准备好 27 打牡蛎和 6 块 T 骨牛排。当三位运动员到达时，他们被带到一张可供 33 人就餐的桌子旁，并问他们是否要等剩下的客人。然后，工作人员惊奇地看着这三个人狼吞虎咽地吃完了整桌的食物。

奥运会期间正是美国人最为关注爱尔兰鲸成绩的时候。来自梅奥郡的马丁·谢里登在 1904 年圣路易斯奥运会上获得铁饼金牌，在 1908 年伦敦奥运会上获得三枚奖牌（包括两枚金牌），《纽约时报》恰如其分地称

马特·麦格拉斯是居住在纽约的爱尔兰移民，"爱尔兰鲸"之一，在早期的奥运会投掷项目中，他占据绝对优势。

他为"这个国家有史以来最伟大的运动员之一"。来自利默里克郡的约翰·弗拉纳根在 1900 年的巴黎奥运会上为美国赢得了链球比赛的金牌，1904 年和 1908 年的奥运会上也取得同样的成绩。1912 年斯德哥尔摩奥运会上，来自蒂珀雷里的马特·麦格拉斯赢得了链球金牌。1912 年，来自克莱尔郡的帕特·麦克唐纳在铅球项目中夺金，1920 年，在安特卫普奥运会上，他又在 56 磅链球项目中夺金，这是一项罕见保留的赛事，爱尔兰人尤其擅长。另一位"鲸鱼"帕特·瑞安获得银牌。

大多数爱尔兰鲸参加了爱尔兰裔美国人体育俱乐部的比赛，该俱乐部位于皇后区的阳光城（Sunnyside），拥有最先进的训练设施。[1] 该俱

---

[1] 不是爱尔兰移民也能加入爱尔兰裔美国人体育俱乐部。该俱乐部最受赞誉的运动员之一是迈尔·普林斯坦，他是波兰犹太人，小时候移民到纽约。他获得 1900 年巴黎奥运会的三级跳金牌，以及 1904 年圣路易斯奥运会的三级跳和跳远金牌。埃布尔·基维亚特是来自比亚韦斯托克的犹太移民的儿子，他在史泰登岛长大，也是一位爱尔兰裔美国人体育俱乐部运（转下页）

乐部之所以能将爱尔兰出生的运动员吸引到美国，部分原因是确保他们有机会进入警局工作，给他们时间训练，以及灵活的工作时间，这样他们就可以前往很远的地方参加比赛。爱尔兰鲸都是纽约的警察，而且通常被分配到交通支队，这样他们就不会在逮捕该市全副武装的罪犯时有受伤的危险。

即使在19世纪的最后几十年，典型爱尔兰移民的就业选择也非常有限。1860年，纽约46%的成年爱尔兰男性移民从事低薪、非技术性的工作，比如散工。1880年，这个数字为47%，基本没有变化，而到1900年，它上升到了51%。在过去40年里，拥有自己企业的爱尔兰移民比例也基本保持不变，从5%上升到6%。

但以其他衡量标准看，爱尔兰移民的工作前景已经开始有所好转了。1860年和1880年，只有1‰的爱尔兰男性移民从事各种专业性职业，比如医生、律师、教士等。但到1900年，这一比例已增至7‰。爱尔兰移民从事的地位较低的"白领"工作主要是职员，但也有教师、推销员、售票员、领班和代理人，它们的百分比从1860年的6%上升至1900年的11%。

19世纪末的纽约，德国移民的就业也发生了变化，只是与爱尔兰移民相比有一些显著的差异。与1860年相比，1900年的纽约德裔男性移民从事低工资、非技能工作的可能性也更大了，比例从11%上升到19%，可能是因为19世纪末的德国移民主要来自德国北部工业化的城市地区，与南北战争后期主要是德国南部手工业移民形成了鲜明对比。1900年，经营自己企业的德裔美国人的比例不比1860年高。

（接上页）动员。他创下了1 500米的世界纪录，并保持了好几年；在1912年的奥运会上，他在这个项目上的成绩仅次于英国人阿诺德·杰克逊，杰克逊是牛津大学的学生，此次比赛在当时被誉为"史上最伟大的赛跑"。因为结果极其接近，必须通过终点的照片来确定获胜者，这是奥运会历史上第一次采用终点线的照片定名次。——作者注

在过去几十年里，或许是因为语言障碍，德国移民也没有在专业领域或地位较低的白领工作中取得重大进展。这些数据表明，无论爱尔兰裔或德裔美国人的地位在公众意识中发生了多大的变化，大多数移民仍然无法进入纽约的高薪职业。外国出生的人很少能打破这个城市的就业玻璃天花板。

女性方面，爱尔兰和德国的移民大致相同。1860 年，63% 的爱尔兰女性移民从事家佣，1880 年，该比例渐增至 69%，到 1900 年上升至 73%。在这 40 年间，爱尔兰出生的女性拥有自己的企业或从事护士工作的比例均稳定在 3%，从事教师工作的比例也保持不变，从 1860 年的 0.3% 升至 1900 年的 0.5%，仍然极其微小。尽管有一半的德国移民从事家佣，但做教师、企业主和职员等工作的德国人明显多于爱尔兰移民。尽管如此，无论出生在哪里，女性移民的就业机会要比本土出生的白人女性受到更多的限制。

大多数移民之所以能接受这些限制，在于他们搬到美国的动机很大程度上是认为这会让他们的孩子比自己享受到更多的机会，有人对美国出生的纽约移民子女的工作进行了调查，分析表明这种想法并非不切实际。然而，即使到了 19 世纪末，爱尔兰和德国移民的子女也无法获得与本土出生的纽约白人子女同等的地位和收入。1900 年，美国出生的移民的儿子只有三分之一的可能从事本土美国人的儿子的职业。在美国出生的纽约白人父母的儿子中约有一半从事某种"白领"工作，从职员、推销员一直到医生、律师或企业主，但在美国出生的德国移民的儿子中，只有 36% 从事这种工作。在美国出生的爱尔兰移民的儿子中，只有 28% 的人从事白领工作。在阻止爱尔兰和德国移民的孩子从事白领工作方面，阶级和种族可能发挥了一定作用。

在美国出生的移民女儿的就业模式与本土出生的纽约女性的就业模式比较接近。每个群体中从事办公室职员、办事员和用人的比例大致相同。在美国出生的移民的女儿比本地人的女儿更有可能从事针线活，但这些女性主要是女装裁缝，大多数不会在服装业的血汗工厂工作，在这些工厂里，犹太移民和意大利移民占大多数。在这一时期，女性所能从事的地位最高的工作之一就是教师，而移民的孩子发现很难找到这样的工作。在美国出生的爱尔兰移民的女儿从事教师工作的可能性只有本土出生纽约人的孩子的一半。然而，这些第二代美国人知道，他们的孩子会比他们拥有更好的就业机会。

有几个例子戏剧性地说明了这一点。玛丽·伯根出生在纽约，父亲是逃荒移民铁匠，她嫁给了房地产经纪人约翰·麦圭尔，他也是爱尔兰移民在美国生的孩子。玛丽和约翰的女儿苏珊嫁给了约翰·普莱恩，他从干货店员一路晋升至移民储蓄银行的行长。约瑟夫·金斯利于1852年从都柏林来到纽约，定居于五点区，成为一名裁缝。他的儿子小约瑟夫出生在纽约，选择了一份地位较低的白领工作，在巴尔的摩的一个火车站当代理人。他的儿子约瑟夫三世也是一位火车站代理人，但后来成为诺福克南方铁路公司的总裁。当然，这样的例子是例外而不是普遍现象，但是移民们知道，凭借才能和运气，他们的子孙至少有机会在美国取得重大成功。

还有一个理由让爱尔兰和德国移民对自己的前景感到乐观。曾经，雇主在考虑雇用他们时常常会犹豫，主要是顾虑爱尔兰移民的宗教信仰，或担心德国移民可能秘密加入了工会。但是，随着成千上万南欧和东欧移民定居纽约，如跟安妮·摩尔一起乘坐内华达号来的移民，本土出生的美国人突然发现，与肤色黝黑的新移民相比，他们更倾向于接受爱尔兰和德国移民。让当地人感到恐惧的不仅仅是他们的肤色，就犹太人而言，则是他们的宗教。犹太移民似乎对社会主义特别感兴趣，而社会主义运动对美国人来说似乎比普通的工会更具威胁性。根据一些危言耸听的说法，意大利移民队伍中充斥着挥舞匕首的罪犯和投掷炸弹的无政府主义者。1900年，居住在纽约的爱尔兰和德国移民是意大利人和东欧犹太人的两倍。但到了 1920 年，这一比例发生了逆转。来自加勒比海和亚洲的移民现在也吵着闹着要在纽约定居。几个世纪以来，以北欧人为主的纽约迅速成为那些从未考虑过移民的遥远民族的目的地。在短短几十年里，他们将彻底重塑这座梦想之城。

第十四章
奔向自由

哈里森建议拉扎勒斯"想一想站在海湾那边基座上,且把火炬伸向你那些俄罗斯难民的女神,你得有多么喜欢去沃兹岛"。她的话触动了诗人的内心。几天后,拉扎勒斯送来了一首手写十四行诗,名为《新巨人》。

在美国和世界移民看来，最能体现他们希望的莫过于自由女神像。但一开始并非如此。

这座雕像及其有照明装饰的火炬最初不是作为欢迎欧洲移民的灯塔，而是作为内战期间美国奴隶解放的纪念碑。建造青铜巨像的想法起源于19世纪60年代，由法国著名法律学者爱德华·拉布莱提出。和那个时代的大多数法国知识分子一样，拉布莱崇拜美国（变化真大啊！）。但他崇拜的不是美国文化，而是美国宪法，及其共和政体和成文的《权利法案》所保障的自由。当废除奴隶制成为北方战时议程的一部分时，拉布莱及其党派兴奋不已，因为他们一直认为奴隶制与美国的共和理想不符。

当罗伯特·李在阿波马托克斯法院投降，奴隶获得自由不可逆转时，拉布莱成立了法国解放委员会，筹集资金帮助自由民度过摆脱奴隶处境后的转变期。拉布莱住在巴黎，该城到处都是纪念英雄军事成就的宏伟纪念碑。他希望美国人能为自己的历史性解放行为竖立一座巨大的纪念碑。拉布莱和他的朋友们决定，如果真要建造这样的纪念碑，应该由法美两国共同努力，因为法国人也把自由看得高于一切。

十年来，拉布莱的想法逐渐淡漠。在美国，似乎没有人对此感兴趣；雕像的最终设计师、雕塑家弗雷德里克·巴托尔迪是拉布莱的合作伙伴之一,在拿破仑三世统治下,拉布莱及其伙伴的政治观点受到压制,他们变得心烦意乱,灰心丧气。但到了 19 世纪 70 年代中期,独裁统治者被推翻后,他们恢复了这一计划,承诺负责设计和建造这个巨大雕像,并支付费用,只要求美国人提供一个合适的基座和安放位置。这位雕塑家为了宣传自己的想法而访问美国,当进入纽约港时,他所乘坐的船经过了小小的贝德罗岛(Bedloe's Island)。当时,出于军事目的,纽约才将贝德罗岛让与联邦政府不长时间。这位法国人最终决定把雕像放在那里,如此一来,抵达美国最繁忙港口的每个乘客都能看到它。1877 年,尤利西斯·格兰特总统及其继任者拉瑟福德·海斯都批准在该岛建立纪念碑。

然而,与 1865 年相比,1877 年的美国已经是一个完全不同的地方了。美国白人已经厌倦了区域性的冲突,以及在美国历史上最严重的经济萧条下的举步维艰(这场萧条导致东北部和中西部城市的失业率超过了 25%),他们不希望有什么东西让他们想起最近分裂他们的问题。其他州没有动力为一个能给竞争对手的港口增光添彩的项目捐款,而纽约人则认为,在经济困难时期,他们没有闲钱建造这个巨像所需的 100 英尺高的基座。《纽约时报》认为,这座雕像的造价将是法国预算的 10 倍,因此永远也建不起来,并对州或联邦政府拨出 10 万美元修建巨大的花岗岩基座的想法嗤之以鼻。"毫无疑问,在河口看到一座礼物性的雕像是不明智的",《纽约时报》不无圆滑地说道,考虑到法国人根本不可能完成这个工程,本报建议"鉴于我们目前的财政状况,不应为此青铜女像支出任何款项……除非法国人改变主意,自己掏钱造雕像,否则,我们只能放弃它"。

那时,很少有美国人意识到拟议中的雕像与内战之间最初的关系。美国的支持者们现在宣称这座纪念碑是为了纪念美国独立 100 周年,以及帮助 13 个殖民地脱离英国统治的"法美人民古老联盟"。但该工程源于反奴隶制的痕迹仍然很明显。1877 年,基座筹款委员会成立,其领导人威廉·埃瓦茨、埃德温·摩根、威廉·卡伦·布莱恩特、帕克·戈德温和19岁的西奥多·罗斯福都是共和党人。至于解放黑奴和争取自由人的公民权利，民主党人从来都不是热心的支持者，他们倾向于反对这一工程，却以经济上的理由为他们的反对辩护。

基座筹款委员会的成员们尝试了所有能想到的办法，比如在纽约的报纸上发表纪念文章；为流行戏剧安排义演；说服富有的纽约人展示他们的艺术收藏，并向公众收取

1876年，在费城展出的尚未完工的自由女神像的手和火炬。

入场费；安排巴托尔迪把雕像的火炬部分送到美国展示，以此向美国人传达该工程的重要性。他们甚至在1883年12月举行了一场拍卖，征集艺术品和文学手稿。他们把这些东西放在了一个天鹅绒衬里的皮面文件夹中，包括25幅水彩画和素描，以及总统切斯特·阿瑟、马克·吐温、亨利·詹姆斯和布雷特·哈特的信，以及两首原创诗歌。

在被要求提交诗歌的作家中，就有34岁的埃玛·拉扎勒斯（Emma Lazarus）。她出生于被《纽约时报》称为该市"最著名、最古老的希伯来家庭之一"。她的父亲摩西·拉扎勒斯是炼糖商，他与路易斯安那州的一个甘蔗种植园主合作，大大降低了原材料的成本，由此积累了一笔财富。摩西大部分时间都在纽约，但会到纽波特海边的豪宅度夏。拉扎勒斯的好朋友不仅包括其他富有的犹太人，也包括有很好社会关系的吉尔德和斯凯勒家族的成员。她的父母经常和阿斯特、贝尔蒙特和范德比尔特夫妇交往。当时，拉扎勒斯之所以在文学上有一定的名气，是因为她偶尔会在《利平科特》（Lippincott's）的《世纪》（The Century）、《斯

克里布纳》（*Scribner's*）和《美国希伯来人》（*The American Hebrew*）杂志上发表诗歌和文章（主要是关于犹太人的话题）。一些著名作家也尊重拉扎勒斯及其作品，拉尔夫·沃尔多·埃默森和亨利·詹姆斯定期与她通信。

尽管出身富裕，拉扎勒斯却有着强烈的社会良知。若选择一个词来形容她，她的大多数朋友和文学界的熟人都会选择"严肃"。其中一位作家康斯坦丝·卡里·哈里森回忆道："和她谈话，人们总是会产生一种追求更高境界、更真诚付出的渴望，并对日常生活中那种肤浅的关系感到不满。"哈里森还指出，这个世界的种种问题似乎"压在一个如此年轻的女人的心头，显得异常沉重"。

1881年3月，沙皇亚历山大二世被暗杀后，俄罗斯爆发了反犹大屠杀，拉扎勒斯深感不安。随着大批东欧犹太人突然涌到纽约，她自愿帮助难民，加入了希伯来移民援助协会的就业局，帮助建立希伯来技术学院，为新来的人提供职业培训，并要求改善伊斯特河沃兹岛上犹太贫民"避难所"的生活条件。《纽约时报》发表了一篇描述探访该岛的文章，可能是拉扎勒斯本人撰写的，指出移民们非常兴奋地"在美国呼吸自由的空气……想到自己的国家成了被压迫人民的避难所，每个美国人的心头必定涌现自豪和感激之情。无论想移民到美国的人有多穷、多没文化，美国都慷慨地接纳他们"。

由于反犹太主义在美国仍然盛行，拉扎勒斯认为欧洲犹太人的最大希望在于巴勒斯坦。她是第一位呼吁在那里建立犹太国家的美国犹太人。早在西奥多·赫茨尔被誉为犹太复国主义运动的"创始人"之前十几年，在1883年初，拉扎勒斯就访问了英国，争取英国最富有、最有影响力的犹太人的支持，希望他们为该项目提供资金，并推动英国政府支持它。然而，她在那里没有取得什么进展。就当时而言，美国是东欧犹太难民的最佳目的地。

回家后不久，纽约另一位著名女作家哈里森联系上了拉扎勒斯。生于密西西比的哈里森是南部邦联的贝齐·罗斯[1]，她和姐妹们一起缝制了第一面邦联战旗，即著名的"星条旗"，而她的丈夫伯顿则在里士满担任杰斐逊·戴维斯的私人秘书。战后他们移居纽约，她成了一名成功的小说家，为《斯克里布纳》和《世纪》撰写了很多作品，并因此结识了拉扎勒斯。

哈里森是文学界的社会名流之一，负责收集将在1883年12月举行的基座基金义卖会上拍卖的作品集。人们不禁要问，拉布莱若是知道这个毫无悔意的邦联分子为他的计划募捐，会作何感想，但这个法国人早在几个月前就去世了。哈里森想让拉扎勒斯贡献一首诗而找到她，四年后，这位南方人回忆道，拉扎勒斯"一开始反对写任何'定制'的东西"，并用"她那夏日闪电般的讽刺"指责这一想法。此外，拉扎勒斯说，接到通知就要写，时间很仓促，又没有适当的灵感，即使写了，"肯定也是平淡无趣的"。

但哈里森拒绝接受否定的答案。出于激励，她建议拉扎勒斯"想一想那个站在海湾的基座上把火炬伸向你那些俄罗斯难民的女神，你得有多么喜欢去沃兹岛"。哈里森立刻看出她的话触动了诗人的内心。拉扎勒斯的"黑眼睛更加深邃；她的脸颊骤然发红；欢乐的时光已然过去；当时她没有再多说一个字"。几天后，拉扎勒斯送来了一首手写十四行诗，名为《新巨人》(*The New Colossus*)。

这首十四行诗赋予了自由女神这个形象新的意义和目的。自由在美国人的心目中一直是抽象和遥远的，拉布莱的废奴主义者的寓意也早已被遗忘。虽然巴托尔迪的自由化身表面上看起来安静而威严，但据拉扎勒斯说，她那"沉默的嘴唇"实际上是在向欧洲的暴君们呼喊：

---

[1] 贝齐·罗斯（Betsy Ross，1752—1836）被美国公众广泛认为是美国国旗的首位制作者，不过缺乏足够档案佐证。但将旗上的六角星改为更易制作的五角星是她的贡献。

> 交给我吧，你们那些贫累交加之人，
>
> 渴望自由的芸芸众生，
>
> 还有挤满海岸被弃的可怜灵魂。
>
> 把这些无家可归、颠沛飘摇的人交给我吧，
>
> 我会高举明灯等候在金色大门！[1]

就像基金筹款委员会设想的其他所有赚钱计划一样，作品集的拍卖令人失望。它只带来了 1 500 美元（约合今天的 3 万美元），只有委员会预期的一半。很快，这个作品集就消失在了纽约富人的豪宅里，而组织者在拍卖会上读过的拉扎勒斯的十四行诗也立刻被人遗忘了。

该工程的支持者怀疑他们无法用私人捐赠支付纪念碑基座的费用，再次寄希望于政府。但他们再次撞上了党派之争这堵墙。1884 年，共和党控制的纽约议会拨出 5 万美元用于修建基座，民主党州长格罗弗·克利夫兰否决了这项法案。一年后，国会共和党人提议为该基座支出 10 万美元，但参议院的民主党人阻止了该法案。由于基座委员会的资金耗尽，基座建设现已暂停。巴托尔迪的巨大艺术品被装进 200 多个板条箱，放在欧洲的仓库里，他所谓的"自由照耀世界"的作品现在积满了灰尘。花钱浇铸雕像的法国人越来越不满，而波士顿和费城两个市的领导人则承诺：若把雕像送给他们，他们将立即建造一个华丽的基座。

就在纽约似乎要失去这座雕像的时候，约瑟夫·普利策以一人之力发起了一场运动，为其建设筹集资金。1864 年，17 岁的普利策来到美

---

[1]"金色大门"象征着移民进入美国的大门，象征着通往自由和更好生活的道路。拉扎勒斯认为其他国家的穷人并非垃圾或废物，只是缺少机会，他们聚集在海岸边，希望有机会乘船离开，于是呼吁他们移民美国，因为美国有他们成功所需的一切机会，而自由女神手中的火炬便是自由和更好机会的象征。这首诗之所以能刻在自由女神像的基座上，乃是因为它是一篇重要的、历史性的和影响深远的文学作品。

诗人埃玛·拉扎勒斯是第一个将自由女神像与美国移民的感受联系起来的人。但若不是约瑟夫·普利策努力筹款，它可能永远不会矗立在纽约港。

国，应征加入联邦军队。战后，年仅18岁的普利策搬到了圣路易斯。他一边做着零工，一边讨好这座城市的德国知识分子，在圣路易斯商业图书馆读书，并跟他们下棋。其中一位熟人最终聘请普利策为该市一家德语报纸的初级记者。满怀抱负的他还学习了法律，并在1869年22岁时赢得了密苏里州议会的选举。普利策最终买下了圣路易斯两家陷入困境的报纸《邮报》（Post）和《电讯报》（Dispatch），将之合并，从而收获了巨额利润。大多数移民会满足于统治一个利润丰厚的中西部出版帝国，在当地享受政治权力和威望。但普利策的远大抱负并未得到满足。1883年，他移居纽约，买下了纽约一家境况不佳的日报《纽约世界报》。

普利策发起了反对垄断、腐败、富人的贪婪和不法行为等运动，以吸引读者。1885年3月，他决定把巴托尔迪的这座雕像当成《纽约世界报》的运动之一。普利策正确地预见这座雕像将成为一个受人喜爱的地标，它所唤起的"情感将会超过我们现在的想象"。普利策认为："对纽约市和美国共和国来说，让法国送来了这份精美的礼物，却连一个落脚地点都提供不了，实在是丢脸，抹也抹不掉……我们不能坐等百万富翁们为此掏钱。"普利策继续说道，"它不是法国百万富翁送给美国百万富翁的礼物，而是全体法国人民送给全体美国人民的礼物"。普利策宣布，那些上流社会的募捐者在10年里都没能完成的事情，他和《纽约世界报》的读者们将在几个月内完成。他缓慢而严肃地说道："《纽约世界报》是人民的报纸，现在它呼吁人民站出来筹集这笔资金。"

事实再次证明，普利策的新闻直觉是无与伦比的。捐款如潮水般涌来。卑微的纽约人随同纸币送来的一分、一角和二角五分硬币是大众爱国主义的无价之宝，正是奉行极端爱国主义的《纽约世界报》的读者所喜闻乐见的。该报的发行量飙升。组织者下令恢复基座的建造。1885年6月，仍是组件的雕像抵达纽约港，仪式盛大，群众兴奋，此时基座工程也接近完工。8月11日（星期二）上午，普利策宣布，《纽约世界报》社已于前一天筹资10万美元。

在普利策的基座筹资运动达到高潮时，拉扎勒斯不在纽约。1883年末，在她写下《新巨人》几个月后，她开始偶感虚弱和无力。很快，这些症状就变成了慢性病。1885年，在她上次访问欧洲的两年后，再次乘船去欧洲时，她说她感觉自己老了20岁。

拉扎勒斯并不是疑病症患者。她得了癌症，淋巴瘤逐渐损坏了她的免疫系统。在接下来的两年里，她慢慢地衰落下去，最后卧床不起。第二年夏天，拉扎勒斯还在欧洲，她感到自己永远无法康复，于是决定至少要将自己的文学遗产整理成册。在笔记本上，她亲手抄下自己喜欢的全部作品，并将它们按她希望在去世后出版的顺序进行了排列。她把

轮船抵达纽约港时，移民们欣赏自由女神像。揭幕仅八个月后，新移民就将这座巨大的雕像视为他们移民原因的象征，不过，本土出生的美国人还没有将这座纪念碑与移民联系起来。

《新巨人》放在书的第一页，可见她认为这是她写的最好的诗，以此为荣。1887 年 11 月，从欧洲回到纽约后不久，拉扎勒斯死于癌症，当时只有 38 岁。

她的讣告里没有提到《新巨人》。埃玛的姐妹们掌管着她的文学遗产，1888 年，她们出版了她的两卷作品集，却违反了她的意愿，把她最引以为豪的作品《新巨人》掩藏到了 202 页。

与此同时，自由女神像已经组装完毕，并于 1886 年 10 月 28 日举行了盛大的落成仪式。格罗弗·克利夫兰总统或出席会议的其他政要的讲话都没有提到移民或移民问题。让本土出生的美国人感到不解的是，为什么看到这座雕像会使移民压抑已久的感情迸发出来，要知道，大多数移民一直在祈祷，希望有一天能看到自由女神张开欢迎的双臂。

受贫穷的俄罗斯犹太移民困境的启发，一个犹太裔纽约人写下了后来用来定义自由女神像的文字，没有比这更合适的了。在拉布莱构思雕塑的 1865 年，抵达美国的爱尔兰移民与俄罗斯移民的人数之比为 162∶1，但到拉扎勒斯写出《新巨人》的 1883 年，俄罗斯移民增加了 50 倍，而且几乎全是犹太人。当巴托尔迪的纪念碑于 1887 年揭幕时，在从她举起的火炬旁驶过的移民船中，爱尔兰移民与俄罗斯犹太移民的比例就成了 5∶3。1892 年，埃利斯岛开业的那一年，俄罗斯移民的人数首次超过了爱尔兰移民。

东欧犹太人并不是唯一被所谓"美国自由和她对机会平等的承诺的遥远号角"吸引到纽约的移民群体。19 世纪 80 年代，斯堪的纳维亚移民大幅增长，奥匈帝国的移民也是大量涌入。当时，奥匈帝国从苏黎世附近的康斯坦茨湖[1]一直延伸到现在的罗马尼亚东部和乌克兰西部，覆盖了中欧广袤的地区。就在这些年里，数千中国移民也来到了纽约，创

---

[1] 康斯坦茨湖（Lake Constance）现叫博登湖（Bodensee），位于瑞士、奥地利和德国三国交界处，三国共管，湖区景色优美，风景迷人。

建了这座城市第一个唐人街。

但最大的新移民群体来自意大利，甚至比俄罗斯犹太人还多。1895年，意大利移民人数超过了抵达美国的其他群体，甚至超过了德国人，德国人连续40年位居年度入境人数名单榜首。在第一次世界大战爆发前的20年中，意大利移民的人数有17年超过其他所有移民，而在其余的3年里，俄罗斯移民排名第一。到1900年，在纽约港下船的意大利和俄罗斯移民的数量是爱尔兰和德国移民的4倍。1910年，该比例增至近7∶1，到1914年增至9∶1。纽约移民人口一直是爱尔兰和德国移民占多数，长达几代人的时间，到"一战"开始时，变成了以意大利和犹太移民为主。然而，相比意大利移民，东欧犹太移民留在纽约的更多，所以，纽约的犹太人最终比意大利人还要多。第一次世界大战结束时，纽约有560万人口，其中200万是移民，包括大约20万爱尔兰人、20万德国人、40万意大利人和60万东欧犹太人。1920年，美国四分之一的意大利移民和大约三分之一的东欧犹太移民居住在纽约。据说那时生活在美国的全部犹太人有50%称纽约是他们的家，从世界范围看，相当于犹太人的10%。

跟纽约的爱尔兰移民一样，东欧犹太人来到美国是为了逃离经济困难和压迫。这种歧视主要与俄罗斯犹太人可以在哪里生活，以及可以从事什么职业有关。18世纪末，俄罗斯人开始抱怨在他们中间生活和工作的犹太人太多了。从18世纪90年代到19世纪30年代，沙皇及其大臣颁布了一系列的法律，禁止犹太人居住在俄罗斯的内陆地区，规定他们必须在俄罗斯帝国西部边境地区定居，其范围大致包括现今的立陶宛、白俄罗斯、摩尔多瓦和乌克兰。所限定的这片区域并不狭窄，从波罗的海一直延伸到黑海，面积是当代法国的两倍，生活着近500万犹太居民和3 700万非犹太人。但在此区域内，犹太人不能耕种，甚至不能在乡村生活，禁令实际上是禁止他们在大部分的限定区域居住。在俄语中,他们被迫居住的地区直译为"定居点的周边",但在英语中,它被称为栅栏区[1]。

在栅栏区,大多数犹太人住在犹太小镇里。不管现在的人如何想象,犹太小镇不是村庄,而是有 5 千到 5 万居民的中小型城镇。在有些犹太小镇,犹太人占人口的 80%,更多的时候,他们只占大约 40% 到 50%。典型的犹太小镇大到足以拥有自己的犹太教堂、犹太墓地、犹太学校和犹太社区协会,但又小到足以让大多数犹太人彼此认识,不管是私下交往而识,还是有所耳闻而知。在犹太小镇,犹太人通常生活在犹太社区,并依靠城镇经济中与犹太人有关的那部分活计谋生。因此,他们几乎从事所有的职业,收入水平不一,既有富裕的商人,也有勉强维持生计的散工。

在栅栏区和犹太小镇的生活之所以如此令人沮丧,是因为犹太人受到的侮辱持续不断,限制也不断增加。1882 年,《五月法令》(*May Laws*) 颁布之后更是变本加厉。这些规定对可在军中服役的犹太医生人数,可上高中和大学的犹太学生人数设定了配额;犹太人获得抵押贷款的资格受到了限制。后来,犹太人被禁止担任政治职务、投票或为铁路和轮船公司工作。管理机构甚至禁止犹太人更改或隐藏他们的名字,以免非犹太人错误地光顾他们的企业。很快,他们也被禁止卖酒,该项限制颇具讽刺意味,尤其具有破坏性,因为几代人之前,犹太家庭被允许移民到东欧,条件是他们同意卖酒(并将一部分收入上缴国家)。政府坚称这些限制是必要的,为的是让俄罗斯人免受犹太人的剥削。

19 世纪 80 年代初,各地出现了针对犹太人的有组织的暴力活动,当犹太人成为所谓大屠杀的目标时,栅栏区犹太人的生活变得特别难以

---

[1] 1791 年沙皇俄国时期,叶卡捷琳娜二世在今日立陶宛、波兰、克里米亚、乌克兰划了一个犹太隔离带,即 Pale of Settlement,直至 1917 年俄国爆发二月革命才正式取消。pale 来自拉丁文,指木或铁篱笆,意为这是一个封闭区域,因此译为"栅栏区";犹太人被限制居住在此区域内,不可离开;后改为持有许可证可以离开。

忍受。19 世纪，纽约的暴乱常发生在酷热的夏季，而俄罗斯的大屠杀大多发生在复活节和逾越节的春季庆祝活动前后。基督教节日让牧师有机会讲述犹太人在耶稣之死中扮演的角色，而此时，犹太人正庆祝逾越节，这给俄罗斯反犹者提供了再次传播"血祭诽谤"的机会。血祭诽谤是传说，指犹太人会秘密杀害基督教儿童，把他们的血当成原料掺入逾越节薄饼中。

1881 年 4 月 27 日[1]，就在俄罗斯人庆祝完复活节几天后，第一次针对犹太人及其财产的有组织的袭击开始了。在接下来的几个月里，俄罗斯人袭击了至少 250 个不同社区的犹太人，这些社区几乎都在今天的乌克兰。4 月 29 日，第一次袭击的是犹太小镇戈尔塔，现在是派沃迈斯克，位于基辅和敖德萨之间，在犹太小镇霍洛斯科夫东南偏东 20 英里处。那里是我曾祖父弗罗伊姆·莱布·安宾德[2]的家，当时他才 7 岁。这些大屠杀的袭击者通常针对的是犹太人的财产，而不是犹太人。尽管如此，暴徒还是杀害了很多男人，强奸了数十名妇女，并残忍地殴打了数千名妇女。还有成千上万的人受到恐吓，他们的家和店铺被抢劫，微薄的财产被偷走或摧毁。即使在没有发生大屠杀的地方，犹太人也担心自己的生命安全。"我们好像被包围了，"住在敖德萨的一个犹太人在日记中写道，"院门闩上了……我们穿着衣服睡觉……因为害怕强盗会袭击我们，这样我们就可以快速带走小孩子……命运把我们带到哪里，我们就逃到哪里。"

1882 年 4 月，大屠杀又开始了。其中最臭名昭著的一次发生在巴尔塔，这是一个约有 2 万居民的犹太小镇，其中一半是犹太人，位于霍

---

[1] 俄罗斯人仍然使用儒略历（Julian calendar），但为了一致性，我改成了纽约此时使用的格里历（Gregorian calendar）的日期。19 世纪，儒略历比格里历晚 12 天，所以，纽约人认为大屠杀开始的日期是 4 月 27 日，而俄罗斯人认为是 4 月 15 日。——作者注

[2] 根据作者提供的家谱，弗罗伊姆·莱布·安宾德（Froim Leib Anbinder）是作者爷爷的父亲。

洛斯科夫西南偏西 40 英里处。一位俄罗斯记者写道:"我无法描述亲眼看到的一切。"在暴徒散去后,他走访了巴尔塔遭到破坏的地点。在小镇的一条主要街道上,

(一栋大楼)只剩下了成堆的家具、家用器具和商品的碎片。我继续走到第二栋楼,然后是第三栋楼,四处的景象一模一样!我去了其他的街道,看到了同样的惨状。不是步行,就是乘坐我的马车,我花了 7 个小时详细考察了这个城镇最重要的部分,一句话,属于犹太人的东西全都被拆毁、摧毁、洗劫……只剩下(建筑物的)框架、墙壁和屋顶……此时此刻,巴尔塔的所有犹太人缺少衣服、家具、床、家用器具和陶器。被洗劫的房屋没有门窗,通常也没有炉子。

当时的受害者和此后的历史学家都认为是俄罗斯政府策划了这些袭击,但俄罗斯档案记录显示,沙皇亚历山大三世和他的大臣们反对任何煽动民众情绪的行为,即使这些情绪是针对犹太人的也不行。然而,当地官员似乎并没有采取什么措施镇压大多数的袭击事件。1882 年大屠杀发生后,一位犹太人在日记中写道:"我非常渴望离开俄罗斯,哪天起床我不是心怀恐惧,唯恐饥饿的暴徒袭击我,抢走我的财产,毁掉我用汗水换来的一切?哪天我不祈祷我的姐妹们能逃脱醉鬼的魔爪,免被强暴?哪天我不祈祷我的父母不要因为保护他们的孩子而被杀?还有我的兄弟姐妹不要因饥渴而死?"

沙皇的左翼对手可能和政府暗中纵容反犹太暴力活动的保守分子一样反犹太人。在一张大幅宣传海报上,社会主义者这样写道:"谁从你手里夺走了土地、森林和酒馆?犹太人;无论你看向何方,无论你去往哪里,犹太人无处不在。犹太人诅咒你,欺骗你,喝你的血。"作者坚称,情况并非一直如此,但沙皇通过创建栅栏区,致使乌克兰被犹太人

占领。"你们开始反抗犹太人了,"作者写道,他指的是 1881 年的大屠杀,"你们做得很好。很快,反抗沙皇、'地主'和犹太人的起义将遍及整个俄罗斯。"

1882 年大屠杀之后,前往美国的俄罗斯移民增加了两倍,难民的涌入引起了埃玛·拉扎勒斯和很多其他纽约人的注意。然而,1881 年至 1882 年,决定移民的和留在俄罗斯的俄罗斯犹太人之比只有 2∶998。很多留下来的犹太人得出结论,他们留在犹太小镇不再安全,所以在 1882 年之后,犹太人大规模迁移到该地区的主要城市。1800 年,敖德萨只有 200 个犹太人,到 1900 年,已增至 13.9 万人[1]。现属波兰的比亚韦斯托克的犹太人在同一时期增长了 10 倍多,华沙的犹太人从 9 000 人迅速增长到 219 000 人。在 20 世纪初,城市人口的流入进一步加速。1897 年,基辅有犹太人 32 000 人,15 年后增至 81 000 人,同样在这 15 年之内,罗兹的犹太人从 99 000 人增至 167 000 人。罗兹现为波兰第三大城市。

但俄罗斯的城市并不欢迎犹太人的涌入。例如,1891 年,俄罗斯政府将 2 万名犹太居民全部驱逐出莫斯科。之前没有要求他们住在栅栏区,是因为他们是商人或手艺人,属于"有用的"犹太人,社会非常需要他们。一些被放逐的犹太人显然选择了移民,还有一些认为接下来会轮到他们的人也做了这样的选择。那时离开波兰的玛丽·安京回忆道,1891 年和 1892 年,"移民大潮"席卷了俄罗斯和波兰。从 1890 年到 1892 年,从俄罗斯移民到美国的人数增加了 125%,到 1892 年达到了 82 000 人。其中一位移民是我母亲的外祖父巴尔涅特·古特金[2],他

---

[1] 19 世纪末到 20 世纪初,敖德萨人口的一半为犹太人,为把敖德萨打造成国际自由贸易城市,叶卡捷琳娜二世虽然不喜欢犹太人,但她需要犹太人及其生意头脑,因此,这里的犹太人比栅栏区的犹太人有更多的自由,吸引了众多犹太人前往。它是锡安主义的重要发源地,也是现代以色列的诞生地。

[2] 根据作者提供的家谱,巴尔涅特·古特金是作者母亲的母亲的父亲。

是一名皮货商，于1891年底从敖德萨移民到纽约。然而，对于更多的移民来说，是出于经济目的或长期的不满，在他们眼里，新一轮的限制措施只不过是迫使他们离开家园的最后一根稻草。

在波兰快速发展的城市和栅栏区，犹太人的生活条件远比他们在贫民窟的差。20世纪初，一位英国国会议员访问维尔纽斯（现属立陶宛），发现犹太人住的"简陋的洞穴和地窖"实在令人震惊。"房子的墙壁都起了泡，正在腐烂，好像被里面有害的空气污染了……当我走过贫民区时，我被一群憔悴、好奇、焦虑的面孔包围着，他们看起来悲伤、忧虑和饥饿。"罗兹的情况也好不到哪里去。1897年，一位目击者报告说："犹太人聚集在巴卢街区，那里的环境几乎到了令人窒息的地步，他们的痛苦难以形容。"几年后，当同一位英国议员访问罗兹的犹太人聚居区时，状况并没有改善。他报告说："人们看起来就像饿得半死的肺结核病患者，只有左拉之笔[1]才能为他们说句公道话……我从未见过生活在如此恶劣条件下的人。"

与此同时，留在犹太小镇的东欧犹太人的境况大多也在恶化，因为大批人同时离开，涌进城市，他们的顾客流失，使得谋生越来越困难。也许最糟心的是，这些犹太人认为他们自己及其孩子未来没有改善的可能。"俄罗斯农民尽管贫穷，但至少拥有一小块土地，"一位立陶宛犹太移民这样描述他以前的邻居，"他的情况并非毫无希望，人们觉得迟早会好转。但是犹太人的贫穷是完全无药可救的；犹太人没有任何办法改善自己的境况，只要生活在异族之中，他的境况就会一直凄惨下去。"

早期的俄罗斯和波兰犹太移民会给栅栏区的朋友和亲戚写信，鼓励他们移民。"这是一个美丽的国家，自由的土地，"一位移民向艾希肖克

---

[1] 埃米尔·左拉（Emile Zola）是法国著名作家，以描写穷人的生活而闻名。"左拉之笔"意思是说：只有左拉这样擅长描写穷人的人才能充分描述维尔纽斯犹太人的恶劣生存境况。

犹太小镇（位于现在的立陶宛东南部的埃希什凯斯）回信时写道，"（犹太人）想去哪里就能去哪里，想实现什么就能实现什么。"这些信件让仍在犹太小镇的犹太人相信美国比东欧"文明"得多，"可为个人自由、信仰自由和财产安全提供最多的保障"。此外，他们还了解到，在美国"每一个居民都被赋予公民权和政治权利"。而在栅栏区的俄罗斯犹太人两者都享受不到。

到1890年，很多栅栏区的居民收到了这样的"美国信"，或者朋友和邻居收到了这样的信，以至于东欧犹太人开始沉迷于展望移民美国的前景。回忆起1900年从罗马尼亚移民到纽约之前的日子，马库斯·埃利·拉维奇说："事实上，人们不是已经去了纽约，就是要去纽约，也不只是我的亲戚和邻居。"1894年，11岁的玛丽·安京来到美国，比她父亲晚3年抵达。她同样记得，在动身前往美国前夕，"每个人都在谈论'美国'。商人会跟他们的客户谈论它；市场上的妇女不再争吵，言归于好，以便可以逐个摊位地讨论这个问题；在那片著名的土地上有亲戚的人则四处阅读他们的信件，希望能给那些不幸的人以启发；（她家乡，现在的白俄罗斯的）一个邮递员告诉众人从美国来了多少信，以及谁是收信人；孩子们玩移民游戏"。

与之前的爱尔兰人一样，东欧犹太人经常采用"连锁移民"的方式，首先把一个家庭成员送到纽约，立住脚，并找到稳定的工作，然后再邮寄轮船船票给亲人，这样他们一家人就可以团聚了。我母亲的父亲一家就是这么做的。我的高曾外祖父伊西多尔·芒斯塔克[1]29岁左右从波兰的普沃茨克移民到纽约。大约在1871年抵达纽约后，他在喜士打街找到了一份理发师的工作，后来这里被称为下东城。大约过了5年，他才设法把妻子伯莎和孩子拉黑尔、萨拉和我的曾外祖父雅各布接来与

---

[1] 根据作者提供的家谱，伊西多尔·芒斯塔克是雅各布的父亲，即作者母亲的曾祖父，而雅各布·芒斯塔克是作者母亲的爷爷。

他团聚。

1900年,俄罗斯犹太人移民的数量创下了新纪录,并从那以后继续攀升。1903年,当俄罗斯再次遭受大屠杀的蹂躏时,犹太移民的数量进一步飙升。这次爆发的反犹暴力事件比前几次更致命,并且持续了四年。"在我们家门口,我亲眼看到四名犹太人被吊死。"1904年逃到美国的玛莎·法布曼回忆说,"非犹太人边跑边喊'打犹太人,杀了他们'!"

其中最臭名昭著和最惨烈的屠杀之一发生在基希讷乌,那天是1903年4月19日,复活节,也是星期日,该市约有15万人,位于敖德萨西北100英里处,现在属于摩尔多瓦,但当时那里的栅栏区被称为比萨拉比亚。3天之内,数千四处劫掠的镇民与周围村庄的农民一起横冲直撞,胡作非为,他们挥舞着撬棍、棍棒、斧头,偶尔还有手枪,杀死了大约50个犹太人,打伤了500个犹太人(当时的犹太人约有5万)。暴乱者摧毁了全城犹太人的房屋和财产,使得1万人无家可归。此次大屠杀激起了国际社会的愤怒,当俄罗斯驻美国大使面对媒体称犹太人自己要"对此麻烦负责"的时候更是如此。在1903年暴力事件再次爆发前,很多比萨拉比亚的犹太移民去了纽约。门德尔·丹迪申斯基是我的一位曾外祖父[1],他来自比萨拉比亚北部的布里切尼(Briceni)犹太小镇,1896年来到纽约,一年后,他的妻子莉芭来到了他身边。到了1903年和1904年,基希讷乌大屠杀和官方对它的态度促使更多比萨拉比亚和栅栏区的东欧犹太人逃往美国。

1905年,社会主义革命者在俄罗斯各地赢得了越来越多的追随者。他们在多个城市组织了大罢工,试图夺取俄罗斯贵族的土地,并将其集体化,最终目标是将沙皇赶下台。这波起义浪潮被称为1905年的俄国

---

[1] 根据作者提供的家谱,门德尔·丹迪申斯基是作者父亲的母亲的父亲。

革命。很多支持沙皇的俄罗斯人将革命骚乱归咎于犹太社会主义者。结果，反犹暴行成倍增加，包括当年7月在基辅造成100人死亡的事件。

与此同时，俄罗斯政府的其他反对者奉行更为温和的策略，这些反对者最恰当的称谓是"改革者"。他们试图在不推翻俄罗斯贵族统治的前提下削弱其权威，建立君主立宪制，允许权力被削弱的沙皇保留头衔，并赋予所有俄罗斯人公民权和政治权利。受激进分子和改革者的影响，俄罗斯工人在10月组织了一次全国性的大罢工，有数百万人参加。俄罗斯的统治者越来越恐慌。如果罢工持续很长时间，势必会拖垮俄罗斯经济，并引发进一步的不满。10月底，俄罗斯统治者及其大臣同意了改革者的多项要求，希望这样做能削弱激进分子的力量，阻止一场真正革命的发生。政府在《十月诏书》（*October Manifesto*）中做出的让步包括给予所有俄罗斯人政治和公民权利，包括迄今为止被剥夺公民权的犹太人。

犹太人没能庆祝多长时间。新的法律激起了排犹分子的强烈反对，他们反对给予犹太人平等权利。在沙皇签署《十月诏书》后的几周内，右翼暴民高呼："叛乱者去死吧！犹太人去死吧！"煽动了迄今为止最惨烈的600次大屠杀，几乎遍及栅栏区和波兰的所有主要城市，以及数百个犹太小镇。1905年11月和12月，俄罗斯人杀害了大约2 500名犹太人，另有数千人受伤。死亡人数最多的大屠杀发生在敖德萨，估计高达800人，受伤人数为5 000人。巴尔塔和戈尔塔的犹太小镇也再次爆发大屠杀，而戈尔塔靠近我在乌克兰南部的安宾德祖先的家。这些大屠杀导致东欧犹太移民再次激增。每年抵达美国的俄罗斯人从1902年暴力事件爆发前的10.7万人稳步上升到1907年的25.9万人。

然而，单单大屠杀并不能解释为什么在这几十年里有如此多的犹太人移民到美国。有数千人是从立陶宛等地的栅栏区移民的，但那里经历的大屠杀相对较少。成千上万的犹太人也离开了奥匈帝国的罗马尼亚和加利西亚地区（现在位于波兰南部），那里的反犹暴力事件也相对较少。

Grausam hingeschlachtete jüdische Kinder in Jekaterinoslaw.

1905 年，叶卡捷里诺斯拉夫大屠杀的儿童受害者。类似的暴力促使很多犹太人前往美国。

事实上，从立陶宛和加利西亚移民的犹太人比例高于从暴力频发的乌克兰移民的比例。阿龙·多姆尼茨是现为白俄罗斯的移民，在其传略中，他回忆道："对我来说，这个小镇太小了，我想去别的地方。总的来说，该镇的氛围就是移民……跟非犹太人并没有摩擦。"

就像饥饿、政治压迫和经济上缺少机会促使爱尔兰人和德国人先于一步来到美国一样，这些因素也将犹太移民赶到了美国。有一位裁缝在大屠杀最严重的时候去了美国，在讲述他离开栅栏区的决定时，甚至没有提到反犹太人的暴力事件："那时，这个古老国家的每个人都梦想去美国。我们听说人们自由了，过上了更好的生活……我想，我有一门手艺，或多或少有机会去看看世界。我还年轻。"一位来自波兰的犹太移民在解释他为什么决定移民时也没有提到大屠杀。"我想去一个人人平等的国家，那里的富人也工作，工作并不丢人。"他的女儿回想起听到他说过这样的话，"我想去美国，那里的犹太人见波兰人时，不必脱帽，也不必在外面等候……我想去一个凭我的努力可以养活妻子和孩子，并且人人平等的国家。"

有些犹太人是为了摆脱旧世界的性别束缚而移民。埃玛·戈德曼离开圣彼得堡来到纽约，很大程度上是因为她的父亲。她后来回忆说："在我 15 岁时拼命想把我嫁出去。我抗议，请求允许我继续学习。他一气之下把我的法语语法书扔进了火里,嚷道:'女孩子用不着学那么多!犹太人的女儿只需知道如何制备填馅炖鱼,如何把面条切得很细,以及如何给丈夫生很多孩子。'"小埃玛被激怒了。"我想学习,想了解生活,想去旅行。此外,我坚信,除了爱,我不会为任何事情结婚。我执意要去美国,其实是为了逃避父亲为我的安排。"16 岁时,倔强的戈德曼在同父异母的姐姐海伦娜的陪伴下乘船去了美国。

但移民数量会随着每一波新的大屠杀而急剧上升则是毫无疑问的,显然,这个因素在很多犹太人决定移民美国时发挥了一定作用。此外,一个人并不需要亲身经历大屠杀才会感到恐惧。犹太人之所以选择移民,乃是因为害怕他们所在的犹太小镇会成为下一个目标。一位东欧犹太人传记作者写道:"报纸上的报道太可怕了。"他生动地回忆起比亚韦斯托克大屠杀的消息传到他家乡那一天的感受。"约泽尔把针对婴儿的暴行、老人被斧头砍死、孕妇被剖腹的报道翻译成了意第绪语。会堂里的人都吓得脸色苍白,浑身发抖。"很多人在暴力活动蔓延到他们的小镇之前决定移民。而对于那些生活在暴力事件中心的人来说,移民的原因再简单不过了:"大屠杀,无休止的大屠杀,"来自基辅附近斯科维拉的伯莎·福克斯写道,"这就是我离开老家的原因。"

1906 年末,长达四年的大屠杀浪潮结束,此后,东欧犹太移民数量略有下降(或许部分原因是 1907 年美国的金融恐慌),但随后来自俄罗斯的移民人数再次上升。我的曾祖父弗罗伊姆·莱布·安宾德就是在这个时期离开了霍洛斯科夫,于 1910 年 4 月 2 日抵达纽约。1913 年,移民美国的俄罗斯人达到 29.1 万,创下历史新高;因为在犹太人之外,成千上万的其他欧洲人也加入了这一行列,他们赶在欧洲军事紧张局势失控、无法移民美国之前纷纷涌入美国。从 1881 年第一次大屠杀到 1914 年底,也就是第一次世界大战开始几个月后,大约有 210 万东欧犹太人移民到美国,占东欧犹太人总数的三分之一。其中,160 万来自俄罗斯,包括俄罗斯控制的波兰地区,40 万来自奥匈帝国,包括现在

这是我的曾祖母贝尔·安宾德（坐在左边）及其5个孩子的照片，拍摄于他们能够离开乌克兰动身去纽约和弗罗伊姆·莱布·安宾德团聚之前。我的祖父图莱亚·安宾德站在中间。

位于波兰南部的加利西亚地区，8万来自罗马尼亚。据人口统计学家估计，移民到美国的犹太人最初把纽约当成新家的约占四分之三。

1914年"一战"爆发时，弗罗伊姆·莱布还没攒够钱跟妻子、四个女儿和一个儿子团聚，他一定深感内疚。随着德国潜艇击沉了路西塔尼亚号（*Lusitania*）等横渡大西洋的轮船，渡海移民的时机已经不在，美国于1917年参战之后更是如此。同年，俄国革命爆发，安宾德家族的剩余成员更难移民。每隔几年，弗罗伊姆·莱布的妻子贝尔就会给他寄一张她和孩子们的照片，这样他就可以看到他们的成长，或是确保他不会想要抛弃他们。想必有好几次，弗罗伊姆·莱布都在想自己的选择对不对，还能不能再见到妻子和孩子。

意大利没有发生大屠杀，但它极度贫困，美国很有诱惑力。从1880年到1914年，有400多万意大利人移居美国。犹太人总是庆幸自己摆脱了俄罗斯，但很多意大利人最初只当自己是临时移居者，而不是移民。直到第一次世界大战结束，居住在纽约的大部分意大利人才表明将美国作为他们永久的家园。

对于大多数已经移民的意大利人来说，他们为自己和孩子感到绝望,以及显然不可能拥有可以耕种的土地,这对他们的移民决定起到了关键作用。"在意大利,就是打工,努力工作未来也没有任何希望,"移民很久之后,伦纳德·科韦洛回忆道,"上几年学,然后一辈子做工,没有希望读到五年级以上,也没有希望改变自己最初的样子。"19世纪,大多数意大利人从事农业劳动,但在1871年意大利统一时,只有不到10%的意大利农民拥有自己的耕地。意大利土地大亨们控制了大部分农田,意大利南部尤其如此。19世纪,意大利半岛人口飞速增长,土地大亨们随之将地租提高到了前所未有的水平。"每一片可耕种的土地都属于那些统治我们的少数幸运儿。"帕斯卡尔·迪安杰洛不无抱怨,他住在罗马东部阿布鲁佐的山区,1910年,他的家人开始移民美国。那些设法凑齐了足够的钱来支付小农场首付的人,往往不得不在第一次歉收后亏本出售财产,以满足债权人或收税人的要求。19世纪70年代和80年代,从美国和俄罗斯进口的廉价谷物大量涌入,以及19世纪90年代与法国的关税战,使得意大利农民尤其难以获利,其中包括土地所有者和佃户。

意大利农民的生活环境通常肮脏简陋。同样来自阿布鲁佐的意大利小说家伊尼亚齐奥·西洛内写道:"人的生活,牲畜和土地似乎被固定在一个不可改变的圆形场地里,被山脉的位置和时间的流逝所环绕,仿佛被大自然判了终身监禁。"农民住在"棚屋"里,它们"不规则、未成形,因年深日久而变黑,因风吹雨淋、烟熏火燎而破旧不堪,屋顶上覆盖着各式各样的瓦片和废木料。这些棚子大多只有一个开口,既是门和窗,也是烟囱",而且大多数屋里是泥土地面。在只有一个房间的肮脏小木屋里,"男人、女人和孩子,以及他们的山羊、鸡、猪和驴就在那里生活、睡觉、吃饭和繁衍后代,有时都在同一个角落里"。非小说作家也有类似但没有那么夸张的描述:在没有窗户或烟囱的"茅屋"里,农民和他们的家畜睡在一起,"卫生条件……极坏",而且没有改善的希望。在意大利,一位美国记者在1909年总结道:"贫穷,或者更确切地说是痛苦、不幸和无望,是一个长期存在的现象。"

至此,很多意大利男人发现盗窃是不再让贫穷继续循环的唯一途径。成千上万的意大利南部人当了土匪,加入犯罪团伙,在偏远的山路上伏击富裕的旅行者。但对于那些不适合犯罪生活的人来说,另一个选择似乎更有吸引力。在解释自己为何决定离开意大利时,一位意大利人向神父忏悔道:"我可以做贼,也可以移民。"一个铁匠也得出了同样的结论:"当我发现防止家人挨饿的唯一方法就是偷窃时,我决定离开了。"他于1906年移民。

1871年,意大利统一,人们可能认为,如此一来,意大利南部的一些问题应该有所缓解,但事实上,情况并未好转,反而变得更糟。统一后,贵族无法再对农民工行使家长作风,因为现在精英们认为国家最终要为最贫穷居民的福利负责。新国民政府的雄心壮志也导致了税收的增加;一些以前因太穷而无需支付政府税收的农民现在也开始被征税。他们认为新制度是不公平的,因为它向骡子征税,而不向牛征税。骡子是贫穷的农民的必需品,而在南方,通常只有富裕的农民才养得起牛。在佛罗伦萨大学教历史的那不勒斯人帕斯夸莱·维拉里说:"这个累进税乱套了。一个人拥有得越少,纳税却越多。"意大利南部的穷人发现,递减税收政策尤其令人恼火,因为即使有那么多收入,新政府似乎也无力解决肆虐意大利南部的慢性病等问题。那里每年有数千人感染疟疾,在1884年至1887年霍乱爆发期间,死亡了5.5万人。

贫穷的意大利人对未来感到绝望的原因之一是他们缺乏政治权力。在统一后的头10年里,只有2%的意大利人有资格投票,从1882年到1912年,只有7%的意大利人有资格参加选举。直到1912年,意大利议会才赋予所有30岁及以上的男性投票权;20多岁的男子直到1918年才有投票权。妇女直到1945年才可以投票。被排除在政治之外,又觉得在意大利没有真正的未来,很多意大利人把美国视为下一个最佳选择。"不,我不想在这儿单调无聊地待着。世界很大,有美国,纽约是个大都市。"阿道夫·罗西还记得1879年夏天，22岁的他决定移民时的想法。罗西出生在意大利东北部的威尼托，到纽约后，最初的工作是当制造眼镜的学徒，一年后，他在大都会音乐厅制作冰淇淋，这里是大都会歌剧院的前身。罗西最终入职一家意大利语报社，后来，他开始为有抱负的意大利移民写旅行指南。

美国最初并不是意大利移民的首选目的地。19世纪末，更多的人选择移居欧洲其他地区，而不是大西洋的彼岸。而那些决定跨海越洋的人，最初定居在阿根廷的比定居在美国的多。1890年，布宜诺斯艾利斯的意大利裔居民数量是纽约的4倍。移居阿根廷的意大利北方人认为他们在南美洲比在美国更容易跻身中产阶级。

1900年，意大利移民到美国的人数首次超过前往南美的人数。离开欧洲的意大利北方人仍旧偏爱去阿根廷或巴西，而在20世纪，意大利中部和南部的移民数量开始超过北方人，他们绝大多数选择了美国。多年后，在一次采访中，来自卡拉布里亚的一位移民回忆道："人们谈论的都是'美国，美国，美国'。"南部意大利人很难想象他们能在任何地方成为中产阶级，而且他们希望在纽约找到的散工和建筑工的报酬比在布宜诺斯艾利斯还要高。最早的移民寄回意大利的信也促使很多意大利人冒险来到美国。

与很少返回俄罗斯或波兰的东欧犹太人不同，当美国的建筑工作枯竭时，特别是当他们在美国干得很好时，很多意大利人会在冬天回到意大利。这些返乡的移民都是男性；与爱尔兰人不同的是，意大利人从不先把女性家人送到美国。归来的"美国人"穿着时髦的服装，言行举止世故老练，着实让他们以前的邻居着迷。"但最大的变化是他有钱了，比以往任何时候都有钱，比他（任何一个）老邻居都有钱，"一个意大利人回忆起他第一次遇到归乡"美国人"的情景，"他是一个活广告，表明外国人在美国也会发达。"此后不久，这位惊奇不已的村民登上了一艘去纽约的船。

在这些回国的"美国人"中，有不少人永久地留在了意大利。对有些人来说，去纽约旅行的全部目标不外是存够钱，交意大利一块农田的首付，偿还家庭债务，购买一家企业，或为父母建造更好的住房。这些意大利人被称为"候鸟"，因为他们像候鸟一样，一年中的一部分时间在世界的一个地方，其余的时间在另一个地方。轮船公司之间的价格战使船票价格降到了前所未有的低水平，他们得以一年两次横渡大西洋。每年春天，成千上万的意大利人前往美国寻找建筑工作，然后在来年冬天返回意大利。在返乡移民数量最多的年份（1903 年和 1904 年），每三个去年春天抵达纽约的意大利人中就有两个在冬天返回意大利，而比较有代表性的比例是每五名移民中就有两名返回意大利。

然而，很多打算当候鸟的意大利人最终成了移民。比如帕斯卡尔·德安杰洛和他的父亲安杰洛，1910 年，他们离开阿布鲁佐前往纽约，打算在那里待到还清自家欠的高利贷为止。然而帕斯卡尔再也没有回老家。有些人没能攒下多少钱，又羞于回到家乡露面，于是留在了纽约。"在美国，可不是你想象的那样随地捡钱，"另一位阿布鲁佐人写信给他在意大利的父母说："美国这里不像你认为的那样可以在地上随便捡钱。"第一次世界大战摧毁了意大利的经济，之后，其他人决定永久定居在美国。还有一些人发现他们比预想的更喜欢美国的生活。有些人是在 1921 年美国开始实施移民限制后才决定留下来的。这些移民之所以选择成为美国永久居民，是为了让他们的子女不再经历他们在意大利时经历的那种"极度痛苦"。

随着时间的流逝，人们想到了一个永久留在美国的新理由：意大利南部已经没有多少可以回去的地方了。20 世纪初，随着大多数男人搬到美国，且往往派家人或自己回意大利只是为了选择新娘并把她们带回美国，意大利南部的许多村庄实际上变成了空城。1902 年，第一位参观意大利南部的意大利总理抵达巴西利卡塔地区时，莫利泰尔诺的市长对他说："我以 8 000 同胞的名义向你致敬，其中 3 000 人已经移民到美国，5 000人也准备随他们走人。"因为移民潮，卡拉布里亚的圣德梅特里奥镇失去了很多人，甚至都找不到在晚上点亮街灯的人。在访问意大利南部的另一个城镇时，一名美国记者发现"到处都看不到年轻人充满活力的身影；任何地方都听不到热烈的、充满希望的人类活动的欢快声音。村子已经死了"。留下来的居民"漫无目的地填补了一种奇怪的、致命的寂静，似乎是受到诅咒的土地上的居民。他们唯一的念头就是去美国"。

自然灾害进一步加速了意大利南部移民的步伐。1890年，一种寄生虫在意大利南部的葡萄园中蔓延开来，摧毁了葡萄藤，因此毁掉了很多居民的生计。1906年4月，维苏威火山的爆发和随之而来的地震导致大约2 000名意大利人死亡，促使那不勒斯周围地区的很多人前往美国。更重要的刺激因素是1908年12月28日袭击墨西拿海峡的可怕地震和海啸。地震、火灾和洪水联手夺走了大约15万意大利人的生命（相比之下，两年前发生在旧金山的地震和火灾夺去了3 000人的生命）。在西西里岛东北部的墨西拿，只有2%的建筑在地震后完好无损。在海峡的另一边，卡拉布里亚的首府雷焦卡拉布里亚同样被摧毁。在地震后的几天里，可以看到数千具烧焦的尸体漂浮在海峡的海面上。

根据1910年意大利议会的一项调查，这些自然灾害促使更多的意大利南方人离开他们看似被诅咒的家园，前往美国。在他们身后，只剩下"废弃的房屋、荆棘丛生的果园"，村庄空无一人，仿佛"遭受了瘟疫的袭击"。一位来自巴西利卡塔的意大利国会议员表达了当时人们普遍的情绪，他写道："上帝啊，请不要让美国对我们大量涌入的可怜同胞关闭大门！"

自然灾害是突发的巨变，但对意大利移民来说，其悲惨故事中反复出现的副主题是饥饿。1901年，英国的一份报告指出，尽管饥荒在意大利可能很少见，但"那里长期严重缺乏食物"。几年后，一名美国记者发现"意大利半岛的移民就是逃荒移民"。这种生活必需品的匮乏并没有很快被人忘记。20 世纪 70 年代，当西西里岛某市的市长被问及美国人在哪里可以找到描述 20 世纪初该市居民为什么移民的文件时，他回答说："你想知道人们为什么离开吗？饥饿，这就是原因。"他认为没有必要去查阅档案。

意大利各个地区都有众多移民，但当北方人继续主要在欧洲境内移民时，90% 的意大利南方移民迁移到了美洲，其中 70% 定居在美国。从 1880 年到 1914 年，37.5 万意大利人从偏远且人烟稀少的巴西利卡塔移民到美国；42 万来自卡拉布里亚（意大利"靴子"的"脚趾"），42.5 万来自那不勒斯周围的坎帕尼亚地区，53 万来自阿布鲁佐莫利塞地区，96 万来自西西里岛。

对于 19 世纪末和 20 世纪初来到美国的人来说，从家乡到纽约的旅程与半个世纪前爱尔兰人和德国人的旅程大不相同。乘坐巨大远洋客轮的犹太人只需一周就可穿越大西洋，而不是一个月（从意大利直航的人用时要多一点）。19 世纪 50 年代，乘客死于途中很常见，到了 1900 年就很少见了。但从心理上来说，为期一周的旅程给人留下的创伤和难以磨灭的印象，跟航海时代的先辈们经历的更漫长、更危险的旅程是一样的。1891 年，有位作家出版了一本犹太移民指南，他曾经亲自乘船体验了一回，书中称该旅程"就像到了地狱一般，能让一个人在来到哥伦布发现的大陆之前洗净他的罪孽"。

移民美国之旅有很多令人难忘的时刻，有些甚至在他们离开家乡之前就开始了。对他们来说，在出发的前一天晚上，亲友会准备节日般丰盛的告别餐，或举行欢送会。第二天一早，数十名甚至数百名家庭成员、邻居、熟人或仅仅是好奇的旁观者会陪同移民前往火车站，有时会走数英里。

很少有移民会忘记火车驶近车站的那一刻，因为他们会开始流泪。由于移民通常是年轻的一代，大多数母亲和祖母认为自己再也见不到自己的后代了。1910 年，德安杰洛从阿布鲁佐的因特罗达夸动身去乘船，他描述说："车站送人的场景满是慌乱、悲伤和感叹，难以形容。大家都泪眼婆娑，一切都变得模糊不清。"马库斯·拉维奇的母亲是罗马尼亚籍犹太人，对于他的离开，她一开始"似乎很平静，也很无奈"，但当火车驶近车站时，"她的情绪失控了。当她最后一次拥抱我时，"他写道，"她哭得很厉害，父亲不得不把我们分开。她绝望地紧抓住我，我当时无法理解这种感觉。我现在明白了。我再也没见过她。"

移民离开时家人的痛哭与葬礼上伤心的哭泣非常相似，这是完全有理由的。拉维奇回忆说："一个人去了美国，就像死了一样。"去车站的一队人非常像是送葬，而火车站取代了墓地。"整个社区的人都出来了，缓慢地走向车站，放声大哭，而且是长时间地哭，并在下周六的祈祷中想起这些不幸的人。"意大利人则是在下周日的祈祷中想起，他们的回忆录也描述了类似的场景。

对于意大利人来说，从这一刻开始，前往乘船港的旅程就相对简单了，纵使接下来到处可见新的景象，听到不同的声音。大多数人从未坐过火车或去过大城市，内地人以前从未见过大海或海洋，即使住在离海只有 10 或 20 英里的地方，也没有到过海边。这个期间旅行时，他们会携带护照，因为意大利政府要求将护照作为移民身份的证明，这至少让意大利人感到一些安慰，当他们接近将要登船前往美国的港口时，有了一定的安全感。

相比之下，俄罗斯犹太人移民是非法的。很多人没有携带护照，有些人则是买的假护照。事实上，无论是俄罗斯当局，还是那些犹太人前往西欧登船港时途经国家的安全部门，都没有太大的兴趣阻止他们。但谁也说不准，偷渡者偶尔会被捕或入狱，使得犹太人在前往轮船的旅程中忧心忡忡，压力重重。俄罗斯犹太人会乘火车尽可能去遥远的西部，然后转乘雇来的马车，栅栏区南部的犹太人会去奥匈边境，栅栏区北部的犹太人会去德国边境。接近边境时，他们会下车步行，而且一般选择晚上行动，以免被发现。通常情况下，他们是由专业的偷渡贩子带路，这些人或是农民，或是其他犹太人，负责帮助偷渡者避开据称无处不在的边境哨兵，但跟现在一样，他们会收取高昂的费用。

偷渡者越害怕被抓，他们的向导就会向他们勒索越多。他们经常没完没了地待在乡下的小木屋里，直到偷渡贩子把他们的钱掏光为止。亚伯拉罕·卡恩，后来担任纽约发行量最大的意第绪语报纸的编辑，他回忆说："我们在小屋里等了很长时间，才意识到我们是被关起来的，目的是为了更多的钱。付钱后，我们继续赶路。我们是一群奇怪的人，夜里穿过田野和草地，每隔几分钟就会被一个高大的农民突然叫停，他会举起手指，停下来倾听天知道什么灾难。"

越过边境后，一些犹太偷渡者会在诸如奥匈帝国（现乌克兰西部）的布洛迪等城镇重新集结和放松，他们也会去犹太社区打听，得到前往港口城市最佳方式的建议。玛丽·安京等人不敢迟疑，立即前行。

在车场大院一座孤零零木屋对面的一片荒凉的田野里，我们的火车终于停了下来，一位列车员……把我们赶到一个大房间里……多个身穿白衣的男男女女接待了我们……这又是一个令人困惑的场面。父母丢失了孩子，小孩子在哭泣；行李被扔在院子的一个角落，根本不考虑里面装的是什么，因此造成了损失；那些裹着一身白衣的德国人大声命令着，同时喊着"快！快"；困惑的乘客们像温顺的孩子一样服从所有的命令，只是不时地问他们该怎么办……一个男人过来检查我们，仿佛要确定我们总共值多少钱；那些长相奇怪的人把我们像哑巴动物一样驱赶着，我们无助而又无法抵抗；我们看不见孩子，可他们在哭，这表明有可怕的事情发生；我们被赶到一间小屋子里，小炉子上有一只大水壶，壶水正在沸腾；我们的衣服被脱掉，身体被一种滑溜溜的东西摩擦，不知道是什么烂东西；一股热水毫无预兆地倾泻在我们身上；再一次被赶到另一个小房间，我们坐在那里，裹着毛毡，直到……我们……听女人命令穿衣服……"快，快，不然你们就赶不上火车了！"哦，我们真的没有被杀！感谢上帝！

有些偷渡者可能已经得到来自美国信件的提醒，写信的人是那些在他们之前就踏上了美国之旅的人，因此，他们料到这是德国铁路官员在给他们除虱。对其他人来说，它的突如其来，令他们惊恐不已。

此时，这些东欧犹太人中的大多数登上了开往维也纳、法兰克福或柏林的火车，然后在那里换乘另一列开往汉堡港或不来梅的火车，有些则经由阿姆斯特丹、鹿特丹、安特卫普，甚至的里雅斯特或阜姆乘船。那些钱最少的人可能会乘船去英国，这样他们就可以从利物浦出发，那里的跨大西洋票价便宜约 25%。弗罗伊姆·莱布·安宾德是为了省下几块钱而长途跋涉到那里登船的犹太人之一。最初，意大利人几乎只从热那亚和那不勒斯两个港口航行至美国。到了第一次世界大战前几年，船只也开始定期地将移民从巴勒莫运送到纽约。

移民到达港口后，一系列让人手足无措和恐惧的经历并没有结束。他们在 19 世纪 80 年代和 90 年代初的经历与 50 年前爱尔兰移民在利物浦的经历非常相似。在那不勒斯和不来梅，本来答应搬运行李的"搬运工"反而带着行李跑了；代理商以低得令人难以置信的票价兜售机票，因为它们根本不是真正的机票，或者是错的机票；码头寄宿处的管理员试图榨取移民仅存的一点钱。

1892 年，埃利斯岛检查站开放，移民在抵达时面临更加严格的医疗检查，从那开始，在欧洲的移民起程港口，骗子设计出一系列全新的陷阱。自称是牙医的人会在各个旅店里转悠，坚称如果移民在出发前不拔掉疼痛的牙齿，到了埃利斯岛肯定会被拒绝。另一些人则向那些可被愚弄的人兜售天花疫苗接种证书，他们认为这样的文件可以让他们免于出示手臂上的疤痕作为接种疫苗的证明，或者在登上前往纽约的轮船时接种疫苗。一本意大利移民指南简单总结了这种情况，并给旅行者提出如下建议：不管有人讲什么故事、提供什么或卖什么产品，永远不要相信任何靠近自己的人，永远不要相信任何对自己有兴趣的人。

此时，美国开始要求对抵达的移民进行更为彻底的身体检查，埃利斯岛移民检查站由此诞生。1891 年的美国《移民法》（*Immigration Act*）规定：如果移民被检查人员拒绝，轮船公司须支付这些移民的饮食和返乡费用。1907 年的《移民法》更进一步规定：若是航运公司拉来了被拒绝的移民，就要缴纳高额的罚款。随着移民人数的激增和轮船公司潜在责任的增大，航运公司开始自己进行医疗检查，以便筛选出那些可能在埃利斯岛被遣返的人。首先，当犹太人从俄罗斯、波兰或奥匈帝国进入德国时，德国航运公司会让德国铁路公司检查移民的身体，并消毒（穿白袍的德国人就是干这活的人，在玛丽·安京第一次登上德国火车之前，他们给她除虱）。为了进一步防止生病的旅客前往美国，德国轮船公司开始要求统舱乘客接受为期两周的检疫隔离，以确保在海上航行时他们不会传播或感染任何疾病。由于担心本国公民在埃利斯岛比其他国家的人更频繁地被拒而让国家蒙羞，意大利在 1901 年建立了自己的国有健康检查站。意大利移民官员向前往美国的移民提出了他们在埃利斯岛也会遇到的问题，并建议他们如果给出的答案有可能引起麻烦，那就改口说别的。最重要的是，国会指示美国领事自己发起对移民检查，以确保那些可能在埃利斯岛被拒的移民不至于走很远的路。由于这些检查，1907 年，想从那不勒斯港移民到美国的人有 4% 被拒；同年，在不来梅被拒的人为 5.5%。

一旦移民通过了这些让人惴惴不安的检查，登上他们的船，除了最富有的人之外，所有人都被带到船底，进到统舱。在某些方面，20 世纪初的统舱与航海时代的统舱相去甚远。地板和床铺是金属材质，而不是难以清洗的木头；还有带自来水的厕所和水槽，以及饥饿的爱尔兰人做梦也想不到的豪华设施。甚至还有电灯，虽然不是很多。

然而，统舱的本质丝毫没有改变，仍旧是拥挤和有损尊严，一片混乱。一位犹太移民回忆道："统舱真可怕；直到今天，我还能感觉到那种气味、恶心和拥挤。"另一个犹太人回忆道："我们挤在统舱里，简直就像家畜一样。"国会调查人员一致认为，尽管经过几十年的改造，统舱仍然"令人厌恶和沮丧"，"污秽和恶臭"让舱内的乘客无法承受。为了直接了解情况，某国会委员会派安娜·赫克纳乔装打扮随船横渡大西洋。她证实说："在统舱的这12天，我的生活完全乱套了，每种感觉都不舒服……东西全都又脏又黏，摸起来很不舒服。看到什么都令人反感。"可能有厕所，但它们很"脏"，没人知道如何使用，结果，人的排泄物随处可见，只是不像饥荒时代那样在住上下铺房间的乘客脚边流淌。

晕船是20世纪初统舱乘客最生动的记忆之一。1928年，罗莎·瓦尔通从卡拉布里亚移民到纽约，她回忆说："在船上9天……我病了9天。9天里我什么都没吃。"一位犹太移民也回忆道："数百人突然呕吐，甚至把自己母亲的奶都吐了出来[1]。他们都是第一次横渡大洋，以为自己的末日到了。杂乱的哭声变得难以忍受……我想逃离这个地狱，可是我刚从躺着的下铺伸出头来，在我上面的一个人就直接吐在了我头上。我擦掉呕吐物，拖着身子走到甲板，靠在栏杆上，把我那份呕吐物吐进了海里，然后半死不活地躺在甲板上。"

在该时代的移民回忆中，统舱还存在一个问题，那就是女性特别容易受到冒犯，只不过很少有人评论。从早上起床到晚上就寝，男人会对女乘客动手动脚和求欢，主要是船上的船员，但也有男乘客。赫克纳报

---

[1] "把自己母亲的奶都吐了出来"指不管移民吃的食物多么清淡，多么容易消化，都吐得干干净净，甚至把小时候吃的母亲的奶都吐了出来。比喻吐得厉害。

告说:"当时的氛围是一种普遍的无法无天,完全不尊重女性。"水手们会用能想到的最"令人厌恶的……粗鄙的……不雅的"字眼跟统舱中的女乘客说话。赫克纳证实说:"统舱里没有哪个年轻女子能逃过侵袭",整个白天和半个夜晚,甲板下"女性自卫的尖叫声"响个不停。

对于犹太人来说,统舱经历的另一个特别困难之处是缺乏食物。20世纪的远洋客轮上食物相对充足,即使住在统舱里也不犯愁,但在闹饥荒的年代,船上的乘客几乎全都必须自己准备食物。独自旅行的女性经常发现,贪婪的乘客在她们吃到食物之前就把所有的食物抢走了。此外,船上提供的食物也不符合犹太教规,对大多数犹太乘客来说,这是个问题。"我们不能吃船上的食物,因为不符合犹太教法,"一位与母亲和姐姐一起从明斯克来到美国的移民回忆道,"我们只要了热水,我母亲通常会在里面倒一点白兰地,放一点糖,让它有点滋味。"就那样再吃母亲带来的面包。但他们那次航行特别漫长(两个星期),自己的面包吃完时,他们决定向乘务员要一些船上的面包。"但他给我们的面包没有烤透,难以下咽",无奈只好饿着肚子一路熬到纽约。其他很多犹太移民都记得自己曾面临过同样的困境。即使那些愿意吃船上食物的人也觉得它们"很难吃"。

即使是几十年后,大多数移民仍记得移民航行的最后一个方面,那就是"令人恐惧的疫苗接种点名查验,很多人大声反对该法律的颁布"。这些年来,为了能获得第一手报道而在统舱里横渡大洋的多位记者中的一位如此写道。当"一号统舱里的人裸露双臂,排着队等待医生检查时,我从未见过这么多闷闷不乐的人。那些没有接种疤痕的人或有疤痕但不明显的人要再次接种疫苗。有一个爱尔兰人拒绝接种,并坚持说刀刺的伤疤是接种疫苗时留下的,惊动了很多人。当被告知若是像现在这样,他无法进入美国时,他只好遵从程序"。当局最终要求移民在登上横渡大西洋的船只之前接种疫苗。

在20世纪前几十年里,统舱条件逐渐改善。1901年颁布的意大利法律要求对移民进行检查，同时也要求轮船提供更多更好的食物。此外，1900年之后建造的众多船只都配备了"新统舱"，大大改善了移民在船上的住宿条件，即使那些支付最低票价的移民所睡的房间也不会超过8个卧铺（《泰坦尼克号》里莱昂纳多·迪卡普里奥住的小统舱房间准确地反映了这一点），而不是可以容纳100或以上乘客的又黑又深的空间。除了经常晕船之外，那些有幸住在新统舱里旅行的乘客很少有其他抱怨。但是，除了拥有这种新式统舱的船只之外，还有几十艘只提供老式统舱的轮船在大西洋上继续航行。从意大利到美国的船只很少有升级统舱膳宿条件的。

在这些航程中，最让移民印象深刻的似乎是他们进入纽约港时看到自由女神像的那一刻，在采访和回忆录中经常见到他们提及此事。丹麦女帽头饰商安娜·瓦尔特谈及自己抵达纽约时这样写道："自由女神像从大海中升起，如此自由而庄严，让我激动不已！这是一次终生难忘的入港。"俄罗斯犹太人戈尔迪·斯通称她从轮船的甲板上看到自由女神像时，"一阵心跳，与我所知道或希望知道的任何事情都不一样"。10岁时从波兰来到纽约的拉里·埃德尔曼表示赞同："在那里看到那座雕像是最激动人心的事。"对他来说，这代表着"免于匮乏"，生活无忧。法国出生的帽子制造商和设计师莉莉·达什还记得，尽管雕像"在雾中显得模糊而神秘"，但当她凝视它的脸时，她确信它在传达"对我的一个特殊承诺"。

很难知道这些反应是源于雕像对移民的象征意义，还是仅仅因为看到它就意味着他们安全地完成了前往美国的旅程。例如，斯洛文尼亚移民路易斯·阿达米克回忆说："船尾甲板上浑身蒜味的人群……涌向围栏，伸脖跷脚，以便能看到新的国家、新的城市；有的乘客抱着孩子，甚至是婴儿，想方设法让他们看到自由女神像；女人因喜悦而哭泣，男人因感恩而跪下，孩子们则尖叫、大哭和跳舞。"考虑到在雕像存在之前到达纽约的移民回想起他们进入纽约港时船上欢呼雀跃的类似场景，毫无疑问，此时的情感流露大多不是对看见这座雕像的反应。

但对于那个时代的众多移民来说，自由女神像显然意义深远，象征着他们为什么选择冒这么大的风险，抛弃所知道的一切，踏上危险的美国之旅。近50年后，埃玛·戈德曼还能清晰地回忆起她和同父异母的姐姐"热泪盈眶"地进入纽约港的那一天。"所有人都来到了甲板上。海伦娜和我紧紧依偎着站在一起，看着海港和自由女神像突然从薄雾中浮现出来，欣喜若狂。啊，她就在那里，希望、自由和机会的象征！她高举火炬，照亮通往自由国度的道路，那是世界上所有受压迫者的避难所。海伦娜和我也会在美国的慷慨之心中找到一席之地的。"

从1886年自由女神像落成之日到28年后第一次世界大战爆发，"美国的慷慨之心"迎来了1 700多万移民来到美国，这是人类历史上前所未有的人口流动。对几乎所有人来说，"自由"一词完美地概括了他们来美国的原因。免于饥饿，免于恐惧，免于暴力，自由从事任何职业，自由生活在选择的地方，以及政治自由，这些都是驱使这一大批人来到美国的动机。

新移民立即意识到了自由女神像传达的信息与他们自己的移民经历之间的关系，而本土美国人花了将近20年的时间才认识到这种联系。1903年，他们在雕像底座入口处挂起了一块青铜碑，上面镌有埃玛·拉扎勒斯那首出色的十四行诗。从那以后，这首诗的情感传递给了无数有志向、有抱负的移民。

第十五章
埃利斯岛

当亲人终于到来时,团聚往往是尴尬多于欢乐。当年幼的孩子被早不记得的父亲拥抱时,他们害怕得哭了起来。妻子则凝视着自己的丈夫,不知道为什么他看起来如此苍老和疲倦。

生平第一次看到自由女神像时，乘船跨洋而来的移民们往往欣喜不已，热泪盈眶，有的还会禁不住欢呼起来。但当他们的汽轮突突地驶过这尊铜制杰作时，一个令人很是有不祥之感的景象映入眼帘。俄罗斯移民基拉·戈里奇纳还记得在靠近市区时，她船上的一位乘客大声地喊道："那是埃利斯岛。""'埃利斯岛！'我随口应了一声，心头一沉，'这就是躲也躲不开的可怕的埃利斯岛！'"意大利移民大多称埃利斯岛为苦难之岛。

现在，一船一船的游客前往该岛参观，络绎不绝，为的是重寻自己的移民之根，对于他们的祖先来说，该岛意味着接受体检和口腔检查带来的折磨。在埃利斯岛上的移民检查站正式开业之前，花园城堡的移民检查相对敷衍。医生会从抵港者中挑出病人送到史泰登岛隔离，一旦康复，他们就可以进入市区，开始新的生活。但从1875年到1917年，国会制定的移民条件越来越细，竟列出一个长长的清单，旨在限制不符合条件的潜在移民进入美国。查验员会因体检问题、政治信仰，以及一个人的职业或就业状况将移民拒之门外。甚至已经在纽约居住多年但尚未成为公民的移民，只要暂时离开美国返回故乡，再次入境时，都有可能遭到埃利斯移民官的拒绝。有一位记者曾经跟移民们一起在统舱里横渡大西洋，在描述移民抵达埃利斯岛的感受时，他写道："就像世俗之人接受末日审判，我们必须证明自己有资格进入天堂。"

《佩奇法案》(*Page Act*)于1875年颁布，它是第一部限制移民的法律，旨在禁止中国的"苦力"登陆。所谓苦力即不能占有其劳动成果的契约劳工。妓女和因"重罪"而服刑的人也在该法禁止之列。有些国家允许有条件地释放重刑犯，只要他们承诺移居国外，便可获得假释，而目的是给自己国家的监狱腾出空间，国会利用《佩奇法案》意在阻止这样的罪犯入境。

1882年，国会又出台了其他限制措施。最臭名昭著的当属所谓的《排华法案》，它规定十年内"暂停"接收中国劳工来美。为了规避法律的限制，迫切想要移民的中国人会声称自己是学生、商人或美籍华裔商人的成年子女。为此，该法制定了有效的移民检查制度，以查找类似欺骗行为。但由于几乎所有中国移民都在西海岸登陆，该规定对花园城堡的检查员影响不大。

对花园城堡比较重要的则是1882年颁布的另一条法规。该法禁止罪犯（政治犯除外）、疯子、"白痴"和"不接受政府的救济就无法生活"的人登陆。1885年，国会进一步扩大了被禁止移民的清单，将真正到达美国之前已经接受美国工作的人纳入其中。之所以推动这项"合同工"法，是因为工会担心如果允许移民在抵达美国海岸之前签署劳工合同，新移民的工资就有可能低于美国现行的薪酬水平。工会领导人坚持认为移民合同工拉低了现住美国劳工的工资。

19世纪80年代，移民人数创下历史新高，很多美国人确信政府在花园城堡的筛查者是"不称职"的政治仆从（并非完全不准确）。若要获得和保住移民官这份工作，唯一的要求是对党忠诚，而不看其工作能力。财政部的一项调查还发现：经营花园城堡的州委员会允许与政党派别有关系的食品和运输特许权持有人盘剥移民。针对此事，财政部召开了听证会，移民援助协会的一位雇员为此作证，称花园城堡"欺骗公众，给移民下套"。国会随后下令调查，得到的结论是"每年该港接收大量依法没有资格登陆美国的人"。众议员们断定:"现在遵循的(识别和遣返被禁止移民的)方法和制度简直就是胡闹。"

还有一个原因让花园城堡备受诟病,尽管那里的移民检查站是专门为了不让移民上当受骗而设,但其雇员对待移民拉客者的态度却是听之任之。据被派往花园城堡改革其运行的一位联邦官员回忆说:一旦移民官从检查站放出一批移民,拉客的人就会冲向"受到惊吓的外国人,大声吆喝着各自旅店的名字,拉扯着犹豫不决、茫然无措的可怜移民,彼此之间还经常因为这些稀里糊涂、眼花缭乱的无助者争吵不休。移民成群结队地聚拢在一起,最后被带到临时住所,之后便是任人宰割了"。

为旅店拉客的人并不是唯一等在那里准备捕食的人。骗子会谎称自己是意大利老乡或来自栅栏区的移民,以骗取他们宝贵的储蓄。一位天主教神父在1899年记录道:"小偷、敲诈勒索者和皮条客在很多不幸的移民身上大发横财。"单身旅行的女性更是首当其冲。天主教会在花园城堡所在街的正对面设立了一处布道所,试图保护单身女性免遭"这些诡计多端的无耻之徒"的坑害,这些人会诱骗女性移民走上犯罪或卖淫的道路。

联邦政府当局意识到花园城堡的情况已经无可救药了。本来政府拨款在纽约州雇人处理移民事宜,但到1890年春,联邦政府取消了合同,接管之后自行处理。在寻找更合适的永久场所时,财政部官员将移民检查站临时移至巴特里公园西端的巴奇办公大楼。为了寻找一个拉客者无法到达的地点,并将新移民与其他美国人隔开,待其符合条件后进入美国,当局决定将新的移民检查站设在港口的一座岛上。他们选择了埃利斯岛。

埃利斯岛位于曼哈顿南端西南一英里处,更靠近新泽西州,而不是纽约。荷兰定居者称其为小牡蛎岛,因为它坐落在一个巨大的牡蛎礁上(附近那座后来安放自由女神像的岛是大牡蛎岛)。18世纪,纽约人塞缪尔·埃利斯买下了该岛,这就是现在称它是埃利斯岛的缘由。埃利斯家族后来将其产权出售给纽约州,用作海港防御措施的一部分。几年后,在19世纪的前10年,国家决定抵御外国入侵者的责任归联邦,并将其所有权移交给了联邦政府。在接下来的几十年中,让该岛最为知名的是这里成了联邦政府处决海盗等死刑犯的地方。从上世纪中叶开始,军方改用作弹药库。

随着埃利斯岛移民检查站建设的进展,国会决定赋予在那儿工作的检查人员更多的职责。1891年的《移民法》将乞丐、一夫多妻者和任何曾因犯有重罪或"涉及道德败坏的轻罪"而被定罪的人加入了禁止进入美国的名单(刑满的重罪犯以前可以入境)。也许最重要的是,新移民法也将"患有令人厌恶或危险传染性疾病的人"拒之门外。在此之前,病人可以接受治疗,并在痊愈后进入美国。现在,这些试图进入美国的移民会被遣返原籍国。该法要求对移民强制进行彻底的体检,以便找出病人和体弱者,须为那些被认为不适合进入美国的人举行正式听证会,在这些人等待听证会(和上诉)期间,政府应向移民提供食宿和其他照顾,费用由政府承担。国会指定财政部部长为所有移民入境资格上诉的最终仲裁人。最后,新法规定:移民入境一年内,若被查实违反了移民法,政府可以将其驱逐出境。所以,在新移民离开埃利斯岛后,若有新的证据表明其不具备入境资格,或在抵达一年之内成为"接受政府救济者",仍会遭到驱逐。

1892年1月1日,17岁的安妮·摩尔踏上岸,作为最终在埃利斯岛接受查验的1 200万移民中的第一批,她没有进入那座用红砖和石灰岩砌成的标志性建筑,今天,人们一提起埃利斯岛就会想到它。第五十一届国会以其挥霍无度而被称为"十亿美元国会",但在为埃利斯岛移民检查站划拨资金这件事上,却出奇吝啬。鉴于预算有限,为达到足够的建筑面积,负责该项目的财政部官员决定舍弃给人留下深刻印象的建筑设计,也不再采用高档建筑材料。结果,据《论坛报》报道,

"尽管规模巨大", 新的移民检查站"只不过是一个大型商业棚屋而已"。该站的主要建筑由 400 万板英尺[1]的长叶松建成, 长 404 英尺, 宽 154 英尺, 楼分三层, 可容纳的检查人员是花园城堡的两倍。移民可在第一层存放行李、购买食物和火车票, 以及排队体检, 然后前往第二层接受移民查验员的询问和登记。但媒体推测, 每天有成千上万的人在这座木结构建筑里穿行, 其使用寿命可能不会很长。

他们说得太对了。1897 年 6 月 15 日午夜过后不久, 一场大火摧毁了埃利斯岛上这座大型木结构建筑, 岛上的其他东西几乎烧得一干二净。《纽约时报》报道说"大火吞没了这座大型建筑物", 但神奇的是, 没有人葬身火海或受伤。这是因为该站的负责人对于该建筑容易失火一事心知肚明, 因此, 他指示一艘渡轮做好充分的准备, 每晚停泊在码头, 彻夜待命, 因此, 当晚滞留在那里的移民和监督他们的雇员才在突发火灾的情况下逃过一劫。

此次火灾造成了惨重的损失, 最可惜的是烧毁了自 1855 年花园城堡开放以来所有登陆纽约的移民登记簿。这些登记簿都是皮面装订本, 数量庞大, 几十年来, 一直安全存放在奥尔巴尼, 但埃利斯岛的移民官要求移交给他们, 以便若有外国出生的乘客抵达时声称自己已经在美国居住, 就可以查阅登记簿, 核实他们的说法。这些登记簿显然比移民所乘之船的船员提供的乘客名单要详细得多, 对于想要追溯 19 世纪下半叶抵达纽约的先祖移民史的人来说, 它们的损失无疑是一场灾难。

火灾过后, 移民事务先在曼哈顿的码头办理, 然后迁至炮台旁边的巴奇办公大楼办理, 直到埃利斯岛的移民设施重新建好。这一次, 国会拨出了足够的资金, 以建立一个更气派、更经久耐用的建筑。议员们还拨款将该岛扩至 17 英亩, 以加盖更多的楼房。财政部很快为这些新建

---

[1] 板英尺是美国和加拿大用于木材的专业计量单位。1 板英尺为 1 英尺长、1 英尺宽、1 英寸厚的木材体积。

筑组织了一次设计竞赛，两位年轻建筑师威廉·博林和爱德华·利平科特·蒂尔顿脱颖而出。他们在麦金、米德和怀特事务所接受过培训，但在拿下埃利斯岛委员会的项目时，在建筑领域几无建树，没有已经完工的建筑为他们带来声誉。他们设计的入境大楼主楼与其取代的旧楼几乎面积相同，布局也差不多完全一样，一楼存放行李、出售食物和中转，二楼用于查验和登记，三楼是行政办公室和回廊，在回廊上可以俯瞰二楼的检查区域，而该楼的四个角分别加盖了一个塔楼。大楼外观融合了古典、法国和意大利的建筑式样，体现了布杂艺术风格（Beaux-Arts style），该风格以巴黎的一所艺术学院命名，博林和蒂尔顿都曾在那里学习建筑。新大楼整体风格恰到好处，庄重而不浮华，严肃而不沉闷。凭此设计，博林和蒂尔顿获得 1900 年巴黎世界博览会和 1901 年布法罗泛美世界博览会金奖。新建的移民检查站于 1900 年 12 月 17 日开始启用。

1897 年，埃利斯岛上原来的木制检验站被烧毁，取而代之的是标志性的砖石建筑，至今仍矗立在那里。

几乎每一位移民都觉得查验过程是一段充满焦虑的经历。对有些人来说简直可以用"令人恐惧"来形容，比如基拉·戈里奇纳。通常情况下，轮船上的乘客不会在进入港口后立即前往埃利斯岛，而是必须在船上过一夜，以等待移民检查站准备好对他们进行初步分类。这最后一夜，美国近在咫尺，却又远在天边，等待已久的移民能不能被美国接受尚不确定,思虑至此,不禁让人压力重重,一整船的人彻夜难眠。据一位乘统舱旅行以报道这一经历的记者称:登上埃利斯岛的"前一天晚上,无人入睡"。

甚至在踏上岸之前,移民们就必须接受健康检查,以防止致命接触性传染病的潜在患者进入移民站,导致这种疾病传播开来。一位来自海事医务署(MHS)的医生会从一艘汽艇上爬梯子登上移民的远洋客轮,寻找霍乱、斑疹伤寒或其他致命疾病的任何迹象。海事医务署后来改名为公共卫生局(PHS)。有时这些医疗检查会在半夜进行,以便乘客第二天一大早可以登陆埃利斯岛。被发现患有这些疾病的人即被送往史泰登岛的隔离医院,整船的乘客不得不在港口等上几天,如此一来,那些可能已经被感染但还没有表现出症状的人在此期间就会被识别出来,并加以隔离。对很多移民来说,这是他们的第三次体检,第一次由载他们穿越欧洲的铁路公司组织,第二次是由港口的轮船公司进行。

在移民下船之前,船员会把他们聚集到甲板上,按照船上的乘客名单喊名字,乘客则一一走上前来,船员会在其衣服上别上一张大纸片,写上一个字母和一个数字。相应地,移民携带的每一件行李上也会粘贴上写有相同字母和数字的标签。看到标签上的字母,埃利斯岛的移民官就知道移民及其行李搭乘的船只,而标签上的数字与每名乘客在该船乘客名单中的位置相对应。最后,这些到港的乘客各自带好所有的家当,码头职员或水手则把他们集中起来,登上驳船或渡船,送到埃利斯岛。一名记者写道:"在催促移民上驳船的过程中,码头职员表现出了不必要的粗鲁,有时会猛烈推搡他们,或用棍子戳他们,诸如此类。"

如果因为人多移民查验开始拥堵,他们就不得不站在驳船上(或坐在自己的行李上)等待几个小时,直到移民站内长长的队伍渐渐缩短。在描述自己与一船意大利移民的经历时,记者布劳顿·勃兰登堡写道:"等待,等待,等待,没有食物,也没有水;即使有水,因为人挤人,我们也够不到。孩子们哭了起来,母亲们努力想让他们安静下来,懂音乐的人则唱歌或弹奏乐器，我们等啊等啊，等到太阳落山了。"有时，还没等所有的移民查验完毕，检查人员就结束工作下班，剩下的移民会被带回船上再过一夜。但通常情况下，检查人员会加班加点，直到当天送往埃利斯岛的每个人都办完手续。根据勃兰登堡在1903年10月中旬的描述，直到日落之后许久，船工才拖出跳板，放低上下船开口处的拦阻绳，此时，"数百疲惫不堪的移民再次扛着行李，从驳船涌上埃利斯岛的码头"。

平常的日子里，从移民离船到手续办理完毕需要2到5个小时，但焦虑和无休止的等待似乎让时间显得漫长。回想1913年12月在该岛接受查验的情形时，路易斯·阿达米克说："我在埃利斯岛度过的那天似乎没有尽头，几个国家的移民都在传言，说我们中的一些人会被拒绝进入美国，并被遣送回欧洲。虽然我知道自己的文件清楚齐全，但还是心里没底，冒了好几个小时的冷汗。"

一旦登上埃利斯岛，这些移民就把行李留在主楼外面，进到楼里接受检查。首先是体检。体检不是由一名医生进行的，而是一条作业流水线，由十几名移民官分驻在各个检查点，一直通往二楼登记室。[1] 首先，移民必须出示医学证明，表明在登船前已经接种了天花疫苗。接下来，移民会排成一列走过检查人员，以便检查人员查看他们是否有妨碍在美国找到工作的病征。在埃利斯岛从事多年移民体检的阿尔弗雷德·里德博士解释说：当移民逐一走近某位医生时，他或她会观察其"步态、姿势，存不存在扁平足，跛不跛脚，脚踝和膝盖或髋关节是否

---

[1] 埃利斯岛的移民官不断地调整移民查验程序。例如，早期的移民接受检查时是随身携带行李的；后来的新移民则要把大箱小包放在一楼。有几年，检查站设了一位检查员，唯一的工作就是查看移民头皮上是否有真菌；而在其他时间，这项任务与其他任务结合起来做。移民的队列会一直延伸至登记室，有十多年的时间，检查员分布在这条线的各个点上，并在登记室进行某些检查；然而，接近第一次世界大战时，只允许通过体检的人进入登记室。我并非想要重述埃利斯岛体检流程的任一时刻的情况，而是依据在那里工作的检查员和接受检查的移民提供的最详尽的叙述，记录大多数移民的经历。——作者注

僵硬，身体是否畸形，颈部的甲状腺是否肿大，肌肉发育情况，有没有伤疤，腺体是否肿大，以及皮肤纹理。最后，当移民走至面对面时，检查员会注意其五官有无异常，有没有出疹子和伤疤，以及面瘫，脸色如何，等等"。走路姿势不佳可能意味着背部有毛病；一瘸一拐可能是下肢永久畸形的迹象；以一个奇怪的角度用手撑着头表明颈部可能有病。

即使移民通过了某位检查员检查，检查仍会继续，因为医生可以从侧面瞥见移民的耳朵、头皮、脖子侧面和手，从这些部位判断他们是否有偏瘫或畸形的迹象。里德记述道："如果觉得某人有任何可疑之处，就会问他或她几个问题。"这是检查人员按照要求筛选"精神病"和"白痴"的方法之一。埃利斯岛另一位医生尤金·马伦博士回忆道："提问的通常都是简单的加法和乘法，如果移民显得很傻，答题时漫不经心，就足以怀疑其有智力缺陷。"该移民就要去大楼的另一处接受其他医生更全面的智力测验。跟登记室那些因为语言能力而被雇用的审查人员不同，这些医生很少能流利地说移民的母语，只能用移民最常用的语言背熟常问的问题，而且常常理解不了移民的回答，这确实也不管他们的事。准确地说，他们是把移民回答的速度、语气和面部表情作为判断潜在智力缺陷的主要依据。

寻找此类病征的医生必须让队伍尽可能快地移动，因此，他们不会把患有此类疾病的嫌疑人拉到一边，相反，他们会用粉笔在移民衣服的右肩上做记号，以便稍后在移民到达登记室之前，把他们从队列中单独拉出来接受更全面的检查。移民肩膀上若是被草草写上了 B，表示背部疑似有问题，相应地：F 代表脸，Ft 代表脚，G 代表甲状腺肿大，K 代表疝，L 代表跛行，N 代表脖子，S 代表老迈，Sc 代表头皮，X 代表精神疾病（带圆圈的 X 表示严重的精神问题）。某些部位及其疑似疾病会将完整的单词写在移民的衣服上，如手、麻疹、指甲、皮肤、体温和视力。

很快，移民们来到第二位体检医生跟前。马伦记述道："从业务划分上讲，这位检查员被称为'看眼的人'。"他背对窗户站着，这样就可以利用自然光来检查移民的眼睛。首先，他会直视每只眼睛，寻找眼角膜不透明或其他常见眼病的迹象。然后，医生用他的拇指和食指或绊钩状的医疗器械将移民的下眼睑翻开，查看有无结膜炎或沙眼的迹象。它们是一种眼睛的细菌感染，明显症状是内眼睑变得粗糙不平。在抗生素发明之前，沙眼被认为是"令人讨厌的"疾病之一，患此病的移民会因此失去进入美国的资格。

由于希望尽快办理移民手续，在对连续不断的移民进行检查时，埃利斯岛的眼科医生嫌麻烦，一般不洗手或清洗所用的器械。也许医生们认为统舱乘客已经很脏了，无需再得到更好的服务。即使外行也明白，医生们这种不严格的做法会让健康的移民感染。1906年，西奥多·罗斯福总统在巡视完埃利斯岛后，向他的商务和劳工部部长维克多·梅特卡夫抱怨说："医生用脏手做（沙眼）检查，甚至都不象征性地清洗一下器械，让我震惊。在我看来，这些检查本身是在将患者的疾病大量传染给健康的人。"

埃利斯岛的检查人员在翻看移民的眼睑，查看是否有沙眼和其他眼病。

因体检不合格而被拒绝进入美国的移民近 80% 患有沙眼。进入政坛前，菲奥雷洛·拉瓜迪亚曾在埃利斯岛担任口译，他回忆说："当得知自己的命运时，他们都惊呆了，他们从未感到不适，也从来没有听说过'沙眼'这个词。他们可以看得清清楚楚。"最糟糕的情况是，一个家庭为能来美国几乎变卖了所有的东西，却发现家里有一个人得了这种病。拉瓜迪亚写道："有时，如果是一个年幼的孩子患有沙眼，父母中的一人就不得不带着被拒的家庭成员返回祖国"，这是一种特别可怕的前景，因为通常情况下，"他们无处可回"。但由于沙眼有传播的可能性，尤其是在玩耍的儿童之间传播，检查人员认为发现沙眼即是强制拒绝入境的理由。直到 1919 年，国会才通过一项法律，要求在登船港口对移民进行沙眼检查。

在初查之后身上被画粉笔标记的移民中，有 15% 到 20% 的人会被带到公共卫生局的检查室。那些被怀疑身体有病的人绝大多数要按性别隔开，男性进入一个房间，女性进入另一个房间。自此又开始一条体检流水线。1922 年，英国大使奥克兰·格迪斯在参观完移民站的这部分检查后回忆道："一队男性移民解开腰带、提着裤子走到第一位体检官面前。他检查了他们的外生殖器，看是否有感染性病的迹象。接下来，他检查腹股沟看是否有疝气。医生戴着橡胶手套。我看见他查了 9 人或 10 人，但检查不同的病人时，他的手套没有清洗过。"在这个房间的其他站点，这些移民还要接受心、肺检查，以及头皮和眼睛检查，等等。如有必要，则采集实验室样本用于分析。

妇女常常带着孩子，她们在体检室里也会经历类似的程序。1913 年之前，女性移民都是在男医生面前进行体检的，由于必须脱光上身，这让她们十分难堪。即使后来由女医生专门为女性移民检查身体，大多数女性还是认为这一过程令人痛苦。多年后，一位奥地利移民回忆说：体检"让我很尴尬。我还不到 21 岁，很害羞，那些大孩子跑来跑去，有男有女，但你必须这么做"。有些孩子意识到这个过程对他们的父母来说有多么丢脸。来自威尔士的伊妮德·琼斯回忆起她 10 岁时在女体检室里的经历："我母亲从来没有在我们面前裸体过。在那个年代，没人这么做。她觉得很尴尬。"

那些被检查人员标上 X 的移民会被送进"精神检查室"。房间里有两张桌子和一些长凳，医生坐在桌旁，而长凳可容纳 100 多位移民坐着等候。在这里，新来者要接受面谈，并按照要求数数和做简单的加法。从 20 世纪 10 年代中期开始，那些被怀疑精神发育迟滞的人也必须通过诺克斯方块测试。这是埃利斯岛医生霍华德·诺克斯开发的众多测试之一，目的是在不需要与移民进行任何言语交流的情况下测量他们的智力，因为有的移民只会说一种难懂的语言或方言。在这个测试中，主考的检查人员按一定的模式在四个不同颜色的彩色方块上移动一个黑色方块，彩色方块与桌子上的一块木板相连。移民必须按照检查人员刚才的顺序在彩色方块上移动黑色方块。

在送往"精神检查室"的移民中，医生立即就能确信 80% 的人没有心智"缺陷"，他们会被送回走向登记室的曲折队列；若是医生认为最初标为心智问题的症状可能反映的是身体疾病，就会要求他们体检；其余的人会在那里待一天或更长时间，接受一套全面的智力测试。在留置过夜的人中，医生最终会宣布大约 10% 的人（1% 最初标 X 的人）为"低能者"或"精神错乱的"（在那个时代，这个群体还包括癫痫病人）。总而言之，从 1892 年到 1909 年，埃利斯岛的移民官拒绝入境的心智"缺陷"移民的比例为万分之一；从 1910 年到第一次世界大战结束，每 750 名移民中就有一位。

被归类为精神疾病的移民人数急剧增加，部分原因是国会在 20 世纪头十年扩充了检查人员可以用来拒绝移民入境的标准清单。1903 年，国会将癫痫病人、乞丐、无政府主义者和往美国输送妓女的蛇头列入不受欢迎者的名单。此外，在新移民初次获准进入美国后，移民官可以把驱逐他们出境的时间延长至两年,对每个移民征收的"人头税"也提高了一倍,达到 2 美元。1907 年,国会进一步扩展了精神"缺陷"定义的外延,除了"白痴"和"精神失常",又增加了"弱智"和"低能者"("白痴"这个词用于表示精神发育严重迟滞的人,"弱智"指中度心智障碍的人,"低能者"指轻度精神障碍的人),从而增加了易于被禁止入境的移民数量。新法还禁止无人陪伴的未成年人移民。这两次禁令颁布后,埃利斯岛的移民官拒绝移民入境的理由增加到了 20 个。此外,1907 年的法令再次将人头税翻了一番,涨到了 4 美元。支持者明确表示更高的登陆费(移民在购买轮船船票时支付的费用)将阻止贫穷的移民进入美国,从而能够减少移民总数。新法还将事后驱逐期限延长至三年,在此期间,移民官可以将变成了政府的救济对象或后来发现不具备入境资格的移民驱逐出境。国会中的一些人还想进一步提议要求移民向埃利斯岛检查人员出示他们拥有 25 美元(相当于今天的 650 美元)才能进入美国。两人及以上家庭必须出示两倍于此金额的美元。但在法案成为法律之前,这一提议就被删除了。

  新法的影响力取决于对移民检查人员在解释和执行这些法规时给予的指导。在总统任期(1901—1909 年)之初,看到美国人接纳这么多"道德倾向低"的南欧和东欧移民,同时本土出生的美国人生育率越来越低,西奥多·罗斯福不无担忧地称美国人这是在"自取灭亡"。在 1901 年的第一次国情咨文[1] 中,罗斯福呼吁对移民进行"教育水平测试"和"经济能力测试",以排除那些"经济状况低于一定标准的人"。当然,南欧和东欧的新移民无法通过这些测试的可能性最大。但到 1903 年秋天,在听到移民媒体的抱怨之声后,总统开始重新考虑,到其第二任期中期,罗斯福的态度完全反转。1906 年 12 月,总统在其

---

[1] 从 1802 年到 1912 年,总统以书面形式向国会递交国情咨文,而不是亲自发表演讲。直到 1913 年伍德罗·威尔逊当选总统,美国的首席执政官才再次亲自向立法者们宣读国情咨文报告。

国情咨文中写道："我们必须公正友好地对待所有合法来到这里的移民。无论他们是天主教徒或新教徒，犹太人或非犹太人，无论他们来自英国或德国，俄国或日本，还是意大利，都无关紧要。"

1906 年，罗斯福总统任命纽约的犹太裔移民奥斯卡·施特劳斯担任劳工和商务部部长，这表明罗斯福对来自南欧和东欧新移民的态度已经转变。1850 年，施特劳斯出生在现如今的德国西南部，在他家的五个孩子中，他排行最小。四岁半时，他和母亲及兄弟姐妹移民到美国，与他两年前来到美国的父亲团聚。他们选择佐治亚州中西部的一个小镇定居下来，并在那里开始经商。内战结束后，他们搬到了纽约，据《纽约时报》报道，奥斯卡的父亲拉扎勒斯成为"世界上瓷器、陶器、玻璃器皿、钟表和青铜器……"最成功的进口商之一。哥哥内森和伊西多进入了家族企业，奥斯卡则不同，他读了大学，1871 年，获得哥伦比亚大学本科学位，两年后又获得了该大学的法律学位。毕业后，他成为一名成功的商业诉讼律师，专攻与铁路有关的案子，直到 1881 年离开律师事务所，加入家族企业。后来，自家的公司将业务扩展到零售业，收购了处境艰难的纽约梅西百货公司（R. H. Macy & Co.），使之成为该市最成功的百货公司之一。施特劳斯家族还收购了布鲁克林的一家主要百货商店，亚伯拉罕和韦斯勒百货公司（Abraham & Weschler），并更名为亚伯拉罕和施特劳斯百货。在 20 世纪的大部分时间里，梅西百货和亚伯拉罕-施特劳斯百货一直是该地区两家主要零售商。

罗斯福无疑把施特劳斯看作智识上情趣相投的人。两人都活跃于纽约市政治组织的进步派（施特劳斯是民主党人，罗斯福是共和党人），都嗜好读史，所藏史书丰富，两家堪称纽约最大的两座私人图书馆。两位都是多产的作家，罗斯福的作品涵盖历史、自然科学等领域，涉猎广泛，施特劳斯则专注于美国的政治、宗教和法律。加入内阁时，施特劳斯并非政治素人，他曾于 1887 年至 1889 年担任美国驻奥斯曼帝国的公使。在为内阁成员选择一名民主党人时，罗斯福可能想要把自己塑造成一个超越党派的人。但美国有史以来头一回安排一位犹太人进入内阁，竟然还让其掌管移民政策，显然，罗斯福想要借此表示他不再跟美国人一样对南欧和东欧来美人数的增加感到不安。在反犹太大屠杀不断涌现的形势下，这一任命也意味着对沙俄的谴责。在告诉施特劳斯打算提名他时，罗斯福说过这样一句话："我想让沙俄和其他一些国家看看，我们是如何看待这个国家的犹太人的。"

显然，施特劳斯同情受除名威胁的移民，并尽其所能削弱1907年更为严格的移民法的影响。[1] 移民中有一个爱尔兰的七口之家，其中一个儿子被查出来是低能儿，检查人员拒绝其入境，母亲考虑与他一起返回爱尔兰，以便其他家人可以进入美国，施特劳斯否决了埃利斯岛检查人员的意见，允许她全家留下。59岁的俄罗斯移民切娜·罗格打算去宾夕法尼亚州雷丁市与其5个成年子女和36个孙辈一起生活，由于沙眼，医务人员宣布她不适合前往，等她上诉时，施特劳斯推翻了移民官的决定。42岁的席门·科布伦茨是来自立陶宛的一位屠夫，生有牛皮癣，这是一种"令人厌恶的"疾病，可能会妨碍他在美国的屠宰行业找工作，从而成为靠吃政府的救济过日子的人，当检查站的移民官拒绝他入境时，施特劳斯再次撤销了除名的决定，理由是牛皮癣没有传染性。将不合格的移民排除在外的做法显然让施特劳斯十分困扰，以至于他自掏腰包，拿出数百美元（相当于今天的几千美元）给埃利斯岛移民站站长，让其匿名发放给那些他无法阻止被拒绝入境的移民。在罗斯福执政时期，埃利斯岛的移民入境遭拒比例在1907年新移民法颁布后的两年内几乎没有变化。

然而，1909年，随着威廉·霍华德·塔夫脱当选总统，情况发生了

---

[1] 为了强调埃利斯岛上的移民尚未从法律意义上进入美国这一事实，移民官称将被拒绝的移民送回其祖国的法律手续是除名（debarment）（因为新移民已被挡在了国门之外），而不是驱逐出境（deportation），驱逐出境指的是允许某人入境后再驱逐之。——作者注

实质变化。罗斯福精心挑选了这位俄亥俄州人作为继任者，因为他认为塔夫脱跟他一样具有进步的观点。但事实表明，塔夫脱在移民政策等多个领域比罗斯福更为保守。塔夫脱选择了威廉·威廉斯担任埃利斯岛移民检查站的负责人。威廉斯当年46岁，来自康涅狄格州的新伦敦，拥有耶鲁大学的本科学位和哈佛大学的法律学位。从1902年到1905年，在罗斯福任内，威廉斯担任埃利斯岛移民检查站的负责人近三年，但当罗斯福总统明确表示对威廉斯管理下属的方法不满时，他辞职了。正如罗斯福所言，威廉斯"发现很难与受教育程度和社会地位较低的人相处"。

1909年5月底，威廉斯再次担任站长，他立即宣布埃利斯岛管理当局将不再继续之前对移民的热情欢迎态度。威廉斯对媒体说："我们接收了太多低层次的移民。"他发誓要比前任更严格地执行现有的移民法，清除那些既"缺乏才智"又"缺乏生存能力"的移民，以及缺乏积蓄的人，因为这表明他们不具备在美国取得成功所必需的才智或职业道德。威廉斯说："我们拥有现在的文明，屹立于民族之林，主要归功于跟现在众多移民大不相同的那类人。"他承诺要想尽一切办法将那些"不受欢迎的人"拒之门外。

为实现自己的目标，威廉斯采取了三种方法。首先，他指示检查人员不仅要将那些看起来"可能立即成为政府的救济对象"的移民标记出来，还要将那些可能在未来10年或15年无法养活自己的移民标记出来，并将他们统统除名。其次，他单方面决定重启国会两年前否决的"经济能力测试"，认为任何抵达的成年移民若身上没有25美元（高于到达最终目的地的火车票价），就显然可能会成为政府的救济对象，因此要被除名。最后，威廉斯告诉他的检查人员，即使查不出移民身体上的任何毛病，他们仍可以"体格欠佳"为由拒绝新移民。据此推理，那些又瘦又苍白的移民很难让美国雇主满意，若没有接受过专门的职业培训，他们很可能成为政府救济的对象。这些政策变化导致埃利斯岛的拒签率增加了近150%，在威廉斯上任前，每百名移民除名不到一人，而在他上任后的第一个完整财年里，被除名人数增至每百名移民中近两人。

截至当年 6 月 30 日的 12 个月内，埃利斯岛拒绝移民进入美国的比率									
	1907	1908	1909	1910	1911	1912	1913	1914	1915
移民除名数	6 752	4 643	4 361	14 771	12 917	8 294	10 720	16 588	2 674
申请入境的总人数	1 011 508	590 613	584 978	800 865	799 011	613 445	903 373	894 640	181 090
拒签率	0.67	0.79	0.75	1.84	1.62	1.35	1.19	1.85	1.48

资料来源：移民署署长截至当年 6 月 30 日财年的年度报告，（1907）：49；（1909）：15；（1911）：12；（1912）：66；（1913）：38；（1915）57, 126

威廉斯随心所欲重新解释移民法，而且不无偏见，激起了移民的愤怒。羁留在埃利斯岛看守中心的一名俄罗斯犹太移民给纽约一家意第绪语报纸《前进报》(the Forward) 的编辑写了一封信，称威廉斯的 25 美元规定"毫无道理"，"令人难以接受"。另一个人则直接用蹩脚的英语给威廉斯写信说："你没有意识到自己在做什么。你杀人不用刀。有钱你就是人，一个有头有脑、有双手却没有 25 美元现金的人就不是人？他就该杀吗？……如果你还有点良心，就不会做这种事。"东欧的犹太人对体质欠佳这条规定尤其愤恨，他们觉得这是针对他们制定的，这种感觉并非完全错误。1911 年，犹太律师马克斯·科勒公开指责说，因为这个原因而被禁止入境的犹太人"在不断增加"，因为威廉斯"暗中迫使埃利斯岛的检查人员对法律进行了从未有过的新的曲解"。《前进报》因此称威廉斯为"埃利斯岛的哈曼"[1]。

---

[1] 据《希伯来圣经》中的《以斯帖记》记述，哈曼是一位波斯统治者，他想要杀死所有波斯犹太人的计划被王后以斯帖挫败。

可想而知，很多美国人对威廉斯加强到港移民的审查表示欢迎。奥维尔·维克多是新泽西州人，其祖先是早期的殖民者，在写给威廉斯的信中，他写道："那些肮脏的犹太律师是真正美国人鼻孔里的臭气，他们急于跳出来为自己被拒收的同类'辩护'。应该给你更大的权力，再接再厉，乘胜追击，把那些来自欧洲穷乡僻壤、沼泽水洼、犄角旮旯的肮脏人渣拒之门外。"想必威廉斯看到这些信很感欣慰。在解释除名人数增加的原因时，他对《纽约时报》郑重地说道："我是在执法。为什么我不能执法？这就是我在这里的目的。"

维克多提到的"肮脏的犹太律师"代表的是他们在埃利斯岛的亲戚，这反映了并不只有移民独自面对上诉程序。有些美国人会雇用律师质疑医生的诊断或检查人员对法律的解释，那些已经在美国建立家庭的人尤其如此。在埃利斯岛当翻译时，菲奥雷洛·拉瓜迪亚会在晚上学习法律，从毫无经验开始，他逐渐合法执业，为被拒进入美国的移民辩护，每个案件收费10美元。

然而，大多数移民请不起私人律师，而是由移民援助社团雇用的律师帮助他们上诉，埃利斯岛移民检查站开放后的数年内，移民援助社团迅速增多。就像英国人、苏格兰人、爱尔兰人和德国人成立自己的移民援助组织，在花园城堡帮助南北战争前的移民一样，犹太人、意大利人和其他欧洲团体现在也创建了移民援助组织。第一次世界大战开始时，移民可以得到以下团体的援助：比利时办公室，捷克救济协会，丹麦互助社，希伯来庇护和移民互助社，斯堪的纳维亚移民之家，匈牙利救济会，爱尔兰侨民协会，路德宗侨民之家，路德宗移民协会，荷兰救济会，挪威新教会侨民团和侨民之家，波兰国民联盟，俄罗斯东正教基督移民协会，圣拉斐尔意大利侨民协会，圣拉斐尔保护德国天主教移民协会，圣拉斐尔西班牙侨民协会，斯拉夫移民协会，意大利移民协会（不隶属天主教），西班牙移民之家（也不属于天主教），瑞典路德宗移民之家，瑞士救济会，叙利亚黎巴嫩山救济会。救世军、红十字会和旅行者互助社也帮助过埃利斯岛上的移民。这些团体会帮助新移民寻找丢失的行李、家人、临时住所和工作，确保他们不被火车票代理人欺骗，如果移民不能立即入境美国，还会提供免费的法律咨询。

希伯来人庇护和移民互助社成为埃利斯岛最大和最引人注目的移民援助组织，一般简称 HIAS。一本针对犹太移民的意第绪语指南敦促新来的犹太移民利用 HIAS 提供的服务。HIAS 位于下东城东百老汇大街 229–231 号，全天 24 小时开放。"这里为男人、女人和儿童提供住宿……这里有很好的浴室，客人随时可免费使用。有一名医生和一名护士值班。此间厨房供应优质的犹太洁食。"对于那些不知道犹太同胞可以帮助他们的人，HIAS 的职业介绍所会帮助移民在纽约或纽约以外的地方找到工作。他们提供的所有服务都是免费的。

也许 HIAS 所做的最重要的事是帮助那些因为检查人员宣布其没有资格入境美国而困于埃利斯岛的移民。HIAS 的员工会尽其所能推翻检查站检查人员的不利裁决。在上诉过程中，HIAS 的员工会向移民解释他们应有的权利，帮助羁留者召集证人为其辩护作证，提供律师以便在上诉审裁小组面前为案件辩护，甚至写信给劳工和商务部部长，试图推翻对他们不利的上诉裁决。虽然在埃利斯岛的所有除名中约有一半在上诉时被否决，但由 HIAS 处理的除名有四分之三被撤销。难怪维克多对 HIAS 律师们的工作表示不满。

一旦埃利斯岛的医务官确信移民的健康状况被允许进入美国，他们就可以爬上一段高高的楼梯，来到检查站的登记室，也就是被称为"大厅"的地方。登记室很气派，长 189 英尺，宽 102 英尺，

1908 年，移民们爬上楼梯，前往埃利斯岛的登记室。

拱形天花板高 60 英尺。移民们会在此七绕八拐地穿过铁栏杆，走向移民查验员，而他们就在西北墙边高台上那张令人印象深刻的木桌后等待着他们。由于每天有数千名移民经过这里，为使大厅易于清洁，整个房间都用瓷砖贴面，地板铺的是瓷砖，墙壁和天花板上也镶满了瓷砖。移民排队等候时会闲聊，数百人的说话声在大厅里回荡，很是嘈杂。

  90% 的移民会通过体检，衣服上不会留下任何粉笔记号，有的移民需要额外做一次简短的体检，也会很快被放行，和船上的其他乘客一起进入登记室。如果移民船是从那不勒斯来的，所有的移民可能会被排成单行，由一名讲意大利语的检查员查验，该查验员会对照着客轮提供的乘客名单对移民逐一核对，并记录法律要求的额外信息。对于乘坐来自不同国家船只的乘客，如内华达号载来的安妮·摩尔，则根据当天值班检查人员的语言能力，将他们分成几个队列，意大利人排一行，东欧犹太人排一行，斯堪的纳维亚人排一行，依此类推。如果说意第绪语的查验员先拿到了乘客名单，他们会先查验所有的东欧犹太人，之后才会

在埃利斯岛的登记室，通过了体格检查的移民在这里等候询问和查验。图中每个围栏被设计可容纳 30 名移民，与每页乘客名单上的人数相同。

要求意大利人接受检查。然后，讲意大利语的查验员会收到乘客名单，开始审查意大利人。这一过程不断重复，直到每艘船上的所有移民都接受了审查。一般来说，无论使用多少种语言，来自同一艘船的移民会在登记室的北侧等候，若同时有来自第二艘船的新移民，则把他们安置在南侧。

春末时节，正是移民到达的高峰期，因为有很多人挤在长椅上等待检查，登记室的温度升高了很多。为了给审查人员留下好印象，移民都穿着自己最好的衣服，致使更加闷热。女人穿着精心缝制的连衣裙，男人则穿夹克衫，打领带，甚至坐三等舱的男人也是如此打扮。一位在夏末到达埃利斯岛的爱尔兰移民对此记忆犹新："那天太热了，我穿着长内衣裤和一套厚重的爱尔兰粗花呢套装。……我快要热死了。我从没过过这么热的天。……我只想赶快离开那里。"天气炎热，再加上即将到来的审查而致的紧张，那些等待检查的人开始满身流汗。结果，登记室的气味并不比移民刚刚离开的统舱隔间好闻多少。

当终于听到自己的名字被叫到时，新移民起身走上前去，知道这可能是一生中最重要的讯问，因此手心冒汗，口干舌燥。跟大部分移民一样，路易斯·阿达米克清楚地记得那天的情形，时值1913年元旦前夕：

> 查验员坐在一张置于高台上的大桌子后面，官气十足，很像那些故国的官僚。在他上方的墙上挂着一幅乔治·华盛顿的画像，画像下面挂着一面美国国旗。这位官员说的斯拉夫语有多种方言，让人无所适从。他说话声音严厉，阴沉着脸。我很难理解他提出的一些问题。离查验员的桌子不远处有一张堆满纸的小桌，一位办事员在小桌旁大声叫着我们的名字，这些名字好像是写在他面前的那些长长的纸上。轮到我时已是黄昏，他们问了我一些平常的问题。我是何时何地出生的？我的国籍在哪？宗教信仰呢？我是婚生子女吗？我父母的名字是什么？

我是弱智吗？我是妓女吗？……我有前科吗？犯过罪吗？我为什么要来美国？问及我的财务状况时，我拿出了所需的25美元。我希望在美国做什么？我回答说希望找到一份工作。什么样的工作？我不知道，任何工作都行。

移民在埃利斯岛登记室回答查验员提出的问题。1911年，登记室的铁围栏被拆除，取而代之的是一排排长木椅。

跟大多数移民一样，阿达米克可能也接受过辅导，知道如何回答最后一个问题。很多新移民刚到的时候是有工作等着他们的，但照实说反倒会成为被除名的理由。因此，移民们学乖了，只简单地说他们打算找一份工作，但在到达之前，既没有找到工作，也没有获得过任何工作机会。这样说似乎有违常理，如此一来，他们成为接受政府救济者的风险岂不大增？但每天都有四五个移民因答错这个问题而被禁止入境，尽管他们说的都是实话。

从1917年开始，登记室的测试又增加了一项内容：识字测试。自19世纪90年代以来，众议员一直在推动禁止不识字的移民入境。佛蒙特州参议员威廉·迪林厄姆是这项测试最积极的倡导者之一，用他的话说，识字测试的目的是为了减少"来自南欧和东欧的移民对美国制度的威胁"。1897 年，格罗弗·克利夫兰总统在其任职的最后几天否决了一项包含这种识字测试的法案。塔夫脱总统在 1913 年也否决了一个相关法案。威尔逊总统在 1915 年和 1917 年做了同样的事，但在 1917 年国会推翻了他的否决，使识字测试正式成为法律。新法规要求 16 岁以上的男性移民能够阅读包含 40 个单词的一段文章，可用他选择的任何语言或方言。对于女性移民，只有在她们没有美国接纳的男性家庭成员陪同旅行，或她们不是美国接纳的男性的家庭成员时，才会对她们进行识字测试。55 岁以上与家人团聚的男性不必参加识字测试，能够证明自己正在逃避宗教迫害的人也免于识字测试。

识字能力测试的效果如何很难衡量。在实施之前，在被问及识不识字时，每年有 20 多万移民承认自己是文盲，一旦该法生效，每年只有不到 2 000 人因为此项不合格而被埃利斯岛拒之门外。对于该法的反对者来说，事实表明移民并不像主张限制的人说的那么无知。但是，支持把识字测试作为限制手段的人声称文盲不再想方设法移民，或者在登上开往美国的轮船之前就被轮船公司拒绝了。

埃利斯岛被赫伯特·乔治·威尔斯贴切地称为"美国之门"[1]，登记室里的移民查验员就是守门的卫士，他们手中握有很大的权力，足以控制每个移民的命运。有些新移民即使只有 22 美元，而不是要求的 25 美元，移民官也会让他们通过；或者根本不要求移民出示钱币；或者在移民由于紧张或不知道如何回答而说出一个可能会让他们被拒之门外的答案时，这些移民官会建议移民重新考虑一下答案。几十年后，当这些移

---

[1] 美国之门（the gate of America），语出赫伯特·乔治·威尔斯的《The Future in America - A Search After Realities》。威尔斯为英国著名小说家，他创作的科幻小说对该领域影响深远，被誉为科幻小说界的莎士比亚。

民回忆起当时的移民查验员时，心中不无感激。

查验员不可能做的一件事就是更改移民的姓氏，然而，数十年里移民一直在向后代讲述相反的家庭故事。成千上万的美国人认为他们的姓氏与祖先在移民乘客名单上登记的姓氏不同，乃是因为埃利斯岛的检查人员更改了他们的姓氏。绝对没有证据表明在登记室或埃利斯岛的其他地方发生过更改姓氏的事，但这种误解很普遍，若要解释的话，存在以下几个方面的原因。为了融入美国社会，有些移民选择了更美国味的姓氏，只是不好意思向自己的子孙承认，于是编造出埃利斯岛强制更改姓氏的故事，以隐瞒事实。另一些人在抵达移民检查站时不会说英语，他们在乘客名单上登记的名字本来就存在音译或拼错的可能，移民官念名字时在发音上还会出现很大的偏差，他们就把这种错误的读音误当成他们到了美国之后的新名字。还有一些人可能认为别在他们衣服上的身份标签是一份官方移民文件，包含了他们到美国后的新名字，但他们有所不知的是，上面写的姓氏往往是拼错的。事实上，移民离开埃利斯岛时不会收到任何官方文件。只有中国移民必须持有合法进入美国的证明。而新获准入境的移民可以自由地使用他们想用的任何姓和名。

查验员不可能更改移民的姓名，一个重要的原因是他们没有时间。平均而言，查验每个家庭的时间只有一分钟。他们要按照要求询问很多问题，根本没有机会为移民指派新的名字。事实上，在排了几个小时的队之后，登记室的查验往往结束得非常快，以至于当检查员让移民通过时，移民几乎都感受不到这个值得庆祝的时刻。一切都显得那么虎头蛇尾。

移民走过登记室的桌子后，会面对一段由两道扶手分成了三个通道的楼梯，这段楼梯通往大楼的一楼。这便是著名的"分道之梯"。最右侧通向铁路候车室，从纽约乘坐火车继续前行的移民会在这里遇到铁路员工，铁路员工引导他们登上渡轮，驶向新泽西州的火车站（火车通常开往最初的南部和西部），或驶向纽约的火车站（开往新英格兰）。那些可以自由离开检查站,并留在纽约市的移民走最左侧的楼梯,渡轮会把他们送到位于曼哈顿南端巴特里公园东侧的巴奇办公楼。中间的楼梯通向候车室。除非有成年男子陪同,不换乘火车的已婚妇女和儿童不得离开埃利斯岛。这些移民要在羁留区等待家人或朋友来接。

乘船来美国或者在埃利斯岛接受查验全程紧张,而在羁留室等待家人来接同样令人不安。妻子们忧心忡忡,多年来,自己丈夫的身边不乏时髦的美国女郎,见了面之后还会觉得自己有吸引力吗?实际上,红十字会专门把美国衣服分发给新来的女性移民,目的就是让丈夫在认领自己的妻子时不至于感到失望。孩子们则担心自己会认不出多年未曾谋面的父母。1907年,玛丽·贾斯特罗跟随母亲一起来到埃利斯岛,当时她还是个孩子。她记得在等待父亲到来时,"脑海中想象过无数种悲惨的可能。'爸爸在哪里?''出什么意外了吗?''他忘了我们要来吗?''他到底来不来?'这些想象让我们倍感煎熬。妈妈的眼里噙满泪水,我则没来由地恐慌。'我爸爸在哪儿?我爸爸在哪儿?'"当亲人终于到来时,团聚往往是尴尬多于欢乐。当年幼的孩子被早已不记得的父亲拥抱时,他们害怕得哭了起来。妻子则凝视着自己的丈夫,不知道为什么他看起来如此苍老和疲倦。但大多数情况下,尴尬最终会消失不见,精疲力竭但终于松了一口气的移民们登上渡轮,再航行一英里,穿过港口,就到纽约了。

当前往纽约的移民在曼哈顿下城登陆时,各种新奇的景象、声音和气味扑面而来,让他们目瞪口呆,心中百味杂陈,但又不知道说什么好。一位意大利移民回忆起他对纽约的最初印象:"一开始我简直不敢相信自己的眼睛,它是如此美妙。"1923年,俄罗斯移民莫里斯·夏皮罗告诉记者他初来乍到时的感受:"高架火车从头顶飞过,有轨电车在我脚下叮叮当当地前行,成千上万辆出租车东奔西跑,出现在各个角落,无数人步履匆匆,日复一日地穿行在一片嘈杂之中,看到这些,我感觉眼花缭乱。对我来说,这座城市显然人群熙攘,过度拥挤,庞大而喧嚣，但这里的人们却充满着强烈的生存欲望。"即使在夜晚，这座城市仍旧灯火辉煌，这对来自农村的移民来说不啻是一个令人惊叹的现象。噪声震耳欲聋。人群大步流星地赶路。空气味道很难闻。天空在哪里？星星在哪里？1910年来到纽约的一位德国移民回忆说："简直让人受不了。"

但是，几个小时或几天后，他们逐渐理解了自己所经历的这种巨大冲击。移民最终意识到，经过多年的计划、存钱、说服、组织和安排，经过数周或数月的长途旅行，或步行或坐马车，或乘火车和轮船，他们长久以来的梦想终于变成了现实："我到美国了！"

第十六章
下东城

直到生命的最后一天，这座城市的东欧犹太移民都认为在下东城生活的那段岁月是他们适应美国最重要的几年。不管男人还是女人，男孩还是女孩，几乎所有的人至少曾在自己家、邻居家的廉租公寓楼或血汗工厂里加工过服装。他们可以几个月甚至几年不用讲一句英语。

20世纪20年代初，记者康拉德·贝尔科维奇在《哈珀斯月刊》上发表了一系列关于纽约移民"居住区"的文章。其中一篇描绘了小而知名的黎巴嫩人和叙利亚人聚居地，它们分别位于华盛顿街和后来世界贸易中心所在地以南的格林尼治街（Greenwich）。另一篇文章带领读者浏览了圣马可坊街附近的几个街区，尽管他们之间存在着古老的世仇，但塞尔维亚人、克罗地亚人、黑山人和保加利亚人都集中在那里。贝尔科维奇确定这座城市有24个种族聚居地，分别属于非洲人（指来自加勒比海地区的非裔美国人）、亚美尼亚人、保加利亚人、中国人、克罗地亚人、捷克人、法国人、德国人、"吉卜赛人"、希腊人、匈牙利人、意大利人、犹太人、马其顿人、黑山人、波兰人、罗马尼亚人、俄罗斯人、斯堪的纳维亚人、苏格兰人、塞尔维亚人、斯洛伐克人、斯洛文尼亚人和西班牙人。贝尔科维奇是来自罗马尼亚的移民，在定居纽约之前，他曾在巴黎和蒙特利尔生活过，他发现纽约多种族混居的状况令人陶醉。他总结说，纽约"不是一座城市，而是一个世界"。

显然，这些人分散在城市各处居住是有道理的。正如贝尔科维奇在1924年指出的那样：

若把欧洲地图叠加在纽约地图上，可以证明这座城市中不

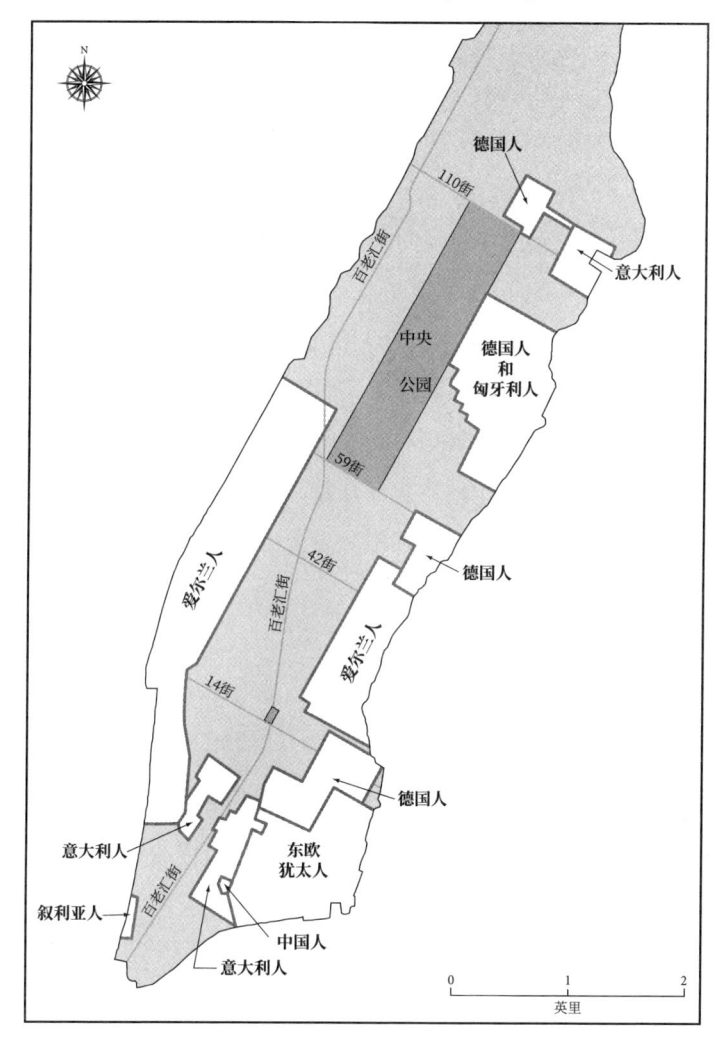

曼哈顿移民的部分聚居地，1900年

同国家聚居地的毗邻关系与在欧洲时相似：西班牙人邻近法国人，法国人邻近德国人，德国人邻近奥地利人，俄罗斯人和匈牙利人邻近罗马尼亚人，希腊人则邻近意大利人。西欧人住西城，东欧人住东城；北方人住在城北，南方人住在城南。在大西洋彼端本就靠近大海或河流居住的人会尽可能住在靠近大海或河流的地方。

这些观察都是准确的。

其中一些种族居住区很小。有几处根本不是真正的聚居地，而是聚集了少量外国的零售商。事实上，20世纪初，当纽约人想起他们的移民"居住区"时，脑海中浮现的主要是三个地方：犹太人居住的下东城、以桑树街为中心的小意大利，以及唐人街。然而，到第一次世界大战前夕，纽约吸纳了很多东欧犹太人和意大利人，以至于在该市其他地方也发展出了多个意大利人和犹太人的聚居地。首先是在哈莱姆、布鲁克林和布朗克斯，后来是皇后区。虽然意大利或犹太移民最终会来到亚瑟大道或大广场街上的本森赫斯特（Bensonhurst）或布朗斯维尔（Brownsville）住宅区，但他们通常是在曼哈顿下城最初的移民社区开始美国的新生活。

纽约人所称的下东城北至14街，东和南至伊斯特河，西至包厘街、四大道和市场街（Market），与纽约人在内战时期所称的小德国为同一个区域。东欧犹太人选择在那里定居，部分原因在于已经有德国犹太人在此居住，部分原因在于意第绪语，因为这种语言结合了希伯来语、德语、俄语和其他语言的词汇，作为意第绪语的使用者，新移民认为他们最好与纽约说德语的居民交流。

小德国有容纳这些犹太新移民的空间，因为在1880年，德国移民已经开始搬往住宅条件更好的上城，特别是二大道以东的50街至59街，以及中央公园和伊斯特河之间的72街至96街。"下东城"一词最早可见于1880年5月犹太周报《犹太信使报》（*The Jewish Messenger*），目的是描述德国人搬出该区域后腾出的空间。1888年，《纽约时报》也开始使用这个词，只是次数不多。直到19世纪末，纽约人才正式称这一区域为"下东城"。

到那时，纽约居民已经有了多年与移民聚居区共处的经验。在五点区，有时超过 90% 的成人是在国外出生的，而小德国也给本土纽约人一种异国情调和完全陌生的印象，它的名字总是比其字面意思更加多元化。但与 19 世纪 90 年代和 20 世纪初的下东城相比，这些社区似乎完全是美国化的。1892 年，《纽约先驱报》报道说，它"就像中非一样不为人知，它本身就是一个世界……它是世界上最具异国情调的街区之一"。大约在同一时间，丹麦移民雅各布·里斯（Jacob Riis）在走过包厘街东侧时，对自己的发现直言不讳："毫无疑问，我们是在犹太城。"

下东城有 250 多个街区，实在是太大了，以至于不能称之为一个聚居区，实际上它是一个挨着一个的聚居区。当时有人认为，下东城的犹太人之所以选择这片区域定居，乃是基于他们的欧洲血统。"不同的群体形成了独立的聚居区，它们的边界很容易区分，"移民出身的社会工作者戴维·布劳斯坦写道，"匈牙利人占了 B 大道和伊斯特河之间的地段，几乎将其他犹太人都排挤了出去；波兰南部的加利西亚人在萨福克街（Suffolk）以东；罗马尼亚人在休斯顿街、萨福克街、格兰街和包厘街围起来的区域，格兰街以南一直到门罗街则是俄罗斯人的地盘。"自那时起，学者们就一直这样说。

然而，纽约的犹太人并没有如此统一地组织起来。纽约的罗马尼亚犹太人只够在几个街区占多数，而不是布劳斯坦记述的 35 个街区。匈牙利人的确聚居在下东城的东北部，1900 年以前，这片区域位于布隆街以北和律师街（Attorney）以东，但他们在每个街区的居民中仅占大约一半，这还包括了来自奥匈帝国控制地区的波兰犹太人。相比之下，布劳斯坦关于俄罗斯出生的犹太人占据了下东城最南端人口的绝大多数的说法是准确的。靠河的老七区，帝法信街以南，东百老汇街、樱桃街、门罗街、麦迪臣街和亨利街（Henry）的大部分，以及向南延伸到河边的道路，如派克街（Pike）、罗格斯街（Rutgers）、杰斐逊街（Jefferson）、克林顿街（Clinton）、蒙哥马利街（Montgomery）、高云尼街（Gouverneur）、斯卡梅尔街（Scammel）和杰克逊街（Jackson），它们几乎全是俄罗斯犹太人的居住地。他们还占了格兰街以南位于包厘街和诺福克街（Norfolk）之间的第十区人口的四分之三。即便如此，实际上，住在下东城其余地区的俄罗斯犹太人仍比布劳斯坦所说的"居住区"里的人多。大部分下东城区混住着来自东欧各地的不同的犹太人。

不管来自平斯克还是明斯克，普沃茨克还是波洛茨克，下东城的犹太人都有一个特征：他们的社区里有很多妇女和儿童，这使他们有别于几乎所有同时抵达纽约的"新"移民群体。1920年，在外国出生的纽约犹太人中，48%是女性。相比之下，斯拉夫移民中女性占41%，意大利移民中女性占35%，希腊移民中女性仅占21%。儿童方面反差更大。在这一时期，14岁以下的儿童占犹太移民的四分之一，其他移民中的儿童占九分之一。

犹太人移民都是举家迁移。结果，下东城变得异常拥挤。"东城给人最大的感觉是它惊人的人口密度。"1912年，一位英国游客写道，"似乎每扇门前都有人站着，每扇窗都有人冒出头来。"与这些拥挤的廉租公寓楼相比，"拥挤的……上城大街……简直就是无人居住的沙漠！"亚伯拉罕·卡恩发现下东城人口密集，日常生活成了一场名副其实的"呼吸之战……它是地球上人口最密集的地区之一，这是一个沸腾的人海，是由欧洲讲意第绪语人群形成的一条条小溪汇集而来"。

在1895年，也就是下东城人口达到高峰前15年，位于克林顿街和哥伦比亚街之间的休斯顿街以南的区域，每英亩的居民已经达到了800多，使之成为地球上人口最密集的地区之一。而其西南区域西至包厘街，北至里文顿街，东至诺福克街，南至帝法信街，每英亩有626个居民，1905年增至728个。但下东城包含了一些专门用于商业活动的地块，无人居住，因此，实际上居住街区的人口密度要高得多。1900年，下东城每英亩容纳750人以上的街区有100多个，近50个街区每英亩容纳900人以上。最拥挤的地段是加萨林街和杰克逊街之间的亨利街到

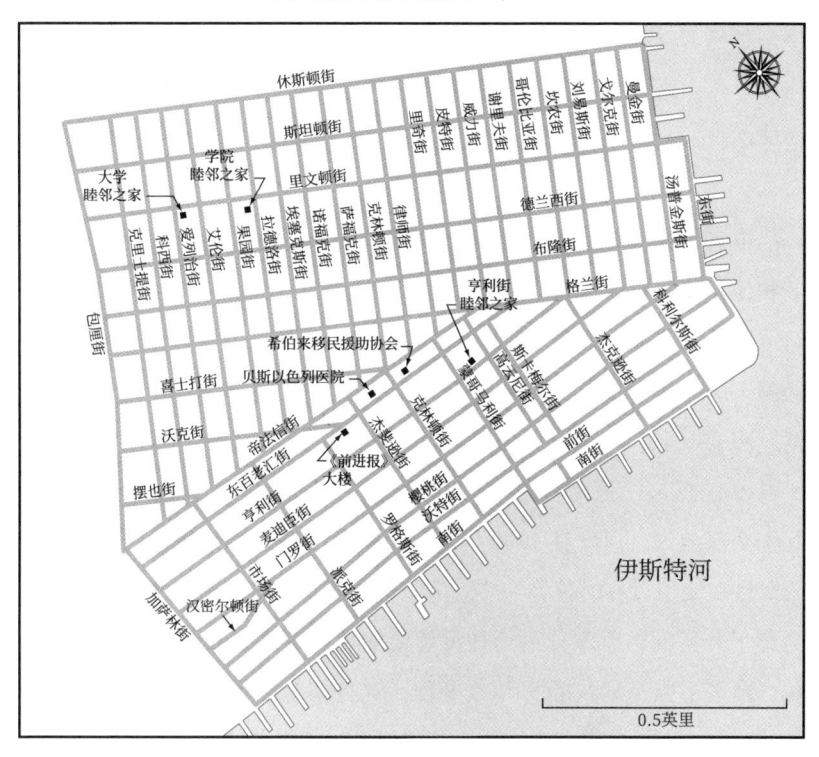

下东城的中部和南部，1910 年

樱桃街，大约有 20 个方形街区，主要是俄罗斯犹太人居住；德兰西街和休斯顿街之间的包厘街到伊斯特河，大约有 60 个方形街区，混住着东欧犹太人。在这两个地段的 30 个街区中，每英亩居民超过了 1 000 人。截至 1900 年，这些地段中人口最密集的街区以德兰西街、戈尔克街、里文顿街和曼金街为界，每英亩居住 1 756 人。

并非每个街区都如此拥挤。1910 年，整个下东城的人口密度约为每英亩 625 人。即便如此，也意味着在 1900 年，下东城的居民比怀俄明州、内华达州、亚利桑那州和新墨西哥州的居民总数还要多，而这四个州的面积加起来有 44.4 万平方英里，下东城的面积则只有区区 1.35 平方英里。如今，纽约最拥挤的社区之一是曼哈顿的上东城，现在看来，1910 年下东城的人口密度是上东城的 3 倍多，而当时的廉租公寓楼多数是五层楼，与今天的住宅塔楼相比，其高度只是其短短的一截。当今世界，达卡、内罗毕和孟买拥有极度拥挤的居民区，但它们的人口密度都赶不上第一次世界大战前 10 年下东城最拥挤的社区。

与 19 世纪 50 年代和 60 年代该区德国和爱尔兰移民称之为家的住宅相比，移民们后来居住的廉租公寓楼在主要结构上并不相同。早期，纽约移民住的廉租公寓楼主要有两种类型，一种是由独户住宅改建成的两到三层的木制楼，另一种是四到五层的砖砌楼，这种楼通常 25 英尺宽，50 英尺长，每层有四个两室的公寓。

19 世纪末，意大利人和东欧犹太人大量涌入时，木制廉租公寓楼几乎全部消失。尽管在 1900 年，这座城市仍有几千个战前的砖砌廉租公寓楼在使用（有时被称为"营房"），但现在有两种新的廉租公寓设计受到了开发商的青睐。第一种设计增加了营房式廉租公寓楼的占地面积，覆盖了整个地块的 80% 或 90%。这些建筑给纽约人留下了房东贪婪的印象，因为公寓包含了比以往任何设计都要多的无窗黑暗房间。

过度拥挤和缺乏通风使得营房式廉租公寓楼里的生活变得很惨。1894 年，普利策聘请调查记者内莉·布莱在下东城一套类似的廉租公寓里过了一个周末。这栋建筑位于 B 大道和 C 大道之间的东二街 223 号，布莱发现这里的情况与 40 年前记者在五点区记录的几乎相同，危险、漆黑的门厅和楼梯井，难以忍受的噪声、"恶臭"和闷热。"哦，什么臭味！"打开三楼公寓的门时，布莱大声说道，"在我看来，不止上百万种气味冲出来，就像是看不见的双臂有力地拥抱我。"很大一部分恶臭来自住户自己。下东城居民一年只洗几次澡，因为只有 8% 的人有浴缸。布莱还发现，她所在的街区住着 3 500 人，从早到晚，"街上不断传来嗡嗡声"。除了这些噪声，还有婴儿的哭闹声，楼梯间人来人往的声音，以及她所在大楼里的其他响亮的声音，使得布莱一次睡不了几分钟。

新移民经常在下东城搬来搬去，每年都想找一套稍微好一点的，或者租金稍微便宜一点的公寓。比如我的高曾外祖父伊西多尔·芒斯塔克，在他出现在纽约市名录的头 8 年里，他最早住过喜士打街 103 号的营房式廉租公寓楼，然后是德兰西街 115 号、果园街 25 号、东百老汇街 144 号、格兰街 407 号、克林顿街 165 号和格兰街 385 号的营房式廉租公寓楼。

虽然营房式廉租公寓楼可能是纽约最糟糕的住宅之一，但在 1900 年的曼哈顿，这样的公寓最多时有几百套。到目前为止，内战后建造的最常见的新廉租公寓类型是"哑铃公寓"，通常被称为"双层公交车"。它是为了回应人们对营房式建筑内部缺少光线和新鲜空气的抱怨而建的。1878 年 12 月，建筑行业杂志《水管工与卫生技师》(*The Plumber and Sanitary Engineer*) 宣布，对廉租公寓楼的最佳新设计给予 500 美元的奖励。该公寓将建在一块 25 英尺 ×100 英尺的地块上，每个房间都需获得新鲜空气和光线。该杂志收到了 200 多份参赛作品，并专门为此次竞赛举办了一次展览，将其全部展出。该杂志的评审团最终选择了建筑师詹姆斯·韦尔的"哑铃"设计为获奖作品。

韦尔的获奖作品要求建筑与前后场地一样宽，但中间较窄，有点像举重运动员的哑铃。廉租公寓的狭窄部分从房产分界线缩进 18 英寸到 3 英尺，开设几扇窗户，可以通过通风井让光线和空气进入室内房间。然而，如果隔壁是营房式廉租公寓，这些通风井的窗户就会面对着隔壁建筑的坚实砖墙。新闻界给这些建筑起了个绰号叫"双层公交车"，因为其平面图看起来就像一栋房子叠在另一栋房子上。

观察者认为哑铃式设计只是一个适度的改进。谈到韦尔和其他亚军的方案时，《纽约时报》感叹道："我们简直不敢相信，如果奖金计划是为了寻找最佳方案，那么他们只是证明了问题是无法解决的……如果我们用这三种得奖的设计方案中的任何一种再建造一个拥挤的住宅区，那我们目前的廉租公寓楼租赁方式的弊端就会增加十倍。"尽管如

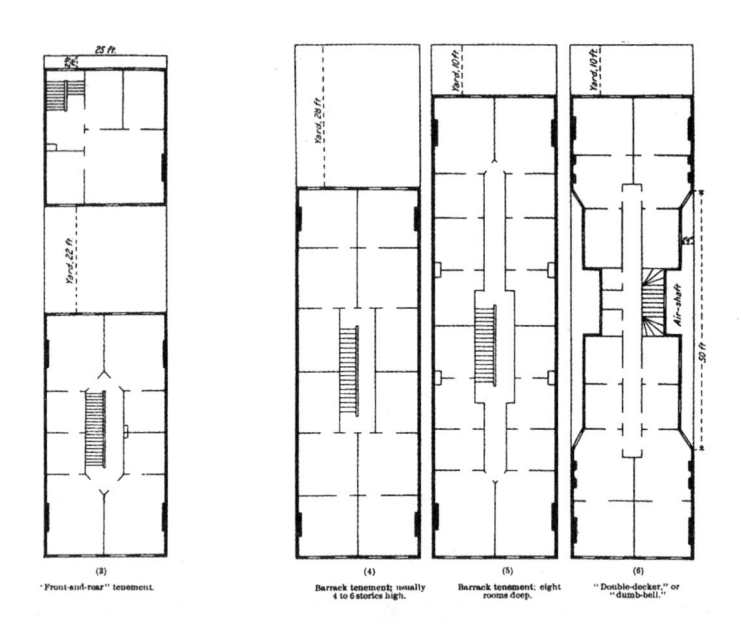

纽约廉租公寓楼的演变：最左边是典型的 25 英尺 × 50 英尺的砖砌廉租公寓楼，以及 25 英尺 × 25 英尺的后楼。这些都是在内战前建造的典型的廉租公寓楼。中间两套是"营房式"，每套公寓有三到四室，但房间内部非常暗。最右边是"哑铃式"或"双层公交车式"，楼前面是四室公寓，后面是三室公寓。大多数哑铃式公寓前后楼都是三室公寓，以便为后院的厕所和消防栓留出更多的空间。

此，在 19 世纪的最后 20 年里，韦尔的平面图成了曼哈顿廉租公寓的标准设计。成千上万的此类公寓遍布整个城市，它们是"监狱一样的砖构建筑，门窗狭窄，通道狭窄，楼梯陡峭而且摇摇欲坠"。正如某国会委员会在 1901 年指出的那样，纽约的"希伯来人居住区"（即下东城）是"双层公交车式住宅"的主要聚集地。

有人可能会认为，双层公交车式楼里的三室公寓空间较大，比下东城仅存的两室营房式公寓可容纳更多的移民，但情况并非总是如此。相对富裕的移民往往能够负担得起更大的空间，租更大的公寓，即使他们家人口并不是很多。因此，面积最小、最便宜的最古老公寓楼往往住着最多的居民。据记者雅各布·里斯报道，曾经在埃塞克斯街（Essex Street）发现了一套两居室的公寓，里面住着 20 个人：父母及其 12 个孩子，还有 6 个寄膳宿者。

有些哑铃式廉租公寓非常拥挤。1900 年，我父亲的外祖父，名叫门德尔·丹迪申斯基，是一个床垫填充工，1896 年抵达美国后，他将自己的名字"美国化"，改叫马克斯·丹德沙恩，他就住在东 6 街 538 号一套狭窄的哑铃式廉租公寓里，楼为六层，算是高楼，他的妻子是莉芭，昵称莉齐，除他的妻子外，与他同住的还有三个孩子（他们的孩子最终有四个以上）、莉芭的妹妹维多利亚、马克斯的弟弟弗罗伊姆，以及一个寄膳宿者。他们八个人合住一套公寓，这公寓比我现在住的房子里的家庭活动室还小。

正如《纽约时报》预测的那样，哑铃式廉租公寓并没有缓解它旨在解决的任何问题。一位住在廉租公寓楼里的居民哀叹道："最大的弊端就是缺少阳光和空气。"哑铃式建筑的后屋可能会比营房式建筑接收到更多的光线，但她抱怨"通风井太窄了"，通常只有 18 英寸宽，对顶层以下居民的好处几乎可以忽略不计。

事实上，通风井反而加剧了长期困扰廉租公寓居民的两个问题：噪声和恶臭。这些竖井就像回音室一样，放大了婴儿的尖叫、孩子的喧闹和大人吵架的声音。在营房式廉租公寓里，居民可以听到自己楼上、楼下和旁边公寓传来的噪声。但随着通风井的出现，半数公寓的声音会被传送到其他套房里，响亮而且清晰；若通风井是相邻共用的，隔壁半个公寓的声音还会传送过来。"噪声让我很难受，"一位纽约廉租公寓居民感叹道，"它顺着通风井传

在雅各布·里斯拍摄的照片中，哑铃式廉租公寓的通风井给人一种狭窄的感觉。

下来，有时让我无法入睡。"通风井传来的喧闹声加之街上昼夜不停的喧闹声，迫使公寓内的人为了让对方听清自己说话而不得不大喊大叫。正如一位下东城居民所言："对我们来说，高门大嗓已经成习惯了。"这导致噪声的分贝进一步提高，让住在廉租公寓里的人生活得更加痛苦。

通风井还加剧了经常弥漫在下东城廉租公寓区的"恶臭"。一位住在五层楼底层的妇女报告说，她楼上的邻居经常"往通风井里扔垃圾、脏纸、鸡内脏和其他难以启齿的污物"。"难以启齿的污物"指便壶或婴儿的脏尿布等东西，有些房客将它们扔出窗户，而不是堆在自己的公寓里。"因为垃圾被扔到通风井，"另一位住在福赛斯街95号的租户亨利·莫斯科维茨作证，"臭气熏天，空气污浊，住户们都不敢用窗户通风透气。"由于既传噪声，又传臭味，廉租公寓的居民几乎总是把面向通风井的窗户关得严严实实。

因此，哑铃式廉租公寓在夏天仍像旧营房式建筑一样酷热难当。巨大的砖砌建筑吸收了夏日阳光的热量，每栋公寓都住着100多位汗流浃背、头昏脑涨的居民。慈善工作者发现，相比几个街区外的中产阶级住宅，下东城和小意大利这样的"廉租公寓楼"要"热上十倍"。这就可以解释为什么移民社区的大街上日夜挤满了人，因为他们都在想方设法尽可能少待在炎热的公寓里。就像内战时的做法一样，到了夏季，成千上万的移民会在屋顶上或太平梯上过夜。为了让尽可能多的家庭成员登上太平梯，有些头脑灵活的居民用铁钉将木板固定在他们廉租公寓楼的外墙上，制成室外双层床。据《论坛报》报道，这种设计模仿了其他区的做法，"从上布朗克斯一直到靠近炮台的亚美尼亚社区"。

20世纪初，市政府官员开始允许纽约人在炎热紧急情况下睡在公园里。1915年的一个周六晚上，两万名城市居民宁愿睡在科尼艾兰（Coney Island）的海滩上，也不愿在闷热的公寓里再熬一晚。尽管如此，热浪袭来时，仍有很多住廉租公寓楼的人会因中暑和脱水而死，病人和老人尤其如此。1901年7月，气温达到98华氏度，87名纽约人死亡。两年后，气温达到 95 华氏度，两天内有 44 个纽约人死亡。由于人口密度更高，每个街区的砖砌廉租公寓更多，20 世纪初死于高温的现象比内战时更普遍。

哑铃式廉租公寓楼还比营房式的更容易发生致命火灾。报纸报道火灾的频次非常惊人，"大火从大楼的地下室开始，迅速蔓延到通风井"。这个案例描述的是发生在 1903 年的一场罕见的致命火灾，造成 18 个公寓住户死亡。对发生在 1891 年的另一场火灾的报道是这样描述的："通风井再次发挥了导引作用。"南北战争前，致命的廉租公寓火灾相对罕见，而到了 1900 年，每周都有发生。媒体对这些火灾的报道常常令人心碎，比如 1893 年发生在果园街 137 号的那场火灾，22 岁的锡匠莫里斯·科恩、其 20 岁的妻子索菲娅和他们三个月大的女儿埃丝特丧生。被发现时，索菲亚躺在她五楼的公寓里，因吸入浓烟致死，她死去的孩子"紧紧地贴在她的心脏处"。

有时，通风井实际上为廉租公寓住户提供了一种火灾逃生的方法。如果火焰局限在大楼内部，"双层公交车公寓"的居民可以爬出开向通风井的窗户，进入隔壁公寓以求安全。邻居的窗户近在咫尺似乎是一种幸事而非祸害，这种情况真是罕见。

尽管存在这个优势，纽约州议会的廉租公寓楼管理委员会还是称"'双层公交车'是一种令人绝望的廉租公寓楼建设形式"，因为它"通风不好，光线不足，万一发生火灾，它是不安全的"。移民们由衷地表示同意。1900 年，当州廉租公寓楼管理委员会的一位成员问一位女士她希望看到公寓楼发生怎样的变化时，她"毫不犹豫地大声说：'不要通风井！'"。

1901 年，纽约州议会禁止建造新的哑铃式廉租公寓，要求住宅楼缩小占地面积，并制定了缩进规则，要求增大外窗与相邻建筑之间的空隙。但是，按照这些新的规定，在曼哈顿流行的 25 英尺 ×100 英尺地块上建造的大楼所能容纳的家庭要比现有的廉租公寓楼少得多，房东们选择保留那些利润丰厚的旧公寓楼，而不是拆掉重盖。因此，新法对下东城的影响微乎其微，以至于到了1916年，也就是新法生效的15年后，92%的社区廉租公寓要么还是哑铃式建筑，要么是更加拥挤和破旧的营房式建筑。事实上，那一年下东城的营房式廉租公寓楼和哑铃式廉租公寓楼之比仍然是3∶1。今天，这些廉租公寓楼几乎都还存在且有人居住，只是人数少了。

爱尔兰和意大利男人每周有六天会离开他们的廉租公寓楼去上班，但成千上万的犹太人则受雇于聚居地的廉租公寓楼，致使下东城空前拥挤。1890年，里斯写道："希伯来区的住所同时也是作坊。当你走过东城任何一条街上的某个街区之前，听到上千台缝纫机的嗡嗡声，就会完全意识到这一点。从黎明开始，他们就在高压下干活，直至身心俱疲。"

这一点也不夸张。就像爱尔兰移民开始会从事散工和家佣服务一样，纽约的犹太移民涌入了服装业。《纽约先驱报》写道："在这些街道上，最熟悉的声音是缝纫机的咔嗒声；最熟悉的景象是男人、女人和孩子背着或扛着装满半成品衣服的巨大包裹蹒跚前行。"里斯指出，由于这项工作经常在家里完成，"从年龄最小的到最大的，家里的每个成员都会出力，在漫长的一天里，（他们把自己）关在闷热的房间里，还要在那里做饭、洗衣服和晾衣服。在一个小单间里，经常可以看到十几个男人、女人和孩子在工作"。到1900年，纽约服装业90%的工作是犹太人在做。

有几个方面的因素促成了犹太人在该行业的主导地位。在栅栏区时，犹太人的生活受到限制，他们不得不放弃耕作，迁入俄罗斯和波兰的大城镇和城市，从事裁缝等城市所需的行业。然后，当第一批东欧犹太人在19世纪末抵达纽约时，他们发现已经住在下东城的德国犹太人掌控了此地的服装业，而且比其他纽约人更愿意雇用他们。他们也喜欢和其他犹太人一起工作。"即使是新手，在裁缝店里也会有宾至如归的感觉，"回想他在纽约的第一天时，一位移民写道，"我对这份工作更有信心了，这里的人把我当人看。"最后，新移民之所以心仪这份工作，还有另外一个原因，那就是该行业的雇主普遍是犹太人，比其他人更有可能允许员工在周日工作，以便周六过犹太教的安息日。

不过，如果因此认为大多数犹太移民来到纽约时都有以制作服装为生的经验，那就错了。事实上只有三分之一的纽约犹太移民能找到跟其在栅栏区从事的相同的职业。例如，阿龙·多姆尼茨曾是明斯克附近的犹太小镇斯卢茨克的老师。多年后，他在一份自我传略中回忆道："我的计划是学一门手艺，打工，并且独立。"他设法成为水管工学徒，但没有一个犹太同胞或亲戚愿意培训他，"这个行业对想要进入的外人完全关闭了"。他尝试去大型金属工厂做工，"只要不是裁缝"就行，但那些工作要么太难，要么太无聊，而且工资太低。他后来回忆道：最终，"我厌倦了不断换工作和找工作。我觉得需要有一份稳定的工作，有一份或多或少有保障的收入。"他的亲戚朋友告诉他，"现在应该安顿下来，做其他人在做的事，做裁缝。于是我成了一名裁缝。"

面对这些意想不到的障碍，很多新到的移民感到沮丧，想知道为什么他们远离了熟悉和舒适的一切，来到了一个如此不同、如此困难、如此昂贵的陌生世界。莫里斯·拉斐尔·科恩无法相信美国人所要求的"紧张和急忙"与明斯克"悠闲"的工作和生活节奏之间的鲜明对比。马库斯·拉维奇回忆道："随着时间一天天过去，我变得越来越不知所措。"在最初充满疑虑的几个星期里，新移民几乎想念他们舍弃的一切。一位移民写道："我不仅非常渴望已经失去的犹太世界，也渴望俄罗斯。"他们放弃了俄罗斯的新鲜空气，换来的却是"高大廉租公寓楼的灰色砖石世界，即使在最宜人的春日，也见不到一片草叶……"太阳灰蒙蒙的，令人压抑；男男女女簇拥在手推车的周围；廉租公寓楼的灰墙看起来都很凄凉。有些人非常绝望，于是写信回国，警告家乡的其他人不要犯同样的错误。一位新移民在波兰的一家意第绪语报纸上写道:"看在上帝的分上,别来这里。"美国人只关心"钱,钱,还是钱"。在给一家俄罗斯报纸的信中,亚伯拉罕·卡恩表达了类似的观点。"诅咒你,移民。"他喊道,"你摧毁了多少人的生活,像抹灰一样抹掉了多少勇敢和强大的人!"但大多数移民都设法克服了这种沮丧情绪。"我向自己保证,我永远不要再见到华沙,"在纽约最初几个月令人沮丧的日子里,一位波兰犹太人提醒自己,"我将信守诺言。"

不管我的曾祖父弗罗伊姆·莱布·安宾德是否曾与这种疑虑作斗争,他一定发现就业选择的匮乏令人沮丧。在乌克兰的犹太小镇,他可能为一家家庭小旅馆工作过;他告诉埃利斯岛的检查人员他曾经是个"商人"。现在,他在纽约没有资本开创自己的事业,需要挣钱和攒钱,准备将妻子和五个孩子接来美国,因此他选择做了一个低级的熨烫工,熨烫其他服装工人已经缝制好的衣服,以便交给定购它们的批发商。熨烫工的工资没有裁剪工或缝纫工的工资高。里斯说:这也是一项繁重的劳动,熨烫工需要整天站在"一个炽热的大炉子旁,以保持熨斗随时可用",即使在炎热的夏天和闷热的廉租公寓里也是如此。

跟大多数犹太新移民一样,弗罗伊姆·莱布在纽约的第一份工作可能是通过一个"犹太同胞"找到的,此人来自他的家乡霍洛斯科夫。"我们知道哪个犹太同胞在寻找新住处,谁会带人找工作。"多姆尼茨回忆道,"几乎每个人都有一个新移民客人,或者预期很快就有一个。他们总是忙于为新来的人寻找工作……把要工作的人带进你的商店被认为是最大的善举,几乎是(移民为更晚到的移民)所能做的唯一的善举。"新移民最终会找到一份比开始干的粗活更好的工作,他们会再次向犹太同胞寻求指导和建议。从以下事实中不难看出犹太同胞在犹太移民生活中的重要性:纽约的犹太人创造了1 000多个"犹太同乡会",它们将会费汇集起来,帮助病人和失业者;有时,在移民去世后,它们还会支付丧葬费。

甚至在开始找工作之前，已经住在纽约的移民家庭或犹太同胞就会坚持带新来的人去买新衣服。"你以为你能像新长出来的嫩草一样到处去吗？"1909 年，当路易斯·瓦尔德曼从埃利斯岛来到他们家在果园街的公寓时，他的姐姐安娜用雄辩的语气问这位乌克兰移民。"是呀，没有人会给你工作的，即使是小贩也不会给你！"多姆尼茨津津有味地回忆起他带领新移民购买他们第一身美国服装的经历。他写道："跟新移民一起去坚尼街的商店购物是一件很愉快的事情。一切都必须是美国货。即使料子好，缝得也好，家里做的衣服还是有缺陷。"完成改造后，新移民通常会被带到照相馆，这样他或她的照片就可以寄给仍在欧洲的亲戚了。

在正式购买了第一套美国服装之后，新移民必须马上找工作，因为他们很快就会发现，在美国，"打工卑微、艰苦，还要无休止地工作，这就是犹太人的生活常态"，甚至比在栅栏区还要严重。每当想到弗罗伊姆·莱布和他的犹太同胞在下东城从事制衣工作，我们的脑海中总会浮现出"血汗工厂"这个词。这是一个大型的工作场所，雇主强迫数十位移民在不利于健康的环境中长时间辛苦工作，却给予微薄的报酬。最初的血汗工厂是建在狭小的廉租公寓楼里的。直到 1892 年，纽约禁止在廉租公寓楼内开设作坊之后，服装承包商才开始将他们的员工转移至商业性的工作场所，我们则将这些工作场所与剥削工人的血汗工厂联系在一起。但即使到了 1900 年以后，仍有成千上万的移民在他们狭小的廉租公寓楼里非法从事服装加工。

血汗工厂所发展出的"榨取血汗的"生产体系起源于长期以来服装制造商将工作外包给最贫穷和最绝望的工人，这些人最不可能抱怨工资太低。在 19 世纪中期的纽约，这些缝纫工通常是有孩子的寡妇或爱尔兰和德国犹太移民。随着爱尔兰人变得富裕，以及在纽约的东欧犹太人的数量激增，犹太移民开始主导服装业的制造端。

血汗工厂榨取血汗的生产体系是这样运转的。首先，有一家大型服装零售商，比如西尔斯·罗巴克邮购公司，会向批发商招标购买 1 万条男孩短裤，也就是所谓的"膝裤"。其次，报价最低的批发商会从纽约成千上万服装承包商中再次招标，每 1 000 条短裤会分配给出价最低的 10 家承包商。这些承包商随即将加工转包给家庭经营的服装店，店主同意以每打 45 美分的价格生产膝裤。批发商供给承包商布料，承包商再将布料转售服装店主。

这位服装工人似乎正把加工完成的衣服从其工作场所搬运给承包商，该照片由路易斯·海因（Lewis Hine）于 1908 年左右拍摄。

在典型的廉租公寓楼服装作坊中，业主会将膝裤的生产分解成不同的活，自己做技术含量最高的工序（裁剪布料和操作缝纫机拼接裤子），由雇员做其他的活。布料裁剪好后，一位"粗缝工"会把不同的布片连在一起，这样缝纫工就可以集中精力把这些布片缝成一件衣服。根据粗缝工所做工序的复杂程度，他或她每缝好一打膝裤可以得到 10 到 12 美分。裤子缝好后会交给锁眼工，通常是一个年轻的学徒，每缝 100 个扣眼能赚 8 到 10 美分。然后，由"修整工"手工完成裤子的最后修整（比如缝扣子），修整工通常是十几岁或二十几岁的女性，每打挣 10 美分。最后，把膝裤送给熨烫工，每熨一打裤子，他们会得到

8美分的报酬。

很多承包商会设法把干这些活的两组工人挤进廉租公寓一个12英尺×12英尺的单间里。当安排不下时，工人可能会挤在门厅里。检查人员报告说："当天气允许时"，经常会看到"两到四个忙碌的工人占据消防通道"。对于更复杂的服装，如男式大衣，可能需要两三个粗缝工和修整工，每个人都有自己专门的活。承包商的孩子一旦到了能学会这些技能的年龄，可能会被安排从事这些工作中的任意一项。甚至在此之前，他们就有可能需要从成品衣服上扯下松散的线头，送衣料给工人，并清扫不断堆积的废料和灰尘。在这些廉租公寓楼服装店里，工人空间狭小，彼此拥挤，这让年轻的未婚女性处于难堪的境地。12岁裁缝罗斯·科恩在门罗街一家廉租公寓楼服装店里打工，"请把手拿开"，这是她从一位年长的女同事那里学来的第一个英语短语，这位女同事曾用这句话抵挡老板的求爱。

在楼里住户和每天来此做工的工人的双重作用下，下东城的廉租公寓楼很快变得破旧不堪。1894年，《纽约时报》的一位记者在果园街和布隆街的拐角处走访了一处住满了服装工人的廉租公寓楼，发现"楼梯已经破旧不堪，支离破碎。墙上的灰泥裂开了，污浊不堪，难以形容。楼梯平台上摆着几桶各种各样的垃圾"。在做衣服的房间里，到处都是布片、粗糙撕扯的布条和线头，常常在地板上堆几英寸高。然而，如果这些公寓不是用来加工衣服的话，还是可以保持得很干净的。

制衣过程的参与者包括零售商、批发商、承包商和分包商，而把制衣工作分给廉租公寓楼里的工人来做构成了一种"榨取血汗的"生产体系，因为这些参与者会逐级施压，强迫那些想要挣钱的下级不惜以极快的速度、难以置信的长工时，从而逐级"榨取"利润。为了完成每天足够多的计件数，以支付房租和养家糊口，并留出一些钱为即将来美国的亲人购买轮船船票，制衣工们整天弓着身子伏在工作台上，不得休息。他们在工作台上吃午饭，辛苦工作到深夜。一份检查员的报告指出：

"大多数店没有公认的最长工作时间，只凭耐力所限，有时一周工作 90 个小时。"据《论坛报》报道，一些雇主要求女性服装工人每周工作 108 小时。这个 链条上的每一个人都称其老板为"榨取工人血汗的雇主"，而处于等级底层的人则被称为"辛苦工作却工资低微的人"。其实，"榨取血汗的""榨取工人血汗的雇主"和"被人榨取血汗的人"这些术语在南北战争之前就被广泛使用了。

不过，直到 19 世纪 90 年代，sweatshop（血汗工厂）这个词才被收入美国词典，因为直到 1892 年，纽约州禁止在廉租公寓楼里生产服装后，这项业务才进入高天花板的商用楼房，这些楼房遍布下东城和更远的上城。但即使在新地点，制造商仍继续强迫服装工人长时间工作，每缝一件衣服挣几分钱，"血汗工厂"就此诞生了。然而，法律允许小规模生产可以在廉租公寓里继续进行，条件是受雇者只能是直系亲属，且工作场所需要申请并获得许可。1901 年，两万名纽约人获得了在廉租公寓楼工作的许可，成千上万的其他服装工人在血汗工厂老板的默许下把工作带回家。榨取血汗的生产体系困住了这座城市的犹太人，《纽约先驱报》称这是一种比法老统治下的"埃及更坏的奴役形式"。

位于萨福克街 30 号的一家血汗工厂，路易斯·海因于 1908 年拍摄。

下东城的服装业面临很多困难，最大的困难之一是它的季节性。跟现在一样，人们会在春秋两季购买衣服，因此，在夏季和冬季，服装工人就业稳定，而在这两个季节结束时，他们会收到大量的订单，应接不暇。之后，在一年其余的时间里，他们常常发现自己不能充分就业或完全失业。他们在每件衣服上挣的每分钱都要用来养活自己及家人，不但要在他们工作的那几个星期里，还要在他们不工作的那几个星期里维持开销。在经济放缓期间，他们的处境会非常糟糕。

1893 年秋，经济大萧条开始，持续了一年之后，《纽约时报》的一位记者发现下东城到处都是"瘦弱的人，穿着旧的、褪色的、油腻的、常常是破烂的衣服……很明显，他们遭受了长期食物不足的折磨"，导致他们"脸颊消瘦、苍白和凹陷"。他们看起来"就像一群真人大小的饥荒图画中的人物"。

移民制衣工人的健康状况不佳也是出了名的。1894 年，《纽约时报》的一位记者指出，他们"不停地咳嗽"。有些人患有肺结核（当时称痨病），这是一种肺部的细菌感染，在狭小的廉租公寓作坊和血汗工厂里尤其容易传播。根据某慈善组织的说法，下东城的廉租公寓楼"是这种疾病的温床，众所周知，连墙壁都因为它而散发出难闻的臭味"。当时人们对犹太人有一种刻板印象，认为他们比其他纽约人更容易患肺结核，但实际上，犹太人感染此病的比例比其他城市居民低很多。下东城大多数慢性咳嗽患者实际上感染的是支气管炎或哮喘，因为他们多年来一直在通风不良的服装店工作，那里的空气充满了煤灰和细小的织物碎片，一位服装工人回忆称还有"无数的尘埃"。

尽管公众的看法与此相反，但在纽约就业的东欧犹太男性移民大多不是服装工人。1900 年，他们之中只有 38% 加工服装，而在下东城，这一比例上升至 44%。

然而，与男性相比，女性犹太移民的就业选择较少，因此，在 1900 年居住在下东城的有工作的东欧女性犹太移民中，有近三分之二是制衣工人；9% 受雇为家佣，剩下的女性分别是企业主（5%，主要是店主）、办公室职员（5%）、技术工人（5%，主要是卷雪茄工）和非服装厂的工人（5%）；只有 2% 的人是教师或护士。年轻的东欧犹太妇女在纽约外出打工的次数比在欧洲多得多，部分原因是她们这样做不会危及自己的婚姻前景。"女孩有很多时间。美国不是波兰。"移民索菲·罗斯凯记得有人告诉她，"这里的女孩至少要到 20 岁才会被当成老处女。"

在下东城，成千上万的妇女在为寄膳宿者提供服务，每天给他们整理床铺、做饭和洗衣服，以此为其家人赚钱。根据 1911 年公布的一份国会报告，纽约 48% 的俄罗斯犹太移民家庭至少向一位房客出租了房子，30% 来自东欧其他地区的犹太人也在这样做。根据一位历史学家的说法，"对犹太移民的妻子来说"，接待寄膳宿者是"迄今为止最重要的经济活动"。

在服装行业工作的犹太移民通常不会将其作为终身职业。1905 年，经济学家杰西·波普发表了一篇文章，详尽研究了服装业，他写道："犹太人把服装业视为通往更高目标的垫脚石。每年都有大量的人离开服装业，去做小店主、保险代理人和职员。"我的祖父图莱亚·安宾德就是一个最好的例子。1921 年，年仅 13 岁的他来到纽约，完成学业后进入服装业工作。但到 1940 年，他成为一名牙医。还有一些人没有离开服装业，而是努力获得了更好的职位。如图莱亚的父亲弗罗伊姆·莱布，1925 年，也就是他来到美国的 15 年后，仍然是一位熨烫工，但到 1930 年，他已设法成为一位服装承包商，生产婴儿服装，雇用图莱亚及其姐妹弗洛伦丝、蕾和索尼娅在家庭作坊中做缝纫工。

对于希望退出制衣行业的东欧犹太男性来说，几乎没有哪一行的职业是禁区。1900 年，约五分之一的人离开了服装行业，从事所谓的"需要技巧的行业"。正如多姆尼茨发现的那样，要想进入最赚钱的建筑和金属工艺加工行业是很困难的，因此，大多数熟练的犹太工人是卷雪茄工、屠夫、面包师或油漆工（建筑行业薪水最低的工作）。8%的人从事所谓的"非技术性"工作，几乎不需要事先培训，如散工、搬运工和看门人，还有8%的人从事低层级的白领工作，如职员或推销员。1900年，只有1%的人从事"专业性工作"，如医生、律师、牙医或拉比。

在纽约，除了服装业，最受东欧犹太人欢迎的职业是零售。1900年，大约六分之一的东欧犹太男性移民是某种类型的商人，其中，约三分之二是店主，其余的为街头小贩。很多店主都是以小贩起家的。对那些不愿进入制衣行业的虔诚的犹太人来说，沿街叫卖很有吸引力，因为制衣行业榨取血汗的生产体系会迫使他们在安息日工作。另一些人尝试兜售则是出于绝望，还有一些人是因为这样做可以与其在东欧所从事的职业保持连贯。

例如，小时候从华沙移民到纽约的明妮·戈尔德施泰因回忆说，当年她的父亲来到纽约后，想要重新做鞋匠，但没有成功，之后，他开始兜售美国制造的婴儿鞋。"他带着一个木箱，买了几双婴儿鞋，在喜士打街占了一个位置，每双赚5到10美分……不久，喜士打街的妇女们发现我父亲卖给她们30美分的一双鞋，在别的商店她们得花50美分才能买到。"最后，凭借做小商贩，戈尔德施泰因赚到了足够的钱，在喜士打街租下一个店面，开始既卖童鞋，也卖成人鞋。

其他人则挨家挨户兜售他们的商品。如果一个"刚下船"的犹太移民试图在非犹太人社区兜售商品，他必须记住自己想要推销的商品的英文名称。"（裤子的）背带、领扣、松紧带、火柴、手帕……女士，请买吧。"在上城区，若是遇到心存怀疑的主妇，他会这样恳求她们。如果她们有什么问题或品头论足，他只能重复自己已经背熟的那句话。

为了逃避在血汗工厂缝衬衫袖子的苦差事，艾萨克·本尼奎特开始做街头小贩。在一个犹太同胞的建议下，他开始每周六在华盛顿市场外面卖草篮。华盛顿市场是位于钱伯斯街和格林尼治街交汇处西北角的一个批发市场，在那里购物的人经常要费力地搬运他们购买的货物，因此，仅仅在星期六摆摊赚的钱就比他在服装厂做一个星期赚的钱还多。他在回忆录中写道："除了每周付给母亲的伙食费外，我在七周里攒下了 65 美元。"他怎么处理自己的利润？"我又向母亲借了几美元，成了一家衬衫工厂的'老板'。"但本尼奎特发现自己在理想主义和利润之间左右为难，他一度关闭了自己的企业，加入了一个服装工人工会，并领导罢工。后来，他成了一家造纸公司的总裁，并在其商业生涯的最后十年投资房地产。资本利益和劳动者权利之间的冲突一直困扰着他，直到弥留之际，他觉得有必要让其朋友和家人相信："我的灵魂与劳工运动同在。"

若是犹太小贩选择去乡间沿路贩卖，他们需要带上所有的货物，通常背上 80 磅的货物，胸前还要带 40 磅，以保持平衡。留在纽约的人通常是在租来的手推车上展示其商品。在下东城，由于几十辆手推车停在该地最繁忙的街区，多条街道几乎无法通行。1906 年，一位记者报道说，这座城市的"手推车大军有两万五千人"，他们"把整个东区的犹太人街区变成了集市，货物堆得高高的手推车在路边一字排开"。犹太手推车小贩主要在犹太人聚居区活动，但在周末，他们也常冒险去爱尔兰人和意大利人居住区。

1900 年，纽约州劳工统计局注意到，下东城的手推车"正在出售任何能够想到的东西"。哈利·罗斯科伦科也有同样的记忆，只要价格"便宜"，"宇宙中的一切都会出现在某人的手推车上"。19 世纪 80 年代末，里斯去了喜士打街，发现了"2 美分的（印度）班丹纳花绸大手帕和锡杯，1 美分 1 夸脱的桃酒，非常便宜的'壳坏了的'鸡蛋，25 美分一顶的帽子，还有保证适合眼睛的眼镜……只要 35 美分……旧外套卖 50 美分，'和新的一样'，还有'裤子'……任何能买到的东西，一应俱全"。

周五下午的手推车市场既丰富多彩，又混乱不堪。"这里似乎没有秩序，"一位罗马尼亚移民说：

> 推着手推车的小贩们操着各种各样的方言叫卖他们的货物，有的像是在吟诵《塔木德》，有的像是赎罪日祷告者的哀号。男人带着妻子和女儿在逛，男人或下巴上留须，或嘴唇上留髭，既有金发的，也有高颧骨的，妻子矮胖结实，女儿则留着齐短发，打扮得漂漂亮亮，他们站在电石气灯刺眼的白光后面，一边与挤在他们周围的顾客谈交易和讨价还价，一边叫喊、交谈、呼喊和唱歌。你会被急着回家的和来自四面八方的人流推着前进。如果想在手推车旁买东西，你就要紧紧抓住它，就好像一个想要爬上岸的人突然被海浪冲击之后抓住了一块坚实的陆地。

下东城的手推车小贩不得不调整他们的贸易，以适应顾客不多的收入。根据州劳动局的说法，"鸡蛋的蛋黄或蛋白，鸡腿或鸡翅，一盎司茶、咖啡或黄油，这些都是常买的东西"。正如罗斯科伦科所说，最成功的手推车小贩是那些擅长利用"道德和经济上的机巧"，即使最小的交易也要从中榨取利润的人。

相比服装工人，手推车小贩只把他们的职业看成是一个起点，据此通向更体面、更稳定、回报更大的事业。1905年，一位记者在一篇关于这些街头小贩的文章中写道："手推车是达到目的的一种手段。虽然他只是一个推着手推车叫卖的人，但他可以借助手推车实现更高的目标。"事实上，比较1900年和1920年纽约东欧犹太移民的职业，可以发现大多数小贩都成功实现了"更高的目标"。在那20年里，从事小贩的犹太移民比例下降了近75%。制衣血汗工厂的工人比例下降了四分之一以上。与此同时，企业主的比例增加了三分之一以上，从事办公室文员、销售人员或管理工作的男性比例几乎翻了一番。专业人士的比例也翻了一番，尽管只占总数的2%。

从 1900 年到 1920 年，东欧女性犹太移民的职业机会也发生了变化。1920 年，女性犹太移民在家庭以外就业的比例有所下降，在报告就业的人中，在服装行业工作的比例从 59% 下降到 45%。教师和护士的比例增加了一倍，尽管只占 4%。迄今为止最大的变化是女性犹太移民进入办公室工作。1900 年，只有二十分之一的人做过这样的工作，但到 1920 年，这个数字已经接近三分之一，主要是打字员、抄写员、速记员和会计。随着体面的办公室工作的增多，犹太妇女做家佣的比例骤降了 60% 以上，大多数移民认为这是有辱人格的劳动。

随着犹太移民找到更好的工作，他们有能力搬到环境更好的聚居区。1892 年，75% 的犹太人住在后来成为纽约五个行政区[1]之一的下东城。到 1916 年，只剩下 25% 的人住在那里。对于那些离开东城但仍留在曼哈顿的人来说，最受欢迎的搬迁目的地是哈莱姆中央区。哈莱姆区的居民最初并不乐于看到新移民搬进自己的社区。一位犹太移民回忆说，那里的出租房屋挂着的牌子上写着"犹太人和狗不得入内"。尽管如此，移民们还是开始寻找公寓，其中包括我的曾外祖父雅各布·芒斯塔克（印刷工）和他的妻子马蒂。1905 年，马蒂住在西 118 街 66 号。他的父亲伊西多尔大约在同一时间搬到了西 116 街 319 号。1910 年，大约有 10 万犹太人居住在哈莱姆区。

下东城犹太人的另一个热门目的地是布朗克斯。对于那些没有多少钱的人来说，布朗克斯最南端的莫特黑文（Mott Haven）住宅区是一个受欢迎的选择。1910 年，雅各布和马蒂·芒斯塔克从哈莱姆搬到了

---

[1] 1874 年之前，纽约市仅由曼哈顿岛和周围的小岛组成。在那一年，该市合并了布朗斯河（Bronx River）以西和曼哈顿岛北端以南的威彻斯特县的一部分，从而扩大了边界。1895 年，布朗克斯县的其余城镇也被纳入纽约市的管辖范围。1898 年，纽约合并布鲁克林（金斯县）、皇后县西部（其余成为拿骚县）和史泰登岛（里士满县）。加上纽约县（曼哈顿），这五个县被称为纽约的五个"行政区"。

莫特黑文，并在威利斯大道（Willis Avenue）174号开了一家"干货商场"。显然这家商店的生意并不兴隆，因为到1920年，雅各布重新从事印刷业，并搬回曼哈顿，搬到了德国移民喜欢的华盛顿高地（虽然出生在现属波兰的普沃茨克，雅各布告诉人口普查员他出生在德国，这在技术上是正确的，因为在他出生时普沃茨克由普鲁士控制）。其他犹太移民搬到了中布朗克斯克罗托纳公园两边的住宅区。我母亲的外祖父是来自敖德萨的毛皮商巴尔涅特·古特金，1912年，他也在此定居，首先在东175街456号，1915年，搬到了克罗托纳大道1815号。

但对于那些真正的成功人士，或者想让自己看起来已经成功了的人来说，布朗克斯最合适居住的地方是大广场大道。这条宽阔的大道于1909年开放，位于布朗克斯西侧，从西138街一直延伸到范科特兰公园。露丝·盖伊回忆道，大广场大道是"每个人梦想的顶点"。她小时候和移民父母搬到了距离这条著名大道几个街区的一套公寓里。搬到布朗克斯不仅是为了自己，也是为了自己的孩子。当一位经常光顾下东城一家公共图书馆的犹太顾客告诉图书管理员他要搬到布朗克斯时，图书管理员问他为什么，他说："噢，我有个女儿到了嫁人的时候了。"在布朗克斯，人们希望自己的孩子遇到较为富裕的犹太移民或他们的孩子，并与之结婚。

比布朗克斯更受欢迎的目的地是布鲁克林。早在19世纪80年代，中欧和东欧的犹太人就开始在威廉斯堡的德裔社区定居下来。但吸引了最多下东城居民的目的地是布朗斯维尔。1903年，《前进报》报道说："就在昨天，若提到布朗斯维尔，每个人都会笑。但如今这里生意兴隆。"早到的人笑到了最后：1899年以200美元买入的地皮在5年后能卖到5 000到10 000美元，因为布朗斯维尔的住房供不应求。当犹太人刚搬到这里时，这个社区仍然有数百块空地，它的吸引力之一在于这里的生活似乎比在下东城的压力小得多。一位当代观察家兴奋地说："犹太人可以像在老家一样生活，不必匆匆忙忙，或过度担忧。""布朗斯维尔永远不会有廉租公寓楼，"《前进报》表示赞同，"这些房子有三层，一套公寓有四到五个房间，还有浴缸和其他便利设施。"

我的曾外祖父马克斯·丹德沙恩是被布朗斯维尔吸引来的曼哈顿犹太人之一。1910 年，他逃离了下东城那套拥挤的哑铃式廉租公寓楼，与妻子和六个女儿一起住在洛克威大道（Rockaway Avenue）550 号。在这套布朗斯维尔的廉租公寓大楼里居住的家庭和租户数量和他们在东 6 街的廉租公寓楼差不多，但布鲁克林公寓的面积是原来的两倍，而且附近有很多空地，孩子们可以在那里玩耍。

新来的犹太居民把他们的很多曼哈顿习俗带到了布鲁克林。该社区的主要购物街是皮特金大道（Pitkin Avenue），但这里的商品仍然相对高档，贝尔蒙特大道（Belmont Avenue）成了新的喜士打街，每周四和周五都挤满了手推车，因为犹太居民要为安息日储备食物和清洁用品。很多布鲁克林人对这些变化感到不满。《布鲁克林每日鹰报》（*Brooklyn Daily Eagle*）抱怨说，布朗斯维尔"因下层希伯来人的定居而变得非常糟糕"，该报特别反对犹太人在曾经只让居民居住的建筑里开小商店或做服装生意。尽管如此，犹太人仍在有增无减地涌入。到 1920 年，布朗斯维尔 10 万居民中有 80% 是犹太移民及其子女。

随着布朗斯维尔的房价飞涨，寻求住房价格更合理的犹太人离开了该社区，前往布鲁克林更偏远的街区。很多人搬到了更往东的地方，比如东纽约区，或者东南方的新开发地段。丹德沙恩一家也加入了搬迁大军，1920 年迁至东纽约喜士打街 311 号。马克斯曾于 1910 年在一家服装厂工作，此时他又重新做起了床垫填充的工作。由于一直都不富裕，他和妻子及六个女儿只能租下两层楼房子的地下室，该楼现在还在那里（房主带着妻子和六个孩子占据了房子的其余部分）。在丹德沙恩一家来到东纽约几年后，安宾德一家也搬到了那里，住在米勒大道（Miller Avenue）636 号，就在丹德沙恩一家以东半英里处。1930 年，他们设法买下了那栋房子，不过把地下室租给了租户，以便能够负担得起。后来，随着安宾德和丹德沙恩等犹太移民家庭的社会经济地位不断提高，他们开始迁移到布鲁克林较为富裕的街区，如米德伍德（Midwood）和弗拉特布什（Flatbush）。

不管生活富裕，还是勉强度日，不管住在大广场大道上的宽敞公寓里，还是住在下东城狭小两居室的廉租公寓里，食物都是犹太移民生活的核心。无论预算如何，也不管一周之内其他日子吃什么，他们一定要努力让星期五的安息日晚餐与平时不同，此时食物的重要性无与伦比。美国画家路易斯·洛佐维克生于乌克兰，1906年来到美国，回想起他在美国的周五晚餐时说："每样食物都那么美味，入口即化，鸡肉面条汤，切碎的肝加上洋葱和鸡油，烤鸡、胡萝卜和梅干蜜饯……最后，安息日晚餐的无上荣耀当属库格尔（Kugel），它是由面条或土豆加上葡萄干和其他美食做成的。"

当然，若是一个家庭的经济状况真的很糟糕，就连周五晚上的菜单也会发生变化。塞缪尔·戈尔登回忆道："在周期性的失业季节里，我父亲一分钱也没挣到。"在那些希望暗淡的日子里，"我们吃的食物发生了翻天覆地的变化。美味的菜肴消失了，餐桌上几乎全是面包、黄油、鲱鱼和土豆"。

生活艰难时，犹太人常吃的另一种食物是腌菜。"腌菜是犹太城里最受欢迎的食物。"雅各布·里斯在1890年的报告中指出，很多赤贫的犹太新移民仅靠面包和腌菜维生。移民们告诉里斯，他们依赖腌菜，因为它们"能填饱肚子，不至于让孩子们饿得哭"。事实上，对于下东城那些失业的或为把家人带来美国而节衣缩食的人来说，腌菜三明治是他们特有的午餐。

随着犹太移民在收入上更加稳定，他们开始接受美国人外出就餐的习惯，《前进报》报道称，这种习惯"每天都在蔓延，纽约尤其如此"。为了满足这一需求，标志性的纽约犹太"熟食店"应运而生。在这些熟食店里，犹太人可以享用熏鱼、罗宋汤、犹太面包球汤、咸牛肉和五香熏牛肉黑麦三明治，以及奶油苏打水或芹菜味的软饮料。其中一些食物在纽约已经有好几代人吃过了，比如咸牛肉。还有五香熏牛肉，它是由东欧犹太人带到纽约的，选择牛胸肉，先用盐水腌制，然后撒上盐和香料制成的干粉香辛料，再熏制，最后蒸熟。卡茨熟食店（Katz's Deli）是出售该熟食的最著名的商家之一，该店开在休斯顿街与勒德洛街的十字路口处，开门营业已经超过125年了。

对很多犹太人来说，熟食店成了他们的社交中心，在其社区中扮演着与爱尔兰纽约人的酒吧相同的角色。阿尔弗雷德·卡津回忆起他小时候跨进当地犹太熟食店门槛时的感觉："仿佛进入了完全符合我们传统的地方。"然而，对于那个时代的大多数犹太人来说，他们仍希望搬到条件更好的街区，或为未来存一笔钱。作为特别的款待，熟食店每周最多光顾一次。在卡津的家里，熟食"是只有在周六晚上才能问心无愧地吃的食物"。

严格遵守犹太饮食法的人不会在就餐的同时吃肉类和奶制品，因此，犹太裔纽约人也开设了"奶制品餐馆"。最著名的是拉特纳餐厅（Ratner's），它最早在皮特街，1918年后搬到了德兰西街138号。食客可以在此享用芝士薄饼卷、饺子和拉特纳的名菜鱼丸。餐厅的罗宋汤、土豆汤和荞麦蝴蝶面也是下东城人的最爱。甜点有奶酪蛋糕，也供应能让犹太人获得终极安慰的食物，这便是香蕉酸奶油。在全盛时期，拉特纳餐厅每天要接待2 500位顾客。

1920年，大约有160万犹太移民和本地出生的犹太人住在纽约，其中大约四分之三住在布鲁克林和布朗克斯。然而，直到生命的最后一天，这座城市的东欧犹太移民都认为在下东城生活的那段岁月是他们适应美国的最重要的几年。通过埃利斯岛的检查，并在犹太同胞的帮助下安定下来，找到工作之后，犹太移民通常很少冒险涉足包厘街以西或

14 街以北。不管男人还是女人，男孩还是女孩，几乎所有的人都曾在自己家、邻居家的廉租公寓楼或血汗工厂里加工过服装。他们可以几个月甚至几年不用讲一句英语，因为在工作中、市场里和自己住的廉租公寓里，几乎每个人都说意第绪语，那些不说意第绪语的人则说俄语或波兰语。即使在纽约已经待了几年，若是去曼哈顿中城或中央公园，却是既让人害怕（尤其是对女性而言），又充满异国情调，感觉就像在外国旅行一样。有些移民称这种出游为"去美国"。

就在包厘街对面还有另外一个聚居地，即小意大利，其居民经历了很多与下东城新移民相同的经历。意大利人居住在拥挤且破旧的廉租公寓楼里，依赖同乡移民帮助他们寻找住房和工作。即使在美国生活多年，他们也讲不了几句英语。大多数人最终会离开最初的曼哈顿下城街区，搬到纽约周边行政区，那里的住房更干净、更有利于健康，也更宽敞。跟下东城一样，小意大利也自成一个完整的世界。

第十七章
小意大利

"初来乍到纽约,意大利人身上没有多少钱,在这个城市里又没有朋友,他会去桑树街",到包工头的办公室,找他在美国的第一份工作。包工头也可能把一个意大利工人带到某个遥远的工作地点,然后告诉他,在付清交通费之前,他不能离开。

因特罗达夸是意大利中部阿布鲁佐地区的一个山村，位于罗马以东80英里，1910年4月，帕斯夸莱·迪安杰洛（Pasquale D'Angelo）从因特罗达夸来到纽约，发现在美国打散工并不像他想象的那么容易。"到处都是苦活，持续不断且没完没了地辛苦干活，无论烈日炎炎，还是暴雨倾盆，只有苦活。"迪安杰洛和他的父亲安杰洛及另外7个镇子上的老乡同时抵达纽约，迎接他们的是一位意大利包工头，而这个包工头跟他们来自意大利的同一个地区。他有一份工作等着他们，那就是去纽约市以北125英里的地方修路。尽管在进入美国时就已安排好工作是非法的，但当时跟今天一样，打散工的人总是很容易找到藐视法律的包工头。

最初，迪安杰洛很喜欢自己的新生活。他只有16岁，后背结实，在因特罗达夸周围的农田里干过很多艰苦的活。一旦包工头无法给迪安杰洛和他"那伙人"找到工作，他们的前景就会很糟。新老板冷酷无情，工资低得可怜，而且工作常常很危险。迪安杰洛的两位工友在铁路修建工地被坠落的起重机架压死。在过去的两年里，迪安杰洛和他幸存的工友先后在哈得孙河沿岸的斯普林瓦利、塔潘、波基普西、斯塔茨堡和格伦斯福尔斯、纽约州中部的由提卡和奥尼昂塔、卡茨基尔的怀特莱克、阿第伦达克山脉的奥特湖、新泽西州的韦斯特伍德和拉姆西、西弗吉尼亚州的落水、马里兰州的威廉斯波特干过活，"还在很多其他地方干过……干的都是用镐头和铲子的活"。

当一份工作结束，附近又找不到新工作时，迪安杰洛和他的同胞往往回到纽约的桑树街，那里是数十位意大利包工头的总部。在五点区，迪安杰洛和他的朋友们会在摆也街（Bayard）寄膳宿的拥挤公寓里租个房间，权衡各种工作机会，这些机会通常是在遥远的南部或西部。迪安杰洛后来说道："去远方工作是一场赌博。一个人可能需要从其微薄的积蓄中拿出很大一部分来买车票。即使到达了那里，他可能会发现生活条件无法忍受，工头太专横，也许到周末就被解雇了。那时他将何去何从？"承包商若是破产了，迪安杰洛还有可能失去几周的拖欠工资。

有些移民无法忍受这些艰难困苦。迪安杰洛的父亲认为他在美国的境况不比在因特罗达夸时好多少，而且永远也攒不够钱把妻子和其余孩子带到美国来，于是他决定返回意大利。最初跟着迪安杰洛一起打工的另外两个人也回去了。但迪安杰洛决心要在美国取得成功。1915年底，经过五年的四处工作，他在伊利铁路公司设在新泽西州北伯根的调车场找到了一份稳定的轨道维修工作，该站与纽约隔哈得孙河相望。工资少得可怜，每天只有1.13美元，因此，迪安杰洛住在岔道上停着的一节闲置的货车车厢里，而不是把大部分工资浪费在租房上。

那年冬天的工作与他以前遭遇的工作一样艰难。迪安杰洛"随时都有可能被召唤，而且通常是在半夜"，如果"火车失事或发生其他麻烦……不管是下雨或下雪，还是雨夹雪或寒风，我们也必须工作，直到车辆残骸被移走，损坏的轨道修复为止"。这也是一项危险的工作，"我们肩上扛着沉重的枕木和铁轨，脚下是滑溜溜的冰"。然而，迪安杰洛最不担心的是摔倒。"周围一片嘈杂和混乱；火车一列接着一列，车厢在黑暗中流畅地向你驶来，有铃声，还有喇叭声。"他的同事主要是意大利人和波兰人，其中两位被火车头的车轮碾压而死。还有几人死于院子里的"煤堆"坍塌。另一位"在蒸汽房里窒息"而死。

与此同时,随着第一次世界大战进入第三个年头,东海岸的港口越来越疯狂地向欧洲供应战争物资。为了填补铁路调车场的劳动力短缺,伊利公司把得克萨斯的一些墨西哥移民带到了新泽西,其中几人住进了迪安杰洛本已拥挤的货车车厢。其中一位墨西哥人每周花几个小时阅读从得克萨斯邮寄来的西班牙语报纸。迪安杰洛后来写道:"我曾经认为报纸是用来生火或包裹物品的。"但现在他决定开始阅读,同时学习英语。起初,他利用美国报纸学习,通过上下文解读文字,或者寻求同事的帮助。"当我真正学会一个单词并发现了它的意思时,"他回忆说,"我会用大写字母把它写在车厢发霉的墙上。"

他掌握了基本的英语词汇后,便花 25 美分买了一本二手字典,开始痴迷地记忆其中的内容。他成为掌握惊人英语词汇量的"古怪的意大利工人",这个称呼很快传遍了整个铁路公司。美国出生的司闸员和办公室职员试图挑战迪安杰洛,就用一些晦涩的单词看其能否说出它们的意思,以使其难堪,"但他们的努力和精神上的围剿都以徒劳告终"。很快,这些"上过高中的小伙子"就不再招惹他了。此时,他已成为附近埃奇沃特公共图书馆的常客,并爱上了浪漫主义诗人珀西·雪莱和约翰·济慈的作品。他还认定自己真正的使命是写作。起初,他尝试写短喜剧,希望能把作品卖给一个轻歌舞剧制作人。但诗歌的召唤似乎更为高贵,1919 年的某一天,他抑制不住地"要向这个可爱但无人理会的世界喊出我的希望和梦想",迪安杰洛烧毁了他写的成堆的喜剧手稿,从铁路公司辞职,搬到布鲁克林,决心成为一个诗人。

迪安杰洛在"布鲁克林海滨的贫民窟"租了一套没有暖气的单间公寓,可能就是现在的格瓦纳斯社区(Gowanus)。"我连续写了几个星期。我所有的时间都可以用来写我心爱的诗,这似乎是一种极大的解脱。"他开始向杂志、报纸和文学期刊投稿,但每次都被很快退回,还附有预先印好的退稿单。"现在我意识到自己只是文学追求者凄惨漩涡中的一滴小水珠……我只是众多文学乞丐之一,而文学殿堂里挤满了众多这样的乞丐，他们就像一群行动迟缓的人，试图阻止任何想要勉力前行的人。"他又重新打回散工，进入格瓦纳斯"一家繁忙纷乱的造船厂"打工。

"但是女妖不会让我自由的。"放弃诗歌是"对灵魂的折磨。我很难抗拒她那魔咒的诱惑。我很难相信自己永远不会成功"。迪安杰洛认为，如果他亲自把自己的诗歌寄给该市的文学编辑，发表的机会更大。1920年夏末，他辞去了在海滨的那份工作，再次全身心地投入诗歌创作。他搬到了一套更便宜的公寓，"那是我在布鲁克林贫民窟能找到的最便宜的住处。这个小房间，以前是鸡舍和木棚……进去要经过一个厕所，它供10户住家"及"不受欢迎的陌生人和肮脏的过路人使用"。厕所经常会堵塞和溢流，致使脏东西从门缝淌进他的屋里，"在我那张臭虫出没的床下积成恶臭的水洼"。他还削减了自己的食物预算，只买不新鲜的面包和烂香蕉——如果他不买那些面包，面包房就会把它们扔掉；而小贩会以极低的折扣出售烂香蕉，并且以为他要拿它们喂宠物。

与此同时，在布鲁克林公共图书馆的当地分馆，迪安杰洛列出一份名单，注明了该市出版的大约200份报纸和杂志的名称和地址。他发誓"要亲自拜访每一家"，直到有一家同意出版他的诗。"在那几个月里继续写作需要勇气，但我坚持了下来。我强迫自己相信终有成功的那一天。"1921年，他把全部时间都用来做这件事，为了让自己听起来更美国化，自我介绍时他称自己是"帕斯卡尔"，而不是帕斯夸莱·迪安杰洛。但他遇到的每个编辑都拒绝接受他的作品。他的经济状况更加糟糕，甚至连干面包和烂香蕉都买不起了。有几个晚上，他冷得直打哆嗦，不得不走3英里路，赶到长岛铁路的弗拉特布什大道车站，因为那里暖和，他可以在那儿过夜。

1922年1月，迪安杰洛付出的所有努力和坚持突然得到了回报。卡尔·范多伦（Carl Van Doren）是哥伦比亚大学文学教授，也曾担任《国家》杂志年度诗歌大赛的评委。而在提交作品时，迪安杰洛还附上了自己激情澎湃的恳求信。后来,在回忆第一次读到这一恳求信时,范多伦说道:"它盖过了(曼哈顿下城)维西街(Vesey)的嘈杂声。"而这条街便是《国家》杂志的总部所在地。"在我看来,我那狭窄的办公室似乎开阔了很多……某种难以预测的幸运将诗人的灵魂注入了一个意大利男孩的身体,他的父母不会读写,除了继承徒劳无望的家庭传统劳作,没有任何遗产。"范多伦没有把奖项授予迪安杰洛,但他安排与这位诗人见了一面,并在《国家》杂志撰文发表迪安杰洛的简介,叙述迪安杰洛的生平,并配上了这位年轻人的两首诗。

1922年,28岁的"帕斯卡尔"·迪安杰洛被文学评论家卡尔·范多伦发现。

对于迪安杰洛来说,范多伦的认可是他期待已久的。几天之内,《纽约晚报》文学评论编辑亨利·塞德尔·坎比又发表了两首迪安杰洛的诗歌。《读书人》(The Bookman)很快发表了另外几首诗,《世纪杂志》(The Century Magazine)刊登了两首,《国家》在年底又刊登了一首。还有几首诗被收录至《1922年最佳诗集》。"文学界开始把我当成一个奇人接纳我,我真的受到了宴请、欢迎和关注。"贺信从美国各地纷至沓来。最令他欣慰的是"我的同事们的赞美,他们认识到终于有一个人摆脱了苦役,站了起来,向上层社会表达自己的心声"。令迪安杰洛更为欣慰的是他父母为此感到快乐,"他们意识到,我没有误入歧途,而是不断寻找并实现了自己的目标,没有走农民辛苦劳作的老路"。

范多伦力促迪安杰洛把已经与他分享的一些传记片段变成一部完整的自传。1924年底,麦克米伦出版了《意大利之子》(Son of Italy),并由一位哥伦比亚大学教授写了推荐序。全国各地的报纸都在讲述迪安杰洛从散工成长为轰动一时的文坛人物的非凡故事,他因此受到了更多的关注。《布鲁克林每日鹰报》的一位采访者不无夸张地称赞道:"帕斯卡尔身上有一种非常干净、热烈和自然的东西，就像他出生并哺育他成长的那片棕褐色的荒野。"《波士顿先驱报》(*Boston Herald*) 评论说："他似乎沿着文学名望的阶梯步步高升。年轻的迪安杰洛或许永远不会成为伟大的诗人，但在见证了他的奇迹之后，似乎一切皆有可能。"

迪安杰洛突然现身文坛，仰慕者听说他的生活状况是"难以形容的寒酸"，于是免费为他改善住房条件，以便他能专心文学创作。有些人提议支付他读大学的学费，还有人给他寄支票，这样他就可以生活得更好，吃得更好。然而，他拒绝了这些提议，也拒绝兑现支票。他坚持说："如果人们想要帮助我，就让他们多花钱买好诗吧。"他是冲着这个国家的出版商说的。鉴于他每发表一首诗只能得 5 美元，最多 10 美元，他继续住在一间没有暖气的房间里，靠干面包和香蕉维生；只不过他现在住在展望高地（Prospect Heights），这是布鲁克林一个没有那么破旧的街区。"他忽视了自己身体上的需求，"一位采访者总结道，"却满足了自己心灵和思想上的需求。"

迪安杰洛的诗歌充满黑暗和凄凉，考虑到他的经历，也就不足为奇了，比较多见的是"折磨""黑暗""空虚""阴郁"和"痛苦"这样的词。也许这些词不可避免地成为他短暂而悲惨的余生的写照。在其自传出版后的几个月里，迪安杰洛从纽约文学界消失得无影无踪。目前尚不清楚他是不再向出版商寄送诗歌，还是他的投稿被拒绝了。出版自传时，他曾告诉一位采访者他计划写几部小说。也许他是纽约众多遭遇写作瓶颈的作家之一。我们知道的是，由于缺钱，他最终被迫搬回格瓦纳斯，住进了 16 街 98 号的一间简陋小屋，据《先驱论坛报》(*Herald Tribune*) 的描述，那是一间"家徒四壁且寒冷到令人难以置信的棚屋"。他不再回复亲戚的来信，包括新泽西州的一个兄弟和费城的一个表亲。他们不确定"那些艰苦奋斗岁月中的紧张和匮乏是否影响了他的思维"。事实上，他的女房东说"他有时行为怪异"。其中一件事足以说明他的怪异，那就是尽管处境非常艰难，他还是决定自学中文。大萧条的爆发肯定使他雪上加霜。由于数以百万计的美国人不再订阅杂志,编辑们花在诗歌上的支出就更少了。尽管如此,1932 年初,迪安杰洛还是向他的女房东保证他最新写的一些作品将很快出版。

这显然是一厢情愿。此时,迪安杰洛已经典当了打字机,甚至连纸都买不起了。然而,他仍在继续写作,买不起纸,就在旧报纸的空白处、日历的背面,甚至在公寓的墙壁上潦草地写诗。他开始胃痛得很厉害,但考虑到那年冬天他的精神和经济状况,可能等了很长时间才去就医。等他赶到金斯县医院时,已经太晚了。1932 年 3 月 13 日,星期日晚上,他在医院去世,死于急性阑尾炎,时年 38 岁。

在布鲁克林之外,几乎没有人注意到迪安杰洛的去世,但一位名叫布鲁斯·卡顿的记者注意到了,他是中西部通讯社的社论作者。几十年后,他因其有关美国内战的书而成为美国最著名的作家之一。卡顿发现迪安杰洛的去世意义重大。他写了一篇标题为《诗人为何会饿死》的文章,发表在全国几家报纸上。32 岁的卡顿描述了迪安杰洛去世的情况,不无感叹地指出,将生命奉献给诗歌的热情和信诺似乎无法让人获得体面生活所必需的收入,甚至保持理智。卡顿说:"他们开始写诗,在寒冷的阁楼里忍饥挨饿,所遇到的困难是其他人从未经历的。他们带给其他人一个更加光明的世界,而代价则是呕心沥血。"至少迪安杰洛给我们留下了《意大利之子》,范多伦称之为美国文学的"珍贵文献"之一,这再恰当不过了。

帕斯卡尔·迪安杰洛可能不像一个典型的意大利移民,但在很多方面,他确实跟绝大多数意大利新移民一样:他是在 20 世纪初至第一次世界大战期间来到纽约的;初到美国的那几年,他跟随包工头在农村从事危险的工作;他最终成功地摆脱了对不择手段的包工头的依赖,通过意大利同乡的关系,找到了稳定的工作;最后,跟大多数第一代意裔美国人一样,他渴望摆脱散工这种卑微的"苦差事",意识到这样下去自己永远不会成功。

迪安杰洛是 19 世纪末至 20 世纪初移居纽约的数十万意大利人之一。19 世纪末，如同纽约的东欧犹太人，本地意大利裔人口开始迅速增长。随着纽约的边界扩展至布鲁克林、皇后区和史泰登岛，意大利裔人口从 1880 年的 1.2 万增至 1890 年的 4 万，到 1900 年达到了 14.5 万。在世纪之交，美国 30% 的意大利移民居住在纽约。

在接下来的 15 年里，意大利移民的增长速度变得更快，到 1910 年，有 34 万意大利移民居住在纽约的五个行政区，到 1920 年，更是达到了 39 万。若不是第一次世界大战爆发，这个数字远不止是 39 万，因为"一战"几乎完全切断了欧洲的移民流动。战后，意大利人的涌入曾短暂恢复，直到美国国会在 1921 年和 1924 年颁布法律，严格限制南欧和东欧人进入美国。因此，在大萧条之前，意大利出生的纽约人口达到了顶峰。在 1930 年再次详细统计时，纽约有 440 250 个意大利出生的居民，占全国总人口的 25%。

第一批抵达纽约的意大利人大多定居在巴士特街和桑树街最南端的五点区。但一个更大的意大利人"聚居地"很快就沿着麦克杜格尔街（Macdougal）、沙利文街（Sullivan）和汤普森街（Thompson）发展起来，它们就在休斯顿街的南北两侧，也就是纽约人现在所说的西村（West Village）和苏豪区（SoHo）。到 1890 年，东哈莱姆区（East Harlem）出现了一块人口更多的意大利人聚居地，东西向从二大道延伸至伊斯特河，南北向从 109 街到 115 街。随着意大利移民的增加，这些"小意大利"进一步扩展边界，以容纳更多的新移民。曼哈顿下城的两个意大利人聚居地毗连起来，形成了一大片意裔美国人占多数的聚居地，它覆盖了从五点区一直到华盛顿广场的曼哈顿中心，包括整个苏豪区和西村。在上城区，哈莱姆区的"小意大利"则包括了三大道以东从 104 街到 119 街的所有区域。

这些移民居住的地方与下东城的情况非常相似。有些街区主要是营房式廉租公寓，特别是五点区，那里的房屋最为老旧。在其他街道上，哑铃式廉租公寓占多数，而在另一些街道上，两种公寓楼混杂在一起，比例非常均匀。

然而，这些意大利人聚居地之间还是有一些区别的。五点区的廉租公寓最为破旧不堪。1890年，记者雅各布·里斯称它们是"摇摇欲坠的建筑物……拥有一切令人憎恶的东西"。这些聚居地中最臭名昭著的是桑树弯[1]，它指的是被桑树街、摆也街、巴士特街和公园街（现为莫斯可街）包围的街区。1888年，《弗兰克·莱斯利新闻画报》称桑树弯是"邪恶、贫穷和肮脏之地。这里是该城最危险的地方之一"。几个月后，另一名记者表示："在所有登陆我们海岸的移民中，最恶毒、最无知、最堕落的是住在桑树弯和周边廉租公寓里的意大利居民。"里斯称桑树弯是"一个住人的大猪圈"。

桑树弯真的有那么脏乱差吗？里斯坦言若是"从街上看，这个地方很普通"，但在那些砖墙后面，三英亩大小的土地上"矗立着破破烂烂的楼房，里面藏着的都是人渣……这里的每一寸土地都散发着乱伦和谋杀的恶臭。匪徒窝、瓶子巷[2]就是抢劫和血腥暴行的同义词"。其他人则认为媒体夸大了桑树弯的真实情况。记者夏洛特·亚当斯发现，尽管巴士特街的一些公寓"被人轻视，且肮脏不堪；但其他的则干净，景色如画，床上铺着颜色鲜艳的拼布床罩，墙架上摆着成排的华丽盘子，用彩纸装饰的壁炉台和格物架，白墙上贴着身穿红衣和蓝衣的圣徒画像，梳妆台上的陶壶中插着一大束丁香花"。

死亡率才是桑树弯的真正可怕之处，尤其是儿童的死亡率。住在桑

---

[1] 桑树弯（Mulberry Bend）因桑树街而得名，之所以取名"桑树"，是因为最初这里是一个水塘，水塘周围种有很多桑树。建筑随水塘的曲岸而建，水塘填平后改建的街道也就随弯就弯了。1897年，桑树弯的房屋被拆除，改建为"桑树弯公园"。1911年，更名为哥伦布公园，直到现在。

[2] 穷人收集他人丢弃的旧瓶子，堆在巷子里，准备出售换钱，瓶子巷（Bottle Alley）因而得名。

树弯狭窄、肮脏的廉租公寓里的年轻人特别容易感染结核病、麻疹和白喉等致命的传染性疾病。1882 年，桑树街 61 号里 8 个不到 5 岁的孩子夭折。在 59 号半的隔壁，同年有 11 个小孩夭折。1888 年初，住在那栋楼里的 9 个 5 岁以下的孩子到年底只有 4 个还活着。这些都是极端情况，但桑树弯的总体死亡率高出全市平均水平约 50%，5 岁以下儿童的死亡率是全市平均死亡率的 3 倍左右。

匪徒窝是桑树弯的一条小巷，里斯曾经为它拍摄过一张标志性的照片，使得桑树弯的恶名得以延续几个世纪。在里斯的照片中，路面湿漉漉的，水坑散布。左边可以看到满溢的垃圾桶，晾衣绳上则挂着很多当天洗的衣物，过滤着午后的阳光，两旁隐约耸立的高大建筑是桑树街 57 号和 59 号廉租公寓楼的后楼。照片中的人物更透露着一种不祥的感觉。右侧前景中，站着一个头戴圆顶高帽、穿着整洁的小伙子，在那个时代的人眼中，他就是一个具有威胁性的黑帮成员。在他身后是一个年长的留着胡子的人，手里拿着一支双管猎枪。从这两个恶棍上方的窗户里探出头来的是里斯照片中无处不在的"丑老太婆"之一。通往小巷中多家"空气污浊的啤酒馆"的楼梯也清晰可见。显然，里斯花了很大的力气才让桑树弯的居民们拍了这张照片。尽管如此，他的匪徒窝照片营造出一种威胁和恐惧的感觉，时至今日，观者仍有此感，这种感觉几乎就跟 1888 年这位丹麦移民首次展示它时一样显而易见。

尽管纽约只有一小部分意大利移民住在桑树弯，但绝大多数有关意大利移民廉租公寓的报道都集中在桑树弯及其附近地区，对纽约其他意大利聚居地廉租公寓的描述则少得多。我们知道，意大利人在西村和苏豪区的住宅原本是为本土出生的纽约中产阶级或相对富裕的爱尔兰移民建造的，应该比桑树弯附近的住宅更好才是，尤其是当人们搬到华盛顿广场北边时，这些廉租公寓往往更新，不那么破旧。

相比之下，休斯顿街周围的意大利人聚居地位于纽约的轻工业区。在很多这样的街区，公寓楼和高天花板的宽敞商业楼房交替出现，在聚居区的西部尤其多。20世纪后期,由于高天花板和宽敞的楼层布局,这些街区的廉租公寓变得非常值钱。但在20世纪最初的几十年里,这些高敞的工厂产生的噪声和空气污染,让社区居民的生活特别不舒服,尤其是那些从意大利乡间来到纽约的移民。当被问及是否喜欢纽约时,一位意大利移民说:"不太喜欢,不太喜欢。这里钱多,人也多,可是我的祖国——我的祖国——空气好,空气多,整个意大利的空气都好。"在纽约,"能赚很多钱,空气却很差"。

苏豪区和西村那片聚居地还有另外一个缺点,那就是极度拥挤。意大利人不像爱尔兰人那样为了维持生计而接受一两个寄膳宿者,而是喜欢与另一个家庭合租公寓。在该地区典型的三室公寓中,一个家庭住一个房间,寄宿家庭睡在第二个房间。第三个房间是厨房,两家共用。在某些三室或四室公寓里,三口之家可能只有共享空间。里斯在伊利沙伯街找到了一套廉租公寓,里面有43户人家,住着16套房。聚居地的房管工人莉莲·贝茨估计,在她称之为家的大型苏豪廉租公寓楼里,56户意大利家庭住在28套公寓里。

由于那个时期记载这方面的资料太少,路易斯·海因开创性的纪实摄影成了我们了解这些廉租公寓居住条件的最佳来源之一。在决定从事摄影师的职业之前,海因是一位社会学家,这位威斯康星州人把社会科学家的敏感性带进了自己的作品。1908年,他成为国家童工委员会的官方摄影师,此后,拍摄了纽约数百个廉租公寓楼的环境,包括位于坚尼街和华盛顿广场之间的多处意大利人聚居地。例如,在伊利沙伯街214号"一幢摇摇晃晃的廉租公寓顶层",海因发现一位出生于意大利的母亲和她的两个孩子住在一个"小"房间里,日日夜夜在那里"对衣服进行最后的修饰"。他们挤在火炉、梳妆台和床之间,几乎没有干活的空间。同样地,海因发现切鲁一家的居住环境与此类似,他们住在汤普森街143号廉租公寓后楼的一间"肮脏的阁楼"里。在一张照片的说明文字中,海因写道:"照片没有很充分地反映拥挤的情况。"

人口普查报告证实了海因的观察。报告表明，该意大利人聚居地的某些片区如同下东城最拥挤的住宅区一样拥挤。1905年，以休斯顿街、勿街、王子街和伊利沙伯街为界的意大利人为主的街区每英亩容纳1 107人，而以琼斯街（Jones）、科妮莉亚街（Cornelia）、西14街和布利克街（Bleecker）为界的街区每英亩容纳975人。然而，这座城市最拥挤的意大利街区是紧靠桑树弯北边的那个街区：1905年，每英亩有1 125位居民。曼哈顿只有11个街区，都在下东城，每英亩挤进了更多的居民。

路易斯·海因拍摄的一家意大利移民的照片，她们住在伊利沙伯街214号的一居室公寓里，正挤在火炉、梳妆台和床之间修整衣服，这张照片反映了很多移民过于拥挤的居住条件。

纽约的第三个意大利人聚居地位于东哈莱姆区，最初的拥挤程度远低于其他聚居地。1900年，此地的多个地块仍处于空置状态。然而，到1910年，到处建起了廉租公寓楼，居民只有一部分是意大利移民劳工。廉租公寓主要是兵营式的，卧室没有窗户。《纽约时报》的一位记者写道：在这个社区最差的地方，"街道肮脏，到处是垃圾和摊贩从窗户扔出来的腐烂水果和蔬菜，房屋散发着恶臭，不适合居住"。虽然街道和公共区域可能很脏或破旧，但廉租公寓楼的家庭主妇们通过不辞辛苦的努力，往往会将外部的污垢拒之门外。一位了解东哈莱姆区一套四室公寓情况的社工承认，尽管居民们在家做的是加工羽毛的活，但公寓里"干干净净"。尽管如此，在评估纽约廉租公寓楼存在的问题时，大多数观察家得出的结论是"意大利人的住宅区最差"。

尽管哈莱姆区的意大利人廉租公寓建成时间相对较短，但开发商并没有为租户提供该市其他地方已经成为标准的现代化设施。直到1935

年，在东哈莱姆区意大利人最多的地区，67% 的租户没有浴缸或淋浴设备，83% 的住户仍然靠自己的厨房炉灶取暖，55% 的人仍然需要到户外方便。廉租公寓院子里那些"用过就忘记不了的厕所"数量不足，维护也很差，使得移民不断抱怨他们的住宅楼里"尿臊味顺着楼梯飘了上来"。

第一大道是哈莱姆区小意大利的主干道，这张第一大道的照片拍摄于 20 世纪初东 115 街的拐角处。远处可见联合煤气公司的两个巨大的储气罐，它们坐落在 110 街和 111 街之间，从第一大道延伸至第二大道。

有些住东哈莱姆区的意大利人拥有室内厕所，走廊里也有自来水，但即使享受这些便利设施的人也仍然觉得他们的廉租公寓令人沮丧和泄气。小时候，伦纳德·科韦洛随父母从意大利的巴西利卡塔移民到美国，最终成为纽约市著名的教育家。在回忆录中，他描述了自己在美国的第一个家：

> 我们的家在卢卡尼亚的山中，阳光明媚，空气新鲜，现在取而代之的是四堵墙和在我们上下左右的人，似乎来自世界各个角落的人都聚集到了这个所谓东哈莱姆的纽约区。鹅卵石铺

就的街道。一排排无边无际、单调乏味的廉租公寓楼遮天蔽日。……退潮时河水的气味。雾笛在呜咽。当住宅区某处发生火灾时,就会听到铃声的叮当和警报的尖叫。阴冷潮湿的走廊。

他的父母很想念意大利。

对于多数这些移民来说,在意大利,自来水是他们无法企及的,但对众多意裔美国人来说,这不足以弥补廉租公寓楼的拥挤、炎热、喧嚣和恶臭。爱德华·科西也是在小时候就移民了,后来成为埃利斯岛的移民专员。在其自传中,他回忆说母亲"白天忙碌,夜晚睡不着时,会坐在一个向外开的窗前,凝视廉租公寓楼上方的一小片天空。她在这里从来没快乐过,她努力过了,却还是无法适应我们不得不过的贫困生活和内心的绝望"。

跟很多住在这些意大利人住宅区的移民一样,科韦洛和科西的母亲过着相当封闭的生活。孩子、老人和已婚妇女很少离开他们的聚居地。20世纪初,一位社会工作者发现很多意大利移民"从未去过包厘街东侧,从未见过百老汇大街,也从未去过休斯顿街以北"。玛丽·康斯特尔后来回忆说,抵达纽约后,"我觉得没有任何学习英语的理由。我不需要它。无论我在哪里住,在哪里工作,到处都是意大利人……不过我得学点西西里语"。对这些移民来说,这个城市的其他地方似乎有很浓的异国情调,以至于当他们冒险跨出自己社区的界限,去到另外的几个街区,回来之后会告诉朋友:"我今天去美国了。"

与爱尔兰人、德国人和东欧犹太人一样,意大利移民并非在纽约随意定居,即使在意大利人聚居地内也是如此。迪安杰洛在他的回忆录中写道:"在这个国家,来自同一个城镇的移民聚在一起,就像一群来自同一个蜂巢的蜜蜂。"意大利移民在意大利的出生地似乎特别重要。1910年,《纽约时报》报道说:"西西里人牢牢地占据了伊利沙伯街。那不勒斯人和卡拉布里亚人的群落在桑树街,热那亚人在五点区附近。

在那里找不到意大利北方人,他们最近的聚居地在百老汇西边的布利克街附近。"

然而,这种分隔居住远不是绝对的。绝大多数纽约意裔移民来自意大利的两个地区:西西里岛和坎帕尼亚区,其中包含那不勒斯。就像来自科克的爱尔兰人和来自俄罗斯的犹太人一样,来自这两个地区的意大利人非常多,以至于每一个意大利人聚居地和每一个街区都有他们居住。在某些地区,甚至是某些城镇的某些街区,意大利人无疑是聚居的,但并没有同时代人想象的那么集中。

对于纽约的意大利移民来说,生活的最典型特征就是工作,也就是迪安杰洛所说的"持续不断且没完没了地辛苦干活"。一到纽约,典型的意大利移民就像迪安杰洛一样先找工作,一般都是散工。19 世纪 90 年代中期,意大利人已经占据了纽约建筑工人的四分之三,以及散工的 90%。纽约的意大利劳工主要在建筑工地,或参与公共工程项目。比如,意大利移民承担了城市地铁隧道所需的大部分挖掘工作。他们也是

六大道上的意大利裔散工,路易斯·海因拍摄于 1910 年。

曼哈顿、布鲁克林和史泰登岛码头上装卸工的主要群体。意大利工人做着曾经主要由爱尔兰人在干的繁重而危险的搬运和挖掘工作。"没有意大利人我们可不行，"1895年，一位警官评论道，"我们希望有人做脏活，而爱尔兰人不再做了。"

跟迪安杰洛一样，大多数新移民都是通过一位人称"包工头"的劳务经纪人找到工作的。包工头收费过高，常常相当于一到两周的工资，以至于名声很臭。经纪人会从工人领的第一次工资中扣除该费用，这意味着新移民可能在很长一段时间内得不到一分钱工资，或者只够购买维持生计的食物，直至还清债务。为了再收一轮中介费，包工头会毫无理由地解雇工人，因而声名狼藉。有些包工头会在工作现场监管给他们干活的工人。而比较资深的经纪人会雇用工头来管理他的工人，这样他就有时间监督更多工人的招聘，其办公室通常设在桑树街。1890年，《哈珀斯周刊》评论道，"初来乍到纽约，意大利人身上没有多少钱，在这个城市里又没有朋友，他会去桑树街"，到包工头的办公室，找他在美国的第一份工作。

包工头也可能把一个意大利工人带到某个遥远的工作地点，然后告诉他，在付清交通费之前，他不能离开，而交通费是一笔不小的开支，从而迫使工人背上债务。其中一位工人向无政府主义记者萨维里奥·梅林诺讲述了他的悲惨故事：

> 在两位工头的指引下，我们于1891年11月3日从纽约出发。他们告诉我们应该去康涅狄格的一条铁路上干活，每天挣1元75分。结果反被带到了南卡罗来纳州……来到了（查尔斯顿附近）的"汤姆汤姆"硫酸盐矿。火车票是8元85分；另外，我们的工具价格差不多是3美元，连同火车票钱是我们欠工头的。接受我们的是一位武装警卫，他一直监视着我们，每天早上陪同我们从简陋的棚屋到矿场，晚上又陪同我们从工地

到我们住的简陋棚屋……我们的工资一部分用来还债，剩下的钱都尽可能花在购买食物上了，而且只能在"拔毛商店"[1]购买。买的东西只够果腹而已。东西死贵，价格是原价的两到三倍还多。我们每天的花销主要是购买早餐的咖啡和面包，午餐的米饭加猪油或汤，晚餐则是奶酪或香肠。然而，我们没有能力偿还债务，因此，一段时间之后，我们只够买面包了，这只能维持我们日常工作所需。渐渐地，我们变得疲惫不堪，有些人病倒了。然后我们决定冒着生命危险尝试逃跑。有些人躲过守卫跑掉了。跑了一个小时后，我就没了力气，决定在树林里过夜。然而，很快工头和两个警卫就出现在我们身边，让我们大吃一惊。他们用枪指着我们的脸，命令我们回去工作，否则，就把我们击毙。我们回答说宁死也不愿回到矿里继续过以前的生活……我们被带到一位法官面前，他坐在一间酒吧里，问我们是否有书面合同，当听说我们没有时，便说会放我们走。但是，工头、警察和法官随后进行了简短的磋商，结果工头付了一些钱（我想是45美元），警察给我们戴上了手铐，把我们带走了。最后，在4月1日，由于天气炎热，我们都被解雇了。硫酸盐开采是一项非常辛苦的工作，只有在天气较冷的半年才能进行。我的工友乘火车去了纽约。我身上只有1美元，既不了解这个国家，也不懂它的语言，只好步行去纽约。42天后，我到达纽约时，已经筋疲力尽了。

尽管知道去一个遥远的工作地点干活存在被骗的可能，甚至会欠

---

[1] 所谓拔毛商店（pluck-me store）指企业开设的商店，矿工只能在那里为自己和家人购买食物和生活必需品，商店则趁机提价，这种不放过任何一个机会牟利的做法好比雁过拔毛，不顾雁的死活。其英文 pluck-me 即是"拔我的毛"。

债，但随着冬天的临近，纽约及周边地区的工作机会越来越少，很多意大利工人认为他们别无选择，只能冒险一试。

在一年中几个温暖的月份，很多意大利移民会组成劳工队，到美国各地打工，但会回到纽约的某一个意大利人聚居地过冬。1884年，一家劳工杂志报道说："他们从乡下涌入，因为铁路和其他工作都停止了。其中一些人打零工，但大多数人依靠微薄的收入生活，一片面包就一个洋葱当早餐，午餐大致相同，晚餐则吃通心面。"1899年，一位意大利移民写道：冬季，来自南部和西部的意大利移民"挤满了纽约的街道。少年擦鞋匠和成年人会干其他族裔的工人不愿意干的活，比如从驳船上将垃圾倒进大海，以及清理下水道，或者肩上背一个袋子到处翻找骨头"，以便卖给脂肪提炼商或肥皂制造商。每年冬天，纽约的意大利人住宅区都人满为患，因为常住居民要在公寓里为失业的朋友和亲戚腾出地方，而商业性寄膳宿公寓里则挤满了临时的过冬居民。

有些意大利散工选择放弃这样的居住条件，回到意大利过冬，那里的食宿要便宜得多。意大利人是纽约第一个进行季节性"返乡移民"的主要移民群体，但绝不是最后一个。从第一次世界大战前10年起，美国政府就开始统计这一现象，发现每年秋天离开美国的意大利人有时几乎与当年早些时候抵达美国的人数一样多。很多在冬天即将来临时离开纽约返回意大利的男人会在第二年春天带着一位意大利新娘回来。

尽管打散工的意大利人多过从事其他职业的意大利人，但他们从未在纽约的意大利移民劳力中占多数。1900年，在意大利出生的成年男性中，约有三分之一是工人或码头工人，这种工作的要求和工资与散工基本相同，但在海滨工作；到1920年，这一比例降至五分之一左右。尽管如此，在后一年，住在纽约的意大利裔男性劳力约为18万人，其中约有4万人出生于意大利。

其余的意大利男性移民从事数百种不同的职业，但往往集中在少数几个领域。例如，意大利人开始主导纽约的理发业。1920年，纽约大约有 1 万名意大利理发师，占纽约理发师总数的三分之二。其次是裁缝；1920 年，大约有 9 000 名意大利移民从事这一行业。但鉴于服装行业的规模巨大，意大利人只占该市男性针线工的 20%。在制鞋业，意大利人也占主导地位，1920 年，该市有 6 000 名意大利制鞋商，约占整个行业的一半。

桑树街的农产品市场，向北望向坚尼街，摄于 1900 年左右。

意大利移民也特别喜爱零售业。他们从事街头小贩的可能性是本土出生纽约人的 10 倍，经营实体零售店的可能性是本土出生纽约人的两倍。意大利零售商专营食品销售。很多人是杂货商，还有更多的人只卖水果和蔬菜。1881 年，《哈珀斯新月刊》杂志报道说："从把色彩鲜艳的水果分类摆成斜面的百老汇商店，一直到街角的摊贩，水果交易的大小分店都掌握在意大利人手中。"即使是最贫穷的意大利移民，在生产方面也有着无可挑剔的高标准，意大利蔬菜水果商也不会让挑剔的顾客失望。在桑树街的户外农产品市场上，匈牙利移民记者康拉德·贝尔科维奇写道："首先让人印象深刻的是，这里本来应该是最贫穷的城区之一，出售的蔬菜和水果却非常好看，且多种多样。带着花的桃子，最柔软最香甜的李子，最大的苹果，最漂亮的梨，最干净的沙拉，都是用最专业而精致的方法分类出售。"贝尔科维奇指出，这些农产品大部分是由纽约及其周边地区出生于意大利的农民专门为挑剔的意大利移民种植的，包括"最不常见的蔬菜叶子和根"。

意大利裔男性从事数十种不同的职业，而意大利裔女性只专注于服装加工和家庭制造这两种职业。1920年，大约三分之二的意大利女性移民在家庭外的服装厂工作。意大利裔女性最初很难涉足这个行业。有些人给可能是未来的雇主报的都是听起来像犹太人的名字，以便抓住机会，争取得到一份工作。比如奥古丝塔·索拉莫尼在申请服装厂的工作时称自己叫古西·所罗门。菲洛梅娜·马卡里虽然不必为得到第一份服装加工的工作而在自己的种族问题上撒谎，但据她的一位后代回忆，她的雇主曾建议她"不要告诉任何人她是意大利人，因为商店里都是犹太人，他们不想让其他族群的人在那里"。犹太人担心雇主特意雇用意大利人来压低服装工人本已可怜的工资，他们的担心不无道理。但随着这两个群体彼此了解，特别是在一起罢工、一起离开工作岗位的过程中，意大利妇女和犹太妇女学会了和谐相处。

意大利裔妇女发现，纽约加工服装血汗工厂的条件对她们和犹太同事一样残酷。"我很不高兴整天待在那里，"多年后，阿格尼丝·圣图奇回忆道，"女领班总是来来回回，来来回回，看看这边，看看那边。干你的活，干你的活。"根据格蕾丝·格里马尔迪的说法，"你不能说话⋯⋯连上厕所都不行。我们被当成奴隶对待。"她的雇主是谢尔兄弟，他俩"常到船上挑人，把她们当奴隶用。但人们必须挣钱。所以，如果你想挣到钱，就会做任何事"。

在 20 世纪的头几十年里，意大利裔服装工人的比例稳步增长。1900 年，在纽约服装业的劳动力中，东欧犹太妇女跟意大利裔妇女的比例是 5∶2，但到了 1920 年，这一比例成了 3∶2，当时大约有 2.2 万名意大利出生的妇女在这一领域就业。正如一位下东城居民所说："处在大蒜、葡萄酒、意第绪语和意大利语的环境中，服装业的工人变成了一根巨大的香肠。"

难以确定到底有多少意大利女性移民"在家里干活"。1892 年，纽约州规定：如果没有许可证，在廉租公寓楼内打工是非法的。或是担心自己被拒绝，或是不想接受随之而来的检查，很少有在家干活的意大利人申请许可证。1902 年，据纽约人口动态统计局的估计，在家干活的纽约人大约在 2.5 万至 3 万人之间。当时意大利移民只占纽约移民的 11%，却做了 60% 可以在家做的活。

可以在家里做的活几乎是无穷无尽的。意大利裔妇女会折盒子，给坚果去壳，制作和包装巧克力香烟，编草帽，往纸板上别纽扣，制作儿童玩具，卷纸（以后填上烟草制成香烟），缝制钱包和手袋。他们甚至会将鸵鸟羽毛整理成下垂"柳枝"的样子，该术语指用线将每根尾羽上的数百片绒毛绑成三组，使得鸵鸟羽毛更加蓬松和吸引人。尽管如此，纽约大约 80% 的意大利裔居家打工者只做两件事中的一件：服装修整或制作人造花。在家做的活也因住宅区的不同而有所区别。在百老汇以东的曼哈顿下城区，制衣业占主导地位，因为这块聚居地里的意大利移民住在服装厂的附近。而在西村，人造花制作更为常见。在哈林区，第一次世界大战的前 10 年里，在家做的最普遍的活是羽毛梳理，那里，鸵鸟羽毛风靡一时。当地一位移民说："所有人都在将华丽的尾羽修整成下垂柳枝的样子。"

人口动态统计局估计，纽约七分之六的居家工作涉及服装修整。即使血汗工厂用机器缝制后的外套或裤子，通常也需要"精加工"，要么扯掉松线，要么缝扣子，或是小的修补，甚至包括在女性服装上添加丝带、刺绣或花边，在鞋子或拖鞋上缝珠子，或修理吊袜带。

在家做活是有争议的，因为从事这一工作的移民几乎总要他们孩子的协助。白天上了一天学的孩子们可能会干到晚上 8 点、9 点甚至 10 点，以帮助他们的母亲按时完成任务。如果最后期限特别紧，就像在快速变化和季节性强的时尚界里经常发生的那样，孩子们可能会被留在家里，不去上学，这样他们就可以干一整天。比如，小女孩乔凡娜每天早上 5 点起床，这样她就可以在上学之前帮妈妈干 4 个小时的活。回到家后她又要立即干活。"我没有时间玩。我必须整理我的羽毛。10 点要上床睡觉。"

除了服装修整，最普遍的家庭就业方式是制作人造花。在鲜花全年可得之前的年代，人们对人造花的需求巨大，当鲜花不可得时，中上层阶级的美国人可以在家中摆放人造花。这些花大多是由意大利移民和他们的孩子们组装的。移民们从制造商或批发商那里取得机器制造的茎、叶和花瓣，带回自己的住处，然后把孩子们招集在厨房的桌子旁协助组装。该家庭每完成一罗（即 144 朵花），多时会赚 8 美分，少时才赚 3.5 美分。尽管工资微薄，"但该区（曼哈顿 14 街以下的意大利人聚居地）非常盛行接活在家干，以至于登上任何一栋房屋的楼梯，都会发现每层楼甚至几乎每套公寓都有正在制作手工花的家庭"。

来自热那亚的马拉泰斯塔一家即是这样的家庭，包括父亲安杰洛、母亲阿格斯蒂娜、14 岁的弗兰克、11 岁的约翰和 4 岁的莉齐。大约在 1908 年，海因发现这家人围坐在沙利文街 122 号的厨房餐桌旁制作手工花。马拉泰斯塔先生也在帮忙，因为他病得太重，无法打散工。就连小莉齐也没有因为太小而不干活；她在分拆花瓣，这些花瓣来自制造商，通常是粘在一起的。每罗花他们能挣 6 美分，经常工作到深夜，每天能组装 10 到 12 罗。令人惊讶的是，马拉泰斯塔一家竟然靠这点微薄的收入活了下来。大多数家庭用做花的钱来补贴家庭主要经济支柱的收入，例如莫尔塔里亚一家。这家跟马拉泰斯塔家相隔三个街区，除夫妻二人，还有 4 个孩子，年龄在 3 岁到 14 岁之间，莫尔塔里亚先生的工作是制造肥皂，尽管受雇于人，但还算稳定，每天能挣 3 美元。不过，海因发现莫尔塔里亚太太和她的四个孩子还是在制花，一直干到晚上 10 点。

1908 年左右，在西村桑树街的廉租公寓楼里，马拉泰斯塔一家正在制作人造花。

意大利女孩通常只在家里干活，而男孩可以被送出去到街上挣钱。19 世纪 90 年代，报童和擦鞋工绝大多数是意裔美国男孩。当时纽约有十几份日报，成千上万的意大利男孩在街上叫卖其中的一份。有些孩子天不亮就起床开始卖晨报，之后去上学或睡午觉，然后再卖晚报。1894 年的一项调查发现，该市 98% 的擦鞋男孩是意裔美国人。兜售报纸的报童占比不可能比它低很多。

意大利移民之所以让很多家庭成员忙于干活，原因之一是如此一来他们就能给远在意大利的亲人汇款了。有些人这样做是为了支付年迈或贫困父母的生活费，或帮他们偿还债务。其他人则希望支付兄弟姐妹、配偶和父母的跨大西洋旅费。还有一些人给意大利的教堂电汇捐款，比如在意大利时他们曾经参加活动的罗马天主教堂，或仍然有很深感情的教堂。汇款可能会被指定用于建一个新的家庭住宅，不是给父母，就是给移民自己，因为他们打算一旦在美国赚到足够建新家的钱，就回到意大利，住进新家。不管动机是什么，移民们寄回意大利的钱数确实是惊人的。从 1906 年到 1914 年，意大利移民平均每年向意大利转移资金约 8.46 亿里拉，相当于当时的 1.61 亿美元，2015 年约为 40 亿美元。

那些苦苦挣扎的意大利移民会把宝贵的积蓄捐给数千英里外的意大利教堂，这反映出罗马天主教会在其生活中扮演着多么重要的角色。然而，与当时其他移民群体相比，意裔美国人发现在美国很难恢复自己的宗教习俗。东欧犹太人可能会反对在他们之前到达的德国犹太人实行的"改革派"或"保守派"犹太教，但他们可以很容易地聚起自己的会众，以保持在栅栏区时已经习惯的严格的礼拜仪式。内战结束后，波兰犹太人来到纽约，他们不喜欢德裔美国人犹太教会堂的礼拜仪式，于是创建了自己的犹太教会堂。当随后而来的俄国人反对波兰人的做法时，他们也组建了更多的犹太教会堂。没有一个有绝对权威的犹太教组织阻止他们这样做，而且开设一个犹太教会堂也花不了多少钱。志同道合的犹太人通常集资租一套廉租公寓，以此经营他们的新犹太教会堂。1900 年，数百个这样的廉租公寓犹太教会堂遍布下东城。直到这些会众在纽约经营了很多年，吸纳了在纽约生活了很长时间且积累了大量储蓄的教徒，他们才开始建造独立的犹太教会堂建筑。

相比之下，罗马天主教会坚持要求其信徒在其定居教区的现有教堂参加礼拜。纽约天主教会的爱尔兰裔美国领导人并没有对意大利天主教徒大量涌入其教堂感到高兴，反而对这些新的教区居民表示轻蔑。一位美国主教向另一位主教谈论意大利新移民时写道："他们的显著特征是对其宗教愚昧无知，而且罪恶深重，只是目前我们很少有人了解而已。"他们不知道《使徒信经》（*Apostles' Creed*）或其他"宗教的基本真理，如三位一体、道成肉身和救赎"。意大利人反而把精力集中在爱尔兰人视为无聊的东西上，比如"朝圣、神龛、奇幻的照片和影像"，以及庆祝其家乡守护神的节日。高级教士们抱怨道："在我们中的其他天主教团体里，没有像意大利移民这样愚钝和无知到如此无聊的。"

人们预期与意大利人直接打交道的教区神父会逐渐熟悉新移民，并产生同情，但实际情况往往并非如此。事实上，纽约大多数教区神父禁止意大利移民与其他会众一起参加弥撒，要求意大利人（只有意大利人）在其教堂的地下室里举行弥撒。到东哈莱姆区的卡梅尔山圣母教堂参加弥撒的教区居民 90% 以上是意大利人，即使是在这个教堂，新移民也被迫进入一个拥挤的地下室礼拜堂，只有少数爱尔兰人和德裔美国人在四分之三空置的主圣堂里举行弥撒。大主教迈克尔·科里根为这种放逐行为辩护说："这些可怜的意大利人不是特别干净，（其他教区居民）不想让他们进入上层教堂，否则，他们就会去其他地方，并不再捐款。"因为他们每周都会向奉献盘捐钱。针对意大利人认为他们被放逐是一种侮辱的指责，一位爱尔兰裔美国平信徒教会领袖坚持认为："整体上讲，意大利人不会因为羞辱而感到羞耻。"

事实上，意大利人确实觉得这样的待遇很丢人。他们向城里一小群意大利出生的神父抱怨不已，这些神父主要是担任爱尔兰裔美国主任司铎的助祭，而这些主任司铎负责管理纽约大部分的教区。意大利神父写信给罗马教廷，控诉他们的同胞受到爱尔兰人的虐待，并请求梵蒂冈加以干预。

有些意大利人没有接受当地教区教堂给予的二等身份，而是在休斯顿街南部沙利文街的帕多瓦圣安东尼教堂举行弥撒。1866 年，这座城市的爱尔兰天主教领袖授权方济会成立该教区，专门满足意大利移民的需要。梵蒂冈官员致信纽约天主教领袖，建议为意大利人建立更多这样的"民族教区"，但教会的美籍爱尔兰人领袖对此表示反对。他们坚持认为，纽约是如此的多元化，若为意大利人建立民族教区，那就必须为德国人、匈牙利人、法国人等建立民族教区，直到天主教会完全不再是"天主教"。

然而，随着纽约意大利裔人口的急剧增加，天主教领袖们最终意识到他们必须做出一些让步；于是不情愿地解除了禁止意大利守护神上街游行的禁令。1891 年，他们创建了新的意大利教区，比如在休斯顿街附近伊利沙伯街的一个廉租公寓楼店面里建立了洛雷托圣母教堂，巴士特街上的宝血堂，以及 1892 年建的六大道东边布利克街的庞贝圣母教堂。从 1901 年开始，天主教领袖更进一步地将一些现有的教区移交给意大利人控制，如勿街的天主教显圣容堂。对于纽约的意大利裔天主教徒来说，东哈莱姆区卡梅尔山圣母教堂是最重要的教堂，但就在这里，他们却被迫在地下室参加弥撒，直到 1919 年这种要求才被停止。

　　当意大利人在纽约天主教会争取平等待遇时，意大利社区内部正在进行另一种斗争，即意大利移民与其孩子之间的斗争。就像之前和之后的移民群体一样，意大利移民的孩子迫切想要融入他们的"美国"同龄人，青少年尤其如此。然而，意裔美国青少年认为依靠他们父母在旧世界的风俗习惯做出这样的改变几乎是不可能的。

　　家庭内部的意见之争不仅涉及衣服、朋友和约会这类话题，还有一些是移民家庭所独有的。一位名叫伦纳德·科韦洛的高中生回忆道："小学的午餐对我来说是一个难题。"一周又一周，年复一年，纽约公立学校的老师们告诉意大利学生：他们父母给他们做的食物是不健康的，反映了落后的饮食习惯。结果，跟其他成千上万的学生一样，这名学生不想再吃母亲为他准备的尴尬午餐。"我妈妈每天给我一个意大利三明治，那是半条法式面包，里面塞满了炸辣椒和洋葱，或者将面包的一半沾油[1]，再撒上一些蒜末。这样的三明治肯定会毁了我的名声，我不能

---

[1] "面包沾油"是意大利人的一种吃法，为了让面包更好吃。至于什么油，那个高中生没有说，想必是橄榄油。因为直到现在，意大利托斯卡那地区还有人用面包沾橄榄油吃。当然，现在的纽约人最推崇的是意大利饮食。

把它带到学校去。"为了逃避这种命运,这名学生"要么从家里偷一些钱",要么动用他在周六和周日擦鞋赚来的钱,"有了这些钱,我就可以买非意大利男孩吃的东西了"。

这样的争执最终也蔓延到了意大利移民的家中。那些在学校拒绝吃传统意大利食品的年轻意裔美国人很快就鼓起勇气要求早餐和晚餐也吃"美国"食品。他们也可能拒绝说意大利语,或试图以其他方式寻求同化,这让他们的父母感到愤怒。当父母反对时,孩子们反驳说父母根本不理解。科韦洛回忆说,在他十几岁时,他的母亲发现这样的顶嘴很让人恼火:"我不理解。我不理解。有什么好理解的?既然你已经美国化了,你什么都懂,我什么都不懂。"在任何情况下,养育青少年都是一件艰难的事情,对移民来说更是如此,因为他们的孩子可以引用他们更为理解的美国规范和价值观,以及老师的权威,来证明自己的叛逆是对的。在无数次因这些问题与孩子争吵之后,很多移民父母想必希望他们从未移民美国。

事实上,有些意大利移民选择永久返回意大利。虽然无法确定有多少人,但回国的人数实在太多了,以至于政府官员和媒体纷纷评论他们对意大利的政治、经济甚至文化产生的影响。当然,也有成千上万的人做出了和帕斯卡尔·迪安杰洛的父亲和伦纳德·科韦洛的母亲一样的决定,搬回意大利。

若对曼哈顿住宅区的生活不满,更常见的反应是搬到纽约周边的行政区。1910 年,59% 的纽约意大利移民居住在曼哈顿。到 1920 年,这个数字降至 47%,到 1930 年,直线下降至 27%。跟犹太人一样,他们的主要目的地是布鲁克林。1930 年,居住在布鲁克林的意大利移民有 19.3 万,而曼哈顿只有 11.8 万。那时,6.8 万意大利人定居在布朗克斯,5 万人在皇后区,1.1 万人在史泰登岛。意大利移民居住在布鲁克林海滨社区的特别多,如格瓦纳斯、格雷夫森德、红钩、日落公园和威廉斯堡,但在本森赫斯特、自治市公园、戴克高地和贝德福德-斯泰弗森特东部边缘也有大量的意大利移民。在皇后区，意大利人首选的住宅区是可乐娜（Corona），而在布朗克斯，意大利人集中在福坦莫大学正南沿亚瑟大道辐射的街道上。在这些偏远的社区，意大利人优先选择后院可以变成花园的房子。移民们随后收获了西红柿、意大利青瓜和其他蔬菜，这让纽约的生活变得比较容易忍受。还有成千上万的人离开了纽约，前往美国更远的地方。如制作手工花的马拉泰斯塔一家，就是海因为他们拍过照片的那家人，他们搬到了康涅狄格州的布里奇波特，成为蔬菜水果商。

当众多意大利移民离开拥挤的曼哈顿廉租公寓楼，来到空气更新鲜、空间更大的布鲁克林和布朗克斯后，他们开始觉得在美国的日子比较自在了。但对于1910年仍住在曼哈顿的22.5万人来说，还享受不到这些安慰，他们仍在曼哈顿闷热的血汗工厂里工作，住在拥挤的廉租公寓楼里。从1890年到1914年，包括移民和本土出生者在内的改革者发起了一场运动，旨在改善那些从一开始就把很多移民从曼哈顿赶出去的问题。他们取得过成功，也遭受过挫折，但他们的努力确实改变了成千上万移民的生活，也改变了本土出生的纽约人对外国出生的邻居的看法。

第十八章
城市改革

戈德曼和冈珀斯有时想要知道为什么受剥削的工人不愿追随他们的步伐。相反，工人们有时会想为什么工会领导人不代表他们采取更果断的行动。这就是1909年的情况，当时纽约的"仿男式女衬衫"缝纫工决定罢工。

纽约人若是现在还知道雅各布·里斯这个名字，那可能是因为他们去过雅各布·里斯公园（Jacob Riis Park），那是洛克威半岛上的一处海滩，皇后区的一部分，从布鲁克林东南部穿过堤道即可抵达，这是一条最常走的道。或者他们可能知道雅各布·里斯住宅区，这是一个拥有19栋楼的公共住宅建筑群，位于下东城的东北角，介于D大道和伊斯特河之间的东6街至东13街。

但在125年前，雅各布·里斯是一个家喻户晓的名字。最初，他是丹麦移民，到美国15年以后，他成为《纽约论坛报》报道犯罪新闻的一名记者。因此，对纽约最新移民可怕的工作和居住状况了如指掌，这些移民住在五点区、地狱厨房（Hell's Kitchen）、布鲁克林大桥下靠近伊斯特河的老四区和下东城的廉租公寓楼里。里斯不满足于只记录这些社区的情况，他想激励美国人去解决这些问题。

但他的文字报道没有达成这一目的，之后，他几乎是以一己之力发明了摄影报道，希望在单靠笔墨无法打动人的情况下，照相机可以推动人们采取行动。他的代表作《另一半人的生活》（*How the Other Half Lives*）被广泛认为是少数几本"改变历史的书"之一。它帮助开启了一系列城市改革运动，因此，从大约1900年到1917年被定义为进步时代（Progressive Era）。在此期间，各党派的政治家普遍认为必须采取措施改善最贫穷的美国人的生活和工作条件，其中很多人是移民。

1870年6月，21岁的雅各布·里斯抵达纽约，那时的他看似不太可能是一个给新闻业带来革命的人。里斯学的是木匠，但他离开丹麦小镇里伯不是因为贫穷或受到迫害，而是因为心碎。他爱上了16岁的伊丽莎白·戈尔茨，但他的爱慕对象在她家里拒绝了他的求婚，里斯"吻了她的手，走了出去"。多年以后，他回忆说："我眼含泪水，感觉世界虽然广阔，却没有什么让我留恋的了，我要离她越远越好。就这样，我决定去美国。"

有些移民会阅读旅行指南，并为其美国的新生活做好充分的准备。与这些移民不同，伤心欲绝的里斯来到纽约时举目无亲，毫无准备。里斯认为美国是狂野之地，十分危险，就花了自己一半的积蓄买了一把他能找到的最大号手枪，绑在腰里，大步走上了百老汇大街。有位警察"看到我是个没有经验的新手"，建议他把枪留在家里。由于在纽约没有找到工作，里斯来到城堡花园的就业办公室，与宾夕法尼亚州西部一家新钢铁厂签了合同，为公司员工建造棚屋，其木匠技能派上了用场。

在其人生的这个阶段，里斯从来没有在任何一个雇主那里长时间工作过，整个夏天他都在宾夕法尼亚、新泽西、纽约及其北部郊区做各种各样的工作。他仍然迷恋着伊丽莎白。有几次，他辞掉了好工作，耗尽微薄的积蓄回到纽约，尝试加入法国军队，因为他认为伊丽莎白可能会爱上一个穿军装的男人，但都未果。

纽约的劳动力市场存在季节性，淡季时有些工人会失业，里斯很快意识到自己很蠢，因为此时他周围的移民们都在为应对失业而攒钱，而他却在挥霍自己的积蓄。"无家可归，身无分文，我加入了流浪汉大军，"里斯后来回忆道，"白天在大街上闲逛，目的只有一个，想方设法止住啃噬我生命的饥饿感，晚上则与卑鄙的流浪汉或跟我一样悲惨的被遗弃者争夺蔽身的垃圾桶或门洞……正是在这样的背景下，我得以了解了桑树弯、五点区和其他贫民窟，而它们正是未来几年我要与之打交道的地方。"

他在五点区闲逛了几周，睡在该区最破楼栋的门洞或小巷。有时，他不堪忍受五点区的"极度肮脏"，就迁往卓林广场街的一个门廊，靠"肉骨头和面包卷"生存，这些食物是德尔莫尼科餐馆一位有同情心的法国厨师从厨房后窗偷偷递给他的。在冬天气温降至零摄氏度以下时，里斯曾考虑过自杀，不过他最终决定到警察局寻求庇护。但警察以打架为由将他赶出了牢房，杀死了他收养的狗，并把他送上了去泽西市的渡轮。他发誓再也不回纽约了。与此同时，伊丽莎白已经与一个丹麦骑兵军官订婚了。

靠打零工换饭吃，里斯设法度过了1870年至1871年的冬天。春天一到，这个居无定所的丹麦人继续从宾夕法尼亚和纽约西部的一个地方搬到另一个地方。他做过摇篮，砍过树，修过汽船，还采过冰。他当过信使、设陷阱捕兽者、修房屋的木匠和农场工人。他在贮木场堆放木板、制作床架和刨平门板，与铁路施工队一起铺设轨道，并在布法罗的造船厂干过活。这些都是他一年之内做过的事情。1871年新年前夕，他在日记中写道："只有上帝知道我要成为一个什么样的人，但愿不是什么可怕的事情。"

第二年，他做起了挨家挨户的推销员。不过，厌倦了流浪生活的里斯违背了自己的誓言，回到了纽约，进入电报学校学习。但还没等他完成学业，钱就花光了。

一直以来，里斯都梦想成为一名报社记者。这可能源于他的父亲曾经在里伯出版过一份小周报。在他看来，记者这份职业远比他所追求的其他生活更有尊严、更可敬。因此，在迫于无奈从电报学校退学后，他来到纽约伊斯特河对岸的长岛，申请了一家社区报纸的"城市编辑"工作。出人意料的是，里斯得到了这个职位，尽管他完全缺乏经验，他也从未想过自己是如何得到这个职位的。工作两周后，他得到了答案：他的雇主身无分文。意识到自己永远拿不到报酬，里斯厌恶地辞职了。

时值 1873 年秋，可怕的大萧条使商业几乎陷于停顿，稳定的工作几乎无处可寻。里斯挨家挨户卖书，以赚取佣金。但经常挨饿，直到年底的一天，他偶遇了电报学校的校长。也许还记得里斯的职业目标，校长告诉他纽约新闻协会（一家通讯社）还缺一名记者。凭借他在长岛市为期两周的工作经历和校长的推荐信，里斯被聘用了。从此他再也没挨饿过。

五个月后，里斯离开了这家通讯社，去了当地的民主党机关报《南布鲁克林新闻》（*South Brooklyn News*）任职。事实上，他是这家报纸唯一的雇员。在拥有该报的政客们取得 1874 年秋季选举的胜利后，他们决定关闭这个亏损的企业。此时，传来了伊丽莎白风度翩翩的未婚夫去世的消息，受此鼓舞，里斯说服政客们将报纸卖给他，首付 75 美元，剩余 575 美元等他筹资再付。为使报纸获得成功，里斯不断努力，他的勇气、热情、无限的精力和雄心很快得到了回报。半年后，他还清了全部债务，在 1875 年 6 月 5 日伊丽莎白的生日那天，交付了最后一笔款项。

现在，里斯可以自由表达自己的想法了，他开始抨击那些给他带来重大转机的政客们。在遭受了将近一年的无情批评之后，依附政客的人决定最好还是回购这份报纸。意识到他们的绝望，里斯一再坚持，那些老资格的政客只好同意支付他原购买价格的五倍。口袋里装着新得到的财富（相当于今天的 65 000 美元），里斯登上了下一艘去汉堡的轮船，并从那里直

结婚后不久的雅各布和伊丽莎白·里斯，摄于 1876 年左右。

接去了里伯,伊丽莎白不顾父母的持续反对,同意嫁给了他。

回到纽约后,里斯最终在《论坛报》找到了一份工作,但由于缺乏正规的新闻从业资格,这家享有声望的报社只能安排他最差的任务,他感到为难。最后,他排除困难,决定上夜班,在桑树街的警察总部报道犯罪新闻。每天拂晓值班结束后,里斯会沿桑树街向南走到伊斯特河,搭渡船回布鲁克林的家。他本可以坐火车去码头,但他更喜欢步行,可以看一看"无人看管的贫民窟"。当他还是一个无家可归的移民时,曾日日夜夜在此闲逛,因此非常熟悉五点区和桑树弯。现在,他在桑树弯做起了自己的特殊事业,陪同那里的警察抓捕凶手,或跟随卫生检查员追查流行病源。他对瓶子巷、匪徒窝都非常熟悉,对该住宅区每个租户的名声也十分了解。

里斯开始把贫民窟令人震惊的状况作为他报道的主题。大多数记者将移民"贫民窟"的持续存在归咎于居住其中的新移民,称他们"无知"和"落后",但里斯将部分责任归咎于廉租公寓楼本身和贪婪的房东,因为他们拒绝提供足够的光线、通风或进行必要的维修。早在1880年,他就把那些赞同他事业的有权势的纽约人拉到市中心去看樱桃街的哥谭大院和桑树弯的匪徒窝,希望他们利用自己的影响力引起人们对廉租公寓楼问题的关注。

里斯并没有摆脱偏见,贪婪的犹太人、懒惰的意大利人和狡猾的中国人充斥着他的作品。然而,他确信廉租公寓楼确实滋生了很多社会弊病,美国人却把这些弊病归咎于移民。过高的租金迫使廉租公寓楼的租户接纳了太多的寄宿者,由此造成过度拥挤,导致流行病的发作,而通风不良加剧了疾病的传播,持续的疾病又使得廉租公寓楼的居住者无法稳定地工作。与大多数美国人不同,里斯从自己的经历中获知大多数贫穷移民并不是懒得工作。

但里斯能做些什么来改善他们的命运呢?"在我和卫生警察的午夜巡访中,我不断地萌生一个愿望,即以某种方式将我在那里看到的东西呈现在人们面前……我们曾经在凌晨进入状况最糟糕的廉租公寓清点人数，看是否违反了禁止过度拥挤的法律，我看到的景象让我揪心，我觉得我必须把它们讲出来，否则就会崩溃，或者变成无政府主义者，或做出其他什么事。"他曾考虑过出版画册，但《哈珀斯周刊》和《弗兰克·莱斯利新闻画报》多年来一直在印刷类似的图画，收效甚微。里斯继续写有关廉租公寓楼的文章，"但似乎没有给人留下什么印象"。

然而，1887年，里斯读到闪光摄影术发明的消息，顿时觉得自己找到了朝思暮想的方法。他兴奋地联系了约翰·内格尔博士，他是卫生部门人口动态统计局的负责人，也是一位热心的业余摄影师。几周后，里斯、内格尔和其他两位摄影爱好者使用闪光摄影开始记录纽约最臭名远扬的廉租公寓楼，拍摄它们的肮脏和过度拥挤。里斯写道："我终于有了一个与桑树弯斗争的助手。"

最初，需要一名警察护送里斯的摄影"突袭队"进入公寓，但后来警察回忆说："他们几乎不需要我。可以毫不夸张地说，我们这伙人所到之处带去的是一片惊恐。"原因是为了制造闪光来照亮拍摄对象，里斯和他的朋友们会突然打开一间廉租公寓的房门，用手枪指向里面的居民，然后扣动扳机。空心弹在枪口发出的火舌会照亮房间，相机借此拍照。很快，里斯买了自己的相机，用平底锅铺设闪光粉，取代了左轮手枪，开始自己拍照。

里斯立刻将自己的部分照片投入使用。例如，他向市政府卫生委员会提交了一张男人们挤在摆也街公寓铺位上的照片，以便委员会对承租人的状况做出判断。但他的目标要比这高得多。他后来写道："一年多来，我带着自己的照片敲了各种杂志编辑的门，想告诉他们另一半人是如何生活的，但没人想知道。"当《哈珀斯周刊》提出要拍摄这些照片，但坚持要雇"一位能写的人"讲述他们的故事时，里斯怒气冲冲地离开了办公室。若不坚持的话，里斯就会一事无成。被媒体拒绝后，他在教会团体中找到了越来越多的听众，并以"贫民窟"的生活为主题对他们演讲，同时用自己的照片制成幻灯片来形象地说明。

里斯的坚持和自我推销得到了回报。《斯克里布纳杂志》(Scribner's Magazine)的一位编辑参加了里斯的一次教堂讲座，之后很快找到他，想把他的演讲改成一篇插图文章。最终，《另一半人的生活》发表在1889年12月的《斯克里布纳杂志》上，其中的插图大多是根据里斯的照片绘制的，但也有9幅"网版画"，这是在印刷媒体上复制照片的一种相对较新的方法。虽然有些网版画看起来更像是素描，而不是照片，但大多数都非常生动和感人，包括一张无家可归的孩子睡在大街上的照片，以及一张在五点工业之家里祈祷的孩子的照片。

《斯克里布纳杂志》的这篇文章是新闻摄影史上的一个里程碑，因为照片从来没有在新闻报道中扮演过如此重要的角色。照片成为故事本身。从那以后，记者们使用照片不仅仅是为了增加新闻报道的色彩或多样性，而是为了记录他们指控的证据。鉴于这篇文章引起了人们的关注，《斯克里布纳杂志》要求里斯将此文扩成一本书。于是，在家人都上床睡觉后，他会一直工作到深夜，在短短几个月的时间里，他就完成了手稿。他回忆说："这种情绪在我心里已经憋了很久了，它终于突然爆发了。"1890年11月，《另一半人的生活》问世。

几十年来，廉租公寓楼的各种弊端让改革者们灰心丧气，而该书用了25个简短的章节将里斯对这些问题的调查公之于众。他认为廉租公寓楼本身就是贫民窟问题的根源，不但滋生疾病和犯罪，还导致贫困长期存在。多年来，在提交警方的报告中，他反复强调这一观点。他把这种情况部分归咎于房东，因为他们收取过高的租金，几乎不维护自己的建筑物，而且拒绝建造更好的公寓。他还指责了纽约的政客大佬，因为他们不想坚持有效地执行现有法律以免激怒很有影响力的业主。但里斯也指责移民本身就是改革的障碍，他们接纳了太多的寄宿者，把肮脏的东西堆积在廉租公寓的院子里，并且没有要求更好的住房。他认为"对最贫穷的（移民）来说尤其如此。他们得过且过，具有破坏性，而且愚蠢；总而言之，他们到今天这样都是廉租公寓楼造成的。那些想为穷人而战的人必须与穷人斗争才能达到目的，这句话说起来很是乏味，却是一个古老的真理"。

里斯没有要求制定新的法律，坚持认为"法律已经尽其所能"。他认为廉租公寓楼改革的主要障碍是公众的冷漠。他宣称"它需要一种完全觉悟的公众意见，只有这样，才能给予更有力、更及时的支持，法律才能发挥应有的效力"。里斯指出房东总是尽量避免花钱来改善房产，"除非施加最大的压力，没有什么可以说服他为了整体的利益而放弃这些个人的权利"。里斯总结说：条件极差的廉租公寓楼不仅威胁贫穷的移民，而且威胁每一个美国人，如果不能立即加以改善，新移民可能就会将犯罪、疾病和政治动乱传遍美国。

《另一半人的生活》迅速引起轰动。评论家称它"惊心动魄""惨不忍睹""令人震惊""一本令人不寒而栗的好书"及"一本令人悲伤、害怕的书"。很多评论人士指出了里斯照片的重要性。"他的书简直就是一张照片。"某人写道。而另一人则称赞里斯"用'柯达'般毫无偏差的眼睛"观察那些廉租公寓，"提供这些插图的是他自己的相机，而不是制图者的想象力"。

《芝加哥论坛报》(*Chicago Tribune*)称《另一半人的生活》的读者都会"立刻产生一种无法平息的愿望，想要做点什么"。该书出版后不久，一位名叫西奥多·罗斯福的32岁行政官员来到里斯位于警察总部的办公室，希望能见一见作者。发现里斯不在，罗斯福留下了自己的名片，在其背面草草写下留言，说他读过里斯的书，前来"帮忙"。里斯还拉拢了其他有权势的盟友，如律师和金融家罗伯特·福里斯特和罗伯特·富尔顿·卡廷，编辑理查德·沃森·吉尔德，以及社会和宗教改革家菲利克斯·阿德勒。

廉租公寓楼的业主拥有巨大的政治影响力，并充分利用它来抵制对其有利可图的房产进行翻新改造，因此，里斯及其盟友寻求的变革姗姗来迟，但最终还是来了。多亏了里斯的努力，这个被称为桑树弯的破旧廉租公寓街区被市政府征用，并在1895年拆除，取而代之的是桑树弯公园，它于1897年开放。里斯还推动了一项规定，即所有学校都要有操场，他带头建造了"突入海中的娱乐码头"，学校不上课时，孩子们可以在那里玩耍。他提倡这些举措，是因为他相信这将会减少儿童疾病和青少年犯罪。到1900年，纽约已经开设了5个这样大型的海滨娱乐设施。

最终，在里斯及其支持者的努力下，廉租公寓楼居住条件的改造取得了进展。1899年，罗斯福成为纽约州州长，1900年，他批准成立了廉租公寓楼管理委员会，其成员包括里斯及其盟友福里斯特、吉尔德和阿德勒。根据委员会的建议，州议会通过了1901年的《廉租公寓楼法》(Tenement House Act)，它是进步时代立法的里程碑。该法禁止建造哑铃式廉租公寓楼，方法是将新建筑通风井的最小宽度从18英寸增加到典型五层楼房的6英尺，如此，曼哈顿标准的25英尺×100英尺的地块上就无法使用哑铃式楼层平面图建楼了。法律还要求，在新建筑中，每个房间（浴室除外）都要有向外开的窗户，天花板至少有9英尺高，建筑里的每间公寓都要有自来水，并配备卫生间。

1901年的《廉租公寓楼法》还要求对现有建筑进行重大修改。所有将污水直接收集至地窖而不是直接排入下水道系统的户外厕所都必须拆除。现有廉租公寓的厕所仍然可以建在外面，但每个都必须要有封闭的隔间。廉租公寓楼还必须为每两个家庭配备至少一间厕所。新法律还要求房东要在现有建筑的每一层安装自来水。1903年修订后的法案还规定：房东必须为该市36.4万间无窗卧室增加一扇新窗，要么向户外开，要么开向相邻的有外窗的房间，以提供更多的空气和光线（最初颁布的法律要求每个房间都有一扇通向外面的窗户，但房东的说客称这项修改代价太高，从而说服了立法机构）。市政府将建立一个廉租公寓楼管理部，以便执行这些法规，该部的检查员和地方法官有权起诉违反新法规的人。

从表面上看，1901年《廉租公寓楼法》的影响可能微不足道。在曼哈顿拥有房产的房东决定保留其旧建筑，而不是建造新建筑，若遵守新法律，新建筑将不得不减少房间。因此，1915年底，哑铃式和旧营房式廉租公寓在数量上超过了符合新法规要求的廉租公寓楼，比例为7∶1；下东城和五点区的比例则是10∶1。但1901年的《廉租公寓楼法》确实有助于确保相对欠发达的周边行政区不会因此类建筑物而荒废。1916年初，周边行政区的"旧法"廉租公寓与"新法"廉租公寓的比例仅为2∶1。随着第一次世界大战后建筑热潮的兴起，更健康、更不拥挤的新型廉租公寓在数量上很快超过了旧式的危险建筑。一旦移民能够负担得起搬离曼哈顿的费用，他们就肯定能住进更好的房子。

与此同时，通过著作和演讲，里斯不断倡导进一步推行廉租公寓楼改革，特别是针对那些"旧法"建筑，比如在廉租公寓区建立更多的公园，为孩子们提供更好的学校和更多玩耍场地。如今，他被公认为进步时代第一位揭丑记者和第一位纪实摄影师。1914年，里斯死于心脏病，罗斯福称他为"理想的美国公民"。

在里斯和其他进步人士努力改善纽约移民住房条件的同时，另一批改革家正试图通过睦邻运动[1]为那些廉租公寓楼里的移民提供医疗和社会服务以改善他们的生活。自19世纪50年代以来，富裕的纽约人一直设法通过在新移民社区设立慈善组织来缓解移民在这个城市生活的艰难困苦。例如，五点传教团和五点工业之家向穷人分发食品、燃料和衣物，并提供职业培训。但在移民看来，这些团体是可疑的，因为他们的

---

[1] 睦邻运动（settlement movement）是一个社会改革运动，起源于19世纪80年代的英国，大约20世纪20年代在英国和美国达到顶峰。其主要目标是在城市贫困地区建立"睦邻之家"，中产阶级志愿工作者会住在那里，与低收入邻居分享知识和文化，提供服务，减轻他们的贫困。它是今日社区工作的先声。

慈善附加了宗教方面的条件。五点传教团的志愿者不遗余力地劝说他们的慈善对象皈依卫理公会，而工业之家则把参加主日学校作为获得援助的条件。五点区的爱尔兰天主教社区领袖谴责这两个机构的做法，并告诫天主教移民不要接受它们的施舍。

第一批睦邻之家提供与这些老机构相同的服务，但它们不涉及宗教内容。大多数睦邻之家的雇员都是受过大学教育的女性，她们视自己的工作为一种职业，而不是拿做慈善当消遣。此外，睦邻之家的工作人员认为，要想赢得慈善对象的信任，并真正了解他们的需求，唯一的方法就是生活在移民所在的社区。《纽约时报》报道说："这项工作的理念是让一群受过大学教育的女性生活在目标人群所在地的一所房子里，成为他们社会生活的一部分，全面了解该区居民的生活。"

睦邻之家创始人带有一点理想主义色彩，也体现了他们对镀金时代过分行为的厌恶。维达·斯卡德是威尔斯利学院的文学教授和波士顿丹尼森之家的创始人，他解释说：睦邻之家"正想方设法克服这个时代的物质主义，在这样的时代，富人因奢华而窒息，穷人则因匮乏而无法充分发展"。波士顿丹尼森之家是美国最早的睦邻之家之一。"我们确实生活在一个阶层社会，每个阶级都是独立存在的，且对其他阶级的生活一无所知。只有让阶级之间的流动成为可能，消除阶级差异，我们才能实现真正的民主。"

1886年，纽约第一个睦邻之家邻里协会在下东城一间租来的地下室里开始运作。1889年，它转而隶属哥伦比亚大学，更名为大学睦邻之家，并于1898年搬进爱烈治街（Eldridge）184号的五层楼房。1889年，史密斯学院的毕业生在里文顿街95号建立了纽约第二个睦邻之家，即学院睦邻之家。到1903年，曼哈顿已经建立了36个睦邻之家，其中大多数位于下东城、地狱厨房（位于现在曼哈顿中城的西部边缘）、约克维尔（Yorkville，位于曼哈顿东72街到89街的东部边缘）和东哈莱姆区。到1920年，纽约有64个睦邻之家，其中13个在周边行政区。

1895 年,莉莲·沃尔德(Lillian Wald)创建亨利街睦邻之家,它成了纽约最著名的睦邻之家。沃尔德的父亲是波兰犹太人,来自华沙,母亲是德国犹太人,沃尔德于 1864 年出生在辛辛那提。父亲马克斯原先是杂货商,后来改行做了眼镜商,1878 年,马克斯将全家迁往罗彻斯特。沃尔德一家老于世故、有教养、生活舒适,却不信犹太教。后来回忆童年时,沃尔德还记得她曾阅读过莎士比亚的著作,也听过莫扎特的音乐,作为走读生,在克鲁滕登小姐为年轻女士和小女孩开设的英法寄宿和走读学校学习期间,她选修了大学预科课程。

然而,沃尔德从未上过大学。她做过几份工作,但都不满意。她也不想结婚。25 岁时,她认定护理是她真正的职业,但她没有进入罗彻斯特的护校,而是远离家人,在纽约坚持攻读学位。1889 年,在申请纽约医院的护校时,她写道:罗彻斯特的生活"现在无法让我满意。我觉得自己需要严肃而明确的工作",但受其家庭和罗彻斯特的"社会关系"的约束,她不知道什么事情符合这一标准。

1891 年,沃尔德从护校毕业,在曼哈顿上城的一家孤儿和弃儿福利机构找到了一份工作。但这份工作令人沮丧,一年后,她辞职,就读纽约女子医学院的医学系。在学习了大约六个月的课程之后,沃尔德自愿到下东城东南部的亨利街,为女性移民教授家庭护理课程,每周一次。有一天,当她正指导妇女如何恰当地铺床时,一个女孩哭着走进教室,说她母亲经常参加这个培训,但现在病得很重。沃尔德立刻下课,跟着孩子去找她妈妈。20 年后,在其回忆录中,沃尔德生动地回忆起 1893 年 3 月的那一天:

这个孩子领着我走过高低不平的道路,走过肮脏的床垫和成堆的垃圾;尽管在城市的其他地方柏油路已经很普遍了……这里高高的建筑物之间却没有柏油路,房子臭气熏天,虽然安装了消防梯,却完全没有用于指定用途,而是堆满了各种各样的家用物品。雨水使得街道的路况更差,使挤在街道上的人群更加不安,使从四面八方袭向我的气味更加浓烈。我们穿过喜士打街和帝法信街,来到路德洛街的尽头。经过散发着臭味的鱼摊……经过气味难闻、没有盖子的垃圾桶;还……经过"让一些街道几乎无法通行的货车和手推车"……这个孩子领着我继续穿过廉租公寓的走廊,穿过院子(院子里的露天和未遮挡的厕所是男女混用的),进入廉租公寓楼的后楼。多年的藏污纳垢,再加上那天从街道上带来的泥浆,使得台阶黏滑。最后才进入病人所在的房间。

在没有窗户的房间里,沃尔德发现她的学生躺在一张床上,床上沾满了干血。这位移民两天前生下了孩子,在难产期间大出血。婴儿身上也沾满了干血。她的残疾丈夫提供不了多大的帮助,这个家庭也请不起医生或助产士。沃尔德清理了母亲和她的新生儿,把脏床单换成了她在课堂上用来演示的床单。她检查了母亲和孩子,奇迹般地发现她们都不需要额外的治疗。"在我的照料结束时",沃尔德回忆说,这位母亲和她的丈夫都"吻了我的手",以示感激。

对于自己的所见所闻,沃尔德感到震惊,当天她就决定把改善这种状况作为自己毕生的事业。她写道:"那天早上的经历简直就是一次火的洗礼。"那是一次"觉醒"。她使用基督教的术语不完全是巧合。她从未加入过任何犹太教会堂,她父亲在罗彻斯特的家庭成员已经改信基督教,并与异教徒结婚。沃尔德一直认为自己有典型的闪米特人的特征:黑头发、黑眼睛和黝黑的肤色,但终其一生,她都认为这些特征令人尴尬。尽管她的大多数客户都是犹太人,她还是在睦邻之家的房子里放了一棵圣诞树。跟众多移民的孩子一样,沃尔德拼命想要融入美国社会,希望被人当成一个美国人。

沃尔德从医学院退学，如此一来，她就可以立即开始将余生奉献给减轻下东城东欧犹太人的痛苦。她决定开设一个睦邻之家，重点为移民提供医疗保健和卫生培训。玛丽·布鲁斯特是她在护士学校时的朋友，也同意加入她的行列。最初，她们称之为"护士睦邻之家"。

沃尔德得到了德国犹太移民雅各布·希夫和范妮·库恩的支持，希夫是库恩洛布公司的一位银行家，而后者是希夫一位银行合伙人的妹妹，也是另一位合伙人的妻子。他们同意每周付给两位护士15美元，并替她们支付廉租公寓楼的租金，她们租的地方在杰斐逊街27号6楼。但几年以后，沃尔德告诉她们的捐助者说：每天黎明前，移民们就已经在公寓门口排起了长队，以至于护士们无法进行日常查房，她们真的需要一个便于她们开展业务的工作场所。希夫为她们买下了亨利街265号那栋楼，就在沃尔德原来教卫生课的学校隔壁。1895年，她们搬进了亨利街的总部。亨利街睦邻之家营业至今，地点仍在此处。[1]

这项工作很累，不适合胆小的人。1893年，沃尔德在给希夫的信中写道："今天，布鲁斯特小姐和我已经目睹了足够多的悲伤、贫穷和疾病，足以让这个世界充满悲伤。"护士们发现，《纽约先驱报》一年前评论下东城儿童"像苍蝇一样死去"的说法并不夸张。例如，1893年，布鲁斯特整夜陪着患有肺炎的女孩莉莉·克莱因，但女孩第二天就死

莉莲·沃尔德的照片，取自纽约医院护士培训学校1891年年鉴。

---

[1] 1893年，莉莲·沃尔德开始在下东城照顾穷人。虽然她是在1895年夏天搬进亨利街265号的，但该栋建筑悬挂的标牌上仍然写的是"亨利街睦邻之家，始建于1893年"。

了。沃尔德报告希夫说："慈善委员会的船每半周去一次墓地，甲板上的小棺材堆得像山一样高。"

沃尔德尤其擅长说服纽约富人为其睦邻之家的发展提供资金。1898年，她的睦邻之家有全职工作人员11人，其中9人是护士。1900年，护士增至15人；1906年，护士27人；1913年，护士达到92人，每年出诊数万次。到那时，亨利街睦邻之家已经额外接管了六栋邻近的建筑，沃尔德本人也早已不再到廉租公寓楼上门拜访，而是监督工作人员，发展捐赠者，宣传她组织的工作。

沃尔德需要这些额外的空间，因为她现在提供的不仅仅是探访护士的服务。早期，她让廉租公寓居民在睦邻之家洗澡，因为他们家里没有浴缸。在得知学生们在廉租公寓里找不到平和与安静的学习场所时，她提供了自习室和指导老师。孩子们还可以加入睦邻之家的体育俱乐部，或者只是在其宽敞的运动场上玩耍；沃尔德将其亨利街物业的后院合并，建成了一个运动场。学校放假后，孩子们可以参加睦邻之家的夏令营，或"新鲜空气"静修活动，即在该亨利街组织赞助的乡村家庭或农场待上一周。成年人可以选修艺术和"公民"课程，参加讲座和舞会，甚至获得职业培训。

沃尔德敦促纽约市采取更多措施。考虑到她只能接纳一小部分想在睦邻之家洗澡的廉租公寓居民，沃尔德游说市政府修建公共浴池，并取得了成功。1901年，第一家公共浴池开业。沃尔德还说服市政府官员建立一个"公共护理"队伍，在纽约的五个行政区提供像她这样的服务，并在每一所公立学校配备一名护士，这一创新最终成为整个美国的规范做法。

沃尔德是一个不折不扣的改革派。她大力支持妇女选举权，帮助妇女组建工会，支持限制童工的运动。她甚至在亨利街睦邻之家主持了全国有色人种促进会（NAACP）在纽约的第一次会议。然而，她在第一次世界大战期间所表现出的和平激进主义似乎略微降低了纽约人对她及其工作的热情。

跟沃尔德所创立的睦邻之家一样，下东城的睦邻之家也致力于让美国人省悟一件事情，那就是东欧犹太人在基因上并非注定是瘦弱的。为此，睦邻之家为移民社区组织开展了各种各样的体育项目。有一项运动在这座城市的犹太移民中受到了空前的欢迎，那就是篮球。

尽管完全没有该项运动的经验，但通过睦邻之家的联盟活动，犹太人却成了全国闻名的篮球高手。1908年，《美国希伯来人》杂志宣称："在篮球运动中，犹太人无人能敌，这是一个众所周知的事实。"这可不是毫无根据的吹牛。1907年的大学睦邻之家篮球队有六名球员，其中两名转入职业篮球，打了几十年的篮球。1917年，《美国希伯来人》宣称篮球改变了人们对"这个国家的犹太人"的看法："他们从一个害怕自己影子的萎缩、干瘪的生物，变成了无所畏惧、活泼而挺立的人……两代人以前，他们在那些黑暗国家的犹太居民区里畏畏缩缩，现在却像年轻的太阳神一样，跳跃着奔向光明。"

鉴于对犹太人的刻板印象，尽管非犹太人发现犹太人在篮球方面的天赋惊人，他们仍设法为此辩解，而不是去改变自己的先入之见。《每日新闻》评论道：篮球"很适合犹太人的气质"，因为它"看重的是反应灵敏且狡诈的头脑……炫技的假动作、巧妙的躲闪和普遍的自作聪明"。其实这跟《美国希伯来人》的评价没什么不同。该报认为，篮球需要"大量的快速思维和闪电般的快速移动和耐力，它不需要残忍和蛮力，这就是犹太人擅长于此的原因"。

与当代相比，那个时代的篮球运动有很大的不同。在20世纪初的篮球比赛中，由于没有投篮计时或高个子球员，很少有球队的得分超过20或30。但这项运动纯粹的肉搏性提供了足够的刺激。在那个年代，哪个球队的球员先触到出界的球，该队就获得边线球的发球权；毫不奇怪，基于这一规则，当球出界之后，球员们会拼命争抢，从而引发激烈的混战。之后人们想到了一个解决方案：用一个铁丝或绳子结成的"笼子"围住球场，但暴力程度丝毫未减。"你可以在一场比赛后跟每个人玩井字游戏[1]，因为笼子已经在你身上做出了标记。"外号希基的乔尔·戈特霍夫回忆道。他是犹太移民之子，曾是20世纪30年代美国篮球联盟的明星。"有时你会流血，有时不会。你就像一个角斗士，如果你不把球处理掉，你就会被杀死。"

今天，主要的大学篮球队会到精英私立学校寻找它们需要的明星，这些学校愿意把自己的运动员培养成为一流的运动员。20世纪初，精明的篮球球探们会在纽约睦邻之家篮球联盟中寻找明星新秀。为了离家更近，最受追捧的球员通常选择为纽约市立学院的球队效力。跟今天的肯塔基大学和北卡罗莱纳大学一样，那个时代的城市大学篮球队都很强。每当市立学院队打败声望更高的对手时，下东城人都津津乐道。1911年，在薰衣草男子篮球队以20∶15击败耶鲁大学球队后，市立学院的学生报这样感叹道："多年来，虽然我们拥有高标准的课程，但都无法超越耶鲁大学，而大学篮球队却用一个短短的晚上就取得了辉煌的胜利。"五年后，他们又取得了另一场对耶鲁大学的胜利，《美国希伯来人》因此称该结果是"一个体现真正美国民主的惊人的案例"；球队的"移民男孩"是"美国未来充满活力的贵族"。这正是睦邻之家的工作人员希望更广阔的世界从犹太人取得篮球比赛的胜利中得出的结论。

亨利街、大学和学院这三种睦邻之家的成功催生了众多模仿者，尽管最初这些睦邻之家都谨慎地避免讨论宗教问题，但到1920年，纽约大约一半的睦邻之家已由教会接管，而且其雇员认为改变服务对象的信

---

[1] "井字游戏"是在纸上玩的游戏，两个玩家在九个格子的图案中写下O或X。游戏由第一个在一条直线上放置三个O或三个X的玩家获胜。之所以说比赛后能在球员身上玩井字游戏，是因为在抢球时撞到围网上，球员的手臂、腿和脸上留下印痕，似乎可以直接当棋盘了。

仰是他们的责任。有位犹太移民和朋友在其中一个睦邻之家上缝纫课，她回忆说："上次我们去上课，缝纫课后，彼得斯小姐开始跟我们谈宗教，好像我们自己没有宗教信仰似的。她告诉我们，耶稣爱我们，想要拯救我们。埃米和我想要塞住自己的耳朵……即使是野马也不可能再把我拖到那儿去了！"简·罗宾斯博士是大学睦邻之家的创始人之一。在她的组织成立初期，她和三个俄罗斯犹太小男孩在下东城散步，一个年龄大一点的男孩和几个朋友站在一个十字路口，他喊道："别跟她去！别跟她去！她会把你变成爱尔兰人！"1908年，一位正统犹太教领袖同样称："在这些睦邻之家的影响下，绝大多数犹太儿童成了不可知论者、无神论者、异教徒和无政府主义者。"

由于既不评判，也不说教，沃尔德成了纽约最受爱戴和尊敬的改革者之一。相比之下，里斯则两者兼而有之。1940年，沃尔德去世，《纽约时报》评论道："这仅仅是亨利街265号提出的一些想法清单……（这些想法）会填满（报纸版面）的几栏。"正如她的朋友和改革同事约瑟芬·戈德马克所说，她最大的成就或许是充当了"不同社会阶层的人，新来者、外来者和本地出生者，不同种族背景的人，弱势群体和富裕阶层之间的一位出色的诠释者"。

尽管沃尔德认为大多数生病的移民在家接受治疗会更好，但有些人病得很重，需要住院治疗。然而，移民往往非常害怕将自己或家人送进纽约的大医院就诊，很多人担心费用问题。另一些人则认为，由于医生和护士不会说他们的语言，他们可能会被误诊。正统的犹太人担心他们可能会饿死在医院，因为他们不能吃那里的非犹太食品。此外，尽管纽约的两家主要医院是公立的，天主教徒和犹太移民还是会被新教宗教团体劝说他们改变宗教信仰，这些团体在他们的病房里可以自由活动。

因此，纽约移民一有能力就建立自己的医院。第一家是圣文森特医院，于1849年开业，以满足该市庞大的天主教新移民人口的需要。组织和运作该机构的是玛丽·安杰拉·休斯修女，她是纽约约翰·休斯主教的姐姐，也是慈善姐妹会的女修道院院长。到 20 世纪初，纽约已有 8 家天主教医院。

在几乎所有纽约天主教医院的建立中，修女都发挥了关键作用。例如，1892 年，为满足纽约意大利移民的需求，在东 20 街开设了哥伦布医院，这是女修道院院长弗朗西斯·泽维尔·卡布里尼的主意。1850 年，卡布里尼出生于米兰东南部的一个小镇，原名弗朗西斯卡·卡布里尼，那时她还是一个虚弱多病的小孩子。20 岁时，她向当地的宗教团体申请当修女，被拒绝了，理由是她身体太弱，无法适应严苛的宗教和自我牺牲的生活。卡布里尼教了一阵子书，但在 1880 年，她创立了自己的宗教团体耶稣圣心修女会。在其教团成立的头五年里，卡布里尼为孤儿和弃婴建立了 7 个收容之家，这一成就让罗马教会领袖注意到了她的工作。然而，卡布里尼对自己在意大利的生活并不满意，渴望为海外的教会做传教工作。她申请到中国工作，却被指示去美国，为意大利移民工作，在梵蒂冈的宗教官员看来，爱尔兰裔美国天主教领袖忽视了意大利移民的需求。1889 年 3 月 31 日，卡布里尼抵达纽约。

在意大利当修女时，卡布里尼展现出了活力和决心，到美国之后，她将同样的活力和决心带到了工作之中。起初，她专注于为意大利裔美国儿童建立孤儿院和学校，并为成年移民组织教义问答班，在卡布里尼和大主教迈克尔·科里根看来，这些人对天主教的礼拜仪式一无所知。然后，她开办了哥伦布医院，在科里根拒绝帮助她的情况下，自己从著名的意裔美国人那里筹集资金。但她不满足于只帮助纽约的意大利人社区，很快就离开了，去美国其他有大量意大利人的城市复制她的工作。1909 年，她成为美国公民。到 1917 年去世时，她已经在美国各地建立了 60 多所孤儿院、学校、医院和其他天主教机构。1946 年，她被封为圣徒，成为第一位获得如此殊荣的美国移民。

西乃山医院是纽约第一家犹太医院，1855 年开业，由归化的德裔犹太人经营，但不提供犹太食品。因此，1891年，东欧犹太人兴高采烈地庆祝贝斯以色列医院的成立，该医院位于东百老汇街196号，这里是下东城的主干道之一。它不仅提供犹太食品，护士和医生也都说意第绪语。其他著名的犹太医院包括东84街和约克大道交汇处的蒙蒂菲奥里医院（1884年）、南布朗克斯的黎巴嫩医院（1893年）和布鲁克林的犹太医院（1906年）。与此同时，天主教徒增建了几家医院，包括在小德意志专门服务德国天主教徒的圣弗朗西斯医院（1865年）、布鲁克林的圣彼得医院和圣凯瑟琳医院（1864年和1893年），以及长岛市的圣约翰医院（1891年）。多年来，其他移民团体建立了独立于宗教组织的医疗机构，包括位于东77街的德国医院（1861年），即现在的莱诺克斯山医院，位于西34街的法国医院（1881年），以及位于东83街的意大利医院（1905年）。

很多移民认为，如果新移民能从雇主那里得到更高的工资，那么里斯、沃尔德和卡布里尼为改善他们生活所做的努力就没有必要了。为了赢得更高的工资和更有利于健康的工作环境，19世纪末和20世纪初抵达纽约的移民很多加入了工会。犹太移民和意大利移民热衷组织工会，不仅最终帮助重塑了新移民的生活，也改变了本土出生美国人对移民的看法。

之前的几代移民曾尝试在纽约建立工会，但收效甚微。19世纪中期，法院认为罢工是对贸易的非法限制，罢工领导者会被监禁。结果，虽然纽约人为鞋匠、劳工、雪茄制造者和多个其他行业组织了工会，但大多没有什么效果。工会倡导者分为温和派和激进派，前者专注于增加工资、减少工时和改善工作条件，后者则将劳工运动视为彻底改变劳资关系的一种手段。

最知名的温和派代表人物是塞缪尔·冈珀斯。作为纽约卷雪茄工工会的领导人，他帮助引入了一种组织工人的新方式。早期工会收取的会费很少，还收不上来，部分原因是工会缺乏财务实力。19世纪70年代，冈珀斯及其同事阿道夫·斯特拉瑟认识到这一点，决定提高卷雪茄工工会的会员费。增加的会费不仅用于疾病救济、失业补偿和帮助失业的工会成员寻找工作的旅费，还用于创建一个数额庞大的罢工基金。这样，如果长期罢工被认为是赢得更好劳动合同的必要手段，该组织可以维持数百位会员的生活。在知道工会罢工基金的规模之后，雇主们对罢工的威胁也开始重视，因此，在19世纪80年代，即便雪茄行业的机械化程度已经提升，卷雪茄工的工资仍然相对较高。

由于相信改革者可能会对他的工作施以援手，1883年，冈珀斯在纽约州首府进行了密集游说，成功通过了一项法案，即禁止在廉租公寓楼里生产雪茄，因为这不利于卷雪茄工及其家人的健康。然而，1884年，州最高法院以全票通过的结果宣布该法违宪，理由是宪法禁止未经正当程序夺取财产，而剥夺公民在自己家中从事合法职业的权利违反了此项规定。西奥多·罗斯福认为这一裁决令人震惊。多年后他还记得此事，这是令他转向进步主义的决定性事件之一，也是"工业和社会进步与改革事业所遭受的最严重挫折之一"。

这项裁决也促使冈珀斯加倍努力组建工会，因为他意识到不能指望政府改善其成员面临的状况。1886年，他和盟友创立了美国劳工联合会（AFL），这是全国各地的工会组成的一个联盟。"冈珀斯不知疲倦地工作，"一位传记作者写道，"他回复信件，不断地出差，发表演讲，以组织工人并改变公众对劳工运动的印象。"冈珀斯也是一位谨慎的领导者，他只把罢工作为最后的手段，而且只有在工会有能力和资金来赢得一场持久战时才会罢工。结果，美国劳工联合会的成员稳步增长，从成立时的几千人，发展到1893年的25万人，1904年更是达到了170万人。在美国劳工联合会成立的头40年里，冈珀斯担任了39年的主席。

尽管美国劳工联合会取得了成功，但在镀金时代的鼎盛时期，工人似乎只能勉强维持生计，而雇主的财富却呈指数级增长。很多纽约移民（尤其是东欧犹太人）被人说服，意欲寻求更激进的变革，并接受了迅速发展的社会主义运动。19世纪末，纽约最著名的社会主义者是约翰·莫斯特，他在1882年移民到纽约时就已经是著名的激进分子了。作为一位社会主义者，莫斯特认为重要的财产应该属于全体公民，并由全体公民分享它们创造的利润，比如矿山、森林、铁路和大型工业企业。来美国前的10年里，莫斯特曾在德国国会描述社会主义事业，却受到了嘲笑，立法机构的嘲笑让他确信社会主义目标无法通过政治手段实现。演讲、宣传册和其他传统的宣传方式都不足以唤醒群众。莫斯特转而鼓吹"行动宣传"，即针对国家或其保护的富豪采取无政府主义的暴力行为，认为这是激发他所寻求的无产阶级起义的最佳且唯一的途径。

因为支持这些观点，莫斯特被投入德国监狱服刑。之后他定居伦敦，成为《自由报》(*Freiheit*)的编辑，这是德国移居国外的社会主义者的机关报。在该报的专栏中，莫斯特继续支持这样的观点：只有反对资本主义秩序的激烈的暴力行为才能吸引这项事业的追随者。英国当局对莫斯特的宽容程度远不及德国人，1881年，他因庆祝沙皇亚历山大二世被暗杀而入狱。一年后获释，继而前往纽约，希望在美国能享有煽动欧洲革命所需的言论自由。在纽约，他成为酒馆老板（每个著名的德国无政府主义者似乎都有自己的啤酒馆）和公开演说家，继续出版《自由报》，并担任编辑。很快，他就成了纽约最知名的社会主义者。

受莫斯特吸引而加入无政府主义运动的移民之一是埃玛·戈德曼。1885年，她从俄罗斯来到美国，动身去了罗切斯特，极不情愿地嫁给了一个她不爱的男人，在那里的一家制衣血汗工厂做着单调乏味的工作。和沃尔德一样，戈德曼也渴望离开家人，在纽约扬名立万。读到莫斯特慷慨激昂的社论，她深受鼓舞，离开了丈夫，搬到纽约加入了无政府主义事业。1889年8月15日，她抵达纽约，随身只带了几美元、一台缝纫机、一个姑妈的地址和一个她在纽黑文听过其讲座的无政府主义医学生的地址,以及《自由报》的地址。

戈德曼察觉到姑妈不想让她留下来,便到下东城找到了那位医学生。他立刻把她介绍给了他的无政府主义同志,其中一个叫亚历山大·伯克曼的提出当晚带她去听莫斯特的演讲。戈德曼几乎不敢相信自己会有这么好的运气,但当她第一次见到这个著名的煽动叛乱者时,她震惊了。"我对他的第一印象是厌恶,"她后来回忆说,"他的脸因左下巴明显脱臼而扭曲变形。"但当他开始演讲时,"就像施了魔法一样,他那有缺陷的容貌消失了,身体的特征被遗忘了。他的话散发着仇恨和爱、力量和启发,似乎天生拥有用言语激励人的力量。他语速飞快,滔滔不绝,嗓音悦耳,才华横溢,这一切结合在一起,产生了一种几乎势不可挡的影响。他深深地打动了我"。

莫斯特46岁,年龄比戈德曼年长一倍,他对这个金发碧眼的年轻激进分子十分着迷,甚至超过了她对他的迷恋。他察觉到她有成为一名演讲者的潜力,就悉心辅导,然后派她去做巡回演讲。与此同时,她搬去和伯克曼及其人称费佳的表弟莫杰斯特·阿伦斯塔姆一起住。她在回忆录中不无自豪地回忆道:她忠于无政府主义信仰,其中包括拒绝资产阶级制度,例如婚姻或男人以任何方式"占有"女人的权利。她和这两人都睡过(有一段时间也跟莫斯特睡),但在他们与别的女人睡觉时,她也忍不住会吃醋。戈德曼认为"将人终生捆绑在一起是错误的",她说:"我厌恶那种在同一所房子、同一个房间、同一张床上没完没了的亲近。"她告诉伯克曼:"如果再爱上一个男人,我会把自己交给他,而不受拉比或法

凭借金发碧眼和充满激情的言辞,埃玛·戈德曼迅速成为无政府主义运动最受欢迎的演讲者之一。

律的约束……等我的爱消失，我会径自离开。"戈德曼之所以能和情人在一起，部分原因是她不必担心怀孕，因为她得过一种病，致使她无法生育。后来，她成为美国最著名的"自由恋爱"倡导者之一。她也是妇女节育运动的热心支持者。

作为制衣工人，为了维持生计，戈德曼、伯克曼和阿伦斯塔姆每天要辛苦工作18个小时，几乎没有时间或精力进行革命斗争。由于对煽动群众起义的机会感到渺茫，绝望之下他们离开了纽约。1892年，他们最终在马萨诸塞州的伍斯特开了一家冰淇淋店。但他们仍然渴望激发一场革命。

为达此目的，他们决定把注意力集中在美国最令人讨厌的实业家之一亨利·克莱·弗里克身上。那年早些时候，宾夕法尼亚州霍姆斯特德一家钢铁厂的钢铁工人成立了工会。这家工厂归安德鲁·卡耐基所有，由弗里克经营。弗里克宣称他永远不会与任何工会成员谈判。工人随后号召罢工。戈德曼和伯克曼决定去霍姆斯特德，在罢工者中招募无政府主义新成员。在他们到达之前，7月6日，罢工者和弗里克雇用的全副武装的平克顿公司（Pinkerton）的保安爆发了枪战。7位罢工者被杀，数十人受伤。

听到这个消息后，伯克曼决定改变计划，刺杀弗里克，这是一种用行动宣传的极端行为。7月23日，伯克曼手持手枪和匕首，冲进弗里克位于匹兹堡的镶有木板的大型办公室，在大约25英尺外朝弗里克的头部开了一枪。子弹擦过实业家的脖子，他倒在地板上。"谋杀！救命！"弗里克趴在桌子底下喊叫。当伯克曼走近躺在地上的弗里克，试图再开一枪时，弗里克的一位同事击打他的手臂，致使子弹飞离了目标。伯克曼边与那人扭打，边设法接近畏缩成一团的大亨，准备开第三枪，但枪没有响。最后，一个一直在外面办公室干活的木匠冲了进来，用锤子击打伯克曼的后脑勺。伯克曼最后一次用匕首刺向弗里克，只在弗里克的腿上划了几道口子就被拖走了。伯克曼很快被判谋杀未遂，获

22 年监禁。在平克顿事件之后，公众原本是同情罢工者的，现在转而坚决反对他们，弗里克和卡耐基借机彻底打垮了工会。

伯克曼在监狱里受煎熬，而自己却逍遥快活，对此，戈德曼感到心中难过。她决定利用这份自由和演讲的技巧来推动事业的前进。1893 年夏天，一场金融恐慌导致大规模失业，在联合广场，面对一大群人，戈德曼恳求他们不要逆来顺受地接受这种局面。她用德语喊道："男人和女人们，你们难道没有意识到国家是你们最坏的敌人吗？它是一台机器，为了维护统治阶级，你的主人会用它来碾碎你的。醒醒吧……要大胆地争取自己的权利……到富人的宫殿前面示威，要求工作。如果他们不给你工作，那就要面包。如果他们两者都拒绝给予，那就抢面包。这是你的神圣权利！"因为这番言论，戈德曼被逮捕，以煽动暴乱罪受审，并判处 1 年监禁。至此，她已取代莫斯特，成为美国最著名的无政府主义者。[1]

戈德曼获释时，引起了媒体的轰动。一群记者在布莱克韦尔岛（现在的罗斯福岛）的监狱门口等着迎接她。当晚，在包厘街的塔利亚剧院，一千名支持者在欢迎她回家的集会上为她欢呼。据《纽约时报》报道，"人群由不同国籍的人组成"，其中包括一些德国人，但主要是"意大利人、俄罗斯犹太人、匈牙利人、法国人、古巴人和西班牙人。如果有印第安人的话，也是少得不显眼"。很多美国人认为宽松的移民管制造成了严重威胁，而戈德曼就是这种威胁的化身。

戈德曼和冈珀斯有时想要知道为什么受剥削的工人不愿追随他们的步伐。相反，工人们有时也会想为什么工会领导人不代表他们采取更果

---

[1] 莫斯特后代的故事提醒我们，即使某些移民来到美国时是激进分子，他们的孩子通常也会变成普通的美国人。约翰·莫斯特的儿子约翰成了布朗克斯的一位牙医。这位牙医的儿子"约翰尼"最终搬到了波士顿，担任波士顿凯尔特人队的实况报道播音员，一干就是 35 年，成为那个城市最受欢迎的市民之一。——作者注

断的行动。这就是 1909 年的情况，当时纽约的"仿男式女衬衫"缝纫工决定罢工。仿男式女衬衫是 20 世纪初的时尚潮流。最初，它由一件剪裁合体的衬衫和一条单独的裙子组成。裙子下摆止于脚踝以上，比各个阶层的女性常穿的及地长裙更方便走动。而且因为它可以不穿束腹或裙撑，裙子与衬衫的组合比其他社会认可的选择要舒服得多。很快，仿男式女衬衫和裙子被组合成一件连衣裙，简称"女衫"。它们一直流行了几十年。早期电视节目中的人气女性都穿着这种衬衫式连衣裙，如唐娜·里德和露西尔·鲍尔，以及她们在《广告狂人》等节目中的现代模仿者。

纽约的犹太和意大利移民妇女制造了美国大部分的仿男式女衬衫。但雇主付给她们的工资甚至比男性服装工人微薄的工资还要少，女工只能得到不够维持基本生活的工资，理由是她们的收入只是对男性家庭成员收入的补充。1909 年的夏秋两季，多家商店的女裁缝为争取更高的报酬而罢工，但收效甚微。国际制衣女工联合会（ILGWU）组织了很多这样的工人，成立了女衫女工工会，该工会敦促所有女衫工人大罢工，迫使商店支付最低工资，确定加班上限。但国际制衣女工联合会的领导拒绝支持停工，担心在可能旷日持久的罢工期间，工会无法维持数千名工人的生活。

到了秋末，普通工人对雇主和工会领导人都失去了耐心。1909 年 11 月 22 日，星期一晚上，3 000 位女衫工人在库博联盟学院集会，工人们听到了冈珀斯和其他领导人模棱两可的讲话。在另一位发言者走上讲台之前，女衫女工工会执行委员会的 23 岁成员克拉拉·莱姆里奇强行走上讲台向人群发表讲话。莱姆里奇 6 年前从乌克兰来到纽约。她用意第绪语宣布："我是一个打工妹，是为无法忍受工作环境而罢工的人之一。我厌倦了听演讲者的泛泛之谈。我们来此的目的是决定是否罢工。我提议现在就宣布总罢工。"人群变得疯狂起来，鼓掌同意罢工。会议主席接着宣读了罢工者的誓言："如果我背叛了现在宣誓的事业，愿我的手从我现在举起的手臂上消失。"第二天，将近 2 万名女衫工人

尽管犹太移民最初不愿与纽约服装业的意大利人合作,但最终,在向该市血汗工厂争取提高工资和改善工作条件的运动中,这两个团体成了盟友。

参加了罢工,这一行动被后世誉为"2万人的起义";其实参加罢工的人数最终超过了3万人。这是美国历史上第一次妇女大罢工。

在罢工者中,估计70%是犹太移民,30%是意大利人,他们要求计件工作加薪20%,领取固定周薪的工人加薪15%,每周工作52小时,法定节假日工作要额外支付报酬,而且每天加班不超过2小时。雇主们很快就同意了大部分条款,尽管已经同意与工会领导人进行谈判,但他们拒不承认工会。罢工者愿意忍受饥饿,也不惜坐牢,努力为其劳工组织赢得认可。"这是我所知道的最令人震惊的罢工,"一位女式衬衫工厂老板评论道,"工资要求毫无意义。"

对于罢工者,警察几乎没有什么同情心。有些人被捕,罪名是存在"扰乱秩序的行为",仅仅是因为他们称那些越过纠察员人墙、替代他们上班的工人是"工贼"。大多数试图使用武力阻止破坏罢工的工人进入工作场所的人遭到逮捕,而且抓捕过程通常非常地粗暴。最终,在长达五个月的罢工后,占雇主绝大多数的小制造商默许了工会,而最大的制造商则坚决拒绝加入工会。罢工者也未能取得封闭型企业的许可，因为此类企业的雇主只能雇用工会会员。但让莱姆里奇和女衫女工们感到欣慰的是，在罢工前，她们的工会只有几百名受雇用的会员，现在已经超过两万人了。

第一次世界大战前几年里，罢工继续困扰着纽约的服装业。由于冈珀斯称他们的工作条件是"文明的耻辱"，1910年夏天，75 000名斗篷制作工罢工，《纽约时报》称之为"该市有史以来最大的劳工斗争"。斗篷制作工成功地召集了一批比女衫工人更有影响力的外部支持者，其中包括希夫和波士顿的路易斯·布兰代斯，后者是美国最著名的律师之一。工会的主要谈判代表是来自立陶宛的犹太移民迈耶·伦敦，在这些盟友的推动下，他为斗篷制作工赢得了比女衫工所能获得的更多的让步。斗篷制造商同意实行一种"有限的"封闭型企业，"有限"之意是说，虽然雇主承诺只雇用加入工会的工人，但不承诺雇用工会推荐的特定工人。制造商还同意了工会就工作时间、工资和工作条件所提出的要求。作为回报，工人们同意了一项"和平协议"，即允许工会和雇主代表组成的委员会解决工作场所的投诉，消除了过去一直困扰这部分服装业的小规模停工现象。

如果女衫工也能赢得对其工会的认可，纽约市历史上最严重的工作场所意外灾难也许就不会发生了。在那次"2万人的起义"发生时，拒绝让步的大型制造商中就有三角女衫公司（Triangle Waist Company），它拥有850名员工。按照公司的合同条款，该公司的操作工人不得不返回工作岗位，或到其他地方寻找工作。

三角女衫公司位于华盛顿广场公园以东的一个街区，位于阿施大楼（Asch Building）顶层的三层，该大楼共十层，位于华盛顿广场[1]和格林

---

[1] 位于格林威治村中心的80号。华盛顿广场（Washington Place）是一座独特的独户式联排别墅，是建筑，不是真的广场。类似中国的"万达广场"。

街（Green）的西北角。1900年建成时，它被认为是服装行业向前迈出的一大步。与臭气熏天的下东城廉租公寓楼里的血汗工厂不同，阿施大楼每层有近1万平方英尺的明亮工作空间和12英尺高的天花板。最重要的是，这座建筑是"防火的"。

然而可悲的是，它里面的东西可不防火，建造和租用它的人忽视了这一事实。当大楼的图纸提交给市政府审批时，官员们建议建筑师增加第三个紧急楼梯井，但他没有照做；他们还建议将防火梯延伸至地面，而不是结束于天窗上方6英尺处，也没有修改。有位消防专家告诉三角女衫公司的企业主应该组织消防演习，但他从来没有安排过；他还建议公司不要再锁两个楼梯井其中一个的门，但公司的经理们认为，不锁楼梯井的门会导致员工盗窃行为猖獗，因此也将这一建议置之脑后。

破布商路易斯·利维定期会去公司收衣服废料，如果那次他能早几天去，这些安全上的不作为可能都会无关紧要。利维每年分6次运走三角女衫公司的"裁剪边角料"，即每一块制作女衫所需的布料被裁剪和缝制后剩下的碎布和布条，他向三角女衫公司支付每磅7美分，然后转卖给造纸商。1911年3月25日，星期六，距离利维上次到三角女衫公司拉货已经过去了10个星期；下午4点45分，三角女衫公司经理们发完了一周的薪水袋，按响了下班铃。此时，8楼的车间里堆放着1吨多碎布片。

突然，有人注意到一张60英尺长的裁剪桌下面冒出烟雾和火苗，那里放着大量的碎布。可能是谁不小心扔的火柴或烟头引起的。工人们试图用水桶扑灭火焰，但为了笼住裁剪下来的边角料，裁剪桌的侧面板几乎伸到了地板上，因此，裁剪桌的顶板和侧面板阻挡了水到达迅速蔓延的火焰。八楼的工人开始逃命，他们乘坐电梯或走消防通道，但大多数工人不知道消防通道的位置，因为它隐藏在金属百叶窗的后面。或跟大多数情况下一样，工人们排成一列拥挤着沿狭窄的螺旋楼梯而下。

由于地板上放着几千磅易燃的燃料，大火很快失去控制。通过通风井，火舌蹿到了公司9楼的工作区，那里约有250名工人——几乎都是女工，她们刚刚关停缝纫机，穿上外套。在被火焰吞没之前，有几个人已经从楼梯井下了楼。但通往另一个楼梯的门是锁着的。工人们尝试把锁打破，徒劳地试了几分钟后，最终还是放弃了。与此同时，在熨平、包装和行政办公室所在的10楼，少数工人通过楼梯逃到了楼顶。隔壁纽约大学的师生从教室窗户看到大火，就把梯子架在了两楼之间，这部分工人通过梯子爬到了纽约大学的楼顶得以逃生。

再看9楼，火焰正迅速从大楼后方蔓延至面向华盛顿广场和格林街的窗户。大约36名女工设法从窗户挤到了狭窄的防火梯上，但由于它在一个玻璃天窗上方的半空中截止了，她们被困在那里。由于设计时没有考虑容纳这么多人长时间地停留，防火梯从大楼一侧松脱，悬空摇晃起来，情况十分危险。当电梯位于两层楼以下时，其他几名工人设法跳上了电梯顶部。一旦电梯持续下降，又有几人在升降机井充满火焰之前沿着电梯缆绳滑下，逃到了安全地带。在被困工人中，艾达·纳尔逊也许是最有胆量的一个，她用制作女衫的布料把自己重重裹起来，就像茧一样，然后冲上两段楼梯，穿过火海，逃到了楼顶，一边跑一边剥掉起火的那层棉麻织物。

火灾发生后的几分钟内，9楼的工人就已经无法逃生了。再也没有人能够爬上防火梯；一个楼梯井是锁着的，另一个楼梯井被熊熊燃烧的火焰吞噬了；猛烈的火势迅速向在大楼东南角挤作一团的剩余工人蔓延。随着大火的逼近，在其他逃生手段都用尽的情况下，很多人爬到了外面的窗台上，准备跳楼。围观的人大声喊叫让他们等待，消防队正在赶来，会把梯子伸向他们。但是，当消防员升起梯子，即便是消防队最长的梯子，也只能抵达6楼，离上方的被困工人还有30英尺。

此时，火焰正从9楼的窗户里喷出来，几十名工人爬上窗台躲避。巨大的落地窗被设计成尽可能多地让光线进入，却没有给躲避火焰留下空间，被困工人的头发和衣服很快就开始着火。一位衣服着火的女

三角女衫公司的大火被扑灭时阿施大楼的外景。截止拍摄这张照片时，已有140多名工人在大火中丧生，除10人外，都是移民。

裁缝试图跳到 30 英尺以下的云梯上，但没有成功，"像一颗燃烧的彗星摔到人行道上"。接着，消防队员张开了他们的"救生网"，但这些"救生网"也不是为用于这样的高度而设计的。一些跳楼者成功地落入网中，但她们坠落的力量非常大，即使是最魁梧有力的消防员也脱手了，没能将网扯住。

9 楼大约有 80 名三角女衫公司的工人，她们进退无路，只能蜷缩在大楼东南角的窗户边，或在西南角的衣帽间里，这里紧挨着锁着的那个楼梯井。她们死于烧伤和窒息。19 位工人跳进电梯井，希望在坠落到一楼电梯轿厢顶部时能幸免于难。但她们也都死了。

由于待在室内必死无疑，另外约 40 人站到了外面的窗台上，她们决定跳楼。有的单独跳了下去，下落时，女人的长发高高地飘在她们的头顶之上。其他人则和姐妹或朋友手拉着手或手挽着手跳了下去。很多人先把工资袋扔到楼下，不想白白地损失一周的工资。还有一些人，自己无法迈出最后一步，就请朋友推她们一把。

不管她们怎么做，结果都是一样的。在场的一位记者记录下了工人跳楼时的情景："砰—死了！砰—死了！砰—死了！"目睹此可怕场景的一位消防员报告说："她们像冰雹一样砸在人行道上。我们听到砰砰声快过看到身体的下落。"仿佛这一幕还不够可怕，最后一个跳楼的员工被一根从阿施大楼 6 楼伸出的铁钩刺穿。燃烧的尸体在那里悬挂了大约 1 分钟，最后掉在人行道上。

仍有大约 24 名妇女被困在通风井的防火梯上，街上呆呆看着大火

三角女衫公司工人的尸体，当逃离火灾的方法都用尽时，她们从 9 楼跳了下去。旁观者可能在看站在大楼窗台上的其他被困工人。40 多名工人跳楼身亡。

的人群未察觉到她们。有几个妇女试图跳下去，但撞破了下面的天窗，摔死了。一些人镇定地使用防火梯重新进入 6 楼，并从楼梯下到了安全的地方。其他大多数工人也想这样做，但被大楼外部的铁百叶窗挡住了。他们拼命地坚持着，希望能够获救。但是，熊熊的火焰把消防梯的顶部烧得太热了，在妇女们的重压下，它开始扭曲，并发出嘎吱声；最终它断裂，部分坠落到地面，所有抓紧它的人都死了。

令人惊讶的是，一旦工厂地板上的织物和包装纸烧完，火很快就熄灭了。消防队只用了 18 分钟就把火控制住，30 分钟就把火完全扑灭了。这座建筑物确实防火。唯一烧起来的是窗户的木镶边。今天，它仍然矗立在华盛顿广场 23-29 号，现属纽约大学的一部分。

146 名工人死亡。在受害者中，除 15 人外，都是女性；除 10 人外，都是移民；东欧犹太人 100 人多一点，40 人是意裔美国人。唯一既不是犹太人也不是意大利人的移民是黛西·洛佩斯·菲策，她出生在牙买

26岁的黛西·洛佩斯·菲策是火灾受害者中唯一非意大利或东欧犹太血统的移民,来自牙买加。20世纪头几十年里,有几千名西印度群岛的移民定居纽约。

加。这些移民受害者在美国平均生活了5年。火灾发生前6周,17岁的受害者萨拉·布伦曼刚从俄罗斯抵达纽约。三角女衫公司的老板之一马克斯·布兰克也是移民,大约在1891年从俄罗斯来到美国,当时他21岁。

大火造成的空前伤亡震惊了纽约人。《纽约时报》称其为"骇人听闻的灾难……让整个城市陷入悲伤情绪的一场灾难"。该市的验尸官赫尔曼·霍尔茨豪泽认为自己多年来一直与死者打交道,对这种悲剧已经习以为常,但当他看到这种无谓的杀戮也受不了了,人们发现他在阿施大楼外"像个孩子一样哭泣"。

当然,在下东城和意大利裔社区,痛苦要大得多。"昨天是犹太区历史上最可怕的日子之一,"意第绪语《前进报》报道说,"我们移民都在恐惧和痛苦中茫然徘徊。"多年后,一位犹太移民在写传略时清晰地记得,尽管没有自己的直系亲属死亡,但这么多人惨死让他极为悲痛。他回忆说:"有半年的时间,我无法享受食物的美味。在那些日日夜夜,无论是在店里还是在家里,我都没法休息,"因为在他的脑海里,"看到的都是她们活着的样子和死去的样子"。

几乎从大火被扑灭的那一刻起,纽约人就要求必须有人对众人的惨死负责。4月11日,大陪审团以过失杀人罪起诉三角女衫公司的共同所有人布兰克和艾萨克·哈里斯,理由是他们锁住了9楼的楼梯,这是导致员工死亡的主要原因。地方检察官查尔斯·惠特曼在解释大陪审团的决定时对法庭说:"我认为那扇牢牢锁住的门就是无声的证词,毫无疑问,这两位合伙人是有罪的。"

12月4日庭审开始，让纽约人想不到的是，哈里斯和布兰克竟然被判无罪，因为火灾幸存者的影像证词表明：为防止盗窃，9楼紧急楼梯井的门通常是锁着的。而企业主的律师坚称：如果门被锁上，那是服装厂的管理人员干的，企业主不知情，也没有同意这样做过。其他目击者且仍在三角女衫公司工作的幸存者坚称楼梯门并没有像往常一样锁上。法官给予陪审团成员的指示是：如果他们不确定企业主是否下令锁门，就不应判企业主有罪。结果，经过不到两个小时的商议，陪审团认定哈里斯和布兰克的所有罪名均不成立。《论坛报》称这一判决是"令人沮丧的司法失败之一，这在这个国家太普遍了……法律判决的荒谬之处在于这场屠杀不是任何人的错……这个结论有悖于社会的道德观念"。

由于对这一判决感到不满，受害者家属对布兰克和哈里斯提起了民事诉讼，指控正是他们的过失导致了亲人的死亡。但企业主的律师设法将案件拖了好几年，显然是希望受害者的家人失去耐心，而且无力支付诉讼的费用。1914年，《世界报》评论道："原告已经筋疲力尽了。"最后，只有23个家人得到了补偿。他们与三角女衫公司的保险公司达成了和解，每位受害者仅获75美元赔偿。

三角女衫公司的火灾很快推动了有关工作场所安全法律的颁布，为美国其他地区树立了榜样，但这些法律早就应该颁布了。纽约州政府成立了一个工厂调查委员会，成员众多，包括莱姆里奇和其他多位工会活动人士，他们要听取证词，并展开调查。在接下来的几年里，纽约立法机构根据该委员会的建议颁布了近20项法律，包括《劳工赔偿法》（美国最早的法律之一），它要求在高层建筑中安装自动消防喷淋装置，并开展消防演习。还包括其他更严格的法规，涉及火灾逃生梯、消防和工厂检查、出口楼梯井和消防安全门。重组后的州劳工部及其工厂检查处负责执行所有这些规定。

但工业界进行了反击，迫使一部分法律被修改或废除，并恐吓工厂调查员。有一件事情可以证明这一事实的存在：1913年，因锁闭五大道 79 号的新三角服装厂紧急出口的大门，布兰克被捕。他被罚 20 美元，这是法律允许的最低罚款额。法官认为指证布兰克的调查员过于热心，并对不得不做出这样的判决表示歉意。以后再也没有发生过像三角女衫公司那样规模的灾难，但 1915 年布鲁克林威廉斯堡的一场工厂大火夺去了 12 名工人的生命，表明移民在辛勤工作的同时，仍然面临非常危险的条件。

在三角女衫公司火灾发生前，意大利人和东欧犹太人并非政治上的旁观者，他们像爱尔兰人第一次来到纽约时，对本土出生的纽约人表示顺从一样，犹太人和意大利人一开始也顺从爱尔兰人。"爱尔兰人是天生的领袖，"坦慕尼的老大乔治·奥瓦尼辩称，"他们有能力掌控人。即使是犹太人聚居区也由爱尔兰人领导。犹太人希望被他们左右。"在三角女衫公司火灾发生前几年，该市犹太人和意大利人聚居地的政治领袖有沃尔什、福利、沙利文、凯利、奥布莱恩和墨菲等。

尽管如此，新移民有时仍能在纽约的主要政治组织中脱颖而出。下东城最早的犹太政治家之一是人称"银元"的查尔斯·史密斯，在很小的时候，他从德意志邦联移民而来，为便于进入政界，他改了自己的姓氏"所罗门"。史密斯在埃塞克斯街 64 号开了一家"银元酒吧"，里面铺了一层大理石地板，上面嵌满了数百枚银元；灯和镜子里也有银元；他的外号"银元"就是这么来的。史密斯坚持认为，他在短短三天内就能从那些"想看看这个傻瓜是如何糟蹋他的钱"的看客那里赚回投资。史密斯担任过三届市参议员和五届纽约州众议院议员。

对于史密斯这样的"政客走卒"来说，其权力取决于为选民做事的能力。坦慕尼的领导会为下属提供"劳工票"，使持票人有资格做市政建设项目的散工。律师迈克尔·罗弗拉诺是纽约早期的意大利裔政治掮客之一，与坦慕尼派领袖托马斯·福利发生争执后，他失去了分配工作的权力，随后与改革派市长约翰·珀罗伊·米切尔结盟。1914 年，米切尔任命罗弗拉诺为街道管理处常务副处长，这曾经是"老大"特威德担任的职位。罗弗拉诺因此控制了纽约 6 000 个工作岗位。那些年，使用暴力仍然是获得和维持像罗弗拉诺行使的那种区级政治权力的先决条件。他和史密斯都花了大量时间在法庭上为自己辩护，对他们的指控包括恐吓选民和恶意企图伤害罪，以及（在罗弗拉诺的案件中）安排谋杀政敌。罗弗拉诺没敢面对这项指控，而是躲藏了八个月，但在他最终自首后，陪审团宣告他无罪。

正如"老大"特威德倒台之前，爱尔兰人不得不在坦慕尼内部争夺权力一样，犹太人和意大利人也试图从爱尔兰人手中夺取党内高位，尤其是民主党的高位，但均徒劳无功。政治领导人试图通过提名少数族裔的傀儡人物担任相对不重要的职位或他们明知不可能赢得的职位来安抚新移民。例如，1892 年，共和党提名犹太人埃德温·爱因斯坦为市长。他以接近 1∶2 的差距输给了爱尔兰出生的民主党候选人托马斯·吉尔罗伊。几年后，也就是 1895 年，爱因斯坦退出了纽约联合工会俱乐部，因为这座城市的共和党堡垒不再接纳犹太人。在民主党方面，跟爱因斯坦一样，亨利·戈尔德福格尔也是本土出生的犹太人，1901 年至 1915 年期间是国会的下东城代表。然而，戈尔德福格尔在党内从未行使过重大权力，似乎也从不关心下东城居民关心的问题。《前进报》称戈尔德福格尔是"为富人服务的坦慕尼政客"。

通过在主流政党之外开展工作，下东城的改革者和劳工活动家才成功地取代了戈尔德福格尔这样的坦慕尼走狗。在下东城，社会党决定把希望寄托在劳工律师迈耶·伦敦身上，他是 1910 年斗篷制作工罢工的英雄。1891 年，20 岁左右的伦敦从俄罗斯来到纽约，很快学会了英语，并于 1898 年从纽约大学法学院毕业。一年后，他与比他早两年从俄罗斯来到美国的牙医安娜·罗森森结婚。他们只有一个孩子，对于下东城来说，这是一个非常小的家庭。当被问及为什么只生一个孩子时，伦敦告诉记者："做一个穷人已经很糟糕了，做一个穷人的妻子简直是一场灾难。妻子应该有权选择她要生多少孩子。"

甚至在法学院毕业前，伦敦就赢得了他的第一个社会党候选人的提名。1910 年，在他因代表罢工的斗篷制作工而出名的几个月后，伦敦获得了该党在代表下东城大部分选区的议会提名。多年后，俄罗斯移民哈利·罗斯科伦科回忆说，伦敦"说话时充满了激情，我们喜欢他的社会主义语言"。在罗斯科伦科看来，"伦敦是集参孙、乔治·华盛顿和赞恩·格雷"于一身的英雄人物。

这种"社会主义语言"包括要求政府对失业者提供援助，以及限制房东收取的租金。后者是一个权宜之计，直到社会主义者能够实现他们的目标，即让政府建造并经营工人自己的住房，以便按成本价而不是按贪婪的房东所定的价格出租。在竞选过程中，伦敦宣称："土地私有制就像空气私有制一样荒谬。"

社会主义者还呼吁政府建立工人保险计划，如此一来，那些在工作中受伤的人就不必向雇主吝啬的保险公司争取赔偿；并呼吁建立由政府管理的养老金制度。两位纽约社会主义领导人写道："尽管养老金数额不大，但至少足以减轻工人阶级年老之后面临的极度贫困和绝望。"该计划也将因事故、受伤或疾病而永久无法工作的人纳入其中。社会主义者还呼吁取缔纽约州工厂和农场雇用童工。

当然，社会主义者知道他们没有希望在短期内实施这些计划。但他们正确地预见到，通过宣传自己的观点并通过投票展示实力，可能会改变国家就社会公正问题展开的对话，并说服主流政党采纳他们的某些想法。他们还认为，若是说美国有哪个地方有可能选举社会主义者进入国会，那一定是下东城，因为这里的"资本主义受害者正在斗争和受苦"。

1910 年，第一次竞选国会议员时，伦敦获得了 33% 的选票，几乎是共和党候选人的两倍，但仍落后于戈尔德福格尔。两年后，伦敦可能比戈尔德福格尔获得了更多选民的支持，但坦慕尼的领导人公然利用投票站恐吓和计票欺诈手段，让他的胜利付诸流水。

转眼来到1914年的选举，政府第一次提供选票，纽约州的选民也是第一次可以在投票隔间里秘密投票；在此之前，选民已经在投票站外的隔间里获得了他支持的政治组织的选票。伦敦再次向戈尔德福格尔发起挑战，并击败了他，在这场三驾马车的角逐中赢得了49%的选票。他是纽约市第一位成功的社会党候选人，也是第二位当选的国会议员。华盛顿某报纸预言："国人的眼睛将注视着他的一举一动。"

"我不希望制定很多法律，"赢得国会席位几天后，伦敦向媒体坦承，"因为我是一个人数极少的少数派。"但他计划把自己的办公室当成一个"宣讲（社会主义）福音"的最佳讲坛，重点是建立一个失业保险制度。他还打算推动美国的矿山和铁路国有化，并禁止雇用童工。

然而，在伦敦当选前几周，欧洲爆发了战争。美国人最初认为他们可以保持中立，从而让自己远离席卷欧洲的军事"疯狂"，但很快，这场战争及美国卷入冲突的可能性成为华盛顿辩论的焦点。由于美国是数百万新移民的家园，他们来自那些现在处于战争状态的国家，美国人开始拿不定主意是否继续执行欢迎移民的政策。相比几个月前，已经生活在美国的移民开始表现得对本土出生美国人更具威胁性，尤其是像伦敦和戈德曼这样的激进分子。

事实上，这场战争引发了一系列事件，最终使美国人相信，几个世纪以来，他们几乎接受无限量的欧洲移民，现在这个政策应该结束了。1914年初，大多数美国人把伦敦这样的社会主义者视为无害的牛虻，戈德曼这样的无政府主义者则是另一回事。到1919年战争结束时，美国人将这些移民中的激进分子视为"红色威胁"。几年内，代表恐慌的美国人的众议员将制定有史以来最严厉的移民限制，新移民变得零零星星，只给意大利人、东欧犹太人和其他来自南欧和东欧的移民留下一个小口子，来自亚洲和非洲的移民则完全封死。这些限制不但将深刻改变纽约的移民经历，也改变了美国移民历史的进程。

1910年纽约移民十大来源地	
俄罗斯	484 193
意大利	340 770
德国	278 137
爱尔兰	252 672
奥地利	190 246
英国	78 483
匈牙利	76 627
瑞典	34 952
罗马尼亚	33 586
加拿大	27 180
外国出生者总数	1 944 357
总人口	4 766 883

资料来源：《1910年美国第十三次人口普查，第一卷，人口》，1910年（华盛顿特区，1913年），856-857页。

注：由于波兰在1910年被奥匈帝国、德国和俄罗斯占领，人口普查局在1910年的统计中将波兰出生的纽约人口分配给了这三个国家。

第十九章
限制移民

在每个月最后一天的午夜前,十几艘或更多的船只停泊在纳罗斯水道之外,移民官宣布船只越过这条假想界线的顺序将决定其移民乘客计入相应国家每月配额的顺序。那些到得太晚的人将被运回欧洲,费用由船运公司承担。

1913年1月,《科技新时代》(Popular Science Monthly)发表了一篇题为《在埃利斯岛接受检查》(Going Through Ellis Island)的文章,作者是美国公共卫生署医疗小组的成员阿尔弗雷德·里德博士,该小组负责在移民站为新移民查体。很多篇这样的文章出现在大众媒体上,描述每年抵达埃利斯岛的移民的种类和数量,同时向公众保证,那里进行的全面而科学的体检系统,将确保只有健康的、"值得拥有的"移民才能获准入境。

里德的文章则不同。他不无悲观地警告说:"在过去30年里,(美国移民的)特征发生了显著变化。1883年之前,西欧和北欧来的都是忠诚而健壮的移民,占所有移民的95%。他们寻找新的家园,并成为定居者。斯堪的纳维亚人、丹麦人、荷兰人、德国人、法国人、瑞士人和英国岛民是欧洲血统中最优秀的。他们勤劳、爱国且富有远见。他们是富有生产力和建设性的工人,在一无所有的地方种植、开采和建造,用自己的双手辛勤劳作,同时还挤出时间教育自己的孩子,培养他们对新祖国的热爱之心,并感激她的赐福。"

但现在,里德坚持认为一切都变了。从19世纪90年代开始,"从东欧和南欧涌入的移民越来越多。其他地方的人仍在移民,但犹太人、斯拉夫人、巴尔干人和奥地利人,以及来自地中海国家的人数已远超他们。与早期移民相比,这些人不太愿意移居国外,也不愿意转移自己对家园的情感。经过几年艰苦不懈的劳动,赚能够赚到的钱,然后回家,过一种比较舒适和安逸的生活"。根据里德的说法,早期移民会立即扎下根来,并被同化。而新移民则不同,他们"倾向于成为流动人口,不寻求融合"。他们来美国仅仅是"为了得到能够得到的东西"。

里德认为,为了让美国免受南欧和东欧新移民"特质日益劣化"的影响,现在终止美国数百年来几乎不加限制的移民传统是"合理和必要的。如果一个人不坚信需要限制并只接纳最好的移民……那就不能站到埃利斯岛上"。里德所说的"最好的",并不是指最聪明或最强壮的人,而是指北欧人和西欧人。"若想让真正的美国理想和制度持续下去,若想让我们继承下来的优秀美国男子气概不被贬低,那么限制移民是极其必要的。"

里德也许是个好医生,但对美国移民史的研究很不深入。"老"移民并不比"新"移民同化得更彻底或更快。德国人和斯堪的纳维亚人集中在同类人构成的城市和农村聚居地,继续说自己的母语,除非工作需要,否则很少与外人接触。爱尔兰人是在饥荒时期来到美国的,对大多数本土出生的美国人来说,他们似乎也是完全陌生的、不可同化的。无论是在外交政策还是拳击比赛上,他们几乎不可能将"美国利益"置于爱尔兰利益之上。这些移民的子女是家中第一批按里德希望的方式"融合"的人。在这方面,他们和意大利人没有什么不同:成年移民坚守自己的语言、食物和文化,而他们的孩子则决心要成为完全的"美国人"。饥饿的爱尔兰人刚到美国时,身体已经完全垮了,这跟50年后抵达美国的意大利人和犹太人一模一样。

尽管如此,在20世纪前25年里,美国人开始相信里德是对的,无可否认新移民确实不如前几代移民,若不加控制,新的移民潮将会稀释美国的盎格鲁-撒克逊血统,并让美国成为一个更穷、更弱、更不"美国"的国家。第一次世界大战及战后大量难民的涌入加剧了这些恐惧,导致国会接连颁布了一系列越来越严厉的移民限制，最终形成了 1924 年的《国籍法》（National Origins Act），将从南欧和东欧进入美国的移民数量减少了近 95%，而这两个地方正是纽约大多数移民的来源地。

在第一次世界大战之前的 20 年里，从意大利来到美国的移民数量超过了其他国家，美国人对意大利新移民的情绪反应最终促使国会制定了限制措施。几个世纪以来，每一波新移民的到来都会伴随着对意大利人的抱怨：也就是说，与之前的新移民不同，这批新移民的异质性太强了，永远不会成为真正的美国人。例如，写信给《纽约时报》的一位作者抱怨说，当雅各布·里斯在他的书和文章中以乐观的视角审视纽约的意大利聚居区时，他看到的却是截然不同的景象：

> 我看到的不是幽默，而是肮脏；不是景色如画，而是道德败坏和无视最基本礼仪的可恶行为。啤酒和烟草，大蒜和污秽，争吵和尖刀，噪声和恶臭交替出现，充斥着这些人的生活，这让周围那些对体面和文化有些许要求的人感到恶心和厌倦。当你经过时，有人从二楼窗户往你的外套或披肩上吐口水，难道就没有补救措施吗？天气暖和时，他们难道就不能给孩子至少裹上一块布条吗？……我们能做些什么来阻止这只耽于声色和污秽的"章鱼"爬行呢？若是这些意大利人中有一家获准在一条新街道上生活，就会降低那里的标准和格调，好比挤进了一个楔子，从而留出一条缝隙，此后，成百上千的乡下人就会带着他们的酸臭、大蒜、啤酒和腐烂的烟草涌入。

根据限制论者的说法，意大利人的不文明行为源于基因低劣。1914 年，威斯康星大学麦迪逊分校社会学教授爱德华·阿尔斯沃斯·罗斯写道：意大利南方人属于"头颅长、肤黑的地中海种族，卡拉布里亚人和西西里人身上有不少希腊人、撒拉森人和非洲人的血统"。他继续说道，那些来自那不勒斯的人，"经常表现为额头低、嘴巴张开、下巴无力、五官不佳、脸歪、头颅小且多节以及没有背头"。简而言之，这些美国人认为他们无法摆脱文盲、贫困和疾病，认为意大利人存在基因缺陷。

贬损他们的人说，意大利新移民的另一个问题是他们没有像前几代移民那样同化或成为公民。罗斯断言："意大利南方人几乎和修建中太平洋铁路的广东人一样冷漠。"他认为那些住在偏远的流动工人招待所、"火车车厢或'意大利佬公寓'里的意大利移民压根就不是真正的美国人"。反对者称这种隔离是移民自己的选择，而不是美国社会强加给他们的，从意大利人入籍率低就可以看出这一点。截至1911年，在美国生活了5到9年的意大利南方移民成为美国公民的可能性只有同期抵达美国的德国移民的一半。爱尔兰移民成为美国公民的可能性几乎是意大利人的4倍。意大利人是真正漂泊不定的"过客"，他们缺乏同化或成为公民的兴趣，因此永远是外国人，不受欢迎。

在意大利人的诸多特点中，最不受欢迎的也许是他们的暴力倾向。在《科技新时代》的另一篇文章《我们该拿"意大利佬"怎么办？》中，詹姆斯·阿普尔顿·摩根律师抱怨道："（意大利人）切面包用的刀也会用来切掉另一个'意大利佬'的手指或耳朵。"根据摩根的说法，意大利男子甚至没有将自己的暴力局限在其他男人身上："他的女人像狗一样跟着他，不指望得到比狗更好的待遇，如果没有挨上一连串的拳打脚踢，她们根本不知道该如何自处……若是受了重伤，她们只会躲在某个地方，直到身体好了，可以开始承受新一轮的踢打。"意大利人性情善变，容易激动，据说只要受到轻微的挑衅，他们就会亮出匕首和弹簧刀。即使改革派记者乔治·基布·特纳也忍不住大肆抨击"下层意大利人臭名昭著的暴力和谋杀倾向"。

与意大利移民有关的暴力事件多为来自意大利的各类犯罪组织所为，比如那不勒斯的卡莫拉，卡拉布里亚的光荣会（Ndrangheta），尤其是西西里的黑手党。1907 年至 1909 年，有组织犯罪被引入美国之后的高峰期，犯罪分子歇斯底里，这一时期的《纽约时报》有 600 多篇报道提到了黑手党。意裔美国人坚持认为这种恐慌完全是"一派胡言"。其中可能有意裔美国人罪犯，甚至是意裔美国人的小型犯罪帮派，1908 年，《纽约时报》在大肆宣扬黑手党的所谓威胁时却也承认"在那些耸人听闻的报道之外，不存在这些罪犯的正规组织"。

意裔美国人的捍卫者不知不觉为限制主义者提供了更多的弹药。纽约律师、意大利移民之子吉诺·斯佩兰扎承认黑手党的存在，但声称它是"一种最差的坦慕尼会馆，它用自己的方式处理内部问题，主要局限于巴勒莫地区，除非极端情况，否则不会暗杀"。斯佩兰扎坚称纽约大多数涉及意大利人的谋杀案都是个人仇杀，而非有组织的犯罪。但这些言论无法让神经紧张的美国人放心。

纽约警察局的约瑟夫·彼得罗西诺中尉负责在该市打击意大利裔的犯罪，他的被杀无疑给限制移民来了个火上浇油。彼得罗西诺出生在帕杜拉，那是一个内陆村庄，位于那不勒斯东南 100 英里的地方。1872 年，11 岁的彼得罗西诺和他 55 岁的裁缝父亲一起来到纽约，定居桑树弯，放学后，年轻的彼得罗西诺会去卖报纸和擦鞋。完成学业后，他先后为一个屠夫、一家意大利银行工作过，并与一伙受雇于铁路承包商的意大利劳工一起干过活。由于彼得罗西诺能说一口流利的意大利语和英语，他在哈得孙河码头找到了一份工作，指挥意大利工人装载垃圾驳船，拖运城市垃圾。工作中，他给一位社区警察队长留下了深刻的印象，后者建议彼得罗西诺申请加入警队。当警察那可是令人垂涎的，1894 年，他设法谋得了一个警察职位。

当时的警察队伍以爱尔兰裔美国人为主，由于存在偏见，彼得罗西诺的晋升速度很慢。1914 年，一位传记作家写道："在那个年代，想要进步只能借助某人的'影响力'。"这些人通常是政府官员或坦慕尼会馆的某位赞助人。由于缺乏这些资源，彼得罗西诺只分得了一项很普通的任务，即在炮台公园巡逻，保护来自埃利斯岛的移民，因为那些"拉客者"会想方设法欺骗人生地不熟的新来者。他还被借调到新泽西州帕特森的警察部门以渗透该市的无政府主义组织。彼得罗西诺等了11年才获得第一次晋升，四年后，他又获得了第二次晋升，并进入警探局。随着涉及意大利裔犯罪团伙的案件数量的增加，彼得罗西诺证明自己在解决这些犯罪方面是不可或缺的，最终被任命为警探局新设的"意大利裔犯罪调查分队"负责人。

"那种认为这个城市里有一个叫'黑手党'的大型犯罪团伙的想法十分荒诞。"1908年，彼得罗西诺告诉《纽约时报》，"报纸习惯把意大利人所犯的每项罪行都称为'黑手党'的暴行，人们也就这样如此认为了。"但他确实认为宽松的移民法让美国成了"倾倒意大利罪犯和恶棍的垃圾场"。他建议设立"一个特别检查局"，从意大利政府那里获得一份意大利重罪犯的名单，因为"借助它，检查人员可以阻止其中很多人进入美国"，在意大利港口或埃利斯岛就能把他们拦下。但他的建议没有人跟进，于是，彼得罗西诺提议亲自前往意大利，获取他已在纽约逮捕的意大利移民的犯罪记录副本，如此便可以发现那些在埃利斯岛对自己犯过重罪的经历撒谎的罪犯，从而将他们驱逐出境。

警察局长西奥多·宾厄姆认为彼得罗西诺非常有价值，不能离开纽约，并试图说服他派一名下属去意大利。1909年2月，就在他动身的前几天，《纽约先驱报》的报道披露了他的行踪。即使如此，他仍然坚持要去。在咨询了罗马的意大利有组织犯罪专家后，彼得罗西诺前往南方的西西里岛。他在巴勒莫收集来自西西里的纽约罪犯的信息，一两天后，一个潜伏的线人将他诱至滨海广场的午夜接头处，在那里，彼得罗西诺被枪杀。

彼得罗西诺是第一位在国外执行任务时被杀的美国警察，但从没有人因谋杀他而被捕。除了纽约市警察局，他的故事在美国基本上已经被人遗忘了，但在意大利，他广为人知。甚至在2014年，巴勒莫的一个

在这幅普克（Puck）1909 年的漫画中，由于"宽松的移民法"，贴着"杀人犯""刺客""小偷"和"黑手党"标签的老鼠从欧洲的下水道里涌出，跟着山姆大叔奔向自由女神像和美国海岸。

意大利有组织犯罪的嫌疑人被窃听到他在电话中吹嘘，称自己的舅姥爷就是枪杀那位著名美国侦探的人。彼得罗西诺的被杀似乎与他坚持认为的有组织犯罪是美国人过度紧张而虚构出来的说法相矛盾。1914 年，基于彼得罗西诺自己的调查日记，《纽约先驱报》发表了 8 篇系列报道，讲述他与黑手党的斗争（这些日记在布鲁克林的一间阁楼中被发现，2009 年陈列于纽约警察局博物馆）。在这些日记中，彼得罗西诺经常提到"黑手党"及西西里移民将其带到纽约的企图。因此，尽管他生前曾努力让公众相信黑手党只是一个神话，但他的死却让美国人相信黑手党是真实存在的，而且非常危险。

本土出生的纽约人认为犹太移民和意大利人一样容易成为不法分子。就在彼得罗西诺在巴勒莫被枪杀的几个月前，宾厄姆在《北美评论》（North American Review）上发表了一篇文章，断言占纽约人口四分之一的犹太人犯下了纽约大约一半的罪行。"他们是窃贼、纵火犯、扒手和拦路抢劫犯，"宾厄姆指责说，尽管"扒窃似乎是他们自然而然就会做的事"。纽约的犹太人迅速而坚决地给予回击，他们提供的统计数据显示，在纽约被定罪的罪犯中只有不到20%是犹太人，这一数字也被现代历史学家证实。宾厄姆最终收回了这一说法，坚称他使用的是下属提供的数据，没有检查数据的准确性。1911年发表的一份国会报告同样指出"移民比印第安人更不容易犯罪"，直到今天仍然是这种情况。尽管如此，限制主义者仍然认为新移民有犯罪倾向，就意大利人而言，则是暴力犯罪倾向。

当地人把新移民与极左政治运动联系在一起，在某些情况下，这些运动鼓吹暴力是应对工人不满的有效手段，这让新移民容易犯罪的名声更加响亮。虽然数百万移民中只有几千人加入了无政府主义者的行列，但这些激进的社会主义者不断登上新闻头条，极大地影响了美国人对南欧和东欧新移民的看法。无可否认，无政府主义者有暴力倾向。1892年，亚历山大·伯克曼开枪打伤了钢铁巨头亨利·克莱·弗里克。六年后，一名意大利无政府主义者暗杀了奥地利的伊丽莎白皇后；1900年，一名来自新泽西州帕特森的无政府主义者意大利移民枪杀了意大利国王翁贝托一世。1901年，威廉·麦金利总统被暗杀，行刺者就是俄亥俄州的无政府主义者利昂·乔尔戈什。乔尔戈什并非移民，其波兰天主教姓氏表明他也无法将自己的血统追溯至"欧洲最优秀的血统"。第一次世界大战前夕，纽约的无政府主义者主要是犹太人和意大利移民，他们继续组织公开集会，并以死亡威胁主要的实业家。1914年7月，一名无政府主义者在位于哈莱姆区莱辛顿大道1626号的廉租公寓楼里引爆炸弹，炸死了4名移民激进分子，炸伤了数十位居民，摧毁了这栋六层楼的最上面两层。这枚提前引爆的炸弹原本是针对小约翰·戴维森·洛克菲勒的。新移民和无政府主义暴力之间的联系更加紧密了。

一个月后，第一次世界大战爆发，本土出生的美国人对他们中间的移民更加怀疑。让大多数美国人松了一口气的是，美国并没有参加这场协约国（英国、法国和俄罗斯）与同盟国（德国、奥匈帝国和奥斯曼帝国）之间的战争。伍德罗·威尔逊总统宣布，为避免卷入这场冲突，美国"在这些考验人灵魂的日子里，必须在事实上和名义上保持中立"。威尔逊坚持中立不仅是出于让美国远离战争，还因为数以百万计的移民与冲突各方都有联系，如果无法压制对一方或另一方的所有同情，威尔逊担心"我们的混杂人口会互相开战"。

这些担忧并非毫无根据。1914年8月，随着欧洲宣战的消息传到纽约，近2 000名德国移民走上街头，表示对同盟国的支持。他们四人一排走在百老汇大街上，唱着《莱茵河上的守望者》和其他德国军歌。这些移民中有很多是德国军队的预备役军人，希望能回到祖国履行他们的军人义务。若是他们中的一群人碰巧遇到一队法裔或英裔纽约人，很难想象如何才能避免流血冲突。

然而，在这三个群体之外，很难确定其他纽约移民会站在哪一边。很多爱尔兰裔美国人仍然是英国公民，他们憎恨英国人，希望英国战败，进而导致大英帝国解体，并带给爱尔兰独立。俄国当时正为支持英国和法国而战，但纽约的俄罗斯犹太移民曾经受过沙皇的压迫，无法支持一场可能巩固沙皇摇摇欲倒的权力的战争。相反，奥匈帝国的皇帝弗朗茨·约瑟夫因是犹太人的朋友而在下东城受到崇拜。然而，英国人比其他任何欧洲人都更支持在巴勒斯坦建立犹太人的家园，所以，他们也被认为是犹太人的盟友。意大利在战争一开始就宣布中立。因此，在纽约的主要移民人口中，只有德国移民的立场是明确的。

支持威尔逊中立政策的一个基础被称为"反连字符浪潮"，该观点认为，美国要想避免移民群体之间因欧洲正在争辩的问题而内斗，新移民需要立即停止将自己视为"爱尔兰裔美国人"或"意大利裔美国人"，而应只当自己是美国人。威尔逊说："有些美国人的名字中带连字符，这是因为他们中只有一部分人转变了过来，但当他们完全转变，心灵、思想都转变了，连字符也就失去了存在的必要。"尽管威尔逊呼吁完全中立，但他毫不掩饰自己对协约国的同情。美国向协约国出售军火，却不卖给同盟国，这种做法激怒了很多爱尔兰裔和德裔纽约人。在这些移民中，很多人视"反连字符浪潮"俨然是复兴一无所知主义的一个幌子。

有些移民不愿与这股超爱国主义潮流苟同，声称热爱两个国家没有错。出生于爱尔兰的佩尔西·安德烈埃坚称："作为一个美国人，我为自己的（名字中有）连字符而自豪。"他是芝加哥人，很多纽约人的观点跟他的一样。安德烈埃认为，正是开国元勋们的双重忠诚才使美国革命成为可能。律师西奥多·苏特罗是德国出生的纽约人，他同样不无自豪地声称"我跟我的出生国和这里这个国家有双重关系，我是这里的公民，要无条件地为之奉献"。然而，即使伴随着绝对忠诚美国的声明，在反连字符运动中，这种双重认同仍被视为不够爱国。若想不受别人的怀疑或指责，移民们就不能承认对自己祖国的任何感情，当他们的祖国是德国或爱尔兰时更是如此。

当然，在战前，当选官员们不仅强调甚至还呼吁移民保持双重忠

第一次世界大战期间，只有大约4 000名中国移民居住在纽约，由于被禁止成为美国公民，在很多美国人看来，他们对美国的忠诚尤其令人怀疑。或许为了打消这种疑虑，证明他们不是"（名字中）带有连字符的美国人"，这些中国移民同意在1918年的游行中穿着爱国服装，促销自由债券，以资助战争。

诚。1914 年 8 月，一名困惑的选民告诉社会主义报纸《呼唤》(*The Call*)："不管是民主党还是共和党，那些政客们教我们看清了这一点。"他们"通过连字符找到我们"，通过承诺当选后会成为"意大利最好的朋友"或"爱尔兰事业的捍卫者"来争取移民的选票。现在，正是那些政客在谴责他们几个月前还默默支持的双重忠诚。

1916 年的总统竞选见证了这一巨大的变化。很多观察人士预计，民主党人威尔逊对协约国的默认支持将使他失去数百万德裔和爱尔兰裔美国人的选票，这些人通常是民主党的忠实追随者。但当德裔美国人联盟支持威尔逊的共和党对手查尔斯·埃文斯·休斯时，纽约人几乎不认可。"我的态度是一种纯粹的美国主义，"在听到德美联盟的决定后，休斯对媒体辩解道，"任何支持我的人都是在支持一个不折不扣的美国人，以及一个不折不扣的美国政策，绝不是别的。"

威尔逊不打算让休斯把自己定位为这场角逐中唯一的超级爱国者。10 月，他收到了来自纽约上州的爱尔兰裔美国人杰里迈亚·奥利里的一封电报，电报中谴责了威尔逊的"亲英政策"。威尔逊则用竞选中最令人难忘的一句话犀利地回应。"如果你或像你这样的人投我一票，我会感到非常羞愧。"威尔逊回答奥利里，"既然你有机会接触到很多不忠的美国人，而我没有，我请你把这个信息传达给他们。"在选举日，众多观察人士将威尔逊在纽约州的失利归因于德裔和爱尔兰裔美国人支持率的下降，因为四年前，他曾在纽约州获胜。但是总统仍然轻松地赢得了连任。

如果美国人知道 1916 年 7 月 30 日星期日凌晨两点把纽约人从床上震醒的一系列巨大爆炸的真正缘由，那么在竞选期间，纽约乃至全国日益高涨的反移民情绪可能会变得更加强烈。爆炸发生在黑汤姆岛(Black Tom Island)，该岛现在已经与大陆连成了一体，但当时是新泽西州海岸线附近的一个小岛，位于曼哈顿南端西南偏西 2.5 英里处。黑汤姆岛通过一座铁路桥与泽西市相连，那里停放的火车装满了从美国军火工厂拉来的军火，有数百车厢，本来是准备装上轮船，运往欧洲协约国的。

起初，没有人知道爆炸的来源，爆炸震碎了曼哈顿下城的大部分窗户，以及上城区和布鲁克林的很多窗户。《纽约时报》报道说："女人变得歇斯底里……警察疯狂地吹着哨子。"因为警察都发现自己巡逻的区域遍地碎玻璃，都认为爆炸发生在自己的辖区。经过大约一个小时的混乱后，才有足够多的纽约人看到炮台公园下方哈得孙河泽西市一侧冒出的黑色烟柱，这才意识到爆炸发生在几英里之外。

有证据表明一名德国特工在曼哈顿的藏身处策划组织了这次无耻的破坏行动。为了实施这一阴谋，该特工招募了库尔特·扬克，他是德国移民，已成为美国公民，在菲律宾的美国海军陆战队服过役。另外还有一名斯洛伐克移民，名叫迈克尔·克里斯托夫，是黑汤姆岛的前雇员。他们得到了伪装成移民的德国间谍洛塔尔·维茨克的协助。三人贿赂警卫，得以进入军火区，点燃小火后逃跑了。当火焰烧到弹药时，引发了可能是有史以来震撼纽约的最强烈的爆炸。令人惊讶的是，只有7人丧生，其中包括泽西市的一个婴儿，是震动使其从婴儿床上抛出摔死。远在费城的人都能听到和感觉到此次爆炸。爆炸最初被归咎于运营铁路站场和码头的公司的疏忽，检察官以过失杀人罪起诉了他们的负责人。直至战争结束后，这个间谍网才被发现。（1939年，美德赔偿问题委员会裁定德国政府欠利哈伊谷铁路公司和黑汤姆岛设施的保险公司2 100万美元的损害赔偿。阿道夫·希特勒拒不接受这一裁定，但"二战"后西德政府同意分期支付这笔赔偿。直到1979年，它才支付了最后一笔款项。）如果这件事早点被揭露，毫无疑问，该市的移民无疑会受到严厉的谴责，而且不仅仅是德国人。原来，指挥黑汤姆岛破坏行动的那名德国特工同时也在贿赂爱尔兰裔码头工人，让他们在布鲁克林的海滨策划拖延行动和罢工，以阻止向协约国运送弹药。

随着对德国的不满与日俱增，尤其是1917年2月初德国恢复无限制潜艇战,以及在同月晚些时候,无耻的齐默尔曼电报被截获,透露出德国支持墨西哥入侵美国西南部的提议,威尔逊要求国会对德国宣战,并拟定了一份征兵草案以扩充军队。国会高票支持总统,450 多名议员投赞成票,只有 56 人反对。其中一位反对者是下东城的众议员迈耶·伦敦,他是社会主义者。"现代战争的本质是为有产阶级的商业利益而进行的血腥斗争,"在解释社会主义者反对美国卷入这场冲突时,另一位纽约社会党领导人、移民劳工律师莫里斯·希尔奎特断言,"它们对工人的事业、斗争和抱负,以及他们的权利和自由都是灾难性的。"德裔美国人和爱尔兰裔美国人是其他最有可能反对宣战的纽约人。

美国正式参战后,对移民更加猜疑。在国会批准后,威尔逊总统在宣战书中将年龄在 14 岁及以上非美国公民的德国男性移民指定为"敌侨"。威尔逊禁止他们拥有武器、驾驶飞机、使用收发报机,或进入美国任何军事设施、船只或军工厂半英里范围内,也不允许敌侨"撰写、印刷或出版任何攻击或威胁政府"及其政策的材料或书籍。意识到非德裔美国人也可能会从事与德国破坏分子相同的活动,国会于 1917 年 6 月通过了《反间谍法》(*Espionage Act*),规定在战争期间促成国家敌人的成功,或导致、试图导致不服从、不忠诚,或拒绝履行职责的行为都是犯罪。1918 年,《镇压叛乱法》的通过进一步扩大了《反间谍法》的立法范围,明确规定出版、演讲甚至绘制反对战争的漫画可处监禁。官员们宣布,抱怨"政府受华尔街、军火制造商或任何其他特殊利益集团控制"即构成逮捕的理由,任何批评"我们盟友"的言论也是如此。

战争伊始,这座城市的 25 万德国移民让安全专家和公众感到担忧。在"百分之百的美国人"眼中,德国人的一切都是可疑的。大都会歌剧院宣布将不再演出理查德·瓦格纳的作品,因为正如美国国防协会所说,德国音乐是"德国最危险的宣传形式之一"。纽约停止在小学教授德语,并大幅减少了高中的德语课程。学校官员甚至争论过是否应继续将小学一年级称为 kindergarten（幼儿园）[1]。

对德国移民来说，似乎每个路人都在用怀疑的目光看着他们。"你不能夹着一份德语报纸走在街上，"纽约人海伦·瓦格纳回忆道，"你会被人从街区的这头骂到那头。"美国参战前，在曼哈顿上东城听到德语和在下东城人行道上听到意第绪语或在桑树街听到意大利语一样普遍。一旦美国宣战，瓦格纳指出："我们在家里依然说德语，但在大街上就不再说了。"

德裔纽约人有时会遭到无情的殴打或公开的羞辱。暴徒们会把几个德国移民拖出家门，强迫他们亲吻星条旗，唱《星条旗之歌》，或进行其他表达效忠美国的仪式。四处游荡的超级爱国者团伙也会破坏社会主义者和爱尔兰民族主义者的公开集会。此类暴徒行为在美国中西部地区较为普遍，也更加暴力。例如一个被怀疑不忠的德裔美国人在伊利诺斯州的科林斯维尔被私刑处死，尽管如此，很多纽约的德国移民仍生活在恐惧之中。

因此，众多德裔纽约人想方设法隐藏自己的种族背景，那些为德国移民服务的企业则想方设法与祖国保持距离。曼哈顿的"德国储蓄银行"更名为"中央储蓄银行"，在布鲁克林的同名银行更名为"林肯储蓄银行"。"日耳曼尼亚人寿保险公司"更名为"卫士人寿保险公司"。就在几年前，德国医院和药房[2] 刚刚为其凯泽·威廉病房楼新楼举行了落成典礼，现在它被更名为林诺克斯山医院。这些变化大多发生在1918年，当时美国已经参战，有100多万美国人加入了战斗。

---

[1] kindergarten 是美国人从德国移民那里借来的一个德语词，说这个词会让美国人联想到德国或德国移民。

[2] "德国医院和药房"（German Hospital and Dispensary）是一家医院，到1887年，它每年诊治2.8万名病人，他们主要来自14街以南一大道和二大道周围的小德国社区。最初它叫"德国医院"，中间更名为"德国医院和药房"。

因在纽约从事煽动活动而被起诉的人多为社会主义者。多数在美国出生，如马克斯·伊斯特曼、约翰·里德和斯科特·尼尔林。但也有几个是东欧的犹太人，最著名的是埃玛·戈德曼和亚历山大·伯克曼，在《反间谍法》生效的当天，他们即遭逮捕，原因是在戈德曼拥有的无政府主义杂志《大地母亲》(*Mother Earth*)和伯克曼经营的杂志《爆炸》(*The Blast*)上劝阻人们参军。一个月后，两人被定罪，并被判处两年监禁，需要在监狱的血汗工厂里每天制衣9个小时，戈德曼被羁押在密苏里州的杰斐逊城，伯克曼在佐治亚州的亚特兰大。

尽管戈德曼和伯克曼努力煽动反对征兵，但与54年前内战时的征兵相比，1917年6月和7月两次征兵时反对的声音少了很多。征兵制被广泛接受的部分原因是第一次世界大战时授权征兵的法律没有为被征召入伍者提供替代者或支付代偿金的机会。体检合格的被征召者都必须服役。此外，政府需要征召的纽约人的比例也比内战期间小得多，这一点也有帮助。

纽约的应征入伍者大多数在军队的第77师服役，也就是著名的"熔炉师"。据说那里的人会说42种语言，甚至还包括几名华裔美国人。但多年后，一位犹太老兵开玩笑地回忆说，它主要是由"犹太人、意大利佬和腐败的爱尔兰警察"组成。纽约总共向法国前线派遣了38 000名士兵，其中很大一部分是移民。

1918年6月，战争已进入尾声，77师抵达法国，并于8月到达前线。尽管如此，纽约人还是实实在在地经历了激烈而致命的战斗。他们被飞机扫射、重炮轰炸、机枪扫射，被火焰喷射器烧死，并多次遭受芥子气袭击。到11月战争结束时，77师约有2 500名纽约人被杀，7 500人受伤。总体而言，纽约共有7 300名居民在战争中丧生。死者中有戈德曼26岁的侄子戴维·霍克斯坦中尉，他是小提琴演奏家，已被宣布免服兵役，但因感到内疚而入伍。

77师参加的最著名的战役是阿尔贡森林战役。当时，近1 000名纽约人脱离了协约国军队的主力，被德军包围。德军要求美国人投降，否则必死无疑。美国人拒绝了，期望他们师的其他人很快前来营救他们。但师指挥官并不知道"迷失营"在何处。两天、三天、四天过去了，没有食物和水，仍然没有救援行动。在德国人和美国人几乎持续不断的轰炸下（美军没有意识到他们的炮火瞄准的是自己人），650名纽约人的伤亡率超过了65%。德国人越过前线送来一封短信，该信是一名从斯波坎（Spokane）回到德国为祖国而战的移民写的："我们听到了你们伤员的呻吟，出于人道，为什么不投降？"

但美国人拒绝屈服。几周后，来自布朗斯维尔的欧文·利纳给他的移民父母写了一封信，提醒他们说："你还记得在赎罪日24小时不吃东西对我来说有多艰难吗？噢，我不得不五天不吃东西，但这丝毫没有影响到我。"美国人打破围困的策略是派出"能跑的人"，他们的任务是跑过对阵双方之间的无人区，然后设法穿过德国人的阵地，从另一边跑到几英里外的师部。四天之后，有36人自愿参加这项自杀式的任务。他们要么被击毙，要么被俘虏。

尽管如此，在被围困的第五天早晨，也就是10月6日，又一个志愿者挺身而出，他就是来自波洛茨克[1]的26岁理发师亚伯拉罕·克罗托辛斯基，1912年才移民到纽约。克罗托辛斯基后来回忆说："我在黎明时出发，"然后立即遭到猛烈的攻击，"我跑过一片空地，下到一个山谷，又上到一个山谷，躲进一片灌木丛。我记得时而爬行，时而躺在灌木丛下，还为自己挖了一个洞。不知何故，直到今天我都不知道怎么回事，黄昏时分，我发现自己身处德国战壕中。"几个德国士兵来到他面前，他装死。有人甚至踩了踩克罗托辛斯基的手指，以确定他是否还活着，"但我忍着没有发出任何叫声"。等他们战死后（战争打到这个时

---

[1] 波洛茨克（Plotsk）是现白俄罗斯境内一个城市。

候，德国人已经无法保持他们的战壕满员），克罗托辛斯基爬出战壕，进入一个离美军阵地更近的废弃战壕。从那里他可以听到美国人的说话声，即使穿着美军制服，他也担心被射杀，不能径直冲向战友。他开始大喊："你好！你好！"最后，他那很浓的意第绪语口音让美军相信他是自己人，一个侦察队出来迎接他，并把他带回阵地。几个小时后，克罗托辛斯基亲自率领第一支救援队回到了迷失营。一个月后，1918年11月，战争结束。因其英勇行为，克罗托辛斯基被授予杰出服役十字勋章。《纽约时报》后来称他为"第一次世界大战中纽约最伟大的英雄"。

由于克罗托辛斯基这样的士兵的英勇行为，他们的很多非移民战友在离开军队时，对南欧和东欧移民的态度比入伍时大为好转。77师的士兵查尔斯·明德是本土出生的纽约人，在给他德国出生的母亲写信时说："我们连队里有你能想到的各个国籍的人，在军队生活的最后六个月里，我跟这些人一起生活和受苦，这对我消除种族偏见的作用比其他任何事情都要大。"明德指的不是对非裔美国人的偏见。从这封信的内容可以清楚地看出，明德特别提到的是犹太"种族"。

然而，回到纽约后，犹太人的政治活动让东欧移民显得更加激进，与美国主流截然不同。1917年11月，美国举行参战后的第一次选举，社会党成为唯一一个争取和平的政治组织。由于很多纽约人仍然对在这场致命的冲突中拿美国人的生命冒险持矛盾态度，社会主义者候选人获得了比以往任何时候都多的选票。他们的市长候选人希尔奎特获得了22%的选票；希尔奎特原名莫伊舍·希尔科维茨，生于拉脱维亚的里加，这是迄今为止纽约全市竞选中社会主义者候选人赢得的最高比例的票数。

在立法机构选举中，纽约的社会主义者获得了州众议院的10个席位（另一项纪录），全都出自以犹太移民为主的区。瑞士出生的奥古斯特·克莱森斯在中哈莱姆区当选，而来自匈牙利的埃尔默·罗森贝格、基辅的威廉·卡林和同样是乌克兰的路易斯·瓦尔德曼代表下东城。来自安特卫普的威廉·费根鲍姆、罗马尼亚的约瑟夫·怀特霍恩和乌克兰的亚伯拉罕·希普拉科夫赢得了布鲁克林的选举，而在布朗克斯当选的是生于波兰的塞缪尔·奥尔、乌克兰的查尔斯·加芬克尔和俄罗斯移民在美国出生的儿子本杰明·吉特洛。大多数移民议员在幼儿或十几岁时就来到了纽约，几乎都是拥有哥伦比亚大学和纽约大学学位的劳工律师或工会组织者。除了公开反对战争外，这些社会主义议员还提倡工人的权利，尤其是在罢工期间；他们也是有史以来首次提出议案，将传播描述节育方法的纸媒信息合法化的纽约议员。他们还发起了一项立法，禁止房东在租户搬进公寓后的第一年提高租金，并要求所有租金上涨都要提前30天通知。费根鲍姆建议，纽约市应该为低收入的纽约人建造公共住房，并只收取相当于建筑维护成本的租金。瓦尔德曼提倡他所谓的"社会保障"制度，即推行由政府资助的养老金和失业保险。他还要求立法机构建立一个由国家管理的大学体系，免费入学。这些议案没有一项通过委员会的审议。

到1919年纽约的社会主义者议员竞选连任时，政治局势发生了巨大变化。世人看到了1917年俄国革命的血腥后果，社会主义者推翻资本主义秩序的号召令众多美国人感到恐惧。被选入众议院的温和派社会主义者之所以受到怀疑，很大程度上是因为他们的激进派无政府主义兄弟们的斗争策略。1919年4月，意大利裔美国无政府主义者给30多位著名的美国政府官员和商界领袖邮寄了炸弹。他们的目标多为纽约人，包括小摩根、小洛克菲勒、市长约翰·海兰、警察局长理查德·恩赖特和移民局长弗雷德里克·豪。

第一个被打开的诱杀包裹是寄给前佐治亚州参议员托马斯·哈德威克的，不过挨炸的是他的管家，管家的手被炸掉了。幸运的是，由于邮资不足，其余近一半的炸弹被纽约某个邮局扣留，在寄给哈德威克的炸弹爆炸后，调查人员趁其余邮包还没有送达之前迅速收回了大部分炸弹。无政府主义者并没有因此望而却步，两个月后又埋下了更多的炸弹。司法部部长亚历山大·米切尔·帕尔默的家位于杜邦圆环[1]附近，6月2日，一枚为他准备的炸弹在他家门口爆炸，将运送炸弹的无政府主义者炸成了碎片，并破坏了整个街区的房屋。同一天，克利夫兰、匹兹堡、波士顿、帕特森和纽约的政府官员的住所也被炸毁。

1919年至1920年的红色恐惧（Red Scare）由此开始了。司法部不仅加强了对无政府主义者的监视，还加强了对全美范围内较温和的社会主义者和劳工领袖的监视。帕尔默让24岁的约翰·埃德加·胡佛负责这次搜捕行动。一个人不需要做或说任何非法的事情就会被胡佛的手下逮捕。对于移民来说，仅仅是加入一个可疑的激进组织就会导致逮捕和驱逐出境；甚至参加由共产主义者或社会主义者团体赞助的免费夜校也会构成驱逐出境的理由。在红色恐惧期间被驱逐的人中有戈德曼和伯克曼，在1919年出狱后，他俩和其他几百名激进分子一起被驱逐到苏联，运送他们的是苏联的一艘军事运输船，媒体称之为"红色方舟"。胡佛亲自去埃利斯岛为戈德曼送行。

美国公民自由联盟抗议胡佛使用的非法和违宪的策略，但大多数美国人支持这些所谓的帕尔默搜捕（Palmer Raids）。到1920年6月，数以千计的移民被捕，数百人被驱逐出境，当时波士顿的一名联邦法官裁定，仅凭激进组织的成员身份不能作为拘留或驱逐移民的理由。无论出于何种意图和目的，此裁定都宣告了帕尔默搜捕的结束。

像戈德曼和伯克曼这样的移民可以被立即驱逐出境，主要是因为他们选择不成为美国公民，从而缺乏公民身份赋予的宪法保护。公民身份的确让大多数社会主义者移民免遭立即逮捕和驱逐出境，但它无法保护

---

[1] 杜邦圆环（Dupont Circle）是华盛顿哥伦比亚特区的一片住宅区，该区的道路汇于一个圆形的交叉路口，该路口以塞缪尔·弗朗西斯·杜邦（Samuel Francis Du Pont）的名字命名。圆环中间有杜邦圆环喷泉。

社会主义者议员免受其他议员的伤害。尽管在红色恐惧的高峰期，社会主义者被怀疑的气氛笼罩着，但在1919年11月，纽约的五个州议员选区再次在奥尔巴尼选举社会主义者作为他们的代表；这5位社会主义者是老议员瓦尔德曼、克莱森斯和奥尔，以及新议员塞缪尔·德威特和查尔斯·所罗门。然而，在次年1月开始的立法会议的第一天，议长撒迪厄斯·斯威特把五人叫到会议室的讲坛边，宣布他不允许他们入座。他说：社会主义者受誓言约束，要听从外国领导人的"指示"，因此，没有资格在立法机关为纽约人和美国人的利益服务。众议院投票决定暂停这些社会主义者的职务，等待听证会，听证会后将进行除名投票。

1月20日至4月1日，立法程序主要是听证，在那次听证会上，支持除名的人引用了克莱森斯的演讲。在演讲中，克莱森斯谴责"美利坚共和国"是"一个基于欺诈的庞大机构"，正是这种对选举欺诈的抱怨成了驱逐社会主义者候选人的理由。按照社会党章程的规定，其成员禁止"投票支持用于军事或建设海军的拨款"，支持除名的人集中抨击这一条款，称这与立法者维持州民兵的责任相矛盾。受谴责的人回应说，他们是民主社会主义者，他们的言论是为了激励美国人用选票而非子弹影响政治变革。但立法者仍坚持不让这些社会主义者就座，共和党人尤其如此。辩论达到高潮时，布鲁克林议员弗雷德里克·威尔斯喊道："我们必须开除这些社会党人。如果不这样做，我们的子孙将会在门前台阶上冲洗鲜血。"4月1日，议会绝大多数议员投票赞成将这5人逐出议会。

除名事件成为全国的头条新闻，虽然大多数美国人支持立法机构的决定，但纽约人的态度比较矛盾。查尔斯·埃文斯·休斯称这个决定是"一场灾难"，"有些人把爱国主义当成一种打压异见的手段，这是非常危险的"。虽然并非社会主义的盟友，《民主世界》(Democratic World)杂志还是称此立法程序是"一种立法上的私刑"，并宣称"如果纽约人想要保住他们的自由制度，如果不想被他们愚蠢的政客俄罗斯化，他们首先关心的必须是恢复昨天在奥尔巴尼被议会推翻的代议制政府"。然而，也有很多纽约人认为立法机构的行为是完全正当的。《纽约时报》对这一决定表示赞赏，称这是针对一个旨在"通过暴力推翻美国政府和机构"的组织进行的"自卫"式的"勇敢行为"。

为填补他们的空缺席位，9月要举行补缺选举，被罢免的议员们都表示要参加。为了确保他们失败，共和党和民主党联手，选出一个候选人，以对抗每个社会主义者。尽管如此，这5位社会主义者还是以绝对优势取得了胜利，比十个月前的选票还要高出很多。在他们回到奥尔巴尼时，现任议员试图通过投票给他们中的德威特和奥尔，以挽回颜面。德威特是一位"一战"老兵，他和奥尔都没有像其他人那样公开对美国进行过具有煽动性的批评。但当他们的社会主义者同事第二次被开除时，德威特和奥尔辞职，以示抗议。因急于避免未来发生此类冲突，两大主要政党打出一套组合拳，既不公正地划分选区，又使用"融合"票，即民主党和共和党同意支持同一个候选人，使得社会主义者在未来的选举中更难获胜。

在国会决定实施美国历史上影响最大的限制移民措施中，有三大因素发挥了重要的作用：无政府主义者的炸弹袭击，红色恐惧，以及对社会主义者当选纽约州议会议员的争议。1920年9月中旬，在美国本土发生了迄今为止最致命的恐怖袭击之后，要求国会采取行动的呼声更加高涨。摩根大通集团总部位于华尔街23号，就在纽约证券交易所对面。16日周四中午，一枚巨大的炸弹在总部外爆炸，这是一枚定时引爆的炸弹，藏在停在摩根办公室外的一辆马车里，由大约100磅炸药和500磅铸铁弹组成。爆炸造成38人死亡，数百人受伤。时至今日，在摩根大厦的墙壁上，仍能看到由喷射的铁球造成的凹坑。爆炸事件似乎是来自马萨诸塞州的意大利无政府主义者移民所为，但没有人因此被捕或起诉。这是1995年俄克拉荷马城爆炸案之前美国死伤最严重的针对平民的恐怖袭击。

华尔街袭击事件发生后，要求限制移民的呼声立刻高涨起来。在爆炸发生 13 天后，《芝加哥论坛报》发表了一篇题为《移民、入侵、革命》的社论，文章写道："我们认为现在应该是放下栏杆的时候了。……如果美国不打算自杀"，它就不应该"成为革命欧洲各种政治和社会疾病的庇护所……这种性质的移民就是入侵，而入侵意味着征服。为了美国，关上大门吧"。

更加紧迫的是，人们意识到，经历六年的低谷期后，进入美国的移民人数突然激增。《纽约时报》透过一个标题大声疾呼："埃利斯岛面临数百万人的涌入。"《洛杉矶时报》则报道称："赤贫者和患病者正以前所未有的数量吵嚷着要进入美国，人数之多前所未有。"据《华盛顿邮报》报道，最糟糕的是"'经济寄生虫'现在大量涌入"，而且是"美国有史以来最大规模的外国人涌入"，但他们不是为了工作，而是为了"逃避工作"。很多美国人曾经认为，由于国会在 1917 年颁布了识字测试，战后移民的人数会保持在较低水平上，但事实"证明这种认识并不适当"，9 月底和 10 月初"埃利斯岛的混乱"就表明了这一点。在新的移民潮中，占多数的是意大利人、希腊人和叙利亚人，他们"又懒又令人讨厌"，而且"到最后都是外国人"。因此，大多数美国人开始同意《华盛顿邮报》的观点，即"防止美国人的血液受到进一步的污染"应该是国会的头等大事。

国会议员们考虑了针对"移民紧急情况"提出的各种补救措施。一些人建议暂停移民六个月或一年，或者如众议院移民委员会最终建议的两年。另一些人希望对接收每个国家的移民人数设置配额，还有一些人建议对每个"族裔"设置配额。最后，众议院通过了一项禁止移民 14 个月的法案，但参议院认为此举太过苛刻，转而选择了配额。根据 1921 年的《紧急配额法》，下一年允许从任何特定国家进入美国的移民人数将等于截至 1910 年（有人口普查数字的最后一年）已在美国的外国出生人口总数的 3%。国会最终将这些配额又延长了两年。

移民署署长威廉·赫斯本德称 1921 年的法案是"移民立法史上最激进、影响最深远的事件之一",这种评价并不夸张。在 1882 年之前,来到美国的移民数量不受限制,不过,当时大多数中国移民是非法的。1907 年至 1908 年冬天,在美国的压力下,日本同意停止几乎所有移民美国的活动。1917 年,美国国会禁止了来自亚洲其他地区的移民(包括我们今天所说的中东地区)。但如今,美国人可以选择哪些国家应该移民最多,哪些国家应该移民最少,并对总体移民数量加以限制,就连一无所知党也从未提出过这样的政策。

《紧急配额法》的实际效果明显,南欧和东欧的移民数量相比战前水平削减了约 80%,而英格兰、爱尔兰、德国和斯堪的纳维亚的移民基本上没有受到影响。例如,在第一次世界大战之前的 10 年里,意大利平均每年向美国输送 22 万移民,但新法律只允许移民 4.2 万人。俄罗斯每年获准移民 3.4 万人。总体而言,截至 1921 年 6 月 30 日的 12 个月里,移民人数约 80 万人,由于新法律的实施,一年后下降到 30 万人。

《紧急配额法》将每个国家的移民配额分至各月,若不是因为利益太大,各国也就不会争取这些令人垂涎的配额,因此,他们的努力就会显得很荒唐。在每个月最后一天的午夜前,十几艘或更多的船只停泊在纳罗斯水道之外,那里是布鲁克林区西南角最接近史泰登岛东边的地方。移民官员将这条水道指定为纽约港的官方入口,并宣布船只越过这条假想界线的顺序将决定其移民乘客计入相应国家每月配额的顺序。那些到得太晚的人将被运回欧洲,费用由船运公司承担。轮船公司最终开始与美国领事馆协调,设法确保公司接收的乘客数量不超过每月的配额,但这总是不牢靠。领事馆可以向轮船公司保证它可以在一个月内安全地将 500 名英国移民带到纽约,但如果船只还在海上航行时,500 名英国人从加拿大进入美国,船上的乘客就会被拒绝。

对英国移民来说,这样的延迟可能是相对短暂的。与寻求移民的英国人相比，英国的移民配额如此之高，以至于在某个月被拒之门外的移民几乎肯定很快就会被接纳。实际上，英国的移民配额有多个月是用不完的。但对东欧移民来说，找到进入美国的途径可能是生死攸关的。1919年和1920年上半年，大屠杀再次席卷乌克兰，成千上万人丧生。一位经历过袭击的移民回忆道："犹太人倒在血泊之中。"安宾德家的故乡是霍洛斯科夫小镇，那里的犹太居住区之前曾经逃脱过反犹联防队员的黑手，但在1919年6月的一场屠杀中也遭到了袭击，造成95人死亡。犹太调查员报告说："几乎整个城镇被洗劫一空，人们逃往四面八方。"当我的曾祖父弗罗伊姆·莱布·安宾德听到大屠杀的消息时，他想必非常担心，不知道自己的妻子和五个孩子是否还活着。听到袭击的消息他一定更加内疚，感觉自己这个熨烫工没能在战争使移民几乎不可能之前攒够钱，把家人接过来。

弗罗伊姆·莱布的妻子贝尔及他们的孩子（包括我的祖父图莱亚）在大屠杀中幸存下来，跟他们一样，成千上万的犹太人逃往了各处。贝尔和她的孩子们向西南，走到了120英里外的基希讷乌，当时那里属于罗马尼亚，现为摩尔多瓦。后来他们很幸运地离开了那里，但留下来的人经历了世界上最可怕的饥荒之一。粮食严重短缺，部分是干旱造成的，部分由于俄罗斯内战持续不断的战斗。俄罗斯内战始于1919年，1921年达到顶峰，一直持续到1923年。伯莎·福克斯回忆道："人们饿得身体浮肿，在极度痛苦中死去。"1922年，他成功地从乌克兰来到美国。"即使人们以高价买到一块面包，面团里也被混入了锯末。"这是饥荒时期一种常见的做法，目的是让稀少的面粉供应坚持的时间更久一些。到1921年，哈伊姆·库斯尼茨一家6口人就靠每天喝1品脱牛奶和半磅这样的面包活着。1923年，他终于到达了美国。即使是最保守的估计，当时的死亡人数也超过了100万。

贝尔和她的孩子们想方设法与美国的弗罗伊姆·莱布团聚，但战争、大屠杀、饥荒和配额法对她们都产生了影响。不知何故，她们从基希讷乌来到了安特卫普。弗罗伊姆·莱布最后一定给他们寄钱了，或者留在霍洛斯科夫的贝尔的父母帮助了他们。无论如何，他们在 1921 年 7 月买到了拉普兰号（Lapland）轮船的船票，但在最后一刻被拒绝登船，他们的名字被列入乘客名单，但后来被划掉了，也许是因为认为他们身体太过虚弱，不适合旅行。9 月初，他们终于设法登上了芬兰号（Finland），前往纽约，但一家人却被扣留在埃利斯岛，因为他们被认为很可能会成为政府救济的对象。他们之所以被扣留很可能还是因为得了疾病，因为贝尔的五个孩子中有四个被送到了埃利斯岛上的医院。他们肯定病得很重，因为第一个孩子 6 周之后才被允许出院，她就是 16 岁的费格，我知道她是我的姑奶奶弗洛伦丝。4 天后，图莱亚获准出院，1 周后，17 岁的吕歇尔出院。最后，11 月 30 日，这家的孩子索尼娅也出院了。她瘦小又身体虚弱，在埃利斯岛时家人谎报了她的年龄，说她只有 9 岁，而实际上她是 11 或 12 岁。经过漫长的 11 年等待之后，他们终于和弗罗伊姆·莱布团聚了。

尽管 1921 年的《紧急配额法》使意大利移民人数较战前减少了 85%，俄罗斯移民人数减少了 87%，但大多数美国人仍然认为有太多的南欧和东欧移民踏上了他们的海岸。1924 年，国会共和党人提出了一项法案，进一步将移民人数从每年 35 万减少到 15 万，而减少的绝大部分是南欧和东欧的移民配额。宾夕法尼亚州参议员大卫·里德和华盛顿州众议员艾伯特·约翰逊是该法案的发起人，他们解释说：新的配额将根据美国总人口的"国籍起源"来确定。因此，如果人口普查局确定，截至 1920 年，4% 的美国人是意大利裔（要么是意大利移民，要么是美国出生的意大利后裔），那么，在 15 万个移民名额中，意大利将占 4%。在人口普查局完成此项研究之前，该法案将实施临时配额，将在 1921 年大幅削减意大利、俄罗斯和其他南欧和东欧国家配额的基础上再削减 90%。该法案免除了北美和南美移民的配额，却完全禁止亚洲移民。非洲各国象征性地得到 100 名移民的配额。

代表纽约和其他东北部城市的众议员强烈谴责这个"里德−约翰逊"法案。共和党众议员菲奥雷洛·拉瓜迪亚指责说："该法案的计算方法表明了对犹太人和意大利人的故意歧视。"纽约州的民主党代表一致认为，该法案是"为了支持所谓的北欧种族"而制定的。"要知道，在战争期间，我们曾热衷于谴责德国提出了'超人'和'超级国家'的概念，"在众议院辩论期间，波士顿众议员詹姆斯·加利文提醒他的同事们，"现在，这个国家最初由三 K 党发起的优越论似乎在这项拟议的立法中得到了表达。"辩论非常激烈，以至于在某一时刻，人们不得不把加利文和该法案的一个支持者分开，防止斗殴。

该法案的某些方面确实值得反对者称道。根据"里德−约翰逊"的提议，大部分移民处理工作将在移民原籍国的领事馆进行，如此，那些想要移民美国的人在登船前就能知道自己是否满足美国移民法的要求，并获得了配额。移民们不必再把毕生积蓄投入美国之旅，却在埃利斯岛被禁止入境。该法案还免除了美国公民的妻子和未成年子女的配额，以便像弗罗伊姆·莱布这样的男人不必担心与其留在家乡的家人永远分离。对于那些被纳入配额管理的人，优先考虑美国公民的父母、18 至 20 岁的子女、农业工人及其家人。但在纽约国会代表团看来，这些事实都弥补不了该法案令人反感的特点。在纽约一个抗议该法案的会议上，众议员塞缪尔·迪克斯坦说："如果我们的祖先看到他们的儿孙现在做的这些事，他们会自感羞愧的。"

从冈珀斯的美国劳工联合会到美国退伍军人协会和三 K 党，它们都是该法案的支持者，而且都认为没有理由感到羞愧。"的确，我们 75% 的移民今后将来自西北欧，"里德承认，"但这样做是公平的，因为我们现在生活在这里的人中有 75% 的人是来自这些国家的移民⋯⋯因此，美国目前的种族构成是永久性的。"里德称该法案是半个世纪以来由国会审议的最重要的法案。"它的通过意味着我们子孙后代的美国将成为一个更好的居住地。这将意味着一个更加同质的国家，更加自力更生，更加独立，并因共同的目标和理念而更加紧密地团结在一起。"该法案在参众两院得到了两党绝大多数人的支持，获得通过，1924 年 5 月 26 日，卡尔文·柯立芝总统签署，正式成为法律。

移民限制的影响，1914—1965			
	截至 1914 年 6 月 30 日接纳的移民人数	1922 年根据《紧急配额法》接收的移民	移民配额，1929—1965
德国	35 734	19 053	25 957
英国	48 729	42 670	65 721
爱尔兰[1]	24 688	计入英国	17 853
意大利	283 738	42 057	5 802
俄罗斯	255 660	43 284	2 784
希腊	35 832	3 457	307

资料来源：《移民局局长向劳工部部长提交的年度报告》，截至 1922 年 6 月 30 日的财政年度（华盛顿特区，1922 年），第 5 页；《移民局局长向劳工部长提交的年度报告》，截至 1924 年 6 月 30 日的财政年度（华盛顿特区，1924 年），第 4 页，6-7；《美国统计概要 1929》（华盛顿特区，1929），第 102 页，第 105 页。

《国籍法》是美国历史上最重要的法律之一。截至 1924 年国会决定"关闭大门"，美国人已经持续欢迎移民 300 多年，少有例外。现在，美国不再扮演世界上芸芸众生庇护所的历史角色。对中国、日本和其他亚洲国家接连实施的限制标志着这种转变的开始，不过，美国人突然接受这种政策巨变的速度让美国和国际观察家都感到惊讶。

对于纽约和纽约人来说，移民数量的突然减少特别重要，因为这

---

[1] 1914 年的爱尔兰数字包括爱尔兰全境。1929 年至 1965 年的爱尔兰配额用于爱尔兰自由邦。其余的归入英国的配额。——作者注

项法律针对的是该市最大的移民社区。意大利移民比战前减少了98%，俄罗斯移民减少了99%。纽约经济的活力在很大程度上依赖于这些新来者。几个世纪以来，很多来到美国的移民最初都是在纽约定居，后来才搬到其他地方。没有理由相信1924年的纽约移民有一天也会搬迁，但谁会代替他们呢？在接下来的40年里，移民在纽约的故事中扮演的角色越来越小，直到1965年，国会废除了《国籍法》。

第二十章
避难所

"两万个孩子很快就会长成两万个可怕的成年人。"罗斯福本可以利用他庞大的政治资本来推动这些法案或其他允许更多难民进入美国的立法，但他表示反对。相反，罗斯福试图说服拉美国家接纳难民。跟世界上的其他人一样，他们也不愿意接纳犹太人。

移民限制对纽约的影响是深远的。1927年，曾在州议会中代表下东城的社会主义者威廉·费根鲍姆在《纽约时报》上写道："移民的停止是改变东城区的一个重要因素。"他说"源源不断的移民"赋予该区以"特色"。但是，曾经"挤满了大家庭"的东百老汇现在"到处是仓库、皮草店和商店……熙熙攘攘的街道上人越来越少，曾经活跃的社区正在失去生机，不久前，老人还不得不跟很多子孙住在一起，各个房间都住着人，现在只剩下孤零零的老头和老太了"。几年后，纽约主要的意大利语日报《意裔美国人进步报》（*Il Progresso Italo-Americano*）对曼哈顿的意大利移民社区得出了类似的结论。该报报道说："很多公寓楼空置着，而在1920年，想在这里找个能放下一条胳膊一条腿的地方都不可能。"

这些聚居地的人口减少大多是由于移民移居到其他行政区，而非由于纽约整体移民人口的减少。费根鲍姆指出，很多犹太人现在能住得起比布朗斯维尔和东纽约区更好的布鲁克林区了，于是他们搬到了本森赫斯特、科尼艾兰和弗拉特布什，"甚至搬到了皇后区"。到1932年，犹太人（并非全部是移民）成了以下社区的主要居民：布鲁克林的布朗斯维尔、科尼艾兰、东弗拉特布什、法洛克威、肯辛顿、米德伍德和海门；布朗克斯的亨茨点、摩利萨尼亚、海布里奇和福德汉姆高地；以及曼哈顿的上西城。意大利人（仍然不全都是移民）不仅在东哈莱姆和现在的苏豪区占多数，在布鲁克林的巴斯海滩、贝德福德-斯泰弗森特、本森赫斯特、自治市公园、布什维克、戴克高地、格林堡、格雷夫森德和红钩社区的部分区域，以及布朗克斯的贝彻斯特、贝尔蒙特、干丘路和威廉斯布里奇等区域也占多数。在此之前，为了在周边行政区住上带有后院花园和更宽敞的公寓，有些人搬出了曼哈顿，取而代之的是来自埃利斯岛成千上万的新移民。现在，新移民只有数百人，曼哈顿的犹太人聚居区和意大利人聚居区也不再那么拥挤了。

仍有一些意大利和东欧移民定居在曾经拥挤不堪的社区。每年合法进入美国的新移民有数千人，他们中有很多会住到纽约的朋友、亲戚或同胞那里。但是，在歧视性配额于1921年首次生效后，非法移民数以万计，远远超过了合法移民。1922年，《纽约时报》的头版头条赫然印着"各大帮派走私外国人和酒"的大字标题，明确指出在1919年禁酒令开始后，走私者开始将酒偷运到美国。一旦移民配额法生效，他们就利用同样的陆地、海洋甚至空中路线，将非法移民带进美国。

对于非法移民的范围，专家意见不一。早在1922年，移民局局长就承认非法移民已经达到了"惊人的规模"。作为移民事务的主管部门，劳工部估计1927年有100万非法移民生活在美国，但《纽约时报》认为真实的数字是200万人。据说每年有10万至30万没有合法身份文件的新外国人来到这里。1927年，移民局局长哈里·赫尔指出："偷运外国人已经成为仅次于非法贩酒的第二重要产业。"

当时和现在一样，非法移民到美国的最便宜和最简单的方法是获得合法的旅游或学生签证，并在签证到期后留下不走。很多北欧和西欧的非法移民采用了这种策略，但来自东欧衣衫褴褛的难民或卡拉布里亚或西西里岛的贫困意大利人若利用此招，很少能够得逞。然而，20世纪20年代，数以万计的非法移民以这种方式进入美国。据说，仅纽约州就有8万名这样的签证逾期居留者。

相比之下，非法进入美国最昂贵的方式是伪造签证。虽然每个美国领事馆的官员都知道他们每年签发了多少张签证，但埃利斯岛的检查人员并没有总名单。因此，一个有利可图的假签证市场应运而生。在20世纪20年代的波兰，500美元就能买到一张。有人也能购买真正的签证。美国驻华沙的副领事以1 200美元的价格把一摞空白签证卖给了一帮偷渡贩子，这些骗子很快将这些签证转卖，大赚一笔。当这位美国官员拒绝向该团伙提供更多空白签证时，他们威胁要曝光最初的交易，以此要挟他。

偷渡贩子另外开发出一种获得合法签证的方法。他们会招揽德国等移民配额较大的国家的居民，让他们获得真正的签证，然后再从他们手里购买并转售这些签证。在这一骗局中，名字听起来像犹太人的德国人尤其抢手。美国当局最终发现了这一点，开始在埃利斯岛更仔细地询问移民，以确保他们确实是真正的签证持有者。虽然有签证贩子的指导，还是有很多欺诈性移民被发现，并被遣返欧洲。

大多数移民买不起伪造的入境证件。他们更愿意合法地进入一个与美国接壤的国家，然后以某种方式非法完成旅程。寻求以这种方式进入美国的大多数英国和东欧犹太人选择通过加拿大进入美国。只要花上25到100美元，有志于移民的人就能找到一个愿意把他们从安大略的温莎用小船从底特律河运到对岸密歇根州的船夫。从蒙特利尔到温哥华一线的出租车司机也做起了生意兴隆的副业，那就是帮着移民偷渡过境。他们在移民登陆的码头公开招揽顾客。温尼伯的出租车司机在该市的主要火车站也做了同样的事情。

有一个人非法越过了加拿大边境，去了纽约，此人就是明妮·耶泽尼茨基（Minnie Yezernitzsky），她是典型的东欧犹太人。1912年，明妮出生于如今白俄罗斯的鲁扎尼小镇，后来她回忆说，镇上年轻的犹太人在高中毕业后都想移民。她的两个姐姐直接去了纽约，但赶上1921年和1924年实行了限制，明妮和她的高中同学不能合法地移民。有些鲁扎尼移民决定去巴勒斯坦碰运气，其中一位是未来的以色列总理伊扎克·沙米尔，他比明妮小 3 岁。有些人去了阿根廷，还有的去了古巴。但是，为了尽可能地离自己的姐姐近些，明妮决定先去加拿大，并最终搬到蒙特利尔，住在一个表姐家里。"那时我 18 岁，"她后来回忆说，"充满了活力。"

明妮的表姐带她去了一家服装厂，老板不怀好意地问她是否愿意"为挣几块钱而做任何事"。明妮很害怕在安息日工作，但她逐渐适应了，最终成为一名熟练的缝纫工。由于是按件计酬，她很快每周能挣 15 到 17 美元。她回忆说，她"穿得很好"，有一个男朋友，每周六晚上都去跳舞，还有很多朋友都是从鲁扎尼或周边地区来的。"不过，"她说，"我还是喜欢和姐姐们在一起。"得知这一点后，她在纽约的一个姐夫坚持要明妮"偷偷越过边境到美国"。她在纽约的亲戚愿意支付一切费用。

一名男子同意将明妮偷渡到美国，并把她送至纽约，但要价 200 美元（相当于今天的约 3 000 美元）。明妮不能带任何东西，因为他们若被拦住，可能会引起怀疑，但她的表姐同意以后会把她的衣服和其他物品寄给她。一天早上，她回忆说："那个男人把我带到边境，在一片森林旁边，停着一辆挂着纽约牌照的汽车，还有两个基督徒男人[1]。"经历过树林里漫长的等待之后，他们动身前往纽约。在途中，两名警察拦住了他们，但在检查了驾驶执照并进行了简短的询问后，允许明妮和伴随她的人继续前进。终于，在早上 6 点，他们赶到了布鲁克林。当她的姐姐打开公寓门时，明妮"异常激动地哭了起来"，她说："看到了我的大姐，但我根本想不起来她的样子，只在照片上见过。"

---

[1] 作为一个东欧犹太人，明妮不习惯接受非犹太人的帮助。因此，在看到有两个基督徒男人送她去纽约时，她印象深刻，对她来说，他们虽然不是犹太人，但这件事很有意义，也值得记住。因此，在回忆时才会提到这两个人。

从加拿大非法越境的最便宜的方式是乘坐渡轮。由于每天有 1.5 万男男女女从温莎乘渡轮到底特律的工厂上班，移民检查员不可能拦下每一位乘客进行盘问。边境巡警扫视着从跳板上冲下来的人群，从中寻找似乎与这群人的身份不相符的人。但正如《纽约时报》在 1927 年指出的那样，若是穿上"一套美国西装，配之相应的发型"，混迹于这群上早班的人，要想从中发现非法移民几乎是不可能的。

与来自北欧和东欧的人不同，地中海国家的公民想要非法进入美国主要是通过古巴。这些人通常是意大利人，但大量希腊人和叙利亚人也在想方设法非法进入美国（当时的叙利亚包括现在的黎巴嫩和叙利亚）。跟加拿大的情况一样，哈瓦那的偷渡贩子明目张胆地到处宣传他们的服务和费用。据《纽约时报》报道，这些移民可能需要支付 100 美元才会被运送到佛罗里达礁岛群（Florida Keys）附近，"另外可能还要支付 50 美元给采海绵[1]的渔民，他们会接着将'货物'运到岸上"。

如果偷渡贩子同时让太多的移民进入佛罗里达，他们很有可能会引起怀疑。如 1927 年夏天，几十个意大利人、希腊人和叙利亚人突然现身寂静的迈尔斯堡，但因为分不清方向，他们四处游荡，当地居民通知了警察，警察迅速逮捕了这些不速之客。其他偷渡贩子则将他们的人"货"带到比米尼岛，那里是巴哈马群岛之一，位于迈阿密以东 50 英里，移民可以通过那里的通道前往佛罗里达的大西洋海岸线。据《纽约时报》报道，如果偷渡贩子担心当局会拦截他们，他们会把乘客遗弃在荒岛上，甚至把他们扔到海里，以避免当场被抓，这种情况并不少见。

另一种将移民从古巴偷运到美国的流行方法是贿赂水手，让他们用商业客轮运送移民。偷渡贩子可能会把想要移民的人带到拿骚，犯罪分

---

[1] 海绵是一种原始的水生无脊椎动物，外形像植物，生于海洋或湖泊底部。

子会用现金和酒的组合引诱船员接管一些非法移民（船员可以在美国港口卖掉酒，从而赚一大笔钱）。曾经有一个偷渡贩子告诉一位卧底的美国调查员，当这些船停靠迈阿密或纽约时，"很多时候，偷渡客会装扮成码头工人、乘务员、行李搬运工、轮机员、水手等，在（移民官员）的鼻子底下被送走。"

1924 年，《国籍法》生效后，媒体对非法移民问题喋喋不休，联邦政府想方设法加大预防和起诉的力度，但这项任务真的很艰巨。在《国籍法案》正式成为法律时，美国边境巡逻队只有 472 名特工，却要守卫与加拿大和墨西哥之间 7 500 多英里的边境，以及 5 000 英里的海岸线（现在的边境巡逻队员有两万多名）。1926 年，边境巡逻队的人数增加至 632 人，但移民局局长承认这还远远不够，然而，在 20 年代，由吝啬的共和党把持的国会拒绝拨出足够的款项，以大大扩增边境巡逻队的规模。1932 年，守卫边境的警察还不到 1 000 人。尽管如此，逮捕的非法移民人数却在不断增加，在 1925 年 6 月 30 日结束的财政年度里，美国只逮捕了几千个非法移民，两年后上升至 12 000 人，次年上升至 18 000 人。不久，每年被捕的人数就稳定在两万人左右。

虽然这些数字似乎令人印象深刻，但当局既缺乏人力，也没有意愿组织和实施我们今天在移民执法中对非法移民嫌疑人的住宅和工作场所的那种主动突击检查。除了在渡轮码头和边境站被捕的移民外，能够逮捕大部分成功越过边境或上岸后的移民纯属碰运气，而非执法策略有效实施的结果。

比如，在限制措施实施的最初几年，下面这个案例受到了最多的关注。1924 年 7 月 13 日，星期天，布鲁克林区羊头湾的安东尼·卡马多驾驶着他的 42 英尺长单桅帆船贝茜 B 号驶向罗卡韦角的码头，罗卡韦角是布鲁克林南岸东南约半英里处伸入纽约下湾的一个半岛的西端。附近有一艘警察的汽艇，警察的任务是拦截走私贩将非法的酒运上岸。当时是夏天，天气炎热，他们发现卡马多仍将贝西 B 号的舱门紧闭，这很奇怪，他们决定仔细查看一下。当警察登上这艘单桅帆船时，防洪堤旁等候着的6辆出租汽车莫名其妙地突然飞驰而去。警察走到货舱里，拉开帆布，希望能发现几箱酒，却发现了31个惊恐而不知所措的意大利非法移民。

原来，那天下午卡马多在捕鱼，偷渡贩子乘着一艘划艇靠近贝茜B号，提出给这位布鲁克林人75美元，希望他把船开到海湾更远处的一艘三桅纵帆船那里，接上31位乘客，藏到他的单桅帆船上，送他们到罗卡韦角登陆，之后有一个出租车队会将他们接走。这艘纵帆船载着这些移民从巴勒莫一路驶来，航行了近4个星期。

庭审时，港口移民特派员亨利·柯伦敦促法官判处这些移民20年苦役，然后将他们驱逐出境，以阻止其他人偷渡进入美国。但地方法官裁定说，除了驱逐出境，他没有权力确定任何惩罚。难怪来自世界各地那么多人愿意付钱给偷渡贩子，以便有机会在纽约开始新的生活。

大多数非法移民案件之所以引起纽约当局的注意，只是因为其他纽约人告发了他们。通常情况下，这些线索以匿名信的形式到达柯伦在埃利斯岛的办公室。"上周有个外国人和我妻子私奔了，"《纽约时报》转载的一封信开头写道，"他们住在×××。我不想让我的妻子回来，但是那个外国人没有任何权利待在这里。"另一位写信的人感到有必要举报一名非法移民，因为那个外国人有工作，而举报人自己却失业，而且"我需要这份工作"。有一个案例不同寻常，意大利的一位母亲告发了自己的孩子。"我儿子现在纽约，他是偷渡去的。请把他送回来，因为我需要他养活我。"

明妮·耶泽尼茨基是因告密者的举报而被捕的非法移民之一。她从蒙特利尔一到纽约，就在曼哈顿服装区第六大道沿线的一家服装厂找到了工作。20世纪20年代，服装制造商开始将其业务转移到曼哈顿。明妮成了国际女装工人工会的一名积极分子，她的老板不得不容忍，因为这是一家允许设立工会的工厂，而且她是他最好的裁缝之一。虽然明妮性格外向，能言善辩，但 1936 年春天，她却爱上了安静而热诚的金属加工工人哈伊姆·库斯尼茨，他用意第绪语写诗歌，表达对她的爱。一年后，明妮在纽约已经生活了四五年，她的老板要求她和其他员工提交自己的全名和地址，以完善新的社会保障系统登记程序。当明妮请求她的老板不要提交她的名字时，他意识到她在这个国家是非法的，随后，他高兴地向当局告发了她。几天后，一名侦探出现在明妮的工作场所，逮捕了她，并把她带到拘留非法移民的埃利斯岛，等待驱逐出境。"他们问我问题，取我指纹，给我拍照，就像对待真正的罪犯一样，"她回忆道，"我根本没吃东西，一晚上没睡。我忍不住哭了。"

第二天，明妮的姐夫交了 500 美元的保释金，明妮被释放了。她姐夫雇了一位律师，律师告诉明妮，她避免被驱逐出境的唯一办法就是嫁给已经成为美国公民的哈伊姆。几天后，在埃利斯岛的听证会之前，她依计行事。在听证会上，她不得不用她与哈伊姆的通信甚至是诗歌来证明她的婚姻不是欺诈。当被问及她是如何进入美国的时，她遵照律师的指示，假称直到她在工作场所被捕时，她才知道自己是非法进入美国的。三个月后，明妮必须返回加拿大领取签证，她回答了几个小时有关她婚姻的问题，就好像她从来没有到过美国一样。由于她的婚姻和获准重新进入美国，她成了合法移民。

当时，说起非法移民时，人们用的是"偷渡的外国人"这个词。要知道，大多数偷渡客不能指望时时刻刻有一个公民准备与他们结婚。结果，纽约出现了一个伪造文件市场，目的就是让当局相信非法移民实际上是合法进入美国的。一个贩卖此类文件的犯罪团伙将触手伸向了华盛顿和埃利斯岛的联邦办公室，其成员会贿赂这些机构驻纽约的员工，让他们找出埃利斯岛上的旧分类登记簿，将非法移民的姓名添加到已经存档的旅客清单中，如此一来，一旦该移民被拘留，就可以向当局出示篡改过的旅客清单，"证明"他们确实是合法进入美国的。比如，1927年，博佐·加兰蒂奇顺着尼亚加拉瀑布大桥的桁架，从加拿大爬到了美国,之后他花钱请埃利斯岛的一位员工将他的名字添至1931年抵达纽约的一艘船的乘客名单上。1935年,前布鲁克林众议员迈克尔·霍根向三名意大利非法移民分别索取300美元,作为回报,他承诺利用自己在华盛顿的关系获取证明他们已合法进入美国的文件。该议员因受贿而被定罪。同年,检察官称纽约存在一个专门为非法移民伪造合法入境证明的帮派,在其运作的10年间,已受贿100多万美元。

那些反对接纳如此多偷渡外国人的人要求国会必须让所有非公民到政府登记。因此,移民们必须站出来证明自己的合法身份,并得到一张带有自己的照片和指纹的身份证,每当在美国的权利受到质疑时,他们就必须出示这张身份证。早在1924年,《先驱论坛报》就认为这是查出每年涌入美国的无数非法移民的唯一途径。菲奥雷洛·拉瓜迪亚、伊曼纽尔·塞勒和塞缪尔·迪克斯坦是代表大量移民选区的纽约众议员,他们反对实行登记制的想法和有关移民身份识别的其他提议。他们声称识别指纹会使移民遭受不必要的羞辱,因为其他美国人也只有罪犯才会按照要求进行指纹识别。此外,这些众议员认为此方案将不可避免地导致歧视,因为相比其他城市居民,纽约的执法官员更有可能要求纽约的犹太人和意大利人提供合法的身份证明。

美国人之所以花费如此大的精力搜寻非法的犹太和意大利移民,很大程度上是因为他们认为这些人无法成为"真正的美国人"。棒球是最具美国特色的娱乐活动,有些犹太裔和意大利裔美国人认为,他们可以通过参加棒球比赛来证明自己是真正的美国人。棒球爱好者认为棒球的确是一项精英运动,并以自己的这种想法为荣。1923年,《体育新闻》宣称:"不管是爱尔兰佬、犹太佬、意大利佬、德国佬,还是中国佬、古巴人、印度人、日本人,或所谓的盎格鲁-撒克逊人,只要能投球、击球或接球,那他是什么国籍并不重要。"

甚至在很多意大利和犹太移民来到纽约之前,纽约的棒球队经理在制定比赛计划时就考虑到了球员的种族问题。1896 年，纽约巨人队的经理比尔·乔伊斯说："你需要两三个思维敏捷的凯尔特人的儿子来推着德国佬和其他国家的人前进。……现在你选一个德国佬，告诉他怎么做，他就会怎么做。选一个爱尔兰人，告诉他该怎么做，他很可能会跟你争论。他有自己的想法。我想到了解决办法：找个爱尔兰人做策划，让他告诉德国佬该怎么做，然后你就得到了一个出色的组合。"

20 世纪 20 年代，就在美国人决心阻止犹太人和意大利人涌入美国时，棒球队的老板却决心把犹太人和意大利人拉进他们的队伍，以增加上座率。布鲁克林罗宾斯队（后来改名为道奇队）是第一支签下天才犹太球员的球队，1923 年，莫伊·伯格加入了他们的球队。伯格出生于纽约，父母是来自乌克兰的犹太移民。他在布鲁克林只打了一个赛季，但在"二战"期间成为美国战略情报局的间谍之前，他在美国职业棒球大联盟打了 15 年的比赛。在与布鲁克林签约之前，他是普林斯顿大学的学生，会说多种语言的伯格曾跳过春季训练和常规赛的第一个月，以完成那年冬天他在索邦大学开始的课程。还有一年，他拒绝向其球队报到，直到完成了哥伦比亚法学院的期末考试。他有很多癖好，其中一个表现在读报上，他每天购买 10 份报纸，在读完每一个字之前，他决不允许任何人碰它们。在 50 年的棒球生涯中，凯西·施滕格尔见过不少棒球运动员，他称伯格为"有史以来最奇怪的棒球手"。

道奇队在曼哈顿的对手是巨人队，巨人队因其犹太球员而闻名。1937 年，《美国希伯来人》的编辑写道：巨人队的经理"约翰·麦格劳努力培养一位犹太明星的故事不胜枚举"。1923 年，就在伯格首次亮相布鲁克林的同一年，麦格劳签下了摩西·所罗门。在宣布购买所罗门的新闻发布会上，麦格劳毫不掩饰将他从堪萨斯哈钦森的 C 级小联盟球队直接提升到大联盟的原因。"我们非常清楚纽约的粉丝中有很多是犹太人，"他告诉记者，"我们一直在努力让犹太人取得成功。"最终，在加入巨人队的赛季中，所罗门只打了两场比赛。

几年后，1928年的开赛日当天，麦格劳派一个相对不知名的安迪·科恩上场打二垒。科恩的3安打2分2打点的表现给球迷留下了深刻的印象，当最后一次出局完成后，球迷们冲进球场上把他扛在肩上。麦格劳说："这是我生命中给一个球员的……最热烈的掌声。"《纽约时报》的一篇文章称科恩为"名字就是资产的棒球明星"。在休赛期，科恩利用自己的名气参与了一出歌舞杂耍演出，跟巨人队的队友尚蒂·霍根一起表演犹太人和爱尔兰人的幽默。

让洋基队出名的是它的意大利球员。洋基队被冠以布朗克斯轰炸机队的美名，它也是纽约唯一一支"种族"球员是真正棒球明星的球队。1925年，球队斥资5万美元，买下了托尼·拉泽里的参赛资格。托尼是一位年轻的旧金山人，也是意大利移民的儿子，他曾经为盐湖城蜜蜂队打出60个本垒打而引起了全国的关注。20世纪20年代，如果签下的是意大利裔美国人，即使他是几乎没有机会进入大联盟的不知名沙场球员，也会成为头条新闻。参加棒球运动的意大利裔美国人很快人数大增。1931年，《体育新闻》评论道："爱尔兰人是出色的球手，他们机敏而热情，但正面临着挑战。意大利人发现了棒球，而且他们喜欢它。"

当然，乔·迪马乔是另外一个意大利移民的孩子，他成了扬基队最著名的意大利裔球员。然而，1936年，当迪马乔在洋基队首次登场时，媒体很少提及他的意大利血统，这表明自1924年《国籍法》通过以来的十几年里，纽约的主要移民群体在获得美国接受方面（至少在棒球领域）已经取得了多大的进展。

1924年依法对某些群体的限制给了其他纽约人新的机会。比如纽约非裔美国人的人口急剧增加，第一次世界大战期间和之后，成千上万的南方黑人搬到了纽约、芝加哥和其他北方城市，既是为了逃离南方的暴力和歧视，又能填补战争造成的劳动力短缺。由于这次"大迁移"，1910年到1920年间，纽约的非裔美国人数增加了60%，1920年到 1930 年间增加了 100%，总数达到 32.8 万人。

之所以这些迁移者很多被吸引到了纽约，乃是因为他们有可能找到在限制措施实施前属于移民的工作。1924 年 11 月，非裔美国人的《芝加哥捍卫者》(Chicago Defender) 驻纽瓦克的记者报道说："大多数黑人都在这个城市找到了工作，主要是因为白人雇主找不到其他的人手。"这种现象发生在哈得孙河对岸的纽约并不稀奇，"由于共和党政府关闭了欧洲移民的闸门，他们被迫接纳黑人，雇主们现在已经习惯了这些前采棉工人，他们正在大展身手。"据《芝加哥捍卫者》报道，非裔美国人获得了他们以前无法获得的"技术工作"和"其他负责重的职位"。为什么？"血债血偿。在大多数情况下，白人工人是首选。民主党的政策是让外国人在美国就业，因为允许外国人大量进入美国，抢夺工作。共和党的政策是保护美国劳工，无论是白人还是黑人。"

非裔美国人将移民限制视为千载难逢的机会。"我们的人民对谁在这个国家获得工作非常感兴趣，"《芝加哥捍卫者》承认，"在这个城市找到一个把外国人挡在门外的联邦政府就是一种救赎，也给它一个机会。这是它取得成功的唯一机会。"如果不是因为 20 世纪 20 年代的移民限制，大迁移的规模可能会小得多，纽约和其他北方城市的种族构成今天可能也会大不相同。

20 世纪 20 年代，哈莱姆区不仅挤满了本土出生的非裔美国人，也挤满了在国外出生的有色人种。到 1930 年，55 000 名加勒比移民在纽约市定居（这一数字不包括波多黎各人，当时波多黎各人已经是美国公民[1]）。巴巴多斯是很多这些新移民的来源地，但也有一些来自牙买加、特立尼达和多巴哥，以及其他英国属地。他们之所以能进入美国，主要是得益于英国拥有大量的移民配额。这一时期，大多数在国外出生的

---

[1] 波多黎各是加勒比海的一个岛屿，美国的未合并领土和自治区；从 1917 年开始，其居民获得美国公民的地位，但不参与总统选举。

非裔美国人都住在哈莱姆区；1925年，他们约占该区黑人人口的25%（全市黑人居民的六分之一）。布鲁克林的贝德福德-斯泰弗森特社区是该市第二大加勒比移民聚居地。正如一位非裔美国学者在1939年恰当地指出的那样，纽约已成为"黑人在新世界的向往之地"。

与其本土出生的哈莱姆邻居一样，大多数加勒比移民当过工人、看门人、餐厅杂工、电梯操作员、厨师和洗碗工。加勒比妇女主要从事辛苦的家佣。通常，纽约白人会要求非裔美国人卑躬屈膝，但这些移民工人却因为拒绝顺从此意而闻名。1925年的《星期六晚邮报》（*Saturday Evening Post*）抱怨说，西印度群岛人"明显缺乏南部黑人的交际手段"，并"对他们的权利发表了很多意见"。普尔曼铁路公司是非裔美国人的主要雇主，但它却制定了不雇用黑人移民的政策，这正是他们拒绝温顺地接受乘客侮辱的结果。1925年，一位新移民写道："在一个要求非洲血统的人过多地表现奴性、默默忍受、不抗议的环境中，西印度群岛人坚持维护自己做人的尊严，这极大地影响了美国黑人的生活。"

纽约人马库斯·加维成了这种"新黑人"心态的化身。加维是来自牙买加的一名记者，他认为，由于欧洲对非洲大陆的殖民统治，非洲人及其在美洲的后裔变得过于依赖白人。他在牙买加创建了黑人进步联合会，试图召集黑人回到非洲，从欧洲殖民者手中夺回他们的家园，这样他们就可以摆脱种族主义和白人统治，决定自己的命运。有些人认为这简直就是白日做梦，对此，加维回答说：如果非洲人和他们在世界其他地方的子孙（总共有4亿人）致力于非洲的解放和民族自决，世界上没有任何军队能够阻止他们。他们应该把自己建设成为"一个强大的种族和国家，不再被人不尊重"。20世纪20年代初，黑人进步联合会约有7万付费会员（包括纽约的数千名会员），还有数十万人赞同其目标。这些同路人自己可能不想回非洲，但发现加维的自立和自治理念令人兴奋。

很多美国人认为加维的运动令人担忧，因为它是由一个移民煽动者领导的，这尤其令人震惊。联邦当局希望找到某种方法削弱他的声望，于是，1922 年，他们以邮件欺诈的罪名起诉他。他曾帮助创办一家黑人拥有的轮船公司，此次就是指控他没有如实地描述这家公司的前景。他被判有罪，刑期 5 年，1925 年开始服刑，1927 年获释，并被驱逐到牙买加。尽管黑人进步联合会再也没有恢复活动，加维对马尔科姆·艾克斯和路易斯·法拉罕等未来的黑人民族主义领袖产生了深远的影响。

哈莱姆区有很多意大利移民，他们希望重返非洲运动能够成功，因为他们常常不得不与非裔美国人竞争同样的工作，而中哈莱姆区不断增长的黑人人口有可能会向意大利人为主的东哈莱姆区蔓延。族群间的暴力冲突实际上在大迁徙之前就已有发生。1903 年，罢工的意大利建筑工人因雇主招募非裔美国人取代他们而愤怒。一个意大利裔美国人宣称："不能让黑鬼留在这里，我们要把他们吓跑。"果然，一群男女暴徒设法把非裔美国人赶走了。

非裔美国人对纽约人使用南方白人才用的令人讨厌的蔑称来称呼他们感到震惊。更令人愤怒的是，几乎不会说英语的移民却知道并会说 nigger（黑鬼）这个词。多年后，拉尔夫·埃利森说："很多欧洲移民下船后首先学会的称呼之一就是'黑鬼'，这让他们立刻觉得自己是美国人了。"那些希望不分种族地将整个美国的"无产阶级"组织成一个大工会的意大利激进分子感叹道，对包括意大利移民在内的如此多的美国白人来说，"表达种族仇恨是每个国民的责任"[1]。

在第一次世界大战期间和战后，随着哈莱姆区的非裔美国人数量激增，这些敌意表现得更加频繁。1916 年 10 月，在二大道和 126 街的拐

---

[1] 白人移民认为美国是白人的国家，每一个忠诚爱国的美国白人都有责任表达对黑人的仇恨。到美国后，不论是言语还是行动上，他们很快就会加入当地人蔑视黑人的行列，以此表示自己是一个真正的美国人。

角处，非裔男孩和意大利裔男孩因球赛而打架，最终升级成一场成人骚乱。最初，双方互扔砖头，最终开始用手枪互射，两名意大利裔美国人受伤。《纽约时报》报道说，这两群人之间"长期以来一直有嫌隙"。

最近，东哈莱姆区来了一些波多黎各人，意大利人和这些新邻居之间的关系更加紧张。严格说来，从1898年起，波多黎各人就不再是移民了。因为在那一年，美国在美西战争中从西班牙手中夺走了波多黎各，并将该岛吞并。最初，波多黎各人很少利用其美国人的新身份移民到美国。1910年，只有1 500人居住在美国本土，其中554人居住在纽约。但在接下来的几十年里，波多黎各出生的纽约人成倍增加，1920年为7 000人，1930年增至45 000人，1940年达到61 000人，当年居住在美国本土的波多黎各人80%多住在纽约。

波多黎各人来到纽约的原因和其他人移民到这个城市的原因是一样的。跟19世纪的爱尔兰人一样，大多数波多黎各人非常贫穷，而且因为他们是外国殖民势力的臣民，岛上的居民认为改善他们经济地位的前景很暗淡。和意大利移民一样，波多黎各人也经常冒险来到纽约，但并不希望永久居住。贝尔纳多·维加在他的回忆录中写道，在带他去纽约的船上，他和其他波多黎各乘客一致认为几年后他们将"带着一大笔钱回家。每个人的心思都放在他们要收购的农场上，或者他们要在城里做的生意上"。和爱尔兰人和意大利人一样，很多波多黎各人移民到纽约，乃是因为他们听说纽约没有人挨饿。"我来到纽约是因为波多黎各的食物状况非常糟糕，而且没有工作，"1947年，一位移民告诉纽约的一家报纸，"我不喜欢这里，但我讨厌那里。在这里至少我能生活。"

其他人离开波多黎各则是想避免不得不听从霸道的父母之命。蓬塞的奥梅罗·罗萨多想要接受大学教育，但他的父亲宣称只有罗萨多的姐妹才能上大学，他必须工作养家。罗萨多决心攻读大学学位，1930年，17岁的他不顾父亲的反对，偷偷溜到圣胡安，借了25美元，用它买了一张去纽约的单程船票。十年后，他还没有上大学，只能做杂工。作为九个孩子中的长女,埃莉莎·巴埃萨对父母让她照顾弟弟妹妹的要求同样感到恼火。17岁时,她接受了一个表姐的邀请,来到纽约和她一起生活。

安东尼奥·里韦拉·埃尔南德斯也反抗父母之命。他后来回忆道,小时候,"我们没有钱",但有很多张嘴要喂。埃尔南德斯梦想成为一名律师,但他的父母决定让他去波多黎各农村当老师,并送他去攻读教育学位。一年后,他辍学了,他解释说:"为了让我远离颓废的生活,我父亲给了我去纽约的路费。"在纽约,埃尔南德斯找到了一份牙科技师的工作,后来到邮局上班,并最终成为约翰·汉考克人寿保险公司雇用的首批波多黎各保险代理人之一。

对于波多黎各来的纽约人来说,这种白领工作是例外,而不是普遍现象,第二次世界大战之前尤其如此。典型的波多黎各移民是在建筑工地打散工。波多黎各人也在纽约的洗衣店清洗和熨衣服,在火车站、码头、公共汽车终点站和酒店当搬运工,还会干办公楼看门人、公寓勤杂工、快餐厨师和洗碗工。波多黎各妇女主要在服装业干活,若是单身,她们就会到血汗工厂打工,若是已婚,她们就在家里做修整工或裁缝。其他波多黎各妇女在旅馆当女佣、管家、女招待、售货员和工厂工人。城市经济的研究表明,20世纪40年代和50年代,犹太人和意大利移民变得比较富裕,搬到了布鲁克林或布朗克斯,若不是波多黎各人涌入,接手他们空出来的工作,纽约的很多轻工业就会离开纽约。

波多黎各人和他们的哈莱姆邻居之间经常发生暴力事件。"不同国家的人关系紧张,"多年后,维加回忆道,"女性在购物时经常会发生冲突,有时附近酒吧里的斗殴会打得不可开交。"有时,这些争吵涉及邻里之间在商业上的竞争。比如在哈莱姆区,波多黎各人也在一些街角开了小杂货店,犹太店主就对它们的竞争感到不满。《纽约时报》报道称:"新来者已经开了自己的商店,不再光顾其他商店。"维加回忆说,1926年7月28日,想在中央公园避暑的波多黎各人听到消息说:"手持棍棒的暴徒开始愤怒地袭击波多黎各人。"维加急忙赶到埃尔巴里奥[1]，发现"波多黎各人拥有的几家商店遭到袭击。小杂货店前的人行道上满是碎玻璃、大米、豆类、大蕉[2]和热带蔬菜……恐怖笼罩着埃尔巴里奥"。这次袭击"造成50多人受伤，其中一些人伤势严重"。

波多黎各人很快向他们的邻居表明他们不能容忍如此的对待。袭击发生几天后，听到谣传说肇事者是哈莱姆区犹太店主雇用的暴徒，哈莱姆区波多黎各社区的领导人打电话给卡洛斯·塔皮亚，他在布鲁克林的红钩区经营着一家波多黎各码头工人寄宿公寓。塔皮亚带着35名波多黎各装卸工赶到哈莱姆区，有些人可能是他经营的非法"数字"业务（私人彩票）的打手，用他的说法，"扰乱"了糖果店、裁缝店和熟食店，以及其他被认为策划了先前那起暴力事件的人经营的生意。"我们确保受害者知道我们袭击的原因。"自此，附近的小杂货店再也没有发生大规模的袭击事件。

最终，他们的邻居默许了波多黎各人在这片区域的优势地位，该区域的四至分别是：西边是五大道，东边是公园大道（和后来的三大道），北边是116街，南边是103街。维加指出："同胞们明确表示，我们掌控着那片市区。"诗人杰克·阿格罗斯也认为103街是埃尔巴里奥结束和"美国开始"的地方。阿格罗斯是美国出生的波多黎各移民的孩子，在20世纪40年代末在东哈莱姆长大，他知道跨越这四条边界的任何一条都是危险的。1971年，选集《移民经历：成为美国人的痛苦》（The Immigrant Experience: The Anguish of Becoming American）出版，里面收录了阿格罗斯的文章，他写道，如果"我们决定去一大道的杰斐逊公园

---

[1] 当地人称"东哈莱姆"为 El Barrio，西班牙语的字面意思就是"街坊、邻里"，这种称呼将波多黎各文化体现得淋漓尽致。

[2] 大蕉（plantain）是类似香蕉的热带水果，绿皮，通常用于烹饪。

游泳池游泳，我们知道那要冒着跟意大利人吵架和遭到殴打的危险"。拉米拉格罗萨教堂位于 114 街和七大道的交界处，1926 年，纽约天主教大主教区将它指定为该市西班牙裔人口的堂区[1]，当他们前往该教堂时，"我们知道我们要冒着与黑人吵架和斗殴的风险"。如果他们冒险去 103 街以南，他们"就会看到难看的脸色、不悦的眼神，并会遇到警察的盘问，比如：'你在这个街区做什么？''你们这些孩子为什么不回到属于你们的地方？'"

有时，父母对青少年越界的危险一无所知，不经意间就把他们的儿子置于危险之中。皮里·托马斯生于纽约，母亲是波多黎各人，父亲是古巴人。在他的自传《游荡在穷街陋巷》(Down These Mean Streets)中，讲述了幼小的弟弟去世后，他的父母如何举家迁往位于三大道以东 114 街上的"意大利人的地盘"。在那里，他被附近的意大利恶霸洛奇盯上了，洛奇称他是"真他妈肮脏的西班牙人"，每次碰上都会羞辱皮里。一天，皮里的母亲把他送到了"115 街和一大道交界处的意大利市场，那里靠近意大利人聚居区的中心。天啊，那可是他们的老巢。但是我去了"。皮里决定，如果遇到洛奇和他那帮子人，他就反击。果然，当他从市场上急匆匆地绕过一大道和 114 街的拐角处回家时，他和洛奇狭路相逢。随后的打斗让皮里在医院里躺了好几天，但他赢得了洛奇和自己父亲的尊敬，父亲说他现在"是一个男人了"。尽管受了伤，皮里"感到非常自豪"。不过，他们一家又搬回了埃尔巴里奥。

这种划分种族分界线的做法并不是一种明确的反波多黎各情绪。19 世纪末，爱尔兰裔美国人对意大利人涌入"他们的"社区感到不满，这

---

[1] 美国由不同的族裔组成，不同民族背景的天主教徒往往不喜欢共用一个教堂。因此，在 1900 年左右的纽约，天主教会开始将某些教堂指定为堂区，专门为某一民族的教徒服务。大多数情况下，采取就近原则，但西班牙裔天主教徒的堂区就是拉米拉格罗萨教堂，不住在附近的教徒也要去那里。

跟意大利裔美国人对波多黎各人涌入他们的社区感到厌恶是一样的。1938 年，一位意大利裔东哈莱姆人向教育家伦纳德·科韦洛解释道：波多黎各人"和我们不一样……我们是美国人，每周至少吃肉三次。他们吃什么？豆子！所以说他们为豆子而工作。这就是我们在这里遇到麻烦的原因"。更糟糕的是，"波多黎各人都是黑人，懒惰而且从不工作"，一位意大利移民向一位社会学家抱怨道，"那些男人把所有的时间都花在了喝酒、抽烟和赌博上"。意大利移民认为波多黎各妇女同样令人反感。她们"都是很脏的人，那些女人都很坏"。就在几年前，爱尔兰人对意大利人也说过同样的话。

本土出生的美国人并不比意大利人更喜欢波多黎各人。一本纽约旅游指南的作者坚持认为："波多黎各人不是天生的纽约人，他们大多是粗野的农民，患有先天性热带病，身体不适应北方的气候，没有技能，没受过教育，不会说英语，几乎不可能被同化，在一个用钢铁和石头建成的充满活力的城市中无法健康有益地生存下去。"其他人则认为波多黎各人与南欧和东欧移民之间没有什么区别。1946 年，《纽约时报》曾以用心险恶的笔触报道说，"被称为东哈莱姆的遍地害虫、犯罪猖獗的贫民窟"充斥着"成群结队的意大利人、波多黎各人、犹太人和黑人"。东哈莱姆区种族和族群的混杂尤其令外界的观察者感到震惊。1940 年，《斯克里布纳的评论家》惊叫道："黑人、白人和中间肤色的各种人不仅生活在同一个屋檐下，还十几个人挤在同一个房间里。"

其他关于埃尔巴里奥的报道就是 19 世纪对五点区报道的翻版。"很少有自来水，"《斯克里布纳的评论家》的记者查尔斯·休伊特在观察该社区的居民时说，"但大多数人甚至没有意识到自来水的缺乏；因为在波多黎各，没人知道它的存在。"卫生条件也令人担忧。休伊特写道："在 112 街的一所普通住宅中，我发现近 80 人使用一个室外厕所。"到了夏天，西班牙哈莱姆的廉租公寓变得和纽约其他地方一样炎热。与上一代曼哈顿其他区的廉租公寓居民一样，闷热难耐之下，波多黎各人只好睡到防火梯和屋顶上，甚至是中央公园里。据说西班牙哈莱姆还为纽约带来了大量的疾病、犯罪和贫困。休伊特坚称，这些"拥挤肮脏的环境不属于本世纪"。

这些报道不仅仅是本土主义者的夸张之辞。维加认为，在20世纪20年代和30年代，西班牙哈莱姆区的生活条件"越来越差。一座建筑一旦被我们的同胞占据，就不再维修。垃圾收集也不及时，整个社区给人的印象是完全被忽视了"。该区所有廉租公寓楼的居住空间都挤满了人，包括"地窖和地下室。男人、女人和孩子同老鼠、蟑螂和垃圾共享他们的狭小空间"。

对于波多黎各人和所有纽约移民来说，随着1929年10月股市崩盘后开始爆发的大萧条，这些问题变得更加严重。大萧条的严重性是今天的人无法理解的。从失业率看，1931年达到16%，1933年达到25%的峰值，1935年仍为20%。纽约的经济相对多元化，重工业不多，没有像匹兹堡、底特律和克利夫兰等城市那样受到严重冲击。但随着美国人停止购买新衣服，制衣业受到了重创，纽约另一个最大的就业部门建筑业也开始大规模裁员。甚至到了1940年，当纽约服装工人的失业率下降到"只有"14%时，纽约仍有31%的建筑工人失业。

大萧条对移民也影响甚大。进入美国的移民数量急剧下降，从1929年的约15万人（配额限制）减少到1931年的62 000人，1933年仅为12 000人。直到1950年，移民人数才再次回归到大萧条前的水平。此外，很多移民离开美国回到各自的祖国。虽然移民普遍认为美国是发家致富的最佳之地，但很多人认为在自己的家乡当穷人更容易，因为那里的住房和食物远比纽约便宜。因此，大萧条成为美国历史上唯一一个移民人数离多入少的时期。从1930年到1934年，大约20%出生于波多黎各的纽约居民回到了加勒比地区。就连"老"移民也加入了出走的行列。在众多决定离开纽约回到自己祖国的爱尔兰人中，就有安杰拉·麦考特和马拉奇·麦考特夫妇，他们把在美国出生的四个儿子也带了回去。返回利默里克后，他们的日子并不好过，缺衣少食的贫困可能比他们在纽约时的生活惨得多，但这种磨难至少激励了他们的长子弗兰克，他写出了《安杰拉的骨灰》（Angela's Ashes），这是纽约人或美国人出版过的最感人的回忆录之一。

在经济衰退期间，移民到美国的人数一直在下降。今天仍然如此。但是，20世纪30年代移民美国的比率之低是19世纪20年代以来从未出现过的，这不仅仅是需求放缓的结果。成千上万的准移民申请了签证，但几乎所有的申请都被美国领事官员拒绝了，理由是如果没有一笔可观的储蓄，移民很可能成为财政负担，因为没有工作可做。即使纽约的亲戚来信，表示欢迎申请人在其家族企业工作，也不能让美国的看门人满意。可以肯定的是，即使没有这些繁琐的限制，大萧条时期的移民数量也会下降。但是，导致移民人数达到史无前例低水平的是政策，而不是缺少去美国的兴趣。

对于股市崩盘时生活在纽约的移民来说，大萧条是毁灭性的。数十万人失去了工作。更糟糕的是，数十万人还失去了他们的储蓄，这不仅仅是因为他们在寻找新工作时耗尽了存在银行账户里的钱。最受犹太移民欢迎的储蓄机构是美国银行，它拥有60家分行和40万客户，却于1930年12月倒闭。在没有联邦存款保险的时代，这些移民几乎失去了他们拥有的一切。甚至几十年后，欧文·豪仍然记得"30年代初那可怕的一天，我们听说美国银行倒闭了，这可是犹太人拥有的银行！我坐在我们的公寓里，听我的姑姑和祖母为失去他们辛辛苦苦攒的几百美元而哭泣"。虽然美国银行的倒闭对纽约移民的影响比其他任何一次倒闭都要大，但一些为纽约意大利移民服务的小银行也破产了，让很多家庭为此类危机预留的应急资金化为乌有。

政府开始介入，以尽其所能减轻人们的痛苦。在纽约，社区"救济"站最初发放援助，通常采取"票证"的形式，纽约人可以拿它们到当地商店兑换食品、燃料或衣服。不论是公民，还是外国人，移民都有资格获得这种援助，它帮助了数十万人免于饥饿。但移民们认为，在分配援助时，他们并没有受到平等对待。纽约西班牙语日报《新闻报》(*La Prensa*)指出："我们不断收到贫困的西班牙裔人的详细投诉，在与救济站的官员交谈后，他们要么根本没有收到任何援助，要么被告知一些不确定的日期，援助从未真正发到他们手里。"1933年，富兰克林·罗斯福当选总统，推行他的新政，救济开始成倍增加。他将更多的联邦资金投入地方的家庭救济计划。但是，在哈莱姆区波多黎各聚居地以西，与本土出生的非裔美国人生活在一起的，还有其他有色人种的移民，他们也强烈地抱怨在救济金的发放中受到歧视，这种怨恨助长了1935年3月哈莱姆的骚乱。

今天，很多美国人错误地认为，直到20世纪60年代的"伟大社会"计划，移民才有资格享受福利。事实上，纽约的移民早在几十年前就有资格享受政府的福利。甚至在这些计划启动之前，"老大"特威德及其继任者就已经着手帮助贫困的移民，为他们提供政府部门的工作，以及用纳税人的钱购买的食物和燃料，而这些钱会被转移到坦慕尼会馆。就连一向不喜欢政府救济穷人的《华尔街日报》也认识到，现代亚洲和拉丁美洲移民得到的政府援助并不比75年前或100年前的欧洲移民多。1995年，它的一篇报道的副标题即是承认了这一事实："民间传说称曾祖父没有接受救济。其实，他领取了很多。"当时的报纸记录了欧洲移民社区领导人要求公平分享救济金的情况，甚至有时共和党人也抱怨没有成为公民的移民得到了太多的援助。

大规模公共工程计划是由罗斯福发起，旨在帮助移民的一个最重要的额外救济措施。近年来，美国的领导人一直在告诉美国人：在经济衰退期间，政府必须节约开支。与此相反，罗斯福利用创纪录的低利率，推进了数百个耗资巨大的项目，这些项目都是美国人知道他们需要，却对能否实现无法达成共识。在新政的资助下，纽约开展了很多基础设施项目，创造了我们今天所知的这座现代城市。其中包括连接布朗克斯、皇后区和曼哈顿的三区大桥（1933年至1936年，现在的罗伯特·肯尼迪大桥），曼哈顿的亨利·哈得孙公园大道（1934年至1937年），连接曼哈顿和新泽西的林肯隧道（1934年至1937年），曼哈顿六大道地铁线（1934年至1940年），伊斯特河大道（1935年至1937年，现在的罗斯福大道），皇后区—曼哈顿中城隧道（1936年至1940年），拉瓜迪亚机场（1937年至1939年），长岛的外环公园大道、跨岛公园大道和南方州公园大道（1938年至1940年），以及布鲁克林—巴特里公园隧道（1940年至1950年）。这些项目雇用了数以万计的纽约人，否则，他们将一直失业。另有7万纽约人被派去建造或改善城市公园。到1936年冬天，新政的公共事业振兴署已经雇用了248 474名纽约人，既有熟练的爱尔兰裔隧道工和焊工，又有意大利裔石匠和劳工。他们的工作给纽约人留下了现代交通基础设施，如今纽约人对这些基础设施的依赖比以往任何时候都要多，因为如今要建造这样的大型项目非常困难（甚至难以适当地维护）。这些工作岗位的薪酬远低于私营企业的同等职位，目的是在大萧条缓解后激励工人寻找非政府部门的工作。一份政府报告指出："他们的生活水平大幅下降"，纽约的移民尤其如此。然而，由于公共工程项目和其他形式的救济，"他们没有挨饿"。

大萧条给人们带来了非常大的压力，但在某种程度上，美国人对已经存在于他们中间的非法移民变得较为宽容了。1929年，国会基本上赦免了那些在1921年7月1日之前非法入境的移民，或者那些合法入境但签证过期而滞留的移民。1934年，政府已经对从1921年7月到1924年6月抵达美国的大量无合法身份文件的外国人进行了部分大赦。据《纽约时报》报道，他们不能成为美国公民，但现在可以免于被驱逐出境的威胁。1935年，在纽约人弗朗西丝·帕金斯领导下，美国劳工部开始允许那些因被驱逐而导致家庭分离的非法移民前往加拿大，并以永久居民的身份重新合法进入美国。正是这项规定使得明妮·库斯尼茨免被驱逐出境。最终，1940 年，国会授权在被驱逐出境会对移民的直系亲属造成"严重的经济损失"时暂停执行驱逐令。

这种宽恕是有限的。政府只允许无证的欧洲人通过从加拿大重新进入美国来调整他们的身份，很多没有合法身份的亚洲人仍被驱逐出境。墨西哥人也是如此，即使是那些合法进入美国（在某些情况下成为美国公民）的人。数以千计的非公民被无故驱逐出境，数以千计的墨西哥裔公民被迫接受"自愿遭返"。在很多情况下，墨西哥裔美国人在大萧条时期失业救济金的分配中受到严重的歧视，以至于他们选择登上州和地方政府提供的免费公共汽车和火车，把他们送回墨西哥，而不再受歧视的羞辱，比如拒绝给予工作和政府救济，因为他们被告知，只有"真正的"美国人才够格。

有些国会议员想要走得更远。1935 年，得克萨斯州众议员马丁·戴斯提出了一项法案，要求强制驱逐全国所有的非法移民。据戴斯估计，非法移民的人数已增至 350 万。他的提议也会让 400 万合法入境但尚未入籍的外国人在 12 个月内"成为公民或回家"，戴斯是这么说的，但即便已经在美国生活但尚未待满 4 年的移民也不可能在 1 年内成为公民。

戴斯的法案和其他类似的法案从未成为法律。富兰克林·罗斯福当选总统后，驱逐出境的人数实际上急剧下降，以至于政府不再公布这些数字。对于美国的墨西哥移民来说，大萧条的确是一个可怕的时期，但在那时，纽约的墨西哥人口几乎可以忽略不计。市政厅有一位非常同情移民的市长（拉瓜迪亚），一位以捍卫移民权利而闻名的纽约人（迪克斯坦）担任众议院移民委员会主席，还有一位同情移民需求的纽约人（帕金斯）领导劳工部，纽约没有合法身份的外国人一定觉得比以前日子好过了。

纽约移民之所以感到比较安全，还有另外一个原因，那就是他们的政治影响力日益增长，使得政府官员更难忽视或轻视他们。犹太人和意大利人是纽约最大的两个移民群体，他们对 1933 年拉瓜迪亚当选市长感到无比自豪。但对于解决移民日常生活中的问题来说，更重要的是当地的代表。坦慕尼可以安全地提名爱尔兰裔美国人担任高级职务，并期待新移民直接投票给政党的日子已经一去不复返了。在纽约人第一次选举罗斯福为总统的那一年，他们将几位犹太移民在美国出生的儿子送进了国会，比如索尔·布卢姆、伊曼纽尔·塞勒、塞缪尔·迪克斯坦和威廉·西罗维奇等。通常，人们认为意大利移民在政治上不如犹太新移民活跃，意大利移民只控制了东哈莱姆区的国会席位。从 1923 年到 1951 年，一直由拉瓜迪亚、詹姆斯·兰泽塔和维托·马尔坎托尼奥担任这些职位。这三个人受到波多黎各和意大利选民的欢迎。马尔坎托尼奥还赢得了非裔美国选民的钦佩，他在国会提出民权法案，将人头税定为非法，并将私刑定为可在联邦法院惩处的罪行。在新政时期，波多黎各人也表现出了新生的政治影响力，从 1937 年开始，他们多次选举奥斯卡·加西亚·里韦拉进入州议会。1925 年，加西亚·里韦拉来到纽约，靠在邮局工作的收入读完了圣约翰大学的法学院，然后，他以执业律师作为跳板，进入了政界。

但这些政客所做的事情并非全都受到移民选民的欢迎。1934 年，拉瓜迪亚向纽约的手推车宣战，谴责它们既不雅观，也不卫生，而且是造成交通拥堵的主要原因。就像其他移民的孩子发现父母的旧世界习俗令人羞愧一样，拉瓜迪亚也将手推车排成一排的街道视为一种尴尬。这位市长提议该市将手推车小贩撵到由市里出资建的室内市场去。

当拉瓜迪亚现身纽约第一个此类市场的开幕式时，小贩们发出了强烈的嘘声。该市场位于东哈莱姆区，从 111 街延伸至 116 街，处在阴暗的石砌高架桥下，高架桥在公园大道上方，桥上则是纽约中央铁路（现称大都会铁路）的轨道。但拉瓜迪亚毫无歉意，反而吹嘘道："今天你们已经从推车小贩升格为商人了。"除了小贩外，很多移民也对手推车的消亡表示赞同，尤其是那些卖食物的手推车。一群东哈莱姆区的母亲抱怨说手推车"很不卫生"。"街道上到处都是苍蝇，晚上他们离开后，人行道上大约有30个垃圾筒装满了垃圾。"她们认为当地高中校长伦纳德·科韦洛有政治影响力，要求他"设法做点什么，把这些手推车从我们的街道上赶走，让这里成为一个更干净、更安全的居住场所"。拉瓜迪亚禁止手推车出售食物，甚至包括纽约人喜爱的热狗。尽管《纽约时报》的一篇社论承认，取缔手推车总体上是有益的，但编辑们还是承认不得不"与另一个老纽约告别"让人有些悲伤。

拉瓜迪亚和其他"新政拥护者"推动了一项对移民比较重要的变革，那就是提供政府廉租房。在那之前的20年前，社会主义者移民曾提议：通过要求政府建造住房并以成本价出租，减轻纽约人不得不支付的高额租金，那时的廉租公寓楼即使已经很破旧了，房东仍旧高价出租。20世纪10年代，大多数美国人认为这种想法非常愚蠢，但在20年以后，其间数百次爆发房租罢工，纽约人开始愿意尝试政府廉租房。

第一个项目是翻新，而不是新建。纽约市房屋局用一笔联邦贷款买下了阿斯特的15套破旧的五层廉租公寓楼，它们位于A大道和一大道之间的东3街南侧，以及下东城二街和三街之间A大道的西侧。利用联邦政府出资雇用的公共工程人员，纽约每隔两座楼拆除一座楼，以减少拥堵，并在建筑的侧面开更多的窗户。室内安装了新的橡木地板和黄铜灯具。租金从每月15美元到19美元不等，依住户的收入而定。这个建筑群被命名为"壹号院"，该小区有122套公寓，其经理却收到了3 800份申请。她剔除了那些收入过高而不能获得资格的纽约人，以及那些收入过低的人，特别选择了那些有稳定的工作但所住廉租公寓的通风和卫生条件不佳的人。壹号院的一位住户在一套内部房间没有窗户的廉租公寓楼里住了很长时间，她告诉经理，直到搬进新公寓，"我都不知道我的家具是什么颜色的"。这是美国历史上第一个由市政府建造、拥有和管理的住房项目。

壹号院取得了成功，但对于能否大规模复制，以改善仍住在黑暗、肮脏和过时廉租公寓里的数十万纽约人的生活，批评人士持怀疑态度，但拉瓜迪亚和他的住房专员兰登·波斯特决心一试。1935年，波斯特告诉媒体他希望在未来10年内为50万户家庭建新房。简直是痴心妄想，因为这将耗费数十亿美元。但在新的联邦房屋局的资金支持下，到1945年，拉瓜迪亚和波斯特想方设法建造了1.5万套公寓，其中一些取代了东哈莱姆区和下东城那些最差的营房式廉租公寓楼。其他的则建在布朗克斯、布鲁克林和皇后区。

今天，我们往往认为大城市的公共住房是人生失败者住的高楼[1]，充斥着犯罪和毒品。但这些问题是经过了一代人之后才显现出来的，因为经济稳定的最初租户搬走了，取而代之的是城市贫民。以社会评论家简·雅各布斯为首的很多人认为公共住宅区的规模注定失败，但中产阶级的纽约人居住（并继续居住）在类似规模的建筑中，这一事实表明纽约等城市的公共住房走入困境的根源在于贫困，而不是住什么样的楼房。20世纪30年代和40年代，当成千上万的移民和他们在美国出生的孩子搬进纽约第一个公共住房项目的楼房时，他们的生活条件得到极大的改善，并且租金也十分合理，对此他们很是感激。

大萧条时期，住房和交通方面的大型公共工程项目是纽约的一个标志性特色，另一个则是种族冲突。当然，这座城市的宗教、民族和种族群体之间的敌意与这座城市一样古老。但大萧条时期的经济困难让纽约人特别焦虑，并把自己的问题归咎于他人。犹太人指责反犹太主义导致他们在大萧条时期找不到工作；很多基督徒将整个经济灾难归咎于所谓

---

[1] 作者创造了towers of failure（人生失败者住的高楼）这个词来描述美国人对公共住房的看法。在世界大多数地方，政府建的公寓楼被认为是优质住房。但在美国，这些大型建筑往往住的只有穷人。

的犹太人控制了华尔街,并将经济复苏的缓慢归咎于实施新政的犹太人;波多黎各人和纽约的非裔美国人指责白人种族主义造成了他们持续的贫困。

20世纪30年代混乱的国际形势进一步加剧了这种焦虑。日本积极殖民朝鲜和中国的部分地区。西班牙内战引发了纽约各大移民群体的激烈辩论,因为大多数天主教徒支持弗朗西斯科·佛朗哥将军领导的叛乱分子,而左翼则支持共和党的事业。德国的希特勒政权和意大利的墨索里尼政权的崛起也造成了纽约移民的分化。德裔和意大利裔美国人倾向于为在这些威权主义领导人统治下的繁荣和对祖国的尊重而感到自豪,而左翼人士则对意识形态上的兄弟在这些法西斯政权下遭受的压迫感到震惊。佛朗哥、墨索里尼和希特勒的政府都是赤裸裸的反犹太主义者,这让纽约的犹太人特别不安,因为他们中的很多人还有亲戚生活在欧洲。

海外的局势让纽约的犹太人感到紧张,美国反犹太主义的惊人增长更让他们担忧。美国一些最直言不讳的反犹分子都是中西部人,比如亨利·福特和查尔斯·林德伯格,他们在纽约的影响力似乎微乎其微。纽约犹太人感到较大的威胁来自活跃在纽约的两个团体:德裔美国人同盟和基督教阵线。

德裔美国人同盟成立于1936年,本质上是希特勒纳粹党在美国的分支机构,采用纳粹标志、纳粹礼和冲锋队,其成员大多是德国移民及其子女,而且只有那些能证明自己是德国血统的人才被允许加入。它的领导人是化学家弗里茨·库恩,第一次世界大战时曾随德军作战,1928年移民美国,1934年成为美国公民。约克维尔是曼哈顿上东城一个以德国人为主的社区,其东85街178号是该同盟的美国总部,库恩就在那里发号施令。事实上,它在纽约的成员比美国其他任何地方都多。1939年2月20日,该同盟在麦迪逊广场花园举行了"真正的美国主义"集会,使其恶名达到了顶峰。美国纳粹称乔治·华盛顿为"第一个法西斯主义者",当库恩站在华盛顿巨幅画像下谴责"弗兰克·德拉诺·罗森菲尔德"[1]和他的"犹太新政"时,近 2 万名与会者为之欢呼。

一些犹太人呼吁拉瓜迪亚禁止德裔美国人同盟的集会,称其"杀死犹太人"的呼吁是在煽动暴力。另一些人回忆起帕尔默搜捕期间对犹太社会主义者的镇压,认为尽管他们鄙视美国纳粹,但《第一修正案》确保他们可以发表这些仇恨言论。波兰犹太移民、前众议员内森·珀尔曼法官找到了他认为的中间地带。他利用自己在执法部门的人脉,安排了一次与臭名昭著的犹太黑帮头子迈耶·兰斯基的会面。兰斯基也是一位波兰犹太移民。珀尔曼提出,只要兰斯基手下的暴徒使用他们认为合适的暴力手段,"扰乱"当地德裔美国人同盟的会议,他就会付钱给兰斯基,但前提是不能有人被杀。

兰斯基同意了,但拒绝收钱。"我是犹太人,我同情那些在欧洲受苦受难的犹太人,"多年后,他向一位以色列采访者解释说,"他们是我的兄弟。"兰斯基开始对约克维尔的德裔美国人同盟的集会展开突袭,他深情地讲述了其中一次行动:"舞台上装饰着纳粹标志和一幅希特勒的画像。"会议开始时,有数百名同盟追随者出席,"演讲者开始咆哮。我们只有 15 个人,但开始行动了……大多数纳粹分子惊慌失措,跑了出去。我们追赶他们,痛打他们……我们想让他们知道,犹太人不会总是袖手旁观,忍受侮辱的。"

在今天看来,20 世纪 30 年代的美国纳粹好像是有威胁性,但纽约的犹太人认为基督教阵线的威胁更为紧迫。基督教阵线的成立是受密歇根天主教神父查尔斯·库格林每周电台广播的启发。德裔美国人同盟的

---

[1] 美国纳粹按犹太人名称呼富兰克林·德拉诺·罗斯福(Franklin D. Roosevelt)为弗兰克·德拉诺·罗森菲尔德(Frank D. Rosenfeld)意在嘲讽罗斯福偏向犹太人。据说罗斯福是犹太人。1935 年,罗斯福说过罗斯福家族是 1648 年之前从荷兰来到美国的克拉斯·马滕塞内·范罗斯福(Claes Martenseene Van Roosevelt)的后裔,他们可能是犹太人、天主教徒或新教徒。

追随者相对有限，相反，库格林的联合电台节目广受欢迎，吸引了大量的爱尔兰天主教徒。新政开始时，库格林支持罗斯福和他的救济计划。然而，到1936年，他对罗斯福的幻想破灭了，他确信，由于犹太银行家、犹太劳工领袖和犹太共产主义者的影响，总统在帮助那些需要帮助的人方面做得不够。1936年，当库格林在费城体育场的一次集会上发表讲话时，《纽约时报》不祥地指出："看台上的男男女女……双手向上和向前伸出，这与纳粹礼非常相似。"1938年，库格林呼吁他的追随者们组成"基督教阵线"，反对预期中的共产主义接管美国。不久，基督教阵线俱乐部开始出现在东北和中西部有大量爱尔兰天主教人口的地方。库格林的排犹主义变得非常恶毒，他为希特勒对德国犹太人的政策辩护的声音也非常尖锐，以至于包括他的纽约电台在内的几家电台都拒绝继续播放他的节目。然而，这种审查制度只能使他的忠实追随者认为犹太人现在控制了媒体。

基督教阵线的成员开始在纽约到处兜售库格林的杂志《社会正义》，并大声谴责犹太人在美国的影响。纽约的犹太人感到震惊。在时代广场或市政厅对面的公园路，有人脚踩着肥皂箱进行传统的街头演讲，此时大骂特骂犹太人是一回事，而基督教阵线的街头演讲者却是在发泄他们对犹太社区的仇恨，比如曼哈顿上西城和布鲁克林的弗拉特布什。更糟糕的是，他们的长篇大论似乎直接导致了排犹的破坏和暴力活动。在华盛顿高地、南布朗克斯和布鲁克林，犹太人在街上遭到高喊反犹言论的青少年的袭击。全城的犹太教堂和犹太企业都遭到了破坏。"这不是我们在美国或多或少已经习惯的'有教养的排犹主义'"，一位著名的纽约卫理公会教徒评论说，"这是一个好战的、滋生仇恨的"组织。而且，由于"基督教阵线的成员大约90%是天主教徒，它应该叫'天主教三K党'才对"。

纽约警方似乎无意阻止随着基督教阵线的发展一起增加的排犹犯罪，这才是让纽约的犹太人认为最可怕的地方。"我们已经厌倦了走近一个警察队长，手里拿着帽子，对他说，'求求你了，麦卡锡队长（或奥布莱恩队长）……我儿子因为是犹太人被打。你能派个警察管管吗？'我们厌恶和厌倦透了……听到惯常的回答：'啊，孩子们只是在玩。'"在几个广为人知的案例中，当基督教阵线的发言人大声辱骂犹太人时，警察什么也没做，但当犹太人以自己的方式回骂时，他们被以扰乱治安的罪名拖进了监狱。在公开场合，拉瓜迪亚坚定地为警察辩护，私下里却要求他的下属确定有多少纽约警察属于基督教阵线。在一项匿名调查中，400名警官承认他们是或曾经是基督教阵线的成员，很多其他人可能隐藏了自己的身份。基督教阵线的布鲁克林负责人曾经在法庭上作证说，仅在该区就有500名警察申请加入该组织。联邦调查局局长约翰·埃德加·胡佛声称有一份名单，表明全市有1 500名警察申请加入基督教阵线。

或许是因为犹太人和其他纽约人的游说，或许是因为欧洲似乎即将陷入战争，警方终于开始逮捕基督教阵线及其分支机构的一些成员。基督教动员者就是它的一个分支，它对仇恨的煽动似乎会引发暴力。拉尔夫·宁弗是市议员萨尔瓦托雷·宁弗29岁的儿子，1939年9月，因在百老汇大街和72街的路口一角对一群人说他"乐于看到美国的犹太人都被绞死"后滋事，被关进赖克斯岛监狱，服75天劳役。宁弗在街头演说的搭档以同样的罪名被判有罪，他对聚集的人群说他"希望看到犹太人的鲜血流遍美国"。

很多纽约的基督教徒（包括很多天主教徒）都为该市的犹太人辩护。正如某人说的那样，有些人"通过夜间街头集会、请愿和文学作品让布朗克斯变得恐怖"，几个区的居民组成了跨宗教团体，以保护犹太人免受这些人的伤害。一些爱尔兰天主教徒自己也意识到这场由爱尔兰人领导的宗教骚扰具有的讽刺意味。弗洛伦丝·纳什是爱尔兰移民的孩子，在街头售卖《社会正义》时，对走过她面前的犹太人大声训斥，因而被捕。在对她进行判决时，地方法官迈克尔·福特提醒她，她的父母"无疑跟我的父母一样,是为了逃避英国政府的迫害而来到这个国家的……你所实施的迫害也会加诸你自己的种族"。

1940年1月,基督教阵线的公共活动有所减弱,当时胡佛宣布逮捕和起诉18名成员[1],其中包括其布鲁克林的领导人约翰·卡西迪,罪名是密谋推翻政府。胡佛声称该组织打算"学希特勒在德国的做法,控制这个国家的政府",并彻底"消灭美国的犹太人"。抓捕时,还发现这些基督教阵线成员拥有大量枪支、5 000发弹药和十几颗半成品炸弹。胡佛声称这些阴谋分子计划用炸弹炸毁共产党的《工人日报》、社会主义者的意第绪语日报《前进报》和犹太众议员的办公室。被捕的人中有一些是爱尔兰和德国移民,其余大部分是在美国出生的爱尔兰裔和德裔男子。逮捕的消息一经宣布,库格林就否认与基督教阵线及其追随者有任何关系。在几个月后的审判中,被告的律师对联邦调查局付费线人的可靠性提出了质疑。卡西迪令人信服地作证说,他们并没有打算推翻政府,而是在武装自己,以抵抗共产党人不可避免的夺取政权的企图。在审判期间,其中一名被告自杀,但陪审团裁定卡西迪和其他8名被告无罪[2]。陪审团以11∶1的投票结果支持其余5名被告无罪,政府再也没有重审。

此时,尽管仍有限制,犹太移民的数量再次增长,主要是由来自希特勒德国的难民推动的。希特勒第一次掌权时,大多数逃离的犹太人选择在欧洲其他地方定居。然而,1938年底,随着希特勒威胁到整个欧洲大陆,大批难民开始寻求进入美国。然而,尽管美国犹太人和人道主

---

[1] 胡佛逮捕并起诉了18名基督教阵线成员,此处只显示了15人的结果,另外3人最后如何处理的无从得知,作者也没有看到相关的材料。或许因为缺乏证据,而不再起诉另外3人了。

[2] 尽管卡西迪被判无罪,但他确实受到了某种惩罚。就在他被捕前,卡西迪终于通过了司法考试,为此他努力了5年。可纽约州仍旧拒绝他的律师资格,理由是尽管他被判无罪,但审判过程中的证据表明,他有"玩弄法律于股掌"的倾向。他成为一名建筑项目的现场会计。50多年后,卡西迪的女婿对这一判决提出上诉。1995年,85岁的卡西迪获得律师资格。——作者注

义组织呼吁，罗斯福政府接纳的德国难民几乎没有超过德国正常移民配额允许的数量。到 1939 年 6 月，在德国控制区有 30.9 万犹太人申请了移民，但当年的配额只有大约 3 万人[1]。一些人建议"抵押"德国未来的配额，以便立即接纳更多难民，但这需要国会通过一项从未付诸实施的法案。纽约州参议员罗伯特·瓦格纳是德国移民，他提出一项法案：两年内，在德国配额之外，允许 2 万名 14 岁以下的德国犹太儿童以难民身份进入美国。但也未能获得支持。罗斯福的移民专员詹姆斯·霍特林的妻子解释说，她丈夫反对瓦格纳的计划是因为"2 万个孩子很快就会长成 2 万个可怕的成年人"。罗斯福本可以利用他庞大的政治资本来推动这些法案或其他允许更多难民进入美国的立法，但他表示反对。相反，罗斯福试图说服拉美国家接纳难民。跟世界上的其他人一样，他们也不愿意接纳犹太人。

伴随着圣路易斯号命运多舛的航行，难民危机达到了高潮。1939 年 5 月，圣路易斯号从汉堡出发，载着超过 937 名获准在古巴定居或至少暂时停留的犹太难民。然而，就在它横渡大西洋时，古巴政府屈从于国内的排犹主义，宣布不再接纳犹太难民，包括持有效的美国签证，可以在当年晚些时候进入美国的人。在古巴海军的威胁下，这艘船驶向佛罗里达州的东南海岸，德国船长希望某个国家能接受他的乘客。据《纽约时报》报道："难民甚至可以看到迈阿密闪闪发光的塔楼从海上升起，但对他们来说，那只是另一座禁止进入之城的城垛。"最后，由于北美或南美没有哪个国家愿意接收圣路易斯号上的乘客，这艘船又返回了欧洲。比利时、法国、英国和荷兰同意分别收留了这些难民。但在欧洲大陆，他们难逃希特勒的魔爪。在被迫重新定居圣路易斯的 620 名

---

[1] 在那些年里，随着希特勒占领更多的领土，德国的配额也在不断变化。一旦德国吞并了奥地利，25 957 人的配额就增加到 27 360 人，当它占领捷克斯洛伐克时，配额就增加到 30 234 人。——作者注

乘客中，有254人在战争期间被杀害，主要是死在奥斯维辛和索比堡（Sobibor）的纳粹集中营。《纽约时报》悲痛地总结道："圣路易斯号的航行向上天宣告了人类对人类的不人道。"

虽然人们很容易谴责罗斯福或国会没有接收更多来自希特勒统治下的欧洲难民，但美国确实接收了比其他任何国家都多的难民。在希特勒掌权时，居住在德国的犹太人有52.3万，到1939年9月第二次世界大战开始时，约有28.2万人成功逃离，其中约9.5万名难民获准进入美国。事实上，无论是在战时还是战后，圣路易斯号上大约一半的乘客最终都成功移民到了美国。除了德国人，还有成千上万的难民从俄罗斯、法国和其他饱受战争蹂躏的国家迁往纽约。美国总共接收了20万到25万难民，其中大约三分之二是犹太人。

路易斯和葆拉·基辛格及其两个十几岁的儿子是典型的犹太难民，他们定居在纽约。路易斯曾是菲尔特的一名教师，菲尔特是巴伐利亚北部纽伦堡附近的一个小镇。虽然基辛格一家是正统的犹太人，但他们认为自己是彻底而虔诚的德国人。因此，当1933年希特勒上台仅几周后，镇上所有的犹太医生均遭当地医院的解雇，包括路易斯·基辛格在内的所有犹太公务员也被解雇，他们感到非常沮丧。那年晚春，镇上最大的犹太商店被勒令关闭，而纳粹组织了一场抵制镇上所有其他犹太商店的运动。犹太人也被禁止进入海滩。1934年，犹太人进入公立学校的人数受到限制，1936年，犹太人被完全禁止进入公立学校。同年，基辛格创办了一所私立犹太学校，以养活他的家人。多年后，他的其中一个儿子回忆说，他哥俩"经常……在街上被追赶和殴打"，仅仅因为他们是犹太人。

尽管如此，路易斯·基辛格认为基辛格一家应该留在德国。德国人肯定会恢复理智，疯狂也会过去。但葆拉·基辛格看得很清楚。她的姐夫已经被送到达豪。她拒绝看着自己十几岁的儿子遭受同样的命运。葆拉联系了一位堂姐，她出生在布鲁克林，现在住在纽约北部富裕的威斯彻斯特县的拉奇蒙特。葆拉的堂姐提供了经济担保书，使基辛格夫妇获得了4个宝贵的德国名额。1938年8月，他们穿过英吉利海峡，于30日登上法兰西岛号（*ILE de France*）前往纽约。差点就迟了。11月，水晶之夜来临，几周后，纳粹没收了犹太人的企业和财产。不久，集中营变成了死亡集中营。到战争结束时，路易斯家数十名家庭成员被纳粹杀害，其中就有路易斯的三个姐妹和她们的丈夫，以及她们的大部分孩子。

然而，这些悲惨的事是在未来发生的。1938年9月，当基辛格夫妇抵达纽约时，这座城市已经做好了迎接和融合他们及其难民同胞的充分准备。官员们知道每艘船将有哪些难民抵达，并与数十个志愿者组织合作，帮助他们定居。由于大多数难民是犹太人，希伯来移民援助协会是迄今为止最繁忙的救援组织。它让新来的人住在朋友或亲戚那里，提供为期三天的英语和美国公民速成课程，并提供免费的就业安置服务。

帮助纽约的难民适应美国新生活的最大和最重要的机构是纽约的公立教育系统。早在限制移民之前，纽约的学校就为新移民提供英语和公民课程。当移民人数减少到稀稀落落的时候，这些课程基本上就停了。现在，教育系统再次快速运营起了夜校课程。1939年1月，《纽约时报》报道说："这在历史上是前所未有的，纽约教育系统的夜校挤满了认真听讲的学生，他们是来自中欧的受迫害的难民，渴望吸收新收养他们的这片土地的语言、传统和文学。"据《纽约时报》报道，已经有5 000名难民报名参加了这种课程，更多的人正在按照名单等待听课的机会。

这些难民的教师面临的任务与第一次世界大战之前截然不同。那时，很多上夜校的移民在来美国之前几乎没有接受过正规教育。然而，到了1939年，夜校学生"在很大程度上……是职业人"，其中25%已经获得了大学学位。女性难民比男性难民更不可能报名参加这些课程，除非她们来美国时没有男性家庭成员。《纽约时报》讲述了一个由 20 名捷克妇女组成的班级,"有些人的丈夫或父亲留在了集中营"。这些难民经常和他们的孩子一起上课,孩子需要"帮助他们的父母辨识英语单词"。

原先,意大利农场工人和犹太小贩知道在美国有什么样的工作等着他们,与此相反,新难民不知道会找到什么样的工作。"二战"刚结束时,有位社会学家采访了几百名难民,他写道:"这些人不得不经历的变化之大怎么估计都不为过。"养家糊口是他们的当务之急,而语言障碍和美国人对他们资格的怀疑使他们很难重新从事以前的职业。难民们只能找到什么工作就做什么工作。"从前的工厂主现在却在叫卖蛋糕和糖果;曾经的百货商店经理现在却在墓地里当工人。"以前的钢铁出口商在兜售铅笔,古典文学教授干的是洗碗工。有时候,直到最近还在雇家佣的家庭主妇现在要给别人擦地板和清洗厕所了。

并不是每个难民都必须改行。德国医生可以继续从事他们的职业,大多数科学家也是如此。1938 年,在获得诺贝尔物理学奖几个月后,恩里科·费米离开意大利,前往美国,因为他担心自己的犹太妻子劳拉的安全。在接受哥伦比亚大学的教职之前,他不乏工作机会。福坦莫大学抢到了诺贝尔物理学奖得主维克多·弗朗西斯·赫斯。赫斯的妻子也是犹太人,他于 1938 年离开奥地利。纽约大学也获得了诺贝尔奖得主、德国药理学家奥托·勒维。第四位诺贝尔奖难民是挪威小说家西格丽德·温塞特,她定居在布鲁克林高地。

纽约艺术界也因难民的涌入而获益良多。在音乐领域,作曲家库尔特·魏尔和贝洛·巴托克、钢琴家弗拉基米尔·霍洛维茨、指挥家阿尔图罗·托斯卡尼尼等人移居到纽约。艺术家们尤其被纽约所吸引。萨尔瓦多·达利、马塞尔·杜尚、皮特·蒙德里安等人把纽约当成了他们的新家,从而帮助纽约成为战后国际艺术界的首都。美国政府有意采取了有利于他们的签证政策。1940 年德国入侵法国后,罗斯福指示他的难民咨询委员会确认一下有哪些欧洲人"才华横溢",但很有可能面临受到迫害的危险，列出一个名单，甚至无需他们提出要求，就给他们发放签证。基于这项新的举措，大约发放了3 400份签证，真正用到的约为三分之一。

就连很多不知名的难民也在纽约得到了发展。对于那些有创业头脑的人来说，在美国似乎特别容易复制他们之前在商业上取得的成功。海因里希·施皮策在德国拥有自己的"针织品"公司，一到纽约他就找到了一份库管员的工作，以便"学习美国人的方法"。一旦他收集到了足够的情报，他就开始自己做生意。到1939年底，他的员工已经有12人了。有一位德国制造商曾经在欧洲经营着价值数百万美元的服装生意，他拥有的一切几乎都被纳粹劫掠，但他设法将妻子的一些珠宝偷运了出去。他拿去典当，用换来的钱在布鲁克林开始制造服装。很快，他的工资单上就有了35名工人。但这样的故事是例外，而非普遍现象。在欧洲曾经当过老板或经理的难民中，只有39%的人在抵达美国后的5年内重操旧业，最有可能的人是专业人士（医生、科学家等）和熟练的工匠，其中三分之二的人在美国定居后的5年内找到了类似的工作。

无法找到稳定工作的难民之一是路易斯·基辛格。抵达纽约后，他和家人在曼哈顿西北部的华盛顿高地找到了一套公寓，就在新泽西来的车辆从乔治·华盛顿大桥下道处以北几个街区。华盛顿高地是德国犹太难民最喜欢的目的地，以至于他们有时把这里称为"德国的第四帝国"。也许是因为路易斯周围很多都是说德语的人，他发现学习英语非常困难，尽管家人决定在家里只说英语来帮助他掌握语言，但收效甚微。无能为力的感觉让路易斯感到沮丧，因此，即使有朋友提出让他记账，他也无法胜任。葆拉成了家里的顶梁柱，先是当用人，然后是替人承办酒席。

1940年初，全家人决定在葆拉的生意起步时，让长子海因茨去干一份全职工作，以补充家庭的微薄收入。自从来到纽约，海因茨就和他弟弟一起去读乔治·华盛顿高中，为了适应学校的生活，海因茨决定将自己的名字美国化，改叫亨利。为了适应工作的日程安排，他现在改为上夜校。亨利在西 15 街一家胡刷厂干了一份粗活，厂主是葆拉·基辛格堂姐的丈夫，正是堂姐资助基辛格夫妇移民美国的。亨利在工厂干的活是把獾毛浸入酸液中漂白，然后在别人把刷毛固定到刷柄上之前，尽可能多地将酸挤出来。开始干这活时，亨利差不多 16 岁，每天从 8 点工作到 5 点，每周工资 11 美元。下班后，他会乘地铁回家，匆匆吃完晚饭，然后赶去上 3 个小时的夜校，以便拿到文凭。尽管工作很辛苦，但由于他曾在德国学过英语，除数学外，亨利的所有科目都取得了优异的成绩。来到纽约一年后，他基本上能说一口流利的英语，但与大多数同年龄的移民（甚至是他自己的兄弟）不同的是，他从没有学会说话不带口音。1941 年，亨利从乔治·华盛顿大学毕业，进入纽约市立学院学习会计，但他仍然继续在胡刷厂干活，只是被调到了运输部，升了职，还加了薪。他住在家里，并且注册了晚上上课的课程，这样他就可以继续帮助养家了。

此时，美国人几乎全都在关注欧洲的战争。很多人认为美国站在英法一边，参战是不可避免的，如拉瓜迪亚和罗斯福。其他人则认为美国应该置身于战争之外，特别是德裔美国人和爱尔兰裔美国人。他们认为美国是一个种族混合的国家，这让美国不可能卷入一场一半移民的家乡对另一半移民家乡的战争。1941 年 2 月，市法官赫伯特·奥布莱恩告诉参议院外交关系委员会，纽约实际上已经处于"内战"状态，他指的是天主教徒和犹太人之间的斗争，以及由基督教阵线的一个分支基督教动员者领导的对犹太企业的抵制。"纽约市是一个名副其实的火药桶，"库格林的追随者、皇后区民主党领袖威廉·古德温在外交关系委员会前作证说，"如果我们卷入这场战争，就有可能引爆它。"

1941 年 12 月，日本偷袭珍珠港。4 天后，希特勒和墨索里尼都决定对美国宣战。于是，这些争论变得毫无意义，因为罗斯福别无选择，只能参与欧洲和太平洋的战争。三个国家选择对美国发动先发制人的战争,这让罗斯福那些坚持孤立主义的对手不再攻击他是好战分子,也有助于团结美国人,甚至是美国的移民,共同支持战争。"现在我们知道自己的立场了,"在轴心国突然迫使美国卷入战争后,意大利裔杂货商阿尔·卡扎宣称,"我们是一条阵线的,这件事让我们团结起来,同舟共济。"

但并不是所有人都如此。参战后,美国人认为生活在他们中间的移民可能会同情甚至援助那些美国正在与之作战的国家,因此,美国人首先做的事情之一就是采取措施将这些移民迁离。埃利斯岛被改造成拘留所,用于关押那些被认为对国家安全构成威胁的人。此时,《纽约时报》报道称"目前纽约已有自己的集中营"。在纽约人中,大约2 500人是在日本出生的,就在日本袭击珍珠港的当天,美国联邦调查局开始围捕他们,很多人被带到了埃利斯岛,拘留起来。12月11日,413名德国出生的美国人也被带到那里。当局认为可能在美国战时帮助敌人的意大利人也被关押在那里。

大多数被拘留者是外国人,但也有一些人是归化的美国公民,比如德裔美国人同盟的领导人弗里茨·库恩。当局会给每个被拘留者召开一次听证会,他或她可以出席听证会作证,并由律师代表。很多被拘留者说服当局他们不会构成威胁。其中一位是大都会歌剧院的明星埃齐奥·平扎,他在埃利斯岛被关押三个月。但那些被法庭判定为对国家安全构成威胁的被拘留者被送往拘留营,比如圣安东尼奥附近的水晶城拘留营,或北达科他州俾斯麦郊区的林肯堡拘留营。威廉·毕晓普是来自奥地利的非法移民,而且是基督教阵线煽动叛乱案的被告之一,生活在纽约,跟库恩一样,他也被送进了拘留营。

虽然这种歇斯底里的情绪导致很多移民以可疑的理由被拘留,但说实话,纽约到处都是移民间谍。机工勒内·弗勒利希是1923年的德国移民,当时他才11岁,1941年,他应征入伍,在纽约港加弗纳斯岛的驻军担任打字员,偶尔会有涉及美国部队和船只调动的信息放在他的办公桌上，他把它们传递给了德国人。皇后区的德国移民赫尔曼·朗在其曼哈顿的工作场所窃取到了绝密的航空炸弹存放地信息，并试图传递给德国政府。库尔特·路德维希出生于俄亥俄州，但在德国长大，他在皇后区招募德裔美国人帮助他从事间谍活动。1941年，他雇用露西·伯尔默哄诱长岛的士兵，从而获取敏感信息。露西是一个18岁的金发女郎，1929年从家乡斯图加特移民到纽约。媒体称她是"麦斯佩斯的玛塔·哈丽"[1]。联邦调查局每抓获一名间谍，无疑表明有更多的间谍从未被发现。

1942年1月潜入纽约港的U形潜艇也未被发现。它在罗卡韦滩浮出了水面，潜艇上的水手从那里可以清楚地看到科尼艾兰游乐园的跳伞塔和摩天轮。九个月后，德国潜艇返回，并在港口布设了水雷，倘若纽约的德国间谍能够与它协调行动，他们可能会对整个纽约市造成真正毁灭性的破坏。

在联邦调查局围捕间谍嫌疑人的同时，军方也在招募士兵。在第一次世界大战和南北战争期间，移民在陆军和海军中占了相当大的比例，但在第二次世界大战中，外国出生的人发挥的作用相对较小。由于移民限制，外国出生的纽约人年龄已经比较大了：1940年，纽约移民的平均年龄是48岁，而本地移民的平均年龄只有31岁。外国出生的人仍然占该市人口的29%，但在18岁至35岁的男性中，他们只占5%。到1945年战争结束时，纽约750万居民中有89.1万人自愿参军或应征入伍，但只有少数人是移民。新闻界和好莱坞也许会夸口说美国军队是一个真正的"熔炉"，但并肩作战的爱尔兰人、意大利人、犹太人和波兰人几乎都是移民的子孙后代，而非移居的美国人。

---

[1] 玛塔·哈丽（M. Mata Hari）是"一战"时巴黎红极一时的脱衣舞女，也是法、德两国的双料间谍，名列历史上"最著名的十大超级间谍"。后被法国以叛国罪处死。麦斯佩斯是纽约皇后区的一个社区。

在参加过战争的纽约移民中，很多人是最近才以难民的身份离开欧洲的。在纽约难民变成士兵的人群中，最著名的也许是希特勒的亲侄子，即英国出生的威廉·帕特里克·希特勒。年轻的希特勒是个不受欢迎的人。在英国长大后，他于20世纪30年代中期前往德国，希望利用自己的名字赚钱。显然，他甚至试图勒索他的叔叔，但没有得手。1938年，他逃离德国，搬到皇后区，并试图通过出版商威廉·伦道夫·赫斯特组织的反纳粹讲座来养活自己。尽管海军对他是否忠于美国心存疑虑，但还是在1944年允许美国人希特勒入伍，因为他服役的宣传价值太大了，不容错过。

威廉·帕特里克·希特勒做事的动机似乎更多的是唯利是图，但纽约的犹太难民有更崇高的理由去战斗。一名犹太难民士兵写道："我的财产全被剥夺，并被赶出了祖国，我比那些还没有遭受希特勒之苦的普通美国公民更有理由想揍他一顿。"尽管有这些参战的诱因，但大多数移民士兵都是应征入伍的，而不是志愿参军，大多数本土出生的士兵也是如此。我的祖父图莱亚·安宾德即是应征入伍的。他没有被派往前线，而是被派到了韦恩堡，为新兵治疗牙齿疾病，很多人在入伍前很少或根本没有治过牙。

亨利·基辛格也被征召入伍。1943年初，19岁的他被送到南卡罗来纳州的斯帕坦堡接受基础训练。结束三个月的新兵训练后，军队也让他成了美国公民。不久，亨利的弟弟沃尔特也被征召入伍。亨利给沃尔特写了一封忠告信，表达了他在军队头六个月的感受。"眼观六路，耳听八方，闭上你的嘴。"他在信中写道，"始终要站在中间，因为细节总是从最后开始。永远保持低调，因为只要他们不了解你，就不会欺负你……不要跟你在那里总是遇到的人渣太亲近。不要赌博！那群人中总有几个职业骗子，他们会活剥你的皮……不要去妓院。跟你一样，我也喜欢女人。但我可不想碰那些肮脏的、感染了梅毒的营妓。"

战争给纽约经济带来了巨大的好处。多年来萎靡不振的服装业现在被大量的军服订单所包围。其他类型的制造业也从中受益。纽约是人员和物资的主要转运点，到战争结束时，它可以不无自豪地称自己是世界上最大的仓库，而这些仓库就位于日落公园的布鲁克林陆军基地数百个补给站和行政大楼中。成千上万的士兵和水手也从纽约的码头乘船出发，在此之前他们则住在纽约的酒店和餐馆里。

战争期间，这座城市的另一个大雇主是海军。今天，美国人不会把纽约和海军联系在一起，但在当时，纽约是一个真正的海军城市，这在很大程度上是因为布鲁克林海军造船厂面积巨大。战争使海军造船厂在城市经济中占有更大的比重。1944 年，7 万纽约人在可能是世界上最大的造船厂工作。到战争结束时，海军造船厂共建造了 5 艘航空母舰和 3 艘战舰，其中包括密苏里号。日本政府就是在该舰的甲板上签署的投降书，最终宣告了战争的终结。出于安全考虑，战争期间，只有相对较少的移民获准在海军造船厂或布鲁克林陆军基地工作，但他们雇用了数千名移民的子女。20 世纪 40 年代初，由于很多人离开去打仗，纽约的工资急剧上涨，因为公司迫切需要吸引工人，结果，这些国防工作的工资往往远高于这些"第二代"美国人以前的收入。他们把这笔钱带回家交给家人，以这种方式，战争也间接提高了纽约移民的生活水平。

纽约开展过一次军事行动，它雇用的都是最优秀的移民，这就是曼哈顿计划，该计划旨在设计和制造第一颗原子弹。之所以被称为曼哈顿计划，乃是因为它起源于哥伦比亚大学的曼哈顿物理实验室。正是在百老汇大道东侧的西 120 街的卜平楼（Pupin Hall），物理学家制造出了人工铀裂变链式反应，从而制造出了第一颗原子弹。在该计划处于纽约的那一阶段，参与者是几位移民物理学家，包括费米、出生于奥匈帝国（现为波兰的那部分地区）的伊西多尔·拉比、匈牙利的利奥·西拉德和加拿大的沃尔特·津恩。由于缺乏必要的空间来推进制造核武器的计划，曼哈顿计划被转移到芝加哥大学（科学家们在那里的足球场下开展研究），以及田纳西、新墨西哥州和华盛顿州的实验室。

随着曼哈顿计划进入最后阶段，基辛格兄弟被派往前线，沃尔特去了太平洋，亨利则随第84步兵师去了欧洲。亨利渴望参与对德国的进攻，这样他就能帮助击败纳粹，当初纳粹无情地对他，迫使他逃离家园。1944年11月，他如愿以偿。"我回到了我想去的地方，"他在月底写给父母的信中说，"我想到了那些在废墟中的人高高在上时表现出的残忍和野蛮。然后，我为能够作为一名自由的美国士兵进入这里而感到自豪和高兴。"

由于他能说一口流利的德语，亨利此时被重新分配到反间谍部门。当他所在的部队占领城镇后，他的任务是采访德国平民，确定他们中哪些人可能会对美国军队构成威胁，并监督撤离那些被认为"不可靠"的人。那年冬天，在被称为突出部之役的德国反攻中，亨利和他所在的部队陷入非常危险的境地。等敌人被打退后，他重新投入反间谍工作。1945年4月，他发现并粉碎了逃亡德军在汉诺威留下的一个盖世太保潜伏小组，因而获得了一枚铜星勋章。

当月晚些时候，亨利承担了一项艰巨的任务，即帮助解放位于汉诺威郊外阿勒姆的纳粹集中营。不久之后，亨利写道："当我们的吉普车沿着街道行驶时，穿着条纹服的骷髅排在路边……布料似乎要从（幸存者的）身体上掉下来"，每个人的头"都被一根曾经可能是喉咙的棍子支撑着。原来应该是胳膊的地方挂着棍子，腿也是棍子"。亨利在集中营里来回巡视，告诉每一个囚犯："你们自由了。"但他并不喜欢这份工作。"我能提供的是什么样的自由？我看见我的朋友走进其中一间牢房，出来时眼里含着泪水：'不要进去。我们不得不踢他们来区分死者和活人。'"亨利希望他在阿勒姆看到的景象能被保存下来，"供后人观看和反思"。

因为美国占领的关系，基辛格又在德国待了两年。起初他继续干他的情报收集工作，但后来他被指派为即将上任的军官讲授情报技术和德国历史，因为军队想要阻止亲纳粹情绪的死灰复燃和亲共产主义情绪的抬头，这些可能对美国的新对手苏联有利。1947年春末，也就是他首次进入军队4年后，基辛格终于回到华盛顿高地的家中。

对于98%胜利返家的纽约士兵来说，战争往往深刻地改变了他们的生活。在美国出生的移民的儿子有了在陆军和海军服役的经历，以及他们将获得《美国军人权利法案》（G.I. Bill）保证的福利，让这座城市的意大利和犹太新移民感到自豪。他们相信自己的孩子现在更有可能实现美国梦。对于该市的很多波多黎各士兵来说，参军之后，相比在纽约已经习惯了的处境，他们被赋予了更多的责任，受到了更有尊严的对待，战争激发了他们一回到纽约就要求更多权利和尊重的决心。

纽约移民十大来源，1960年	
意大利	280 786
苏联	204 578
波兰	168 824
德国	152 192
爱尔兰	114 008
奥地利	84 301
英国	61 018
匈牙利	45 567
希腊	28 845
加拿大	28 150
外国出生总人数	1 463 821
移民总人数	7 781 984

注：1960年，人口普查局只指定了"白人"移民的出生地。在北爱尔兰出生的移民被归到爱尔兰名下。
资料来源：艾拉·罗森韦克（Ira Rosenwaike），《纽约市人口史》，雪城大学出版社，1972年，第205页。

这场战争也改变了亨利·基辛格的一生。如果不是战争,他可能已经拿到了纽约市立学院的会计学位,并满足于为华盛顿高地的德裔美国商人和制造商记账。但他在军队时取得的成功,从指挥官那里得到的指导和鼓励,尤其是他为情报人员授课的经历,促使他立志实现更崇高的目标。"我要写作,以后可能还会讲课……我非常有信心。"数以百万计的纽约人有着同样的信心,这种信心塑造了这座城市、它的移民,以及战后的整个时代。

第二十一章
再次复兴

水会流向它想去的地方,就像几乎不可能改变河流的方向一样,也几乎无法阻止人们进入一个幅员辽阔、其公民拒绝不断接受身份检查的国家。金色冒险号上的乘客在皇后区被冲上岸的故事证实了这一点。

在过去的大部分时间里，罗马被视为"世界之都"。其他人则把这一称号送给了巴黎。欧内斯特·海明威则将他创作的同名短篇小说[1]的发生地放在了马德里。但在第二次世界大战刚结束的那几年里，人们几乎普遍认为纽约已经获得了这一地位。这场战争帮助华尔街取代伦敦成为国际金融总部，也使纽约超越巴黎成为世界时尚和艺术之都。正如《纽约时报》在决定宣布的前一天预测的那样，1946 年 12 月，联合国决定将其总部设在纽约伊斯特河岸边，而不是塞纳河、泰晤士河、台伯河或莱茵河，甚至不是斯库尔基尔河。中士弥尔顿·莱曼是纽约人，1945 年，在准备回家时，他在《星条旗报》（Stars and Stripes）上评论说：与欧洲的大城市相比，"纽约仍然是希望之乡"。

然而，由于 1924 年实施的移民限制，1945 年的纽约并非很多新移民的乐土。1948 年，国会通过了《流离失所者法案》（Displaced Persons Act），允许在两年内接纳 20 万难民进入美国。但该法案并不像它看起来的那么慷慨，因为这是有条件的，即允许多少难民入境，这些难民来源国将来要失去相应数量的移民配额。美国会将拥有难民国家的移民配

---

[1]《世界之都》是海明威的一部短篇小说。故事发生在马德里，讲的是年轻的服务生学徒帕科（Paco）一心想成为斗牛士。

额削减一半,直到"借来的"这些名额"偿清"。比如,由于美国接纳了大约4万名意大利难民,而意大利每年的移民配额约为5 000人,那么在接下来的16年里,意大利每年都会失去2 500个名额。拉脱维亚每年的移民配额仅有286人,若移民法保持不变,每年的配额减少一半的话,需要一直减到2 274年。

因此,纽约的移民人口持续下降。1950年,仍有201.7万移民居住在这座城市,比芝加哥和费城以外的其他所有城市的总人口还要多。但此时纽约移民的平均年龄是52岁。随着这些移民的老龄化和死亡,纽约的移民人口在1960年减少到190万,1970年又减少到140万。1910年,移民占纽约总人口的41%,而到了1970年,移民仅占18%。世界其他地方的人可能仍认为纽约是一个移民城市,但长期生活在纽约的人能感觉到这种变化。

移民人口下降如此之快,部分原因是国会堵住了一些漏洞,这些漏洞使得大量加勒比移民在1924年限制移民后的几十年里得以进入美国。1952年的《麦卡伦-沃尔特法案》(*McCarran-Walter Act*)终结了此类移民在其欧洲殖民者的配额下几乎无限制地进入美国的可能。在此之前,牙买加、巴巴多斯和英属西印度群岛的其他岛屿每年都向纽约输送数千名移民。此后,数量将被限制在每年100人。这些岛屿开始获得独立时,它们的移民配额仍旧数量很小。1963年,牙买加总理亚历山大·布斯塔曼特称该国微不足道的移民配额是"对我们自己和我们国家的侮辱"。

战后几年,移民稀少,以至于政府在1954年关闭了埃利斯岛。在那个时代,一听到"埃利斯岛"这个词,美国人想到的是拘留中心,而不是移民站。即使在第二次世界大战结束后,它的主要功能仍然是拘留移民。那些被怀疑同情共产主义的入境移民会被移民官员扣留在埃利斯岛,至于那些已经生活在纽约的非公民,若被怀疑是共产主义的忠实信徒也会被扣留在那里,等待司法听证会。从1953年到1954年,参议员约瑟夫·麦卡锡的反共运动达到了高潮,单单在这12个月里,政府就在埃利斯岛拘留了大约3.8万人。有一位疑似共产主义者在那里被关押了4年。但随着1954年春天陆军-麦卡锡听证会的举行，麦卡锡的声誉开始下降，德怀特·艾森豪威尔总统决定关闭埃利斯岛和其他地方的拘留中心，以便遏制这种"猎巫行动"，因为在国际上这些拘留中心让美国十分尴尬。从此以后，除少数外国"颠覆分子"外，在听证会之前，其他人都要保持自由。

在这座著名的移民站关闭时，《纽约时报》的编辑若有所思地说："埃利斯岛上的那些移民或短暂停留，或停留较长时间，若把他们的故事都写下来，或许就是历史上最精彩的移民故事。"该报社论指出，在其62年的运行期间，"移民人数缓慢上升，直至形成移民大潮，然后在战争、新的法律和经济衰退的压力下逐渐减少"。埃利斯岛的数百万移民不仅为美国社会做出了无数具体的贡献，而且"他们构成了现在美国人气质的一部分，没有他们就不可能存在这样一种更生动、更丰富的民族个性。也许有一天会在埃利斯岛为他们立一座纪念碑"，编辑们建议说，因为"在我们国家的历史上，对这一阶段的记忆永远不应被淡忘"。

在此期间，有一群新移民抵达纽约，数量空前，这就是波多黎各人。但严格说来，他们不是移民。政府有充分的理由不把波多黎各人视为移民。当时，很多北美和南美国家取得了独立，如墨西哥和多米尼加，它们的公民可以不限量地移民美国，前提是符合准入条件。边境巡逻队和移民及归化局每年都拒绝数千人入境，因为他们被认定是共产主义者、妓女或精神不健全的人，最常见的情况是害怕他们有可能成为公共负担。相比之下，无论经济状况、政治信仰或医疗状况如何，波多黎各人可以随意进出美国。当来自波多黎各的船只或飞机（"二战"后增多）抵达纽约时，乘客所接受的检查并不比从波士顿或芝加哥起飞的乘客多。

他们果然来了。从1940年到1950年，居住在纽约的波多黎各人增加了两倍，从6.1万人增至18.7万人。战争期间工作机会很多，即使是看门人、厨师或家佣，其工资也比圣胡安的相同职位高出250%。20世纪50年代，纽约的经济蓬勃发展，波多黎各的经济停滞不前，波多黎各流入纽约的人数进一步增加。纽约实际上成了波多黎各人愿意在美国大陆上定居的唯一去处。1950年，居住在美国本土的波多黎各人有83%居住在纽约市。1960年，纽约的波多黎各裔人口达到了峰值的43万人，超过了除东欧犹太人以外的所有纽约移民群体。在随后的几十年里，波多黎各人仍在继续移民纽约，只是人数有所减少。

波多黎各人在纽约无处不在，而且他们的肤色差异很大，来自其他国家的非法移民视此为机会而加以利用。在当局逮捕来自巴巴多斯、阿根廷和巴基斯坦等地的无合法身份的外国人时，被拘留者总是声称自己是波多黎各人，当局很难证明其不成立。20世纪30年代，在哈莱姆区，非法移民只需花30美元就能买到伪造的波多黎各出生证明。

20世纪50年代末和60年代初，美国人越来越认为美国的限制移民法应该放宽。促成这种全国性心态转变的有两个因素。首先，当数以百万计的南欧和东欧移民的孩子长大成人并获得政治影响力时，他们发现爱尔兰裔美国人可以随意把尽可能多的家庭成员带到美国，意大利裔和波兰裔美国人却不能，这是不公平的。其次，冷战时期，美国、苏联和中国正在争取亚洲、非洲和南美洲的盟友，俄罗斯和中国一再指出美国实行的是歧视性的移民配额，以此证明美国没有践行其领导人宣扬的平等主义原则。

1962年，密歇根州参议员菲利普·哈特抱怨说美国的移民法成了"莫斯科和北京的宣传利器"。纽约州参议员雅各布·贾维茨也认为移民法"在国外制造了敌意，成为共产主义宣传的靶子，让我们更难赢得那些未选边站队国家的支持"。来自南欧和东欧移民后代的呼声尤为响亮。一位犹太领袖称《国籍法》是"美国历史上最具种族主义色彩的法律"，而美国意大利移民委员会则认为配额制"为共产党人不断抨击美国移民法的限制条款增添了另一个论据"。1960年，当马萨诸塞州参议员约翰·肯尼迪竞选总统时，便始终把消除"不公平的"配额制作为其竞选活动的口号。

然而，肯尼迪入主白宫后，猪湾事件、古巴导弹危机和其他外交政策问题便开始占据他的注意力。直到1963年7月，在两党自由派的压力下，肯尼迪才重新回到移民问题。在给国会的咨文中，他建议将每年的移民上限从15.7万人提高到16.5万人，并在5年内逐步取消有利于西北欧国家的配额，取而代之的是实行这样一个制度：不限制来自任何特定国家的移民，但规定任何一个国家都不能获得任何一年的移民签证总数的10%以上。来自美洲的移民仍旧不受限制。

几个月后，肯尼迪遇刺身亡，推动移民改革的工作再次被搁置。但是，肯尼迪的继任者林登·约翰逊最终将移民改革当成了"伟大社会"立法议程中必须通过的内容之一。为了让参议院中南方的民主党对手接受一项使美国不那么"盎格鲁-撒克逊"的计划，特别是密西西比州参议员詹姆斯·伊斯特兰和北卡罗莱纳州参议员萨姆·欧文，该法案的发起人参议员哈特和布鲁克林众议员伊曼纽尔·塞勒不得不同意对移民法进行修正，首次限制美洲移民的数量。这一点遭到了西南农业利益集团的反对，因为他们需要依赖季节性迁移的廉价墨西哥劳动力来收获作物。

1965年9月，国会最终通过了《哈特-塞勒法案》，取消了所有国家的单独配额，取而代之的是限制每年的移民总数，分别是西半球（美洲）限额12万人，东半球（世界其他地区）限额17万人。在任何一年，东半球任何国家的配额不能超过该半球配额的10%，但对美国西南部的农业经营者做出了让步，去那里的美洲移民没有这样的限制。[1]

---

[1] 1976年，国会取消了12万和17万的半球移民限额，将全球移民限额改为29万，任何一个国家的移民名额不得超过2万。这一改变首次限制了墨西哥移民的数量，带来了两个意想不到的后果。首先，它鼓励过去经常进出美国的墨西哥人因担心无法获得重新接纳而永久留在美国。其次，一个世纪以来，墨西哥劳工定期迁往美国，数以百万计的墨西哥家庭依赖于此，对这一传统突然施加限制，导致墨西哥非法移民的泛滥，而且从20世纪80年代开始，该问题成为美国的一个主要政治问题。——作者注

虽然在现有配额制度下，拥有热门工作技能的移民有优先权，但根据新法律，与已经合法居住在美国的家庭成员团聚的移民将获得84%的配额；另外10%分配给拥有理想职业技能的移民，剩下的6%给难民，特别是那些逃离"共产党或共产党统治的国家"的人。此外，《哈特-塞勒法案》继续对1924年配额法案中的一项条款稍加修改，取消了公民和合法外国人的父母、配偶和未婚未成年子女的配额限制，使他们可以在美国与亲人团聚而不受数量限制。该法案于1968年6月30日生效。

约翰逊称赞《哈特-塞勒法》是其执政期间"最重要的行动之一"，"因为它确实修复了美国司法结构中一个非常深刻而又令人难堪的缺陷。它纠正了美国国家行为中一个残酷而持久的错误……它将以无数的方式增强我们的力量"。然而，该法案的支持者坚持认为美国人几乎不会注意到它的影响。在自由女神像的基座上举行的签字仪式上，约翰逊说："我们今天将签署的法案不是一项革命性的法案。它不会影响数百万人的生活。"参议员爱德华·肯尼迪是该法案的共同提案人之一，对此他表示赞同："我们的城市不会每年涌入百万移民……目前的移民水平基本上保持不变……这个国家的种族融合不会被打乱。"

虽然约翰逊和肯尼迪称《哈特-塞勒法》是20世纪60年代最重要的立法成就之一，但他们对其影响的预测却非常不准确。他们低估了该法的后果，因为他们高估了欧洲人继续移民美国的兴趣，低估了亚洲人和拉丁美洲人成为美国人的欲望，并严重低估了需要来美国的新移民的父母、子女和配偶有多少人。"二战"后，经过几十年的重建，欧洲终于实现繁荣，因此，很少再有西欧居民申请移民美国。他们在东半球配额中的位置很快被几十年来一直渴望来美国的亚洲人和南欧、东欧人填补。这些新移民又为免配额的亲属提供担保，其比例远高于1965年之前英国人、德国人和爱尔兰人等主流移民的比例，将免配额的移民人数推到了创纪录的水平。这些新移民又可以为更多的免配额移民提供担保。

1965年之后，过度狂热的反共产主义使移民人数进一步增加。国会多次投票支持增加因逃离共产主义来美国的难民人数，增加了来自古巴、中国和东南亚等国家的移民人数。受迫害的基督徒也获得了配额豁免，只是人数有限，那些声称因违反中国的独生子女政策而受到惩罚的人也是如此。一旦某人的庇护申请获得批准，他或她就可以像普通移民一样，带着配偶、父母和不限数量的子女来到美国。在《哈特-塞勒法》实施的10年内，美国每接纳29万配额移民中的1人，就接纳1名不受配额限制的移民。到1982年，免配额移民的人数超过了29万，而且在随后的几年里，免配额移民和配额移民之间的差距继续扩大。

正如对1960年和1980年十大移民来源的比较所示，《哈特-塞勒法》实施后，美国移民发生了深刻的变化。到1980年，亚洲已经取代欧洲成为美国移民的主要来源。加勒比海地区也已成为一个更大的移民来源地。抵达美国的移民总数翻了一番。

《哈特-塞勒法》对纽约市的影响同样深远，不过这种影响很难精确衡量，因为我们不可能确切知道在任何给定的年份里有多少移民迁往纽约。但我们可以通过比较1968年该法生效后的头12年里每个移民群体人口的变化来了解这种转变。

1980年，纽约和美国其他城市最大的区别是它缺少大量的墨西哥移民。大部分越南移民也避开了纽约，主要定居在加利福尼亚州、得克萨斯州和华盛顿特区。

《哈特-塞勒法》也改变了纽约的移民格局，因为它阻止了任何一两个群体主导该市的新移民人口。在南北战争前夕，超过80%的纽约移民仅来自两个地方：爱尔兰和德意志邦联。在几代人的时间里，这两个群体让纽约其他的移民群体相形见绌。后来，意大利人和东欧犹太人在人数上远远超过了抵达该市的所有其他移民。尽管如此，有三个移民群

美国入境移民的十大来源地，1960 年和 1980 年

1960 年		1980 年	
移民来源地	移民数量	移民来源地	移民数量
加拿大	44 668	墨西哥	56 680
墨西哥	32 708	越南	43 483
德国	29 452	菲律宾	42 316
英国	20 875	韩国	32 320
意大利	13 369	中国	27 651
荷兰	8 654	印度	22 607
古巴	8 126	牙买加	18 970
葡萄牙	6 766	多米尼加	17 245
爱尔兰	6 010	英国	15 485
日本	5 699	古巴	15 045
总数	265 398	总数	530 639

资料来源：《移民和归化局 1960 年年度报告》（华盛顿特区，1960 年），第 19 页；《移民和归化局 1980 年统计年鉴》（华盛顿特区，1980 年），第 15 至 17 页。总数是财政年度的数据，而不是日历年度的数据。在这些数字中，并非所有的移民都是在所述年份实际抵达美国的。有些人最初是以旅游签证、学生签证或其他方式到达的，但在所述年份将其身份调整为"移民"。

体在纽约的聚居程度非常高，这就是多米尼加人、中国人和西印度群岛人，以至于在《哈特-塞勒法》成为法律后仅过了 12 年，他们的规模就明显超过了其他群体。

理论上，多米尼加人可能在《哈特-塞勒法》实施之前就大量来到了美国。跟墨西哥人一样，基于《国籍法》，多米尼加人不受配额限制，只是很多人因为有可能成为公共负担而被拒绝。但多米尼加人移民的主要障碍是政治因素。在 1930 年至 1961 年期间统治多米尼加的是拉斐尔·特鲁希略，他是一个残暴的独裁者，不赞成移民，并通过严格限

1960 年至 1980 年间人口增长最多的纽约移民群体			
移民来源地	1960 年至 1980 年在纽约的人口增长	1980 年的纽约总人口	1980 年纽约移民的人口排名
多米尼加	111 000	121 000	2
中国	64 000	85 000	4
牙买加	61 000	93 000	3
海地	47 000	50 000	8
哥伦比亚	36 000	41 000	12
厄瓜多尔	36 000	39 000	14
圭亚那	22 000	32 000	16
印度	20 000	22 000	21
韩国	20 000	20 000	23
古巴	20 000	50 000	9
菲律宾	17 000	21 000	22

资料来源：美国人口普查局，《人口普查：人口特征》（华盛顿特区，1963 年），第 434 页；《最新的纽约人：纽约市外国出生人口的特征》（纽约，2013 年），第 16 页（根据 1980 年的数据）。牙买加和圭亚那 1960 年的数据是我自己的估计，因为在那一年一些牙买加出生的纽约人被计入在西印度群岛联邦短暂生活的本地人，而圭亚那的本地人在 1960 年的人口普查中没有被单列。

制多米尼加人获得护照的能力来压制移民。1961 年，特鲁希略被暗杀，国际旅行的限制随之解除，成千上万的多米尼加人匆忙离开了这个国家。其中至少 75% 的人定居纽约。

美国和多米尼加之间存在长期的联系。1870 年，尤利西斯·格兰特总统曾试图收购多米尼加，尽管吞并条约未能在参议院获得批准，但美国农场主仍大举投资多米尼加的糖和烟草生产。1916 年，当美国开始对整个伊斯帕尼奥拉岛长达 8 年的占领时，多米尼加人与美国人的接触成倍增加（伊斯帕尼奥拉岛包括多米尼加和海地）。政府为这次入侵辩护的理由是，如果美国不先占领，德国可能会把它变成 U 形潜艇的集结地。

1965年4月，美国再次入侵多米尼加，这一次是为了阻止左翼政府的建立，中情局认为这个政府会成为古巴的菲德尔·卡斯特罗控制的"共产主义独裁政权"。在美国海军陆战队的帮助下，多米尼加军队迅速镇压了该国的左翼政党和领导人，美国军队一年后撤离。然而，此次占领留下了不可磨灭的痕迹。首都圣多明戈的墙壁上潦草地写着很多"美国佬滚回家去"的标语，其中一个多米尼加人用西班牙语在后面添上了"带我一起走"。海军陆战队离开多米尼加的那一年，多米尼加移民人数比以往任何一年的记录都高50%，这绝非巧合。

其中一些移民是富裕的多米尼加中产阶级，他们担心美国支持的新上台的右翼政府会惩罚他们，就像特鲁希略因为他们政治上左倾而惩罚他们一样。其他人则急于在1968年《哈特-塞勒法》生效之前进入美国，因为该法案首次对进入美国的多米尼加移民施加了数量限制。多米尼加穷人决定离开他们的国家，希望到纽约寻找更好、更富裕的生活。在每个人签证面谈时，他们会将大家凑的钱从一个人转交给另一个人，从而熟练地避免了因"可能成为公共负担"而受到限制。很多其他人通过旅游签证或学生签证来到纽约，然后逾期逗留。其他人则前往波多黎各，混在登上前往纽约的飞机或轮船的波多黎各人中间。当然，大量多米尼加人可以在纽约定居，因为他们是已经合法移居美国者的亲属。

起初，纽约没有哪个地方是多米尼加人的聚居地。1971年，《纽约时报》的一篇报道将皇后区的可乐娜、曼哈顿上西城、东布朗克斯和布鲁克林南部列为大部分多米尼加人的定居地。然而，多米尼加移民很快开始在曼哈顿北部的华盛顿高地聚集，这里是亨利·基辛格曾经住过的老街区。1976年，华盛顿高地的拉美裔美国人联盟主席说："多米尼加人正大量涌入这里。"当时，古巴人和波多黎各人的数量仍然远远超过多米尼加人。10年后，多米尼加人成为曼哈顿主要的拉美裔人口。到1990年，他们的人数占该聚居区人口的40%，超过了其他族群，无论他们是否是拉美裔。在那一年，居住在曼哈顿的多米尼加移民为9.3万人，是世界上其他任何国家移民的两倍多（华裔为3.9万人，排第二），整个纽约的多米尼加移民为22.5万人。

多米尼加人来到纽约，期望能比在加勒比海地区赚的钱多，但往往发现他们能干的工作报酬很低。即使在20世纪90年代末，多米尼加移民在人均收入方面仍落后于其他大多数外国出生的群体。"很痛苦，"一位多米尼加移民说，"你被自己的国家放走，来到一个新地方，梦想着过上更好的生活，但并没有发生。"

跟大多数纽约人一样，在20世纪最后几十年，大约一半的多米尼加人从事服务业。对于多米尼加男人来说，这通常意味着开出租车，主要是移民社区最多见的"电招车"。在那个时代，乘客在街上不能合法地叫出租车，只能通过电话叫出租车。大多数多米尼加电招车司机自由结合，分别组成合作社，每个合作社由10到60个合作伙伴共同拥有。合作伙伴几乎都是开出租车的，但在需求高峰或合作伙伴不想出工时，合作社会雇用额外的司机。出租车从合作社的基地派出，而基地通常位于多米尼加社区的一个商用空间或廉租公寓楼底层的一间出租房里。开电招车是个危险的职业。20世纪90年代初，在可卡因泛滥的高峰期，每年都有数十名司机因抢劫而丧生。尽管如此，驾驶绝大多数电招车的司机仍然是多米尼加人，而纽约当时的电招车大约有4万辆。

从事服务业的多米尼加男子很多是在跑运输，而多米尼加妇女在美容院打工的比例非常高。这些店的老板通常是女性，也在店里工作，每家往往额外雇用4到6名多米尼加妇女帮助经营。起初，这些美容院集中在曼哈顿北部和西布朗克斯的多米尼加人社区（一位社会学家说："几乎每个街区都有一个沙龙"），但最终，大量的多米尼加美容院扩展到了哈莱姆区，以及皇后区和布鲁克林的某些地区。1999年，《纽约时报》报道称，在哈莱姆区中心，"多米尼加人拥有和经营的美容院随处可见"。这些店采用压价竞争的策略，与非多米尼加人的竞争者展开较量，从而生意兴隆起来。《纽约时报》的同一篇报道指出："多米尼加美容院的洗发烫发的价格可能只需 10 或 15 美元，而非裔美国人美容院的平均价格是其两倍或更多。"到 20 世纪末，多米尼加妇女因在纽约的某些地方经营美容院而出名，好比韩国妇女因经营美甲店出名、南亚男子因开黄色出租车出名是一样的。

多米尼加人占比很高的另外两个就业部门是制造业和商业。1980 年，49% 的多米尼加人受雇于制造业，尤其是制衣的血汗工厂。实际上，纽约制造业的各个方面都有多米尼加人的身影。然而，除了服装业，纽约的制造业是一个正在消亡的领域。从 1980 年到 2000 年，该市三分之二的制造业岗位消失了。到最后一年，只有 12% 的多米尼加人在这个曾经繁荣的行业工作。

在做生意方面，截至 2000 年，经商的多米尼加人占其就业人口的 19%。多米尼加人因经营杂货店而闻名于整个城市，这些小杂货店在纽约的拉美裔社区数量激增。小杂货店老板几乎都是男性，通常他们利用自己的储蓄，再加上从家人、朋友或富有的多米尼加人那里借到的资金，盘下店铺，进而起家。因为在拉丁裔社区有很多小杂货店，竞争非常激烈，生意往往很清淡。很多小杂货店除了老板之外没有其他雇员。如果不得不在营业时间离开店铺，他会找一个值得信赖的朋友照看，营业时间通常从早上 8:30 或 9:00 到晚上 10:00 或 11:00，甚至到午夜，一周 7 天。一位小杂货店老板抱怨说："我在这里就像个奴隶。"成功的小杂货店老板通常不会在这一行干一辈子。他们的梦想是以一个可观的利润转手小杂货店，并返回多米尼加，要么某个老板很是有雄心壮志，他会出售生意兴隆的小杂货店，用那些钱买下一家单独的超市，而超市是 20 世纪末纽约多米尼加人控制的另一个领域。

在成千上万的杂货店主和出租车司机中，经常被人遗忘的是移居纽约的多米尼加中产阶级。很多律师、医生和商人加入了移民大军，其中最有名的或许是奥斯卡·德拉伦塔（Oscar de la Renta）。德拉伦塔生于 1932 年，是他家 7 个孩子中的老幺，也是唯一的儿子，在圣多明戈的舒适环境中长大。他的父亲想让他加入家族的保险生意，但奥斯卡后来回忆说，在他还是个孩子的时候，他通常都能得到他想要的，于是他选择了在马德里学习艺术。尽管德拉伦塔从父母那里得到了一笔可观的零花钱，但他还是为报纸和时装设计师画服装草图，以赚取额外收入。1956 年，他自己设计的一幅服装草图引起了美国驻马德里大使夫人弗朗西丝卡·洛奇的注意。她想让她女儿在初次进入社交界的聚会上穿这件衣服，并托人制作。洛奇夫妇的女儿穿着这套衣服的照片登上了《生活》杂志的封面，也开启了德拉伦塔在时装设计领域的事业。他在巴黎的一家时装设计公司做了两年学徒，31 岁时，他决定搬到纽约。"进入成衣行业"，当时他解释说"因为那里有钱"。在收到大量工作邀请后，他最初选择了伊丽莎白雅顿公司的一个职位，但两年半后，他开始独立创业。

德拉伦塔的时机再好不过了。传统上，美国的百货公司会把待售衣服上的标签都去掉，换上自己的。因此，美国的时装设计师大多默默无闻。20 世纪 60 年代末，这种情况发生了改变，设计师得以凭借自己的实力成为名人，其中最出名的莫过于奥斯卡·德拉伦塔。社会名流、第一夫人和电影明星纷纷要求穿他设计的衣服。"他的衣服给你一种奇妙的感觉，"他的一位著名顾客解释说，"他的晚装让你感觉飘飘欲仙。"很快，他就像他为之打扮的名人一样出名了，媒体热切地报道他精彩的派对和阔佬式的生活方式，包括经常去他在多米尼加的两个度假别墅。1980 年，《纽约时报杂志》（*New York Times Magazine*）的一篇封面故事描述了他那迷人的生活，标题是《生活得好仍然是最好的报复》。他于 2014 年去世，但他的时尚帝国几乎一如既往的强大。

在 20 世纪末叶，纽约多米尼加社区的发展是非同寻常的。1960 年，多米尼加人的人口几乎微不足道，但到了 1970 年，他们在纽约移民群体中的占比跃升至第 9 位，1980 年更是升至第 2 位（仅次于意大利裔美国人)。1990 年，纽约的 22.5 万多米尼加移民不仅是该市最大的外国出生群体，而且几乎是仅次于他们的竞争者的两倍。在接下来的四分之一个世纪里，他们仍然是纽约人口最多的移民群体，2000 年又增长了 64%，达到 36.9 万人。"在多米尼加，我很快乐，"一名当时抵达的移民承认，"但我没有未来。在纽约我有很多麻烦事，但我有机会。"

如果目前的人口趋势继续发展下去，中国人不久就会取代多米尼加人，成为纽约最大的移民群体。早在 20 世纪 20 年代第一批拉美裔和西印度群岛裔社区发展起来之前，纽约就有了一块华人聚居地。纽约第一个唐人街出现在 1880 年左右，当时，白人用暴力和威胁的手段将居住在美国西部的华人移民赶出了他们的社区。纽约的早期华人居民在该市的大多数地方受到排斥，只能在坚尼街以南的勿街建起了一片住宅区。到 1900 年，它已经将邻近的披露街和多也斯街（Doyers）纳入其中。纽约的中国移民几乎都是男性，他们大多在洗衣店工作，随着越来越多的中产阶级爱尔兰裔美国女性放弃这一行业，中国人得以进入。其他中国移民多是雪茄制造商，而这块聚居地的最富裕的居民是专做对华进出口贸易的商人。这些移民大多来自中国的同一个地区，即南方广东省珠江三角洲周围的县。

1882 年的《排华法案》(*Chinese Exclusion Act*) 摧毁了纽约的华人社区，因为在美国几乎没有华裔女性，这片聚居地似乎注定要消亡。但并没有发生。跟其他受到限制的移民群体一样，中国人只能选择非法移民，偷越加拿大和墨西哥边境，或藏在船上偷渡。但到了 1892 年，国会强制要求华裔美国人携带政府签发的带有照片的身份证件，以证明他们已合法进入美国，之后，偷渡愈加困难。然而，中国人适应了，减少了对非法越境的依赖，更多地依赖欺骗性的合法途径进入美国。《排华法案》却给商人和在美国出生的华裔美国人的子女以特殊照顾。数千名想要入境美国的中国移民说服或付钱给有合法身份的华裔美国商人，让他们声称这些新移民是他们的商业伙伴。更有甚者，很多人让华裔美国人谎称新移民是他们的孩子，在华裔美国人社区，这些人被称为"纸生仔"。结果，《排华法案》通过后，纽约的华裔人口实际上增加了，从1880年的约1 000人增加到1900年的6 000人（这些纽约华人很多是19世纪80年代因逃离反华暴力而从美国西部移居纽约的合法移民）。1930年，纽约的中国出生人口接近7 000人。1943年，《排华法案》被废除，但中国每年的移民名额只有105人。不过，合法移民的重现也促使非法移民的复苏，因此，到1960年，超过2.1万名中国移民居住在纽约。

《哈特–塞勒法》优先考虑那些想要跟已经在美国的家庭成员团聚的移民，因此，在该法案通过后的几年里，抵达纽约的大多数中国人仍然来自广东。然而，由于中国对移民的限制，以及美国直到1979年才与中华人民共和国实现外交关系正常化，更多的移民来自当时仍受英国控制的香港。还有许多人来自中国台湾。最终，随着与中国关系的改善和中国政府放宽移民限制，纽约的华裔人口变得比较多样化，但华南地区仍然是主要来源。

然而，到了20世纪90年代，纽约华人移民的背景开始发生根本性的变化。大量移民开始从紧邻广东东北部的沿海省份福建抵达纽约，其中大多数是非法移民。尽管福建省会福州距离广东省会广州大约500英里，但福建人的涌入标志着纽约华人社区文化的巨大转变。这两个人群不仅吃的食物完全不同，而且彼此之间甚至经常无法交谈；福建人讲自己的方言，听不懂广东话。

"在福州，已经见不到多少男人了[1]，"2001年，一名女性移民告诉

---

[1] 据本书作者引用的《纽约时报》同一篇报道，纽约一位福建人口头告诉记者：福建移民的确切数字不知道，因为很多是非法移民，但至少有30万人分散在美国各地。据福州市统计局的数据，1990年福州全市535.298 2万人，市区129.235 3万人，况且30多万福建移民并非全部来自福州。可见那位福建女移民是在夸张，相较于平时来说可能男性少了。

《纽约时报》，解释她为什么也移民到美国，"他们都来到了美国"。一位在美国当神父的福建移民同意这种说法，他告诉记者："我们那里确实有些村庄几乎没有男人了。"到 2000 年，纽约的福建移民在人数上远远超过了广东移民。

《哈特-塞勒法》实施之后，纽约的华裔人口迅速增加，当新移民开始在唐人街传统边界之外定居时，有些纽约人表示不满。20 世纪 70 年代尤其如此，当时的中国移民沿着坚尼街向北涌入小意大利。西奥多·塔兰蒂尼是小意大利复兴协会的创始人之一，他解释说："我们只是想保留这片社区的特色。"即使是反对华人"入侵"的象征性行动也被认为是非常重要的。当纽约将唐人街周围的路牌翻译成中文时，意大利裔美国人把坚尼街以北路牌上的中文字母涂掉，以划定意大利人认为中国移民不应越过的界线。然而，在小意大利拥有房产的意大利裔美国人却因华人对该区的兴趣心存感激。几十年来，意大利人一直在纷纷放弃这一地区。约翰·扎卡罗是小意大利房地产投资者，他是 1984 年副总统候选人杰拉尔丁·费拉罗的丈夫，1980 年，他告诉《纽约时报》说："我的主要业务是和中国人做生意。感谢上帝还有他们在。"到 20 世纪末，双方达成了某种默契：只要桑树街的商业场所仍是意大利餐馆在用，小意大利向华人社区的转化就可以和平地进行下去。

那时，唐人街向东的发展速度远远快于向北的发展。福建人的聚居地以下东城的东百老汇街为中心，广东人的大本营则以勿街为中心，前者已经比后者大很多。皇后区的法拉盛和布鲁克林日落公园的唐人街蓬勃发展，福建人已经成为那里的主角；在法拉盛，他们取代了原先的台湾人。福建移民的出现对纽约华裔人口的规模也有重要的影响，因为当时大多数广东移民定居在加利福尼亚州，大多数福建移民则选择纽约作为他们的美国家园。

中国人来到美国的原因跟大多数其他移民是一样的，那就是改善自己的经济状况，并为子女争取更好的机会。20 世纪 90 年代，有位中国移民说：在美国"有希望"。"我在寻求更好的生活。"尽管美国人看到中国移民为生存而苦苦挣扎，若是没有合法的身份，他们的工资往往远低于最低工资，但中国人对此有不同的看法。正如一位代表寻求庇护的中国客户的律师观察到的那样，"每个人都寄钱回家，不管他们的收入有多低，所以这里的街道看起来就像铺满了金子"。有时移民不是个人的选择。"这是一个家庭或家族的决定，"1999 年，一位熟悉中国移民偷渡的消息人士对一名记者说，"我们会投资你，你会帮我们去那里。"一些考虑移民美国的中国人很难想出不移民美国的理由。"我想不出美国有什么不好的地方，"某个福建人说，"那里的生活更好。"

至于 20 世纪最后几十年到底有多少中国移民来到美国，很难给出一个确切的数字。20 世纪 80 年代，合法移民平均每年 3.5 万，20 世纪 90 年代平均每年 4.2 万，其中大约三分之一的新移民至少最初定居纽约。但到了 20 世纪 80 年代末，大量中国移民开始非法进入美国，很难估计这种隐秘流动的规模。可能每有一个合法移民就会有一个偷渡移民。据《纽约时报》估计，在 20 世纪 90 年代上半叶，每年有 10 万没有合法身份文件的中国人进入美国，是合法移民的两倍多。不过，大量的中国非法移民最终成为合法移民。正如我们看到的，很多人获得了庇护，更多人符合国会在 20 世纪末颁布的对某一时期的非法移民实行赦免的计划。还有一些人与美国公民结婚，因此成为合法居民。

合法移民和非法移民的世界往往是重叠的。以相对较早来到纽约的福建移民郑翠萍（Cheng Chui Ping）为例。1964 年前后，郑翠萍 15 岁，她的父亲是一名水手，通过在美国港口跳船而非法进入美国。他在纽约唐人街当了 10 多年的洗碗工，每年给家里寄三到四次钱，直到 1977 年被驱逐出境。与此同时，郑翠萍于 1969 年结婚，此后不久，她和丈夫张亦德设法定居香港。尽管他们的运气不错，郑翠萍的丈夫还是去了纽约，而进入美国的方法跟他的岳父如出一辙。张亦德在纽约只待了两年，就被当局送回了香港。

当张亦德与郑翠萍重逢时，他发现在他不在的这段时间，她在香港过得比他在纽约好多了。郑翠萍在香港的福建人聚居区开了一家小百货店，生意兴隆。她是一个精明的商人，善于跟数字打交道。1979年，郑翠萍在中国大陆开了一家服装厂，与香港隔海相望。那时，她已经生了两个女儿。

尽管在商业上取得了成功，但她并不满足。1981年6月，她走进美国驻香港领事馆，申请移民签证。当面试她的领事官员问她将来到美国后做什么时，她说她要当保姆。这位官员问为什么她要抛弃自己的香港商人身份，换取在美国的家庭当佣工时，她答说："为了我孩子的未来，我愿意做一个保姆。"这一回答令这位美国人感到满意，几个月后，她收到了签证。11月，她乘机经安克雷奇抵达纽约，两个女儿则留在香港，跟张亦德在一起。一年后，三人在纽约与郑翠萍团聚（根据规定，直系亲属可以移民，而且人数不限）。他们在喜士打街145B号开了一家12英尺宽的小商店，就在包厘街的东边，跟她在香港开的那家店很像，卖的东西是纽约迅速扩张的福建移民社区的热门商品。"萍姐"成了这个社区的固定成员，特别是在福建移民需要贷款或找工作时，她会帮助他们，并因此出名。

对于非法来到纽约的中国人来说，旅程的开始通常都是一样的，首先是乘长途汽车离开福建，再偷越边境进入香港，然后乘机飞往其他的中转站，通常是曼谷。移民要在那里等上几周，有时甚至数月。中国人称偷渡贩子为"蛇头"。此时，蛇头要为他们的客户购买旅行证件。最好的文件都是真实的，通常是通过贿赂大使馆的工作人员获得的。其次是稍加修改的合法证件，可能是带有真正美国旅游签证的台湾地区的所谓"护照"，蛇头会把原持有者的照片小心移除，换上非法移民者的照片。大约一半的非法移民随后飞往美国，通常走的是迂回路线，以免引起怀疑，因为曼谷已经成为众所周知的非法移民的出发地。

另有40%的中国非法移民在前往美国的过程中大部分时间是乘机

的，但随后要通过陆路完成旅程。有些人飞往墨西哥，也有很多人抵达危地马拉，但在试图进入美国前不得不先偷渡到墨西哥。然后，大多数人要步行越过边境，有些人则藏在卡车、公共汽车或汽车和货车的车厢假底中被带入美国。蛇头或"大"蛇头通常有"小蛇头"，小蛇头通常是家庭成员，负责监督非法移民的每段旅程。有的小蛇头可能在香港与移民会面，其他人则在曼谷和危地马拉城的机场接他们，还有人在肯尼迪机场或洛杉矶机场接他们；如果从陆路越境，则在美国境内预先安排的地点接头。无论用什么方式进入美国，这些移民都会被带到他们和偷渡贩子所说的纽约的"安全屋"。

"安全屋"完全是挂羊头卖狗肉。它的目的不是为了让非法移民避免被移民执法机构逮住，而是为了防止新移民在没有付清欠蛇头余款的情况下逃进美国。20 世纪 80 年代初，移民偷渡到纽约通常需要支付 1.8 万美元，1989 年为 2.5 万美元，1993 年为 3 万美元，1998 年达到 4 万美元。移民通常预付四分之一，并在抵达纽约后付清余款。移民不可能在危险的旅途中携带这笔钱，而是依靠家庭成员（通常在中国）支付给蛇头。安全屋一般位于没有窗户的地下室，经营安全屋的收债人总是尽可能地让新移民的生活不舒服，这样他们在中国的家人就会迅速而足额地支付给蛇头剩余的应付款。

"关我的地方就是地狱，"一个来自福州的 40 岁男子回忆他在安全屋的经历时说，"我们一直在挨饿。空气很坏。"在情况变得难以忍受之前，那些家人很快支付了费用的移民被允许离开。但对于那些家人迟迟不交钱的移民来说，这些安全屋简直是地狱，就像那名来自福州的男子一样。他说："他们想骂就骂，想打就打，"尤其是当移民打电话给亲戚，恳求他们给蛇头付钱时更是如此，"常常把人打得浑身是血"。收债人经常对家人没有及时付款的女性移民进行性虐待，若在宽限期结束前没有收到款，甚至会强奸她们。如果女性移民的家人几周后还没有还清债务，她可能会被"卖"到妓院，被迫以这种方式偿还债务。

考虑到他们可能向移民的家人收取高得离谱的利率，中国的高利贷者并不是大多数非法移民用来支付前往美国旅费的现金来源。实际上，大多数偷渡的中国人来自中产阶级家庭，或至少有家庭成员是中产阶级，而旅费通常是从这些家庭成员那里借来的。一个移民解释说："你跟一个人借 1 500 美元，再跟另一个人借 3 000 美元。"移民有时要依靠广泛的家庭成员网络才能凑足蛇头开出的价码。事实上，之所以福建移民如此多，原因之一是这个中国的省份很富裕，它的居民付得起巨额的蛇头费，而非贫穷所迫。福建的经济充满活力，以至于该省吸引了中国其他地区的"移民"，例如四川，他们知道在那里能找到比自己家乡报酬更高的工作。"四川人到这里就像我们福建人去美国一样，"一位福州居民说，"四川人在这里干别人不愿意干的差活，就像我们在你们国家一样。"

由于承担了如此沉重的债务，并且知道如果不尽快偿还为资助他们移居纽约而冒险的家庭成员，那将是非常丢人的事情，因此，这些偷渡移民拼命工作，并且令人难以置信地节俭，以便将省下来的每一分钱都寄回中国偿还债务。非法移民绝大多数在中餐馆或制衣厂打工。20 世纪 90 年代的一项调查发现，在中国偷渡客中，80% 的男性和 90% 的女性在这两种地方之一工作。实际上，这些移民在中国时大多数从事专业工作，拥有企业或做过职员。

中餐馆的员工通常每天工作 12 个小时，一周工作 6 天，一般周一休息。但为了赚更多的钱，更快地还清债务，这些新来的移民会在休息日做兼职，比如在公寓大楼的门底下塞外卖菜单，或者为主厨打下手。中国移民很少有从事食品行业的经验。他们一开始是帮厨，做厨师安排做的任何事，比如准备食材、倒垃圾、清洗炊具和盘子。在这个职位上工作几个月或几年之后，移民可能会成为一线厨师[1]，这是一个重要的

---

[1] 一线厨师（line cook）指监督厨房某一区域的厨师，而不是整个厨房，并向负责厨房整体质量控制的厨师长报告。类似于工厂里的"拉长"。

晋升机会，因为这一职位的工资平均比初级职位高出近40%（1993年，一线厨师每月1 600美元，厨房帮手是1 150美元）。如果移民学一点英语，他就有机会做送货员，这份工作的薪水通常比厨房帮手略高一些，但没有厨师那么高，只不过它确实能让人从单调的厨房中解脱出来。一位来自福建省的前农民后来成了中餐馆的厨师，当被问及在美国的生活时，他说："老板、锅碗瓢盆和其他工人，就这样。"其他非法移民也表达了同样的观点："工作。这就是我们所做的一切。"

在中餐馆中，收入最高的是服务员，但这个职位对英语的要求高，大多数偷渡的移民达不到这种程度。来自中国城市的年轻移民似乎最擅长掌握足够多的英语来赢得这些令人羡慕的工作。在纽约的唐人街，新来的人可以报名参加中餐馆实用英语速成班，该课程旨在培训在餐馆前台工作所需的语言技能。2001年，《纽约时报》的一位记者遇到一位24岁的福建女子，她正在上这些课程。该记者发现她正在练习"吸烟区""你的食物很快就会送到"和"很高兴再次见到你"等短语的发音。获得一些经验后，很多服务员和厨师就会离开这座城市，去美国各地购物中心的中餐馆工作，希望在那里工资更高，生活费用更低，而且老板不那么苛刻。一旦还清了偷渡的债务，这些厨师和服务员中的很多人要么买下一家现有的餐厅，要么自己开一家餐厅，并且会从纽约最新的中国移民中招工。

中国女性大量来到纽约，使得该市的服装制造业得以重振。自20世纪60年代以来，随着移民劳动力的减少，该行业一直在走下坡路。到1981年，曼哈顿唐人街大约有500家服装厂，雇工近2万人。在长达一个世纪的时间里，这些工作变化不大。但工作会在很多工人之间进一步细分，每个人都有一个特定的任务，根据工作的复杂程度支付报酬。与过去的血汗工厂不同，20世纪80年代，服装行业的所有工序几乎都是女性在做。除了熨衣服仍被认为是男性该干的活外，其他工作都由女性完成。年龄较大的妇女则修整衣服，这种活原来大多分给孩子们去做。

不仅制衣厂的工作基本没变，制衣厂的工作条件也基本相同，现代劳动法似乎没起作用。检查人员经常发现消防安全门是锁着的，就跟三角女衫公司的做法一样。女性移民仍然在拥挤、尘土飞扬并且常常令人窒息的环境下长时间工作。一位中国制衣工人说："到了夏天，室内非常热。根本没有通风。"而且工资仍然很低。除非保证工人的最低工资，否则，按件计酬是不合法的。此外，那些每天或每周工作超过一定时间的人必须得到较高的"加班"工资，但这两条规则在很大程度上被忽视，当雇主认为他的工人是非法移民时更是如此。1995年，尽管赞同很多中国服装工人的观点，一名拉丁裔血汗工厂的工人也是有苦难言："我无计可施。若是我要加班费，他们就会炒了我。"因此，1995年，一位华裔美国记者卧底，到日落公园服装厂打工，工作84小时的报酬仅为54美元，当时，法定最低工资是450美元（前40个小时的最低工资是4.25美元，之后每小时的工资是其一倍半）。为了继续满足雇主对生产率似乎永无止境的要求，来到纽约后生孩子的华裔女性常常把孩子送回中国，由祖父母抚养，以便保住工作，还清债务。当孩子长大到可以上全日制公立学校时，再把他们接回纽约。

20世纪80年代和90年代，媒体时不时地报道说工厂的条件"堪比雅各布·里斯描述和拍摄的最肮脏的服装厂"，但没有用，在这几十年间，服装厂的条件实际上越来越糟，而不是越来越好。随着众多新移民涌入城市，包括成千上万无合法身份的外国人，雇主总能找到其他的新移民，绝望之下，他们愿意为领取不足维持基本生活的工资而工作。1995年，已经入籍的56岁的中国移民陈邓叶莹（Ying Ye Deng Chan，音译）说："过去，条件没有现在这么差。"她在纽约做了12年的服装加工，在此期间，"情况变得更糟糕了"。

在这些年里，由于对"美国制造"服装的推动，纽约的服装业迅速扩张，而纽约和州的预算危机却导致检查人员被大幅裁减，工作条件也在恶化。1995年，纽约公开经营的服装厂有2 000家，至少有5万名雇员，另外还有2 000家左右非法血汗工厂，可能又雇用了3万到4万名工人。这至少是10年前纽约制衣厂和工人数量的两倍。20世纪90年代，该行业已经扩展到唐人街和曼哈顿七大道周边的服装区以外。20世纪50年代中期，在布鲁克林的日落公园和威廉斯堡、皇后区的可乐娜和长岛市，以及布朗克斯南部，都能找到数百家血汗工厂。

在此期间，非法的在家加工又重新出现。当服装承包商接到短期的大订单，无法在现有的工作场所完成时，他们会让工人带回自己的公寓缝制，以保订单按时完成。计件工人也可以把其他缝制的活带回家，赚取额外的钱，更快地偿还偷渡的欠债，只不过这样做是违法的。"布朗克斯尤其如此，你会看到很多人在家加工，"1990年，一位州劳工检查员对记者说，"越南人和柬埔寨人都待在家里制作蝴蝶结和发带，都是在报摊上卖的东西……制作各环节需要的材料都要用现金支付：每个10美分，一打1美元，需要裁剪缎带，打成结，再把夹子粘牢……如果你家有四五个人，每天做发带10到12个小时，一周7天，你就能勉强糊口。"

为了尽快还清欠债，移民们非常努力地工作，也竭尽全力地将租房费用减到最低限度。新到的中国移民通常住在分上下铺的狭小房间里，看起来就像是《另一半人的生活》中里斯拍摄的那种房间。在一个12英尺×12英尺的单间公寓里，靠墙摆放三层的上下铺，一个中国房东每月会收取650美元的租金（由12个床位的住者分摊），而不是将空房间租给一个住户，每月收取500美元。移民们发现这种办法很有吸引力，因为每个人每月只需支付54美元的房租，这让他们几乎可以把其余收入全都汇回中国。头脑最灵活的移民会将他们工作那段时间的铺位转租给其他移民，从而进一步降低自己的开支。非洲、墨西哥和其他纽约移民也采用这种共享铺位的办法，以最大限度地提高他们的储蓄能力，从而把更多的钱寄回自己的家乡。

尽管生活和工作的条件如此差,中国人通常并不后悔来美国的决定。他们有一种强烈的家庭责任感,并且认为他们在美国比在中国能更好地履行这一责任。20世纪90年代中期,一位19岁的福建服装工人说:"我喜欢现在做的事情。我所希望的就是尽快还清偷渡的债务,然后寄钱回家,让家人过上舒适的生活。我自己在这里受一些苦也没什么大不了的。如果一个人的辛酸能给很多人带来幸福,那就值得了。"

中国人也乐于看到自己和家人因移民到纽约而获得了更高的地位。一位36岁的福建偷渡移民解释说,由于他寄回的汇款,"我的家庭变得富有。我的父母很高兴,因为现在别人都高看他们一眼"。来自福建同一城市的另一位21岁的年轻人说,他成功翻身了,改变了自己的社会地位,这是他不后悔移民决定的原因。他指出,毕竟"这里的赚钱机会多"。

在纽约,在抓住赚钱机会方面,没有哪个中国移民比萍姐更敏感。在向国内的亲人汇款时,中国银行会收取高额费用,跟纽约所有的中国移民一样,她对此甚感不满。当银行将移民辛苦赚来的美元兑换成人民币时,又从中获得了一块利润,这让移民们更加恼火,因为与移民们带到银行的美元相比,人民币一天比一天贬值。萍姐决定自己提供转账服务,收费比中国银行低,而且给移民的亲戚送的是美元,而不是人民币。不久,她就把汇款从纽约转移到福建,并把付给蛇头的钱从福建转移到纽约,数量达到数百万美元。

萍姐也成了偷渡贩子。正如帕特里克·拉登·基夫在《蛇头》一书中描述的那样,1984年,她将无法获得美国签证的福建人偷渡到美国,每人收费1.8万美元。她的生意是家族式的。她的姐姐苏珊把偷渡客偷偷带到香港,让他们洗净身体,并提供衣服和行李,好让他们以游客的身份过境,然后,把他们送到危地马拉城,她的哥哥在那里等着他们。

他会把偷渡客转运到墨西哥，萍姐经常在那里亲自监督偷渡客的最后一段旅程，把他们装进一辆厢式货车的一个秘密隔间，然后在边境的另一边与他们会合，之后，她可能会和他们一起从洛杉矶飞到纽约。后来，萍姐让自己的手下去冒险，自己坐镇纽约指挥，盘算自己的收益。她花数百万美元买下了东百老汇大街47号整栋大楼，该楼就在中国银行总部的街对面，她把自己的店迁到那里，还开了一家餐厅。商店门口经常排着长长的队伍，不过，都是等着向中国汇钱的顾客。

没过多久，联邦当局就听闻了萍姐偷渡移民的活动，但移民和归化局的工作人员发现其生意非常复杂，范围很广，涉及危地马拉、墨西哥、泰国、中国内地及香港，意识到他们缺乏调查和起诉萍姐的预算。1985年，移民和归化局跟联邦调查局联系，但联邦调查局没有兴趣投入人力和财力对一项最高刑罚为六个月监禁的罪行展开国际调查。美国检察官办公室也拒绝受理此案。负责调查的移民和归化局特工决定拜访萍姐，至少让她知道他们盯上她了，但显然她很清楚自己可能会受到起诉。"你们没有时间来抓我，"她沉着冷静地告诉探员，"也没有钱。"

最终，当局抓住了萍姐，但只是因为她组织的一次偷渡行动失败，公开暴露，引人注目，当局不得不采取行动。

美国当局已经开始打击经由曼谷机场的非法中国移民，并向那里派驻了代理人，在想要移民的人抵达美国之前，检查他们的证件。萍姐和其他蛇头现在有数百位偷渡客滞留在泰国，急需转运。为了找到一种新的途径将他们的客户运送到美国，而且能够一次运送数百人而不是十几人，蛇头决定效仿台湾偷渡贩子的做法，用船将他们的客户偷渡到美国。萍姐招揽了多方面的人入伙，一起搞偷渡生意，其中一人曾用一艘远洋轮船成功地将非法移民送到波士顿，用渔船接驳乘客，再把他们送到岸上。最合理的做法是把这些偷渡客送到美国西海岸，那里相距泰国"只有"8 000英里的路程。但最近有些竞争者发送的船只在太平洋上被美国当局拦截,萍姐的同伙决定改道向西,横跨印度洋,向南绕过非洲南端,然后向北穿越南、北大西洋,直接抵达纽约,这条线路长达1.7万英里。

1992年7月,偷渡贩子合租的内志二号(Najd Ⅱ)驶离泰国南部,船上载有大约300位偷渡客。这艘船的客舱很小,每个房间有两张床,但比以前的统舱要好。不过没有自来水,乘客每天可分到两小瓶供饮用的水,另外一瓶用于洗漱。移民们很快就明白了,内志二号就是一艘船体生锈的破旧老货船,即将报废。即使它以每小时10海里的蜗牛般的速度前进,它也能在两个月内到达纽约,但在这段时间里,它只到达了毛里求斯,离非洲东海岸1 000英里,到美国的路才走了四分之一。毛里求斯当局听到有关该船非法经营的传言,拒绝让它靠岸,因此,它只好艰难地向北走,向肯尼亚驶去,偏离了正确航线。此时,乘客只能得到一半配给的水。蒙巴萨当局也禁止该船靠岸。最后,它总算在一片红树林沼泽中停泊,已经没有条件完成既定旅程了。

此时,船上的补给快用完了,所以,这300位偷渡客带着身上所有的现金下到卖给他们食物的肯尼亚人驾驶的船上。现金用完后,乘客们开始偷偷溜进蒙巴萨,到那里的一家中餐馆寻求帮助。餐馆老板让他们打电话给自己的亲戚,让亲戚把钱直接电汇到餐馆。萍姐派了一个人去肯尼亚,给船上她的20位偷渡客每人送去1 000美元,帮助他们维持生计。她和她的合伙人则设计了一种新的方法,把他们送到纽约。较为富裕的偷渡客在等待新船抵达时住进旅馆。当酒店的印度餐厅停业后,内志二号船上一些有创业心的偷渡客接管了那个地方,开了一家中餐厅,并很快获得了成功。

萍姐的合伙人决定不再租船,而是买一艘。毕竟,他们预计未来几年将会多次进行偷渡旅行。他们找到了一艘买得起的货船,再恰当不过地改名为"金色冒险号",雇了一名船员,带着近100位新偷渡客从泰国驶向蒙巴萨,并为长途航行到纽约做好了准备。此时已经是

1993年4月了。但在内志二号上最初的300位偷渡客中,只有200人登上了金色冒险号,开始最后一段旅程。有些人已经回到了中国。其他人则找到了前往美国的其他交通工具。有几个人甚至留在蒙巴萨经营他们开的中餐馆。但是,当萍姐的20位偷渡客被送上船后,发现他们不得不睡在潮湿而光秃的货舱地板上的胶合板上,而不是睡床上时,大多数人拒绝跟着船走。金色冒险号只带走了他们中的两个人,这让萍姐很恼火。

此时,300位滞留蒙巴萨的非法移民的故事已经成为国际新闻。《南华邮报》(*The South China Post*)甚至报道了这些偷渡客的新船名,以及偷渡贩子将其带到纽约的计划。但由于当时的移民执法状况,美国没有采取任何措施拦截这艘船。6月初,也就是最初的偷渡客离开泰国整整一年后,金色冒险号接近纽约,船上的蛇头收到了指示,要转而前往马萨诸塞州海岸。然而,在他们到达那里后,原先承诺接驳的渔船没有前来将乘客运送到岸上。原来,在哈得孙河对岸的新泽西州蒂内克,纽约唐人街的竞争帮派之间发生枪战,其中就有萍姐雇用的接驳金色冒险号乘客的帮派,经此一战,该帮派的头目大多不是被杀,就是被捕。但由于该帮派垄断了东海岸所有接驳中国非法移民的生意,以至于找不到值得信赖的人可以顶替。由于金色冒险号上的给养根本让人吃不饱,乘客们瘦骨嶙峋。当时,因为船长说他想去亚速尔群岛获取更多补给,已被锁在了船舱里,船上的蛇头向驾驶船只的船员下达了开往纽约的命令。在离开泰国11个月和旅行1.7万多英里后,蛇头们决定无论如何必须结束这场苦难。这时的偷渡客已经靠花生和用生锈的水煮的米饭维持了几个月的生活,他们也有同感。

其中一个比较大胆的蛇头建议沿着伊斯特河航行,在唐人街郊区一个废弃的码头卸下乘客。但最终,他们决定让船在罗卡韦滩搁浅,距离70年前安东尼·卡马多试图将满载西西里偷渡客的船靠岸时被抓获的地方只有半英里。6月6日,周日凌晨1点30分左右,舵手将船对准雅各布·里斯公园的海滨步行大道，并将马达开到全速。蛇头告诉移民要做好心理准备。

在离岸边约200码的地方，船突然搁浅在一个沙洲上，发出一声巨响。乘客们奉命跳下船，向岸边游去。一名乘客后来回忆道："他们告诉我们，只要踏上美国的土地，我们就能留在这个国家。"在随后的混乱中，大约有200名乘客跳入水中。暴风雨刚刚过去，海面波涛汹涌，波高浪急。猛地浸入10摄氏度的海水中让多位移民失去知觉。另一些人则被海浪吞没，或被激流冲离海滩。

在淹死或在水中死于心脏病发作的10名死者中，有一人是萍姐负责的偷渡客。其他跳进海里的乘客最终都爬上了海滩，或被赶到现场的警察和他们呼叫的海岸警卫队员救起。这些偷渡客上岸后，吐出海水，浑身控制不住地颤抖；许多人因为在冷水中浸泡太久而肤色微紫。另一些人则精神错乱般地在沙滩上打滚。天亮后，海岸警卫队登上那艘船，小心翼翼地避开甲板上一小堆一小堆的粪便，救出了留在船上的大约100位偷渡客。

金色冒险号上的乘客一心要体验美国的神奇，为此忍耐了很久，但他们一定对受到的接待感到非常失望。比尔·克林顿总统发誓要利用这一事件向世界各国表明美国不会"失去对边境的控制"。甚至在克林顿发表这一声明之前，移民和归化局纽约办事处主任决定拿他们开刀，希望借此阻止更多的非法移民。他没有按照标准程序在这些偷渡客的庇护申请悬而未决时释放他们，而是将他们全部投入监狱。这些移民最初被关押在新泽西州，但大多数人最终被转移到宾夕法尼亚州的约克县。其中50多人在监狱里度过了三年半。根据《纽约时报》的报道，金色冒险号一案已经"引发了一场关于非法移民的全国性争论"。

讨论移民时，我们不可避免地会用水做类比，比如移民的"流动"，无合法身份文件的外国人的"洪流"，等等。这个比喻是恰当的，水会流向它想去的地方，就像几乎不可能改变河流的方向一样，也几乎无法阻止人们进入一个幅员辽阔、其公民拒绝不断接受身份检查的国家。金色冒险号上的偷渡客在皇后区被冲上岸的故事证实了这一点。在1993年活着到达海滩的大约260人中，220人左右在12年后仍生活在美国，其中50人消失在美国社会中，要么是在里斯公园时从当局手中溜走，要么是在法官准予他们保释后没有出庭。另外50人打赢了他们的庇护案。在抵达美国后，被押往约克拘留中心的55人在那里受苦3年多，在令人尴尬的新闻将他们的遭遇爆出来后，克林顿总统立即释放了他们，虽然这一行为没有让他们拥有合法的身份，但确实允许他们留在美国。他们在纽约的110个同胞被驱逐出境，但到2006年，至少有60人又潜回了美国。有些人仍然去中餐馆的厨房干活，另一些人那时已经拥有了自己的生意。

金色冒险号搁浅后，萍姐最初留在纽约，从东百老汇大街47号开始经营她的餐厅和其他合法和非法的生意。幸运的是，她把金色冒险号卖给了自己的商业伙伴，她不再经营。但是，在看到很多已经被捕的同伙希望获得减刑，显然把自己知道的一切原原本本地告诉了当局后，1994年9月，萍姐决定逃往香港。由于认识很多护照伪造者，萍姐继续轻松地活跃于世界各地，监督她的蛇头行动。与此同时，其他22人要么认罪，要么被判与金色冒险号航行有关的罪行。最后一位被媒体称为该船旅程的"幕后操纵者"在泰国擦拭他的奔驰车时被捕。

联邦调查局最终设法通过跟踪萍姐的子女找到了她。2000年4月，在美国特工的协助下，香港警方逮捕了她。美国指控她的罪名是走私外国人、劫持人质（将移民关在安全屋里，直到他们付清费用）、非法交易赎金收入和两项洗钱罪。她想方设法博弈，将把她引渡至美国的时间拖了3年。到2005年她的案子开庭审理时，纽约的小报已经得出结论：她才是金色冒险号真正的幕后策划者，或如《每日新闻》的标题所说："邪恶的化身"。陪审团判定她5项罪名中的3项罪名成立，法官显然同意《每日新闻》对她的评价，判处她最高35年的刑罚。然而，当她于

2014年4月在得克萨斯州的一所监狱中死于胰腺癌时，纽约的反应表明有些中国人根本不认为她是邪恶的，甚至很多受过她残酷对待的偷渡客也不这样认为。有人称她是"现代罗宾汉"。

在《哈特-塞勒法》实施后的几十年里，纽约第三大移民群体来自牙买加。然而，纽约人认为牙买加人最合适的身份并不是牙买加人，而是非西班牙裔加勒比移民的一部分，通常被称为"西印度群岛人"。总体看，从1980年起，来自牙买加、海地、特立尼达和多巴哥、圭亚那和巴巴多斯的新移民（加上来自其他加勒比岛屿的一小部分移民）构成了纽约最大的移民群体。即使撇开讲法语的海地，只考虑讲以英语为母语的加勒比海地区，这些小国仍是纽约最大的移民来源国。

这么多西印度群岛人移民到纽约的原因听起来很熟悉。美国从1915年到1934年占领海地，在两国之间建立了经济和交通联系，鼓励移民。剩下的西印度群岛在《哈特-塞勒法》颁布之前都是英国的殖民地，殖民地时期之后的地位调整使他们的失业率介于经济最好时的15%和经济衰退时的25%之间。对于24岁以下的人来说，失业率很少低于40%，1980年高达50%。在那一年，牙买加的人均国内生产总值仅是美国的十分之一。海地是美洲最贫穷的国家，它的情况更糟糕。岛民们最常重复的哀叹是："在海地赚钱不易"和"在海地没法往上爬"。

早在《哈特-塞勒法》颁布之前，西印度群岛人就有向外迁移的传统。20世纪10年代和20年代，很多人搬到了哈莱姆区。1924年的移民限制使这一切停止后，西印度群岛人转而移居英国。但在1961年，英国人的本土主义情绪爆发，决定从1962年7月1日起，禁止从英国的加勒比海属地移民到不列颠群岛。移民需求被压抑几年之后，《哈特-塞勒法》使得西印度群岛想要移民的人再次来到美国成为可能。从1965年到1980年，有7.6万牙买加人、4.4万海地人、3.4万特立尼达人、2.9 万圭亚那人和 1.5 万巴巴多斯人定居纽约。很多留下来的人也希望很快能在纽约见到他们的朋友或家人。20 世纪 70 年代末，牙买加进行的一项民意调查发现，如果可能的话，60% 的居民愿意移居美国。到千禧年末，纽约大约三分之一的非裔美国人是在外国出生的，在纽约最大移民群体来源国前十名单中，就有四个非西班牙裔的加勒比海国家，即牙买加、圭亚那、海地、特立尼达和多巴哥。

1970 年以前，纽约的西印度群岛移民喜欢住在哈莱姆和布鲁克林中心的贝德福德–斯泰弗森特，生活在本地出生的非裔美国人中间，几十年来一向如此。但随着人流的增加，他们开始在布鲁克林的皇冠高地、弗拉特布什和东弗拉特布什创建西印度群岛特色更明显的新聚居地。到 20 世纪 80 年代中期，西印度群岛移民数量多到他们可以创建更多聚居地，比如靠近威彻斯特县界的布朗克斯中北部边缘，以及皇后区东南部坎布里亚高地、劳雷顿、皇后村和斯普林菲尔德花园等明显属于中产阶级的社区。然而，1990 年，46% 的人是外国出生的东弗拉特布什仍然是该市最主要的西印度群岛人的社区。

西印度群岛人更喜欢这些新社区，而不是旧社区，原因之一是新社区能让他们感受到独特的加勒比风情。"这里就像我们自己的小村庄，"谈到在弗拉特布什的家时，一位圭亚那移民说，"这是一个古老的加勒比传统，家人生活在一起。"来自特立尼达的东弗拉特布什的一位银行经理也有同样的感受："我感觉就像在家里一样。"1987 年，在解释自己为何永远不会搬出布鲁克林时，她对《纽约时报》的一名记者说："你能听到'熟悉的'音乐。你能吃到'习惯的'食物。你'所熟悉的'一切这里都有。"

西印度群岛人之所以选择布鲁克林这些社区，也是因为这里为他们提供了拥有自己房子的最佳机会，事实上，这是以英语为母语的加勒比海移民所痴迷的地方。1988 年，该区众议员梅杰·欧文斯说："他们的第一笔积蓄都是用于买房。"布鲁克林一位著名的西印度群岛律师坚持认为，他的同胞之所以在这些社区定居，是因为"拥有一套房子对加勒比人来说非常重要，而布鲁克林有大量住房可买"。因为努力工作，他们拥有了自己的房子，欧文斯预言，很快"从皇冠高地到弗拉特布什的新黑人中产阶级将主要是西印度群岛裔美国人"。

为了攒钱给自己买房子，西印度群岛的移民会从事各种不同寻常的职业。1979年，男性干得最多的一类职业是"机器操作员"，包括工厂作业、焊接和汽车机械师，但"最多"的这些职业也只占全部的5%，足以反映西印度群岛人从事职业的种类繁多。其中几个职业他们的占比甚高，包括保安、看门人、护士助理和司机。在这最后一个职业上，西印度群岛人特别出名，很多人在开没有执照的"吉卜赛出租车"和随叫随停的私营公交车。私营公交车会在城市公交车出现的间隙，在城市外围的公交车站接送乘客。20世纪90年代中期，它们收取1美元车费，而乘坐城市公交车的费用是1.5美元；与城市公交车不同，它们收取纸币，找零钱，有时还把老年乘客直接送到家门口。

与其他大多数移民社区不同，在整个20世纪末，西印度群岛的女性移民多于男性，人数之比接近3∶2，这种情况自1900年以来就一直存在。在20世纪头几十年里，会讲英语的西印度群岛女佣需求很大，吸引了很多加勒比海妇女来到纽约。1965年以后，很多西印度群岛妇女仍然从事这些工作，只是越来越多的人当保姆，而不是清洁女工。1980年，在纽约，每11名西印度群岛妇女就有1名是住家保姆。但更多的西印度群岛妇女找到了护理工作。1979年，在纽约工作的6.4万西印度群岛妇女中，有2.1万人被聘为护士或护士助理。另有1.1万人担任秘书和办公室职员，7000人从事清洁工或保姆等家佣。西印度群岛移民护士数量众多，部分原因在于《哈特-塞勒法》规定那些在护士等职位空缺较多的职业领域有经验的人可以优先获得移民签证。不过很多其他西印度群岛人是在抵达美国后才接受护理培训的。西印度群岛人在医院和疗养院工作的比例尤其高，即使是非护士职位也不例外，这表明关系网在帮助他们找到工作方面发挥了关键作用。

来自特立尼达的比拉·里德就体现了这些趋势，以及西印度群岛人良好的工作态度。20多岁时，里德在特立尼达圣胡安的魅力女郎内衣厂工作，在成堆的睡衣和女便服中间干活的她梦想着拥有自己的房子。魅力女郎的一位前同事说服里德和她一起去纽约。1971年，30岁的里德来到纽约，留下了丈夫和两个孩子。到达纽约后，里德最初住在布鲁克林一个叔祖父家里，但很快就搬到了一个带公用浴室、厨房以及家具的房间，每周花费18美元。通过另一位移民朋友，里德在新泽西州的桑德河找到了一份住家保姆的工作。尽管每周的工资只有60美元，她还是接受了这个职位，因为雇主同意基于一项条款为她获得永久居留权提供担保，该条款允许那些在难以填补的行业工作的人在两年内获得永久居留权。周末，里德回到布鲁克林，住在她那间装修过的房间里。一旦她履行完两年的承诺，她就搬回了布鲁克林，等待她的永久居留证（或绿卡）通过。

从那时起，里德开始在哈莱姆区一家家佣职业介绍所找工作，每天早上8点从布鲁克林赶到那里，希望某天能找到工作。她找到了，半天的工资是12美元，一整天的工资是25美元。"我认为这不是很难，"多年后里德对一名记者说，"钱不多，但租金很便宜。我知道这是一种牺牲，为的是有一天能和家人在一起，过上更好的生活。所以我同意了。"在另一位特立尼达移民朋友的帮助下，里德在获得绿卡后找到了一份更稳定的工作，在信孚银行做职员。作为里德的直系亲属，她的丈夫和十几岁的儿子获准合法入境美国，很快就跟她团聚了，而她的女儿则和里德的母亲住在特立尼达。几年后，她们也与里德团聚，里德不久就有了第三个孩子。

虽然很多纽约人认为找到信孚银行的工作就有理由放松了，在她获得了几次加薪之后更是如此，但里德并不这么认为。跟很多西印度群岛移民一样，不拥有自己的房子她是不会歇息的。因此，里德上夜校，拿到了同等学历的普通高中文凭，这样她就有资格在银行获得薪水更高的职位，从刚开始工作时的每周98美元最终升至每周600美元。她仍然不满足，又读了护理课程，这样她就可以成为一名认证护士助理，并在周六和周日银行关门时去做护理工作。此时，她与丈夫分居了。

1987年，里德终于梦想成真，她在东弗拉特布什一个绿树成荫的街区买了一栋房子。这栋房子不是独门独户，但正如她希望的那样，它是属于她的。首付3.5万美元，其中80%来自她自己的积蓄，剩下的7 000美元是里德的儿子提供的，他把自己为了买第一辆车攒下来的钱给了她。她仍然没有放慢脚步。她继续干着两份工作。1991年，她失去了银行职位。因为她有执照，在工作日，她去日托服务机构上班，到了周末，她则是一名家庭健康护理工。2003年，里德已经来到纽约32年了，时年62岁，已经是4个孩子的祖母，她告诉《纽约时报》的记者："我没法告诉你上一次我不是1周工作7天是什么时候。"虽然比拉·里德的工作热情非比寻常，但在西印度群岛移民中，这种工作态度一点也不罕见。在进入21世纪后不久，坎布里亚高地的餐馆老板舒伯特·丹尼斯说了一句很有代表性的评价："上帝保佑美国。我认为这是唯一一个给移民机会的国家。"

通过努力工作和坚忍不拔的毅力，西印度群岛裔纽约人能够摆脱经济困境，但肤色影响到了他们在纽约的生活，对此他们经常感到惊讶。"来到美国后，你就得开始考虑种族问题。"20世纪90年代初，一位牙买加计算机程序员抱怨道，"在曼哈顿，走进一家商店，你会发现有人会一直跟着你。诸如此类都不是你原来习惯的事情。"他讨厌当他走进地铁车厢时，白人妇女会害怕地抓紧手提包。"对我来说，这是我来到此地之后最难克服的问题。"其他西印度群岛移民（以及很多深色皮肤的多米尼加人）显然对"有些社区还没有为黑人的到来做好准备"很是反感。其中一人说："我可不想当英雄。"[1]

事实上，20世纪末纽约发生的很多最引人注目的种族暴力案件涉及的都不是本地出生的非裔美国人，而是西印度群岛移民。例如，1986年12月一个周五的深夜，23岁的特立尼达移民迈克尔·格里菲斯和几个朋友从他在贝德福德-斯泰弗森特的家中开车前往皇后区南部，领取他当建筑工人的工资。当格里菲斯朋友的车抛锚时，格里菲斯和另外两个人沿着跨湾大道向南走，寻求帮助。他们穿过外环公园大道，进入新公园比萨饼店，要求使用那里的电话，但遭到拒绝。不过，他们还是决定点一份比萨。

格里菲斯和他的朋友们显然没有意识到，当他们穿过外环公园大道，就已经越过了这个城市多条看不见的民族和种族边界之一，进入了霍华德海滩。这是一个几乎全是白人的社区，有很多房前种有草坪的独栋大房子，如果不是靠近肯尼迪机场，人们会误认为到了郊区。深夜12:45左右，当格里菲斯和他的朋友离开这家比萨店时，一帮在餐厅后面喝酒的白人青少年跟他们搭话。这些挥舞着棒球棒的少年一边袭击这三个黑人小伙，一边喊道："黑鬼，你们不属于这里。"格里菲斯和他的朋友们跑开了，但白人暴徒在后面追。在格里菲斯跑到分隔街区和公园大道的围栏前，他们第二次抓住了格里菲斯。为了躲避袭击者，格里菲斯挤过围栏上的一个洞，冲上高速公路，结果被一辆汽车撞死。虽然此类事件不是第一次发生，却引发了关于纽约种族主义严重程度，以及纽约人（包括黑人和白人）能够做什么或应该采取什么措施的激烈辩论。霍华德海滩袭击事件引发非裔美国人开展了一系列的政治活动，从而促成了几年后该市第一位黑人市长戴维·丁金斯（David Dinkins）的当选。

尽管在霍华德海滩发生了这样的事情，丁金斯还是喜欢称纽约是来

---

[1] "我可不想当英雄"的潜台词是"我不想去一个不欢迎黑人的街区，仅仅为了抗议种族歧视而被杀"。

自世界各地的人组成的一块"华丽的马赛克"。霍华德海滩事件过了5年之后，皇冠高地爆发了骚乱，这一观点经受了考验。当时，哈巴德—路巴维茨犹太教派的成员已经开始大量聚居皇冠高地。1991年8月19日，星期一，该教派领导人的一辆随行车突然窜上人行道，压死了7岁的加文·凯托，他是一位圭亚那移民的儿子。当晚，在对犹太司机宽大处理的谣言在该社区传开后，高喊着"让我们教训一下犹太人"的黑人暴徒袭击了扬克尔·罗森鲍姆。29岁的罗森鲍姆是澳大利亚大学的讲师，当年夏天在曼哈顿进行档案研究，正好住在皇冠高地。16岁的莱姆里克·纳尔逊是特立尼达移民的儿子，纽约生人，当时就在这伙暴徒中间，他刺伤了罗森鲍姆。尽管医院工作人员最初宣布罗森鲍姆会康复，但在第二天早上，他还是去世了。

皇冠高地的骚乱持续了三天，黑人暴徒打破了该社区犹太居民的窗户，攻击了媒体和警察局。一位惊恐的犹太居民在给记者打电话时惊呼道："简直一片混乱。"当时，石头正砸在她家的窗户上。犹太人声称这次骚乱无异于一场大屠杀。非裔美国人坚持认为，多年来，犹太社区的巡逻队员一直虐待社区的黑人居民，犹太人房东盘剥西印度群岛居民，而且犹太人得到了警察的优待。纽约一家小报的大字标题赫然写道："马赛克碎了"，毫不隐讳地讽刺市长。纽约白人认为丁金斯没有采取足够的措施迅速平息暴力事件，致使他在两年后的市长选举中败于共和党人鲁道夫·朱利安尼。朱利安尼发起了一场维护法律与秩序的运动，赢得了无数白人民主党的支持。

1997年夏天的一个周六晚上，纽约警察对待黑人的方式引起了国际社会的关注。8月9日，位于东弗拉特布什的幽会夜总会的员工向警方报警，以阻止顾客打架。当警察试图干预时，某个"家伙猛地击打"了警察贾斯廷·沃尔普的脸。正如沃尔普后来承认的那样，警方误认为攻击他的人是30岁的海地移民阿布纳·路易玛，于是逮捕了路易玛，并在前往第70分局派出所的路上对他进行了野蛮殴打。到了派出所后，在至少一名其他警官的协助下，愤怒的沃尔普把路易玛拖到厕所，用马桶搋子的手柄粗暴地插进了路易玛的肛门，事后还向分局的其他人炫耀此事。

第二天早上，路易玛仍在大量出血，救护车将他送到了科尼艾兰医院，送他去的警察把他的伤归咎于一次"同性恋"的性经历。医院的工作人员了解得更多，并敦促路易玛的家人向警察局的内务处投诉。几天后沃尔普被捕。1999年，沃尔普在审判中改口认罪，被判30年监禁。在沃尔普对路易玛施暴时按住这位海地人的警官查尔斯·施瓦茨被判入监服刑5年。另外，路易玛需要住院两个月，先后对结肠和膀胱做了三次大手术，以修复攻击者造成的损伤。

霍华德海滩的迈克尔·格里菲斯、皇冠高地的加文·凯托和东弗拉特布什的阿布纳·路易玛等人的遭遇可能会让西印度群岛人在决定移民纽约时三思而行。尽管这些新移民讨厌种族决定了他们在纽约生活的许多方面，但似乎很少有西印度群岛人后悔来到美国。这些事件确实让西印度群岛人感到市政府没有充分倾听他们的声音，并开始尝试培养和发挥独立于本地出生的非裔美国人的政治影响力。这种想要得到承认的渴望在2000年布鲁克林中部民主党议员初选中表现得最为明显了，当时，西印度群岛移民尤娜·克拉克挑战长期在职的梅杰·欧文斯，竞争其众议员的席位。欧文斯击败了克拉克，但她对该席位的竞逐让非裔美国人注意到移民今后将会要求在该市的政治生活中发挥更大的作用。不过，在欧文斯决定退休后，克拉克的女儿伊薇特在2006年赢得了众议员的席位。

到目前为止，本章讨论了多米尼加人、中国人和西印度群岛人三个移民群体，他们占到了2000年纽约移民的40%以上。但是，尽管这些群体一直稳居纽约移民人口的前端，但该市的移民人口总数却发生了一些重大变化。

1980年和2000年纽约人口最多的移民群体的来源

1980年		2000年	
出生国家	1980年的人数	出生国家	2000年的人数
1. 意大利	156 000	1. 多米尼加	369 000
2. 多米尼加	121 000	2. 中国	262 000
3. 牙买加	93 000	3. 牙买加	179 000
4. 中国	85 000	4. 圭亚那	131 000
5. 俄罗斯/苏联	78 000	5. 墨西哥	123 000
6. 波兰	77 000	6. 厄瓜多尔	115 000
7. 德国	61 000	7. 海地	96 000
8. 海地	50 000	8. 特立尼达和多巴哥	89 000
9. 古巴	50 000	9. 哥伦比亚	84 000
10. 爱尔兰	42 000	10. 俄罗斯/苏联	81 000
外国出生的总人数	1 670 000	外国出生的总人数	2 871 000

资料来源：《最新的纽约人：本市外国出生人口的特点》(纽约，2013年)，第16页。

从1980年到2000年，尽管多米尼加人、中国人和西印度群岛人的突出地位保持稳定，但纽约移民人口中的其他族裔几乎都有变化。意大利人、德国人和爱尔兰人在1980年仍然是主体，现在已经分别跌至第11、22和28位。同样重要的是，非加勒比海拉美裔人口的悄然崛起。2000年，哥伦比亚人、厄瓜多尔人和墨西哥人都冲进了前10名单。尤其值得注意的是，纽约的墨西哥人口从1980年的第36位迅速上升到20年后的第5位。非加勒比海拉美裔人口的增长尤其引人注目，因为这是该市的公众几乎完全没有意识到的。媒体几乎没有注意到纽约墨西哥人、哥伦比亚和厄瓜多尔人口的大幅增长，仍在继续报道其他人口数量远没有那么重要的群体。学术兴趣反映了公众的兴趣。比如，已经出版的有关纽约韩国移民的书超过了全部有关墨西哥、厄瓜多尔和哥伦比亚移民的书。

在20世纪末，某些纽约移民群体得到了较多的关注，原因之一是这些人虽然比非加勒比海拉美裔人少，但在富裕的纽约人的日常生活中发挥了更明显的作用。成千上万的非加勒比海拉美裔移民为曼哈顿的建筑工地提供了大部分的散工，本土出生的纽约人每天都会经过这些工地，但他们很少与这些移民直接接触。不过，这些本土出生的纽约人可能每天都会与印度出租车司机或韩国蔬菜水果商打交道。

如今，我们往往认为韩国是一个经济强国，大量生产受欢迎的汽车、平板电视及各种工业产品。但在1970年，这一切都还是未来的事情。韩国政治充满了暴力和不稳定性，而且有很大的可能与朝鲜再次开战。韩国也非常拥挤，在人口超过1 000万的国家中，它是世界上人口密度第三大的国家。此外，在《哈特-塞勒法》颁布之前，美军在朝鲜半岛驻扎了几十年，这让韩国人得以近距离地了解美国人，比较容易会想到移居美国。出于这些原因，在《哈特-塞勒法》成为法律后的头20年里，数十万韩国人涌入美国。纽约不是这些移民最喜欢的目的地，更多的人选择定居洛杉矶。但那些选择纽约的韩国人绝大多数在皇后区找到了住处，尤其是法拉盛，杰克逊高地、可乐娜和艾姆赫斯特也有韩国人居住。

来到纽约的韩国人无疑是中产阶级。20世纪80年代，67%韩国家庭的户主拥有大学学位，在移民之前，除极少数人外，几乎都是白领。这些移民在韩国生活得很舒适，但觉得韩国的经济限制了他们的机会。在纽约的韩国移民虽然学历很高，但很少有人继续从事曾经在韩国接受过培训的那个领域的工作。黄振焕（Hwang Jin Hwan，音译）是个例外，他在1972年来到纽约时是一位药剂师。他在纽约获得了药剂学学位，得以在哈莱姆和皇后区的医院药房上夜班，这是本地药剂师不愿意干的工作。

韩国移民最常见的职业选择是在社区开一家小型蔬菜水果店。20世纪末,韩国移民经营自己生意的可能性是其他纽约人的6倍。截至1999年,他们经营的小企业比纽约大都会区的任何其他移民群体都多。很多韩国人带着开这些店所需的积蓄来到纽约。另一些人则需要节衣缩食,积攒好几年,直到有能力买下属于自己的果蔬店。1976年,一名来自韩国的汽车修理工在纽约转行当蔬菜水果商,他告诉《纽约时报》:"开一家果蔬店不需要很多钱。你努力干活,你的家人也干活,仅此而已。你能做到的。"很多韩国人把开果蔬店当成暂时的需要,只是一种谋生的方式,在此期间,他们会学习足够多的英语,以恢复以前的职业生涯。另一个移民解释说:"我们学习英语,然后就有可能去干我们原先的职业。"也许有点过于乐观了。到20世纪90年代中期,纽约有2 500家韩国人经营的果蔬店。纽约人喜欢它们,因为它们的产品比在超市里买到的好得多,而且到很晚还开门,通常一天24小时营业。

1990年,韩国果蔬商发现自己置身于一场引起国际关注的争议的中心。多年来,纽约黑人一直抱怨韩国果蔬商在他们购物时监视他们,怀疑他们比白人顾客更容易偷窃,很不公平。毫无疑问,非裔美国人对韩国移民在社区里似乎比他们更有经济实力也很不忿。1990年1月,在弗拉特布什教堂大道1823号的家庭红苹果蔬菜水果店,这种紧张关系达到了顶峰。当时,海地出生的46岁的家庭健康护理工吉斯莱恩·费利桑特去收银台付款。接下来发生的事情演变成了一场涉及人身攻击的审判,一场价值600万美元的民事诉讼,以及对这家果蔬店长达16个月的激烈抵制。

据费利桑特说,她拿了一些大蕉和辣椒到收银台,但看到排长队,就把它们放了回去,然后开始离开商店。一名店员要求查看她的包,当她拒绝打开时,如费利桑特后来用克里奥尔语作证时说的那样,她被手扇、拳打和脚踢,并被踢倒在地。她指认店主的弟弟蒋庞玉（Pong Ok Jang，音译）是主要打她的人，随后，布鲁克林地方检察官以轻罪人身攻击起诉他。但听蒋庞玉的描述，几乎在每个细节上都跟她讲的不一样。他作证说：费利桑特拿着她挑选的农产品来到收银台，但当收银员向她要3美元时，她只给了2美元。当要求她再交1美元时，她把辣椒扔到了收银员的脸上，称收银员是"中国人，混蛋韩国人"，然后开始把柜台上的陈列品打到地上。商店的员工上前抓住了她，试图阻止她，并护送她离开商店。这时她倒在地上，要求叫救护车。

费利桑特的支持者组织了一场抵制红苹果店的活动，布鲁克林著名的黑人民族主义者桑尼·卡森也加入进来，并最终主导了抵制活动。在一次"愤怒日"活动中，他在该商店外大喊道："黑人的权力，黑人的权力。让我们痛扁他们！"这些抵制者在商店前抗议，法官命令他们必须待在离商店入口至少50英尺开外，但他们根本不听这一套，经常威胁那些想要进入商店的人。这个曾经每天能赚几千美元的市场现在总共收入不到100美元。即使在事件发生12个月后，陪审团宣布蒋庞玉无罪，抵制活动仍然不见减弱，因为抗议者将判决归咎于种族主义的司法制度。红苹果店因此销售惨淡，时间长达16个月，直到这家韩国人终于卖掉这家店，抗议活动才告结束。在此次抵制行动之后，韩国移民开始加速转型，其实在红苹果店事件之前这种趋势就已经开始了，那就是在贫困社区少开蔬菜水果店，而是去顾客比较富裕的社区开干洗店、鱼市和美甲店。

20世纪80年代末，本土出生的纽约人明显看到另外一个就业趋势，那就是非常适合南亚移民的出租车司机。最初，这些移民出租车司机大多来自印度，尤其是印度西北部的旁遮普邦（Punjab），那里的大多数居民都是锡克教徒。1998年，《纽约时报》报道说："在过去的10年里，头巾已经成为纽约出租车司机的象征，这跟40年前布鲁克林口音就是标志一样。"该市早期的印度移民潮以医生和工程师为主，让印度移民感到沮丧的是，纽约人曾经把印度人和急诊室医生联系在一起，现在却把印度人看成是不熟悉城市道路的司机。

在新世纪到来之际，尽管纽约人仍然倾向于认为他们的出租车司机是"印度人"，但其构成已经发生了重大变化。出租车行业里的其他南亚穆斯林已经远远超过了旁遮普人和其他印度人。在21世纪最初的几年，孟加拉国移民已成为纽约出租车司机的第一大来源，占到了总数的18%。同是穆斯林的巴基斯坦人排名第二，占15%。印度人现在落到了第三位，占10%。出租车司机是该市南亚穆斯林的主要职业。1991年，纽约的巴基斯坦人总数不到1.5万，却足足有8 000人开出租车。

事实上，在20世纪最后10年，穆斯林移民是纽约增长最快的移民群体，很多纽约人甚至没有注意这一现象。从1990年到2000年，纽约的南亚穆斯林人口增长了300%以上。来自埃及和尼日利亚的移民也在以惊人的速度增长，其中包括很多穆斯林。2001年9月11日上午，两架喷气式客机飞过纽约晴朗的蓝天，在伊斯兰恐怖分子劫持下撞向世界贸易中心双子塔，此时，纽约人才突然真正意识到他们中间生活着大量穆斯林。在无数纽约人和美国人眼里，每一个看起来像外国人甚至有点像来自中东的人都成了可疑人物。美国各地都在呼吁全面禁止穆斯林移民，甚至驱逐穆斯林，有些纽约人也持这种观点。纽约是纽约人为之奉献的理想中的梦想之城，但这个城市及其移民如何应对9·11袭击造成的破坏，无疑将是纽约人面临的一大考验。

第二十二章
今日纽约

灾难过后，一座城市的居民会觉得他们似乎永远无法真正恢复过来。但就像他们居住的城市一样，大多数人的心灵创伤最终会愈合。纽约移民社区重又活跃起来。移民的子女会过上比他们的父母更好的生活，而且比其父母更彻底地融入美国社会。

2001年9月11日的恐怖袭击造成纽约2 600人死亡,其中五分之一是移民。凶手19人,没有一个是移民,多是持旅游或商务签证入境的,其中一人持学生签证。然而,很多美国人却将袭击归咎于美国所谓的宽松移民政策。

此后,纽约的移民普遍感受到了前所未有的敌意。"9·11之前,这里的生活很美好,"悲剧发生后不久,一位来自孟加拉国的穆斯林出租车司机回忆道,"我们喜欢自己干的活,也赚了一些钱。我可以在经济上帮助我的父母了。我不抱怨。一切都很好。现在,工作、路人、顾客、邻居,所有人都变了。"不仅是大人,连孩子也不得不面对这种突如其来的敌意。一位小学三年级的学生是在美国出生的,但他的父母是巴基斯坦移民,在布鲁克林的米德伍德区,他的同班同学对他说:"你来自一个恐怖主义国家。"同样,布鲁克林的一位穆斯林女高中生也对这种突然的"对我们的仇恨"感到愤怒。

那些曾以为本土出生的邻居已经把自己当成纽约人的移民们惊讶地发现这种接纳是有条件的。一位阿尔及利亚出生的出租车司机说:"11年来,我一直以为自己是美国人。"但纽约人对穆斯林外国人的集体反感让他明白事实并非如此。穆斯林移民并不是唯一的受害者。一辆灰狗长途汽车上的乘客误认为皇后区的一位巴基斯坦锡克教徒是穆斯林,并对他进行了辱骂和攻击。此类事件很常见。

愤怒和紧张让公众产生敌意,但事实证明这并非9·11后穆斯林移民最担心的事情。2002年6月,联邦政府宣布:在25个以穆斯林为主的国家出生的16岁及以上的男性非公民都必须向移民和归化局报告,接受指纹采集、拍照和问话。这样的人在全国范围内有8.4万,其中1.4万人被拘留。这个过程中特别可怕的是,被拘留者可以在不被起诉的情况下被无限期关押,政府甚至坚称没有责任通知被拘留者的家人。他们就这样消失了。

几个月后,一些人在拉合尔或达卡重新露面,他们因为非法入境而被驱逐出境,通常是因为持旅游或学生签证而逾期逗留。其他人则被关押多年,当局试图确定他们是否与恐怖组织有联系。在纽约,孟加拉国人和埃及人都受到了除暴行动的影响,巴基斯坦人(当时该市最大的穆斯林群体)尤其如此。更糟糕的是,纽约警察局开始实行一项"秘密"地严密监视所有纽约穆斯林的计划。警察可以窃听穆斯林的电话,拍摄他们的行踪,监控他们的财务往来,或向其邻居打听他们的活动,甚至不需要有合理的理由怀疑这些移民从事恐怖活动就可以这么做。

敌意、拘留和监视的累积影响对布鲁克林米德伍德区的小巴基斯坦和其他穆斯林社区的居民造成了毁灭性的打击。数千名被拘留者被驱逐出境,但他们的妻子和在美国出生的孩子被允许留在纽约。还有数千人自愿离开,有些人返回了巴基斯坦,更多的人则转移到了加拿大。一位巴基斯坦店主指出即使是合法移民也在离开。"人们害怕正在发生的事情,他们觉得搬到其他地方会比较安全。"他们的离开对留下来的人产生了巨大的影响。米德伍德的数十家巴基斯坦商店关门歇业。随着很多顾客离开,它们赚的钱还不够交房租的。科尼艾兰大道的马基清真寺曾经人山人海,现在信徒们不得不在外面的人行道上祈祷。一位出租车司机悲伤地说:"现在寺里空无一人。"

即使那些收入不依赖其他穆斯林纽约人的穆斯林，他们的生活也充满了耻辱和恐惧。10年后，一位穆斯林这样说："这完全扰乱了整个社区的心理状态。"已经入籍成为公民的南亚穆斯林开始随身携带护照，在他们不可避免地被拦截和接受盘问时，出示护照会让事情容易很多。过去，巴基斯坦男子会聚在一起观看电视上的板球比赛，现在不再这样做了，因为穆斯林男子的任何聚会似乎都会招致警察或联邦调查局的造访，此后对他们的监视也会加强。巴基斯坦或孟加拉国是纽约穆斯林移民的两个最大的来源国，但9·11恐怖分子没有一个来自这两个国家，它们的新移民不明白为什么他们也会受到如此严厉的审查。

一些布鲁克林的非穆斯林开始为他们饱受困扰的邻居发声。"他们正在受苦，"2004年，布鲁克林的罗马天主教主教尼古拉斯·蒂马尔奇奥向媒体抱怨道，"其中一些是9·11事件意想不到的后果，但我们必须对此做些什么。这是不道德的。大错特错。"20岁的孟加拉国移民纳维拉·阿里是家中三个孩子中的老大，她从8岁起就生活在纽约。在父亲突然被驱逐出境后，她成了事实上的一家之主。她告诉《纽约时报》："我在这里已经12年了，我内心深处一直认为我是美国人。"9·11事件之前，她觉得在纽约比在南亚更安全。"但我不再有这种感觉了。"

从2001年12月未能成功的"鞋弹客"[1]，到2015年12月圣贝纳迪诺的枪击事件，恐怖袭击陆续发生。每次恐袭发生之后，反穆斯林的尖刻言论就会再次响起，一次又一次地加重对该市穆斯林移民的伤害。"坐火车时，人们不想坐在我旁边，"2015年，一名埃及移民感叹道，

---

[1] 理查德·科尔文·里德是英国恐怖分子，基地组织成员。2001年，他在从巴黎飞迈阿密的一架航班上试图引爆鞋里装的炸弹，因此被称为"鞋弹客"。但他没能成功，被机上的乘客制服了。美国联邦法院判处他3个无期徒刑和110年不得假释的监禁。

"我想说话，但保持沉默更容易做到。真可悲啊。"即使是该市穿制服的雇员也免不了受到这种待遇。"人们经常听到'穆斯林，滚回你的国家去吧'。"同年，一位孟加拉国出生的地铁站工作人员说，"我们经常遇到这种情况。"

穆斯林并不是唯一受到 9·11 事件及其后果伤害的纽约移民。中国移民也受到了影响，主要是因为曼哈顿的唐人街离世贸中心遗址很近。袭击发生后，曼哈顿坚尼街以南数周禁止车辆通行，使得唐人街本已步履蹒跚的服装业雪上加霜（该行业正遭受主要来自中国的竞争）。即使警方允许市区恢复交通，有些生意也永远失去了。由于没有工作，每天从法拉盛和日落公园前往曼哈顿唐人街的女性减少了数千人，这对曼哈顿的中国商人来说是个不小的打击。坚尼街的水果和蔬菜摊贩程美华（Mei Wah Trinh，音译）告诉《纽约时报》，她的常客已经有一半见不到了，她们主要是服装工人。"有时她们经过我身边，我喊她们，但她们说没活可干了。"唐人街的餐馆和礼品店的销售额也损失了数百万美元。

9·11 事件的余波促使一些纽约移民搬迁。对有些人来说，这仅仅意味着搬到另一个行政区。从 2000 年到 2010 年，曼哈顿的华裔人口减少了 16%，反而大量涌入法拉盛。"9·11 之后……人都搬到了皇后区。"袭击发生 10 个月后，纽约的一位华裔美国人指出，"曼哈顿发生了很多疯狂的事情，反倒是法拉盛正在发展"。但布鲁克林的华裔人口增长速度更快，布鲁克林西南的日落公园、本森赫斯特和戴克公园等社区尤其如此。其他中国移民则完全离开了纽约市，要么买下当地现有的中餐馆，要么在还没有中餐馆的小城镇开新餐馆。"每个州都有中国餐馆，"一位在 9·11 事件 16 个月后离开纽约前往佐治亚州海厄沃西的福建移民告诉记者，"美国人要靠我们吃饭。"

中国人并不是 9·11 事件后唯一离开纽约的移民。很多多米尼加人也搬走了，这可是纽约最大的移民群体之一。有些人只是去了纽约市北边的扬克斯或新泽西州的尤宁城,更多的人选择迁移到宾夕法尼亚州的雷丁等地,在那里的低收入社区开小杂货店。"9·11之后,我们看到迁出人数达到了一个高峰,"雷丁的一位居民说,"问他们为什么来这里,他们说'我们就是想离开'。"多米尼加人喜欢这些较小的城镇,因为仅用在布朗克斯房贷首付的钱,就可以让他们在这些远郊完全拥有自己的房子。

灾难过后,一座城市的居民会觉得他们可能永远无法真正恢复过来,悲伤的面纱永远也揭不开了。但就像他们居住的城市一样,大多数人的心灵创伤最终都会愈合的。1776年,纽约四分之一的区域被大火夷为平地,但之后纽约逐渐恢复了活力。1904年,为学年末游览而租用的汽轮斯洛克姆将军号着火,化作了伊斯特河上一座漂浮的地狱,1 000多乘客死亡,大部分是儿童,最终,该市的德国移民社区还是从悲伤中走了出来。9·11事件给纽约蒙上的阴影也终将散去。

复苏的一个明显迹象是纽约移民社区重又活跃起来。2004年,虽遭受了恐怖袭击的沉重打击,但这座城市的经济再次繁荣起来。那一年,建筑部门颁发的住宅建筑许可证比1972年以来的任何一年都多。特别是在大多数新移民定居的皇后区,新的建筑工程一片繁忙。

皇后区并非经济复兴的唯一受益者。曼哈顿的唐人街再次挤满了游客。路边摊上摆满了鱼、异国蔬菜和草药,吸引了众多顾客。该市的穆斯林社区也经历了一次明显的复苏。随着受困心态最终消退,小巴基斯坦恢复了以前的活力,科尼艾兰大道再次挤满了巴基斯坦购物者。2005年,获得美国合法永久居留权的穆斯林移民人数超过了20世纪80年代中期以来的任何一年。尽管伊拉克战争加剧了美国当时的反穆斯林气氛,但没有阻止很多穆斯林移民的脚步。2006年,努尔·法蒂玛在描述她为什么从巴基斯坦来到纽约时高兴地感叹道:"我获得了自由。什么都自由了。"在美国,法蒂玛可以不用戴头巾,并且当上了保安。她说这两件事在她的祖国都是不可能的,"这是我第二次获得新生"。

在9·11事件后的10年里,巴基斯坦社区恢复了以前的规模,而以穆斯林为主的孟加拉国人在同一时期增长了76%,悄悄地超过了哥伦比亚人、特立尼达人,甚至韩国人和印度人,到2014年成为该市第八大移民群体。相比1990年的第42位,可谓增长迅速。孟加拉人在布朗克斯的帕克彻斯特和威斯彻斯特广场,布鲁克林的肯辛顿-海洋公园大道,皇后区的布里亚伍德、牙买加和牙买加小丘等社区创建了居民联系紧密的大型聚居地。"我感觉就像生活在自己的国家一样,"安萨尔·洛夫卢夸耀说,他是布鲁克林的孟加拉裔居民,也是该市出版的几家孟加拉语报纸之一的编辑。"住在这里,你不必学英语。这事太棒了!"

如今,纽约有850万居民,移民为320万人,占总人口的37%。[1]这与1900年纽约吞并布鲁克林、皇后区和史泰登岛之后不久纽约的外国出生人口比例相当,但低于1920年41%的移民人口比例,也远低于1855年美国独立战争后51%的最高水平。这主要是由于《哈特-凯勒法》要求将移民签证发放给来自两个半球的不同国家,今天纽约的移民比以往任何时候都更加多样化,约有91万人出生在亚洲,86万人来自加勒比海群岛,75万人来自中美洲和南美洲,47万人来自欧洲,14.5万人来自非洲。

一如既往,今天纽约的移民在其5个行政区的分布并不均匀。例如,多米尼加人和中国人是该市最大的两个移民群体,但他们很少住在同一个区。现在布朗克斯的多米尼加人比其他任何一个行政区都多,但

---

[1] 为了描述"今天"的纽约,我采用的是2010年以来公布的数据。如尾注所述,关于今天纽约的统计数据一些来自2010年的人口普查,一些来自纽约市规划处的报告《最新的纽约人》(2013年版),还有一些来自人口普查局2014年美国社区调查,这是本书于2016年初付印时所能获得的最新人口普查数据。——作者注

2014 年纽约移民人口的主要来源地

出生国家	数量	2010 年至 2014 年的趋势
多米尼加	402 000	增加
中国	389 000	猛增
墨西哥	187 000	稳定
牙买加	175 000	增加
圭亚那	143 000	增加
厄瓜多尔	138 000	稳定
海地	88 000	下降
孟加拉国	88 000	猛增
印度	81 000	增加
特立尼达和多巴哥	78 000	下降
哥伦比亚	68 000	骤降
乌克兰	67 000	猛增
俄罗斯	65 000	骤降
韩国	62 000	骤降
菲律宾	57 000	猛增
波兰	49 000	骤降
意大利	48 000	稳定
巴基斯坦	45 000	增加
英国	32 000	下降
萨尔瓦多	29 000	骤降
外国的出生移民总人数	3 160 000	

资料来源：美国人口普查，美国社区调查，2014 年，通过 socialexplorer.com 获得。人口的"猛增"或"骤降"表示从 2010 年到 2014 年有 10% 以上的变化。

几乎没有中国人在那里定居。曼哈顿上城大多数是多米尼加人，中国人很少，曼哈顿下城则大多数是中国人。在周边行政区居住的中国人主要选择皇后区和布鲁克林南部，而多米尼加人对这些地区大多避之不及。在皇后区和布鲁克林的几个社区，亚裔和拉美裔人口平均分布，但拉美裔人口绝大多数是墨西哥人、厄瓜多尔人和哥伦比亚人。曼哈顿晨边高地是哥伦比亚大学所在地，纽约第一和第二大移民群体均有人居住在那，他们在本区移民人口的排名恰好也是第一和第二，这种一致性在整个纽约是独一无二的。

多米尼加人聚居区多在曼哈顿北部和布朗克斯，几十年来一直相对稳定，而纽约华人社区的名单却在迅速扩展。20 年前，纽约实际上只有四个华人社区：以广东人为主的曼哈顿唐人街，位于曾经是五点区的位置；下东城较新的福建人唐人街，以东百老汇大街为中心；皇后区的法拉盛；还有布鲁克林的日落公园。但跟之前的很多移民群体一样，中国人也正在离开原来的居住地，搬到周边行政区的社区。目前，在布鲁克林的巴斯海滩、湾脊、本森赫斯特（纽约华裔最多的社区）、自治市镇公园、戴克高地、哈姆克雷斯特、麦迪逊和日落公园，以及皇后区的贝塞德、艾姆赫斯特、法拉盛、森林小丘、莫瑞丘和雷哥公园，华人都是最大的移民群体。

一个多世纪以来，华人一直聚居在少数几个居民关系紧密的社区，为什么现在会如此明显地向外扩散？部分原因是他们所在的传统聚居地已经没有空间了。住宅高档化也促使很多中国移民搬离了曼哈顿下城。对于把公寓非法改造成过度拥挤的上下铺房间，房东们曾经视而不见，现在却找到房屋检查员，要求他们向这些租户开罚单，以便赶走他们，引入更富裕的租户，或将他们的公寓改造成住宅楼。

还有一个原因吸引移民们离开曼哈顿拥挤的华人社区，那就是跟其他结婚生子的纽约人一样，想要更大的空间和更好的学校。2015 年，一位中国移民告诉《纽约时报》："为了孩子们和他们的教育，我们希望减少一点中文,这样他们能更好地融入社会。"她决定搬到布鲁克林南部的哈姆克雷斯特。在曼哈顿唐人街生活了 10 年之后,露西·李出于类似的原因搬到了本森赫斯特。2005 年,她说:"在唐人街,你可以说自己的语言,到处走走都没问题。"但她最终还是搬到了本森赫斯特,因为"这种生活方式更好,你可以……那个词怎么说来着?同化"。

墨西哥人作为该市第三大移民群体,现在已经超过华人,而且他们的居住环境最为拥挤。如今,在非法分割开的上下铺房间里,人们更有可能发现墨西哥人,而不是华人。2005 年,《纽约》杂志发表了调查报告《戴维和他的 26 个室友》,详细描述了房东、住房管理员和招募租户的移民中间人如何通过非法将移民塞进潮湿且危险的租赁房间而分到利润的。从 2005 年到 2015 年,纽约官方认定为过度拥挤的公寓单元数量增加了近 20%。这些拥挤住宅的户主 70% 是移民。

墨西哥人仍然是这座城市中被低估的移民群体,也许是因为他们无处不在,却几乎在任何地方都不占主导地位。虽然多米尼加人、华人甚至牙买加人是纽约十几个社区中最大的移民群体,但墨西哥人只在曼哈顿东哈莱姆区和皇后区可乐娜两个社区中占人口优势。在布朗克斯和曼哈顿的多米尼加人社区,墨西哥人几乎一直是第二大移民群体,而且除了皇后区南部以外,几乎各个地方都有大量墨西哥人。墨西哥移民普遍从事散工、建筑及餐饮和保洁等幕后服务工作。

纽约的墨西哥人大多来自墨西哥的同一个州普埃布拉,该州位于墨西哥中南部,墨西哥城的东南部。"在需要艰苦工作的地方,你都会发现这些来自普埃布拉的移民。"位于迈阿密的环球电视网记者豪尔赫·拉莫斯说,"他们正在帮助纽约继续保持世界之都的地位。"就像他们之前的意大利人一样,很多墨西哥移民最初只想在纽约待上足够长的时间,帮家人还清债务、买一家企业或在普埃布拉盖一所房子。但是,为了入境美国,他们向蛇头付了很多钱,也就不愿意再回到墨西哥,因为他们知道,即便经济条件允许,他们可能也回不去了。然而,大萧条

2010年纽约市各社区人口中的移民比例

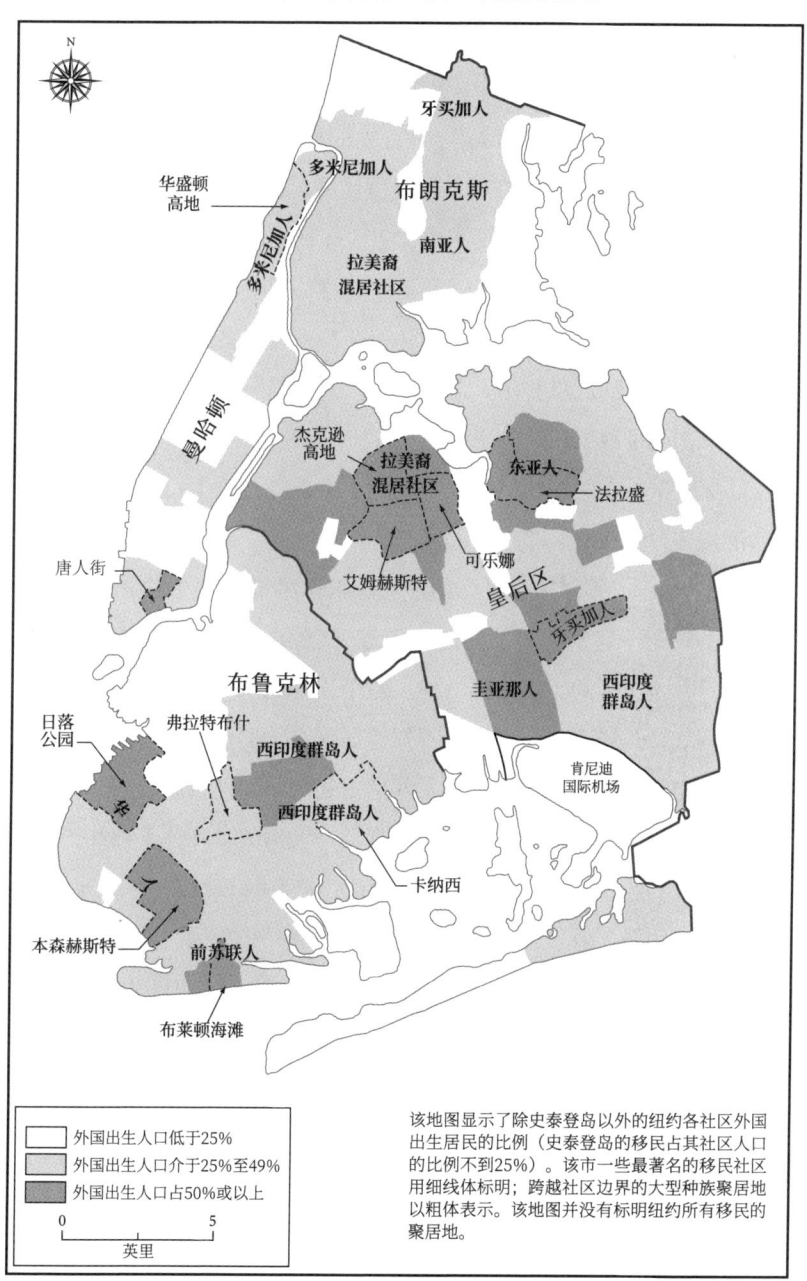

该地图显示了除史泰登岛以外的纽约各社区外国出生居民的比例（史泰登岛的移民占其社区人口的比例不到25%）。该市一些最著名的移民社区用细线体标明；跨越社区边界的大型种族聚居地以粗体表示。该地图并没有标明纽约所有移民的聚居地。

开始后，墨西哥人为主的领域对工人的需求大幅下降，他们突然停止来纽约。1990年至2010年，墨西哥城的墨西哥移民数量急剧增加，但从2010年至2014年，该数量基本保持不变。

在纽约，另一个庞大却常被人忽视的拉丁裔移民群体是厄瓜多尔人。自2000年以来，他们在纽约移民群体中一直稳居第6位。在居住方面，厄瓜多尔人比墨西哥人更集中，主要居住在皇后区的可乐娜、艾姆赫斯特、杰克逊高地、里奇伍德和森尼赛德，同时也有相当数量的人居住在布朗克斯。厄瓜多尔人的工作和墨西哥人差不多。据估计，无合法身份的移民占纽约厄瓜多尔人口的70%，其中四分之三的男性受雇于餐馆和超市，或是散工或建筑工。

厄瓜多尔人在纽约的第一次工作经历通常是打散工。一位名叫维克多的厄瓜多尔移民说："有时你会发现自己站在"劳工们聚集的角落里等待工作机会。"不过这只是你的第一份工作。"若是没有合法身份又想打散工的话，干建筑活的工资通常为每天70美元，搬运废弃物或清洁游泳池等其他工作的工资略低一些。对于新移民来说，找散工可能会让他们感到气馁。维克托一开始并不知道如何在一群希望被雇用的年轻人中脱颖而出，但最终他明白了在黎明前上街的重要性，以及不要和太多其他工人一起站在街角的道理。他发现，一大群人"吓住了那些正在找工人的人"。他们更喜欢和较少的人讨论价格和每日计划。除了一开始很难被人雇用外，移民们尽量避免打散工还有一个原因，那就是干完一天工作后，雇用他们的陌生人往往不给他们工资。"有时你得等上好几天才能拿到报酬……这会让你焦虑不安。"

男性移民并不是唯一聚集在街头寻找工作的人。该市有几处是移民妇女聚集之地，她们希望被人雇用，通常是家庭主妇雇用她们打扫房子，有时也有服装加工的活。根据《纽约时报》2005年的一份调查报告，大批厄瓜多尔及一些墨西哥和波兰妇女在街头寻找散活。一位厄瓜多尔人解释说，她来纽约是为了挣钱给儿子做心脏手术，她把儿子和他的两个兄弟姐妹留给厄瓜多尔的家人照顾。"我在这里赚的每一分钱都寄给了他，"她说，"很多时候我只是想和他在一起，但我没有钱这么做。这让我感到绝望。"

皇后区的厄瓜多尔人、墨西哥人和中国人特别多。如今，皇后区不仅是移民最多的纽约市行政区（110万），其移民在总人口所占比例也是最大的（48%）。皇后区的艾姆赫斯特社区是来自120多个不同国家的移民的家园。若以出生地衡量多样性，它可能是世界上最多样化的社区。艾姆赫斯特71%的居民是外国出生的，这一比例在该市所有社区中是最高的。尽管如此，近一半的艾姆赫斯特移民仅来自三个国家：中国、厄瓜多尔和墨西哥。

皇后区的每个区域都有自己鲜明的民族特色。如皇后区西北部的居民大多是非多米尼加拉美裔人，东北部是东亚人，中国人和韩国人居多，法拉盛、贝塞德和默里山尤其如此。在罗斯福大道以南的法拉盛，特别是在沿主街东西向延伸的多条街道上，85%的居民是移民，这在该市任何地方都是比例最高的。这些移民中有四分之三是中国人。相反，皇后区南部主要是西印度群岛人，东南部人口最多的是圭亚那人、牙买加人和海地人，西南部占多数的是圭亚那人和特立尼达人。

圭亚那人是皇后区第二大移民群体，纽约第五大移民群体，但很少受到媒体或学术界的关注。大多数纽约人可能在地图上找不到圭亚那。它位于南美洲北部海岸，委内瑞拉以东。若圭亚那听起来有些耳熟的话，那是因为邪教领袖吉姆·琼斯事件。1978年，圭亚那脱离英国获得独立后的第12年，吉姆·琼斯带领近1 000追随者杀死了一位来调查他们公社的美国众议员，之后引导他们喝下有毒的酷爱饮料（Kool-Aid）集体自杀。在该事件之前，圭亚那（前英属圭亚那）是著名的甘蔗生产国。在19世纪30年代英国宣布奴隶制为非法之前，甘蔗一直是由非洲奴隶种植的。此后，圭亚那的种植园主开始从印度引进劳工到甘蔗地里工作。因此，圭亚那三分之一的人口是非洲奴隶的后裔，大约一半是异教徒的印度人。

圭亚那黑人移民倾向与牙买加人、海地人和特立尼达人一起定居在布鲁克林中部的西印度群岛社区。然而，印度裔圭亚那人主要扎根于皇后区，那里是纽约大多数南亚人的居住地。印度裔圭亚那人通常和南亚印度人住在同一个社区，但这两个群体之间的关系有时会紧张。印度本土人努力让自己有别于印度裔圭亚那人。他们吃不同的食物，除了某些宗教信仰上的共通点，几乎没有其他共同的文化特征，相同的宗教信仰也无法弥合他们之间的显著差异。"我们看起来像印度人，"一个圭亚那裔纽约人解释说，"但我们不是印度人。"几年前，皇后区的印度人组织举办了一场选美比赛，一位圭亚那移民赢得了冠军。当组织者知道了她的出生地后，却拒绝给她大奖，因为奖品是一次免费的印度之旅。

布鲁克林曾是一个文艺青年聚居区，现在也更加多样化了。早在1980年，人们就可以准确地将布鲁克林的人口划分为意大利人、犹太人、西印度群岛人和非裔美国人。如今，来自布鲁克林西南部的本森赫斯特、卡纳西和戴克高地等社区的意大利裔美国人大多已经迁出或去世，取而代之的主要是中国的新移民。湾脊的阿拉伯人聚居区、肯辛顿的孟加拉人聚居区、羊头湾的缅甸人聚居区、日落公园的墨西哥人聚居区也在迅速扩大，乌兹别克人则遍布布鲁克林南部（以及皇后区的雷哥公园）。相比之下，布鲁克林中部仍然是西印度群岛人的家园，他们占其25万移民的四分之三。然而，布鲁克林中部的西印度群岛出生人口正在减少。尽管牙买加移民依然活跃，但这些新移民现在通常定居在布朗克斯北部，同时移民到纽约的海地人和特立尼达人的数量也正在减少。

布鲁克林仍然生活着大量的犹太移民，但比过去在国外出生的布鲁克林犹太人要少，也有所不同。20世纪70年代和80年代，美国接收了大量来自苏联的犹太难民。他们绝大多数都定居在布鲁克林南部的布莱顿海滩社区，在米德伍德、羊头湾和哈姆克雷斯特等社区也有居住。这些移民已经老龄化，来自乌克兰和俄罗斯的新移民正在补充进来，但他们并不都是犹太人。在布莱顿海滩大道和布莱顿海滩木板路之间的12个左右街区里，80%的居民都是外国出生的，这是该市全部人口普查区中移民集中度第二高的地区。

自9·11以来，布朗克斯的移民人口增长迅速，超过了曼哈顿、布鲁克林甚至皇后区。在9·11之后的10年里，布朗克斯的外国出生人口增长了22%，是皇后区的4倍，是曼哈顿和布鲁克林的10倍。这些新移民很多是多米尼加人，他们从华盛顿高地搬迁到了西布朗克斯。同时该市一些增长最快的移民群体也在该区建立了聚居地。孟加拉人在帕克彻斯特和威斯彻斯特广场两个社区里的规模也在扩大。牙买加人继续加强他们在北布朗克斯人数占多数的地位，这些社区包括贝彻斯特、合作城（Co-op City）、伊斯彻斯特、伊甸沃尔德、韦克菲尔德、威廉斯布里奇和伍德劳恩。布朗克斯也是该市最大的非裔移民的家园。来自加纳的新移民是布朗克斯县第五大移民群体，仅次于多米尼加人、墨西哥人、牙买加人和厄瓜多尔人。西非人主要生活在贝德福德公园和音景（Soundview）两个聚居地，住在广汇村（Concourse Village）的人也越来越多。尼日利亚人是这座城市的第二大非裔群体，但他们在布朗克斯和布鲁克林的分布相当均匀。与此同时，以亚瑟大道为中心的"小意大利"已经变成了"小阿尔巴尼亚"。

在五个行政区中，史泰登岛的移民人数最少，外国出生的居民比例也最少（2010年为21%）。尽管如此，按比例来说，它的移民人口增长速度比其他任何行政区都要快，而且它最近还开发了大量的新移民聚居区。该岛东北部的汤普金斯维尔有一个相当大的斯里兰卡社区，与布鲁克林隔海湾相望。大量西非人（特别是利比里亚人）生活在史泰登岛北部及帕克希尔社区。在该岛的南端，意大利人仍然是最主要的移民群体，但俄罗斯人和乌克兰人正在迅速赶上他们。2010年，本土出生的居民对史泰登岛上的墨西哥移民发动了一系列袭击，引起了人们对该岛墨西哥人社区的关注，人们才知道墨西哥人实际上是史泰登岛上最大的移民群体。

表面上看，纽约移民的故事千变万化，但其内核并没有变。当代移民似乎完全不同：来源国不同于上一波移民潮，信奉的有些宗教让大多数纽约本地人感到陌生，似乎也没有努力学习英语，其生活似乎与主流美国社会格格不入，而且与前几代移民相反，他们与各自的祖国保持着千丝万缕的联系。因此，他们似乎不像过去的移民那样容易被同化。很多人认为移民削弱了美国的经济活力。更糟糕的是，正如那位著名的纽约人[1]在2015年说的那样："他们带来了毒品。他们带来了犯罪。他们是强奸犯。"或许最糟糕的是，他们告诉美国人自己不认同美国人的价值观，并因此永远不会成为"真正的美国人"。

然而，今天的移民本质上与前几代新移民没有什么不同。从殖民时期到现在，每一代美国人都认为最新移民群体与以前的移民完全不同。荷兰人对路德宗信徒和贵格会教徒也有类似的看法；英国人瞧不起德国人，不信任爱尔兰人；德国和爱尔兰移民的孩子鄙视意大利人和东欧犹太人；这些移民群体认为波多黎各人正在毁掉这座城市，等等。但他们每一个人都被接纳为这个城市的一部分，这表明今天的新移民群体有一天也会被如此看待。

每个来到纽约的移民群体都会不遗余力地将其旧世界的文化和传统带到美国。荷兰人、英国人、苏格兰人、爱尔兰人、德国人、意大利人、东欧犹太人，以及其他成年后到达纽约的人，在纽约几乎只与来自

---

[1] "那位著名的纽约人"是出生并成长于纽约的唐纳德·特朗普。2015年6月16日，特朗普正式宣布参选美国总统，在那天的集会上他说了这番话。为什么没有指名道姓？作者解释说：因为这句话在美国太出名了，也就不用提及是谁说的。而且我从没想过我的书会被译成中文！

家乡的其他移民交往，通常只与来自家乡特定地区的人交往。他们吃的食物与在"家乡"时基本相同（通常会添加更多的肉），关注他们出生地的新闻比关注美国的时事更密切，唱同样的歌，玩同样的游戏，并担心美国的价值观会毁了他们的孩子。当权威人士抱怨今天的移民不像过去的移民那样容易被同化时，他们其实是在追忆一个从未真正存在过的黄金时代。

事实上，今天的移民比以前的移民更熟悉美国的历史和政治。现在，要想成为美国公民，移民必须通过英语测试和公民考试，而本土出生的美国人若是必须参加这些考试的话，大多数会不及格。相比之下，从1820年到1920年，当今天许多本土美国人的移民祖先抵达美国时，一个英语单词也不懂，也不用回答关于美国历史或政府的任何问题，就能成为美国公民。此外，就像今天的移民一样，过去的意大利、犹太人和德国移民被"隔离"在各自的民族聚居区里，甚至有过之而无不及。例如，美国的"国球"是棒球，今天的纽约多米尼加人是棒球的狂热爱好者，这使他们比前几代新移民更快地融入美国主流文化。但大多数成年移民还没有被同化到足以令本土评论家满意的程度，而且可能永远也达不到。

今天的移民是否对美国国家安全构成了前所未有的新威胁？涉及移民的安全问题并不是什么新鲜事。在美国历史上的几个世纪里，爱尔兰人曾被视为国家安全的威胁，其可怕程度丝毫不亚于今天的基地组织或伊斯兰国。殖民地时期的纽约人永远生活在恐惧之中，担心天主教移民会与英国的天主教反对者联合起来推翻英国的统治。18世纪，反叛的奴隶放火威胁整个城市，当纽约人抓住他们时，本能反应是将一些天主教移民和奴隶一起处死，因为他们很难想象天主教徒没有以某种方式参与这一阴谋。

到了19世纪，市长候选人塞缪尔·芬利·布里斯·莫尔斯坚持认为，在成千上万的天主教移民中，存在我们今天所说的潜伏者，一旦有信号，他们就会起义控制美国。这一幻想从未变成现实，但几十年后，很多纽约人怀疑爱尔兰天主教移民是否会在内战期间支持联邦，而征兵骚乱造成的混乱和大屠杀证实了这种不信任。几十年后，很多纽约人仍然把爱尔兰人与"朗姆酒、天主教教义和反叛"联系在一起。

19 世纪末，美国人开始更害怕外国出生的社会主义者，对天主教徒的恐惧相对减弱。约翰·莫斯特等德国的煽动叛乱者以暴力为宣传手段，吓坏了众多美国人，但意大利和东欧的犹太激进分子最终让人更加恐惧，在无政府主义者的爆炸行动造成美国和欧洲数十人死亡之后更是如此。然而，在 2016 年大选之前，没有任何一个美国政党的重要成员曾提议由于少数族裔或宗教团体成员的罪行而禁止该种族或宗教团体的人移民美国，即使是一无所知党也没有提出（19 世纪 80 年代，大多数华人移民被禁止，但这并不是因为华人被视为国家安全的威胁）。无论是过去还是现在，大多数美国人都认为应该找出并惩罚那些违反美国法律的人（或图谋这么做的人），而不是对整个种族和宗教进行污名化。

公众的反移民情绪时起时落，但即使本土主义变得强大，即使它成为总统竞选的核心内容，它也远没有过去那么猛烈。所有的政党曾将反移民情绪作为标志性特征。本土主义政党的消亡表明，美国人总体上比以往任何时候更能接受移民。19 世纪和 20 世纪初，反移民情绪的上升通常会导致减少移民数量或剥夺他们的一些权利，如投票权。如今这样的呼吁很少再听到，这反映出一种基本的共识，即合法移民是无可非议的，这是与过去相比的另一个重大变化。

很多美国人反对移民主要是出于经济考量。事实上，移民对美国的税收、失业率和整体经济表现的影响是当今经济学家争论的最复杂和最具争议的问题之一。然而，关于这个问题，有几件事是可以肯定的。大多数拥有企业的纽约人受益于更多的潜在客户来到这座城市购买他们的商品和服务。这些企业的雇员也从移民中受益，因为移民顾客带来的销售有助于他们保住饭碗。移民也有利于拥有房地产的人，他们的加入增加了对租赁物业的需求，并推高了房价。对于那些希望房屋清洁费用低廉、翻修工程费用低廉或希望老人得到妥善照顾的纽约人来说，移民的到来也让他们获益。

对于整个城市来说，也许最重要的是移民让贫困社区焕发了生机。如果在20世纪70年代有近100万本土出生的纽约人搬出这座城市，那么当地经济就会遭到毁灭性的打击，因为当时没有那么多移民来接替他们的位置。20世纪70年代，最终在南布朗克斯和中布鲁克林的木板房和破旧建筑物中居住的新居民大多数是移民。他们帮助改变了这些社区。没有他们，今天的布鲁克林和布朗克斯可能有大片区域会像底特律一样，那里的就业市场和房地产价格都已经崩溃。2008年，移民占该市所有经济活动的32%。移民聚居社区的犯罪率也明显低于外国出生居民较少的社区。

然而，移民可能会压制某些美国本土出生的工人的收入。因为移民的加入，在建筑、房屋清洁或餐饮业工作的本土纽约人肯定面临更大的竞争；特别是非法移民还压低了这些领域的工资。青少年也可能发现更难找到工作，因为对快餐等领域的雇主来说，愿意从事全职工作的移民比只做兼职的青少年更有吸引力。

移民是否填补了本地人不再愿意做的工作？这是经济学家之间最激烈的争论之一。历史告诉我们，没有什么工作是本地人不愿意做的。在过去，当移民供不应求时，庄稼得以收割，房屋得到打扫，餐馆也招到了员工，但为了干完这些活，雇主不得不支付更高的工资。黑人男性的工资中位数在20世纪50年代和60年代稳步增长，但在随后的20年里停滞不前，这可不是一个巧合，因为此时大量移民再次抵达美国。但对于来自移民的竞争在多大程度上伤害了处于经济阶梯最底层的本土出生的美国人，经济学家存在严重分歧。毫无疑问，移民有助于纽约移民出生地国家的经济。2012年，移民从纽约寄回家乡的汇款高达90亿美元，这是一个惊人的数字。

与过去美国实行金本位制时不同，今天的美国人并不限制移民向国外汇款的数额。迄今为止，美国人对移民最大的抱怨是非法移民太多，而政府没有采取足够的措施遏止这一现象。在今天居住在美国的1 100万左右的非法移民中，大约有50万居住在纽约。大多数美国人认为非法移民应该"排队"，就像他们自己的祖先那样合法移民。然而，这种观点是站不住脚的，源于它有几点错误认识。首先，在美国历史上的大部分时间里没有移民排队等候的"队列"。每个想来美国的移民都可以来，根本不需要等待。亚洲人的移民最终受到了相当严格的限制，但除此之外，即使在美国人开始施加各种身体检查和经济能力的限制之后，想来美国的欧洲人和北美人中仍有98%至99%都不必排队。排队等候始于1921年，即便如此，仍然允许已是美国人的近亲免于排队。因此很少有美国人的祖先是在等候移民的队列里排过队的。

第二个错误认识是认为存在一个门槛，今天的大多数非法移民本可以在这个门槛前等待。这是不正确的。如今绝大多数移民签证都发给了已在美国合法居留者的家庭成员，其余的几乎都是发给那些拥有非常抢手的工作技能的人，比如护士、软件工程师，甚至大学教授。如果缺少这样的技能，或者没有一个已经在美国合法居留的近亲做你的担保人，你就没有办法合法移民，根本就没有入境的门槛[1]。因此，没有亲属在美国的贫穷的墨西哥人或厄瓜多尔人就不会有贫穷的爱尔兰人、德国人、意大利人或东欧犹太人曾经拥有的那样的移民机会。美国人当然有权决定他们是否再让其他人享受与其祖先一样的机会。但美国人应该承认他们的祖先在遵守规则方面也好不到哪里去，他们没有遵守规则，或者说没有规则需要遵守，而不是继续抱持祖先遵守了今天的非法移民所

---

[1] 对于向美国输出较少移民的国家，美国每年会为该国的人保留一些签证，这被称为"多元化签证"。但世界上只有极少数移民有资格获得，若想在年度抽签中签，其可能性几乎不会高于强力球彩票中奖。对于已经向美国输送大量移民的国家，其潜在移民没有资格获得多元化签证。

无视的规则。

那么，今天的移民不认同美国价值观的论点又当如何？例如，2015年进行的一项民意调查发现，56%的美国人认为伊斯兰教的价值观与美国人的价值观不相容。那为什么穆斯林不能成为优秀的美国人呢？通常人们认为有以下几个方面的原因：他们不接受宗教多元化；他们没有民主经验，会颠覆其原则；他们容易采用暴力的手段；他们会听从外国宗教领袖的指示；他们将自己与美国社会的其他人彻底隔离，以至于永远无法同化；并且他们的宗教信条与让美国变得伟大的原则不相容，这一条曾经也是用来针对爱尔兰天主教移民的。而今天，很少有人会质疑爱尔兰天主教徒能否成为优秀的美国公民。

有些人可能认为，随着穆斯林移民的增多，基地组织、伊斯兰国等组织和受其蛊惑的恐怖分子正在把美国当成恐袭目标，美国人永远不会像最终接纳天主教徒和犹太人那样接纳穆斯林移民。然而，纽约移民的故事表明，昨天的非美国宗教可能成为今天的主流宗教。17世纪，路德宗信徒、贵格会教徒和胡格诺派教徒都被认为是激进分子，对纽约的安全构成威胁。但不久之后，这些群体受到欢迎，天主教徒又被认为是一种新的威胁，然后是激进的犹太人和意大利人。现在是激进的穆斯林。没有理由认为穆斯林有一天不会像现在的犹太人、意大利人和爱尔兰天主教徒一样被接纳，成为美国社会的一部分。

纽约和它的移民未来会怎样？历史学家对于描述现在的情况都很谨慎，更不用说预测未来了，但有几个预测似乎很靠谱。首先，华人很快会超过多米尼加人，成为纽约最大的移民群体。其次，越来越多的移民将绕过纽约市区，直接搬到郊区。这一趋势始于几十年前，而且没有任何减弱的迹象。再次，新移民开始接管老移民群体的具有民族特色的生意。在纽约市，意大利人经营比萨店现在似乎是例外，而不是常态。希腊人开的路边小餐馆也正在成为过去式。它们正被韩国人买走，部分原因是韩国人正陆续放弃蔬菜水果生意，只不过目前还不清楚哪个新移民群体将接手蔬果生意。纽约1965年后的移民群体也有可能在政治上更加活跃。意大利人花了几代人的时间才开始发挥与其人数完全相称的政治影响力，纽约的亚裔和拉美裔居民终于也开始这样做了。2009年，纽约人选出了第一个亚裔美国人刘醇逸（John Chun Liu）担任纽约市的主计长，不久之后，拉丁裔或亚裔美国人中必然会有人成为市长。

同样可以肯定的是，移民子女会过上比他们的父母更好的生活，从纽约几代人的情况可以看到这一点。他们将获得更多的教育，找到更好的工作，经济上更加稳定，而且比其父母更彻底地融入美国社会。

最后一个预测：来自世界各地的移民将继续把纽约当成他们的目的地。对于世界上众多移民来说，纽约仍然是他们梦想的缩影。几个世纪以来，纽约享有自由、活力、机会、四海一家，以及志向远大者心中圣地的声誉，比其他任何城市吸引了更多的移民。

100多年前，《生活》杂志就称这座城市对全世界的梦想家具有神奇的吸引力。"纽约是美国的大都市，共和国之口，民族之舌，新大陆之眼，袖珍版的巴别塔，美国的精华区。与缅因州的卡利斯和天国之间的任何一个地方相比，这里本土出生的美国人较少，但美国文化比较浓厚。"写于1909年的这些话至今仍然适用。对全世界的人来说，"纽约的周边一片沙漠，再看纽约，它是绿色、肥沃、甘美、欢乐的希望之乡，是流淌着牛奶和蜂蜜的应许之地……那里的肉锅飘香，酒标中的品质介绍会言过其实[1]，砖是金的，商品是环保的……地球上的每一个种族都声称拥有纽约"，因为它体现了他们梦想得到的一切。对过去、现在和未来的几代人来说，"纽约是最好的。没有人能看到它的终点"。

---

[1] 之所以说纽约周边是"沙漠"，不是以雨量衡量的，而是从富裕和经济活跃程度上讲的。这是一种纽约人的心态，即纽约人认为纽约是最好的地方，纽约的产品也好过其他地方的，即使并非如此。比如，酒瓶里装着同样的酒，但纽约人认为他们的酒最好，生产商在酒标上也会过度自夸。

附录

1850 年至 2014 年纽约主要移民群体

	1850	1860	1870	1880	1890	1900	1910	1920	1930	1940	1950	1960	1970	1980	1990	2000	2014
欧洲																	
奥地利	109	1 692	2 737	4 743	27 193	90 477	190 246	126 739	127 169	145 106	124 256	84 301	48 024	26 160	12 027	6 700	4 980
英格兰和威尔士	23 671	27 977	32 588	30 593	36 872	70 522	80 262	73 123	80 140	64 411	53 614		30 511	22 790			
法国	4 990	8 047	8 265	9 910	10 535	14 755	18 293	23 085	23 400	19 696	20 461	18 877	15 514	12 999	11 609	12 386	19 259
德国	56 141	118 292	151 216	163 482	210 723	324 224	278 137	194 155	237 588	224 749	185 467	152 192	98 336	60 760	38 259	27 708	18 591
希腊		19	43	69	263	1 309	8 038	21 455	27 182	28 593	29 815	28 845	35 000	41 760	31 894	29 805	18 922
匈牙利			521	4 101	12 222	31 516	76 627	64 393	59 883	62 588	51 968	45 567	31 717	22 660	14 631	11 144	5 984
爱尔兰	133 730	203 740	201 990	198 595	190 418	275 102	252 672	203 450	220 631	181 826	144 808	114 008	75 382	42 763	31 252	22 604	11 994
意大利	708	1 464	2 794	12 223	39 951	145 433	340 770	390 832	440 250	409 489	344 115	280 786	212 160	156 280	98 868	72 481	47 800
波兰		1 566	2 393	9 020	6 759	37 873	见表后注	145 679	238 339	194 163	179 878	168 824	119 604	77 160	61 265	65 999	49 102

续表

	1850	1860	1870	1880	1890	1900	1910	1920	1930	1940	1950	1960	1970	1980	1990	2000	2014
罗马尼亚						10 499	33 586	38 139	46 750	40 655	29 409	24 754	21 165	17 560	17 585	19 280	14 744
沙俄/苏联/独联体		467	1 151	4 551	48 790	180 432	484 193	479 800	442 432	395 696	314 603	204 578	117 363	78 340	80 815	151 135	131 358
苏格兰	7 660	9 204	7 562	8 683	11 242	19 836	23 123	21 545	38 535	33 292	26 405		11 683	6 408			
瑞典		606	1 558	3 194	7 069	28 320	34 952	33 703	37 267	28 881	20 424	11 677	6 140		1 961	2 421	
英国												61 018			28 740	28 996	31 600
美洲																	
加拿大		3 899	4 501	7 147	8 398	21 926	27 180	25 582	40 118	40 345	35 860	28 150	20 545	15 320	13 818	17 318	21 133
哥伦比亚												5 306	22 581	41 020	65 731	84 404	67 558
古巴			1 294			2 011						25 959	63 043	49 720	41 039	26 030	14 026
多米尼加												8 182	51 231	120 600	225 017	369 186	401 595
厄瓜多尔												2 970	16 075	39 000	60 451	114 944	137 597
萨尔瓦多												292	793		18 453	26 802	28 939
圭亚那														31 960	76 150	130 647	142 981
海地													20 245	50 160	71 892	95 580	88 467

续表

	1850	1860	1870	1880	1890	1900	1910	1920	1930	1940	1950	1960	1970	1980	1990	2000	2014
洪都拉斯												2 243	4 672	9 520	17 890	32 358	33 188
牙买加													40 672	93 100	116 128	178 922	175 136
墨西哥		54	64	132	155	282	426	2 572	4 292	2 973	3 300		3 541	7 380	32 689	122 550	187 156
秘鲁												1 454	3 814		19 818	27 278	28 931
特立尼达和多巴哥													13 773	39 160	56 478	88 794	78 349
亚洲																	
孟加拉国														1 280	8 695	42 865	88 135
中国		51	175	787	2 048	6 080	3 936	4 001	6 629			21 529	37 348	85 100	160 399	261 551	388 593
印度			23	89	120	250	238	413	630			1 554	5 032	21 500	40 419	68 263	80 917
巴基斯坦												602	2 665	20 380	56 949	70 990	62 457
菲律宾												315	932	4 440	14 911	39 165	45 304
非洲																	
加纳															5 634	14 915	26 528
尼日利亚															5 676	15 689	20 341
总计	235 733	383 717	419 094	478 670	639 943	1 270 080	1 944 357	2 028 160	2 358 686	2 080 020	1 788 625	1 463 821	1 437 058	1 670 199	2 082 931	2 871 032	3 160 471

注：本图中的空白单元表示那一年没有报告统计来自该国的移民人数，更常见的是，来自该地的移民被归入某个普查类别，如"亚洲""欧洲其他国家""南美洲"等。波兰在 1910 年是空白单元，那是因为人口普查局决定将波兰的人口归入奥地利、德国和俄罗斯的统计数字中，当时这些国家正军事占领着波兰。"爱尔兰"的人口包括整个爱尔兰岛，但 1960 年、1990 年、2000 年和 2014 年除外，当时英国人口的构成没有具体分开。"中国"包括香港、澳门和台湾。人口普查局只公布了 1940 年、1950 年和 1960 年纽约"白人"移民的数据。

Sources: J.D.B. DeBow, *Statistical View of the United States* (Washington, D.C., 1854), 399; Joseph Kennedy, *Population of the United States in 1860* (Washington, D.C., 1864), 609; *The Statistics of the Population of the United States* (Washington, D.C., 1872), 388–391; *Compendium of the Tenth Census* (Washington, D.C., 1882), 546–551; *Report on the Population of the United States at the Eleventh Census: 1890* (Washington, D.C., 1895), 670–673; *Twelfth Census of the United States Taken in the Year 1900: Population, pt. 1* (Washington, D.C., 1906), 950–953; *Thirteenth Census of the United States Taken in the Year 1910, vol. 1, Population* (Washington, D.C., 1913), 856–857; *Fourteenth Census of the United States Taken in the Year 1920, vol. 2, Population* (Washington, D.C., 1922), 729–731; *Fifteenth Census of the United States: 1930, vol. 2, Population* (Washington, D.C., 1933), 248–250; *Sixteenth Census of the United States: 1940, vol. 2, Population, pt. 5, New York—Oregon* (Washington, D.C., 1943), 159; *Census of Population: 1950, vol. 2, Characteristics of the Population, pt. 32, New York* (Washington, D.C., 1952), 99; *1970 Census of Population: Detailed Characteristics, New York* (Washington, D.C., 1972), 720; *1980 Census of Population: General Social and Economic Characteristics, New York* (Washington, D.C., 1982), sec. 1, 931–935; *1990 Census of Population: Social and Economic Characteristics, New York* (Washington, D.C., 1992), sec. 1, 789; Ira Rosenwaike, *Population History of New York City* (Syracuse, 1972), 205–206; New York Department of City Planning, *The Newest New Yorkers: Characteristics of the City's Foreign-Born Population, 2013 ed.* (New York, 2013), 17; "Place of Birth for the Foreign-Born Population," American Community Survey, 2014 (One-Year Estimates), United States Census Bureau, accessed via Social Explorer.

致谢

的确，《纽约四百年》的源起可以追溯到1993年春天的一次偶遇。当时我正在安纳海姆参加美国历史学会的年度会议，该组织刚刚为我的第一本书颁发了一个奖项，那书写的是我对19世纪50年代反移民的一无所知党的研究。我的脖子上挂着参会标牌，丝带上印着"获奖者"三个字，因此，当我在出版商展示他们最新历史书籍的会议大厅闲逛时，引起了与会编辑的注意。对一位怀俄明大学30岁的助理教授来说，这种关注是不同寻常的。

在祝贺我获奖的编辑当中就有自由出版社的布鲁斯·尼科尔斯，他看起来并不比我老。他问道："你接下来打算研究什么？"我回答："五点区的历史，一个被遗忘的纽约社区，19世纪美国最著名的移民贫民窟。"他说："那不是我们能出的书。那之后你有什么计划吗？"我说："有啊。我想写纽约移民生活的历史，从第一批荷兰定居者一直写到现在。"布鲁斯的眼睛一亮。"这就是我想出版的书，"他说，"你若准备好开始写时，一定要和我联系。"

结果，布鲁斯反而在2001年出版了我的《五点区》。那时，我已经离开怀俄明，去了华盛顿特区，布鲁斯不久也离开了自由出版社。但我们一直保持联系。随着时间的推移，布鲁斯对《纽约四百年》不可遏止的热情让我一年一年坚持了下来，我怀疑自己是否疯了，竟然接下了这么大的一个研究课题。一旦手稿形成，布鲁斯就对内容的增删，以及写作和修改过程的每一个环节提出专业意见。他的才华使《纽约四百年》成为一本远超我预期的书。

在将手稿送到布鲁斯手里之前，我得到过很多人的帮助。数年来，我的经纪人吉尔·格林贝格一直跟我一起研究写作方案，一遍又一遍地提出建议，又推倒重来。她不断提醒我，对于《纽约四百年》应该是什么样的愿景，我永远都不应该动摇，我觉得这一点特别重要。同样，十多年来，我跟好朋友玛丽安娜·塞盖迪-毛萨克无数次共进午餐，在我们努力完成各自的图书项目的过程中，她陪我一起度过了我写作生涯的起起伏伏。

我有一帮研究助理协助我为《纽约四百年》收集材料，包括斯泰西·邦杜兰特、凯特琳·博尔吉、林赛·切尔文斯基、玛德琳·克里斯佩尔、康妮·戈尔丁、比尔·霍恩、尼克·朱拉维奇、乔恩·凯尔吉克、阿尔森-诺丁、玛吉·普索纳克、塔马·拉比诺维茨、丽莎·兰德尔、迈克尔·萨尔加罗、扎克·桑德斯、阿什利·索玛旺和惠特尼·塔雷拉。在此，我要特别称赞霍普·麦卡弗里和凯蒂·卡珀，她俩才华横溢，为本书付出了无与伦比的努力，甚至毕业后仍然继续这个项目的研究。

我也要感谢多位提供建议并阅读了部分手稿的历史学家和朋友，他们是史蒂夫·巴拉斯、罗恩·巴约尔、埃德·伯科威茨、玛丽·伊丽莎白·布朗、南希·福纳、乔伊丝·古德弗伦德、沃尔特·坎普赫夫纳、凯文·肯尼、艾伦·克劳特、卡伦·沃德、马哈尔、丹尼斯·马伊卡、贝尔纳黛特·麦考利、戴尔德丽·莫洛尼、丹尼尔·内格尔、约翰·尼姆、利拉·瑙鲁兹、艾明如、菲尔·兰勒特、丹·施瓦茨、亚当·史密斯、玛丽安·史密斯、戴夫·斯特本、理查德·斯托特和安德鲁·齐默尔曼。他们让我避免了无数的史实和理解方面的错误。

在项目冲刺阶段，我很幸运有一个出色的团队帮助我到达终点，包括霍顿·米夫林·哈考特公司始终耐心的本·海曼和我出色的文字编辑阿曼达·赫勒。克里斯·罗宾逊一如既往地施展他的魔力，制作了完全符合《纽约四百年》所需的地图。特别感谢吉娜·布罗兹帮我研究照片，她的资源丰富到令人惊讶。

最后，我最需要感谢的是我的家人，在本书写作进入紧张忙乱的最后一年，我几乎无法专注于其他任何事情，他们却以优雅和幽默的态度加以适应。我的父母一如既往地鼎力支持我，父亲对每一章都提出了富有洞察力的建议。我两个最年长的孩子雅各布和迪娜以前经历过这种情况，他们对我的耐心远超我应得的。2015年夏秋两季，当我几乎把醒着的每一分钟都花在这本书上时，我的妻子莉萨和我年幼的孩子马娅和西莉亚也调整了自己的生活来适应我。我将《纽约四百年》献给她们，以及我全部的爱。